折射集
prisma

照亮存在之遮蔽

Ansgar Nünning Vera Nünning

Einführung in die Kulturwissenschaften:
Theoretische Grundlagen - Ansätze - Perspektiven

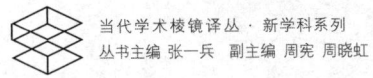

当代学术棱镜译丛 · 新学科系列
丛书主编 张一兵 副主编 周宪 周晓虹

文化学研究导论：
理论基础·方法思路·研究视角

［德］安斯加·纽宁 ［德］维拉·纽宁 主编 闵志荣 译

南京大学出版社

《当代学术棱镜译丛》总序

自晚清曾文正创制造局,开译介西学著作风气以来,西学翻译蔚为大观。百多年前,梁启超奋力呼吁:"国家欲自强,以多译西书为本;学子欲自立,以多读西书为功。"时至今日,此种激进吁求已不再迫切,但他所言西学著述"今之所译,直九牛之一毛耳",却仍是事实。世纪之交,面对现代化的宏业,有选择地译介国外学术著作,更是学界和出版界不可推诿的任务。基于这一认识,我们隆重推出《当代学术棱镜译丛》,在林林总总的国外学术书中遴选有价值篇什翻译出版。

王国维直言:"中西二学,盛则俱盛,衰则俱衰,风气既开,互相推助。"所言极是!今日之中国已迥异于一个世纪以前,文化间交往日趋频繁,"风气既开"无须赘言,中外学术"互相推助"更是不争的事实。当今世界,知识更新愈加迅猛,文化交往愈加深广。全球化和本土化两极互动,构成了这个时代的文化动脉。一方面,经济的全球化加速了文化上的交往互动;另一方面,文化的民族自觉日益高涨。于是,学术的本土化迫在眉睫。虽说"学问之事,本无中西"(王国维语),但"我们"与"他者"的身份及其知识政治却不容回避。但学术的本土化绝非闭关自守,不但知己,亦要知彼。这套丛书的立意正在这里。

"棱镜"本是物理学上的术语,意指复合光透过"棱镜"便分解成光谱。丛书之所以取名《当代学术棱镜译丛》,意在透过所选篇什,折射出国外知识界的历史面貌和当代进展,并反映出选编者的理解和匠心,进而实现"他山之石,可以攻玉"的目标。

本丛书所选书目大抵有两个中心:其一,选目集中在国外学术界新近的发展,尽力揭橥域外学术20世纪90年代以来的最新趋向和热点问题;其二,不忘拾遗补阙,将一些重要的尚未译成中文的国外学术著述囊括其内。

众人拾柴火焰高。译介学术是一项崇高而又艰苦的事业,我们真诚地希望更多有识之士参与这项事业,使之为中国的现代化和学术本土化做出贡献。

丛书编委会
2000年秋于南京大学

目 录

i / 前 言

1 / 一　众文化学:跨学科讨论语境中的多元视角概论(维拉·纽宁与安斯加·纽宁)

2 / 1. 文化学研究领域中富于创造力的跨学科性、国际性、视角多元性与理论多样性

12 / 2. 本文集的重点与目标——兼论其言之未尽

25 / 二　文化概念与文化理论(克劳斯-米夏埃尔·奥尔特)

25 / 1. 从规范性文化概念到文化理论

25 / 1.1　"文化"对"自然"

28 / 1.2　"文化"对"文明"

30 / 1.3　"文化"对"社会"

34 / 2. 作为文化理论的社会理论:"文化"的功能

34 / 2.1　文化社会学扩展为知识社会学

38 / 2.2　文化社会学与知识社会学的系统论

41 / 3. 作为符号理论的文化理论

41 / 3.1　作为"语言"的"文化"——"文化"作为抽象模型

45 / 3.2　作为"文本"的"文化"——"文化"与"媒介"

55 / 三　文化符号学(罗兰·珀斯纳)

55 / 1. 概念与任务

57 / 2. 特定文化中的符号系统:过程、代码与媒介

58 / 2.1　过程

60 / 2.2　代码

61 / 2.3　媒介

65 / 3.　作为符号系统的文化：社会、文明、思想精神

68 / 3.1　社会文化(社会)：符号使用者

70 / 3.2　物质文化(文明)：文本

73 / 3.3　精神文化(思想精神)：代码

74 / 3.4　社会、物质与精神文化的符号学关联

76 / 4.　文化机制与文化变革

77 / 4.1　文化作为文本系统

80 / 4.2　文化作为代码系统

88 / 4.3　文化作为集体记忆

90 / 5.　文化符号学的机构化

105 / 四　作为文化学的文学学(威廉·佛斯坎普)

105 / 1.　导论

106 / 2.　文学学与文化学的学术史关联

110 / 3.　对文学学与文化学关联的系统化考察

110 / 3.1　文学文本作为文化自我感知的对象

112 / 3.2　媒体与媒体性作为文化交际的建构元素

114 / 3.3　文学史的重构与建构作为文学学与文化学关联的历史性课题

116 / 4.　总结

124 / 五　文化人类学(多丽丝·巴赫曼-麦迪克)

127 / 1.　文化人类学简史

130 / 2.　阐释型文化人类学——文化作为文本

133 / 3.　行为型文化人类学

135 / 4.　书写文化

138 / 5.　跨文化冲突动力论语境下的文化人类学

141 / 6.　文化人类学与全球互联

143 / 7. 文化人类学作为多学科的交集域

146 / 8. 文化的人类学——文化主义倾向

158 / 六　历史人类学与文学人类学(哈拉尔德·诺伊迈尔)

158 / 1. 历史人类学

159 / 1.1　出发点

160 / 1.2　美国的历史学、人类学/种族学与文化人类学

162 / 1.3　德国的历史人类学

165 / 1.4　学科机构化

167 / 1.5　内容、方法与问题

171 / 2. 文学人类学

171 / 2.1　出发点

174 / 2.2　20世纪90年代前期文学人类学的繁荣

179 / 2.3　文学人类学的终结？

183 / 2.4　学科机构化

184 / 2.5　问题与视角

194 / 七　新历史主义、文化唯物主义与文化研究(莫里茨·巴斯勒)

194 / 1. 学术立场界定

196 / 2. 新历史主义者们何为？

202 / 3. 形成与影响

203 / 3.1　威廉斯的文化唯物主义

207 / 3.2　福柯的话语研究

209 / 3.3　格尔茨的"深层描述"概念

210 / 3.4　德曼的"生命寓言"

212 / 4. 文化诗学与轶事

214 / 5. 方法论基础的问题

217 / 6. 文本选择策略

220 / 7. 文化研究

231 / 八　集体记忆与回忆文化(阿斯特莉特·埃尔)

231 / 1. 导言:一个"新范式"及其起源

234 / 2. 集体记忆的"发现":莫里斯·哈布瓦赫与阿比·瓦尔堡

234 / 2.1　莫里斯·哈布瓦赫:"集体记忆"

238 / 2.2　阿比·瓦尔堡:"社会记忆"

241 / 3. 单个学科对"集体记忆与回忆文化"研究的贡献

241 / 3.1　心理学中的记忆研究

244 / 3.2　历史学中的记忆研究

246 / 3.3　艺术学和文学学中的记忆研究

250 / 4. 阿莱达·阿斯曼与扬·阿斯曼的文化记忆理论

251 / 4.1　交际记忆与文化记忆

253 / 4.2　文化记忆、文字与政治身份

254 / 4.3　作为技艺的记忆与作为生命的记忆,功能性记忆与存储性记忆

256 / 5. 在集体层面的记忆形式与回忆形式:概念细分初探

256 / 5.1　集体记忆,集体回忆行为与回忆文化

257 / 5.2　记忆的象征形式与文化维度

258 / 5.3　集体记忆的显性系统与隐性系统

261 / 6. 今天的"集体记忆与回忆文化"研究:机构化程度与研究空白

273 / 九　文化史(乌特·丹尼尔)

277 / 1. 文化史讨论之一:政治史的替代者

282 / 2. 文化史讨论之二:社会史与社群史的替代者

289 / 3. 文化史讨论之三:多元化理念中的理论与方法

300 / 十　文化社会学(雷纳·温特)

300 / 1. 文化社会学的现实意义

302 / 2. 文化社会学的历史根源

305 / 3. 文化社会学的复兴

310 / 4. 新近研究的视角

310 / 4.1　文化与权力

314 / 4.2 文化与消费

316 / 4.3 文化与体验

318 / 4.4 文化与交流

319 / 4.5 文化与全球化

320 / 5. 结论

331 / 十一 文化心理学与作为文化理论的精神分析(于尔根·克拉默)

332 / 1. 文化比较心理学与文化心理学

332 / 1.1 早期发展史

335 / 1.2 文化比较心理学

340 / 1.3 文化心理学

345 / 2. 作为文化理论的精神分析

345 / 2.1 经典理论

353 / 2.2 扩展、细分与修正

356 / 2.3 种族心理学与深度阐释学

358 / 3. 视角展望

367 / 十二 文化生态学(彼得·芬克)

368 / 1. 什么是文化生态学?

368 / 1.1 自然生态学与文化生态学

370 / 1.2 一门年轻的学科

372 / 1.3 文化生态学的构想

376 / 1.4 学科之父:尤克斯奎尔、贝特森、奈斯

379 / 1.5 中心问题:什么是文化?

380 / 2. 文化生态学进化论的基础

380 / 2.1 人类的生态系统

382 / 2.2 结构性遗传

384 / 2.3 文化的层面

385 / 2.4 文化的进化

386 / 2.5　文化的边界

388 / 2.6　文化的能量

389 / 2.7　新的文化批评

391 / 3.　适用领域示例

403 / 4.　对于文化的隐喻

408 / 十三　文化学中的异者研究(阿洛伊斯·维尔拉赫/科琳娜·阿尔布雷希特)

408 / 1.　从阐释学到跨文化的异者研究

408 / 1.1　新的挑战:对异者的认识

410 / 1.2　异者研究(异者学)的概况与对象

413 / 1.3　基本区分:他者与异者

415 / 1.4　异者研究作为阐释学的进一步发展

419 / 2.　研究现状概览

426 / 3.　文化学异者研究的框架概念

429 / 4.　异者研究的空白与问题

429 / 4.1　异者构建模式的问题

430 / 4.2　异者研究作为先决条件研究

432 / 4.3　异者学作为客者理论与历史

434 / 4.4　作为异者与新者认知学科的异者学

435 / 4.5　文学中的异者学

453 / 十四　文化空间研究与跨文化交际(汉斯-于尔根·吕泽布林克)

453 / 1.　界定与统一

455 / 2.　文化空间研究

455 / 2.1　概念与历史

457 / 2.2　区域研究与国别研究

458 / 2.3　问题领域

459 / 3.　跨文化交际

460 / 3.1　跨文化互动过程

467 / 3.2 文化迁移

470 / 3.3 异者感知

473 / 3.4 跨文化的多种形式:杂交、克里奥尔化、混杂、新巴洛克

484 / **十五　文化学与性别研究(雷娜特·霍夫)**

485 / 1. 性别秩序

489 / 2. 天然性别的建构作为文化文本

494 / 3. 性别差异的终结?

497 / 4. 文化的智识性质

500 / 5. "人文学科的现代化?"

503 / 6. 自我宰制与表演

515 / **十六　媒体文化学(西格弗里德·J.施密特)**

515 / 1. 前言

516 / 2. 回避运动

520 / 3. 媒体概念

521 / 4. 文化作为程序

526 / 5. 后果

531 / 6. 学科

534 / 7. 媒体文化学

541 / **附　录**

541 / 1. 文化学权威著作精选书目

564 / 2. 作者简介

573 / 3. 人名索引

前　言

文化学（Kulturwissenschaft），或作为复数的众文化学（Kulturwissenschaften）在大学中的重要性日增，不论在科研还是在教学上都方兴未艾。在最近若干年中，不仅文化学研究良性发展的兴盛景观惹人注目，而且文化学专业纷纷设立。在原有学科如英语语言文学系、美国语言文学系、德语语言文学系、罗曼语语言文学系和斯拉夫语言文学系中（仅举少数重要专业为例证），众文化学的地位正在攀升。这都表明，当今众文化学已成蔚然大观。是将单数的文化学作为独立学科进行建制①，还是把众文化学放在诸多文化学专业集合中进行跨学科发展，这一问题虽然还有待商榷，但是毋庸置疑，在全球化、跨文化和大众媒体的时代，在如今这个媒体文化社会中，众文化学"在对当前社会进行文化释义和方向指认过程中赢得了日渐厚实的分量"②。

虽然诸多文化学的研究思路、学科领域和所用概念各异，因其对学科体系、理论基础、方法构想和核心概念的系统反思和交流③，及其各自在跨学科和超学科的课题上相互交织，众文化学的大致轮廓、任务领域和功能定性都变得日益清晰。在此过程中，一方面，一系列理论主导范畴——首推"经验""语言""行为""有效性""身份"和"历史"——在其

---

① 参见 Böhme et al. 2000。
② 参见 Jaeger et al. 2004，卷1，S. Ⅶ。
③ 参见 Jaeger et al. 2004，卷1。

研究中催生出了尤其丰硕的成果。① 另一方面，在各个学科中逐渐形成的基本设问、范式、思路和方法②以及当今在文化、经济、社会、政治和法律的阐释模式中得到青睐的特定主题和趋势③逐渐形成。这样的主题包括"媒介""身体""记忆"以及"时间"和"空间"。④

文化学专业在大学中的持续性繁荣和机构建制的确立促使梅茨勒(Metzler)出版社将其在 2003 年所出版的书名稍显狭隘的《众文化学概念》更新为《文化学研究导论》后再度推出。新的书名让本书的中心意旨更加显目，因为它的首要目标是让新的文化学专业和研究模块中的学习研究者得到系统的方向引领，进入这一多声部、跨学科的讨论场域，而该场域即便对于专业研究者来说都已经到了难以极目其边界的地步。本书的副标题"理论基础·方法思路·研究视角"也清楚地表明本书的重点何在。因为书中各章首先要介绍的是最重要的方法思路及其理论基础和核心概念，以及它们各自开启的新的研究视角。

此外，虽然最近几年纲领性总论⑤、内容庞杂的手册⑥、以文化学为主导的文学学导论⑦、英美式"文化研究"(cultural studies)导论⑧层出不穷，但是并没有一部文化学导论能在一本书的范围内涵盖最重要的方法思路和概念，并将其汇总于文化学（单复数兼顾）的总称性概念之下，所以《文化学研究导论》的出版也是基于对以上事实的考虑。因此，本导论的主要目标并不是宣扬某一种特定形式的文化学——不论是文化符号学、文化研究还是新历史主义——而是旨在让学习研究者能在面对众文化学那方向和概念林立的巨型调色盘时获得一个多角度、引

---

① 参见 Jaeger et al. 2004，卷 1。
② 参见 Jaeger et al. 2004，卷 2。
③ 参见 Jaeger et al. 2004，卷 3。
④ 参见 Assmann 2006。
⑤ 参见 Nünning/Sommer 2004；Stierstorfer 2005。
⑥ 参见三卷本《文化学手册》，Jaeger et al. 2004。
⑦ 参见 Assmann 2006；Benthien/Velten 2002；Schößler 2006。
⑧ 参见 Nünning 2008 中"文化研究"条目。

导式、系统化的概览。

本书一方面服务于新设文化学专业的学生(与教师),另一方面也面向在博洛尼亚进程中在德国各地新设的人文及社会科学的本科和硕士专业学生。本书由此也顾及以下情况:原有语言文学专业——从英语、美国语言文学到德语语言文学再到罗曼语和斯拉夫语语言文学——和众多其他学科(从历史学、艺术史到政治学和社会学)中都出现了文化学的方向,或者出现了文化学的分支以及研究模块。

该导论的另一个用意在于,让学习研究者了解众文化学的跨学科和国际化向度。当今,众文化学的不同铸型不仅在德国,在其他国家也都催生了浓厚的兴趣,极具代表性的例证是,本书的前身在德语原版出版两年之后就已经有了一个韩语译本。如此跨国界、超国界的广泛兴趣当然不容忽视,就以文化学对人文学科进行改革带来的利弊争论而言,在难计其数的共同之处之外,不同国家之间也存在极大差异。这些差异不仅仅涉及各国不同的研究起点和(高校体制)框架条件,也涉及各国独特的、主流的学术传统和研究思路。在英美式"文化研究"的全球化及其全世界接受过程中,这些差异虽然面临遭到遗忘的危险,但是一家韩国出版社仍然对文化学手册的德语原版产生了兴趣,这提供了一个良机,使人们想起来,除了英美式的"文学研究"之外,还有大量的其他研究思路可以为人文学科的更新带来重要动力,并且将其带离现有的危机。

然而,纵览许多国家目前用文化学来改革或者继续推进人文学科的尝试,显而易见的是,这些改革尝试主要是以英美式的"文化研究"为导向的。尽管乍看起来这样的导向无可厚非,但是有许多理由让人觉察到,毫无批判地简单照搬英美式"文化研究"的研究路径,将其抬升为文化学的"独此"范式,是有问题的。这种在全世界范围内都可以看到的趋势之所以可疑,不仅仅是因为这样做遮蔽了许多其他可能的理论和方法。最大的问题,在我们看来,更在于如今主导学界的潮流:它将美国有关"种族、阶级、性别"(race、class、gender)和修改"西方正典"的争论以及英式"文化研究"发展形式直接"引入"各种其他语言的语文学研究中来。前者只有在美国的多元文化社会背景下才得以理解,后者只有在英国阶级社会语境中才能得到恰当体会,他们却如此邯郸学步。对于德语学界的英语语言文学或者罗曼语语言文学,或者所谓的"国外德语语言文学"来说,不论是瑞士、葡萄牙还是韩国的德语语言文学,仅以此作为外国语言文学之例,更应抵制对美国或英国模式的简单照搬和模仿。在其他国家进行的德语、英语、罗曼语语言文学研究的强项和机遇恰恰在于,他们是从一个外部视角来观察他国语言的文学和文化,使得针对本国和他国文化差异性的研究能够结出启迪心智的丰硕果实。对于他国文化研究如此重要的跨文化、多文化、超文化维度,如果让源自英美社会语境和问题的模式成为教学和科研中文化学改革的唯一适用准绳,将难免陷入被遗弃的境地。

  本书的众多目标也正是基于以上思考推衍而出。一方面,对人文学科的文化学改革努力要求特定程度的跨学科和国际化的合作。另一方面,在这种情况下,兼顾、了解现实存在的文化学研究思路之广度,并检验这些研究方法在多大程度上对各国学术体制的框架条件、本国特有的学术传统和改革兴趣等方面具有重要性和推动性,也是极为重要并且大有裨益的。同时,因文化学讨论范畴对于专业研究人士来说也难以尽览,本书希望能为其提供导向,向其介绍理论和方法选择方面的多种可能性。

  文化学(兼顾单复数)的概念,虽然已经有相当可观的定义尝试,但迄今仍是如此模糊且争议不断,因此这些概念既无法指定某个特定的理论或方法,也无法勾勒出定义清晰的研究领域。这一点足以让人无法妄论众文化学的"独此"范式:

> 作为独立学科的文化学是不存在的。……不论是单数还是复数,作为跨专业学科的元科学概念,试图创造秩序并提供导向的众文化学与诸人文学科处于竞争之中。……当然,尽人皆知文化学的概念是不明确的;就外部而言它界限不清,就

内部而言它内容庞杂,就纲领而言它却富有希望。它绝不代表一种新范式。所以对其进行概念史的梳理是必要的。①

所以,文化学(单复数)的持续繁荣并不能让人忽视,在这些概念下——在"文化研究"的标签下也是如此——汇集着彼此迥异而丰富多样的流派、学科(分支)、研究思路和异质研究,它们往往缺少一种共有的理论、方法和学科基础。因此,不如说它们是集合概念以及学术政治中的大标题,后者既不指代一种定义清晰的学术学科,也不指代一个特定的研究方向,而是指向一个开放的、跨学科的、日益国际化的讨论范域。

此外,英美式的"文化研究"和其他形式的文化学并非总是得以明晰的区分,尽管这些区别——不论是就各自的高校政治和学术政治框架条件,还是就理论和方法基础而言——是不容忽视的。在英美范围内,从20世纪60年代开始就形成了专门形式的"文化研究",并在机构上得以建制,在最近几年中这些"文化研究"形式在全球范围内得到接受。就德语区而言,近15年来的讨论首先围绕着对人文学科、文学学科、历史学科和社会学科进行文化学更新和改革的可能性和由此产生的问题而展开。尽管人们不能忽视文化学(单复数)被接受的程度在上升,但其轮廓和特征即使在(或者恰恰由于)相关发表物汗牛充栋的情况下仍然还是相当模糊的;而且"它们在学科上、理论上和方法上的自我体认也绝没有得到充分阐明",正如三卷本《文化学手册》②的前言所正确指出的那样。

本书的标题和副标题着重使用的复数也具有纲领性质,因为本书恰恰不是要再一次将英美式"文化研究"抬升为文化学的"独此"范式,正相反,它要展示的是现实存在的最重要的文化学研究思路、研究方向

---

① Bollenbeck/Kaiser,参见 Jaeger et al. 2004,卷2,第615—637页,上文引自第617页。

② 参见 Jaeger, Friedrich/Liebsch, Burkhard/Rüsen, Jörn/Straub, Jürgen 主编,*Handbuch der Kulturwissenschaften*, Stutigart/Weimar: Metezler 2004。

和分支学科多样性。用文化学对陷入困境的人文学科从研究对象和研究策略方面进行拓展，这一要求在许多国家都已出现，且近来已经引起众文化学中相互竞争的诸多不同理论、思路、研究方向的发展。例如，在文学学中，以文化学为导向的构想就从功能史方法扩展到新历史主义，到文化唯物主义，到话语分析，再到文化社会学、文化人类学和文化符号学方法，这还只是影响尤其深广的诸多方向中的几个而已。其他学科——其中尤其是文化史——所谓的"阐释转向"（interpretive turn）和"文化转向"（cultural turn）①也表现出类似的新思路和新方向——社会史、日常史、精神史和文化史——的多样化，这些思路和方向虽然就内容侧重点和对文化学设问的兴趣而言表现出些许一致之处，但除此之外是无法一概而论的。

由此也导致了文化概念、文化理论、研究思路和方法，以及文化学考察方式、主题和研究对象的多元化。本书选用的多视角、多声部的表达模式也试图展示与思路相吻合的视角多元化。本书的单个章节都由享有盛名的专业人士撰写而成，我们借此机会再次对他们的出色合作表示感谢，同时也感谢为本书付梓提供宝贵帮助的特里普（Ronja Tripp）和吕克（Benjamin Rücker），以及为本书编印新版进行策划的梅茨勒出版社的赫希特费舍尔（Ute Hechtfischer）。

维拉·纽宁与安斯加·纽宁
2007 年 11 月于吉森/海德堡

---

① 参见 Bachmann-Medick 2006。

一

众文化学:跨学科讨论语境中的多元视角概论

以文化学来改革、调整或扩展人文科学、文学学①、历史学和社会科学的尝试确实不少见。在英语国家,"文化研究"②的诸多新形式自20世纪60年代起开始出现并在学制机构中得以确立。而德国在近十年里主要还在围绕在人文学科中进行文化学革新的可能性和问题进行讨论。③ 纵览相关出版物和研究文献目录选集,便可见到,德国的争论首先是对"文化概念的胜利回归"④及其遍地开花以及文化学或复数的众文化学的声望上涨行情⑤予以反思。不过,尽管(或者恰恰因为?)有如此多出版物,众文化学的相貌特征其实迄今尚显模糊。⑥

此外,单复数的文化学的兴起绝不是仅伴有一路欢呼,它们的繁荣也招致了数量颇巨的反对者和批判者。后者(大多一以概之地)怀疑这

---

① 此处的文学学(Literaturwissenschaft)即以文学为对象的学科,大致对应于英美的文学批评和文学理论,也可译为文学研究,但从学科角度考虑,译为文学学。——译者注
② 参见 Winter 2001。
③ 参见 Frühwald et al. 1991。
④ 参见 Daniel 1993, S. 70。
⑤ 参见 Ullmaier 2001。
⑥ 参见极富启发性的几本论著:Henningsen/Schröder 1997; Appelsmeyer/Billmann-Mahecha 2001; Jaeger 2001a。

自称的众文化学专业性不够，认为它们多余，或者"由那些专业领域的狭小园地向外，以自满的视角拒绝它们"，贝恩德·亨宁森(Bernd Henningsen)和施罗德(Stephan Michael Schröder)在他们出版的论文集前言①中如此精辟地指出道。在这些争论中对阵各方旗帜鲜明，唇枪舌剑，气势汹汹，大多毫不吝惜论战之力，尤其在文化学的某些形式被贬低为"娱乐消遣"②时更是有了足够的火药燃料。然而，在文艺新闻界和学术界就"特定的(众)文化学"(仔细看去这本就是个出了名的费解又棘手的争论对象，或者根本就是个幻象?)展开长期抗战的热闹劲儿中，对下列切近问题的回答却一直并不明了：这一如此激烈的"不幸争论"③到底是就什么内容，在什么层面上进行的？是针对就某些或全部人文学科和社会学科进行文化学彻底改革的必要或多余？还是就"英美与法国研究构想可能或不可能融入德国(人文)学术场域"④并得以吸收的问题？还是针对某些特定学科如文学学在理论、方法和研究方案上的原则问题？⑤

1. 文化学研究领域中富于创造力的跨学科性、国际性、视角多元性与理论多样性

以上粗粗勾勒出的讨论关联(Diskussionszusammenhang)的对象，往往显出杂乱和离散的性质，但其主要的特征有三个总体趋势，简要描述如下：

---

① 参见 Henningsen/Schröder 1997, S. 6。
② 参见 Vollhardt 2001。
③ 参见 Pornschlegel 1999。
④ 同上，S. 522。
⑤ 在最近几年，人们总爱将文学学的长期合法性危机表述为"文学学和/或/作为文化学?"这一大题目，参见 Schönert 1996；Seeber et al. 1996；von Graevenitz 1999；Voßkamp 1999；Engel 2001。

- 首先是一系列极富创造力的跨界。
- 其次是国际化特征以及——就德国学界的争论而言——对英美与法国理论设想与研究构想的往往混杂式的接受。
- 再次是复调式、视角多元化的品格。这种多声部和视角多样化推动了文化概念、文化理论、研究思路、研究方向和方法以及文化学观察方式和研究对象的复数化,以至于迄今都无法辨认出"一种文化学工作的方法—构想范式"①。

在围绕特定(众)文化学的争辩中,跨界体现在多个方面:不仅仅多个以文化学为取向的学科参与其中(并受其影响),(众)文化学的"规划"本身也体现出**扩界与跨界**特征。因为这些讨论的出发点就包括对既有学科体制划分的批判以及超越学科界限的努力。这两者又都出自该识见:一方面,对文化现象的研究需要跨学科合作;另一方面,文化学研究又受到米特尔施特拉斯②所称的"问题探索与学科发展的不对称"这一学制问题的阻碍。因为"文化"(不论在具体情况下其作何解)属于与单科学术专门化相抵触的现象,让人无法安然地"将其定义为单科专家要解决的问题"③,所以对需要解决的文化问题的探索与学术学科的传统组构和分工之间就形成了矛盾。

因此,人们全面倡导的一场对人文和社会学科的文化学革新,其重要原因之一在于,众文化学能有助于"重获学术的感知力"④。它们将文化的问题域移入眼界中,这些问题域之前之所以很少得到关注,是因为它们处于文学学、历史学和社会学科的认识兴趣之间,无法被学科搜索屏所接收。将人文学科和社会学科朝文化学方向做跨学科扩展,不仅仅是一条可超越既有认识界限的希望之路,也将开启"超学科合

---

① 参见 Pornschlegel 1999, S. 521。
② 参见 Mittelstraß 1987, S. 156。
③ 同上,S. 154f.。
④ 同上,S. 155。

作"①的新可能性。

不过需要加以合理强调的是,各学科只有在省思了各自的专业能力——比如文学学在处理虚构文本方面,历史学在探取历史来源方面的能力——后,才能对文化学的跨学科工程做出实在贡献,因为"跨学科能力以专业学科能力为前提"②。舍尔珀也提出类似观点,他正确地指出:"以人类学、民族学、地理学和神话研究或者媒体学为导向的文学学,如果不能从自身专业能力出发来描述外获的研究领域,就不能达到合法性和有效性;文学学必须对主题、方法和认知目的中涉及自己的那部分做出定义。"③**跨学科和超学科合作**所暗示的学科跨界是以**各专业特有的标准、方法和能力**为前提的:"文化学不是以取消各学科的界限(若如此,则必须对各学科的效用前提、方法和理论假设的基础进行研究,则成其反面),而是以跨越其界限以利于相互观照为目标的。"④

除此以外,就特定(众)文化学的争辩的跨界之作为也体现为,它不仅仅是跨学科,也是跨国界的运作。如果比较一下**英美学界就文化研究进行的争论**和德国就人文学科的文化学革新的争论,就可以清楚地看到,各国特有的学术传统之间不仅仅有共同之处或至少契合之处,更有一系列难以逾越的差异,而这迄今都没有说明清楚,而有据于此,相应的学术机构的轮廓也还完全模糊。尽管在内容和方法上有许多契合,"文化学"和"众文化学"概念,比如说,就应和英美发展出的文化研究形式区别开来,后者的特征中包括马克思主义的社会理论,受意识形态影响的目标设定,将当代流行文化(popular culture)大量纳入研究对象的倾向。

文化学的理论争辩体现出的**学科跨界和国际维度**是其突出的**复调**

---

① 参见 Müller 1999, S. 576。
② 参见 Mittelstraß 1987, S. 154。
③ 参见 Scherpe 1999, S. 22。
④ 参见 Müller 1999, S. 576f。

式和多视角品格的两大主要原因,这正是在(众)文化学概念下的动态讨论关联的特征。"行为世界的视角多元化"①对应于学术元层面上与其相似的学科、研究方向和思路的多声部和多视角。由此产生了文化概念和文化理论,研究思路和方法,以及文化学观察方式、主题、研究对象的复数化。从文化学上拓宽对象领域和研究策略这一屡屡提出的要求,如今已经催生出**大量相互竞争的理论、思路和研究方向**,它们最小的共同之处可以看作它们皆"以文化学为导向"。主要以文化学为导向的构想谱系在文学中,比如说,就包括了接受史、影响史、作用史的思路,新历史主义②、文化唯物主义和话语分析,甚而文化社会学、文化人类学和文化符号学思路,这仅是尤其有影响力的几个方向③。

其他学科——尤其是文化史④——所谓的"阐释转向"(interpretive turn)⑤和"文化转向"(cultural turn)⑥也带来了类似的大量新的研究思路和方向,比如社会史、日常生活史、性格精神史和文化史等思路。这些思路虽然就内容的重点设置和文化学的设问兴趣而言显示出若干交点,但除此之外难以一概而就。⑦

同样相应多样化的是**(众)文化学本身的构想**,这是在近几年里提出并引发讨论的。单是"文化学争论中单数和复数并列出现而尚未得以澄清"⑧的现象便可体现其中立足点的多样和基本问题的开放未决。这一概念的单数最多是用以**说明一种新学科**,该学科虽然设置为跨学科,但光是必要的学制建设便已要求其具有单个学科地位,在许多地方它也获得了该地位;或者单数用以**描述一种"协调形式"**⑨,该形式

---

① 参见 Bachmann-Medick 1996b, S. 26。
② 参见 Glauser/Heitmann 1999。
③ 参见本书相关章节。
④ 参见 Daniel 2002。
⑤ 参见 Hiley et al. 1991。
⑥ 参见 Hartmann/Janich 1998。
⑦ 参见 Daniel 2002。
⑧ 参见 Böhme/Matussek/Müller 2000, S. 33。
⑨ 参见 Böhme/Scherpe 1996b, S. 12。

是一种沟通媒介,一类多视角艺术,为的是将异质的、高度专门化的、彼此抵触的学术成果"带入对话",使之朝结构共同点的方向透明化,询问其长期趋势,让学科边界游移不定,发展出关联、比较、差异、交流过程和语境的网络。①

按照这一理解,"文化学""不是一门单独的学问,而是反思的元层面,是一种灵活的转换形式,或许也是让人文学科现代化的一种调节层面"②。以复数出现的"众文化学"则首先用来**描述旧有哲学学科各分支**;在这个意义上,这一术语"使用起来几乎和人文学科毫无二致,不过列入其中的学科都应脱离具有德国特色的精神史传统"②。

除此而外,(众)文化学这一术语的使用方式,不论单复数,在当今学术实践的讨论中千差万别,虽然经过了众多努力却迄今都得不到明确定义,因为其下囊括了多种彼此迥异的研究方向、研究趋势,尤其是在人文学科和社会学科中;也因为这一术语是一个开放的、动态的、跨学科的讨论关联使用的集体概念;因为关于它的涉及范围还有争议。几近滥用的(众)文化学概念在使用中至少有以下四种含义:

a) 在广义上,(众)文化学是指超于学科之上的关系框架,可以容纳传统人文学科的整个谱系。

b) (众)文化学概念其次可用作纲领性标题词,从不同方面提出变革和更新文学学、历史学和社会学科的要求。

c) 在狭义和专门意义上,文化学描述单个语文学内部一个分支领域及特定方向,细察之下,这往往便是传统的国情学。

d) 文化学概念也可以用作向来研究文化的民族志和欧洲民族学的自我称谓。③

参与文化学争论的(众)文化学构想及其思路和分支学科是如此多

---

① 参见 Böhme/Scherpe 1996b, S. 12。
② 参见 Böhme 2000, S. 356。
③ 参见 Glaser/Luserke 1996。

样,由它们铸造的文化概念和文化理论也同样多。定义文化学或(众)文化学的对象领域和方法的各种尝试便也可以从其使用的文化概念和文化理论的角度加以区分。另一方面,这些尝试又因其建议的理论主导概念和研究方式不同而不同。核心概念"文化"便有着多样而炫目的不同定义。对文化的理解在近几十年由于不同学科的定义而发生了根本改变。精确规定该概念的建议首先来自历史学、人类学、社会学和符号学的工作,从中可以辨认出若干共同的聚焦点。另外还有如此思考,即文化是由人造成并组构的;文化既不限于"高雅"文化,也不能等同于一个共同体的艺术化生活表述。

扩展文化学研究的对象领域,这一诉求来源于对传统的文本概念和文学概念的质疑,对具有规范性色彩的"高雅—流俗文化"之分的拒斥,以及对容纳当今媒体文化的识见[1]:"文化学的扩界导致了所谓高等文化丧失特权。"[2]

在一本导论中重述文化概念的历史语义[3]或介绍当今流行使用的多个文化构想和文化理论[4],既不可能也无意义,所以在此仅仅指出,尽管近年有多种不同方案,但可以辨识出的是各学科普遍**存在一个符号学的、以意指为导向的、具有建构主义特征的文化概念**。由此,文化被理解为由人制造的观念、思想形式、感觉方式、价值和意指的复杂总体,在象征系统中得以物质化。

按照这样一个以意指为导向的概念定义,不仅仅物质(例如艺术)上的表达形式属于文化领域,它也包括社会机构和精神构造,是这些让那些人工品得以产生。如此一种符号学的文化概念也就包含了如此识见:文化不仅仅具有物质的一面——一个民族的"文化财富"——也有

---

[1] 参见 Schönert 1996。
[2] 参见 Böhme/Matussek/Müller 2000,S. 108。
[3] 参见 Böhme 1996。
[4] 参见 Fleischer 2001;Reckwitz 2000。

社会的和精神的一面。① 与此相应,当今以文化人类学和文化符号学为旨归的"文化作为文本"②以及"文化作为符号系统"③和文化学作为"一种阐释性的、生产意指的行进方式,以其生活世界的有效性来分析具有社会意义的感知、象征和认知方式的方式"④这些提法都得到了青睐。

如何将文化概念的意义扩展把握为一种模式,施密特⑤对此提出如下建议:将文化构想为一种"整体程序(犹如电脑软件),它以一个社会的现实模式为交流主题"。这一技术型隐喻区分了程序和运用及不同的使用者(谁是程序员这个棘手的问题则暂时束之高阁),它的图像逻辑清楚地表明,"一个社会的文化不可等同于文化表达例如象征(系统)、人工制品、仪式等",但是这些是"让文化可以被观察到"的机构⑥:"正如每一个程序一样,文化程序也只有通过驱动者使用它才能将自己物质化,但是这个程序不会由此而穷尽。"⑦钻研一个社会的文化因此也就意味着,借助研究物质现象和社会现象来重构它的精神整体程序。

此外,符号学的文化概念这三个维度——物质的、社会的、精神的——和将文化看作类似于软件的"整体程序"来凸显某社会的现实模式这一隐喻式描述都表明,"为文化的社会维度赋予符号学隐喻"⑧正如在文学学的人类学转向中所流行的"文化作为文本"的口号式隐喻⑨或者"逆向社会学简化"⑩,都不符合文化的不同维度,这些维度恰恰不能简化至彼此。与"文化作为文本"这一广为流传的言说方式相反,这

---

① 参见 Posner 1991 及本书第三章。
② 参见 Bachmann-Medick 1996a。
③ 参见 Posner 1991。
④ 参见 Böhme/Scherpe 1996b, S. 16。
⑤ 参见 Schmidt 1992, S. 434。
⑥ 同上, S. 436。
⑦ 同上, S. 437。
⑧ 参见 Ort 1999, S. 542。
⑨ 参见 Bachmann-Medick 1996a。
⑩ 参见 Ort 1999, S. 542。

里要强调的是,该隐喻之所以让人误入歧途,是因为它没有充分地强调文本使用者,也即文化的精神和社会层面。尽管"这个公式作为文化学的纲领性口号一路得胜"①,但"文化作为文本"在两方面是有问题的:

> 首先,抹平隐喻式的、普遍化的文本概念和狭义的、限于文字记录的文本概念之间的差异,容易导致方法论上的绝境。对只在书面文本里留传的文化实践直接进行附会意义的解读,这样的尝试倾向于低估记载该实践的文本的独有逻辑。[……]其次,文本概念的扩展和普遍化往往伴随着授予语言解义以特权,语言显示为破解其他所有文化实践凝结形式的王道。谁如果将电影、舞蹈、戏剧、仪式、演艺、音乐、造型艺术连同文化实践的所有形式都纳入阅读模式,就会为此付出差异损失的代价:单个艺术门类或者艺术实践的特殊意指潜能无法再得以感知。②

尽管本书偏向于上述的符号学文化概念,但一方面需要强调,此处寥寥几个引述远不足穷现当今讨论的文化概念和文化理论③,这一点,克劳斯-米夏埃尔·奥尔特(Claus-Michael Ort)在随后第二章的概述中会重点说明。另一方面,显而易见的是,每一个以对象为准对文化概念进行的理论定义都必然导致某种有问题的局限。④ 所以文化学也绝非凑巧地被描述为"一种过程,一种学术实践,在符号学意义上,从实际操作出发,以问题设置,而不是研究对象来得到合法性和定义"⑤。而且恰恰是文化概念的多样性突出了这一识见:文化正如记忆一样,"应

---

① 参见 Böhme/Matussek/Müller 2000, S. 136。
② 同上,S. 136f.
③ 参见 Fleischer 2001; Reckwitz 2000。
④ 参见 Jaeger 2001b, S. 17f。
⑤ 参见 Henningsen/Schröder 1997, S. 7; Appelsmeyer/Billmann-Mahecha 2001。

当被理解为一种话语建构,它过去和现在都以不同方式得到质疑、钻研和描述"①。彼此竞争的多个文化概念也多少由此得到解释,它是观察者的建构,受制于理论和学科。适用于文化人类学的"文化作为文本"隐喻也适用于对文化的所有其他定义或隐喻。②

对**一切文化概念与文化理论的建构属性**的这一识见最终也适用于文化学研究对象和问题设置这个层面,同时也解释了它们引人注目的复数性和异质性。按照如今可说已经广为接受的见解,学术对象既非"预先给定"也不是单单"直接得到"的。毋宁说,它们是在特定认识兴趣、问题设置、理论前提和模式的尺度范围里,通过方案与术语细分而被建构甚或"发明"出来的,正如施密特在他那一章论媒体文化学建构时着重强调的那样。③ 尽管这些见解既不新颖,也不具革命性,但就人文科学和社会科学的文化学扩展或革新进行争辩时,值得我们予以回顾。施密特以令人赞赏的清晰和准确,从系统论和建构主义的角度阐述了这一识见④,指出所有对象建构都"借助区分和指称,即借助差异管理"来实现,就某研究领域中关系重大的对象进行的争辩需要考虑到观察者的问题:"一门学术不单单在述说对象,也在述说现象和疑难。而后者不是'以其自身而存在',而是为了研究者们而存在的。"⑤

因此,**文化学及众文化学尚在持续的繁荣**不可忽视,在这些概念下,正如在"文化研究"的概念下,集聚了丰富多彩的不同流派、(分支)学科和研究思路以及异质研究,它们常常缺乏一个共有的理论、方法论及专业学科基础。它们因而更具有集体概念及学术政治关键词的性质,既不指称一个定义清晰的学术门类,也没有描述一个特定的研究方

---

① 参见 Pethes/Ruchatz 2001, S. 13。
② 参见 Konersmann 1998, S. 327–354。
③ 参见第十六章。
④ 参见 Schmidt 2000, S. 332。
⑤ 同上。

向,而是指向了一个开放的、跨学科的、日益国际化的讨论关联。迄今为止,文化学在大西洋两岸的扩张往往偏于纲领而非实质,偏于调和而非系统,常引发论战而未提供方法。

与此相应,直至今日,要确定文化学及众文化学的理论—方法基础、对象领域和主导概念,甚而大致特征,都挺困难。这一困难尤其由于上述状况而加剧,即文化学理论争辩的跨学科和国际化,讨论在不同国家和各国"行会"中体现为完全不同的形式。

当前文化学的特征难以确定,这与讨论的日益**国际化与跨学科**相关,后者带来的结果便是,在由各国特有传统所影响的知识分子背景之间,就文化学门类的区别和共同点,就有争议的立场和释义,就研究策略和方法设想,最终,就任务领域和功能定义进行沟通,变得更为复杂。①

此外还有一个问题:在德国讨论文化学时,经常以混合方式接受英美和法国的理论构想与研究方案,这时人们往往既忽视了该讨论所处的完全**不同的国家背景及学术政治语境**,又忽视了在抽离如此语境而实行跨界理论接受时很容易产生的歪曲和同质化。出于这个原因,克雷蒙斯·珀恩施莱格尔(Clemens Pornschlegel)合理地提出了极有意义的建议,对当下的争辩来说:

> 或许有益的是,让争论脱离迄今占主导地位的"范式"元层面,在这个层面上提出的问题是"众文化学"有(否)可能具备方法—主题上的统一性;让争论转而分作两个彼此分离的问题综合体。一方面在——完全合理地——被称为"人文科学的合法性危机"的语境中提出"众文化学"的问题。[……]另一方面,在完全不考虑德国"人文科学"危机的条件下——不论在美国、英国还是在法国,这个危机都不在议事日程中,

---

① 参见 Jaeger 2001b, S. 9f.

因为那里不存在如此涉及"精神"或"灵"的学科①——讨论[……]单个作者的建议和思路；这时讨论的当然就不是一种"方法论范式"，这是作者们既没有也无意去建造的，而是具体的、以事件本身或对象为导向的方法问题，这才是那些作者们以不同方式提出并回答了的。②

2. 本文集的重点与目标——兼论其言之未尽

以上述区分为背景，这里要突出强调：本书的首要目的不是为德国特有的关于"人文学科"的合法性长期危机及未来的元层面争辩再添薪柴，或者在关于人文学科和社会学科的文化学革新的利弊、意义之有无的必要或多余的争吵中行使法官职能。由此，它也不是要澄清众文化学是否"不只是热门标签"③或"拜物教"④这一问题，也不是规范性地确认一个特定的文化及（众）文化学构想或者宣扬一种新的文化学阐释方式。

这本设想为导论与概览的手册，主要目的其实简单、具体又实用得多：通过对最为重要的文化概念、文化理论和研究思路的批判性整理和展述，让读者更容易进入这一复杂的、跨学科的、国际化的讨论关联。居于首要地位的既不是就"众文化学"在其（分支）学科多样化之中或之外能否存在方法—主题统一性提出基本疑问，也不是说明一门新学科的存在理由，而是尽力对那些在争辩对人文学科进行文化学革新的可

---

① 德国学科分类中的 Geisteswissenschaft 一词由 Geist（精神或灵）和 Wissenschaft（学科、学术）组成，也有中国学者译为精神科学，实际则包含哲学、语言学、历史学等人文学科。——译者注
② 参见 Pornschlegel 1999, S. 524f.
③ 参见 Bollenbeck 1997。
④ 参见 Harth 1996。

能性和疑难时引入的或成其背景的**最重要设想、思路和理论基础进行尽可能系统的盘点**。本书同时也想借此做出以下贡献:

> 将关于人文学科的文化学导向的讨论[……]从对方法范式的悖论式纠结中解放出来,以便能更自如地接受并有创造力地吸纳近几十年来在英、美、法的学术环境中形成的分析式的具体设问和主题创新。①

在本书标题中多次使用的复数绝非偶然,而是一种纲领,因为它指明了**本书的前提和目标**。

首先,本书并无意介绍一种名为"文化学"(单数)的(新)学科②;本书的主要目的毋宁说是对那些处于当今文化学理论争辩中心的研究思路与分支学科的理论前提、方法和研究构想做一次有意多视角的、**导入式的概览;众文化学(复数)**的跨学科持续发展便从这些分支学科中获得极为重要的动力。

第二,(同样有意用复数的)**"构想"**和**"理论基础"**这样的概念所发出的信号是,本书重点是介绍文化研究中各自的纲领、模式和概念。其中"构想"这个词包含的"思想草稿"及"初稿"意味之所以是完全合适和符合期待的,部分原因在于本书绝不否认某些文化学"主导纲领"的临时性。

第三,**"方法思路"**是指上文中已提到过的,如今文化学中出现的范围广大的研究方向、理论建议和研究方法,本书的目的之一便是以同时交错的方式来展示它们。

副标题中的最后一个复数**"研究视角"**暗示的是,本书不仅仅涉及理论争辩,也涉及如此问题:文化学的观察方式开启了怎样的问题设置和研究领域,特定的构想和思路启动了怎样的扩展,开辟了未来研究的哪些具体前景。"视角"是文化学著作在副标题中乐于使用的概念,这

---

① 参见 Pornschlegel 1999, S. 531。
② 参见同名导论,Böhme/Matussek/Müller 2000。

不一定是种干扰①；至少这表现了众人在该观点上的一致性，即对既有学科的文化学扩展或革新开启了新的观察方式和前景。

有鉴于上文勾勒的理论构想、研究思路和研究方向的多样性和当今文化学理论争辩在质量上的多层次，本书在双重方面的多视角结构（下文展述的思路和构想谱系广阔，撰稿者隶属的学科背景大相径庭）都是最为妥帖的表达方式，能传达出"众文化学"具有活跃而跨学科的性质，以及彼此竞争的立场谱系这样的观念。本书不会遮盖各学科、思路和方法上的差异，也不会人为地规束或抹平各立场和研究趋势的复数性与异质性。更有意义的是，从不同方案的多样性出发，以各自的方式来构想、观看和研究"文化"和文化学问题。多视角的表现形式不会让某个特定（分支）学科的视角或理论立场获得凌越其他的特权，而是保持文化学话语的复调式特点。

本书以这样的方式一视同仁地陈述不同思路与探究方式，同时通过并置达成如此可能性，即让它们彼此产生联系。本书的架构一方面分门别类地展示了单个思路与研究方向的产生背景、理论基础和特殊性；如此则降低了不可信的、让人误入歧途的同质化危险，这在接受（及建构）"独此"文化研究以及"独此"后结构主义和新结构主义过程中多次出现过（有的至今如此）。

所以，本书主要被设计为帮助读者在上文勾勒出的文化理论思路和（分支）学科组成的场域内**获取方向的工具书**，这一场域如今即使是专业人士也难以尽览。这本具有跨学科构成的书将提供对多样的文化学研究思路和研究方向的集中概览，解说它们的理论基础、方法源流和构想。此外它还将通过示例引导读者了解核心的文化学任务领域、问题设置和研究趋势。本书因而也可理解为对（众）文化学争辩中因为跨界和多声调性质而引起的**交流难题和理解障碍的应答**。此类沟通难题

---

① 参见 Anderegg/Kunz 1999；Glaser/Luserke 1996；Jaeger 2001a；Nünning 1998；Winter 1996。

不仅仅存在于来自不同国别与学术文化的专业代表之间,也存在于参与文化学讨论的学科之间,不同思路和研究方向的代表人以及教师与学生之间。尤其是后者面对非常实际的问题,对错综复杂而无从把握的讨论关联的初步了解总伴随着突出的理解困难和极大的时间耗费。

为了满足这一要求,本书必须尽可能做到系统和全面,但作为单册导论和工具书又不可丧失其简便。尽力涵盖最重要思路与构想的努力不可误解为追求完整性(这一点尤其要在这里指明)。重要的不是追逐完整性这头怪物,而是实现一个尽可能有意义又具代表性的精选集。处于中心地位的是以一种同时交错的形式来实现对**当今尤其得到集中讨论的文化学思路和构想**的导论式概览。而对众文化学的历史重构①以及现代文化理论的历史②在本书设计中都居于次要地位,当然在各章中历时维度和学术史在有必要、合目的的条件下都会得到说明。

其次,按照出版社计划的设置,本书重点是那些**对文学学的文化学革新**尤其可起相当作用的研究思路构想及其理论基础。此外,本书也关注**取自人文学科和社会学科临近学科的文化学研究方向**的一个广阔谱系——文化史、文化社会学、文化心理学、文化经济学直至跨学科的异者文化学、文化区域研究、性别研究和媒体文化学。③ 阿斯特莉特·艾尔(Astrid Erll)以"集体记忆与回忆文化"为主题的一章有意识地与表达相关思路与文化学(分支)学科的各章发生交错,它不仅仅是一个范例,表明了新的视角如何由一种文化学观察方式中——比如对国族身份与文化身份的关注④——催生出来;它也考虑到以下事实,即阿斯曼表达过的预言观点如今已经得到证实:"一切都表明,围绕回忆这一概念正建立起文化学的一个新范式,它让人们在新的关联中观看不同

---

① 参见 Jaeger 2001c。
② 参见 Jung 1999。
③ 参见本书相应章节。
④ 参见 Giesen 1991。

的文化现象和领域——艺术和文学、政治和社会、宗教和法律。"①

　　研究思路和分支学科的挑选当然(和所有的挑选一样)会受到质疑,它首先是以各个研究方向对于人文学科的文化学革新和文化学研究的创新发展的意义为标准的。这一意义虽然极难准确估量,但对最重要的文化学新著作和文化学杂志的系统分析能提供足够可靠的支撑点。除了对于讨论进程的重要性而外,挑选思路的四个决定性标准是如下问题:各个既有理论设计得到何种程度的成型发展;在各自领域中是否已有数量可观、卓有成效的研究;各构想与研究方式对于文化学来说有多大的普适及衔接可能②;各研究思路预计会有怎样的发展潜力和前景。我们希望,按照这些标准进行的挑选对于文化学中最重要的研究方向和当前发展趋势来说是多少具有代表性的。如果某些读者仍然感到某一个研究思路遭到了忽视,这也是在所难免的。显而易见,研究"文化"这一现象的不同维度的繁多(分支)学科是本书各章无法穷尽的(可想到的缺席者有文化哲学、艺术史、宗教学和文化地理学),而在"文化学转向"上表现迟疑的那些学科的设问和对象也可在文化学视角下获得极大收益。我们也恨不能再添加十几章,但是出于本书规模的限制,也考虑到力求达到百科全书般完整的三卷本《文化学手册》(Stuttgart:Metzler 2003)已在筹划中,所以我们被迫放弃这项举动。

　　出于上文简述的目的,在以下各章中,居于中心地位的将是对各个研究思路的**理论基础**的刻画,对重要**概念**的阐明,对由此导引出的**方法实施可能性**的说明。此外,在各章中都将介绍核心的任务领域、问题设置和研究趋势,这些将通过范例,以对象为导向,直观地展示具体的事实问题和方法问题。由于所介绍的研究思路与分支学科之间有多种差异,所以我们在上文简述的框架下让各章撰稿人自行设置重点,并有意不将所有文章限制在某个统一模式中,也不追求百科全书式的完整性。

---

① 参见 Jan Assmann 1997, S. 11。
② 参见 Daniel 2002, S. 297。

尽管各章会将不一样的角度、设计和侧重置于首要位置,但它们以马赛克形式汇集为当前文化学理论争辩与研究争辩的一幅多层次画面。它们既清楚地展现了研究思路、构想与理论—方法前提的多样,又表明了各自角度的特性,并也由此展示了对众文化学不同的问题设置和研究领域进行探索的不同可能性:研究思路和理论家"不是作为一呼唤出来便可保证可靠结果的权威来介绍的,而是作为以其创造潜力和知识财富来让当前讨论受益的启发者,他们不会强求对该争辩感兴趣者再学一遍哲学、知识理论或者学术史"①。

通过将不同研究思路和观察方式并举,本书也想至少避免如此一种危险,尼采曾在他极端的知识批判《论历史学之于生命的利弊》中以灰暗的色彩描述过这一危险。如果用"理论"取代"历史学",那么尼采对"过多历史学"的控诉也可提供一种批判眼光,审视过多理论尤其在不批判的接受者那里产生的有害后果。借尼采的话可如此来描述:初学者很快便会拖着"莫大一堆未曾消化过的知识之石四处游荡",在初级研讨课上使用它们时,"完全孤立的一小段过去[……]将让他的敏锐思想和学会的方法沦为牺牲品"。"谁只需摇晃一下他,智慧便哗啦啦落入怀中","他的头塞满了数量可怕的概念",到了最后他"身上撒满了龙牙一般的概念,生产出概念之龙,此外还承受着词语的痛苦,无法信赖自己任何还没有加上词语印章的感受",被无情地抛掷在"由学术带来的概念地震"中。②

与此相反,这部多声调的导论想明确地鼓舞读者——其中恰恰也包括大学生——不是不批判地、迷信权威地简单接受某个特定的研究思路,而是在面对文化学理论、构想和方法时发展一个既开放又批判的态度,比较不同的研究思路,对其各自的优点与问题——以及借用一下尼采的话,**对文化学构想之于学业的利弊**——做出独立判断。这是学

---

① 参见 Daniel 2002,S. 20。
② 参见 Nietzsche 1960,S. 281,232,256,279,280,282。

习者为自己的研究工作选择适合研究对象和问题设置的解决策略的一个重要前提。因为对某个理论的概念体系、某个模式化表述和某套方法的使用都是在具体的文化学研究工作中才确定的,所以最终要由每个人自己来决定,他在单个情况下偏爱哪一种思路和工作方式。为此需要对特定的研究思路和方法做出有依据的独立决定。而如此决定的前提又是拥有关于当下讨论的众文化学构想的可靠信息。与乌特·丹尼尔(Ute Daniel)那部兼有启发意义和阅读价值的《文化史纲要》类似,本书以多视角初探文化学理论与研究争论中跨学科讨论关联,也可理解为"少许引人上瘾的迷药":

> 它应该勾起读者的兴致,让他进入文本世界做智识的冒险;探索这个世界所获得的将远远多于可用作引文的权威知识:那便是对独立思考方式的熟悉,与权威辩驳切磋的良机,智识的自主性。[1]

参考文献

Anderegg, Johannes/Kunz, Edith Anna (Hgg.): *Kulturwissenschaften. Positionen und Perspektiven*. Bielefeld: Aisthesis 1999.

Appelsmeyer, Heide/Billmann-Mahecha, Elfriede (Hgg.): *Kulturwissenschaft. Felder einer prozeßorientierten wissenschaftlichen Praxis*. Weilerswist: Velbrück 2001.

Assmann, Aleida: *Erinnerungsräume. Formen und Wandlungen des kulturellen Gedächtnisses*. München: Beck 1999.

Assmann, Aleida: *Einführung in die Kulturwissenschaft. Grundbegriffe, Themen, Fragestellungen*. Berlin: Erich Schmidt 2006.

Assmann, Jan: *Das kulturelle Gedächtnis. Schrift, Erinnerung und politische Identität in frühen Hochkulturen*. München: Beck 1997 [1992].

---

[1] 参见 Daniel 2002, S. 24。

Bachmann-Medick, Doris (Hg.): *Kultur als Text. Die anthropologische Wende in der Literaturwissenschaft.* Tübingen/Basel: Francke 2004 (Frankfurt a. M.: Fischer 1998 [1996a]).

Bachmann-Medick, Doris: »Einleitung.« In: Bachmann-Medick 1996a, S. 7 - 64 (=1996b).

Bachmann-Medick, Doris: »Texte zwischen den Kulturen. Ein Ausflug in postkoloniale Landkarten.« In: Böhme/Scherpe 1996, S. 60 - 77 (=1996c).

Bachmann-Medick, Doris: »Literaturein Vernetzungswerk. Kulturwissenschaftliche Analysen in den Literaturwissenschaften.« In: Appelsmeyer/Billmann-Mahecha 2001, S. 215 - 239.

Bachmann-Medick, Doris: *Cultural Tuns. Neuorientierungen in den Kulturwissenschaften.* Reinback: Rowohlt 2007 [2006].

Benthien, Claudia/Velten, Hans Rudolf: *Germanistik als Kulturwissenschaft. Eine Einfübrung in neue Theoriekonzepte.* Reinbek: Rowohlt 2002.

Bloth, Ute von/Vollhardt, Friedrich: »Literaturwissenschaft und Kulturwissenschaft. Prolegomena.« In: *Mitteilungen des Deutshen Germanistenverbandes* 46,4(1999) (=Themenheft *Germanistik als Kulturwissenschaft*), S. 468 - 485.

Böhme, Hartmut: »Vom Cultus zur Kultur (wissenschaft). Zur historischen Semantik des Kulturbegrifts.« In: Glaser/Luserke 1996, S. 48 - 68.

Böhme, Hartmut: »Julturwissenschaft.« In: Harald Fricke et al. (Hgg.): *Reallexikon der Deutschen Literaturwissenschaft,* Bd. 2: H - O. Berlin/New York: de Gruyter 2000, S. 356 - 359.

Böhme, Hartmut/Matussek, Peter/Müller, Lothar: *Orientierung Kulturwissenschaft. Was sie knann, was sie will.* Reinbek bei Hamburg: Rowohlt 2000.

Böhme, Hartmut/Scherpe, Klaus R. (Hgg.): *Literatur und Kulturwissenschaften. Positionen, Theorien, Modelle.* Reinbek bei Hamburg: Rowohlt 1996a.

Böhme, Hartmust/Scherpe, Klaus R.: »Zur Einführung.« In: Böhme/Scherpe 1996a, S. 7 - 24.

Bollenbeck, Georg: »Die Kulturwissenschaften-mehr als ein modisches Label?« In:

Merkur. *Deutsche Zeitschrift für europäisches Denken* 51 (1997), S. 259-265.

Bollenbeck, Georg/Kaiser, Gerhard: »Kulturwissenschaftliche Ansätze in den Literaturwissenschaften.« In: Fredrich Jaeger/Jürgen Strabub (Hagg.): *Handbuch der Kulturwissenschaften. Band 2: Paradigmen und Disziplinen.* Stuttgart/Weimar: Metzler 2004, S. 615-637.

Daniel, Ute: »Kultur und Gesellschaft: Überlegungen zum Gegenstandsbereich der Sozialgeschichte.« In: *Geschiche und Gesellschaft* 19 (1993), S. 69-99.

Daniel, Ute: *Kompendium Kulturgeschichte. Theorien, Praxis, Schlüsselwörter.* Frankfurt a. M.: Suhrkamp 2002 [2001].

Easthope, Antony: *Literary into Cultural Studies.* London/New York: Routledge 1991.

Engel, Manfred: »Kulturwissenschaft/en-Literaturwissenschaft als Kulturwissenschaft-kulturgeschichtliche Literaturwissenschaft.« In: *Kultur Poetik* 1 (2001), S. 8-36.

Fleischer, Michael: *Kulturtheorie. Systemtheoretische und evolutionäre Grundlagen.* Oberhausen: Athena 2001.

Früwald, Wolfgang et al. (Hgg.): *Geisteswissenschaften heute. Eine Denkschrift.* Frankfurt a. M.: Suhrkamp 1991.

Giesen, Bernhard (Hg.): *Nationale und kulturelle Identität. Studien zur Entwicklung des kollektiven Bewußtseins in der Neuzeit.* Frankfurt a. M.: Suhrkamp 1991.

Glaser, Renate/Kuserke, Matthias (Hgg.): *Literaturwissenschaft - Kulturwissenschaft. Positionen, Themen, Perspektiven.* Opladen: Westdeutscher Verlag 1996.

Glauser, Jürg/Heitmann, Annegret (Hgg.): *Verbandlungen mit dem New Historicism. Das Text-Kontex-Problem der Literaturwissenschaft.* Würzburg: Königshausen & Neumann 1999.

Grabes, Herbert: »Literaturwissenschaft - Kulturwissenschaft - Anglistik.« In: *Anglia* 114,3 (1996), S. 376-395.

Grabes, Herbert (Hg.): *Literary History/Cultural History. Forcefields and Tensions.* Tübingen: Narr 2001 (=*REAL—Yearbook of Research in English and American Literature* 17).

Harth, Dietrich: »Vom Fetisch bis zum Drama? Anmerkungen zur Renaissance der Kulturwissenschaften.« In: *Anglia* 114,3 (1996), S. 340 - 375.

Hartmann, Dirk/Janich, Peter (Hgg.): *Die kulturalistische Wende. Zur Orientierung des philosophischen Selbstverständnisses*. Frankfurt a. M.: Suhrkamp 1998.

Hennigsen, Bernd/Schröder, Stephan Michael (Hgg.): *Das Ende der Humboldt-Kosmen. Konturen von Kulturwissenschaft*. Baden-Baden: Nomos 1997.

Hiley, David R. et al. (Hgg.): *The Interpretive Turn. Philosophy, Science, Culture*. Ithaca/London: Cornell UP 1991.

Jaeger, Friedrich (Hg.): *Kulturwissenschaftliche Perspektiven in der Nordamerika-Forschung*. Tübingen: Stauffenburg 2001a.

Jaeger, Friedrich: »Kulturwissenschaften, Cultural Studies und die deutsche Nordamerikaforschung.« In: Jaeger 2001a, S. 9 - 23(=2001b).

Jaeger, Friedrich: » Traditionen der Kulturwissenschaft im deutsch-amerikanischen Vergleich.« In: Jaeger 2001a, S. 209 - 238(=2001c).

Jaeger, Friedrich et al. (Hgg.): *Handbuch der Kulturwissenschaften*. 3 Bde. (Bd. 1: »Grundlagen und Schlüsselbegriffe«, hg. von ders. und Burkhard Liebsch; Bd. 2: »Paradigmen und Disziplinen«, hg. von ders. und Jürgen Straub; Bd. 3: »Themen und Tendenzen«, hg. von ders. und Jörn Rüsen). Stuttgart/Weimar: Metzler 2004.

Jung, Thomas: *Geschichte der modernen Kulturtheorie*. Darmstadt: Wissenschaftliche Buchgesellschaft 1999.

Konersmann, Ralf (Hg.): *Kulturphilosophie*. Leipzig: Reclam 1998 [1996].

Mittelstraß, Jürgen: » Die Stunde der Interdisziplinarität.« In: Jürgen Kocka (Hg.): *Interdiszi plinarität. Praxis - Heraus forderunger - Ideologie*. Frankfurt a. M.: Suhrkamp 1987, S. 152 - 158.

Müller, Jan-Dirk: »Überlegungen zu einer mediävistischen Kulturwissenschaft.« In: *Nitteilungen des Deutschen Germanistenverbandes* 46, 4 (1999) (= Themenheft *Germanistik als Kultruwissenschaft*), S. 574 - 585.

Nietzsche, Friedrich: *Unzeitgemäße Betrachtungen*. In: Karl Schlechta (Hg.): *Werke in drei Bänden*. Band I. München: Hanser 1960 [183—1876], S. 135 - 434.

Nünning, Ansgar: » Literatur, Mentalitäten und kulturelles Gedächtnis. Grundriß, Leitbegriffe und Perspektiven einer anglistischen Kulturwissenschaft. « In: ders, (Hg.): *Literaturwissenschaftliche Theorien, Moddlle, Methoden. Eine Einfübrung*. Trier: Wissenschaftlicher Verlag Trier 1998 [1995], S. 173 - 198.

Nünning, Ansgar (Hg.): *Metzler Lexikon Kiteratur-und Kulturtheorie. Ansätze - Personen - Grundbegriffe*. Stuttgart/Weimat: Metzler 2008 [1998].

Nünning, Ansgar/Nünning, Vera (Hgg.): *Konzepte der Kulturwissenschaften. Theoretische Grundlagen - Ansätze - Perspektiven*. Stuttgart/Weimar: Metzler 2003.

Nünning, Ansgar/Sommer, Roy (Hgg.): *Julturwissenschaftliche Literaturwissenschaft. Disziplinäre Ansäze - Theoretische Positionen - Transdisziplinäre Perspektiven*. Tübingen: Narr 2004.

Oexloe, Otto Gerhard (Hg.): *Naturwissenschaft, Geisteswissenschaft, Kulturwissenschaft. Einbeit - Gegensatz - Komplementarität?* Göttingen: Wallstein 1998.

Ort, Claus-Michael: » Texttheorie - Textempirie - Textanalyse. Zum Verhältnis von Hermeneutik, Empirischer Literaturwissenschaft und Literaturgeschichte. « In: Achim Barsch/Gebhard Rusch/Reinhold Viehoff (Hgg.): *Empirische Literaturwissenschaft in der Diskussion*. Frankfurt a. M.: Suhrkamp 1994, S. 104 - 122.

Ort, Claus-Michael: »Was leistet der Kulturbegriff für die Literaturwissenschaft. Anmerkungen zur Debatte. « In: *Mitteilungen des Deutschen Germanistenverbandes* 46, 4(1999)(=Themenheft *Germanistik als Kulturwissenschaft*), S. 534 - 545.

Pethes, Nicolas/Ruchatz, Jens (Hgg.): *Gedächtnis und Erinnerung. Ein interdisziplinäres Lexikon*. Reinbek bei Hamburg: Rowoht 2001.

Pornschlegel, Clemens: »Das Paradigma, das keines ist. Anmerkungen zu einer unglücklichen Debatte. « In: *Mitteilungen des Deutschen Germanistenverban-*

des, 46,4 (1999) (= Themenheft *Germanistik als Kulturwissenschaft*), S. 520 – 532.

Posner, Roland: »Kultur als Zeichensystem. Zur semiotischen Explikation kulturwissenschaftlicher Grundbegriffe. « In: Aleida Assmann/Dietrich Harth (Hgg.): *Kultur als Lebenswelt und Monument*. Frankfurt a. M. : Suhrkamp 1991, S. 36 – 74.

Reckwitz, Andreas: *Die Transformation der Kulturtheorien. Zur Entwicklung eines Theorieprogramms*. Weilerswist: Velbrück 2000.

Scherpe, Klaus R. : » Kanon-Text-Medium. Kulturwissenschaftliche Motivationen für die Literaturwissenschaft. « In: Schmidt-Dengler/Schwob 1999, S. 19 – 35.

Schmidt, Siegfried J. : »Medien, Kultur, Medienkultur. Ein konstruktivistisches Gesprächsangebot. « In: ders. (Hg.): *Kognition und Gesellschaft. Der Diskurs des Radikalen Konstruktivismus 2*. Frankfurt a. M. : Suhrkamp 1992, S. 425 – 450.

Schmidt, Siegfried J. : *Kalte Faszination. Medien, Kultur, Wissenschaft in der Mediengesellschaft*. Weilerswist: Velbrück 2000.

Schmidt-Dengler, Wendelin/Schwob, Anton (Hgg.): *Germanistik im Spannungsfeld zwischen Philologie und Kulturwissenschaft. Beiträge der Tagung der österreichischen Gesellschaft für Germanistik in Wien 1998*. Wien: Edition Praesens 1999.

Schönert, Jörg: »Literaturwissenschaft – Kulturwissenschaft – Medienkulturwissenschaft. Probleme der Wissenschaftsenwicklung. « In: Glaser/Luserke 1996, S. 192 – 208.

Schößler, Franziska: *Literaturwissenschaft als Kulturwissenschaft. Eine Einführung*. Tübingen/Basel: Francke 2006.

Seeber, Hans Ulrich et al. (Hgg.): Themenheft *Literaturwissenschaft und/oder Kulturwissenschaft* der *Anglia* 114, 3 (1996).

Stanitzek, Georg/Voßkamp, Wilhelm (Hgg.): *Schnittstelle. Midien und Kulturwissenschaften*. Köln: DuMont 2001.

Stegbauer, Kathrin et al. : *Kulturwissenschaftliche Frübneuzeitforschung*.

Beiträge zur Identität der Germanistik. Berlin: Erich Schmidt 2004.

Stierstorfer, Klaus/Volkmann, Laurenz (Hgg.): *Kulturwissenschaft Interdisziplinät*. Tübingen: Narr 2005.

Titzmann, Michael: »Aspekte der Fremdheitserfahrung. Die logischsemiotische Konstruktion des › Fremden ‹ und des › Selbst ‹. « In: Bernd Lenz/Hans-Jürgen Lüsebrink (Hgg.): *Fremdbeitserfabrung und Fremdbeitsdarstellung in okzidentalen Kulturen. Theorieansätze, Medien/Textsorten, Diskursformen*. Passau: Wissenschaftsverlag Richard Rothe 1999, S. 89-114.

Ullmaier, Johannes: *Kulturwissenschaft im Zeichen der Moderne. Hermeneutische und kategoriale Probleme*. Tübingen: Niemeyer 2001.

Vollhardt, Friedrich: » Kittlers Leere. Kulturwissenschaft als Entertainment. « In: *Merkur. Deutsche Zeitschrift für europäisches Denken* 55, 8 (2001), S. 711-716.

von Graevenitz, Gerhart: »Literaturwissenschaft und Kulturwissenschaften. « In: *Deutsche Vierteljabrsschrift für Literaturwissenschaft und Geistesgeschichte* 73, 1(1999), S. 94-115.

Voßkamp, Wilhelm: » Literaturwissenschaft und Kulturwissenschaften. « In: Henk De Berg/Matthias Pangel (Hgg.): *Interpretation 2000. Positionen und Kontroversen. Festschrift zum 65. Geburtstag von Horst Steinmetz*. Heidelbetrg: Winter 1999, S. 183-199.

Winter, Carsten (Hg.): *Kulturwissenschaft. Perspektiven, Erfahrungen, Beobachtungen*. Bonn: AR Cult Media 1996.

Winter, Rainer: *Die Kunst des Eigensinns. Cultural Studies als Kritik der Macht*. Weilerswist: Velbrück 2001.

维拉・纽宁(Vera Nünning)

安斯加・纽宁(Ansgar Nünning)

二

文化概念与文化理论

1. 从规范性文化概念到文化理论

1.1 "文化"对"自然"

现代社会以何种方式分门别类地或从整体上感知"文化",如何借助一套话语以规范、批判、描述或解释的形式就"文化"进行交流,这取决于对"文化"的定义及其理论建构。

这一建构肇始于 18 世纪,自 19 世纪中期以来经历了多次学术机构化的盛况,发展出单个的"文化学"学科。**由"文化"的概念史向其理论史过渡**的前提:拉丁语的文化概念在 17、18 世纪从其属格修饰功能脱离出来。古典罗马时期,cultura 和 cultus(拉丁语名词,意为"维护""耕作"。对应动词为 colere:"居住""建造""制造""维护")不仅仅用来描述与自然有关的人类活动及其农业劳动结果(cultura agri),也指对超自然事物的宗教式"维护"(cultus deorum)——这一点与希腊语的 paideia(希腊语"教育""课程""培养""学术""教养")相符——以及从教育、学术和艺术上对人类生活本身的个人前提与社会前提实施的"维护"。斯多葛主义将哲学定义为一种拔除恶习之根的"对灵魂的维护",该定义也征引了农田耕作这样的形象,正如西塞罗(Marcus Tulius Cicero)在《图斯库鲁姆争辩》第 2 卷第 13 节所述:"哲学就是对精神的耕犁;它将恶连根拔起(cultura autem animi philosophia est; haec extrahit vitia radicitus)[……]"①

中世纪词义发生简缩,cultus 专指宗教意义,cultura 专指农业意义;而伴随着重倡古典文化的文艺复兴,cultura 和 cultur 在近代发展为学者语言中一个抽象而独立的概念。其**扩展了的意义领域**现在涉及人类社会属性的所有可供改善因而随历史变动的条件——经济、政治、法律、宗教方面的条件。该领域仅仅以"**自然**"作为其对立概念来界定,自然则是有待加工和驯化的。培根在他的《伟大复兴》第一部中还一如既往地将自然科学与世界的关联形象地描述为 cultura 和 georgica②,而在普芬多夫(Samuel Pufendorf)的自然法理论中,cultur 作为单数的集体名词获得了更大范围的意义,描述了——与 status civilis 同义而与 status naturalis 相反的——人类为超越自然而做的努力③。在重商主义和早期启蒙运动的"政治"学④语境中,德语名词 Cultur 所指的也是人类在道德、社会和技术上获得改善的需求,此需求被设想为没有穷尽。维科(Giambattista Vico)以符号学进行的文化比较开启了另一种对其进行补充的历史性视角。他 1725 年所写的《关于各民族本性的一门新科学的原则》具有反对笛卡儿"自然科学"的鲜明特点,被后世解读

---

① 参见 Cicero 1957[公元前 45 年],S. 141。
② 参见 Francis Bacon, *De dignitate et augmentis scientiarum libri* Ⅸ, 7, 1, 1623。
③ 参见 Pufendorf, *De jure naturae et gentium*, 1688; Bollenbeck 1996, S. 55 – 61。
④ 代表人物为海因里希·哥特罗普·冯·犬斯提(Heinrich Gottlob von Justi)等人。

为"文化哲学"和"文化史"的奠基之作。①

在集体式"道德改进"这样更广泛的意义上，**"Cultur"成为欧洲启蒙运动进步构想的一个核心概念**，同时也体现了该运动日益加强的时间化和市民化趋势。赫尔德(Johann Gottfried Herder)的《人类历史哲学之理念》(1784—1791年)对"众文化"的理解是非目的论的，他认为文化是各部族与民族在历史中形成的独特的生活方式。这本著作与这一理解代表了以"文化空间"为范畴且超越等级的总括式"文化史"的最初尝试②，这种文化史不受王朝和政治编年史的限制③。在约翰·格奥尔格·瓦尔希(Johann Georg Walch)的《哲学辞典：解释哲学各部分中的材料与新造词汇》第四版(1775年)中有关于Cultur的最早德语词条，它记录了晚期启蒙运动中扩展了的文化概念：

> 文化(Cultur)，显示了通过富有助益的加工与努力达成的某样事物的改善。人们说的这事物既指无生命物体，也包括有生命的物体，当它们被放置到它们并非得自自然的一种完满状态中时，它们即得到了文化培育。④

由这样一个含义广泛但同时也具规范性的文化概念出发，在"文化"的概念史和理论史发展中既衍生出描述性的、非规范的文化概念，也衍生出规范性的、狭义的文化概念，这两者之间的对立直至20世纪还依然存在。自18世纪晚期开始，在德语区，早期人类学对"文化"的普遍化和历史化便遭到了语义学上的内部区分的冲击，后者着重拔高了"文化"并通过其对立概念"文明"(Zivilisation)来限定它。

---

① 参见 Kittler 2000, S. 19-28。
② 参见本书第九章"文化史"。
③ 参见 Johann Christoph Adelung, *Versuch einer Geschichte der Cultur des menschlichen Geschlechts*, 1782; Dietrich Hermann Hegewisch, *Allgemeine Uebersicht der deutschen Kulturgeschichte bis zu Maximilian dem Ersten*, 1788；关于德国晚期启蒙运动中的文化概念请参见 Garber 1983。
④ 引自 Bollenbeck 1996, S. 321。

1.2 "文化"对"文明"

自 16 世纪人文主义起，Civilitas(拉丁语，源自 civis"公民")指的是作为贵族行为标准的"礼节"。在 18 世纪，"文明"和(物质)"文化"还常常被用作同义词。① 从康德开始，"文化"得到了规范性的意义紧缩和**道德上的价值提升**，与"教养"(Bildung)相连，而与法语中的新造词"文明"(civilisation)形成对立。② "文明"在德语中遭到贬低，指的是"外表上的""人为的"精致化，而"内在的""有机的教养"和"道德理念"则始终与"文化"联系在一起：

> 我们受着艺术和学术的高度文化培育。我们的文明发展到了过重的地步，体现为社会上的全然守纪与正派。但是，要认为我们已经有了道德，还差很多。因为道德理念还是属于文化的。而对这一理念的使用，却仅仅以钟爱名誉和外表正派的礼节相似性为终点，它只显出文明[……]。③

"文化"与"教养"在德意志理念主义(deutscher Idealismus)中代表了与"文明"针锋相对的日益反贵族且反法国的立场。文化与文明这两个概念在裴斯泰洛齐(Johann Heinrich Pestalozzi)和洪堡(Wilhelm von Humboldt)等人的笔下，自 19 世纪下半叶开始固定化为尖锐的对立。④ 埃利亚斯(Nobert Elias)在其《论文明进程：社会发生学与心理发生学研究》第一卷中就曾重述过英法的过程化、超民族的文明概念与德意志的暗含民族性、静态而与功业相关的文化概念之间的对立。⑤

---

① 比如摩泽斯·门德尔松(Moses Mendelssohn)便如此使用它们。
② 关于此概念史，参见 Pflaum 1967; Fisch 1992。
③ 参见 Kant 1983 [1784]，S. 44。
④ 尼采也持同样态度；在奥斯瓦尔特·施潘勒(Oswald Spengler)的《西方的没落：世界历史演变概述》(1918 年)中表现得尤为极端。
⑤ 参见 Elias 1980 [1939]，S. 1-64；关于该释义模式的发展史参见 Bollenbeck 1996。

通过与"道德"和"教养"相连的文化概念来将所谓"外表"的文明贬低为技术与经济理性的表达，这在德国直至20世纪的哲学话语中都留下了烙印。由一种得到着重高估的规范性"文化"——批判主体——对"文明"，随后对"社会"施行的这种形式的批判却要与18世纪以来由卢梭倡导的**"文化批判"**传统区分开来。后者更多的是将包括了"文明"的广义"文化"作为批判的对象，重启了"文化"与"自然"之间的主要区分，以让"自然"获得积极意义。这两股传统交汇于20世纪的心理学和新马克思主义"批判理论"所做的文化诊断和社会诊断①，两者又各有侧重②。

然而，一种含义广泛、价值中立的文化概念在19世纪便已成为民族志、社会学③和延伸至人类所有生活领域的文化史书写④的独立对象领域，它在同等程度上包含了**高雅文化和民间文化**。与此对应的是种族学和人类学中在严格限定下可追溯至赫尔德的非规范性、强调时空的"文化"概念，在德国也多次被引用的种族学家泰勒（Edward B. Tylor）1871年就在《原始文化：对方法论、哲学、宗教、艺术和习俗发展的研究》（即《文化的发端》，1873年）中勾勒了这一概念而没有将其与"文明"相界别：

文化或者文明在最广的种族学意义上是知识、信仰、艺术、道德、法律、习俗和其他一切人类作为社会成员而习得的能力和习惯之总和。以多样的人类社会形式表现出的文化状

---

① 参见本书第十一章"文化心理学与作为文化理论的精神分析"和第十章"文化社会学"。

② 关于本能的"升华"和"压抑"参见：Sigmund Freud, *Das Unbehagen in der Kultur*, 1930; Herbert Marcuse, *Eros and Civilisation. A Philosophical Inquiry into Freud*, 1955; Erich Fromm; Theodor W. Adorno。

③ 参见 Wilhelm Heinrich Riehl 和稍后 Georg Simmel。

④ 参见 Gustav Klemm, *Allgemeine Cultur-Geschichte der Menschheit*, 1843; Jacob Burckhardt, *Die Cultur der Renaissance in Italien*, 1860；其后的代表人物还有 Eberhard Gothein 和 Karl Lamprecht；参见 Schorn-Schütte 1984。

态,只要它可以在普通原则的基础上得以探究,就是一个适于研究人类思想与行为规律的对象。①

如此总揽式的文化构想长期影响了 19 世纪晚期和 20 世纪自阿道夫·巴斯蒂安(Adolf Bastian)至弗朗茨·博厄斯(Franz Boas)和米德(Margret Mead)的文化人类学和种族学,不仅仅抹去了"文化"和"文明"之间的区分,也将"社会"纳入"文化"之下,或者至少对两者等量齐观。② 按照安德烈亚斯·莱科维茨(Andreas Reckwitz)的观点,这样的文化构想可以刻画为三个方面的理想型:首先包含了"有规则且可观察的生活方式本身"(习惯、习俗);其次是"这些行为的理念和规范前提"(知识、信仰、道德);最后是"在这一关联中生产出的'人工'产品和人造物"(艺术、法律)。③

1.3 "文化"对"社会"

在这个背景下,尤其是英国与北美的社会学直至 20 世纪中叶都在与文化人类学和种族学竞争,以推出解释社会的恰当模式,并尝试反对对"文化"的普泛化理解,而将文化看作为社会奠定基础的"精神与物质交互关系与活动之总体性",这些关系与活动"决定了[一个群体]的个体行为特点"。④ 在 20 世纪初,人类学内部就形成了致力于"社会结构"的比较分析的**英国社会人类学**(Social Anthropology)⑤和具有历史取向的**北美文化人类学**(Cultural Anthropology)⑥,后者将文化间的比

---

① 参见 Tylor 1873, S. 1。
② 参见 Stagl 1986;巴斯蒂安(Bastian)、泰勒(Tylor)、博厄斯(Boas)等人的论述参见 Schmitz 1963 及本书第五章"文化人类学"。
③ 参见 Reckwitz 2000, S. 74f。
④ 参见 Boas, *The Mind of Primitive Man*, 1938;引自 Fleischer 2001, S. 24。
⑤ 代表人物为威廉·H. R. 里沃斯(William H. R. Rivers),随后是阿尔弗雷德·R. 拉德克利夫-布朗(Alfred R. Radcilffe-Brown)。
⑥ 代表人物为阿诺德·L. 克略伯(Arnold L. Kroeber)。

较归结至各自操控感知和行为的"范型"①。对"文化(理论)"与"社会(理论)"之间的关系却始终争论不断,其例证之一是克略伯(Kroeber)和克莱德·克拉克洪(Clyde Kluckhohn)1952年在《文化:对其概念与定义的批判性评论》中对种族学和人类学中超过150个文化概念所做的批判式比较。另一个例子是社会学与文化人类学的论敌帕森斯(Talcott Parsons)和克略伯在1958年共同为《美国社会学评论》撰写的文章《文化与社会体系诸概念》,文中明确将"文化"和"社会"概念放置在"文化兼社会的缩合概念"中,将其等量齐观。②

在德国情况则相反。首先,一个过于宽泛的文化概念的利弊和"文化"与"社会"在种族学、人类学和社会学中的价值等级都较少得到讨论。社会学家和哲学家更偏重于实现一个严格定义的"文化"的意识形态增值,自19世纪末开始就要求打造一个**过高规范化的文化概念**,为的是让正趋机构化的"人文学科"和"文化学科"相对于自然学科拥有自身特征,赋予它们一个具有自身反思性的共同身份。宗教、哲学、艺术和科学本身对于李凯尔特(Heinrich Rickert)、威廉·温德尔班德(Wihelm Windelband)和新康德派的"文化学者"来说构成了一个自主的、意义超于历史之上的"文化"价值范域,该领域——转向有机论和生命哲学——突出显示了众文化的"生命"或年龄的独特表现形式,这些形式应从外相学和形态学加以"理解"。③

"文化学科和人文学科"以及在迈入20世纪后得以命名的**"文化哲学"**④以补偿的方式随技术、经济与社会现代化而兴起,它们服务于市

---

① 个别讨论见 Baumhauer 1982, S. 5 - 10。
② 参见 Kroeber/Parsons 1958, S. 583。
③ "理解"概念出自威廉·狄尔泰(Wilhelm Dilthey)的《人文学科》;参见兰普莱希特(Lamprecht)的"文化类型"概念;特奥多尔·利特(Theodor Litt)、埃里希·罗特哈克(Erich Rothacker)或者莱奥·弗洛奔尼乌斯(Leo Frobenius)的"文化循环论";关于 Litt 的学说参见 Schulz 1990a。
④ 代表人物为路德维希·施坦因(Ludwig Stein)和鲁道夫·欧肯(Rudolf Eucken)。

民阶层将自己看作一个"文化民族"的载体阶层这一自我认知,满足了他们对"文化上的社会化"这一高涨的要求,这也就是"对有约束力的释义范型、价值和行为规则的需求"①。价值被抬高的"文化"和以物质来理解的"社会"似乎由此陷入了一个"悲剧性的"绝境:人类"精神"客观化产物的主观"商品价值与实物价值"不可遏制地远离了其本真的"文化价值",而这正如齐美尔所说,被证实为"文化的悲剧",它让主体的自我完满得以可能,同时却造成了主体的"异化"(Entfremdung)。②

"文化"显示为"社会"的一个由补偿性分化而出的自主成分,该成分的再融入是关注"构筑意义之行为"的"理解式社会学"(韦伯语),尤其是 20 世纪初期的文化社会学和知识社会学所悉心研究的。③ 李凯尔特在《文化学与自然科学》(1899 年)中就已经将"文化"的社会品质和符号品质互相联系在一起了,他以相对主义方式将"文化"定义为包含价值的客体之总和,不论它们是有人生产的人工客体还是自己形成,但由人为其附加了"价值"的自然客体。④ 但在社会学中,看来是韦伯(Max Weber)首次把握住了这一点,他将"文化"构想为"从人的立足点出发,从无意义的无限世界史中取出的附加了意义和意指的有限部分"⑤。

"文化"与"社会"的关联这一难题在理论上只有在如下情况中才是可解的:"文化"这个悖论不再被高调树立为"人之条件"(conditio humana)的悲剧",而是采取可连通社会理论的非规范性"文化"定义,即将其中性化为**"象征体系"**,在理论史中卡西尔(Ernst Cassirer)在 1923 年以《象征形式哲学》,1944 年以《论人:一种人类文化哲学的导论》即

---

① 参见 Bruch et al. 1989,S. 14f.
② 参见《文化的概念及其悲剧》,1911;见 Simmel 1983,S. 203,S. 213 – 219。
③ 关于德国的"文化社会学"参见 Rehberg 1986 和 Lipp 1994;关于 1900 年左右的"文化危机"和社会学对尼采的接受参见 Lichtblau 1996。
④ 参见 Rickert 1910 [1899]。
⑤ 参见 Weber 1968 [1904],S. 180。

开始着手描述这一定义。① 但是这一趋势作为研究纲领在20世纪60年代和70年代才得以大行其道,此时社会理论和符号理论②对文化的定义都离开了单门学科彼此相隔的道路,有赖于社会学科中的文化转向和阐释转向,有赖于阐释性(人文类)学科的社会学化,这两者开始重新接近彼此。象征、语义、话语结构及其各自的叙述与修辞媒介如今作为指引行动或铸造行为的意义系统,作为社会知识的秩序范型,作为感知、解释和建构社会"现实"的前提被移至社会学科的兴趣中心。③

直到今天,跨越学科的文化理论,即趋向于屏蔽"文化"的社会功能的普遍化符号理论、话语理论、文本理论或叙事理论与单个学科中主要是以社会理论为维度的文化理论并存。后者将分化出的"高等文化"视为与其他文化并列的一个社会行动领域,将**"文化"**与**"社会"**的关联模式化为**"部分"**与**"整体"**的关联。一边是一种"整体取向"④的社会理论或符号理论对"文化"的过度普遍化;另一边是"差异理论"⑤对"文化"与"社会"的区分和界别,这两者都一如既往地影响着理论景观。最后,新近反映超理论反思的论文,尤其在社会学内部,则尝试着系统地融合两种视角⑥,以一种关于个人与集体"文化生成"的历史性生成论来打破"自然"与"文化"、"社会"与"文化"或"符号/语言"与"社会"这样起阻滞作用的终极证明循环⑦。

---

① 关于尼采、齐美尔、韦伯和卡西尔对"文化学"的意义的论述参见 Daniel 2001 中的论文,S. 26 - 101。
② 参见本书第三章"文化符号学"。
③ 具有范例意义的著作为 Rabinow/Sullivan 1979;Soeffner 1979;Alexander/Seidman 1990;Hansen 1993;参见 Reckwitz 1999。
④ 参见 Reckwitz 2000, S. 72 - 79。
⑤ 同上,S. 79 - 84。
⑥ 参见 Reckwitz 2000;Baecker 2001;Cappai 2001。
⑦ 参见 Dux 2000,该著作吸收了让·皮亚杰(Jean Piaget)的发展心理学。

2. 作为文化理论的社会理论："文化"的功能

2.1 文化社会学扩展为知识社会学

以最广泛意义上的社会理论对"文化"所下的诸多定义可分为方法各异的文化人类学、社会人类学、宗族学和社会学类别，它们的突出特点是"对文化的过程—功能式理解"，并以此区分于以符号理论为基础的文化构想，后者偏于静态的出发点可在象征性的秩序范型中看到，这样的范型作为社会实践的结果与前提可体现为不同抽象水平上的人工制品。尽管这两种理论路数在其发展过程中一再与对方发生关联，在对方身上留下遗迹，证明自己可补充对方，但认为这两者是彼此必要前提的观点是逐渐站住脚的。关于"文化"的社会理论要求如此来描述"文化"与"社会"的关系，两个领域的功能贡献对于彼此来说是可见的，既彼此相关，又可相互区分——但并没有重新将"社会"和"文化"格外强调为对立的两极。

以文化哲学来去粗取精，公然面对社会层面上"知识的存在牵连"[①]的德国知识社会学兼文化社会学，其始创者当属马克斯·韦伯，他在《新教伦理与资本主义精神》(1905年)中将"文化"(此处为宗教)与"社会"(此处为经济)因素牵连起来。而阿尔弗雷德·韦伯(Alfred Weber)在1910年左右将"文化"与"文明"的区分历史性地拓展为"社会进程"、技术化的"文明进程"与"文化运动"("生命聚合")这样一个无关价值的三角。[②] 而曼海姆(Karl Mannheim)则在1921年的论文《论

---

① 参见 Karl Mannheim, *Wissenssoziologie*, 1931；引自 Mannheim 1969 [1929], S. 229 - 244。

② 参见 Alfred Weber, *Kulturgeschichte als Kultursoziologie*, 1935；*Prinzipien der Geschichts- und Kultursoziologie*, 1951。

世界观阐释理论》和1926年的论文《对精神构成物的意识形态阐释与社会学阐释》①中从方法论上具体阐述了"社会"与"知识内涵"或"思想内涵"的关系。**曼海姆**不仅仅将对文化的"内部观察"植根在其语义环境中,而且以渐进的沟通步伐连接了对其社会行为及功能语境的"外部观察",他由此探索出专门的知识形成的**"侧面结构"**和**"思维风格"**,却没有将"文化"片面地归于经济因素,也不像 A. 韦伯那样将其归于"灵魂"因素。②

文化社会学便以这种方式扩展为知识社会学,符号学成分与社会成分之间的关联路径不再仅存于"文化"与"社会"之间,也存在于各社会的文化领域与非文化领域内部。在这种情况下,社会学中艺术社会学、文化社会学、宗教社会学和法律社会学的认知兴趣则可以在单个人工制品与文本的阐释中得到方法上的满足。③ 另外,曼海姆的研究思路与潘诺夫斯基(Erwin Panofsky)的圣像学(ikonographisch)文化学之间的一致性在20世纪20年代便已获证实。这种一致性——潘诺夫斯基的《哥特建筑与经院哲学》(1951年)为其中介——与卡西尔的《象征形式哲学》在社会学的"阐释转向"语境下共同为布尔迪厄(Pierre Bourdieu)提供了富于成果的持久启迪。④ 布尔迪厄的文化社会学与文学社会学是以"象征资本",社会及象征的"风格"和"场"⑤等概念来定义的,它将"习惯"理解为一种"操作方式"(modus operandi),该方式作

---

① 参见 Mannheim 1970 [1964], S. 91 - 154, S. 388 - 407。
② 参见曼海姆关于"思维社会学"的构想及其在20世纪20年代未能发表的论文《论文化社会学认知的特殊性》和《文化及其可认知性的社会学理论》,两者都见 Mannheim 1980。
③ 承接曼海姆的是 Alfrend von Martin, *Soziologie der Renaissance. Zur Physiognomik und Rhythmik bürgerlicher Kultur*, 1932; *Geist udn Gesellschaft. Soziologische Skizzen zur europäischen Kulturgeschichte*, 1948。
④ 参见 Bourdieu, *Zur Soziologie der symbolischen Formen*, 1970。
⑤ 参见 Bourdieu 1982, 1999。

为集体差异和选择可能性的总汇沟通着社会"结构"与象征"实践"①。

尽管现象学与结构生成论的知识社会学和文化社会学——如汉斯·弗莱尔（Hans Freyer）的"文化门槛"理论或利特的"世界图景"构想——已经为"文化"与"社会"的关系制造了更为复杂的模式，舍勒（Max Scheler）却仍然执着于文化"理想因素"（精神）与社会"现实因素"（生活）的本体二元论②，这两者之间的决定论关系让人想起马克思主义建立"唯物主义"文化理论的反向尝试，也证明了社会结构（政治经济）基础与文化及意识形态上层建筑之间的映射关系③。新马克思主义的意识形态批判（本雅明）与法兰克福学派的批判理论（霍克海默、阿多诺、马尔库塞）都对"市民文化"及其人工制品做了双重阐释，认为它们既是对统治的意识形态的肯定，也是乌托邦兼批判的"先兆"，并进一步诊断出先锋派与"大众文化"及"文化产业"之间的极端对立。

正由于文化产品引起了艺术学、文学学和媒体学的兴趣，非马克思主义的"文化学"分支学科的对象领域也扩展至**日常文化、流行文化与民间文化**。延续了马克思主义社会理论，由理查德·霍加特（Richard Hoggart）与雷蒙德·威廉斯（Raymond Williams）④开创的"文化研究"学派的显著之处即是以非精英方式将**文化理解为"生活方式"**，使其包含了诸如劳工文化与青少年文化这样的"亚文化"⑤。文化研究倡导的社会学化潮流——文化首先由社会条件决定——便与片面的"文化主义"式的德国文化学传统对峙而立，后者认为"社会"首先由文化来决定。⑥ 这两种片面化只有在同样程度地融入社会理论和符号理论的文

---

① 关于布尔迪厄的理论参见 Mörth/Fröhlich 1994; Reckwitz 2000, S. 308-346。

② 参见 Scheler, *Die Wissensformen und die Gesellschaft*, 1926。

③ 参见格奥尔格·卢卡奇（Georg Lukács）与吕西安·戈德曼（Lucien Goldmann）的文化社会学；关于马克思的文化理论参见 Williams 1986。

④ 参见 Raymond Williams, *Culture and Society* 1780-1950, 1958。

⑤ 参见 Lange 1984 与 Bromley/Göttlich/Winter 1999。

⑥ 参见 Musner 2001, S. 269-270。

化理论这一更新了的协调框架下才可被克服,这新框架在理论上可以重新纳入对象范围的不仅仅有社会学,也有人类学和种族学的文化概念涉及的对象。

在文学学和媒体学中,人类学与种族学的文化概念不仅减弱了高等文化与流行文化之间的规范性对立,也由于跨文化比较的缘故而冲淡了欧洲中心主义情结,并推动一系列设问使之成为持续的热潮。① 如"神话""仪式"和"戏剧"这样作为"向社会传播知识的基本形式"②的"交流类型",或者"游戏"作为处理临界经验的媒介,这些效用及功能领域都不局限于高等文化中经典化了的作品,在社会学和历史角度上得到了普遍化,尤其让文学学获得了综合的、可跨学科的比较视野③。

人类学与种族学的功能主义则将一个社会中机构化了的"文化"还原为少数几个恒定的人类需求如饮食、生殖与清洁,由此从整体上解释了抽象的文化功能领域的进化,但不能解释这些功能领域内部功能对等因素的具体历史差异。文化上的成就借助"人工环境"的工具满足了这些需求,从而解决了难题,一个社会得以存在正有赖于这些问题的成功解决。但这些成就也由此导致了进一步衍生出的"文化需求"。④ 功能主义的思维方式也接近于社会学家盖伦(Arnold Gehlen)的文化理论,他将**文化定义为机构**,该机构通过行为模式而保持了人类这一本能

---

① 如性别研究;"异者"与"自我";身体的"可读性";口头语与书面文字;于尔根·林克(Jürgen Link)提出的隐喻学和集体象征;莫里斯·哈布瓦赫(Maurice Halbwachs)等的记忆,集体记忆,参见本书中霍夫(Hof)、维尔拉赫/阿尔布雷希特(Wierlacher/Albrecht)和埃尔(Erll)所著章节。

② 参见 Luckmann 1986, S. 191f.

③ 参见 Johan Huizinga, *Homo Ludens*, 1938; Erving Goffman, *The Presentation of Self in Everyday life*, 1959; Victor Turner, *From Ritual to Theatre. The Human Seriousness of Play*, 1982。

④ 参见拉德克利夫-布朗论"原始"社会;Bronislaw Malinowski, *A Scientific Theory of Culture*, 1944。

退化的"缺陷生物"的生存稳定。①

2.2 文化社会学与知识社会学的系统论

自 20 世纪 50 年代开始,美国社会学家帕森斯建立的结构—功能主义的行为理论与系统论将四个基础问题作为出发点。所有层面上的社会体系——从某个"行动人"的行为情景到"社会"这个体系——如果想要持续发挥功能,就必须解决这四个问题:

- 系统—环境—调节适应的功能要求(adaption:A)
- 目的的定义与达成(goal attainment:G)
- 融合(intergration:I)
- 文化释义范型与价值范型的形成与保持(pattern maintenance/latency:L)

这里形成了功能对等但在历史中形态各异的元素类别,它们有助于解决四个恒定的相关问题。现代社会因而分化为如下亚系统:"经济"(A)、"政治"(G)、"社会共同体"("法律""教育体系":I)和"文化"("信仰体系","宗教"中的"道德"与"价值","科学"与"艺术":L),并长期保持彼此交流关系的稳定(AGIL 交叉表格)。② 在这四个"行动亚系统"的微观社会层面,还有"行为系统"(A—功能)来调动行动人的生理与认知资源,"人格系统"(G—功能)则管理此人的行动,而他的行动又以"社交系统"(I—功能)所传达的行为预期,以在"文化系统"(L—功能)中存储的语义及表达性象征与密码(semantic patterns)为导向,从认知和情感上将它们作为情景定义和价值范型来使用。在社会所有的亚系统——包括非文化类——的内部行为子系统的微观层面,"文化"和它的社会环境之间的交叉也重复出现,这便是"社交系统"与"符号系

---

① 参见 Arnold Gehlen, *Urmensch und Spätkultur. Philosophische Ergebnisse und Aussagen*, 1956; *Die Seele im technischen Zeitalter. Sozialpsychologische Probleme der industriellen Gesellschaft*, 1957。

② 参见 Parsons, *The Social System*, 1951; Schluchter 1980。

统"、社会实践与象征结构之间的结合,这种结合伴随着自曼海姆以来文化社会学朝"知识"社会学及其抽象语义前提与具体媒介传播形式(叙事类、戏剧类、修辞类等)的扩展。

1973年发表的研究《美国大学:认知社会学研究之一》(德语版1990年出版)记录了**帕森斯的综合文化构想**的最终状态,可将其总结如下:"但是,如果行为是通过象征来获得其校准与意指的,那么也存在一种文化系统。文化由承载意义的象征所构成的编辑系统和那些涉及象征之意义问题的相关行动组成。"[1]里夏德·明希(Richard Münch)虽然并没有兑现格外高涨的超于各学科之上的方法论要求,却延续了帕森斯的思路,指出"社会—文化系统"具有"通过建构共同的象征系统"——机制化了则为"话语"——"拓展社会行为活动空间"的功能。[2]

虽然在系统论之外,在旧有的[3]和新近的[4]其他德国知识社会学和文化社会学中也可以观察到类似的功能预设,但是它们对社会理论与符号理论的合并大多是暗中隐含的。以系统论为先导,却与帕森斯和卢曼(Niklas Luhmann)不同,瓦尔特·布尔(Walter Bühl)把"知识"解释为"进化稳定的策略"分析"知识转化的社会运行机制"[5]。他在一个非本质化的"动态文化社会学"[6]语境下将"文化"定义为"可变组合的

---

[1] 参见 Parsons/Platt 1990, S. 21;对"文化客体"也即"符号学客体"与作为行动系统的"文化系统"之间的明确区分,参见该书第31页。

[2] 参见 Münch 1984, S. 73-260;此处引用自第73页;参见 Münch, *Die Kultur der Moderne*, 2. Bd. , 1986。

[3] 参见 Alfred Schütz, *Der sinnhafte Aufbau der sozialen Welt. Eine Einleitung in die verstehende Soziologie*, 1932。

[4] 参见 Peter L. Berger/Thomas Luckmann, *The Social Construction of Reality*, 1966; Friedrich H. Tenbruck, *Die Kulturellen Grundlagen der Gesellschaft. Der Fall der Moderne*, 1989;也可参见 Alois Hahn, René König, Hans Peter Thurn 或 Gerhard Schulze。后者在"语义范式"内部提出了[社会]风格的阐释学",见 Schulze 1992, S. 93-123。

[5] 参见 Bühl 1984, S. 9-111。

[6] 参见 Bühl 1987。

多层次系统"①。**弗莱舍**(Michael Fleischer)的文化理论则雄心勃勃地致力于涵盖广泛而横跨学科的理论比较②,该比较综合了生物学、热力学、社会系统论与话语理论等理论片段,达成了一个**作为"开放系统"的"文化"**构想③。该构想的符号理论维度,弗莱舍是借助"世界图景""隐喻""定型"和"集体象征"这样的中介范畴来营造的,此外他还为"文化学话语分析"而征用了古典修辞术的整套描述手法。④

"文化"的知识社会学拓展,在**"知识社会学"被普遍化为一种语义差异的社会学**时暂时达到了一个极端点。卢曼以帕森斯的理论为基础的建构主义系统论便勾勒出这种社会学的形貌。⑤ 该理论将"社会系统"定义为"自我指涉"而自我复制的交流(Kommunikation),这种交流以语义上的主要差异为基础,归于不同的系统—环境—区分中,由此可以被辨识为宗教、政治、法律、经济、学术等方面的交流。如此一来,卢曼则破坏了连接"知识"与"文化"的社会学传统:因为社会过程与功能被还原为"交流"这一社会系统的基础运作,依照一个可以同样用在社会系统与语义系统上的双边区分逻辑而被模式化,"文化"交流由此融合了"文化"的社会层面和象征层面。"社会结构"与"语义"被证明为同一事实内容的两种不同描述,因而不可分开来观察。⑥ 卢曼论述"文化"这一社会亚系统的系列专著都遵循了这一理论设定。⑦ 以该理论为背景,卢曼不仅重新表述了文化概念("文化"作为"社会系统之记忆"

---

① 参见 Bühl 1986, S. 125 – 132。

② 参见 Michael Fleischer, *Kulturtheorie. Systemtheoretische und evolutionäre Grundlagen*, 2001。

③ 同上,S. 241f.

④ 同上,S. 443 – 488。

⑤ 参见 Niklas Luhmann, *Soziale Systeme. Grundriß einer allgemeinen Theorie*, 1984; *Die Gesellschaft der Gesellschaft*, 1997。

⑥ 参见 Stichweh 2000。

⑦ 参见 Luhmann, *Die Wissenschaft der Gesellschaft*, 1990; *Die Kunst der Gesellschaft*, 1995; *Die Religion der Gesellschaft*, 2000。

与"社会交流递归的意义形式"①),也更新了"理念史"与"知识社会学"的提问方式:首先不再将"归属难题""与主客体关系相并列";其次不再将"知识载体"作为首要问题,而是询问"知识现状与社会结构之间的关联或共变"②;最后告别了"知识的再现功能"③。

此外,卢曼提出了"通过象征实现普遍化的交际媒介"理论,该理论中潜在的文化学与媒体史成分也有望在文化学中获得运用,虽然它在建构主义媒体学与交流学中招致了批判。④ 作为"进化成就"的语言和传播媒介如文字和书本虽然确保了"理解"活动得以顺利进行,确保了交际活动在一定社会范围内具有效应,但并不能保证交流意图在大众媒体和印刷媒体,即"情境抽象性"书面交流条件下获得成功。后者只有"通过象征实现普遍化的成功媒介"如"金钱""权力""爱""真理"和"艺术"才能实现,在卢曼看来,这些分化弥补了"道德"和"宗教"这类驱动手段在新时代的功能缺失。

3. 作为符号理论的文化理论

3.1 作为"语言"的"文化"——"文化"作为抽象模型

结构语言学的符号理论思维方式及索绪尔(Ferdinand de Saussure)对具体的言语(parole)和系统抽象的语言(langue)的区分已经影响了老一代英美种族学和**文化人类学**的文化理论。克略伯和克拉克洪

---

① 参见 Luhmann 1995, S. 47。
② 参见 Luhmann 1980, S. 15。
③ 参见 Luhmann 1995, S. 159。
④ 参见 Siegfried J. Schmidt, *Kognitive Autonomie und soziale Orientierung. Konstruktivistische Bemerkungen zum Zusammenhang von Kognition, Kommunikation, Medien und Kultur*, 1994; *Kalte Faszination. Medien, Kultur, Wissenschaft in der Mediengesellschaft*, 2000。

就设立了如此前提:"艺术"具有从人类具体的社会举止行为抽象而成的本体论地位①,以确保非生物学的人类学获得一个有别于心理学和社会学的独立对象领域。如此一种文化范型理论(pattern theory of culture)的重点,按照克略伯和克拉克洪的观点②,是后天获得的分类标准与评价标准,它们不仅仅构成了举止与行为的自行突发结果,体现为人工制品中的"价值"与"理念",也以象征为中介,组织了对"现实"的选择性感知,为举止做出规定,作为导向范型规范集体和个人的社会行动。"文化"由此机制化为"标准"③,它储存了认知样板、"概念和模式,供人类在精神上取用,以组织并阐释自己的经验"④。

这一范型随抽象程度不同而显得或稳定恒久,或不稳定而可变动。克略伯区分了持久的基础或系统范型,随历史而变动的次级范型和具有生产性并自己形成范型的"范型之范型"(patterns of patterns)。此外,**怀特**(Leslie A. White)⑤也早已强调"文化"相对自有的规律性:他继承了化学家兼哲学家威廉·奥斯特瓦尔德(Wilhelm Ostwald)的"文化学"(Kulturologie)⑥,将**"文化"**这一自主系统的自我设定(self determination)作为出发点,该系统的发展既无法从生物学也无法从心理学上得到解释⑦。怀特明确征引了索绪尔和卡西尔,并坚持一种**符号学意义上的"文化学"**。该文化学将"以象征为基础的物与事件"称为"文化",如果它们不是在肉体的关联中,而是在"非肉体关联中,也即在侧重它们相互之间的联系而非它们与人类有机体的联系情况下"⑧得以

---

① 参见 Kroeber/Kluckhohn 1952, S. 155。
② 参见 Baumhauer 1982, S. 8 – 16; Fleischer 2001, S. 24 – 30。
③ 参见 Hansen 1995, S. 30 – 120。
④ 参见 Milton Singer,引自 Baumhauer 1982, S. 13。
⑤ 参见 White, *The Science of Culture. A Study of Man and Civilisation*, 1949; *The Evolution of Culture*, 1958。
⑥ 参见 Ostwald, *Energetische Grundlagen der Kulturwissenschaft*, 1909。
⑦ 关于奥斯特瓦尔德与怀特的理论,参见 Baumhauer 1982, S. 19 – 24; Fleischer 2001, S. 34 – 37。
⑧ 引自 Schmitz 1963, S. 364。

阐释,与语言相类比的话就是侧重将其作为语言而非言语加以阐释。自 20 世纪 50 年代以来,尤其是古迪纳夫(Ward H. Goodenough)提出的所谓种族科学(Ethnoscience)借助"成分研究",更强烈地转向了语言学①,并坚持将非语言的文化现象也归为可与语言类比的符号系统②。

尽管这一类"心智主义的"研究思路有赖于其经验基础,即一个"社会"可观察到的社会举止和机构及该社会的具体工具和人工制品,且只有从这一基础出发才能事后归纳出有规律的认知编码和"文化语法",但这些研究思路并不把人工制品算作"文化"的客体领域。③ 这样的片面化容易引起社会理论和符号理论上的错误结论,从而减弱了生成—结构主义式"文化"构想的认知价值:从社会举止与行为事后推导出的举止与行为范型既不该在生成论中被不由分说地颠倒解释为操纵举止并引导行动的结构,这些结构也不该在缺少额外的社会学和符号学数据时与语义结构混同,后者是从单个作品、人工制品和"象征形式"中抽象出来的。社会范型和象征编码既不会先验地再现彼此,也不可代表它们各自的实践。作为社会发展的结果,它们也不可在每种情况下都被阐释为后续举止与行动的前提。

由语言学还原主义所决定的这些过度阐释错误地将逻辑结构当作因果结构,不论是结构派的种族学和人类学④还是新近的关涉作品的非心智主义文化符号学,都试图摆脱这样的阐释,但并没有因此就依照主—客体或整体—部分这样过时的二元论来规划言语及事件/过程/实践与语言及系统/结构/知识之间的关系。只有对抽象的"知识秩序"的复述包含了在描述一个社会实践时并未包含的"额外信息"⑤,而这一"知识""不在逻辑—概念上受制于实践,而是与它们处于一种经验关系

---

① 参见 Baumhauer 1982, S. 12 – 16。
② 在他之后还有 Mary Douglas, *How Institutions Think*, 1986。
③ 参见 Vivelo 1988, S. 50 – 58。
④ 以克洛德·列维-斯特劳斯为代表;参见 Oppitz 1975 与 Edmund Leach, *Culture and Communication. The Logic by Which Symbols Are Connected*, 1976。
⑤ 参见 Reckwitz 2000, S. 601。

之中"①时，社会实践才能从文化范型中得到解释，而这一解释是受经验控制的②。

列维-斯特劳斯(Claude Lévi-Strauss)以遵循差异逻辑的结构分析比较了不同种族的交换结构和亲属结构③以及神话④，由此接近了非历史的、无意识的"精神深层结构"。这些结构超出了可社会归因的文化范型领域，在某些地方被他阐释为由神经生物学决定的思维共性⑤。但斯特劳斯很早就承认神话思维具有双重结构，他将神话"同时放置在语言中和语言之外"⑥，他也将"神话因素"同时作为言语这一历史现象和语言层面上的非历史现象来观察，因而摆脱了成系统的片面假设趋向。

安伯托·艾柯(Umberto Eco)也是如此，他虽然将**"文化"**定义为**"众多符号系统中的一种"**⑦，但是正如罗兰·巴特(Roland Barthes)一样，将其理解为不可穷尽的符号化过程，在其中"一个能指的所指又成为另一个所指的能指"，且"不论这里涉及的是词语、物象、理念、价值、情感、手势或者举止方式"⑧。

"文化"确定了社会在特定的历史条件下如何将其以语言或非语言编码的"内容"分割为最简单的"感知单元"至"意识形态系统"，并以这种方式来给社会"现实"分类。⑨ **罗兰·珀斯纳**(Roland Posner)并没有

---

① 参见 Reckwitz 2000, S. 601。
② 参见批判性的理论比较: Reckwitz 2000, S. 228 – 242,347 – 362,593 – 616。
③ 参见 Lévi-Strauss, *Les structures élémentaires de la parenté*, 1947。
④ 参见 Lévi-Strauss, *Mythologiques* Ⅰ-Ⅳ, 1964 – 71。
⑤ 参见 Reckwitz 2000, S. 209 – 242;亦见 Dux 2000, S. 280 – 285。后者讨论的源起是诺姆·乔姆斯基(Noam Chomsky)的生成转化语法。
⑥ 参见 Lévi-Strauss, *The Structural Study of Myth*, 1955;引自 Lévi-Strauss 1967, S. 226 – 254,此处引自 S. 229f。
⑦ 参见 Eco 1977, S. 185。
⑧ 同上,S. 185 – 186;参见巴特将神话定义为联想式的"次级符号学系统": *Mythologies*, 1957。
⑨ 参见 Eco 1977, S. 186;关于作为"三级编码"的"仪式""神话"和"意识形态"，也可参见 Bytrina 1989, S. 79 – 169。

将文化与社会还原至彼此，他最终区分了**符号系统的三种紧要关联层面**："社会的""物质的"和"心智的文化"。他将"社会"及其"符号使用者"联系至"物质文明"的"人工制品"和"文本"上，而物质文明如果要承接"社会文化"的功能，又必须始终与"心灵产品"和"密码"（"心智文化"）相连。[①]

3.2 作为"文本"的"文化"——"文化"与"媒介"

在艾柯和珀斯纳的意义上得以拓宽的符号学开启了"文化"的社会—功能维度和它储存并转载于人工制品中的符号结构之间多样化的关联路径。该符号学从抽象的道路上往回走，抵达了在历史语境中形成的单个媒体及单个学科如文学学、艺术学、音乐学和电影学的成果。[②] 而具有持续较大影响的则是对"种族学描述"的定义，这种描述是对"社会话语过程"的"显微镜释义"的记录。[③] 这是种族学家**格尔茨**（Clifford Geertz）提出的定义，涉及"社会行动的整个象征维度——艺术、宗教、意识形态、学术、法律、伦理、常识"[④]。

"文本"以其形式美学的、叙事的和修辞的精致结构也成为种族学认知兴趣的对象，这如今已激发了文学学，后者将**文学文本**阐释为**社会自我观察的媒介**，附加给它们观察意义与区分意义，作为社会建构物的**"现实"**因这些意义才可被感知和交流。尤其是符号学与种族学在"文

[①] 参见 Posner 1991, S. 53f.；这些关联，玛丽·道格拉斯（Mary Douglas）在其发表于1970年的研究 *Natural Symbols. Explorations in Cosmology* 中已经进行了阐发；德语版：*Ritual, Tabu und Körpersymbolik. Sozialanthropologische Studien in Industriegesellschaft und Stammeskultur* 1974.

[②] 参见 Jurij M. Lotman, *Aufsätze zur Theorie und Methodologie der Literatur und Kultur*, 1974; Dean MacCannell/Juliet Flower MacCannell, *The Time of the Sign. A Semiotic Interpretation of Modern Culture*, 1982; Walter A. Koch, *Culture and Semiotics*, 1989; Koch, *Aspekte einer Kultursemiotik*, 1990; Irene Portis-Winner, *Semiotics of Culture*, 1994.

[③] 参见 Geertz 1983, S. 30。

[④] 同上，S. 43。

学作为民族志"①和"探察社会中异者的基本文化机关"②的观点中志趣相投。一方面,种族学学者和日常史及心灵史学者③更强烈地将文本——包括纯文学——作为"文化自我阐述的媒介"④来思考;另一方面,新批评派的文学史学者让享有盛誉、具有经典地位的文学在"文化诗学"的框架内也获得了文学以外的含义品质⑤。

　　文化作为"知识"与"意指"(Bedeutung)的构想必然关注该"知识"的储存和传播手段,包括图像、语言、修辞、叙事和技术(印刷媒体、声像等)手段,但这一构想将不仅仅限于指明文本形态的文化产品,还记录了经验(符号)数据的增长。应对这增长,在方法论以及社会理论和符号理论上都是更高的要求。

　　多样化经验和历史融合能力的增加是"文本学科的文化学扩展"⑥所致,却存在闲置荒废的危险,如果文化理论不能与之俱进,而满足于捉襟见肘的综合性"文化"定义⑦的话。这些定义虽然中肯,但在使用于单个学科时,总免不了将"文化"的社会理论维度或者符号理论维度以隐喻的方式绝对化,把它转移到其他领域("文化作为文本")。不论是将"社会"还原至"文化"还是将"文化"还原至"社会",都不能成为文化学理论纲领的未来,而对文本和其他符号系统的"深层描写"(dichte Beschreibung),不同于文本在文化与非文化的社会行为领域内部的功能,却在研究这些功能时不可或缺。

---

　　① 参见 Naumann 1999, S. 35 对罗兰·巴特的论述。
　　② 同上,S. 34。
　　③ 参见 Georges Duby; Peter Burke, *The Historical Anthropology of Early Modern Italy*, 1987。
　　④ 参见 Bachmann-Medick 1996, S. 9。
　　⑤ 例如:Stephen Greenblatt, *Shakespearean Negotiations. The Circulation of Social Energy in Renaissance England*, 1988。
　　⑥ 参见 Bachmann-Medick 1996, S. 8。
　　⑦ 例如 Bachmann-Medick 1996, S. 22,作者延续了格尔茨的理论,而格尔茨又引用了韦伯,认为"文化史是一个社会的成员'自行编织的意指织物',通过它,行动不断地被翻译为阐释性符号与象征"。

单个学科(比如文学学)从文化理论上进行的自我定义是否可以将多样的对象领域与问题设置重新融合在一个跨学科的理论框架下,这取决于能否以非还原的方式同等地细致分析"文化"的社会维度和符号学维度。① **莱科维茨**在其 2000 年的著作中体现出的融合而非还原的理论纲领就有助于社会学科达成这一点。莱科维茨重建了结构主义②、话语理论③和社会现象学—阐释式④文化理论之间的直接交汇,尝试在"社会实践理论"框架下消除以上两个范式的"盲点"⑤。**"心智上的知识秩序"、文本/人工制品和"身体举止范型"**⑥之间的关联由此可以被描述为可经验化,具有时空性的组合。在这个组合中,表达关系、"逻辑依赖性"和"因果构造"⑦不再会被错误地混为一谈,而是显示出"文化类交互影响"和"阐释类次级确定性"。这样一个超越了"文化融合神话"和文本及心智上的"文化同质模式"⑧的文化理论也将让强调历史而与人工制品相关的单个学科受益匪浅。

参考文献

基础著作与导论

Böhme, Hartmut/Matussek, Peter/Müller, Lothar (Hgg.): *Orientierung Kulturwissenschaft. Was sie kann, was sie will*. Reinbek: Rowohlt 2000.

Böhme, Hartmut/Scherpe, Klaus R. (Hgg.): *Literatur und Kulturwissenschaften. Positionen, Theorien, Modelle*. Reinbek: Rowohlt 1996.

Brackert, Helmut/Wefelmeyer, Fritz (Hgg.): *Kultur. Bestimmungen im 20. Jahrhundert*. Frankfurt a. M.: Suhrkamp 1990.

---

① 从叙事学角度参见 Müller-Funk 2002, S. 3–15。
② 参见 Lévi-Strauss, Ulrich Oevermann, Bourdieu。
③ 参见 Michel Foucault, *L'archéologie du savoir*, 1969。
④ 参见 Schütz, Goffman, Geertz, Charles Taylor。
⑤ 参见 Reckwitz 2000, S. 542–588。
⑥ 同上, S. 588–616。
⑦ 同上, S. 647。
⑧ 同上, S. 617–643。

Eagletion, Terry: *The Idea of Culture*. Oxford: Balckwell 2000 (dt.: *Was ist Kultur? Eine Einführung*. München: Beck 2001).

Fisch, Jörg: »Zivilisation, Kultur.« In: Otto Brunner et al. (Hgg.): *Geschichtliche Grundbegriffe. Historisches Lexikon zur politisch-sozialen Sprache in Deutschland*. Bd. 7. Stuttgart: Klett-Cotta 1992, S. 679-774.

Jung, Thomas: *Geschichte der modernen Kulturtheorie*. Darmstadt: Wissenschaftliche Buchgesellschaft 1999.

Perpeet, Wilhelm: »Kultur, Kulturphilosophie.« In: Joachim Ritter/Karlfried Gründer (Hgg.): *Historisches Wörterbuch der Philosophie*. Bd. 4. Basel: Schwabe 1976, Sp. 1309-1324.

Pflaum, Michael: »Die Kultur-Zivilisations-Antithese im Deutschen.« In: Johann Knobloch et al. (Hgg.): *Europäische Schlüsselwörter. Wortvergleichende und wortgeschichtliche Studien*. Bd. 3: *Kultur und Zivilisation*. München: Max Hueber 1967, S. 288-427.

Reckwitz, Andreas: *Die Transformation der Kulturtheorien. Zur Entwicklung eines Theorieprogramms*. Weilerswist: Velbrück 2000.

供深入阅读的文献

Alexander, Jeffrey C./Seidman, Steven (Hgg.): *Culture and Society. Contemporary Debates*. Cambridge: Cambridge UP 1990.

Bachmann-Medick, Doris: »Einleitung.« In: dies. (Hg.): *Kultur als Text. Die anthropologische Wende in der Literaturwissenschaft*. Tübingen/Basel: Francke 2004 [Frankfurt a.M.: Fischer 1998 [1996]], S. 7-64.

Baecker, Dirk: *Wozu Kultur?* Berlin: Kulturverlag Kadmos 2001 [2000].

Baumhauer, Otto A.: »Kulturwandel. Zur Entwicklung des Paradigmas von der Kultur als Kommunikationssystem. Forschungsbericht.« In: *Kultur. Geschichte und Verstehen*. Sonderheft der *Deutsche[n] Vierteljahrsschrift für Literaturwissenschaft und Geistesgeschichte* (1982), S. 1-167.

Bollenbeck, Georg: *Bildung und Kultur. Glanz und Elend eines deutschen Deutungsmusters*. Frankfurt a.M.: Suhrkamp 1996.

Bourdieu, Pierre: *Die feinen Unterschiede. Kritik der gesellschaftlichen Urteilsk-*

raft. Frankfurt a. M. : Suhrkamp 1982 (orig: *La distinction. Critique sociale du jugement.* Paris: Minuit 1979).

Bourdieu, Pierre: *Die Regeln der Kunst. Genese und Struktur des literarischen Feldes.* Frankfurt a. M. : Suhrkamp 1999 (orig. : *Les règles de l'art. Genèse et structure du champ littéraire.* Paris: Seuil 1992).

Bromley, Roger/Göttlich, Udo/Winter, Carsten (Hgg.): *Cultural Studies. Grundlagentexte zur Einfübrung.* Lüneburg: zu Klampen 1999.

Bühl, Walter L. : *Die Ordnung des Wissens.* Berlin: Duncker und Humblot 1984.

Bühl, Walter L. : *Kulturwandel. Füreine dynamische Kultursoziologie.* Darmstadt: Wissenschaftliche Buchagesellschaft 1987.

Bühl, Walter L. : »Kultur als System.« In: Neidhardt/Lepsius/Weiß 1986, S. 118 - 144.

Bruch, Rüdiger vom/Graf, Friedrich Wilhelm/Hübinger, Gangolf: »Kulturbegriff, Kulturkritik und Kulturwissenschaften um 1900.« In: diess. (Hgg.): *Kultur und Kulturwissenschaften um* 1900. *Krise der Moderne und Glaube an die Wissenschaft.* Stuttgart: Franz Steiner 1989, S. 9 - 24.

Bystřina, Ivan: *Semiotik der Kultur. Zeichen - Texte - Codes.* Tübingen: Stauffenburg 1989.

Cappai, Gabriele: »Kultur aus soziologischer Perspektive. Eine metatheoretische Betrachtung.« In: Heide Appelsmeyer/Elfriede Billmann-Mahecha (Hgg.): *Kulturwissenschaft. Felder einer prozeßorientierten wissenschaftlichen Praxis.* Weilerswist: Velbrück 2001, S. 54 - 96.

Cicero, Marcus Tullius: *Ciceronis Tusculanarum disputationum libri* V. Stuttgart: Teubner 1957 [Nachdr. der 5. Auflage 1912].

Daniel, Ute: *Kompendium Kulturgeschichte. Theorien, Praxis, Schlüsselwörter.* Frankfurt a. M. : Suhrkamp 2001.

Dux, Günter: *Historisch-genetische Kultur. Instabile Welten. Zur prozessualen Logik im kulturellen Wandel.* Weilerswist: Velbrück 2000.

Eco, Umberto: *Il segno.* Milano: ISEDI 1973 (dt. : *Zeichen. Einfübrung in einen Begriff und seine Geschichte.* Frankfurt a. M. : Suhrkamp (1977).

Elias, Norbert: *Über den Prozeß der Zivilisation. Soziogenetische und psychogenetische Untersuchungen*. Bd. 1. Frankfurt a. M.: Suhrkamp 1980 [1939].

Fisch, Jörg: »Zivilisation, Kultur.« In: Otoo Brunner et al. (Hgg.): *Geschichtliche Grundbegriffe Historisches Lexikon zur politisch-sozialen Sprache in Deutschland*. Bd. 7. Stuttgart: Klett-Cotta 1992, S. 679-774.

Fleischer, Michael: *Kulturtheorie. Systemtheoretische und evolutionäre Grundlagen*. Oberhausen; Athena 2001.

Garber, Jörn: »Von der Menschheitsgeschichte zur Kulturgeschichte. Zum geschichtstheoretischen Kulturbegriff der deutschen Spätaufklärung.« In: Jutta Held (Hg.): *Kultur zwischen Bürgertum und Volk*. Berlin: Argumentum 1983, S. 76-97.

Geertz, Clifford: »Dichte Beschreibung: Bemerkungen zu einer deutenden Theorie von Kultur.« In: ders.: *Dichte Beschreibung. Beiträge zum Verstehen kultureller Systeme*. Frankfurt a. M.: Suhrkamp 1983, S. 7 - 43. (orig.: »Thick Description. Toward an Interpretive Theory of Culture.« In: *The Interpretation of Cultures. Selected Essays*. New York: Basic Books 1973, S. 3-29).

Hansen, Klaus P. (Hg.): *Kulturbegriff und Methode. Der stille Paradigmenwechsel in den Geisteswissenschaften*. Tübingen: Narr 1993.

Hansen, Klaus P.: *Kultur und Kulturwissenschaft. Eine Einführung*. Tübingen/Basel: Francke 1995.

Jung, Thomas: *Geschichte der modernen Kulturtheorie*. Darmstadt: Wissenschaftliche Buchgasellschaft 1999.

Kant, Immanuel: *Schriften zur Anthropologie, Geschichtsphilogophie, Politik und Pädagogik*, 6 Bde. Wilhelm Weischedel (Hg.). Bd. VI. Darmstadt: Wissenschaftliche Buchgesellschaft 1983 [Nachdr. der Ausgabe Darmstadt 1964].

Kittler, Friderich A.: *Eine Kulturgeschichte der Kulturwissenschaft*. München: Fink 2000.

Kroeber, Alfred L./Kluckhohn, Clyde: *Culture. A Critical Review of Concepts and Definitions*. Cambridge, Ma: Peabody Museums of American Archeology and

Ethnology 1952.

Kroeber, Arnold L./Parsons, Talcott: »The concepts of culture and of social system.« In: *American Sociological Review* 23 (1958), S. 582-583.

Lange, Gerhard W.: *Materialistische Kulturtheorie im Vergleich. Raymond Williams/Teryy Eagleton und die deutsche Tradition*. Münster: Lit 1984.

Lévi-Strauss, Claude: *Anthropologie structurale*. Paris: Plon 1958 (dt.: *Strukturale Anthropologie I*. Frankfurt a. M.: Suhrkamp 1967).

Lichtblau, Kalus: *Kulturkrise und Soziologie um die Jahrhundertwende. Zur Genealogie der Kultursoziologie in Deutschland*. Frankfurt a. M.: Suhrkamp 1996.

Lipp, Wolfgang: »Kultursoziologie.« In: ders.: *Drama Kultur. Sozialwissenschaftliche Abhandlungen der Görres-Gesellschaft 22*. Berlin: Duncker und Humblot 1994, S. 250-259.

Luckmann, Thomas: »Grundformen der gesellschaftlichen Vermittlung des Wissens: Kommunikative Gattungen.« In: Neidhardt/Lepsius/Weiß 1986, S. 191-211.

Luhmann, Niklas: *Gesellschaftsstruktur und Semantik. Studien zur Wissenssoziologie der modernen Gesellschaft*. Bd. 1. Frankfurt a. M.: Suhrkamp 1980.

Luhmann, Niklas: *Gesellschaftsstruktur und Semantik. Sutdien zur Wissenssoziologie der modernen Gesellschaft*. Bd. 4. Frankfurt a. M.: Suhrkamp 1995.

Mannheim, Karl: *Ideologie und Utopie*. Frankfurt a. M.: Schulte-Bulmke 1969 [1929].

Mannheim, Karl: *Wissenssoziologie. Auswahl aus dem Werk*. Kurt H. Wolff (Hg.). Neuwied/Berlin: Luchterhand 1970 [1964].

Mannheim, Karl: *Strukturen des Denkens*. David Kettler/Volker Meia/Nico Stehr (Hgg.). Frankfurt a. M.: Suhrkamp 1980.

Mörth, Ingo/Fröhlich, Gerhard (Hgg.): *Das symbolische Kapital der Lebensstile. Zur Kultursoziologie der Moderne nach Pierre Bourdieu*. Frankfurt a. M./New York: Campus 1994.

Müller-Funk, Wolfgang: *Die Kultur und ihre Narrative. Eine Einführung*. Wien/New York: Springer 2002.

Münch, Richard: *Die Struktur der Moderne. Grundmuster und differentielle Gestaltung des institutionellen Aufbaus der modernen Gesellschaften*. Frankfurt a. M. : Suhrkamp 1984.

Musner, Lutz: »Kulturwissenschaften und *Cultural Studies:* Zwei ungleiche Geschwister?« In: *Kultur Poetik. Zeitschrift für kulturgeschichtliche Literaturwissenschaft* 1, 2 (2001), S. 261 - 271.

Neidhardt, Friedhelm/Lepsius, M. Rainer/Weiß, Johannes (Hgg.): *Kultur und Gesellschaft. Sonderheft 27 der Kölner Zeitschrift für Soziologie und Soziapsychologie*. Opladen: Westdeutscher Verlag 1986.

Neumann, Gerhard: »Roland Barthes: Literatur als Ethnographie. Zum Konzept einer Semiologie der Kultur.« In: Jürg Glauser/Annegret Heitmann (Hgg.): *Verbandlungen mit dem New Historicism. Das Text-Kontext-problem in der Literaturwissenschaft*. Würzburg: Königshausen und Neumann 1999, S. 23 - 48.

Oppitz, Michael: *Notwendige Beziehungen. Abriß der strukturalen Anthropologie*. Frankfurt a. M. : Suhrkamp 1975.

Parsons, Talcott/Platt, Gerald M. : *Die amerikanische Universität. Ein Beitrag zur Soziologie der Erkenntnis*. Frankfurt a. M. : Suhrkamp 1990 (orig. : *The American University*. Cambridge, MA: Harvard UP 1973).

Pflaum, Michael: »Die Kultur-Zivilisations-Antithese im Deutschen.« In: Johann Knobloch et al. (Hgg.): *Europäische Schlüsselwörter. Wortvergleichende und wortgeschichtliche Studien*. Bd. 3: *Kultur und Zivilisation*. München: Max Hueber 1967, S. 288 - 427.

Posner, Roland: »Kultur als Zeichensystem. Zur semiotischen Explikation kulturwissenschaftlicher Grundbegriffe.« In: Aleida Assmann/Dietrich Harth (Hgg.): *Kultur als Lebenswelt und Monument*. Frankfurt a. M. : Fischer 1991, S. 37 - 74.

Rabinow, Oaul/Sullivan, William M. (Hgg.): *Interpretive Social Science*. Berkeley: University of California Press 1979.

Reckwitz, Andreas: *Die Transformation der Kulturtheorien. Zur Entwicklung eines Theorieprogramms*. Weilerswist: Velbrück 2000.

Reckwitz, Andreas: »Praxis – Autopoiesis – Text. Drei Versionen des *Cultural Turn in der Sozialtheorie.*« In: ders./Holger Sievert (Hgg.): *Interpretation, Konstruktion, Kultur. Ein Paradigmenwechsel in den Sozialwissenschaften.* Opladen: Westdeutscher Verlag 1999, S. 19 – 49.

Rehberg, Karl-Siegbert: »Kultur versus Gesellschaft? Anmerkungen zu einer Streitfrage in der deutschen Soziologie.« In: Neidhardt/Lepsius/Weiß 1986, S. 92 – 115.

Rickert, Heinrich: *Kulturwissenschaft und Naturwissenschaft.* Tübingen: Mohr 1910 [1899].

Schluchter, Wolfgang: »Gesellschaft und Kultur. Überlegungen zu einer Theorie institutioneller Differenzierung.« In: ders. (Hg.): *Verhalten, Handeln und System. Talcott Parsons' Beitrag zur Entwicklung der Sozialwissenschaften.* Frankfurt a. M.: Suhrkamp 1980, S. 106 – 149.

Schmitz, Carl August (Hg.): *Kultur.* Frankfurt a. M.: Akademische Verlagsgesellschaft 1963.

Schorn-Schütte, Luise: *Karl Lamprecht. Kulturgeschichtsschreibung zwischen Wissenschaft und Politik.* Göttingen: Vandenhoeck und Ruprecht 1984.

Schulz, Wolfgang K.: *Untersuchungen zur Kulturtheorie Theodor Litts. Neue Zugänge zu seinem Werk.* Weinheim: Deutscher Studien Verlag 1990a.

Schulz, Wolfgang K.: »Wert-Symbol-Wissen. Anmerkungen zum Paradigmenwechsel in der Kulturtheorie der Weimarer Zeit.« In: Helmut Brackert/Fritz Wefelmeyer (Hgg.): *Kultur. Bestimmungen im 20. Jahrbundert.* Frankfurt a. M.: Suhrkamp 1990b, S. 132 – 155.

Schulze, Gerhard: *Die Erlebnisgesellschaft. Kultursoziologie der Gegenwart.* Farnkfurt a. M./New York: Campus 1992.

Simmel, Georg: »Der Befriff und die Tragödie der Kultur.« In: ders.: *Philosophische Kultur. Gesammelte Essais.* Mit einem Vorwort von Jürgen Habermas. Berlin: Wagenbach 1983 [1911], S. 195 – 219.

Soeffner, Hans-Georg (Hg.): *Interpretative Verfabren in den Sozial-und Textwissenschaften.* Stuttgart: Metzler 1979.

Stagl, Justin: »Kulturanthropologie und Kultursoziologie: Ein Vergleich.« In: Neidhardt/Lepsius/Weiß 1986, S. 75 - 91.

Stichweh, Rudolf: »Semantik und Sozialstruktur: Zur Logik einer systemtheoretischen Unterscheidung.« In: *Soziale Systeme. Zeitschrift für soziologische Theorie* 6, 2(2000), S. 237 - 250.

Tylor, Edward Burnett: *Die Anfänge der Cultur. Untersuchungen über die Entwicklung der Mythologie, Philosophie, Religion, Kunst und Sitte.* Bd. 1. Leipzig: Winter 1873 (orig.: *Primitive Culture. Researches into the Development of Methodology, Philosophy, Religion, Art and Custom.* London: J. Murray 1871).

Vivelo, Frank Robert: *Handbuch der Kulturanthropolgie. Eine grundlegende Einfübrung.* München/Stuttgart: dtv/Klett-Cotta 1988 [1978].

Weber, Max: » Die ›Objektivität‹ sozialwissenschaftlicher und sozialpolitischer Erkenntnis.« In: drs.: *Gesammmelte Aufsätze zur Wissenschaftslebre.* Johannes Winckelmann (Hg.). Tübingen: Mohr 1968 [1904], S. 146 - 214.

Williams, Raymond: »Karl Marx und die Kulturtheorie.« In: Neidhardt/Lepsius/Weiß 1986, S. 32 - 56.

克劳斯-米夏埃尔·奥尔特
(Claus-Michael Ort)

三

文化符号学

1. 概念与任务

Semiotik(希腊语词源为 sēmeiōtikē epistēmē)这个德语词指的是关于**符号**(Zeichen, sēmeíon 及 sēma)的学问(epistēmē)。符号是指向另一物(一个信号)的物象;它的前提是有人能够理解它(一个阐释人)。有符号与阐释人出场的过程称为**"符号过程"**(Zeichenprozesse, Semiosen①)。人们把阐释人、被他们阐释的符号和信息以及其他对于阐释活动来说重要的条件称作**"符号系统"**(Zeichensystem)。符号过程从符号在符号系统框架内符号过程中的作用入手来研究符号。

Kultur(拉丁语词源为 cultura, 德文意为"Bauung, Bearbeitung, Ausbildung"②)这个德语词可以追溯到拉丁语动词 colere, 德文意为

---

① 参见 Morris 1972, S. 20; Deely 1990, S. 32; Koch 1998, S. 707-719。
② 这三个德语名词分别意为"耕种;建设""耕种;加工;修改""发展,完善;培养"。——译者注

"pflegen,veredeln,verehren"①。与此相应,赫尔德(1887)用它来描述个体和社会的自我教育②(以及整个人类的自我教育)。③ 从泰勒开始,"文化"这个词也被用以描述这种自我教育的手段:"那是一种庞杂的复合体,它包含人类作为社会成员所习得的知识、信仰、艺术、伦理、法律、习俗以及所有其他能力和习惯。"④

卡西尔(1923—1929年)建议,把特定的符号系统描述为"象征形式",并提出,一个社会的所有象征性形式成就了该社会的文化;自此,人们就有了"文化符号学"(Kultursemiotik)这一说法。**文化符号学**是符号学的一个分支学科,将文化作为研究对象;根据卡西尔的观点,它有两项任务:

a) 研究文化(取赫尔德和泰勒之定义)中的符号系统为该种文化做出了怎样的贡献,从这个角度来研究一种文化中的符号系统;

b) 研究一种文化的从属因素为个体提供哪些优点和缺点,从这个角度来研究作为符号系统的文化。

如果人们把世界上所有符号系统的集合称为**"符号领域"**(Semiosphäre)⑤,也就可以说,文化符号学研究的是作为符号领域的一部分的文化。由此产生了一系列的问题:

(1) 人们如何将一种文化的符号、符号过程和符号系统与非文化的(自然)符号、符号过程和符号系统区分开来?

(2) 人们如何区分文化符号的阐释者和自然符号的阐释者?

(3) 什么确立了一种文化的身份认同和边界?

(4) 符号领域框架下的不同文化如何对待彼此?

---

① 这三个德语动词分别意为"看护;维护;装饰""使完美、使高贵""尊敬、崇敬"。——译者注

② 原文为Selbsterziehung;德文的Erziehung指道德、伦理等上层建筑意义上的教育。——译者注

③ 参见 Wefelmeyer 1984。

④ 参见 Tylor 1871, S. 1。

⑤ 参见 Lotman 1990; Posner 2001, S. 80ff。

(5) 文化变迁是怎样发生的?

文化符号学为解答上述问题提供了理论基础。它也为从经验出发对世界上所有文化进行理解和比较性描述提供了前提。[①]

文化符号学的研究思路与传统的人文科学、社会科学和规范科学对文化的研究方式是一种竞争关系[②],并且尝试阐明它们的结论,如果这些结果可以被理论化书写[③]。文化符号学的研究思路使得对文化现象的分析成为可能,一方面它不需要受到限制,不必将诸如"人文""社会角色"或者"规范"这些概念拿来束缚自己,另一方面它不用被迫进行没有理论根基的罗列或者一些文化历史学的介绍。[④] 如果说,文化概念直到不久前为止还局限于一个优秀的民族、种族、阶级或者生物种类[⑤],那么符号学研究思路从中建立了一个有理论支柱的普适性概念,这种普适性概念对于科学地解释人类、动物和机器的文化现象不存在任何障碍。

2. 特定文化中的符号系统:过程、代码与媒介

人们能够借助符号概念对文化概念进行阐述,这到不久前为止还并非理所当然的事情。因此,首先有必要对一些概念进行区分,使得文化概念确实能够借助符号概念得以阐明,同时使得上述第一和第二个问题得到解答。

[①] 参见 Winner/Umiker-Sebeok 1979;Schwimmer 1986。
[②] 参见 Posner 1991,S. 37f.
[③] 参见本书第二章"文化概念与文化理论"。
[④] 参见 Reckwitz 2000。
[⑤] 比如说将"德国文化"和"西方文明"对立起来,参见 Elias 1939,Bd. 1, S. 2-10。

2.1 过程

如上所述,某物作为符号发挥作用(也就是说,作为符号被阐释)的每个过程被称为**符号过程**(Semiose)。① 符号过程和所有过程一样由因果关系决定。它们通过特定的参与其中的因素得以相互区分,得以与其他过程区分。上文已经出现了其中一些因素:每个符号过程都有一个**符号**(Zeichen)、一位**阐释者**(Interpret)和一条**信息**(Botschaft),该信息由符号指示给阐释者。阐释者在感知符号的过程中构建一条信息,这种反应被称为**"阐释活动"**(Interpretant)。有一些符号源于它们自身,比如烟,对该符号的感知促使人们(阐释者)猜测(进行阐释活动),附近哪里有火[报告者(Referent)]正在燃烧[信息(Botschaft)];在这里,阐释者作为**接收者**(Empfänger)发挥作用。也有一些符号过程由一位**发送者**(Sender)引发,比如他说"fire",说话者(Sprecher)想要以此来告知接听者(Hörer)附近有火在燃烧,或者要求听者递个火(信息)。这样一个信息的接听者可以被分为接收者(Adressaten,指发送者希望他们知道他所发出的信息是传递给他们的)、旁观者(Bystander,指发送者希望他的信息传递到了他们那里,但不希望他们认为他想要给他们传递信息)和所有其他的接收者(Empfänger,传送者不需要认识他们)。发送者、接收者、旁观者和其他接收者,这些概念被称为**符号使用者**(Zeichenbenutzer)。

如果发送者和接收者使用同一种代码(Code),这种代码将**能指**(Signifikanten,这里指语音层面的口头表达产物:/ˈfaɪər/)和**所指**(Signifikat,这里指 fire 语义层面的含义:"燃烧过程中释放出的光、热和能量")相统一,那么接收者对一个符号的(发送者所希望得到的)阐释就能轻松地、一致地实现。② 使用一种在很大程度上共通的代码,能

---

① 参见 Posner/Reinecke 1977。
② 参见 Saussure 1916。

够使得发送者和接收者自动完成一部分阐释过程（使能指和所指相统一），从而使他们两者能够将注意力集中在特定的场合中，以一种特别的方式表达一个所指，并且相应地以一种特别的方式理解一个能指。①就像对烟的感知一样，听到"fire"这个词之后，人们可能会进行一种也许十分复杂并且与环境有关的推导过程，这一过程会产生特别的信息（比如说"暗火""电线着火""草原火灾""森林火灾"，以及"用手枪/步枪/加农炮开火"或者"点燃火柴/打火机"等）。

符号和符号过程类型庞大、繁杂，上述所举两例（烟和"fire"）只是其中的极端情况，体现在从（没有发送者的）信号到没有代码的展示（有发送者），到被编码的展示以及展示之展示，直到（没有代码的或者未被编码的）交流和语言传递的过程中。② 再举一个这种极端情况的例子，比如古代封建领主有这样的习惯，他们会在一场战役后于山顶点燃一种特定形式的火，将胜利的讯息传递给他们分散的部队，使士兵能够从烟的类型（能指）上推断出一种所指（胜利），从而加工成一条完整的信息（"我们胜利了"）（这是包含发送者和代码但是没有语言的交际符号过程）。

从古典时期③开始，区分各种符号过程类型的差异便成了符号学的主要任务之一。人们主要遵循两种对立的策略。从奥古斯丁（Augustinus）到艾柯的一部分研究者尝试用一种包含诸多概念的聚合系统来囊括各异的符号过程多样性，另一部分研究者截取这种多样性中的一个或若干片段，只想把被编码的符号过程④或者交际活动（Kommunikation）作为符号学的研究对象⑤。在此章节中，作者采用大多数德语符号学导论⑥中那样的广泛符号学观点，并将其用于文化过

---

① 参见 Prieto 1972，S. 48f.；Blanke/Posner 1998。
② 参见 Posner 1996。
③ 参见 Hülser 1997；Manetti 1997。
④ 参见 Lévi-Strauss 1958；Barthes 1953，1964。
⑤ 参见 Buyssens 1943；Prieto 1968；Mounin 1970。
⑥ 参见 Morris 1972；Sebeok 1979；Krampen et al. 1981；Schönrich, 1999。

程的研究。

2.2 代码

哪些符号过程类型可以被看作文化符号过程,哪些不可以?回答该问题的关键在于另一个问题:是否有代码参与其中?如果有,那么是何种代码?一种代码由大量能指、大量所指以及大量使能指和所指相互匹配的规则组成。① 对于个体而言,一种代码要么像基因代码一样与生俱来;要么是在他与世界交往的过程中学会的,就像许多其他行为代码一样;要么是由他(独自或者与其他人)通过决议(明确的约定)产生的。如上所述,人们可以将代码分为自然代码、规则代码和人工代码。②

一种生物的**自然代码**以生物学路径通过遗传方式传递给下一代,在此过程中有可能出现微小的变异(突变)。与此相反,**规则代码**(以及变成习惯性代码的人工代码)根本不需要由一代传递给下一代。如果出现了传递,那么就产生了传统。③ 对于具有相同身体构造和广泛相同自然代码的生物群体,人们在生物学意义上称其属于同一**种类**。对于同一种类并且具有广泛相同传统(也就是说,跨越若干代得到传递的规则代码)的生物群体,人们在人文科学意义上称其属于同一**文化**。

属于同一生物学种类(物种)但是具有不同文化的一代代生物可能情感上相去甚远,人们可以称其为"伪形态"。④ 文化差异如果再加上地理隔绝的因素,可能导致不同文化所属者的相同后代越来越少,从而使得他们的基因库越来越不同。通过这种方式,同一生物学种类(物种)的不同种族(亚种)产生了。如果这种发展得到足够时间的延续,那么相同生物学种类的一代代生物就可能形成不同的文化,最终产生不

---

① 参见 Nöth 2000, S. 216 – 226。
② 参见 Keller/Lüdtke 1997。
③ 参见 Cavalli-Sforza/Feldman 1991; Nyíri 1988。
④ 参见 Erikson 1996; 亦见 Eibl-Eibesfeldt 1979, S. 47f.

同的生物学种类。①

需要强调的是,不光人类,其他生物也能够形成传统。不仅哺乳生物,鸟类也可以。② 起决定作用的不是一种生物属于什么物种,而在于它的认知装备是否可以使它实现和其他个体发展出一种共同的规则,使得它们各自的能指和所指得以相互匹配。由此可见,即便机器以及人工智能系统理论上也能够构建文化。

2.3 媒介

在阐释符号的过程中使用大量相同规范代码的个体,我们称其为同一文化的成员。在不同的符号过程中使用同样的规范代码,使得这些符号过程变得彼此相似,因此,即使信息发生了剧烈变化,同一种文化成员之间的互动也具有稳定性。这种稳定性越强,越来越多的其他因素就会从大量符号过程中脱离出来,从而具有相同性。③ 为了描述这些出现在大量符号过程中的相同因素,人们使用了**媒介这个概念**。这样一来,人们就可以说,在下列情况中,两个符号过程是在同一种媒介中进行的:当它们要求接收者使用同样的感官形式(比如耳朵),当它们使用了同样的交流物质(物质渠道,比如说空气),当它们使用了同样的技术(技术渠道,比如说电话),当它们出现在同样的社会机构(比如说消防站)中,当它们服务于同样的目的(比如说传递求救呼喊声),或者,当它们使用了同样的代码(比如英语)。如果人们想要区分这些条件的类型,那么人们就要使用一种媒介概念:生物学的、物理学的、技术学的、社会学的、功能学的或者代码类媒介概念。④ 既然文化中的所有符号过程都是媒介,下文将借助例子阐明不同的媒介形式。

生物学媒介概念描述的是根据身体器官(感官形式)划分的参与符

---

① 参见 White 1978; Gould 1989, S. 187ff.; de Winter 1984。
② 参见 Bonner 1980; Becker 1993。
③ 参见本书中巴赫曼-麦迪克和奥尔特的论文。
④ 参见 Posner 1985, S. 255ff. 以及本书第十六章"媒体文化学"。

号生产和接收的符号过程。对于人类来说,主要涉及视觉媒介、听觉媒介、嗅觉媒介、味觉媒介和触觉媒介。视觉媒介的符号通过眼睛获得,听觉媒介的符号通过耳朵获得,嗅觉媒介的符号通过鼻子获得,味觉媒介的符号通过嘴里的味蕾获得,触觉媒介的符号通过皮肤的触觉获得。

物理学媒介概念描述的是根据化学元素及其物理学状态(介质)划分的符号过程,如果人们要在符号与接收者的接收器官和发送者的生产器官(如果存在)之间建立联系,那么这些介质是必需的。视觉符号过程依赖于传播光波的电磁场(光媒介);听觉符号过程需要能够传递声波的固态、液态和气态物体,来用于符号和接收者之间的物质联结(声媒介);嗅觉符号过程主要利用气态形式的混合化学物质(渗透媒介);味觉符号过程使用特定的液态和固态物质(味道媒介);触觉媒介符号过程通过触碰、刺激作为物质手段的皮肤来进行传递(触碰媒介)。

技术学媒介概念描述的是根据技术手段来分类的符号过程,这些技术手段在该类符号过程中起着调节介质的作用。在视觉符号过程中,除了铅笔和纸张、画布和画笔、眼镜、观剧远望镜和望远镜之外,一方面打字机与打字稿,另一方面摄影机与冲印工作室和幻灯片,电影胶卷与剪接工作台,投影仪与银幕和影印件,还有电脑与屏幕、键盘、鼠标、打印机和打印功能,它们一样可以被当作技术手段用于视觉符号过程。根据被使用的仪器种类,人们可以把视觉符号过程划分为印刷媒介、投影媒介、屏幕媒介等;根据这些仪器的产品,人们便有了打字文稿、印刷品、照片、幻灯片、电影和录像带作为技术媒介。听觉符号过程(连同乐器、麦克风、扩音器、发射器、接收器以及唱片、磁带、录音带和CD碟片,因此人们才会称之为唱片、磁带、录音带、CD等媒介形式)也类似。对于味觉符号过程来说,从不同的目的出发,人们使用香薰机、喷雾器以及小香水瓶作为技术媒介,要么希望一种气味在某个空间内持续存在,随着时间推移逐渐变淡,要么希望某种气味被用于某个特定身体部位。对于味觉符号过程来说,烹饪技术或者饮食器具的不同带来味觉媒介的不同,如热汤馆、烘焙房和烧烤店等,它们依赖于不同的烹饪技术；比如西式早餐、盘菜、勺舀冰激凌等，人们食用它们的餐具有所不同。对于触觉符号过程来说，人们首先用肥皂、粉、乳霜、按摩油和口红对皮肤进行预处理，然后由其他部位的皮肤、手套、指节连环套、拍子、刷子、莲蓬头、光源等，通过打、拳击、摔跤、抚摸、轻敲、摩擦、拧、刺、按摩、水淋和照射对皮肤做进一步处理，根据使用器具的不同，人们将这些触觉媒介相应称为拳击、摔跤、按摩、桑拿和日光浴等。

社会学媒介概念描述的是根据不同社会机构划分的符号过程，这些机构组织生物学的、物质的和技术的方式实现制造符号的目的。视觉符号过程通过社会媒介得以实现，比如画廊、博物馆、图书馆组织展览活动，比如书报集团、出版社和书店出版印刷品，比如电影发行公司、电影院和录像片出租店里上演电影或者出租录像。听觉符号过程主要通过音乐公司得以实现，嗅觉符号过程主要通过药店和化妆品店得以实现，味觉符号过程主要通过食品工业和餐饮业得以实现，触觉符号过程主要通过体育协会和按摩店得以实现。不过，这些社会学媒介中的大多数不仅仅局限于一种交际形式的组织。只要想象一下戏院和歌剧院、体育场和健身中心、教堂、电视台和网站，人们就会对此表示认同。[1]

功能学媒介概念描述的是根据不同信息的目的划分的符号过程，这些信息的传递便是通过这些符号过程得以完成的。这里以一种普遍化了的形式涉及文学学、艺术学和音乐学中为人熟知的"种类""样式""文体"和"话语类型"。[2] 交际目的赋予信息同样的结构，不依赖于信息通过哪些生物学的、物质的、技术的和社会学的媒介进行传递。所以，在报纸、电视和广播中，人们都要对消息、评论、批评、报道、短篇小说和广告这些形式进行区分。好比人们把书籍划分为实用性书籍和美文学，人们也完全可以把电影分为纪录片和故事片，把音乐分为高雅音

---

[1] 参见 Giesecke 1988；Baltzer 2001。
[2] 参见 Morris 1973，S. 215-248。

乐和流行音乐。即便是在流行娱乐领域，由于一种媒介的生物学局限性，也存在着许多平行的划分方式，比如说一个故事可以被写成破案小说、侦探小说、乡土小说和历史小说，可以被拍成破案影片、侦探影片、乡土影片和历史影片，可以被制成破案连续剧、侦探连续剧、乡土连续剧和历史连续剧。因此人们可以提一个普遍性的问题：信息受制于媒介的这些局限性，如果人们要用消息、评论、批评、报道、短篇小说或者广告的形式公告一个事件，该如何区分这些局限性？由此便产生了消息、评论、批评、报道、短篇小说、广告等这些功能性媒介。①

代码类媒介概念描述的是根据不同规则类型划分的符号过程，这些规则帮助其使用者在接收信息的时候把符号和信息进行匹配。如果，比如像电视台这样一个机构设立了一个"文字部"，或者一家国际出版社被划分为德语部、英语部、法语部，这就是一种代码类划分方式。在西方音乐中存在无调性音乐和调性音乐的分类，在绘画中存在具象画和抽象画的区别，在建筑学中人们可以将一栋建筑划分为罗马式和新罗马式、哥特式和新哥特式、实用主义风格和新实用主义风格等，这些也是涉及代码的。一家出版社，它决定用德语、英语还是法语出版一本书；一位作曲家，他创作调性音乐还是无调性音乐；一位画家，他创作具象画还是非具象画；一位建筑学家，他设计一座新罗马式还是新哥特式或是新实用主义风格的房子，这些决定在不同领域之间，比如文学、音乐、绘画和建筑领域，都是为人所知的。

每种媒介都决定了在其中进行传递的信息的类别。所以，媒介也经常被称为"渠道"：它适用于特定的信息类型，而将其他类别排除在外。② 在此过程中，生物学的、物理学的、技术学的、社会学的、功能学的和代码类的局限性会共同发生作用。比如说，流行音乐会这种媒介同时利用眼睛和耳朵来进行感官调节，利用空气作为介质，利用聚光灯

---

① 参见 Hempfer 1973；Rolf 1993。
② 参见 Posner 1985，S. 257，S. 264，注释 32。

和银幕以及乐器、麦克风和扩音器作为技术手段,利用音乐会演出公司以及音乐厅或者露天舞台作为社会机构,利用流行歌词作为文本形式,利用英语、西方身体语言和调性音乐作为代码。① 这种特定的媒介组合使流行音乐会呈现为一种充满激情的表现方式,它通俗易懂,可以给一大群观众中的每位个体留下这样的印象:"我属于这个激情燃烧的集体!"如果有人对那种非现场式的参与方式感兴趣,比如想以非现场的方式参与小范围内针对棘手议题进行的实用性讨论,那么他就应该收听转播的讨论类广播节目,其中有议会专家参加。

上述这些例子说明,在描述一个符号过程的时候涵盖所有提及的媒介概念是有意义的。在这种意义上,一个宽泛的媒介就是一个符号系统,其因素在特定的时间内具有特征方面的相同情况,因此,在该媒介中传递的符号过程也受制于同样的局限性。

从文化理论方面来看,对于一种文化内部的符号过程组织来说,媒介在其中具有高度的特殊化程度,它们受重视程度的差异明显,分工方式各不相同,这是颇为有趣的情况。② 正因为这种情况的存在,文化史框架下的媒介概念才会如此有活力。③

3. 作为符号系统的文化:社会、文明、思想精神

西方的大学和研究机构对传统文化学的研究大多数集中在特定的媒介上:

• 在语言学和历史学方面,集中于视觉方面可看到的、光学方面可转印的、在纸上记载下来的、在宗教和/或政治机构内使用的语言符号集合(文学作品和历史学材料);

---

① 参见 Müller 1996。
② 参见本章第 4 节。
③ 参见 Böhme-Dürr 1997;Threadgold 1997;Gumperz/Hzmes 1972 等。

•在艺术学和建筑学方面,集中于视觉方面可看到的、光学和触觉方面可复制的、在图画/雕塑/建筑中固定下来的、被宗教和/或政治机构使用的、空间方面可体验的符号集合(绘画、纪念碑、教堂、城堡和宫殿);

•在音乐学方面,集中于听觉方面可听到的、声学方面可复制的、用人类发声器官或者乐器创造的、在宗教和/或政治机构中使用的声音符号集合(音乐作品)。

这些涉及不同媒介的研究方式随着19世纪和20世纪新技术媒介的出现以及相应科学的建立得到了强化。

在符号学之前,只有少数几门科学以一种系统的方式将文化作为整体进行研究并以此为学科兴趣所在,它们是人类学[1]和考古学[2]。对于文化符号学研究者来说,探究人类学和考古学的设问方式并将其引入符号学概念中来,是一件有意义的事情,因为它们可以从媒介交叉的视角出发来观察世界文化。

20世纪后半叶,在这两门科学中,就其研究对象领域和最重要的问题而言,人们进行了广泛的融合:对于研究对象领域来说,人们必须在一种文化的研究框架下对其进行探索;对于这些重要问题来说,它们都是研究者对该种文化必须提出的关键问题。[3] 根据研究对象领域,人类学可以被分成三个分支[4]:社会人类学[5]、物质人类学[6]、文化人类学[7]。

---

[1] 参见本书第五章"文化人类学";Bidney 1953;Turner 1967;Harris 1968;Geertz 1973;Leach 1976;Vivelo 1978;Moore 1997 以及 Kroeber/Kluckhohn 1952 的概览部分等。

[2] 参见 Leroi-Gourhan 1964;Chang 1967;Binford 1972;Renfrew 1973;Schiffer 1976;Clarke 1972,1978;Frerichs 1981,2003。

[3] 参见 Singer 1978,1980。

[4] 参见 Posner 1992, S. 12ff.;Hansen 1993 等。

[5] 参见 Weber 1920,1950;Radcliffer-Brown 1940,1952;Evans-Pritchard 1962 等。

[6] 参见 Turnwald 1932;Bidney 1953;Clarke 1973 等。

[7] 参见 Kroeber 1923,1952;Kluckhohn 1951,1962;Lévi-Strauss 1949,1958 等。

a) 社会人类学的研究对象是社会性的文化,也就是社会。① 每个社会都由机构和仪式组成,这些机构和仪式在社会中得到执行。宗教机构就是一个很好的例子,比如基督教教堂和礼拜的仪式。

b) 物质人类学的研究对象是社会的物质性文化,也就是社会的文明。一个社会的文明由人工制品及其制造和使用技能组成。比如说,宗教人工制品有十字架、宗教歌曲、香火、圣饼、玫瑰花环、圣经。

c) 文化人类学的研究对象是社会的精神文化,显现在一个社会的文明中,也就是其思想精神。一个社会的思想精神由思想创造物(也就是观念和价值观)和规范组成,规范规定了思想创造物的运用和展现。② 如,宗教类的思想创造物有天主教众神及其徽志;各种罪孽及其划分方式,比方说"深重罪孽""可恕之罪"等,整套相关术语;以及神职人员的手势。

对于人类学这些分支的研究对象,人们不仅可以分开进行研究,也可以将它们相互关联起来。比如,针对某一种类型的社会,人们可以问,这种社会能够发展出什么样的文明和思想精神;针对一种文明,人们可以问,这种文明能够包容什么样的社会结构和思想精神出现;针对一种思想精神,人们可以问,这种思想精神能够实现什么样的社会结构和文明。

对于所有这三类研究对象来说,有一个共同的重要问题:社会文化(机构和仪式)、物质文化(人工制品以及使用)和精神文化(思想产物及其使用)如何实现代际传递。这一过程依赖于传递机制③,也就是通常人们所说的**"传统"**。

总而言之,从人类学和考古学的意义来看,文化等同于社会,它具有特定的思想精神,并且在其基础上发展出了文明。

---

① 参见本书第十章"文化社会学"。
② 有关精神文化概念参见 Raulff 1987, S. 11; Posner 1991, S. 68, 注释 2。
③ 参见 Mead 1912; Thurnwald 1936f., 1950; Lotman/Uspenskij 1971; Lotman et al. 1975。

现在，令文化符号学研究者感兴趣的是，社会、文明和思想精神作为一个方面，它们与符号系统之间存在什么样的关系？这些研究对象能否借助符号学概念得以解释，即人们能否用"符号""信息""阐释者""代码""媒介"等概念解释机构、人工制品、文化传递机制这些研究对象？

3.1 社会文化（社会）：符号使用者

一个社会就是大量个体的集合。它的结构由定期通过符号过程相互联结的个体群组确定。我们称这些群组为**机构**。一个社会中存在哪些机构，是其社会文化的特点。①

每一个社会都会发展出独有的物质和精神文化。然而，两种社会之间的边界并不必须与其物质和精神文化的边界重合。②

• 一个社会的**个体**可以被纳入另一个社会的社会关系中去，他可以带去自己的物质产品、观点和价值观；这不仅体现在跨越文化的婚姻关系上，也体现在外来社会功能性精英（手艺人、商人、税务员）的移民活动中。

• 一个社会物质文化中的**人工制品**可以被另一个社会的成员学习、模仿和使用，而社会关系方面不需要发生任何改变；欧洲人对中国瓷器（英语为 china）以及日本人对欧洲汽车技术的学习、模仿和使用广为人知，它们就是这种文明重叠的例子。

• 规定社会中个体行为的**思想创造物**可以为另一个社会的成员接受，并用来规定该社会成员的行为。比如，二战后，非洲音乐在德国一开始被看作"黑人哼唱"遭到排斥，但在接下来的几十年中，它得到独立发展，形成了本土化的音乐形式（比如"德国摇滚"）；如今，爵士迷的

---

① 参见 Homans 1950；Bourdieu 1970；Luhmann 1984；Smits 1987；Giesecke 1988；Alexander/Seidmann 1990；Cole 1996；Parmentier 1996；Kashima 2001；Baltzer 2001 等。

② 参见 Clarke1978；Posner 1990；Berry et al. 1997。

思想精神将来自不同社会和文明的个体联结在一起。

不过,是谁决定了一个社会的物质和精神文化?谁是它们的文化载体?关于这个问题,人们可以用简化了的交叉方式做如下回答:

(1) 一个社会的每个个体拥有典型的人工制品和思想创造物,因此可以被看作个体性的文化载体。

(2) 作为整体的每个社会拥有典型的人工制品和思想创造物,因此可以被看作集体性的文化载体。

(3) 由一个社会的个体组成的特定(也可能相互交叉的)群体因为人工制品和思想创造物具有典型特征性,因此同样被视作集体性的文化载体。比如说,作为机构的天主教教堂、新教教堂和其他信教团体。

现在的情况是,个体、社会和机构都可以作为独立的符号使用者。对于个体,人们完全可以问:难道不正是因为个体有能力扮演规则符号的发送者、接受者、旁观者或者接收者,它们才被称为个体,才被视为不可分割的吗?个体是规则符号的使用者,如果人们划分了个体,那么它们就失去了作为符号使用者的功能。

而且,一个社会作为整体,也能够以规则符号使用者的身份采取行动:国家这种形式的规则符号使用者可以进行谈判,宣战或者终战,缔结或者撕毁合约。机构也类似,比如教堂、医院、学校、机关或者剧院:每个人都可以将学校作为统一的机构向其寄送信件,学校也会作为一个统一机构进行答复["Meier"(大学校长)]。

文化载体就是符号使用者。这种观点也适用于动物,就像人种学指出的那样。通过制造、接受自然的和规则性的符号,不仅是灵长类动物个体,整个灵长类动物群体也可以表达它们的意愿(比如黑猩猩族群中的雌性群体,它们通过在一只雄性黑猩猩面前的集体亮相来指定雄猩猩在族群中的社会角色①)。

甚至**机器**也可以作为**文化载体**,这一观点在今天看来仍然显得乌

---

① 参见 de Waal 1982,1989。

托邦,即机器可以构成机器社会群体,只要它们发展出相同的规则性代码,并且能够制造、相互发送可以借助代码进行阐释的符号,那么机器也可以作为同一社会中的成员被该社会群体接受。①

3.2 物质文化(文明):文本

如上所述,文明被称为一个社会中人工制品的集合,受到其制造和使用技能的影响。每种文明是各种符号过程的出发点。如果人们想要更准确地描述它,那么人们就必须研究人工制品的内涵是什么。②

人工制品

如果人们假设,一位个体的行为从概念上来说可以与其结果相分离,有意的行为可以与无意的行为相区别,那么人们就容易对人工制品进行定义了。所以,人工制品是有意行为的结果,无论这种结果本身是否有意。③ 人工制品可以是短暂性的,比如一位女士穿着高跟鞋匆匆走上人行道发出的响声;也可以是持续性的,比如一位女士在泥地上留下的足迹。因此,人们须区分**暂时性的**和**持续性的**人工制品。

人工制品总是出于一种实现目的的需要而被人们制作出来。人们把具备功能的持续性人工制品称为**"工具"**。一件东西在一种文化里可以被视为工具,但是在另一种文化里可能就变成了没用的人工制品。④ 所有类型的人类文化都根据功能来对工具进行分类;这从德语里面数量众多的工具称谓可见一斑:"锤子"是用来捶打的工具,"钻头"是用来钻孔的工具,类似的还有"凿子""锉刀""锯子""斧子""卷扬机""泵""橡皮""打孔机""水彩笔"等。

---

① 参见 Posner 1993, S. 262-267, 2000。
② 参见 Folsom 1928, S. 15; Bernard 1942, S. 699, 1951, S. 86; Thompson 1979; Warnier 1999。
③ 参见 Herskovits 1948; Rossi-Landi 1968, 1975; Becker 1993; Scholz 2002。
④ 参见 Posner 1992, S. 20。

文本

如果某物是一种人工制品，它在某种文化里面不仅具有功能，还是一种承载编码信息的符号，那么它在"文化符号学"中就被称为"该种文化的文本"。文本总是有意行为的结果，即便并非它们所有的特性都是刻意而为。① 既然它们是人工制品，那么文本就不仅可以被生产，也可以被再生产。通过这种方式，人们就获得了同一类型人工制品的若干复制品，比如塑料家具、成批服装、流水线生产的汽车等工业商品。当这样一个文本被进行再生产时，它们的编码特性（能指和所指）是不会改变的。这尤其适用于语言文本。基于这一原因，我可以说，你的圣经和我的圣经是"同样的文本"（如果它们都是圣经路德译本第一版的印刷复制品）。在这种情况下，我们就会区别我的和你的文本复制品，把它们与这一版本的文本类型进行比对。②

这里使用的宽泛**文本概念**是 20 世纪下半叶才在文化符号学框架内得以发展出来的；它与 18 世纪开始在语文学中使用的文本概念是相对的，后者要狭隘得多。文化符号学的文本概念源于对语文学文本概念进行的一系列普遍化改进。③ 在语文学中，只有视觉可接受的（即书面化的）语言符号集合体才被视为"文本"。然而在 20 世纪 50 年代，第一次普遍化改造出现了，据此论说，所有线性的语言符号串联体都可以被称作"文本"。④ 这种论说将听觉可接受的语言符号链（言谈）也归为"文本"范畴。第二次普遍化改造的结果是，从 20 世纪 60 年代开始，人们开始把非语言的符号链（比如数学公式和逻辑）也称为"文本"。第三次普遍化改造过程中，线性的条件最终完成了对文本概念的抽象化塑造。因此，现如今，不同复杂程度的编码符号复制品都可以被称为"文

---

① 参见 Beardsley/Wimsatt 1954；Hirsch 1967；Grice 1975；Danneberg/Müller 1983。
② 参见 Posner 1991，S. 68f.，注释 7。
③ 参见 Posner 1992，S. 23ff。
④ 参见 Saussure 1967，S. 9 – 75。

本",无论是单个的交通标志,还是一系列的交通标志,甚至一幅画、一件雕塑、一栋建筑物、一首音乐作品、一支舞蹈或者一段语言表达。

所以,文本概念以及受其影响的文本理论成果具有了媒体交叉性特征。它可以帮助人们捋清不同媒介中的复杂关系:既然编码的符号复制品一般而言可以被再生产,那么,一幅图画、一件雕塑的每次再生产以及一首音乐作品的每次演出都可以被看作一个文本。这样的复制品甚至可以被看作与初始物一样的"相同文本",因为再生产使它们成为相同文本类型的一个文本。而且,人们也可以生产有关文本类型的文本,所以,一份音乐总谱也是一个文本,当人们对它进行复制的时候,人们就得到了同一文本类型的许多复制品,就该文本类型来说,它决定了一种音乐演出的形式。[①] 特别是在多媒体的符号生产中,关键过程原本大多是凭直观感觉进行的,但是这种普遍化的文本概念可以使来自不同媒介的符号复合体相互兼容,从而让人们看清关键过程的本质。每位戏剧、歌剧和电影导演都面临着一个问题:如果他将一段口头语言表述、一个表情、一个手势或者布景以及背景音乐作为文本使用的话,他是否有能力最有效地传达他的意图?一个文本中所有媒介的信息融合也可以从文本理论的角度进行描述和解释。

在文化学中,文化符号学的普遍化文本概念适合作为语言学以及艺术学、建筑学、音乐学和新媒体学研究对象的共同分母。这一普遍概念的使用在不同学科的边界之间架起了桥梁,构成了一个非形而上学的概念性基础,使人们可以对所有媒体中的符号复合体的结构和功用进行对比性研究。

将人类学家理解为文明的东西看作人工制品的集合,而且从文化符号学的角度将其解释为广义文本的集合,是切实可行的。考古学似乎面临着一个难题,因为考古学的核心研究对象是早期文化中被称为"工具"的持续性人工制品,而把工具看作文本,这在今天仍然不是一件

[①] 参见 Goodman 1968。

普遍的事情。不过,人们很容易就可以明白,工具也属于文化符号学中文本概念的范畴。① 人们通常为了一种特定功能(工具的标准使用目的)而制造工具,制造者通过在其产品中植入设定的功能编码,来保证这些工具获得重新识别。于是,工具通过其形式指明了人们在生产过程中赋予它们的功能。

对于工具而言,我们有着文化符号学意义上最简单的文本形式:工具的形式是能指,工具的功能是所指。能指和所指通过一种(具有不同动机程度的)规则代码相互联结。通过这种方式,刀这种形式(带刀刃的手柄)指明了切这种功能,泵这种形式(带吸管的手柄)指明了抽吸这种功能,如此等等。这样看来,**工具**就是**人工制品**。它在一种文化中具有某种**功能**,承载一种编码**信息**,因此工具也是**文本**。

作为这一考量过程的结果,人们可以从人种学意义上将文明阐释成符号学的文本集合。这清晰地表明,人们可以在符号学概念的基础上对人类学的第二种分支学科——物质人类学的研究对象领域进行重构。

3.3 精神文化(思想精神):代码

一个社会的思想精神由其思想创造物构成,即其**观念**、**价值观**,以及规定其使用和展示的**规则**。广义的观念包含了一个社会用以阐释自身和现实的所有范畴,比如"人类""动物""植物"这样一些概念就属于观念领域,和"天堂""地狱"一样。比如"自由""平等""博爱""责任感""坦诚"和"诚实",这些就属于一种文化的价值观。那么,这些思想创造物的符号学身份是由什么决定的? 这一问题在我们的理论框架内也非常容易得到解答。如果一种思想创造物拥有一定的基础,使其传递功能得到保证,也就是说,它具有能够表达出来的象征形式②,或者说,它

---

① 参见 Posner 1992, S. 27ff.
② 此处为了与 Cassirer 1923 - 29 相符;参见第一段,亦见 Schwemmer 1997, S. 143ff.

包含一种能指,这种能指的所指就是思想创造物,只有在这种条件下,思想创造物才能在一个社会内部发挥作用。此外,能指和所指的组合只有在体系关联中才会出现。① 既然能指—所指—配对的体系被称为代码,这种想法就可以得出如下结论:每种思想精神都可以被理解为代码的集合。这些代码以规则为基础。由此,精神文化就只是符号规则的体系,一个社会中的成员共同拥有这种体系。这些符号规范调节着社会成员的社会行为,决定了他们的人工制品的功能和意义。

将精神文化称为规则代码的集合,这一阐述表明:人类学第三个分支的研究对象领域,即文化人类学,可以在符号学概念基础上进行重构。

3.4 社会、物质与精神文化的符号学关联

将社会人类学、物质人类学和文化人类学的研究对象置于一个有理论基础的体系关联网中,是社会、物质和精神文化的符号学分析倾向之一。如果一个社会被定义为符号使用者的集合,一种文明被定义为文本的集合,一种精神文化被定义为规则代码的集合,那么人们就有必要将这三个领域相互联结起来,因为符号使用者必须依赖代码才能理解文本。

由此,得以证明符号学是人类学和考古学以及其他文化学研究对象的统一体,因为它声称文化是特殊的符号系统。针对这一在引言中就提出的论说,人们可以做出以下详细阐释:作为符号系统的文化由个体和集体符号使用者构成,他们生产并且接受文本,通过这些文本,信息得以借助规则代码进行传递,规则代码为符号使用者解决问题提供了可能性。

文化概念的这一阐释不仅适用于人类文化,也适用于动物文化,甚至适用于机器文化以及其他文化类型,人类、动物和机器在其中共存共

---

① 参见 Saussure 1967,S. 136f.

生，通过共有的符号规范调节三者之间的互动。在人类文化范围内，这一阐释不仅适用于部落文化、语言共同体或者作为民族国家的整体，也适用于它们的一部分。在这一意义上，一个人既可以是西方、欧洲、德国、巴伐利亚以及慕尼黑文化的隶属者，也可以作为这些文化的代表者。① 贵族文化、市民文化和农民文化，以及管理者文化、公务员文化和劳工者文化，甚至公司文化和企业文化，大学生亚文化，这些文化方式都可以借助符号学文化概念得到重构和辩护。

因此，文化是高度复杂但统一的构造物。更确切地说，文化作为符号体系，其复杂程度在于：

（1）一个社会涵盖了许多符号使用者，他们分布在许多（经常交互重叠的）群组中间，这些群组又可以作为集体符号使用者出现（比如，当这些群组是机构的时候），

（2）一种文明由许多文本组成，这些文本属于不同的媒介类型，因此可以根据各种各样的方式被分为不同的文本集合，最后

（3）一种思想精神由许多代码组成，这些代码由于具有不同的功能调控类型，由它们联结起来的能指和所指的特性也不同，所以同样也可以根据许多方式被划分为不同的代码类型。

因为这些高度相异的结构，每一种综合文化的符号系统本身也可以被视为符号系统。每一种文化将自身组织成各种符号系统的系统，因为人们可以在此过程中运用许多不同的组织原理，这些组织原理相互竞争，有关它们的相对重要性方面可能一直存在争论。这样一来，文化的动力就形成了，它构成了文化变迁的基础。

---

① 参见 Baumann 1999。

4. 文化机制与文化变革

如果有人问起文化变迁的原理,那么可以说,一方面,文化受到其成员的影响,另一方面文化也影响着其成员。解释上述两个过程如何同时进行,就成了文化符号学的任务。这也是有关文化运行机制的问题。①

如果能够借助阐释文化概念时使用的符号学概念来回答这个困难的问题,那么这样的回答也可以用作这些符号学概念具有广泛适用性的证明。

过去数十年中,在回答文化运作机制这一问题方面,贡献最多的是莫斯科—塔尔图学派的尤金·洛特曼(Jurij Lotman)及其同事。1973年莫斯科全苏斯拉夫学大会上,洛特曼、乌斯宾斯基(Uspenskij)、伊万诺夫(Ivanov)、托波洛夫(Toporov)和皮亚蒂戈尔斯基(Pjatigorski)做了《文化符号学研究提纲》②的报告,对他们的学说做了最为简明扼要的总结。根据洛特曼③及其同事们的观点,"文化可以被理解为符号系统的等级,文本及其功能的总和,或者一种产生这种文本的特定运行机制"。下文中,作者首先将把文化看作文本及其功能的总和,对其做简要描述,以此来回答第一章节中提出的第三个问题。然后,作者将阐述**把文化作为符号系统等级**的观点,这一观点对于解释文化变迁、回答第四个和第五个问题也是十分切合的。

---

① 参见 Thurnwald 1936f.,1950。
② 原文为 Theses on the Semiotic Study of Culture,该英语书名根据斯拉夫语原文翻译而来。——译者注
③ 参见 Lotman 1975,S. 73。

4.1 文化作为文本系统

文化是文本的系统,许多文化符号研究者都持有这种论点。他们中有列维-斯特劳斯(1958)、巴特(1964)、温纳(Winner)(1979)、加拉蒂(Galaty)(1981)和法恩(Fine)(1984)。只是,争议点在于:该论点中的系统性特征存在于何处。

洛特曼①在他的论文中从广义的文化符号学文本概念出发,据此,每件包含一种功能和一条编码信息的人工制品都可以被视为文本。然而,洛特曼发现,每种文化都会从文本集合中选取一小部分文本,就文化身份认同方面来说,该文化的成员认为这小部分文本非常重要。他认为②:"从大量[……]消息中甄选出一定数量的文本,这一过程标志着文化的形成,它是一个集体进行自我组织的特别形式",反过来说,"如果所有文本都具有同样的价值,则意味着文化的消亡"。

一种文化的成员如何选择对于他们而言决定身份认同的文本,这样的规则在每种文化中都不同,取决于每种文化中所使用的媒介。要展现这样的关系,难点在于,相关文化都发展出了独有的文本概念,而把对于他们的身份认同而言不具有决定性作用的文本都视为"非文本"。欧洲的学术传统也是如此,直到20世纪仍然仅把记录下来的书面性语言符号集合体看作"文本",而对于口头表达的语言符号集合体,只有"言语"③这个词语供以支配——更不用说非语言性符号集合体④。为了避免混淆,对于被一种文化 i 划归为其身份认同决定性文本的人工制品,我们在下文中把它标记为下标"i"。

涉及语言文本,有关其甄选规则的多样性,洛特曼是这样写的⑤:

---

① 参见 Lotman 1981, S. 34 – 48。
② 参见 Lotman 1981, S. 38。
③ 原文为 Rede。——译者注
④ 参见 3.2 节。
⑤ 参见 Lotman 1981, S. 36。

于是,文本被视为刻在石头或金属上的东西,不同于写在相对不易保存的材料上的东西。这样就产生了"稳定的/永恒的"与"不牢的/暂时的"这组对立。书写于羊皮纸或者丝绸上的东西与书写在纸上的东西就构成了"有价值的"和"无价值的"这组对立。印刷在书上的东西与印刷在报纸上的东西形成对立,书写在相册里的东西与书写在信里的东西形成对立,它们处于"为了保存"和"为了销毁"这样的对立关系之中;值得注意的是,这样的对立只适用于不被书信和报纸保存的系统,而在另一种相反的系统中,此种对立就会消失。

然而,在书写文化中,书写因社会等级划分和官方审查管制的影响而受到限制,因此非书面表达的东西也可能被视为文本,书写的或者印刷的东西也可能被视为非文本,被宣布为无足轻重。于是就产生了"正直的"和"不正直的"或者"简单的"和"复杂的"这种对立,就像西欧从贵族统治到市民社会的过渡时期一样。

一个文本¡就是一则信息,理应在相关文化最有影响的媒介中得到传递。

• 文本¡被普遍视为有价值的,因此得到特别的维护,比如在仪式上进行朗读(比如在神圣的场合),将其安置在得到谨慎保护的地方(比如博物馆或者图书馆)。

• 文本¡对于相关文化的成员来说具有建构现实的作用;因此它不能被看作错误的(例如,古典哲学、文学和艺术作品对于中世纪的人们来说具有权威性)。

• 文本¡为相关文化的一代代成员制定了标准。因此,即使这些成员的生活状态发生了变化,这些标准也不会改变。如此一来,文本和世界之间产生的差异就要通过特别的阐释方法来消除(例如,《圣经》阐释学)。

• 文本¡随着时间的推移,对于相关文化的成员来说变得难以理解,因为,虽然文本的符号集合得以保存,但是用以理解文本的编码发生了剧烈变化;文本因此需要阐释和翻译(例如,由经卷学者对《圣经》进行注释,法律工作者对法律条文进行解释,艺术评论者对艺术作品进行阐释)。

· 为了使这些观念和实践合法化,人类神话将运用于文本上(例如:"摩西十诫")。

在有宗教经书的文化中,这些过程可以通过相关的宗教圣典显示出来;同时,这些过程也决定了与其他文本的交流。对于每种文化而言,**圣典**只是广泛的文本等级中具有身份认同建构功能的顶级制品。

为了理解这种文本等级,弄清一个文本及其文化价值,人们常常只需要询问相关文化中同种类文本的数量及其平均存在时间就足够了。比如说在欧洲,就只有一种文本被广泛接受,就是《圣经》;数千年来它都是行为的准绳。此外,还存在不少国家宪法,它们各自只在数百年的时间当中有效;也存在许多法律条文,它们的有效期最多只持续了几十年。文学、艺术和建筑以及音乐作品也类似,它们也只在短短的时间跨度内流行。

在金字塔的另一端,是短暂存在的人工制品和短暂存在的**日常表述**。人们同样会比较它们的产生数量以及存在时间,比如口头的表述、备忘录、电子邮件、信函、日记、账本(以及归档文件)、申请书(以及备份)、工作合同、论文等。

因此,研究一种文化内部长期存在的文本中的经典,并不是文化考察的最坏方法。① 这些经典不仅展示了文化的延续性,而且能够使得人们关注其发生变化的时间点。文化变化的典型例子体现在文化成员对待其文本的行为方式发生了改变;人们剔出原本被视为经典的人工制品,将新的人工制品纳入经典范畴,甚至重新衡量各种人工制品的价值。这可以是文化内部的动机引起的,也可能受到其他文化的影响。对一种文化的深入认知能够使人们从该文化的经典中选取文本来作为

---

① 参见 Fokkema 1986。

自身文化的身份认同因素。美国的宪法就是一个佳例,它是19世纪和20世纪德国宪法中被引用最多的文本之一。这样的例子不仅发生在德国文化中,在西方文化圈的各种文化内部都有可能发生。

正如人们所看到的,对物质文化的研究是探索一种文化自我组织和自我理解方式的佳径。它使人们得以对社会文化和精神文化进行推导,它有具体事物来支撑自身,因此有着方法论的优点;而机构分析和代码分析则必须求助于间接的研究方法。

下文中,作者将概述另一种研究方法。它虽然更加抽象,却因此能够更准确地显示文化变迁的方式。

4.2 文化作为代码系统

根据洛特曼的观点①,一种文化的文本等级和用以理解文本的代码系统是紧密相关的。而且,代码系统也是呈等级划分的:它在符号学领域的一个系统中被组织起来,这一系统被若干层非符号学领域包围着。每个领域使一个世界片段得以被人们掌握。这些符号学领域由包含代码的符号系统构成,代码借助其所指对这部分世界进行划分。

这些领域分为四个不同的部分。

(1) **文化之外的**部分:它对于相关社会的成员来说是完全陌生的;

(2) **对立文化的**部分:它对于相关社会的成员来说是熟知的,但是相对于他们自己的文化来说,或多或少显得有些对立;

(3) **边缘文化的**部分:它被相关社会的成员承认为其文化的一部分,但不居于中心地位;

(4) **中心文化的**部分:它被相关社会的成员承认为其文化的一部分,且被视为其身份认同的根本因素。

非符号学领域归为第一部分,而符号学领域则归入其他三个部分。在它们中间,人们必须要区分第二部分中对立文化的符号学领域与集

---

① 参见 Lotman 1975,1990。

中于第三、第四部分的文化领域。

将这些领域进行划分,使得人们有可能对文化变迁的重要阶段进行描述。文化变迁是不同领域以及不同领域部分之间界线的推移。推移可以发生在:

a) 外部文化(1)和对立文化(2)之间,对于一个社会具有典型特征的边界;

b) 对立文化部分(2)和文化部分(3、4)之间,已被纳入一个社会的边界;

c) 边缘文化(3)和中心文化(4)之间,已被纳入一个社会的边界。

这些边界和它们的推移如何用符号学理论来进行重构呢?——对于外部文化到对立文化之间的过渡来说,这个问题不难回答,因为这种过渡与非符号学领域到符号学领域的过渡是一致的。① 如果一个社会发现了新的世界片段(比如一个新大陆,一种新射线,一种人工材料的新生产工艺),那么,它就会引入一种尚不成熟的代码,这种代码将这一世界片段转化为对立文化的存在:人们必须对新世界进行辨认,贴上标签,把它与已经熟知的世界联系起来。如果一个社会已经不知如何理解早先曾经熟知的世界片段,那么负责阐释它的代码也就不再为人所使用。

成为现实和**被人遗忘**与规则代码的引入和遗弃相关联。在下文中,这两个过程将被称为世界片段的**"符号化"**和**"去符号化"**。

文化和对立文化:跨文化的代码变迁

世界的符号化因文化而异。文化在符号学领域②框架内如何运作,与媒介在一种文化框架内如何运作是一样的:每一种文化都是一个广泛的符号系统,它的因素长期以来都显示出一定的特征性结构,因此在该系统内运作的符号过程也同样受到持续的限制。③ 每种文化的特

---

① 参见 Johansen/Larsen 2002, S. 196f.
② 参见第 1 节。
③ 参见第 2.3 节。

征都是通过其他限制因素来体现的。所以,某些信息在特定的文化里面很容易被生成、被接受,但是在其他文化里面就似乎不可表达,因此不能被用于交流,这种现象是存在的。它是如何形成的,我们将在下面的章节进行阐述。

一种文化中存在的代码,通过各种各样的方式对包含于其中的世界片段进行划分。这些代码一部分在世界片段上刻画出高度不同的结构,而一部分只是局限于进行浅表的标记。第一种代码可以实现准确的定位,使其所包含的东西显得内容丰富、结构清晰,因此,它们包含的东西能够为所知世界的其余部分辨别。每一种具有深厚历史的文化都会把具有文化特征的事实与其余熟悉的世界区分开来,并且倾向于为后者盖上"没有文化的""未开化的"印章,即称其为"粗野"①。这一对立文化的领域对于已经受过文化浸染的观察者来说显得零乱、无章法,而局外者则认为它具有不同的特征。这就显示出符号化过程的意识形态特点。②

有关对立文化的例子都带有一种特定文化的视角,它们都是历史上确实存在的现象。比如说,希腊古典文化与"野蛮人"对立,中世纪宗教文化与"异教徒"对立,德国浪漫主义美学文化与"庸人"对立,等等。③

上述例子表明,一种文化用某一标签来标记与之关联的对立文化,这个标签不仅可以辨认相关的世界片段,而且能够使这一世界片段与这种文化的决定性观点和价值之间建立一种内容上的联系。相关的世界片段被排除,因为其中对于这种文化而言重要的精神制品不能发挥作用。通过这种排除活动,人们就可以避免文化特定性精神制品受到威胁的可能性,同时也可以加固相关文化的身份认同。文化与对立文化之间的关系因此是矛盾的。一方面,人们会避开对立文化,对它进行

---

① 原文为 Unkultur。——译者注
② 参见 Mannheim 1929;Ponzio 2003。
③ 其余例子参见 Posner 1992, S. 38。

负面的评判,另一方面,人们则尝试将其转化为文化。每种文化都有消除或者整合被它建构起来的对立文化。结合上一段的例子来看,整合的方式可以是对野蛮人进行开化,对异教徒进行洗礼,或者对庸人进行启迪。

如果人们进行文化整合,那么,文化特定性代码就会转移到之前被排除的世界片段上。这使得人们需要越来越详细地划分相关代码。原来粗略的标记方式为细致的描述所替代,而细致的描述则是目的性越来越强的干预的基础。发现世界片段,用不完整的代码对其进行概括,将其划归为相关文化之外的范畴,如果这是符号化过程的第一阶段,那么在第二阶段中,人们会对原有代码进行补充、细化,并且对相关的事实进行本文化同化过程,接受其为文化同类。

不过,这种符号化方式也带来一些问题。如果每种文化都趋向于维持自身的认同,如果这种认同是基于对立文化的建构前提下,进一步说,如果每种文化趋向于不断消除或者同化它们的对立文化,那么人们就会持续性地需要新的混乱,它被该文化置于对立面,最终或者被消除,或者被同化。文化的这种毁灭性运行方式,在古埃及和两河流域的高度文明、古希腊城邦、古罗马帝国以及近几百年来的殖民帝国中都可以得到体现。

在如今的西方工业国家中,**这种文化机制的负面后果体现在所谓的环境污染方面**。这从早先开始,就不仅涉及环境,亦即对立文化的领域,而且在越来越大的程度上改变着文化领域本身。① 于是文化污染(cultural pollution)产生了,比如说,对于之前得到完整建构的世界片段,旧的代码被更有影响的但仍然不完善的新代码覆盖:新旧代码都不能被用于该领域的分类。人们会面临一个新的情形:旧代码的所指不再受到重视,新的代码还没有为人所理解。旧代码的能指方面只留下

---

① 参见 Ponser 1998。

了未被阐释的符号体,它们的运用只会使人迷失方向。① 后果就是**文化废墟**,这意味着一个社会在相关领域的理解能力方面发生剧烈退化。原本高度符号化的领域遭遇了去符号化过程。社会面临着源于文化内部的混乱局面,这种混乱情形使人们再次陷入文化与对立文化的漩涡之中。②

如果这种过程在一种文化的边缘文化领域中发生,那么,相关的世界片段要么被抛弃,不再被视为属于本文化的范畴,要么人们会根据主流文化的中心代码模式对其进行符号化改编。③ 如果文化废墟出现在中心文化领域,来自另一种文化的新代码出现,并且就是这一因素导致了文化废墟的产生,那么,相关社会就会全盘接受另一种文化,而抛弃原来的旧文化。

这些跨文化代码变迁的中间形式十分有趣,它们是在当今**全球化**的框架内发生的。④ 在相互交流越来越频繁的时代,所有文化都在尝试将其他文化中具有影响力的代码化为己有;这种努力导致了普遍的杂交现象。⑤ 人们首先只是大体上掌握陌生的代码(Pidginisierung⑥),然而由于这种形式,对陌生代码进行的规则化过程(Kreolisierung⑦)便具有了文化差异性。⑧ 从表面上看,这似乎增加了世界上各种文化之间的多样性,但是文化身份认同性文本和中心代码的千差万别在大多数情况下依旧得不到改变。

不过,从这一点出发,存在着两种更为广泛的发展情况,它们都是以现存文化的自我放弃为终结。一种情况是,身份认同性文本被遗忘,

---

① 参见 Heelas/Lash/Morris 1996。
② 参见 Thompson 1979;Appadurai 1986。
③ 参见 4.2 节中的"中心和边缘"。
④ 参见 Robertson 1992。
⑤ 参见 Pieterse 1996。
⑥ 意为混杂,比如洋泾浜英语。——译者注
⑦ 意为同化,比如克里奥尔式法语。——译者注
⑧ 参见 Mühlhäusler 2003。

中心代码被外来代码排挤（见上文）。另一种情况是，自身的中心代码并没有被完全替代，而是由于外来符号和符号组合模式的持续性融合过程丧失了其原有的特性。现如今，这两种发展情形的苗头在世界上很多地方都可以被观察到。①

中心和边缘：文化内部的代码变迁

一种文化倾向于将世界符号化，这一过程并不终止于对一个世界片段进行编码并将其纳入文化领域。因为，每个代码从自身方面来说，都试图在相关文化中占据一个中心地位。这一中心化过程引起了文化内部的代码变迁，并且引发代码的变化，这种变化最终会导致代码再次被排挤到边缘。② 下文将简要描述这一过程是如何发生的。

在一种文化内部，**一种代码的中心度**首先可以从三方面进行辨认。

a) 广泛的分布：相较于其他代码，这种代码被社会上更多成员掌握；

b) 高度的频率：相较于其他代码，这种代码被用于相关社会内更多的场景中；

c) 深远的影响：相关社会中，相较于其他竞争性代码，在特定情形下使用这种代码会得到更高的评价和认可。

特定时期内，在一种文化中，哪些代码会占据中心地位，人们可以根据这三个原则，通过实践研究来进行考察。

- 自然语言的听觉（即口头）代码和史诗颂歌的文体代码，比如古希腊早期文化；
- 自然语言的视觉（即笔头）代码和理论性的论文，比如启蒙运动时期的欧洲文化；
- "运动图景"（电影、电视、录像、电脑游戏和漫画书中）的非自然语言视觉代码，比如当代西方文化；

---

① 参见 Hall/du Gay 1996。
② 参见 Even-Zohar 1979，1986。

• 家庭音乐的非自然语言听觉代码，比如比德迈时期；

• 石头建筑的雕塑代码，比如古埃及金字塔和中世纪盛期的大教堂中所呈现的雕塑作品。

当一种代码成为某种文化的中心代码时，它对于该文化的其他代码和媒介也会产生影响①：

a) 根据一种中心代码生产出来的人工制品，对于其他媒介中的人工制品来说发挥着示范作用。

b) 当一种代码成为文化的中心代码时，由其决定的人工制品的精细程度也随之提高。

c) 因为人工制品会出现在媒介中，所以人工制品的高度精细程度要求对媒介进行更加严格的标准化处理。

d) 示范作用、精细程度和标准化导致代码使用的自动化程度变得更高。

在这一框架中，一种代码内较少使用的变体要么被压制，要么被赋予其他意义，代码的使用逐渐减少到标准场景和标准主题上来。尽管代码使用过程中的经济性由于标准化而提升了，但这是建立在灵活性损失的基础上的。在代码的帮助下得以解决的问题变成了公式化的刻板之物，当整个上下文语境发生改变的时候，这种代码便没有了用武之地。②

一种代码在一个社会中担当中心代码的时间越长，它因这种方式发生僵化的危险就越大，就越有可能丧失其源于中心地位的吸引力。其他灵活的代码开始在影响力方面超越这种代码，它们的使用频率、分布广度逐渐提升，并且将其挤压到该文化领域体系的边缘。

上文概述的文化领域内部变迁过程与之前描述的从外部文化到对立文化、从对立文化到自身文化的过渡是相符的。这里只是涉及符号

---

① 具体例子参见 Posner 1992, S. 41ff.
② 参见 Posner 1982, S. 118ff.

化过程的第三阶段及其进展至痛苦的结尾。不过需要强调的是，一种中心代码的过度标准化和过度自动化虽然会使其失去效用，但这是可以避免的，比如说，当其他相似的中心代码与其发生干扰时。当两种代码建构出同样的或者相似的世界片段，当它们被使用于同一种场景中，干扰就会发生。

其中一个例子就是翻译。当同一种文化框架内的某个文本不仅在一种语言，而是在若干种语言中流通的时候，比如几个世纪以来《圣经》在欧洲的传播，每个版本就会对其他版本的语言进行去自动化。文本内容方面的偏离和翻译的困难使得读者将精力集中在各自语言的特别前提上，迫使读者继续发展其语言，从而使他们的语言能够更好地实现相应的目的。[1]

另一个例子是若干不同代码的互补性使用，比如巴洛克时期的徽志手法，它将一幅图画、一句格言和一段论述放到一起，使它们相互进行阐释。[2] 图画是以连续性、非线性的方式进行构造的，语言性文本则是以非连续性、线性的方式进行构造的，鉴于这一事实，这两者的相互结合就非常具有成效。它们的结合能够同时激发读者，将一篇书写性文本当作一幅画来观赏，或者将一幅画当作一篇抒写性文本来阅读。这就导致人们更加注意书写性语言的某种图画特性（比如字母的选择及其在页面上的分布），以及图画的某种语言特性（比如将一幅图画分解成不同段落，在审视的时候注意它们之间的句法关联）。通过这种方式，干扰活动可以有效地阻碍自动化倾向。[3]

总而言之，人们可以说，每种文化的运行机制会导致世界日益符号化。一种代码的形成（为了概括新发现的世界片段），它的精细化过程

---

[1] 参见 Dusi/Nergaard 2000。
[2] 参见 Henkel/Schöne 1967。
[3] 参见 Bal 1989；Gandelman 1991，有关观赏式阅读和阅读式观赏；有关语言和音乐的互补，参见 Posner 2001，S. 102ff.；有关语言和身体语言的互补，参见 Posner 2002。

(将新发现的世界片段纳入文化领域的过程中),它的中心化过程以及它最终被其他代码所取代的过程(后者并未受到诸多关照而因此更加灵活)——这是一个循环,只有当一种文化终止存在,循环才会终止。要描述清楚这一过程,不使用代码概念、不把文化看作代码体系是做不到的。

4.3 文化作为集体记忆

如果一个社会的成员不属于某种文化的一部分,与这种文化被分为社会文化、物质文化和精神文化的活动毫无关系,与符号领域的整个体系和循环的符号学过程无关,那么他们会怎么样?要是没有文化运行机制,会怎么样?——如果人们研究没有文化的动物和机器,答案就会很清晰。一种文化会为相关社会的每一个成员保留其同时代人和先辈的经验,如果这些经验具有积极意义的话;如果它们是消极的,这种文化就会避免这些经验。文化之于社会,仿佛记忆之于个体。① 文化是一种储存信息的集体机制。

集体的信息储存依赖于个体,这些个体生产经验,生成信息。如果没有交流,集体的信息储存就不可能实现,因为只有当生产经验的个体充当传递者角色的时候,初始的经验才能得到传播。如果没有代码,集体的信息储存就不可能实现,因为所有的交流活动如果仅仅服务于未编码的信息传播,那么传递者的初始经验只能传递给他的接收者,然后由这位接收者传递给他的接收者;对于未被当作接收者安排在这一交流链条上的个体来说,这种经验就不可理解。而且,如果个体没有将特定的情况纳入不同交流情景之中的能力,集体的信息储存也不可能实现;因为如果所有的交流活动都局限于编码信息的生产上,那么传递者就不能进行代码交叉的信息传递,接收者也就不能从中为自身变化着的场景提炼出结论。

---

① 参见 Assmann/Hölscher 1988 以及本书第八章"集体记忆与回忆文化"。

集体信息储存建立在借助规范性代码进行文本生产的基础上，建立在借助源于特定场景的结论对文本进行接收的基础上。这种结合保证了一次性经验在其生产者去世数百年之后仍然可以对社会成员的行为发挥影响。①

不过，信息可不只是储存于单个的文本中。相反，这种信息储存方式是极其脆弱的，因为，一旦这个文本遭到损坏，信息也随之湮灭。克服这种局限性的一种方法，就是对这种文本符号进行复制，或者将文本纳入定期重复的**仪式**中，提高文本使用频率。把文本的碎片收录进谚语也可以实现相关信息的存留。

如果一条信息成为整个文本（类型）集体中不可或缺的部分，那么，提高接收频率是可以实现的。比如童话中的"从前有一个……"，或者论证中的"Quod erat demonstradum"②，就属于这种文本特定性惯用语。公式化的信息也存留于句子连词之中，比如叙述者口中套路化的"然后……"，论证者口中的"因为……所以……"

如果这样的代码要求人们每次应用它的时候都必须同时对它进行表述，那么信息得到保存的机会就最大。自然语言的语法信息就符合这样的情形：印欧语言中每句话都必须使用限定动词③，它包含着主语行为的时间和情态。这种古老的表达方式就通过这一必须性得以鲜活的保存。

信息储存还有一种特别有趣的方式，就是文物，比如金字塔。文物涉及的是以往符号过程中的文本，它们是用相应的旧代码生产出来的。因其物理的可保存性，有些文物使得一些代码存活下来，这些代码决定了文物的所指。一个社会如果想要在存留下来的文物遗迹中寻找意义，那么就必须重构它们的代码，确定它们的所指，在新的情况下把它们的信息翻译为新的文本。通过这种方式，每种文化可以在体现于文

---

① 参见 Posner 1984。
② 拉丁语，意为"需要证明的是……"——译者注
③ 相对于动词不定式而言。——译者注

物中的旧代码基础上实现新的符号过程。由此,一个社会的文物就像它的仪式、它的文体惯用语和它的代码一样,成了集体记忆的载体,当适应环境变化的要求时,集体记忆就可以被重新唤醒。

在**文本表述**、**仪式化**、**分门别类**、**语法化**和**文物化**的过程中,每种文化都储存了特定的行为模式。随着该文化的进化,这些行为模式的重要性得到证实。① 它们维持文化的身份认同,包含决定文化后续发展的结构性信息。

同时,只要个体存在,他们就能够进行信息交流,如果人们把结构性信息与个体性信息的多样性、复杂性进行比较,那么很显然,结构性信息在数量方面不能同日而语。因为文本表述、仪式化、分门别类、语法化和文物化过程是一个强大的信息过滤器。

因此,文化作为集体记忆而言,不仅是一种储存机制,也是一种遴选仪器:从语言学角度来看,是一本字典②;从生物学角度来看,是一个生存机器。

5. 文化符号学的机构化

文化符号学是符号学的核心组成部分,而符号学已经在超过50个国家被设置为大学专业,学生可以攻读硕士、博士学位。此外,文化符号学也被作为模块在传统的人文和社会科学专业进行教授(比如在语言学、艺术学和音乐学专业)。艺术和音乐高等院校以及师范高等院校中也是同样的情况。不久前以来,在一些德语区大学中,"文化学"以及"文化研究"被设为独立的专业,它们都包含了"文化符号学"这一核心模块。除此之外,柏林工业大学已经开始在符号学这一进修专业框架

---

① 参见 Kull 1979。
② 原文为 dictionaire raisonné。——译者注

中教授文化符号学课程；如果申请者已经完成任意一门与符号学有关的硕士专业或者国家考试类专业学习，那么文化符号学课程对他们的深造（获取学业证书，读博）是开放的（网址：http://ling.kgw.tu-berlin.de/semiotik/welcomeindex.htm）。

有关德意志符号学学会 DGS、奥地利符号学学会 ÖGS、瑞士符号学学会 ASS/SGS、国际符号学研究协会 IASS 以及全世界所有其他符号学组织的信息请查看：*Semiotik*：*Ein Handbuch zu den zeichentheoretischen Grundlagen von Natur und Kultur* (Posner/Robering/Sebeok 1997‒2003)，第 177 条；第 178 条提供世界范围内所有符号学工具书和组织的信息汇编。

参考文献

基础著作与导论

Barthes, Roland: *Le degré zéro de l'écriture*. Paris: Seuil 1953 (dt.: *Am Nullpunkt der Literatur*. Frankfurt a.M.: Suhrkamp 1982).

Barthes, Roland: *Eléments de sémiologie*. Paris: Seuil 1964 (dt.: *Elemente der Semiologie*. Frankfurt a.M.: Syndikat 1979).

Bourdieu, Pierre: *Zur Soziologie der symbolishen Formen*. Frankfurt a.M.: Suhrkamp 1970.

Cassirer, Ernst A.: *Philosophie der symbolischen Formen*. 3 Bde. Berlin: Bruno Cassirer 1923‒29.

Decly, John N.: *Basics of Semiotics*. Bloomington: Indiana UP 1990.

Eco, Umberto: *A Theory of Semiotics*. Bloomington: Indiana UP 1976 (dt.: *Semiotik. Entwurf einer Theorie der Zeichen*. München: Frink 1987).

Goodman, Nelson: *Languages of Art. An Approach to a Theory of Symbols*. Indianapolis: Bobbs-Merrill 1968 (dt.: *Sprachen der Kunst*. Frankfurt a.M.:Suhrkamp 1973 bzw. 1997).

Jakobson, Roman: *Coup d'œil sur le développement de la sémiotique*. Bloomington: Indiana UP 1975 (dt.: »Ein Blick auf die Entwicklung der Semiotik.«

In: Roman Jakobson: *Semiotik. Ausgewählte Texte 1919 -1982*. Hg. Elmar Holenstein, Frankfurt a. M.: Suhrkamp 1988, S. 108 - 138).

Johansen, Jørgen D./Larsen, Svend E.: *Signs in Use. An Introduction to Semiotics*. London: Routledge 2002.

Keller, Rudi/Lüdtke, Helmut: »Kodewandel. « In: Posner/Robering/Sebeok 1997 - 2003, Bd. 1 1997, S. 414 - 435.

Krampen, Martin et al. (Hgg.): *Die Welt als Zeichen. Klassiker der modernen Semiotik*. Berlin: Severin und Siedler 1981.

Leach, Edmund R.: *Culture and Communication. The Logic by which Symbols are Connected*. Cambridge: Cambridge UP 1976 (dt.: *Kultur und Kommunikation. Zur Logik symbolischer Zusammenhänge*. Frankfurt a. M.: Suhrkamp 1978).

Lévi-Strauss, Claude: *Anthropologie structurale*. Paris: Plon 1958 (dt.: *Strukturale Anthropologie*. 2 Bde. Frankfurt a. M.: Suhrkamp 1977).

Lotman, Jurij M.: »Über die Semiosphäre. « In: *Zeitschrift für Semiotik* 12, 4 (1990), S. 287 - 305.

Moore, Jerry D.: *Visions of Culture. An Introduction to Anthropological Theories and Theorists*. Walnut Creek: Alta Mira Press 1997.

Morris, Charles W.: *Foundations of the Theory of Signs*. Chicago: The University of Chicago Press 1938 (dt.: *Grundlagen der Zeichentheorie*. München: Hanser 1972).

Müller, Jürgen E.: *Intermedialität. Formen moderner kultureller Kommunikation*. Münster: Nodus 1996.

Nöth, Winfried: *Handbuch der Semiotik*. Stuttgart: Metzler 2000 [1985].

Posner, Roland: »Kultur als Zeichensystem. Zur semiotischen Explikation kulturwissenschaftlicher Grundbegriffe. « In: Aleida Assmann/Dietrich Harth (Hgg.): *Kultur als Lebenswelt und Monument*. Frankfurt a. M.: Fischer 1991, S. 37 - 74.

Posner, Roland: »Im Zeichen der Zeichen. Sprache als semiotisches System. « In: Oswald Panagl/Hans Goebl/Emil Brix (Hgg.): *Der Mensch und seine*

Sprache(n). Wien: Böhlau 2001, S. 77 - 107.

Posner, Roland/Reinecke, Hans-Peter (Hgg.): *Zeichenprozesse. Semiotische Forschung in den Einzelwissenschaften*. Wiesbaden: Athenaion 1977.

Posner, Roland/Robering, Klaus/Sebeok, Thomas A. (Hgg.): *Semiotik. Ein Handbuch zu den zeichentheoretischen Grundlagen von Natur und Kultur*. 3 Bde. Berlin/New York: Walter de Gruyter Bd. 1 1997; Bd. 2 1998; Bd. 3, 2003.

Schönrich, Gerhard: *Semiotik zur Einführung*. Hamburg: Junius 1999.

Vivelo, Frank R.: *Cultural Anthropology Handbook. A Basic Introduction*. New York: McGraw-Hill 1978 (dt.: *Handbuch der Kulturanthropologie. Eine grundlegende Einführung*. Stuttgart: Klett-Cotta 1981).

供深入阅读的文献

Alexander, Jeffrey C./Seidmann, Steven (Hgg.): *Culture and Society. Contemporary Debates*. Cambridge: Cambridge UP 1990.

Appadurai, Arjun (Hg.): *The Social Life of Things. Commodity in Cultural Perspective*. Cambridge: Cambridge UP 1986.

Assmann, Jan/Hölscher, Tonio (Hgg.): *Kultur und Gedächtnis*. Frankfurt a. M.: Suhrkamp 1988.

Bal, Mieke: »Visual Readers and Textual Viewers.« In: *Versus* 52 - 5 (1989), S. 133 - 150.

Ball, John A.: »Memes as Replicators.« In: *Ethology and Sociobiology* 5 (1984), S. 145 - 161.

Baltzer, Ulrich (Hg.): *Semiotik der Institutionen*. Sonderheft der *Zeitschrift für Semiotik* 23, 3(2001).

Baumann, Gerd: *Multicultural Riddle. Rethinking National, Ethnic, and Religious Identities*. London: Routledge 1999.

Beardsley, Monroe C./Wimsatt, William K.: »The Intentional Fallacy.« In: William K. Wimsatt (Hg.): *The Verbal Icon*. Lexington: University of Kentucky Press 1967 [1954], S. 1 - 20.

Beck, Ulrich: *Perspektiven der Weltgesellschaft*. Frankfurt a. M.: Suhrkamp 1998.

Becker, Peter-René: *Werkzeuggebrauch im Tierreich. Wie Tiere bämmern, bohren, streichen.* Stuttgart: Hirzel 1993.

Bernard, Luther L.: *An Introduction to Sociology.* New York: Crowell 1942.

Berry, John W. et al.: *Handbook of Cross-cultural Psychology.* Boston: Allyn & Bacon 1997 [1980].

Bidney, David: *Theoretical Anthropology.* New York: Cambridge UP 1953.

Binford, Lewis R.: *An Archaeological Perspective.* London/New York: Seminar Press 1972.

Blanke, Börries/Posner, Roland: »La pragmatique implicite dans l'œuvre de Luis J. Prieto.« In: *Semiotica* 122, 3-4 (1998), S. 257–278.

Boas, Franz: *Anthropology.* New York: Columbia UP 1908.

Böhme-Dürr, Karin: »Technische Medien der Semiose.« In: Posner/Robering/Sebeok 1997–2003, Bd. 1 1997, S. 357–384.

Bonner, John T.: *The Evolution of Culture in Animals.* Princeton, NJ: Princeton UP 1980 (dt.: *Kulturevolution bei Tieren.* Berlin/Hamburg: Parey 1983).

Buyssens, Eric: *Les langages et le discours.* Brüssel: Office de la Publicité 1943.

Cavalli-Sforza, Luigi L./Feldman, Marcus W.: *Cultual Transmission and Evolution. A Quantitative Approach.* Princeton, NJ: Princeton UP 1981.

Chang, Kwang-Chih: *Rethinking Archaeology.* New York: Random House 1967.

Clarke, Daivd L. (Hg.): *Models in Archaeology.* London: Methuen 1972.

Clarke, David L.: *Analytical Archaeology.* New York: Columbia UP 1978 [1968].

Cole, Michael: *Cultural Psychology. A Once and Future Discipline.* Cambridge, MA: Belknap Press of Harvard UP 1996.

Danneberg, Lutz/Müller, Hans-Harald: »Der ›intentionale Fehlschluß‹—ein Dogma? Systematischer Forschungsbericht zur Kontroverse um eine intentionalistische Konzeption der Textwissenschaften.« In: *Zeitschrift für allgemeine Wissenschaftstheorie* 14 (1983), S. 103–137 und 376–411.

Dawkins, Richard: *The Selfish Gene*. Oxford: Oxford UP 1976 (dt. : *Das egoistische Gen*. Berlin: Springer 1978).

Dawkins, Richard: *The Extended Phenotype. The Gene as the Unit of Selection*. Oxford/San Francisco: Oxford UP 1982.

Dinzelbacher, Peter (Hg.): *Europäische Mentalitätsgeschichte*. Stuttgart: Kröner 1993.

Duby, Georges: » Histoire des mentalités. « In: Charles Samaran (Hg.): *L'histoire et ses méthodes*. Paris: Gallimard 1961, S. 937 - 966.

Dusi, Nicola/Nergaard, Siri (Hgg.): *Sulla traduzione intersemiotica*. Sonderheft von *Versus. Quaderni di studi semiotici* 85 - 87 (2000).

Eibl-Eibesfeldt, Irenäus: »Ritual and Ritualization from a Biological Perspective. « In: Mario von Cranach et al. (Hgg.): *Human Ethology. Claims and Limits of a New Discipline*. Cambridge: Cambridge UP 1979, S. 3 - 55.

Elias, Norbert: *Über den prozeß der Zivilisation. Soziogenetische und psychogenetische Untersuchungen*. 2 Bde. Basel: Haus zum Falken 1939.

Erikson, Erik H. : »Ontogeny of Ritualization in Man. « In: Rudolph M. Lowenstein et al. (Hgg.): *Psychoanalysis. A General Psychology. Essays in Honor of Heinz Hartmann*. New York: International Universities Press 1966, S. 601 - 621.

Evans-Pritchard, Edward E. : *Social Anthropology and Other Essays*. New York: Free Press 1962.

Even-Zohar, Itamar: »Polysystem Theory. « In: *Poetics Today* 1 (1979), S. 287 - 310.

Even-Zohar, Itamar: »Literature. Literary Dynamics. « In: Thomas A. Sebeok (Hg.): *Encyclopedic Dictionary of Semiotics*. Berlin/New York: Walter de Gruyter 1986, S. 459 - 466.

Febvre, Lucien: » La sensibilité et l'histoire. Comment reconstituer la vie d'autrefois?« In: *Annales d'histoire sociale* 3 (1941), S. 5 - 20.

Fine, Elizabeth C. : *The Folklore Text. From Performance to Print*. Bloomington: Indiana UP 1984.

Fokkema Douwe W. : »The Canon as an Instrument for Problem Solving. « In: János Riesz/Peter Boerner/Bernhard Scholz (Hgg.): *Sensus Communis. Contemporary Trends in Comparative Literature. Festschrift für Henry Remak*. Tübingen: Narr 1986, S. 245 - 254.

Folsom, Joseph K. : *Culture and Social Progress*. New York: Longmans 1928.

Frerichs, Klaus: *Begriffsbildung und Begriffsanwendung in der Vor- und Frühgeschichte. Zur logischen Analyse archäologischer Aussagen*. Frankfurt a. M. : Lang 1981.

Freichs, Klaus: »Semiotische Aspekte der Archäologie. « In: Posner/Robering/Sebeok 1997 - 2003, Bd. 3 2003, Art. 148.

Galaty, John G. : »Models and Metaphors. On the Semiotic Explanation of Segmentary Systems. « In: Ladislav Holy/Milan Stuchlik (Hgg.): *The Structure of Folk Models*. London: Academic Press 1981, S. 63 - 92.

Gandelman, Claude: *Reading Pictures, Viewing Texts*. Bloomington: Indiana UP 1991.

Geertz, Clifford: *The Interpretation of Cultures. Selected Essays*. New York: Basic Books 1973 (dt. : *Dichte Beschreibung. Beiträge zum Verstehen kultureller Systeme*. Frankfurt a. M. : Suhrkamp 1983).

Geiger, Theodor: *Die soziale Schichtung des deutschen Volkes*. Stuttgart: Enke 1932.

Giesecke, Michael: *Die Untersuchung institutioneller Kommunikation*. Opladen: Westdeutscher Verlag 1988.

Gould, Stephan J. : *The panda's Thumb. More Reflections in Natural History*. New York: Norton 1980 (dt. : *Der Daumen des Panda. Betrachtungen zur Naturgeschichte*. Frankfurt a. M. : Suhrkamp 1989 [1987]).

Grice, H. Paul: »Logic and Conversation. « In: Peter Cole/Jerry Morgan (Hgg.): *Syntax and Semantics*. Bd. 3 *Speech Acts*. New York/San Francisco: Academic Press 1975, S. 41 - 58.

Gülich, Elisabeth/Raible, Wolfgang (Hgg.): *Textsorten. Differenzierungskriterien aus linguistischer Sicht*. Frankfurt a. M. : Athenäum 1972.

Gumperz, John J. /Hymes, Dell H. (Hgg.): *Directions in Sociolinguistics. The Ethnography of Communication*. New York: Holt, Rinehart and Winston 1972.

Hall, Stuart/Gay, Paul du: *Questions of Cultural Identity*. London: Sage 1996.

Hansen, Klaus P. (Hg.): *Kulturbegriff und Methode. Der stille Paradigmenwechsel in den Geisteswissenschaften*. Tübingen: Narr 1993.

Harris, Marvin: *The Rise of Anthropological Theory*. New York: Routledge und Kegan Paul 1968.

Heelas, Paul/Lash, Scott/Morris, Paul: *Detraditionalization. Critical Reflections on Authority and Identity*. Cambridge, MA/Oxford: Blackwell 1996.

Hempfer, Klaus W.: *Gattungstheorie. Information und Synthese*. München: Fink 1973.

Henkel, Arthur/Schöne, Albrecht (Hgg.): *Emblemata. Handbuch zur Sinnbildkunst des 16. und 17. Jahrhunderts*. Stuttgart: Metzler 1967.

Herder, Johann Gottfried: *Ideen zur Philosophie der Geschichte der Menschheit*. In: Bernhard Suphan (Hg.): *Herder. Sämtliche Werke*. Bd. 13 und 14. Berlin: Weidmann 1887.

Herskovits, Melville: *Man and His Works. The Science of Cultural Anthropology*. New York: Knopf 1948.

Hirsch, Eric D.: *Validity in Interpretation*. New Haven/London: Yale UP 1967 (dt.: *Prinzipien der Interpretation*. München: Fink 1972).

Homans, George C.: *The Human Group*. New York: Harcourt and Brace 1950 (dt.: *Theorie der sozialen Gruppen*. Köln/Opladen: Westdeutscher Verlag 1965).

Hülser, Karlheinz: »Zeichenkonzeptionen in der Philosophie der griechischen und römischen Antike.« In: Posner/Robering/Sebeok 1997 – 2003, Bd. 1 1997, S. 837 – 861.

Hutton, Patrick H.: »The History of Mentalities. The New Map of Cultural History.« In: *History and Theory* 20 (1981), S. 237 – 259.

Kashima, Yoshihisa: »Culture and Social Cognition. Toward a Social Psychology of Cultural Dynamics. « In: David Matsumoto (Hg.): *The Handbook of Culture and Psychology*. New York: Oxford UP 2001, S. 325 - 360.

Klemm, Gustav E.: *Allgemeine Culturgeschichte der Menschheit*. 10 Bde. Leipzig: Teubner 1843 - 52.

Klemm, Gustav E.: *Allgemeine Culturwissenschaft*. 2 Bde. Leipzig: Romberg 1854f.

Kluckhohn, Clyde: » The Study of Culture. « In: Daniel Lerner/Harold D. Lasswell (Hgg.): *The Policy Sciences*. Stanford: Stanford UP 1951, S. 86 -101.

Koch, Walter A.: » System and the Human Sciences. « In: Gabriel Altmann/W. A. Koch (Hgg.): *Systems. New Paradigms for the Human Sicences*. Berlin/New York: Walter de Gruyter 1998, S. 671 - 755.

Kroeber, Alfred L.: *Anthropology*. New York: Harcourt and Brace 1923.

Kroeber, Alfred L.: *The Nature of Culture*. Chicago: University of Chicago Press 1952.

Kroeber, Alfred L./Kluckhohn, Clyde: *Culture. A Critical Review of Concept and Definiton*. Cambridge, MA: Peabody Museum 1952.

Kull, Ulrich: *Evolution des Menschen. Biologische, soziale und kulturelle Evolution*. Stuttgart: Metzler 1979.

Le Goff, Jacques: » Les mentalités. Une histoire ambiguë. « In: ders./Nora, Pierre (Hgg.): *Faire de l'histoire*. Bd. 3. Paris: Gallimard 1974, S. 76 - 94.

Leroi-Gourhan, André: *Le geste et la parole*. 2 Bde. Paris: Michel 1964 (dt.: Hand und Wort. Frankfurt a. M.: Suhrkamp 1980).

Lévi-Strauss, Claude: *Les structures élémentaires de la parenté*. Paris: Presses Universitaires de France 1949 (dt.: *Die elementaren Strukturen der Verwandtschaft*. Frankfurt a. M.: Suhrkamp 1981).

Lotman, Jurij M.: *Kunst und Sprache. Untersuchungen zum Zeichencharakter von Literatur und Kunst*. Hg. v. Klasu Staedtke. Leipzig: Reclam 1981.

Lotman, Jurij M./Uspenskij, Boris A.: » O Semiotičeskom Mechanisme Kul'tury. « In: *Trudy po Znakovym Sistemam* 5 (1971), S. 144 - 166.

Lotman, Jurij M. et al.: » Theses on the Semiotic Study of Cultures (as Applied to Slavic Texts).« In: Thomas A. Sebeok (Hg.): *The Tell-Tale Sign. A Survey of Semiotics*. Lisse: Peter de Ridder 1975, S. 57 – 83.

Luhmann, Niklas: *Soziale Systeme. Grundriß einer allgemeinen Theorie*. Frankfurt a. M.: Suhrkamp 1984.

Lumsden, Charles J. /Wilson, Edward O.: *Genes, Mind, and Culture. The Coevolutionary Process*. Cambridge, MA: Harvard UP 1981.

Lumsden, Charles J. /Wilson, Edward O.: *Promethean Fire. Reflections on the Origin of Mind*. Cambridge, MA: Harvard UP 1983 (dt.: *Das Feuer des Prometheus. Wie das Denken entstand*. München: Piper 1984).

Manetti, Giovanni: »Sign Conceptions in Natural History and Natural Philosophy in Ancient Greece and Rome.« In: Posner/Robering/Sebeok 1997 – 2003, Bd. 1 1997, S. 922 – 939.

Mannheim, Karl: *Ideologie und Utopie*. Frankfurt a. M.: Schulte-Bulmke 1965 [1929].

Mead, George H.: »The Mechanism of Social Consciousness.« In: *Journal of Philosophy* 9 (1912), S. 401 – 406.

Morris, Charles W.: *Signs, Language, and Behavior*. New York: Prentice-Hall 1946 (dt.: *Zeichen, Sprache und Verhalten*. Düsseldorf: Schwann 1973).

Mounin, Georges: *Introduction à la sémiologie*. Paris: Editions de Minuit 1970.

Mühlhäuler, Peter: »Universal Languages and Language Planning.« In: Posner/Robering/Sebeok 1997 – 2003, Bd. 3 2003, Art. 175.

Nyíri, J. Kristof: »Traditon and Related Terms. A Semantic Survey.« In: *Semiotische Berichte* 12, 1 – 2 (1988), S. 113 – 134.

Parmentier, Richard J. (Hg.): *Signs in Society. Studies in Social Anthropology*. Bloomington: Indiana UP 1994.

Peirce, Charles S.: *Collected Papers*. Hgg. v. Charles Hartshorne/Paul Weiss. 8 Bde. Cambridge, MA: Harvad UP 1931 – 35.

Picterse, Jan Nederveen: »Globalization as Hybridiziation.« In: Mike Featherstone/Scott Lash/Roland Robertson (Hgg.): *Global Modernites*. London: Sage 1996, S. 45 – 68.

Ponzio, Augusto: »Ideology.« In: Posner/Robering/Sebeok 1997 - 2003, Bd. 3 2003, Art. 167.

Posner, Roland: *Rational Discourse and Poetic Communication. Methods of Linguistic, Literary, and Philosophical Analysis.* Berlin/New York: Mouton de Gruyter 1982.

Posner, Roland: »Mitteilungen an die ferne Zukunft.« In: *Zeitschrift für Semiotik* 6 (1984), S. 195 - 228.

Posner, Roland: »Nonverbale Zeichen in öffentlicher Kommunikation.« In: *Zeitschrift für Semiotik* 7(1985), S. 235 - 271.

Posner, Roland: »Syntactics.« In: Thomas A. Sebeok (Hg.): *Encyclopedic Dictionary of Semiotics.* Berlin/New York: Walter de Gruyter 1986, S. 1042 - 1061.

Posner, Roland: »Gesellschaft, Zivilisation und Mentalität. Vorüberlegungen zu einer Sprachpolitik für Europa.« In: Ernest W. B. Hess-Lüttich/Jan Papiór (Hgg.): *Dialog. Interkulturelle Verständigung in Europa: ein deutschpolnisches Gespräch.* Saarbrücken: Breitenbacn 1990, S. 23 - 42.

Posner, Roland: »Was ist Kultur? Zur semiotischen Explikation anthropologischer Grundbegriffe.« In: Marlene Landsch et al. (Hgg.): *Kultur-Evolution. Fallstudien und Synthese.* Frankfurt a. M.: Lang 1992, S. 1 - 65.

Posner, Roland: »Believing, Causing, Intending. The Basis for a Hierarchy of Sign Concepts in the Reconstruction of Communication.« In: René J. Jorna/Barend van Heusden/Roland Posner (Hgg.): *Signs, Search, and Communication. Semiotic Aspects of Artifical Intelligence.* Berlin/New York: Walter de Gruyter 1993, S. 215 - 270.

Posner, Roland: »Sprachphilosophie und Semiotik.« In: Marcelo Dascal et al. (Hgg.): *Sprachphilosophie. Ein internationales Handbuch zeitgenössischer Forschung.* Bd. 2. Berlin/New York: Walter de Gruyter 1996, S. 1658 - 1685.

Posner, Roland: »Semiotische Unweltverschmutzung. Vorüberlegungen zu einer Ökologie der Zeichen.« in: Günter Lobin et al. (Hgg.): *Europäische Kom-*

munikationskybernetik heute und morgen. München: Kopäd 1998, S. 141 – 158.

Posner, Roland: » The Reagan Effect. Self-presentation in Humans and Computers. « In: *Semiotica* 128, 3 – 4(2000), S. 445 – 486.

Posner, Roland: » Alltagsgesten als Ergebnis von Ritualisierung. « In: Hartmut Schröder/Matthias Rothe (Hgg.): *Ritualisierte Tabuverletzungen, Lachkultur und das Karnevaleske*. Frankfurt a. M. : Lang 2002, S. 395 – 421.

Prieto, Luis J. : *Messages et signaux*. Paris: Presses Universitaires de France 1966 (dt. : *Nachrichten und Signale*. München: Hueber 1972).

Prieto, Luis J. : » La sémiologie. « In: André Martinet (Hg.): *Le langage*. Paris: Gallimard 1968, S. 93 – 144.

Radcliffe-Brown, Alfred R. : » On Social Structure. « In: *Journal of the Royal Anthropological Institute* 70 (1940), S. 1 – 12.

Radcliff-Brown, Alfred R. : *Structure and Function in Primitive Society*. London: Cohen and West 1952.

Raulff, Ulrich (Hg.): *Mentalitäten-Geschichte. Zur historischen Rekonstruktion geistiger Prozesse*. Berlin: Wagenbach 1987.

Reckwitz, Andreas: *Die Transformation der Kulturtheorien. Zur Entwicklung eines Theorieprogramms*. Weilerswist: Velbrück 2000.

Renfrew, Colin (Hg.): *The Explanation of Culture Change. Models in Prehistory*. London: Duckworth 1973.

Robertson, Roland: *Globalization. Social Theory and Global Culture*. London: Sage 1992.

Rolf, Eckhard: *Die Funktionen der Gebrauchstextsorten*. Berlin/New York: Walter de Gruyter 1993.

Rossi-Landi, Ferrucio: *Il linguaggio come lavoro e come mercato*. Mailand: Bompiani 1968 (dt. : *Die Sprache als Arbeit und Markt*. München: Hanser 1972).

Rossi-Landi, Ferrucio: *Linguistics and Economics*. Den Haag: Mouton 1975.

Saussure, Ferdinand de: *Cours de linguistique générale*. Lausanne/Paris: Payot

1916 (dt.: *Grundlagen der Allgemeinen Sprachwissenschaft*. Berlin: Walter de Gruyter 1967 [1931]).

Schiffer, Michael B.: *Behavioral Archeology*. New York/London: Academic Press 1976.

Schmidt, Siegfried J.: *Texttheorie. Probleme einer Linguistik der sprachlichen Kommunikation*. München: Fink 1973.

Scholz, Oliver R.: »Was heißt es, ein Artefakt zu verstehen?« In: Mark Siebel (Hg.): *Kommunikatives Verstehen*. Leipzig: Leipziger Universitätsverlag 2002, S. 220 - 239.

Schramm, Wilbur (Hg.): *The Science of Communication*. New York: Basic Books 1963 (dt.: *Grundfragen der Kommunikationsforschung*. München: Juwenta 1968 [1964]).

Schwemmer, Oswald: *Die kulturelle Existenz des Menschen*. Berlin: Akademie-Verlag 1997.

Schwimmer, Eric: »Culture.« In: Thomas A. Sebeok (Hg.): *Encyclopedic Dictionary of Semiotics*. Berlin/New York: Mouton de Gruyter 1986, S. 163 - 166.

Sebeok, Thomas A.: *Theorie und Geschichte der Semiotik*. Reinbek: Rowohlt 1979.

Segre, Cesare: *Avviamento all'analisi del testo letterario*. Turlin: Einaudi 1985 (engl.: *Introduction to the Analysis of the Literary Text*. Bloomington: Indiana UP 1988).

Sellin, Volker: » Mentalität und Nentalitätsgeschichte.« In: *Historische Zeitschrift* 241 (1985), S. 555 - 598.

Silverman, Hugh J. (Hg.): *Cultural Semiosis. Tracing the Signifier*. New York/London: Routledge 1998.

Singer, Milton: »For a Semiotic Anthropology.« In: Thomas A. Sebeok (Hg.): *Sight, Sound, and Sense*. Bloomington: Indiana UP 1978, S. 202 - 232.

Singer, Milton: »Signs of the Self. An Exloration in Semiotic Anthropology.« In: *American Anthropologist* 32 (1980), S. 411 - 413.

Smuts, Barbara et al. (Hgg.): *Primate Societies*. Chicago: University of Chicago Press 1987.

Tellenbach, Gerd: »Mentalität.« In: Erich Hassinger/Joseph H. Müller/Hugo Ott (Hgg.): *Geschichte, Wirtschaft, Gesellschaft. Festschrift für Clemens Bauer zum 75. Geburtstag*. Berlin: Duncker und Humblot 1974, S. 11 – 30.

Thompson, Michael: *Rubblish Theory. The Creation and Destruction of Value*. Oxford: Oxford UP 1979 (dt.: *Die Theorie des Abfalls. Über die Schaffung und Vernichtung von Werten*. Stuttgart: Klett-Cotta 1981).

Threadgold, Terry: »Social Meida of Semiosis.« In Posner/Robering/Sebeok 1997 – 2003, Bd. 1 1997, S. 384 – 404.

Thurnwald, Richard C.: *Economics in Primitive Communities*. Oxford: Oxford UP 1932.

Thurnwald, Richard C.: »Contributions to the Analysis of the Cultural Mechanism.« In: *American Sociological Review* 1 (1936), S. 387 – 395 und S. 604 – 613; 2 (1937), S. 26 – 42.

Thurnwald, Richard C.: *Der Mensch geringer Naturbeherrschung. Sein Aufstieg zwischen Vernunft und Wahn*. Berlin: Walter de Gruyter 1950.

Turner, Victor W.: *The Forest of Symbols*. Ithaca NY: Cornell UP 1967.

Tylor, Edward B.: *Primitive Culture*. 2 Bde. London: Murray 1871 (dt.: *Die Anfänge der Kultur*. Leipzig: Winter 1873).

Waal, Frans de: *Chimpanzee Politics*. London: Cape 1982 (dt.: *Unsere haarigen Vettern. Neueste Erfahrungen mit Schimpansen*. München: Harnack 1983).

Waal, Frans de: *Peacemaking among Primates*. Cambridge, MA: Harvard UP 1989 (dt.: *Wilde Diplomaten—Versöhnung und Entspannungspolitik bei Affen und Menschen*. München: dtv 1993 [1991]).

Warnier, Jean-Pierre: *Construire la culture matérielle*. Paris: Presses Universitaires de France 1999.

Weber, Alfred: »Prinzipielles zur Kultursoziologie.« In: *Archiv für Sozialwissenschaft und Sozialpolitik* 47 (1920), S. 1 – 49.

Weber, Alfred: *Kulturgeschichte als Kultursoziologie*. München: Piper 1950

[1935].

Wefelmeyer, Fritz: »Glück und Aporie des Kulturtheoretikers. Zu Johann Gottfried Herder und seiner Konzeption der Kultur.« In: Helmut Brackert/Fritz Wefelmeyer (Hgg.): *Naturplan und Verfallskritik. Zu Begriff und Geschichte der Kultur.* Frankfurt a. M.: Suhrkamp 1984, S. 94 - 121.

Werlen, Erika: *Sprache, Kommunikationskultur und Mentalität.* Tübingen: Niemeyer 1998.

White, Michael J. D.: *Modes of Speciation.* San Francisco: Freeman 1978.

Winner, Irene Portis: »Ethnicity, Modernity, and the Theory of Culture Texts.« In: Winner/Umiker-Sebeok 1979, S. 103 - 148.

Winner, Irene Portis/Umiker-Sebeok, Jean (Hgg.): *Semiotics of Culture.* Den Haag/New York: Mouton 1979.

Winter, K. Willem de: »Biological and Cultural Evolution. Different Manifestations of the Same Principle—A Systems-Theoretical Approach.« In: *Journal of Human Evolution* 13 (1984), S. 61 - 70.

罗兰 · 珀斯纳

(Roland Posner)

四
作为文化学的文学学

1. 导论

作为由人类创造的工作和生活形式,文化在持续的象征性反思中进行着自我阐释,在文化的这一总框架内,语言和文学扮演着中心角色。文学学的研究对象领域因其自主独立性而具有鲜明特点,同时它与文化学和历史社会学之间的结合也是其醒目的特征。文学学的历史以直观的方式表明,它的研究对象具体而言既得不到明晰的界定,也得不到最终的确认。人们不如说,文学学对其研究对象的寻求过程是其学科历史建构工程的一部分,它的特点是常新的自我设计和在历史不同阶段对其他学科领域的渗透。这种可能的前提使得文学学可以进行特殊的自我组织和更新。

这就是文本的文献资料集合,它总是被称为"文学",被称为一种"历史的变量",其"限度[……]",如果存在的话,在每个时期都会得到重新商定"。① 文本的历史—文化性结合使人们必须持续稳定地在文学学与文化学之间进行"关系的确定"②。与之呼应,文化问题就可以被看作"人种学和人文科学、社会学和文化学、人类学和文学学之间的'转换器'"③。两者——文学和文化——造就了一个"反思机构[……],来作为语义学的并且首先是行动性的档案,来作为了解有关象征性创世活动现实的工具"④。

2. 文学学与文化学的学术史关联

文学学与文化学之间的相互接近首先**开创并拓展**了语言和文学的科学体系,以**应对文化学相邻学科**的挑战。20 世纪初,德国实现了从语言学实证主义到"人文科学"的根本性转变,从这一视野来看,人们就可以理解这种开创性。不过,这一转变是有历史基础的:18 世纪的时候,德国历史人类学和比较民族学得到了发展;这为 19 世纪德国文学学与文化学的融合打下了基础,从而促成了 20 世纪初的这一历史性根本转折。在德国,这一理念与雅各布·格林(Jakob Grimm)提出的浪漫主义—民族主义文化概念相关。为了追寻德语语言和文化的源头,将其贴上"德语的科学"标签,格林不仅努力搜集、整理传说和童话中的语言和文学,还研究德意志神话和古代法典。因此,德国的文学学从一开始就与作为民族学的文化学史紧密相关。

然而,1900 年左右,人们否定了德国古典语言学意义上的实证主义语言学,这一传统便不再为人所接受。人们更希望文学学有一个新的开始。这一新的文学学肇始于威廉·狄尔泰(William Diltey),实际

---

① 参见 Müller 2000, S. 54。
② 参见 von Graevenitz 1999, S. 95。
③ 参见 Baecker 2001, S. 526。
④ 参见 Steiner 1997, S. 33。

上以哲学和思想史为导向。狄尔泰提出了"历史理性批判",并为阐释学正名,导致了**文学学方向和方法的拓展和复数化**,只是这在当时还未见端倪。在深入进行方法论自我反思的阶段,其他相邻学科,比如哲学、心理学、人类学和文化史占据了中心地位。1928 年,奥斯卡·本达(Oscar Benda)在他有关"德国文学学现状"问题状况的研究导论中列举了许多方法论方向,它们——除了种族和人种理论方法论之外——至今还对文学学起着决定作用。① 它们是结构类型学、心理分析学、形式美学以及社会理论或者思想精神史方法论。试图为语言学实证主义找到一个符合文学学研究对象的、具有人文科学特性的回答,这包含着人们为文学学奠定超验基础的希望。答案可在后唯心主义(nachidealistischen)的整体理念中窥见,它们首先受到弗里德里希·尼采和亨利·柏格森的生命哲学影响。

为应对实证主义科学理解方式的危机,并且有鉴于自然科学的成功,海因里希·李凯尔特(Heinrich Rickert)、恩斯特·卡西尔(Ernst Cassirer)和埃里希·罗特哈克(Erich Rothacker)的**文化哲学理念**对于文学与文化学之间的关联发挥着重要作用。李凯尔特的文化概念瞄准的是"现实客体的整体,它们身上黏附着被广泛认可的价值或者由这些价值建构的意义产物,它们也因考虑到其中的价值而得到维护"②。卡西尔的著作《象征形式哲学》③(1923—1929)和《人文科学的逻辑》④(1942),如李凯尔特的理念那样,涉及的是富含价值的文化语境以及与此相关的文化学研究对象,但同时也涉及具有象征性的东西的结构,它作为象征性形式和实践的整体,不断发生着变化。"神话、语言、宗教、文学创作:这些都是客体,它们确确实实符合人类的认知。"⑤"神话、语

---

① 参见 August Sauer & Josef Nadler。
② 参见 Rickert 1926, S. 28。
③ 原文为 *Philosophie der symbolischen Formen*。——译者注
④ 原文为 *Logik der Kulturwissenschaften*。——译者注
⑤ 参见 Cassirer 1961, S. 10。

言、艺术和认知"对于卡西尔来说是"人类为自己创造的真正媒介,目的是借助这些媒介将自己与世界进行区分,并在这种分离中愈加牢固地将自己与世界联系起来"。①

如果人们**对源文献资料集合进行扩展**(词源和图片源),并为了文化学图像史的缘故对文字稿去特权化②,那么,主要在一战后获得发展的有关文学学和文化学关联的理念在风格概念的视角下至今都处于更新中。罗特哈克的《人文科学的逻辑和系统学》(1926)"就事论事地说也被视为文化学的逻辑和系统学"③。由罗特哈克和保罗·克鲁克霍恩(Paul Kluckhohn)创立并且发行长达几十年的《德意志文学学和思想史季刊》直至今日都能为此提供明证。

文学学中这种新的、反思性的方法讨论的风格是一个原则性的**人文科学新导向**,它以人文科学的文化定位和社会功能为着眼点。与此相关的跨学科学术研究问题,比如引领性学科的问题,或者学科性与跨学科性之间的重要相互关系问题,都具有现实意义。当时所追求的整体模式和综合模式被证明是没有支撑力的。

20世纪90年代开始的**文学学中的"文化学转向"**有意识(无意识)地重新拾起了20世纪20年代的观点。它把文化看作人类所有劳作和生活形式并且包括自然科学发展的总体,由这一科学理念出发,努力将历史性的人文科学改建为系统性的文化学,从而直接反对奥多·马夸德(Odo Marquard)的补偿理论。将用作理解的科学和用作阐释的科学区分开来,这一经典化对立主要是在接受狄尔泰的理论的过程中发生的,它应该通过文化学的现代化进程加以克服,并且在这一过程中须顾及自然科学的问题。

与创造统一的、客观主义的人文概念相对,在现代媒体史条件的视野中,人们可以期待在"普遍交流功用"的框架内对文学学和文化学进

---

① 参见 Cassirer 1961, S. 25。
② 参见 Aby Warburg。
③ 参见 Perpeet 1976, S. 1314。

行更新。① 一同包含于其中的还有"艺术和文学的全部社会化形式"，即比如书写的和视觉的现象，社会性的规定和生活方式，以及为了生存世界对"纪念物"文化进行的有意识的去特权化过程。② 一如20世纪20年代，人们欣然从专业交叉、跨学科的角度出发，再次把人文科学定性为文化科学，在此过程中，人们"最有可能因为知识的人类学化遭遇"人文科学研究的破碎和孤立，不过这"也是非常有意义的事情"。③ 文学学的使命不仅仅着眼于文本阐释，还瞄准了文化交流的总体领域，也面向与"已有知识"相对的"导向知识"领域。

文学学讨论的特点在于，人们希望并期待着跨越文学专业的现有边界，"在作为（媒体）文化学的语言学框架内对其进行研究，对跨学科性做出缜密思考并进行系统发展，将语言学能力转移到其他研究对象上，它们在组织形式和交流功能方面可以与语言文本进行比较"④。媒体文化学的假设反射出当今的趋势，从文学文本出发，到达"更加宽泛地理解文化文本"⑤的彼岸。克利福德·格尔茨（Clifford Geertz）把文化看作文本的比喻显露出一种双重的发展轨迹，一方面重视文化实践的可读性和可译性，赋予文化语境一种文本地位，另一方面将文学文本理解为"文化自我阐释的展现形式"⑥。最后人们可以得出这样的结论：在书写文化的论争语境下，文化人类学明确地承认它是文本的修辞学—文学手段，因此"明确地对文学和修辞学敞开了怀抱"⑦。

---

① 参见 Frühwald et al. 1991，S. 193。
② 参见 Assmann/Harth 1991。
③ 参见 Frühwald et al. 1991，S. 51。
④ 参见 Schönert 1998，S. 494；亦见本书第十六章"媒体文化学"。
⑤ 参见本书第五章"文化人类学"。
⑥ 同上。
⑦ 同上。

3. 对文学学与文化学关联的系统化考察

今天,在了解了学术史发展的概况后,人们可以根据超越狭义**语言学使命**(编辑和评论)的文学学核心领域对文学学和文化学的关联进行解读:
- 文本分析和文本阐释作为"解释机构"(Karlheinz Stierle)
- 媒体和媒体性分析作为文化交流的建构性元素,以及
- 文学史的重构与建构作为文化学框架内的文学功能史。

所有这三个领域都涉及文化实践的表达形式。

3.1 文学文本作为文化自我感知的对象

文学文本存在一种悖论性的结构,一方面是(美学的)自主性,一方面是阐释意义的多样性;这一结构成就了文学文本作为文化自我感知和自我主体化的对象。① 在文本中,文化进行着自我观察,无论在区分(或者凸显)**大众文化**和高雅文化的意义层面,还是着眼于作为社会总体系一部分的各种文学系统内根据不同类型和话语进行划分的秩序。文学文本是个体和集体对世界发生感知的特别形式,是对这种感知的反思。因此,高度的自我反思是文学的根本特性。在高度复杂的艺术文本中,这种感知与反思可以更好地被人们领会。阐释的历史表明,"美学的差异性程度"是其"无穷尽的可阐释性"[弗里德里希·施莱格尔(Friedrich Schlegel)语]的前提。"在被阐释之前,文学文本就进行自我阐释。这种阐释是文化矛盾应力场中文化性的,即文化特定性的解释和自我反思。"②

---

① 参见 Voßkamp 1998。
② 参见 Bachmann-Medick 2001, S. 219。

与文化学"文本化"互补的自然是阅读的语义学过程和解密活动①,两者是必要的。格尔茨说过,文化是"文本的组合",在他这一观念的基础上,斯蒂芬·格林布拉特(Stephen Greenblatt)和英美新批评学派的阐释者们首先将文本性和互文性定义为所有文化的特性。② 一个文本的背景本身就可以定性为文本的集合,定性为"文本的组装"③,或者定性为"文本的总和,而这些文本自身亦是文本的总和"④。等待分析的文学文本,与其他文学的或者非文学的文本处于或多或少的联系之中,看起来它似乎被剥夺了特权:作为语言的产品,文学文本是众多文本中的一个。这一去特权化过程是必要的结果,是历史的文本化过程的代价,因文本被置于历史之中。文学文本的阅读可以被定性为"融入其象征性意义规则中的活动";而文学文本的建构本身就是一个"象征性活动"。⑤

象征性活动指的是具有文化特性的符号化和象征化过程,它们受到越来越多的关注。"礼俗和场面,仪式和戏剧化,它们显示了一连串问题,这些问题超出了文本的范围,是为了回归文本。"⑥然而尚需人们回答的是,社会活动在何种程度上可以像文本一样进行解读,用阐释学方法获得阐释,或者准确地说:文化在何种程度上可以被视为类似文本的系统。当在权利和知识领域中涉及意义构建的历史—社会前提并因此涉及文化模式的统治功能的时候,人们就发现了将文化视为文本的边界。⑦ 毋庸置疑的是,文本作为感知的媒介,就其参与决定现实和自我反思的功能来看,是一个社会内部意义生产过程的一部分。

---

① 参见本书第三章"文化符号学"。
② 参见本书第七章。
③ 参见 Geertz 1983, S. 253。
④ 同上,S. 259。
⑤ 参见 Braungart 1996, S. 6, S. 17。
⑥ 参见 Wenzel 1999, S. 483。
⑦ 参见 Lenk 1996, S. 126。

3.2 媒体与媒体性作为文化交际的建构元素

所有文化中的文本都使人们注意到不同的媒体类型和媒体性问题：

> 关于这个世界所能够知晓、思考、言说的一切，只能够借助传递知识的媒体得以知晓、思考和言说。［……］不是我们用以思考的语言，而是我们借助其进行交流的媒介，塑造着我们的世界。媒体革命因此也是思想革命，它们重塑着现实，创造着新的世界［……］。①

语言和文学并不处于和媒体发展对立的位置，它们本身也是更多地被看作媒介的。它们可以被理解为交流事件，被理解为文化交流的媒体。在这一意义上，交流这种活动是由媒体实现的，是通过媒体用特定的方式进行组织的。

因此，媒体对于语言学和文化学来说并不是诸多研究主题中的一项，而是说，这两门学科的研究对象允许在特定媒体的视角下**对它们的结构层次进行解读**，这种解读活动迄今为止尚未被系统纳入人们的视野。从受话语分析启迪的"文学交流考古学"②尝试，直到解构的意义阐释学和"交流的物质性"③研究，都是研究媒体实践的塑形能力的方法。"媒体标记了缝合处，在其附近，意义产生于意义晦暝的现象之中。媒体构成了具有表现性的历史语法"④，这一语法存在于我们的文化之中，它从意义生成的角度针对被赋予意义承载功能的图像系统（痕迹、文字、符号）的作用发问。

艺术被视为由媒体决定的交流文化，在这种观点下，媒体在以文化

---

① 参见 Assmann/Assmann 1990, S. 2。
② 参见 Aleida & Jan Assmann。
③ 参见 Gumbrecht/Pfeiffer 1988。
④ 参见 Krämer 1998, S. 4。

学为导向的文学学中获得了特别重要的地位。文化因其符号的不可公约性而为人们开辟了注解的不同途径,它们总不如社会现实那样意义明确。这也适用于文学,因为文学同样也制造着偶然,并且针对偶然做出反应。文化和艺术的任何成就都不如"制造不确定性"重要,正是这样的不确定性使得文化交流的进展成为可能。① 文学抗拒所有确定性的编码和象征活动,它把"非语言的东西通过间接的方式流传下去,它打开了交流的可能性"②。在文学学中,重要的是"读懂'未言(非语言)'和'不尽言(跨语言)'③的修辞学(亦包括在文本当中),使其作为社会展现空间中的编导艺术得到辨认"④。

如果人们将媒体理解为文化结构,并认为这一结构提供了形式构造的可能性前提⑤,那么,人们就可以借助历史的形式构造活动以文化史和文学史的方式对当代的特别是通过电子媒体进行的讨论进行历史化处理。"非同时性"媒体(言谈、文字、图片、电影、互联网)的同时性既展现了**现实的媒体竞争情形**,也表明了一种媒体史视角的必要性。这样看来,文字文化在公元前1世纪"从仪式关联到文字关联的转化过程"⑥中的逐渐发展就可以被理解为"文化实践的再组织"⑦。迪特里希·哈思(Dietrich Harth)提醒人们注意,"文化的科学"本身就是"文字文化"的一部分,因此也是"其文学策略的参与者"。⑧ 目的必须在于,在媒体竞争的现实背景中更加准确地确定众语言学的角色,形成各自的历史媒体转变的功能史。

在此过程中,有关跨媒体性概念下单一媒体之间的相互依存问题

---

① 参见 Baecker 2001, S. 535f. 对尤金·洛特曼的说明。
② 参见 Hart Nibbrig 1999, S. 97f.
③ 原文分别为 non-dit 和 inter-dit。——译者注
④ 参见 Hart Nibbrig 1999, S. 97。
⑤ 参见 Niklas Luhmanns [1997, S. 198]对媒体("松散连接的元素")和形式("它将这些相同的元素整合成精确的联合体")做出的区分。
⑥ 参见 Assmann 1992, S. 291。
⑦ 参见 Harth 1996, S. 333。
⑧ 同上, S. 335。

发挥着决定性作用。在由一种媒体到另一种媒体的翻译和转录概念下①，媒体差异及其消弭成为互文性文学史问题的对应物。**转录性**决定了具有媒体性质的东西的性能既可以产生差异，又可以修补差异。转录性没有对差异进行象征性思考，

> 它把由媒体造成的具体性设想为暂时、点状地中止不断发生着的差异化过程，设想为转录操作的临时性结果。因此，对转录视角下的媒体差异进行观察也就意味着，不同媒体的相互观照具有意义生成性[……]效果，[……]也意味着不可能存在单一媒体性质的意义建构。②

3.3 文学史的重构与建构作为文学学与文化学关联的历史性课题

即便是在文化学的视角下，文学学仍然是一门历史学科，如果它将文学史作为自己的任务的话。只有当文学文本的文本特性及其历史的上下文语境特性都在文化的大框架下得到严肃对待，文学历史的重构和建构才能处理好文学文本的独立性。"文本嵌入符号语境的行动显示出了[……]文化轨迹和意识形态轨迹，它表明了符号交叉的功能和文本的互文性组织功能。文本[参与了]社会符号语境。"③

文学史成立的另一个必要条件是文学认识到文学**文本作为交流记忆和文化记忆媒介**的功能。④ 文学文本参与着反思性的文化回忆，它作为持续"进行的相容性测试过程检验着获取回忆功能，更确切地说是遗忘功能的活动"⑤。文学的互文性本身就可以被视为文学的记忆。此外还需要一种以文化学为导向的文学史书写方式对机构和社会的框架条件进行反思。在此过程中，储存功能只构成了一个方面，遴选（借

---

① 参见 Ludwig Jäger。
② 参见 Balke 2001，S. 24。
③ 参见 Lachmann 1984，S. 137。
④ 亦见本书第八章。
⑤ 参见 Steiner 1997，S. 18f.

助经典、审查和相应的组织形式)构成了另一方面。机构的记忆(从剧院到中小学和大学)以特别的形式和类型保存了集体记忆,所以,文本的形式问题在这里也扮演着一个主要角色。

文本的再特权化过程(在解构主义中)作为一方面,同时文学文本的去特权化过程(在新历史主义中)作为另一方面,受这两个方面的影响,**一个更宽泛的文学概念**构成了话语史和思想史的基础。统一性原则下的后结构主义批评以及与历史书写的历史——发生学范畴之间的距离,这两者合乎逻辑地导致了以话语(互)文本性为导向的文学史和文化史书写方式。格林布拉特对历史—文化的分散农田及其货物交换和金融流通(协商)方面的兴趣就非常具有代表性。① 然而,如果要将文学同时作为象征系统和社会系统进行记忆,那么这里——与格尔茨的文化人类学学说类似——还缺少有关文学史书写方面表述明确、界定严格的理论构想。②

这也适用于社会总体系中艺术系统的自主诗学演进系统论构想。如果文学的美学差异程度希望相对于社会历史现实获得更加准确的描述,那么,对处于历史—文化关联中的艺术进行功能定性就十分重要。简化了的功能定位与艺术的功能多样性是相悖的。从原则上来说,文化症状和社会结构的关系("文学和社会"的关系也一样)不具备决定性的特征。因此,人们既不能从历史现实中对文学进行毫无问题的推导,也不能在文学与历史现实之间建立一种没有矛盾的同质关系。

话虽如此,但是确定**文学和社会现实的关系**并非随心所欲。文本并非描摹人们在现实生活中可以观察到的规则和仪式体系,而是从这

---

① 格林布拉特是新历史主义批评流派泰斗。新历史主义学派在文学评论中实现了历史—文化维度的融合,将文学与文化、历史、政治话语等文化领域的其他组成部分平行并列,并且引入文学之外的术语来进行文学批评。该学派与传统的以文本为中心的形式主义和结构主义文学批评流派迥异,它摆脱了"文学为前景、历史为背景"的区分,将文学纳入整个文化系统进行关照。因此原文作者借用了一些经济学的术语来表明格林布拉特的这一倾向。——译者注

② 参见 Schönert 1992, S. 337-348;Ort 1992, S. 409f.

些体系中进行选择,并且通过整理遴选出来的元素表明其自身相对于这些体系的偶然性。① 在每一个历史阶段,文学和艺术方面的形式都是相对过剩的,这些多余的形式尚且不能完全归类于社会结构,更何况将两者对应起来。如果从这种过剩特征出发,那么人们就会发现,处于文化学关联中的文学功能史就会比话语史和思想史更加严肃地对待文学所蕴含的特殊美学地位。一个时代的艺术形式多样性总是要比可以证实的功能种类丰富。文学的原则上"不可支配的东西"仍然是每一种文学史的挑战,而后者作为文学的功能史想要彰显文学学和文化学之间的共同属性。

4. 总结

文学学的文化学导向只有在仔细领会其研究对象的特性以及当下能够被观察到的文化形势时才能够获得其大致轮廓。如果人们不希望针对语言学**转变和现代化**的要求变成一句空洞的口号,那么,从方法论、历史学方面就有关文学学和文化学之间的关系继续进行仔细阐述和具体说明是非常必要的。否则,偶尔出现的"文学学危机"就有可能变成"文化学危机"。

一方面是后结构主义文本理论及其与历史的距离,另一方面是社会史和功能史及其在展现作为历史现实的文本的文学性方面的困难,两者之间存在着空缺;对文化学持开放姿态的文学学必须能够在这一空缺中找到自己的位置。一种以文化学为导向的文学学有能力再次激发人们对其研究对象的历史性方面的兴趣,从而在其中找出其独特性。

一种文化诗学的机遇可能存在于文学学的文化学拓展和文化学的文本学导向之间的相互关系之中。毫无疑问,有关"文化作为文本"的

---

① 参见 Voßkamp 1995, S. 38。

人类学和人种学讨论显示出,文学学和文化学分支学科正努力相互接近。

然而,专业交叉的连接理论和过程理论方面的问题错综复杂,它们尚有待澄清,至今只是得到了初步的解决。在努力建立一种"跨文化文学学"或者一种"阐释型文化人类学"的过程中,人们不应该忽视这一问题,即文学学必须定义并且不断重新确定其特殊的研究对象。中心主题涉及的是文本中的文化自我感知及其科学观察活动。对这种观察的反思以及对机构的观察情况的反思构成了向文化学开放而又同时独立的文学学框架。

参考文献

基础著作与导论

Anderegg, Hohannes/Kunz, Edith Anna (Hgg.): *Kulturwissenschaften. Positionen und Perspektiven*. Bielefeld: Aisthesis 1999.

Appelsmeyer, Heide/Billmann-Mahecha, Elfriede (Hgg.): *Kulturwissenschaft. Felder einer prozeßorientierten wissenschaftlichen Praxis*. Weilerswist: Velbrück 2001.

Assmann, Aleida/Harth, Dietrich (Hgg.): *Kultur als Lebenswelt und Monument*. Frankfurt a. M.: Fischer 1991.

Bachmann-Medick, Doris (Hg.): *Kultur als Text. Die anthropologische Wende in der Literaturwissenschaft*. Tübingen/Basel: Francke 2004 [Frankfurt a. M.: Fischer 1998 [1996]].

Baecker, Dirk: *Wozu Kultur?* Berlin: Kadmos 2000.

Böhme, Hartmut/Scherpe, Klaus R. (Hgg.): *Literatur und Kulturwissenschaften. Positionen, Theorien, Modelle*. Reinbek bei Hamburg: Rowohlt 1996.

Böhme, Hartmut/Matussek, Peter/Müller, Lothar (Hgg.): *Orientierung Kulturwissenschaft. Was sie kann, was sie will*. Reinbek bei Hamburg: Rowohlt 2002 [2000].

Cassirer, Ernst: *Zur Logik der Kulturwissenschaften. Fünf Studien*. Darmstadt: Wissenschaftliche Buchgesellschaft 1961 [1942].

Danneberg, Lutz/Vollhardt, Friedrich, in Zusammenarbeit mit Hartmut Böhme und Jörg Schönert (Hgg.): *Vom Umgang mit Literatur und Literaturgeschichte. Positionen und Perspektiven nach der »Theoriedebatte«*. Stuttgart: Metzler 1992.

Fleischer, Michael: *Kulturtheorie. Systemtheoretische und evolutionäre Grundlagen*. Oberhausen: Athena 2001.

Fohrmann, Jürgen/Voßkamp, Wilhelm (Hgg.): *Wissenschaftsgeschichte der Germanistik im 19. Jahrbundert*. Stuttgart/Weimar: Metzler 1994.

Frühwald, Wolfgang et al. (Hgg.): *Geisteswissenschaften beute. Eine Denkschrift*. Frankfurt a. M.: Suhrkamp 1991.

Geertz, Clifford: *Dichte Beschreibung. Beiträge zum Versteben kultureller Systeme*. Frankfurt a. M.: Suhrkamp 1983 (orig.: *The Interpretation of Cultures. Selected Essays*. New York: Basic Books 1973).

Glaser, Renate/Luserke, Matthias (Hgg.): *Literaturwissenschaft – Kulturwissenschaft. Positionen, Themen, Perspektiven*. Opladen: Westdeutscher Verlag 1999.

Greenblatt, Stephen: *Shakespearean Negotitations: The Circulation of Social Energy in Renaissance England*. Oxford: Clarendon Press 1987.

Gumbrecht, Hans Ulrich/Pfeiffer, K. Ludwing (Hgg.): *Materialität der Kommunikation*. Frankfurt a. M.: Suhrkamp 1988.

Hansen, Klaus P.: *Kultur und Kulturwissenschaft. Eine Einfübrung*. Tübingen/Basel: Francke 1995.

Hetzel, Andreas: *Zwischen Poiesis und Praxis. Elemente einer kritischen Theorie der Kulturwissenschaften*. Würzburg: Königshausen und Neumann 2001.

Huber, Martin/Lauer, Gerhard (Hgg.): *Nach der Sozialgeschichte. Konzepte für eine Literaturwissenschaft zwischen bistorischer Anthropologie, Kulturgeschichte und Medientheorie*. Tübingen: Niemeyer 2000.

Jahrbuch der deutschen Schillergesellschaft: Diskussionsrunden »Kommt der Literaturwissenschaft ihr Gegenstand abhanden?«, 42 (1998), S. 457 – 507; 43 (1999), S. 447 – 487; 44(2000), S. 333 – 358.

Kultur Poetik. Zeitschrift für kulturgeschichtliche Literaturwissenschaft. Hgg. Manfred Engel et al. Göttingen: Vandenhoeck & Ruprecht 2001ff.

Luhmann, Niklas: »Religiöse Dogmatik und gesellschaftliche Evolution.« In: ders./Karl-Wilhelm Dahm/Dieter Stoodt (Hgg.): *Religion – System und Sozialisation*. Neuwied: Luchterhand 1972, S. 15 – 132.

Neumann, Gerhard/Weigel, Sigrid (Hgg.): *Lesbarkeit der Kultur. Literaturwissenschaften zwischen Kulturtechnik und Ethnographie*. München: Fink 2000.

Nünning, Ansgar (Hg.): *Metzler Lexikon Literatur- und Kulturtheorie. Ansätze-Personen-Grundbegriffe*. Stuttgart/Weimar: Metzler 2008 [1998].

Prinz, Wolfgang/Weingart, Wolfgang (Hgg.): *Die sog. Geisteswissenschaften. Innenansichten*. Frankfurt a. M.: Suhrkamp 1990.

Reckwitz, Andreas: *Die Transformation der Kulturtheorien. Zur Entwicklung eines Theorieprogramms*. Weilerswist: Velbrück 2000.

Rickert, Heinrich: *Kulturwissenschaft und Naturwissenschaft*. Tübingen: Mohr 1926 [1910].

Stanitzek, Georg/Voßkamp, Wilhelm (Hgg.): *Schnittstelle. Medien und Kulturwissenschaften*. Köln: Dumont 2001.

Ullmaier, Johannes: *Kulturwissenschaft im Zeichen der Moderne. Hermeneutische und kategoriale Probleme*. Tübingen: Niemeyer 2001.

供深入阅读的文献

Assmann, Aleida/Assmann, Jan: »Schrift – Kognition – Evolution.« In: Eric A. Havelock (Hg.): *Schriftlichkeit. Das griechische Alphabet als kulturelle Revolution*. Weinheim: VCH 1990, S. 1 – 35.

Assmann, Jan: *Das kulturelle Gedächtnis. Schrift, Erinnerung und politische Identität in frühen Hochkulturen*. München: Beck 1992.

Bachmann-Medick, Doris: »Literatur. Ein Vernetzungswerk.« In: Appelsmeyer/Billmann-Mahecha 2001, S. 215 – 239.

Bachmann-Medick, Doris: *Cultural Turns. Neuorientierungen in den Kulturwissenschaften*. Reinbek: Rowohlt 2006.

Baecker, Dirk: »Kultur.« In: Karlheinz Barck et al. (Hgg.): *Äsbetische Grundbegriffe*. Bd. 3. Stuttgart/Weimar: Metzler 2001, S. 510–556.

Balke, Friedrich: »Zur Konzeption des Kulturwissenschaftlichen Forschungskollegs ›Medien und Kulturelle Kommunikation‹.« MS. Köln 2001.

Benda, Oskar: *Der gegenwärtige Stand der deutschen Literaturwissenschaft. Eine erste Einführung in die Problemlage.* Wien/Leipzig: Hölder-Pichler-Tempsky 1928.

Bloh, Ute von/Vollhardt, Friedrich (Hgg.): Themenheft »Germanistik als Kulturwissenschaft« der *Mitteilungen des Deutschen Germanistenverbandes* 46, 4 (1999), S. 479–585.

Braungart, Wolfgang: *Ritual und Literatur*. Tübingen: Niemeyer 1996.

Fluck, Winfried: »*American Studies*. Möglichkeiten und Probleme einer kulturwissenschaftlich orientierten Literaturwissenschaft.« In: Claus Uhlig/Rüdiger Zimmermann (Hgg.): *Anglistentag* 1990 *Marburg Proceedings*. Tübingen: Niemeyer 1991, S. 7–18.

Grzbes, Herbert: »Literaturwissenschaft – Kulturwissenschaft – Anglistik.« In: *Anglia* 114, 3 (1996), S. 376–395.

Grabes, Herbert (Hg.): *Literary History/Cultural History. Forcefields and Tensions. REAL—Yearbook of Research in English and American Literature* 17 (2001).

Graevenitz, Gerhart von: »Literaturwissenschaft und Kulturwissenschaft. Eine Erwiderung.« In: *Deutsche Vierteljabrsschrift für Literaturwissenschaft und Geistesgeschichte* 73, 1(1999), S. 94–115.

Harth, Dietrich: »Die literarische als kulturelle Tätigkeit. Vorschläge zur Orientierung.« In: Böhme/Scherpe 1996, S. 320–340.

Hart Nibbrig, Christiaan L.: »Zwischen den Kulturen. Kulturwissenschaft als Grenzwissenschaft.« In: Anderegg/Kurz 1999, S. 94–104.

Haug, Walter: »Literaturwissenschaft als Kulturwissenschaft?«. In: *Deutsche*

Vierteljahrsschrift für Literaturwissenschaft und Geistesgeschichte 73,1 (1999), S. 69 - 93.

Jöckel, Sabine: »Die ›histoire des mentalités‹. Baustein einer historisch-soziologischen Literaturwissenschaft. « *Romanische Zeitschrift für Literaturgeschichte* 11 (1987), S. 146 - 173.

Krämer, Sybille: »Von der sprachkritischen zur medienkritischen Wende? Ein Kommentar zur Mediendebatte in sieben Thesen.« Vortrag. Köln 1998.

Lachmann, Renate: »Ebenen des Intertextualitätsbegriffs.« In: Karlheinz Stierle/ Rainner Warning (Hgg.): *Das Gespräch*. München: Fink 1984, S. 133 - 138.

Lenk, Carsten: »Kultur als Text. Überlegungen zu einer Interpretationsfigur.« In: Glaser/Luserke 1996, S. 116 - 128.

Link, Jürgen: »Literaturanalyse als Diskursanalyse. Am Beispiel des Ursprungs literarischer Symbolik in der Kollektivsymbolik. « In: Jürgen Fohrmann/ Harro Müller (Hgg.): *Diskurstheorien und Literaturwissenschaft*. Frankfurt a. M. : Suhrkamp 1988, S. 284 - 307.

Luhmann, Niklas: *Die Gesellschaft der Gesellschaft*. Bd. 1. Frankfurt a. M. : Suhrkamp 1997.

Müller, Jan-Dirk: »Kulturwissenschaft historisch. Zum Verhältnis von Ritual und Theater im späten Mittelalter. « In: Neumann/Weigel 2000, S. 53 - 77.

Nünning, Ansgar: » Literatur, Mentalitäten und kulturelles Gedächtnis. Grundriß, Leitbegriffe und Perspektiven einer anglistischen Literaturwissenschaft«. In: ders. (Hg.): *Literaturwissenschaftliche Theorien, Modelle und Methoden. Eine Einführung*. Trier: WVT 1998 [1995], S. 173 - 198.

Ort, Claus-Michael: »Vom Text zum Wissen. Die literarische Konstruktion soziokulturellen Wissens als Gegenstand einer nicht-reduktiven Sozialgeschichte der Literatur.« In: Danneberg/Vollhardt 1992, S. 409 - 441.

Ort, Claus-Michael: »›Sozialgeschichte‹ als Herausforderung der Literaturwissenschaft. Zur Aktualität eines Projekts.« In: Huber/Lauer 2000, S. 113 - 128.

Perpeet, Wilhelm: »Kultur, Kulturphilosophie.« In: Joachim Ritter et al. (Hgg.): *Historisches Wörterbuch der Philosophie*. Bd. Ⅳ. Darmstadt: Wissenschaftliche Buchgesellschaft 1976, Sp. 1309 – 1324.

Rieger, Dietmar: »Literaturwissenschaft als eine Kulturwissenschaft.« In: *Romanistische Zeitschrift für Literaturgeschichte (Cabiers d'histoire des Littératures Romanes)* 26 (2002), S. 21 – 32.

Schmidt, Siegfried: *Kalte Faszination. Medien · Kultur · Wissenschaft in der Mediengesellschaft*. Weilerswist: Velbrück 2000.

Schmidt-Dengler, Wendelin/Schwob, Anton (Hgg.): *Germanistik im Spannungsfeld zwischen Philologie und Kulturwissenschaft*. Beiträge der Tagung der österreichischen Gesellschaft für Germanistik in Wien 1998. Wien: Edition Präsens 1999.

Schönert, Jörg: »Einleitung: Möglichkeiten und Probleme einer Integration von Literaturgeschichte in Gesellschafts-und Kulturgeschichte.« In: Danneberg/Vollhardt 1992, S. 337 – 348.

Schönert, Jörg: »Warum Literaturwissenschaft heute nicht nur Literaturwissenschaft sein soll.« In: *Jabrbufch der Deutschen Schillergesellschaft* 42 (1998), S. 491 – 494.

Schönert, Jörg: »Mentalitäten, Wissensformationen, Diskurse und Medien als dritte Ebene einer Sozialgeschichte der Literatur. Zur Vermittlung zwischen Handlungen und symbolischen Formen.« In: Huber/Lauer 2000, S. 95 –103.

Steiner, Uwe C.: »Können die Kulturwissenschaften eine neue moralische Funktion beanspruchen? Eine Bestandsaufnahme.« In: *Deutsche Vierteljabrsschrift für Literaturwissenschaft und Geistesgeschichte* 71, 1 (1997), S. 3 – 38.

Titzmann, Michael: »Kulturelles Wissen – Diskurs – Denksystem. Zu einigen Grundbegriffen der Literaturgeschichtsschreibug.« In: *Zeitschrift für französische Sprache und Literatur* 99 (1989), S. 47 – 61.

Voßkamp, Wilhelm: »Einheit in der Differenz. Zur Situation der Literaturwissenschaft in wissenschaftshistorischer Perspektive.« In: Ludwig Jäger (Hg.):

Germanistik: Disziplinäre Identität und kulturelle Leistung. Weinheim: Beltz 1995, S. 29 - 45.

Voßkamp, Wilhem: »Die Gegenstände der Literaturwissenschaft und ihre Einbindung in die Kulturwissenschaften. « In: *Jahrhuch der Deutschen Schillergesellschaft* 42 (1998), S. 503 - 507.

Voßkamp, Wilhelm: »Literaturwissenschaft und Kulturwissenschaften. Versuch einer Bestandsaufnahme. « In: Frank Fürbeth et al. (Hgg.): *Zur Geschichte und Problematik der Nationalphilologien in Europa. 150 Jahre Erste Germanistenversammlung in Frankfur am Main* (1846 - 1996). Tübingen: Niemeyer 1999, S. 809 - 821.

Voßkamp, Wilhelm: » Einleitung. Kommunikation-Medien-Repräsentation-Archive. « In: Stanitzek/Voßkamp 2001, S. 9 - 13.

Wenzel, Horst: »Systole-Diastole. Mediävisik zwischen Textphilologie und Kulturwissenschaft. « In: *Jahrbuch der deutschen Schillergesellschaft* 43 (1999), S. 479 - 487.

威廉・佛斯坎普
(Wilhelm Voßkamp)

五

文化人类学

　　文化人类学是一门独立的有关(陌生)文化及其体验、分析和展现的科学。此外,它也代表着一种认识论态度,尤其从20世纪70年代以来,它对文化学整体而言具有决定性意义。由此,它开启了一种"人类学转向",使得人们从文化学角度对传统的人文科学进行加工。凭借其国际化和跨文化视野,文化人类学为文化学的建立所做的贡献在学术体制方面形成了一股巨大的现代化推力。然而,这一"转变"在认知批判方面的潜力远远超过此范畴。这种潜力至今仍然存在于用文化人类学认知观对不同学科进行持续渗透的过程中。文化人类学认知观体现在各门社会学学科中的"人类学转向"[1]方面,和在"知识的人类学化"[2]、文学学的人类学转向[3]以及历史人类学[4]中所体现出来的一样。在文化人类学光芒的照耀下,人们在文化学的各独立学科中开辟了新的研究领域和主题范围,跨学科的方法论研究观也得到了发展。

　　这种"人类学转向"是所谓的"文化转向"(Cultural Turn)的基础,

---

[1] 参见 Lepenies 1981。
[2] 参见 Frühwald et al. 1991, S. 51。
[3] 参见 Bachmann-Medick 2004。
[4] 参见 Medick 2001。

后者仍然是人们经常谈论的话题。在此,有一点得到了明确,这一过程实际上涉及的不是一种单一的一锤定音的文化转向,而是**一系列不同的"文化转向"**①,它们对于文化学的发展来说至今仍是不可摒弃的,并且将继续影响着这方面的讨论。因此,如果不熟悉这些不同的"转向",不观照它们**具有指导意义的概念性研究视角**——而恰是这些研究视角为相应学科范围内的研究工作不断提供新的课题和研究动力——那么,想要入文化学的门是无法想象的。文化人类学给了这一系列的"转向"关键性推动力,它在后续的发展路程中又再次作为指导性学科影响着这些理论转向。

在当下,文化人类学的认知和方法也重新成为重要出发点。原因是,一方面"人类学转向"尚未过时,很显然,当代全球化背景带来了巨大的文化性、象征性和文本性差异,它正是从这些差异中获得其文化人类学的概念的。所以,它必须以文化差异方面的重要认知来反对最新的生物学主义②的人类学化趋势。同时,与神经生物学和脑科学的独立创建要求相悖的是,它强化了生命科学的地位。另一方面,文化人类学视角下的多元文化认知正是因其差异性才成为文化学日益增长的跨国开放程度的重要出发点,而这一开放过程如果没有文化人类学以及人种学**区域研究**(Area Studies)的区域性能力,就不会实现。以上这两个方面使得文化人类学在当今也依然是文化学最重要的基石之一。

对于文化学研究的这一文化人类学基础视角,人们并不需要展开全部的人类学历史,也不用铺叙它自19世纪作为科学学科成立以来依靠源自实践的实地考察法取得的成就。重要的是20世纪70年代以来现代文化人类学的发展,凭借其活跃的方法讨论和文化讨论在不同学科的文化特定性认知方式和研究实践中激发了学科的自我反思。不同于德语区内以哲学为基础创立的人类学,具有英美特色的文化人类学,

---

① 参见 Bachmann-Medick 2007。
② 以生物学观点分析社会形势的生物学主义。——译者注

即人种学,绝非以人类学常量和可普遍化的知识系统为研究出发点。①它把作为方法论原则的"异者性"②提升至所有认知过程的中心地位,从而弱化欧洲或者说欧洲中心主义(科学)视角的单面性。其他学科可以从人种学的这种**"异者化"**③**实践**中学习到,一位外来观察者疏离的视野以及"人种学视角"对于自己独有的文化特征和实践所带来的影响,比如对于自我社会的社会机构、规范、价值和习惯等方面。这并非只是一种聪明的练习活动;相比德语区的诸文化学,在美国的**文化研究**(Cultural Studies)中,对它具有更大促进作用的是"多元文化社会"中的少数民族政策和民权运动以及移民和宗教少数派及其不同文化经验和身份归属的"杂交"过程。由于这些因素对理论建构也具有促进作用,因此人们可以说,20世纪晚期的文化理论转变④绝不是在无菌的理论实验室里进行的。21世纪初期文化学沿着"转向"轨迹的运动也是如此。

通过认识异者视野,文化人类学明确地将文化的复数性引入研究领域,并以此为出发点界定了一种跨文化的研究框架。除了对自身传统、立场和理念采取认知批判性陌生化举措,现代文化人类学也为文化学的跨国界研究方法提供了前提。对此,有两个基本的认知层面居于中心地位:对社会问题领域和文化差异的回归及其超越这种回归的文化自我反思。总的来说这导致了对文化认识的人种学修正,但也使人们批判性地注意到了文化描述的问题。在各种文化学中,不管文化认识什么时候成为争论的焦点——就像正在形成的世界社会中文化和社会的不言而喻性那样——人们都会想到援引文化人类学方面的知识。在文化学的独立学科中,文化描述的问题无论何时出现,文化人类学都已经做好了重要的准备工作。因为文化人类学致力于(不仅仅对陌生

---

① 参见 Barth et al. 2005。
② 原文为 Fremdheit。——译者注
③ 原文为 Fremdmachens。——译者注
④ 参见 Reckwitz 2000。

的)文化的分析和描述。自从它展现陌生文化和自身文化如何对权力、权威和具有文化特色的修辞进行描述和表达开始,它就把**文化表现的问题**完全推到了前台。摆脱所谓的**表现危机**的出路——如果可行的话——就必须从文化人类学中寻找。

1. 文化人类学简史

现代文化人类学是在 20 世纪 20 年代由移居美国的德国文化人类学家弗朗茨·博厄斯(Franz Boas,1858—1942)在剔除了物理人类学和生物人类学因素之后建立起来的。它不仅有别于受恩斯特·卡西尔学说影响的德国语言人类学,也与英国社会人类学和结构功能主义理论不同。人类学的普适概念和普适的概念性阐释以及脱离文化存在的社会结构都不是文化人类学的研究对象,它的着力点在于对外来(异者)文化关联进行阐释和理解。人类学获取知识的最重要前提是直接的文化经验,是**通过"参与性的观察"方式进行的源自实践的实地考察**。同属于这一理念的还有其核心实践任务,即**将文化知识置于语境中**①,通过这种方式,文化人类学就将行为方式和信仰形式与文化特定性的象征化表现联系在了一起。文化人类学研究实践的传统焦点是文化和传统,亲属体系,宗教和神话,习俗和权力结构。而近些年来,人们越来越多地把注意力集中到社会转变过程中改变了的框架条件本身。②

在 20 世纪上半叶的文化人类学中,文化相对主义是最有影响的方法论导向(人们只能够从文化本身的上下文中理解文化,因此,不同文化是不能被拿来进行比较的,也不可以用普适的尺度来进行评判)。根

---

① 原文为 Kontextualisierung des kulturellen Wissens。——译者注
② 参见 Moran 1996。

据萨丕尔—沃尔夫假设（Sapir/Whorf-These），不同的语言反映了各自不同的世界和世界观，这一学说将文化相对主义与经验性研究结合了起来。从爱德华·B.泰勒的经典文化观来看，融合的文化作为复杂的、被隔绝的总体关联以及整体的系统居于主导地位。这种文化相对性观点在20世纪50年代，当人们试图在作为"文化的科学"的文化人类学框架下系统地加工出一种人种志文化理念时，也发挥了影响。① 它的影响仍然持续着，即便是文化相对主义在文化比较主义的方向上被克服之后；从20世纪六七十年代开始，它在克利福德·格尔茨的推动之下发展成了一种比较性的"文化阐释学"理念。直至今日，文化相对主义仍然是一种"方法论原理"，它一方面有助于保持文化多样性，另一方面也警告人们，不能用一种普适的适用性要求来掩饰自我文化内部的成见。②

封闭的文化整体，一如文化相对主义将其作为立论的前提，在日益紧密的全球化联系、跨国交往和传统社会的西方化进程的压力下，越来越受到人们质疑。文化人类学一开始将氏族社会、小型社会③和面对面社会④作为其研究焦点并延续下来，然而在世界范围的变迁过程中，这显然不再合适。20世纪最后十年中，可以通观的文化单元和总体关联性在其激烈的全球化进展过程中越来越多地被分析，不过，研究领域并没有扩展到对整体社会的探索活动中去。既然带着一种不再具有整体性的、已经有限的文化视野，人们因此可以**认识到，文化描述的不完整性（"partial truths"）是不可避免的**。⑤ 随之而来的是，人们转向了文化局部研究，因为人们认为，只有当人们带着某种目的、从某一视角出发来进行文化比较研究，从局部单元入手而不是从文化整体图景着眼，

---

① 参见 Kroeber/Kluckhohn 1952。
② 参见 Kohl 2000, S. 151。
③ 原文为 small-scale-societies。——译者注
④ 原文为 face-to-face-Gesellschaften。——译者注
⑤ 参见 Clifford/Marcus, 1986, S. 1f.

文化比较才是最能够结出科研成果的。

21世纪初,文化比较研究的系统化过程尚在进行中,却已经产生了新的道岔,首先是因为人们意识到实际文化状况和文化差异性,也看到了世界范围内文化关系的框架条件。20世纪六七十年代起出现了一个重要的文化人类学实践:"**由跨文化并置法导致的陌生化**。"①这样一种"文化批评"②的研究观将带有人种学立场的批评包括在内,后者产生于针对文化差异的分析。"文化批评"涵盖了文化分析各个领域中所谓的"第一世界"和"第三世界"之间的权力关系,以及与之相关的霸权地位和表现范围。

20世纪70年代开始,文化人类学已经不再仅仅依赖人种志单项研究来描绘自己的轮廓;它更多地借助**本专业的文化批评拓展**,沿着强化了的理论建构和斟酌过的方法论调整进行发展。对于这一重点转移过程,所谓的"**阐释学转向**"③迄今仍然具有开创性意义。虽然仍然有一系列其他的转向与文化人类学(人种学/民族学)相关联:行为转向、反省/文学转向、对话转向、后殖民转向等④,但是,人们绝不可以理解为,在文化人类学的内省发展过程中重点领域是按照先后顺序不断获得更新的。更确切地说,这里说的是不同的讨论范围同时发生了相互交叉,只是人们应该对它们进行分析并加以区别。⑤

---

① 参见 Marcus/Fischer 1986, S. 138。(原文为 defamiliarization by cross-cultural juxtaposition。——译者注)

② 同上。(原文为 cultural critique。——译者注)

③ 参见 Rabinow/Sullivan 1987; Bachmann-Medick 2007, S. 58-103。(原文为 interpretive turn。——译者注)

④ 原文为 performative turn, reflexive/literary turn, dialogic turn, postcolonial turn。——译者注

⑤ 对20世纪文化人类学史的思辨性阐述参见 Kuper 1999;线形的话语发展观批判参见 Schlesier 1999, S. 157f.;有关转向(turns)的详细描述参见 Bachmann-Medick 2007。

2. 阐释型文化人类学——文化作为文本

克利福德·格尔茨(1926—2006)不仅被视为现代文化人类学之父,而且创建了文化人类学领域中最有影响的方向之一:具有阐释学和文化符号学色彩的阐释型文化人类学。他的开创性经典著作是论文集《文化的诠释》(*The Interpretation of Cultures*)(1973;德文版为《深层描述——文化体系认知文集》①,1983a)。这册著作展现了文化概念和这门学科的一种阐释学新理念。不过,因为一切有关其他文化的阐释性描述经常只是异者理解的一种尝试,所以,这种阐释过程就不可避免地被他者性打断:"如果没有**设身处地的体会**(*Einfühlen*),**理解**(Verstehen)会变成什么?"②因强调**异者认知的阐释**,文化人类学相对于传统学者来说显得十分突出,而前者恰恰受到后者的极大影响,比如赫尔德、格奥尔格·福斯特(Georg Forster)、狄尔泰和伽达默尔(Hans-Goerg Gadamer)。③ 从这一立场出发,人种志受到了最为强烈的启示并加强了反思活动,其他学科也出现了文化理论和文化学方面的新导向。

在此,文化作为文本的比喻扮演着关键性角色,几乎作为一个公式被固定下来。这个比喻是格尔茨在保罗·利科(Paul Ricœur)的文本阐释学基础上提出的,并在其现今已成为经典的论文《"深层游戏":关于巴厘岛斗鸡的记述》④中进行了说明。它针对的是文化活动(比如斗鸡活动)的可解读性和可翻译性,在这一点上与文本类似。通过承认其

---

① 原文为 *Dichte Beschreibung. Beiträge zum Verstehen kultureller Systeme*。——译者注
② 参见 Geertz 1983a, S. 290。
③ 参见 Geertz 1983a; Turner/Bruner 1986。
④ 参见 Geertz 1983a, S. 202 - 260。

文本身份的方式,人们对一种(陌生的)文化关联进行客观化处理。如此一来,文化含义就可以超然于主体机构和暂时性的、情境性的行动场景而得到保留,并在一个包含意义和文化内部自我阐述的社会系统中确定下来。因此,文化被认为是意指活动的独特实践,具有建构意义的能力。它是由一个社会的成员"自我编就的意义织物",通过它,行为可以被持续地翻译成阐释性的符号和象征。① 不光是象征、习俗、实践,还有文学文本,它们都是**文化自我阐释的表现形式**。它们通过其表达维度使人们明白,社会意义是如何被创造出来的。因此,它们不仅被视为阐释的客体,而且从它们那方面来说,也是集体的阐释机关,只要它们——比如斗鸡活动——塑造情感,赋予意义,展现文化的意义层面。

人们在何种程度上可以对"文化作为文本"这一比喻做出方法论方面的具体说明呢?对于文化人类学的阐释活动来说,具有根本意义的不是书写的文本,而是**行为关联**在其符号结构和文本结构中,即在其承载文化编码过程中的**可解读性**。这一文化理解方式不仅仅是一种符号学的方式,也是一种整体观理念。因为文化在此被视为一种意义关联,它可以通过提喻法的方式②被重构,也就是说,将作为整体焦点的本质性细节作为出发点③。然而通过这种文本模式被隐没的是社会活动和文化经验的主要情况:场景依赖性,意向性,口头性,文化活动和冲突过程的动态过程,表演事件的过程性,文化意义的性别特定性差异,以及文化的对话式产生方式。④ 但是,"文化作为文本"这一比喻依然能产生强烈的方法论推动作用。将文化理解为文本意味着,划定一块共同的领域,只能通过学科交叉的课题对它进行研究。文化与一个文本相

---

① 参见 Geertz 1983a, S. 9。
② 原文为 synekdochische Weise。——译者注
③ 参见 Bachmann-Medick 2004, S. 22f。
④ 有关对"文化作为文本"和格尔茨学说的批判参见 Berg/Fuchs 1993;Crapanzano,见:Bachmann-Medick 2004,主要见 S. 179f.,以及第二版后记中"再谈'文化作为文本'——有关一种文化学主题比喻的'说明'"一段,S. 302 - 307,以及"文本模式的边界",S. 308 - 310;Lindner 2002。

似，它也召唤着不同的解读方式。

　　来自人种阐释学领域的一个重要方法就是**"深层描述"**，它也影响其他文化学学科。这里涉及对社会现实进行一种显微镜式的细节收集，它针对的绝不是具体行为、进程和事件的单纯的实际情况。文化人类学这种特别的研究形式和阐述形式的对象是借助理论对汇聚在这些活动中的意义层面和"深层含义"进行的重构。① 前提条件是，社会现实也像文本一样显示出一种文化象征体系。社会活动被视为具有文本关联性，人们认为它总是可以被阐释的，认为它事先受到了现实结构的影响。② 文化人类学可以暴露文化意义的生产层面，它从社会事件的暂时性和场景关联性中脱离开来，却伴随着一种"象征的实证主义"危险。③ 关键是，人们需要努力在具体的、局部的活动中，切身感受这样的意义文本化过程，从相关文化的特有概念、其自我阐释的特有语汇对它们进行研究，比如说它们针对人、情感表现和身份等级的文化特定性理解方式。④ "深层描述"对于其他社会学和文化学来说也成为一种影响力深远的研究方法，它可以将文化表达形式与"局部知识"⑤和"有限的局部性"⑥回溯性地捆绑起来。这种方法的目的并不是"明确写定抽象的规律性"，而是实现"在一件个案的框架内"具有阐释开放性的"归纳概括"。⑦

　　因此，对一种文化的分析并未追随早就获得独立地位的社会研究的主要概念（现代化，工业化，融合等）。它更多地是以一种理论建构为基础，对于这种理论建构活动，人们必须根据源于实践的**个案观察**以及

---

① 参见 Wolff 1992, S. 344; Bachmann-Medick 2007, S. 66 – 70。
② 参见 Fröhlich-Mörth 1998, S. 18。
③ 参见 Frechner-Smarsly 1999, S. 90。
④ 参见 Geertz 1983a, S. 133 – 201。
⑤ 参见 Geertz 1983b。
⑥ 参见 Geertz 1983a, S. 32。
⑦ 同上，S. 37。

同时对其进行的**阐释性深入发掘**活动进行多次检验。① 正是通过把不同的意义范围(隐喻②)相互联系起来,通过其他的对比手段③,当然也要通过结合各种跨学科的理解方式,人们才能够获得文化在基本社会意义方面更加广泛的、自我反思性的知识:"人种志理论的任务在于提供一种语汇,借助这种语汇,人们可以表达有关自身即有关文化在人类生活中的角色的知识。"④

3. 行为型文化人类学

维克多·特纳(Victor Turner)把文化理解为一种表达和展现关系⑤(performance)⑥,从比较型、象征性的文化人类学意义出发,人们就可以从另外的视角观察阐释型文化人类学,并同时使其处于动态变化中。**"文化作为表达"**意味着,从表达和展现的方面去观察意义建构的过程本身。根据这种观点,文化就不会首先被视为意义的系统,而是被看作象征行为的动态过程。

据此,文化人类学的目的就是"某种程度上在运动中去捕捉象征"⑦。人们在其使用情境中研究**象征和习俗**,视其为具有独特进展形式的**社会实践元素**。过渡习俗(比如青春期、状况改变、生活危机等方面的习俗)被视为分离、过渡和重聚的理想进展形式。通过对习俗进程的结构分析,文化人类学行为理论⑧成功将意义建构过程回绑到行为

---

① 有关"深层描述"的普遍知识参见 Wolff 1992;Medick 1989, S. 59f. ;有关日本研究领域中"深层描述"、虚构性和文化—创造之间的关系参见 Griesecke 2001。
② 原文为 Metaphern。——译者注
③ 参见 Wolff 1992, S. 352f.
④ 参见 Geertz 1983a, S. 39。
⑤ 原文为 Darstellungs-und Aufführungs zusammenhang。——译者注
⑥ 参见 Bachmann-Medick 2007,"行为转向"一章,S. 104 – 143。
⑦ 参见 Turner 1989b, S. 33。
⑧ 原文为 Performanztheorie。——译者注

上,并以此使其摆脱文化描述的静止状态。文化动态本身就成为分析的对象。这样,特纳就在借鉴民俗学家阿诺德·范·格纳普(Arnold van Gennep)的习俗分析基础上将**阈限概念**完善成为一个更加深广的范畴,借助这一概念,习俗中的中心阈限场景就得以描述和解释。正是在此,在习俗方面的这种不确定性和临界经验阶段,特纳发现了质疑已有文化象征的关键性回旋余地以及文化创新的接合点。

在复杂的社会中,如特纳在其《从仪式到戏剧——人类戏剧的严肃性》①(1982)中展现的那样,阈限阶段的这种创造可能性进入了戏剧的类阈限形式中。在戏剧中,人们可以对仪式过程进行加工,并且以加工过的、片段的形式上演。它们将注意力集中在行为的敷衍上并且更多地关注阈限阶段,通过这种方式,行为型文化人类学偏离了文化符号学的集中制。它们更加重视作为文化意义建构支点的间隙:意义是在"现存文化子系统之间的缝合处被**生产**出来的"②。

随着对仪式过程结构的分析,特纳研发出了一种可以操作的全套比较工具,人们得以用它来对仪式形式做相互比较,既可超越文化边界,也可超越学科边界。这也适用于表现形式中(如文学文本、戏剧等)仪式性元素的组织和调整。③ 文化人类学的象征和仪式分析及其**"社会戏剧"分析**凭借这样的比较性视野贡献了一种成果丰硕的方法论,通过此种方法,人们可以对文化比较进行具体化操作。④ 同时,伴随着这里正在进行的隐喻活动(比方说生活作为舞台剧、作为"社会戏剧",还有"文化作为文本"),一个重要的元素侵入了文化人类学的现实描述中:隐喻和其他转喻的意义作为集体行为模板,也可以作为人种志书写手段。⑤ 由此,象征型人类学就同时遵循了行为导向和表现导向。它

---

① 原文为 *From Ritual to Theatre. The Human Seriousness of Play*。——译者注
② 参见 Turner 1989b, S. 63。
③ 参见 Bachmann-Medick 2004;参见有关戏剧人类学的研究方法,如 Schmidt/Münzel 1998。
④ 有关"社会戏剧"范畴参见 Turner 1989b, S. 95-139。
⑤ 参见 Fernandez 1994, S. 8。

表现出文化自我建构以及人种志书写过程中修辞学活动的作用。

4. 书写文化

在人种学的反思/文学转向过程中，文化认知和文本阐释的文化符号学和阐释学层面不仅在文化实用学方面得到了拓展，而且向着文化人类学的一个崭新阶段转变。它因为**文化人类学研究实践过程中有力的批判性自我反思**而显得出众，特别是在研究对象的建构方面。① 人类学是怎样选定其研究客体的呢？有关这个问题，约翰内斯·法比安(Johannes Fabian)指出，通过由"拒绝同时代"(denial of coevalness)诱发的时间和发展落差，异者文化的结构和表现在大多数情况下呈现为等级性的，并且利用时间上的疏离。② 文化人类学自我批评的关键性突破当然是由会议论文集《书写文化——人种学的诗学和政治学》③带来的。自此，人们不再仅仅聚焦于作为再现的对象的文化。不如说，科学性再现活动，包括人种志文本的形成，成为独特的分析对象。

首先，将具体的他者经历翻译成一个科学文本存在着困难，这方面的困难使得最新的文化人类学界深入思考如何从理论和方法论的高度去表达陌生文化的问题。对此，整体文化描述的提喻原则，20世纪70年代晚期开始的书写文化争论引发的全面再现批评，都在思考范围之内。在这儿，**文化描述的问题**如此复杂、尖锐地被推向了前台，前所未有，首先是在人种志领域，然后是在文学文本中，还有在历史原始资料展现和历史书写领域。④ 如果说人们在历史概念、人种志范围，还有文

---

① 参见 Bachmann-Medick 2007，»Reflexive Turn/Literary Turn«一章。
② 参见 Fabian 1983，尤见 S. 25f.
③ 原文为 *Writing Culture. The Poetics and Politics of Ethnography*。——译者注
④ 参见 Hayden White。

化经历和表达方面,必须从它们的社会构造性出发,那么只有在(人种学)书写过程中,才真正关键性地参与这种文化建构活动。

人们的注意力比以前更多地集中到了**修辞性表达手段本身**。① 人种学描述事实上就是阐释性的翻译。因为它们具有独立文本的地位,会利用修辞策略和修辞手段(比如经验丰富的演说、没有时态的人种学现在时、开篇故事等),就像它们利用文学表达手法(反讽、隐喻、转喻、讽喻)一样。在很多人类学的文化描述中,现实主义小说的叙事技巧和修辞手段是不可忽视的典范。② 鉴于这种相互交织的情况,人们不能说只发生了社会学和文学的人类学转向,反过来,也可以说发生了文化人类学的文学转向。由此,学科之间进行相互借鉴的可能性就得以凸显,而不仅仅存在方法迁移的单行道。

很显然,文化人类学是对文学学和修辞学感兴趣的。它认识到,由后两者创造出来的文本不是事实的本真写照,而是修辞—叙事结构,旨在保证人种志文化描述的可信度。人们进一步意识到,异者文化的再现经常面临被欧洲的学术概念性和表达规范扭曲的局势,这使得人们开始批评西方的文本创造概念和文本本身的概念。文化人类学、文学学和历史学有着共同点,其文本以及异者再现过程是与交叉的叙事规则、话语和权力结构捆绑在一起的。

书写文化争论的这种根本性反思——却因为隐没了**性别**一维度而受到批评③——使文化人类学从理所当然的实地考察和人种学专题研究固定做法中脱离开来。伴随着对自身在超人种学意义上的自我批评,它引入了**后现代人种学**。④ 此外,它也将文化人类学变成后现代思维方式的一个源泉。但是,如果将"人种学自我批评作为现代主义中

---

① 参见 Clifford/Marcus 1986;Geertz 1990。
② 参见 Clifford 1993, S. 142f.
③ 参见 Strathern 1987;Abu-Lughod 1991。
④ 参见 Mangaharo 1990;有关后现代文化人类学的综合概览参见 Marcus 1992b。

'后—现代'自我反思的重要源泉"①来看待,同时却忽视其浓厚的文化批评和政治热情,即没有认识到它的出现旨在使迄今为止仅仅作为西方学术领域中文化分析的客体的东西得以自我再现,那就显得太过于目光短浅了。

在此已经主题化了的所谓的**再现危机**本身正在迅速蔓延。在接受福柯话语分析的基础上,人们将其视为**文化描述的权力关联性问题**并对其进行反思:鉴于殖民主义和后殖民主义的权力不平等性,从西方学术的视角、用西方学术的话语来描述异者文化是有问题的。再者,任何与文本相关的文化再现都承载着一种有争议的表现权威性。詹姆斯·克利福兹(James Cliffords)在其关键之作《人种志权威》②中所代表的观点就涉及广义上针对(文化)意义的控制权。即便人们在书写文化争论过程中发展出一种与巴赫金的学说有关的对话型文化人类学,能让本地人直接发出声音,再现权威的两难境地本身依然存在。③ 但是鉴于由人种学家建立的对话组织的权威性,权力控制依然存在。在历史的异者和异者建构话语中,比如说在东方主义的视野中,这种控制权力显示出强劲得多的渗透力。人们可以在**爱德华·赛义德**被广泛援引的著作《东方学》(1978)中了解到,他的东方主义批评在从欧洲文学和思想史角度对东方的单方面再现中揭示了文学和殖民主义活动的重叠。人们从中发现,异者感知和异者描述数百年时间以来一直遵循异者与自我、自身与他者、欧洲与东方的二分法对立范畴,它们都在认识论方面具有深远的意义。文化再现的权力相关性视角不仅使人们认清了殖民主义霸权下异者感知和异者阐释的持续性影响,也照亮了文化人类学和后殖民主义理论之间一个重要的哲学链接点。

---

① 参见 Berg/Fuchs 1993,S. 76。
② 原文为 On Ethonographic Authority。——译者注
③ 参见 Vincent Crapanzano,Kevin Dwyer,Stephen A. Tyler。

5. 跨文化冲突动力论语境下的文化人类学

文化人类学中的文化概念肇始于针对文化异同和特性的总结性概述。① 如今，人们不再将文化视为在其内部就可以进行界定的和同质的整体，这种文化概念似乎走到了终点。为了奠定一个更加广泛的文化学基础，人们更多地致力于一种更加开放的、非本质论的文化理念，这种文化理念关注的是融合过程。

无论如何，文化人类学都不会局限于仅仅做一门基于经验的学科，通过参与性的观察活动来研究陌生文化中的社会关系。因其在文化理念本身方面的批判性发展，它对于其他人文科学和文化科学来说也具有根本性意义。不过，文化批评看起来似乎仍然热烈着迷于文化概念的文化学表达。这在后殖民理论的发展过程中才逐渐出现松动：政治、经济、历史和性别特定性差异现在登上了前台。值得注意的是，这里的启示却不是来自文化人类学，而是来自文学学。

霍米·巴巴（Homi Bhabha），后殖民理论的重要代表者，《文化的定位》②一书的作者，回溯了殖民主义和后殖民主义霸权形势的历史环境，提出了**差异概念**。他认为，差异是文化互动的一个部分。③ 它的出现打破了传统的文化理念，人们认为，"文化互动的问题只在不同文化的意义所指边界出现，在这里，意义和价值被理解（误解），符号从其上下文语境中脱离出来"④。与文化人类学长久以来将异者理解作为重点的阐释传统所不同的是，差异、断层、具有创造性的间隙和边界区域

---

① 参看文化相对主义。
② 英文版 The Location of Culture，1994；德文版 Die Verortung der Kultur，2000。
③ 参见 Appadurai 1996，S.13。
④ 参见 Bhabha 2000，S.52。

以及融合和误解这些范畴成了文化分析新的重要出发点。

后殖民视角——特别是非欧洲文学的角度——是调整文化人类学以及文化概念的重要推动力。它勾勒出文化批评的视野,其目标是改写霸权的再现体系,推动迄今为止被边缘化的文化和主体进行自我再现。传统的关键概念,诸如他者/异者、参与性观察活动、文化认同以及文化翻译,得到了再定义。重要的不仅是意义的解码,还有人们在围绕执行能力、围绕象征的权力、围绕克服不同社会群体和文化之间的意义冲突等方面进行争论的过程。

文化作为富有争议的协商过程(对不会再明确被认定为本质性区别的差异进行协商),越来越频繁地出现在文化呈现为文本的地方。杂交、不平等、无家可归和多元化身份认同的第三空间,以及跨文化争论的张力场域,为边缘化主体和社会的表达,也为与之关联的本土研究兴趣的实现打开了视界。这远远超出意义系统单纯的可解读性范围,超出解读意义系统如何通过自我阐释被聚合起来的问题。随着人们认识到不同文化之间的非对称性,人种志再现和翻译活动的问题在文化人类学和后殖民理论之间的链接点上就负载了政治性意味。这导致文化政治学方法的产生,恰恰在非欧洲社会中能够显露出自信地处理文化差异的实用主义策略。

全球化时代中的文化因其处在移民族群和少数族群的冲突应力场中,而显示出不同归属和经验之间重叠和转变的征兆。因此,把文化设想成一种"纯粹的"、自我封闭的、维护传统和身份认同的机构就是有问题的。文化被建构为翻译活动①,被建构为**不同文化的交叉和融合过程**(杂交、混合、克里奥尔化)。不过,世界范围内的文化等级及其不平等的权力分布使文化人类学面临新的、后殖民的挑战。在当今呈现跨国特征的世界大社会中,经济—文化交织使得传统的异者范畴失去效用,面对这一形势,文化人类学正在以全球一体化而不是以全球多元化

---

① 参见 Bhabha 2000, S. 57。

为目的,重新找准方向。①

在以这种形式改变了的征兆下,文化人类学和后殖民主义不仅正在把人们的注意力转移到不同文化之间的差异和(非对称性)翻译上,而且使人们注意到了文化内部的差异和翻译问题。文化的这种翻译被称为**杂交**。② 文化人类学也把目光更多地聚焦到了互联、交叉、融合和断层上。这带来了文化理解和文化比较方面新的不同的方法论。③ 人们认为,文化不是先行存在的,文化是通过文化交流才形成的④:在接触区域的意义上,在翻译文化差异的"第三空间"的意义上,在跨文化间隙的意义上⑤。这里涉及的是对文化理解概念进行行为理论方面的、以行为者为导向的修订。⑥ 引人注意的不再首先是(文化)文本和意义之间的关系,而是诸如权力、文化交流过程中意义的协商过程、跨文化性这些因素——直到因跨国活动而出现的新挑战以及对全球文化和经济的苛求和损耗。

克利福德·格尔茨的研究方法的发展过程表明,这位阐释型文化人类学的代表在其后期的研究论文中已经不再谈论文本和文化意义,转而开始谈论痕迹的解读,谈论互联、线索、区域等,甚至在最后谈及一种**"块状世界"**⑦,由此,格尔茨与全局观的文化理解方式相互做了告别⑧:

> 这个世界因包含不同文化类型而呈现斑点化,铺撒满大大小小、彼此无关的思维和感知单元,同时凸现它那精神和思

---

① 参见 Hauser-Schäublin/Braukämper 2002;Appadurai 2001;Inda/Rosaldo 2002;综合性内容见 Kreff 2003。
② 参见 Bhabha 2000。
③ 参见 Gingrich/Fox 2002。
④ 参见 Clifford 1997,S. 3。
⑤ 参见 Bhabha 2000;Bachmann-Medick 1998;Wolf 2000。
⑥ 参见 Fuchs 2001。
⑦ 原文为 Welt in Stücken。——译者注
⑧ 参见 Geertz 1996,S. 73。

想组合的点画派风格;这样一个世界的图景和按照单一民族国家的规则化样式对世界进行工整划分的理念一样使人困惑。①

不存在新的世界秩序,而只有**全球化进程中**的分治化、去中心化和碎片化。根据格尔茨的观点,理论构建和研究活动也不得不与破碎了的世界的碎片和裂纹进行对接,从而来承认但同时征服差异性:"人们必须拓宽文化描述和分析的语汇,从而使得偏离、多样性和不可调和性能够在其中找到位置。"②

当然,现如今,文化人类学的语汇有了新的拓展,能够适应世界范围内的文化差异得到改变的实际情况,这并不能归功于格尔茨一个人。实际上,后现代人类学批评对于全球人类学话语的建立有着大力推动作用:"20世纪末,人类学最终从其民族和语言区域的限制中走了出来。"③出现的不仅是一种新的语汇,首先还有改变了的课题,特别是在后殖民理论和全球化巨大压力的影响下。④ 一种新的文化人类学出现了,它同样将作为翻译的文化写在旗帜上,一种被贴上了"越界而行"这一标签的人种学。⑤

6. 文化人类学与全球互联

在世界"系统"的语境中,文化分析的整体性框架被打碎了,相当重要的一个原因是**当地生活世界的社会和媒体全球化**。跨国互联环境下文化生产的不可持续点成为人种志新的研究对象。阿尔君·阿帕杜莱

---

① 参见 Geertz 1996, S. 17。
② 同上,S. 65。
③ 参见 Gingrich 1999, S. 202。
④ 同上,S. 256。
⑤ 参见 Pálsson 1993。

(Arjun Appadurai)在其重要的《全球化的人种学景观——有关跨国人类学的笔记和质疑》①(1991)一文中谈到了"世界性人种志"②以及"宏观人种志"③。带着同样的视角,马克·奥热(Marc Augé)提出了"超级现代性"④的观点,乔治·E. 马库斯(Georg E. Marcus)提出了"多点人种志"⑤。⑥ 这些概念所阐述的是超越地区界限的人种志研究框架进行的多点实地考察。比方说有关新的"移民公共领域"⑦的人种志研究就属于这一范畴,移民公共领域即跨界公共性,它因移民和媒体传播之间的相互关系而产生,因作为想象推动力的电子媒体和印刷媒体被分散在全世界的人种族群集体性拥有而产生:"日常主体性因为电子媒介和想象力作用而发生改变,这不只是一种文化现象。它通过一种新的方式与政治深刻关联,在这一方式下,个人的附属物、兴趣和愿望越来越多地与民族国家的附属物、兴趣和愿望相重叠。"⑧

属于这种超越民族国家的文化人类学范畴的不仅有**电子媒体**(比如互联网)**时代**的人种志⑨,还有**自然科学和技术科学人种志**,作为文化活动的医学技术和生物技术人种志⑩,**文化知识认知人类学**和其他思想过程(记忆、情感等)的认知人类学新定位⑪。其中的政治内涵当然是巨大的,如果文化人类学研究不再是局部性的,如果它聚焦于移民和难民潮的人种志研究,或者聚焦于跨国市场和经济活动以及无国界的、全球泛滥的恐怖主义的人种志研究。**有关发展、饥饿、健康/疾病**

---

① 原文为 Global Ethoscapes. Notes and Queries for a Transnational Anthropology。——译者注
② 参见 Appadurai 1996, S. 52. (原文为 cosmopolitan ethnography。——译者注)
③ 同上。(原文为 macroehtnography。——译者注)
④ 参见 Augé 1999。(原文为 supermodernity。——译者注)
⑤ 原文为 multi-sited ethnography。——译者注
⑥ 参见 Marcus 1995, S. 97; Marcus 1999。
⑦ 原文为 diasporic public spheres。——译者注
⑧ 参见 Appadurai 1996, S. 10。
⑨ 参见 Fischer 1999。
⑩ 参见 Franklin 1995。
⑪ 参见 D'Andrade 1995; Röttger-Rössler 2004。

(艾滋)、暴力和人权的文化人类学,也同样致力于这样的政治焦点,不仅仅是《转变中的社会,转变中的人类学》①这本小册子。②

所有这些以互联为导向的研究领域要求人们深思人种志的**地区和空间范畴**,怎样通过与文化地理学家及其测绘法合作来获得推动力。③在意义和文化客体超越边界的相互关系和循环活动带来的全球化环境中,文化人类学研究的这种宏观人种学拓展是文化学研究超越地区边界、具有世界特征的一个重要出发点。④"深层观察"已经不再能够作为主导方法:"人种志专家不能再简单地满足于他们给局部和细节带去的厚重,也不能认为他们接近局部,接近更加本质的、更加可能的,因此比他们在更大视界中现场所见更加真实的东西。"⑤如此,文化人类学现在也致力于研究"想象的生活"(imagined lives),即致力于想象的力量,一个不再有领土边界的世界中全球流行的概念、思想和大众媒体的力量。文化人类学研究的领域现在变成了人种和宗教群体的关系,**跨国的"种族景观"**⑥不再只是固定于传统**区域研究**(Area Studies)意义上的村庄、团体和社会⑦。

7. 文化人类学作为多学科的交集域

21 世纪初,文化人类学研究一方面要求自身面向其他学科进行开放:"多点人种志的迫切性在于跨学科研究的新领域,大体上包括媒体

---

① 原文为 *Transforming Societies*, *Transforming Anthropology*。——译者注
② 参见 Moran 1996。
③ 参见 Bird et al. 1993; Low/Lawrence-Zúñiga 2003。
④ 参见 Hannerz 1992, 1996。
⑤ 参见 Appadurai 1996, S. 54。
⑥ 同上, S. 48。
⑦ 参见本书第十四章。

研究、科学和技术研究以及文化研究。"① 由此，人们也可以认为存在"把人种志作为文化学重新进行设计"的必要性。② 另一方面，文化人类学自身已经成为一门**文化学主导学科**。然而，文化人类学对于文化学的意义究竟在何处？关键是，人种学——在其经验性科学潜力之外——指出了"文化"概念本身在文化人类学意义上存在着问题③，它给研究者提供了理论启迪，拓展了人们的跨国性问题视野。这在将德国民俗学专业重新定位、重新命名为欧洲人种学和文化人类学的过程中显示地尤其清晰。因此，（日常）文化的概念，作为民俗学的传统研究对象，超越了其民族文化、传统、习俗和知识的整体性关联。它有能力对接做出了理论性反思并以文化批评、跨国性和跨学科性为导向的人种学科学知识。

所以，文化人类学不会消散在实践性的现场考察中，不会消散在异者（种族）文化的"参与性观察"中，也不会消散在陌生文化那些独特的，不仅仅是西式的"现代化"转变道路的研究过程中。所以，它具有很强的对接能力，因为它是以双面人的形象站在经验性科学和文本科学的边界上的。当然它遭遇着再现的问题，在人们把实地考察的经验记录下来后，这些问题就会显现。被人们感知的文化现实本身也嵌入了再现过程。为了应付研究对象和研究关系的这种多样性特点，文化人类学探索出一系列的方法或者类方法的研究观点——比方说习俗分析、再现批评和"深层描述"等微观分析，它们给其他文化学学科带去了新的触动，并且以后也会继续为其提供启迪。

文化人类学不仅为文化的人类学化创造了可能性，也实现了**科学的文化人类学反思**。一方面，这涉及展现方式：克利福德·格尔茨已经

---

① 参见 Marcus 1995，S. 95；Ginsburg et al. 2002。
② 参见 Schiffauer 2004，S. 502。
③ 参见 Fuchs 2001。

在其论文《模糊的文类——社会思想的重塑》①中阐述了不同科学学科通过**文类的模糊**而实现的互联形式，即通过文学文本、技术和理论之间的混合，使其界线模糊。文类混合被视为当今社会学和文化学各学科的基本特征，不同学科之间之所以能够实现对彼此的陌生化，正是因为这样的混合方式，正是因为人们从其他学科中明确地接纳了关键的概念和方法，比方说社会学接纳了戏剧模式，历史学接纳了叙事技巧，哲学接纳了小品文形式。除了这些交叉方法，其他的科学结构和活动也可以从文化人类学的角度进行探究，比如说会议结构，讨论课的习俗形式，讲座风格，还有自然科学 VS 人文科学以及文化学的基本学科研究方式。首先，文化人类学的兴趣聚焦于科学的地位本身，如在《科学研究》中所述，聚焦于（自然）科学的文化结构，聚焦于其特别的科学文化层面。②

然而对于人文科学和文化科学而言，文化人类学首先发散出来的是在方法论方面的持久推进潜力，比如说对于人文科学以及历史人类学③，对于文学学以及文学人类学④。要讨论的不仅有研究方法的点状交融，还有在拓展研究对象的新维度方面付出的努力：文本居间性的概念，异者经验和异者阐释的策略，文化特定、时间特定和性别特定的象征过程。获得推动的首先是**文化情境化过程的方法**。它们涉及：

（1）文本、表达方式、交叉的社会关系和话语形成（比如殖民主义、东方主义）之间的相互关系；

（2）将文本嵌入广泛的文化表达和组织形式（戏剧、习俗、节庆）中；

（3）通过对细节的关注、以文化为导向的方式解释情感概念、宗教

---

① 参见 Geertz 1983b, S. 19–35。（原文为 Blurred Genres: The Refiguration of Social Thought。——译者注）

② 参见 Franklin 1995。

③ 参见 Medick 2001。

④ 参见 Bachmann-Medick 2004；Neumann/Weigel 2000；参见本书第六章。

观念和行为模式,以及

(4) 用特定的象征分析和习俗分析方法推断陌生文化经验。

与之关联的是对文学文本边界的超越以及文化文本的广泛概念。① 在类似的方面,致力于不同文化的、不同文化之间的译介活动的翻译学也通过文化特定的语境化方法得到了拓展。② 尽管有了这些研究模式,但是,跨学科的越界行动过多地与克利福德·格尔茨意义上的文化人类学经典模型进行关联,这还是显得有问题的。

8. 文化的人类学——文化主义倾向

文化人类学之所以成为根本,相当重要的原因是它对差别各异、阐释多样的文化概念进行独特的文化人类学反思,并且明确地将其纳入批判性的研究视野,即便这种反思活动已经为文化学发展出了成果极其丰硕的研究理念:站在文化相对主义的基本立场,文化人类学强调了文化的复数性以及文化的差异性。为了获得面向自我文化的一种批判性态度,文化人类学利用对陌生文化的研究工作,探索出一种具有普遍意义的**文化批评思想基础**。③ 因此,文化比较的方法也适合研究欧洲以外的社会,就像它研究欧洲文化的局部领域一样(比如大城市文化、青少年文化、科学文化、企业人类学、饮食人类学、宗教团体人类学,等等)。④ 在此过程中,通过异者以及陌生化的方法论核心原则,首先也通过认知论批判,观察自我社会的一种外部视角成为现实。认知论批判将怀疑的眼光瞄向了西方哲学概念及其普适性要求,它影响深远的一个重要原因就在于,它致力于文化范畴本身。在这个意义上,亚当·

---

① 参见**新历史主义**理论以及本书第七章。
② 参见 Bachmann-Medick 1997;Wolf 2000。
③ 参见 Marcus/Fischer 1986。
④ 参见 Schiffauer 1997,S. 168。

库珀(Adam Kuper)赞成对文化概念进行解构:"然而,为了理解文化,我们必须对它进行解构。宗教信仰、习俗、知识、伦理价值、艺术、修辞文类等,都应该被相互分离开来,而不是被捆绑在一起成为一种单一的被贴上标签的文化集合[……]。"①

然而,即便分解文化概念的行动也与文化概念的确定密切相关,而一旦文化概念得到确定,文化人类学就会经历忽视物质因素、汇入文化主义的危机。② 格尔茨使得文化人类学成为一门阐释性的学科,把文化关联的整体性推向前台,通过这种方式,他助长了人种学中可解读性与本质化的文化主义倾向。③ **文化主义意味着文化事物的独立性**,淡化权利,淡化物质和社会动力,淡化政治和经济。因此,要把社会理解为一个宽广的,首先是"可塑造的行为关联"就会变得更加困难。④

与文化的确定和文化多样性的确定相关联的是**他者的差异和建构问题**,以及因此而总是存在的排他性危机。⑤ 文化概念在将来也会被质疑,特别是当它可能被滥用于本质化和异域化活动,滥用于固化形象的建构,甚至滥用于排他性过程时:"文化是创造他者的本质性工具。作为一种专业的话语,人类学为了说明、解释、理解文化差异而详尽地阐释文化意义,但它在建构、制造和坚持文化差异性方面也出了力。"⑥ 正是在人类学文化概念的帮助之下,文化差异太容易"冻结"而变得僵化。它们可以被用来服务于身份认同政策,服务于压迫种族群体,服务于种族分离,正如它们被用来服务于信仰体系和生活形式的复数化操作。

这样看来,人们并没有其他选项来反对塞缪尔·亨廷顿(Samuel

---

① 参见 Kuper 1999, S. 245。
② 有关物质因素的再次发现参见 Zeitschrift für Kulturwissenschaften 1/2007: "Fremde Dinge"。
③ 有关文化主义批评参见 Kaschuba 1995, esp. S. 19。
④ 同上, S. 16;参见 Lindner 2002, S. 78f.
⑤ 参见 Schiffauer 1997。
⑥ 参见 Abu-Lughod 1991, S. 143。

Huntingdon)有关文化和文明斗争(clash of civilization)的世界观。阿布-卢格霍德(Abu-Lughod)的反文化的书写(Writing Against Culture)①理念,在文化学领域至今还是很少有人追随,但它可以提供一种与之相反的论证轨道,取而代之来谈论习惯、霸权和话语。② 无论如何,在文化人类学因全球化进程而遭遇更大挑战的时代,呈现出来的是有关文化体系、有关文化自治性话题的终结状态。最新的文化人类学遵循文化事物的一种新的世界关系,用弗雷德里克·詹姆逊(Fredric Jameson)的话来说就是:"文化落入尘世的事件(a case of culture falling into the world)"③,其重心转移到了具有差异性的非霸权政治,转移到了一种全球化的文化经济④。

克利福德·格尔茨的经典人类学在文化人类学发展为宏观人类学的当下,已经不能再维持主要基准点的身份了。⑤ 然而,文化人类学却可以继续拓展其作为文化批评的地位:一方面,它很重要,因为它可以不让日渐增强的人类学化趋势仅仅融汇于生物学化过程。与神经生物学和脑科学不同,这里着重强调的是尽可能多的不同的文化模式的建构及其文化特定性的行为潜力和变化潜力。另一方面,人种学知识,不仅是有关欧洲以外社会的,对于"形成文化实践的比较理论"⑥以及对于批判(普适化了的)西方现代化来说是不能被撤弃的。即便是欧洲内部的"多元文化"理念也给了文化人类学新的研究定位:"不再是人类学家书写千里之外的'他者',而是他者就在眼前。"⑦而在这一视野中,文化人类学也依然代表着这样一种学科,它献身于直接的跨文化研究,其"客体"现在作为伙伴——或者批评者甚至也许作为反对者——出现。

---

① 参见 Abu-Lughod 1991。
② 参见 Sewell 1999, S. 38。
③ 转引自 Marcus 1992b, S. 320。
④ 参见 Appadurai 1996。
⑤ 参见 Hannerz 1992 and 1996; Marcus 1995。
⑥ 参见 Wimmer 1996, S. 420。
⑦ 参见 Schiffauer 1997, S. 165。

研究实践向生活世界的回归给文化人类学研究理念和方法的跨文化性
提供了新的推进力。它表明,对于其他学科来说,不只是涉及磨砺自身
的文化学方法论,也涉及依旧在跨文化、跨国界的方向上描绘文化学的
轮廓。

参考文献

基础著作

Appadurai, Arjun: *Modernity at Large. Cultural Dimensions of Globalization*. Minneapolis/London: University of Minnesota Press 1996.

Bhabha, Homi K.: *Die Verortung der Kultur*. Tübingen: Stauffenburg 2000 (orig.: *The Location of Culture*. London/New York: Routledge 1994).

Bonnell, Victoria E./Hunt, Lynn (Hgg.): *Beyond the Cultural Turn. New Directions in the Study of Society and Culture*. Berkeley/Los Angeles/London: University of California Press 1999.

Boon, James A.: *Other Tribes, Other Scribes. Symbolic Anthropology in the Comparative Study of Cultures, Histories, Religions, and Texts*. Cambridge/London: Cambridge UP 1982.

Clifford, James/Marcus, George E. (Hgg.): *Writing Culture. The Poetics and Politics of Ethnography*. Berkeley/Los Angeles/London: University of California Press 1986.

Clifford, James: *The Predicament of Culture. Twentieth-Century Ethnography, Literature, and Art*. Cambridge, MA/London: Harvard UP 1988.

Clifford, James: »Über ethnographische Autorität.« In: Berg/Fuchs 1993, S. 109 – 157 (orig.: »On Ethnographic Authority.« In: ders.: *The Predicament of Culture. Twentieth-Century Ethnography, Literature, and Art*. Cambridge, MA/London: Harvard UP 1988, S. 21 – 54).

Crapanzano, Vincent: *Hermes' Dilemma and Hamlet's Desire. On the Epistemology of Interpretation*. Cambridge, MA/London: Harvard UP 1992.

Fabian, Johannes: *Time and the Other. How Anthropology Makes Its Object*.

New York: Columbia UP 1983.

Fox, Richard G. (Hg.): *Recapturing Anthropology. Working in the Present*. Santa Fe: School of American Research Press 1991.

Frühwald, Wolfgang et al. (Hgg.): *Geisteswissenschaften heute. Eine Denkschrift*. Frankfurt a. M.: Suhrkamp 1991.

Geertz, Clifford: *Dichte Beschreibung. Beiträge zum Versteben kultureller Systeme*. Frankfurt a. M.: Suhrkamp 1983a (orig.: *The Interpretation of Cultures. Selected Essays*. London: Hutchinson 1973).

Geertz, Clifford: *Local Knowledge. Further Essays in Interpretive Anthropology*. New York: Basic Books 1983b.

Geertz, Clifford: *Works and Lives. The Anthropologist as Author*. Stanford: Stanford UP 1988 (dt.: *Die künstlichen Wilden. Der Anthropologe als Schriftsteller*. München: Hanser 1990).

Geertz, Clifford: *Welt in Stücken. Kultur und Politik am Ende des* 20. *Jabrbunderts*. Wien: Passagen 1996.

Geertz, Clifford: *After the Fact. Two Countries, Four Decades, One Anthropologist*. Cambridge, MA: Harvard UP 1995 (dt.: *Spurenlesen. Der Ethnologe und das Entgleiten der Fakten*. München: Beck 1997).

Hannerz, Ulf: *Cultural Complexity. Studies in the Social Organization of Meaning*. New York: Columbia UP 1992.

Hannerz, Ulf: *Transnational Connections. Culture, People, Places*. London: Routledge 1996.

Hunt, Lynn (Hg.): *The New Cultural History*. Berkeley/Los Angeles/London: University of California Press 1989.

Kroeber, Alfred L. /Kluckhohn, Clyde: »Culture. A Critical Review of Concepts and Definitions.« In: *Papers of the Peabody Museum of American Archaeology and Ethnology* 47, 1 (1952), S. i-viii.

Marcus, George E. /Fischer, Michael M. J. (Hgg.): *Anthropology as Cultural Critique. An Experimental Moment in the Human Sciences*. Chicago/London: University of Chicago Press 1986.

Rabinow, Paul/Sullivan, William M. (Hgg.): *Interpretive Social Science. A Second Look*. Berkeley/Los Angeles/London: University of California Press 1987.

Sahlins, Marshall: *Culture and Practical Reason*. Chicago/London: University of Chicago Press 1976 (dt.: *Kultur und Praktische Vernunft*. Frankfurt a. M.: Suhrkamp 1981).

Sahlins, Marshall: *Culture in Practice. Selected Essays*. New York: Zone 2000.

Said, Edward W.: *Orientalism*. New York: Pantheon 1978.

Turner, Victor W./Bruner, Edward M. (Hgg.): *The Anthropology of Experience*. Urbana/Chicago: University of Illinois Press 1986.

Turner, Victor W.: *Das Ritual. Struktur und Anti-Struktur*. Frankfurt a. M./New York: Campus 1989a (orig.: *The Ritual Process. Structure and Anti-Structure*. New York: Aldine 1969).

Turner, Victor W.: *Vom Ritual zum Theater. Der Ernst des menschlichen Spiels*. Frankfurt a. M./New York: Campus 1989b (org.: *From Ritual to Theatre. The Human Seriousness of Play*. New York: Performing Arts Journal Publications 1982).

导论

Bachmann-Medick, Doris: *Cultural Turns. Neuorientierungen in den Kulturwissenschaften*. Reinbek: Rowohlt 2007 [2006].

Bachmann-Medick, Doris (Hg.): *Kultur als Text. Die anthropologische Wende in der Literaturwissenschaft*. Tübingen/Basel: Francke 2004 [Frankfurt a. M.: Fischer 1998 [1996]].

Bachmann-Medick, Doris: »Kulturanthropologische Horizonte interkultureller Literarurwissenschaft.« In: Alois: Wierlacher/Andrea Bogner (Hgg.): *Handbuch interkulturelle Germanistik*. Stuttgart/Weimar: Metzler 2003, S. 439–448.

Bachmann-Medick, Doris: »›Writing Culture‹—ein Diskurs zwischen Ethnologie und Literaturwissenschaft.« In: *Kea. Zeitschrift für Kulturwissenschaften* 4 (1992), S. 1–20.

Berg, Eberhard/Fuchs, Matin (Hgg.): *Kultur, soziale Praxis, Text. Die Krise der ethnographischen Repräsentation*. Frankfurt a. M.: Suhrkamp 1993.

D'Andrade, Roy: *The Development of Cognitive Anthropology*. Cambridge, MA: Cambridge UP 1995.

Franklin, Sarah: »Science as Culture, Cultures of Science.« In: *Annual Review of Anthropology* 24 (1995), S. 163 - 184.

Funk, Julika: »Forschungsrichtungen in der Anthropologie. Philosophische Anthropologie, Historische Anthropologie, Interkulturalität und Kulturanthropologie. Überblick und Auswahlbibliographie.« In: *Historical Social Research. Historische Soziallforschung* 25, 2(2000), S. 54 - 138 (insbesondere S. 114 - 138: »Kulturanthropologie«; auch in: http://www.sfb511.uni-konstanz.de/publikationen/positionen.htm).

Gingrich, Andre: *Erkundungen. Themen der ethnologischen Forschung*. Wien/Köln/Weimar: Böhlau 1999.

Hannerz, Ulf: »Transnational Research.« In: H. Russell Bernard (Hg.): *Handbook of Methods in Cultural Anthropology*. Walnut Creek/London/New Delhi: AltaMira Press 1998, S. 235 - 256.

Kaschuba, Wolfgang: *Einführung in die Europäische Ethnologie*. 2. aktual. Aufl. München: Beck 2003.

Kohl, Karl-Heinz: *Ethnologie-die Wissenschaft vom kulturell Fremden. Eine Einführung*. 2. erw. Aufl. München: Beck 2000.

Kreff, Fernand: *Grundkonzepte der Sozial-und Kulturanthropologie in der Globalisierungsdebatte*. Barlin: Reimer 2003.

Kuper, Adam: *Culture. The Anthropologist's Account*. Cambridge, MA/London: Harvard UP 1999.

Levinson, David/Ember, Melvin (Hgg.): *Encyclopedia of Cultural Anthropology*. 4 Bed. New York: Henry Holt 1996.

Lindner, Rolf: »Konjunktur und Krise des Kulturkonzepts.« In: Lutz Musner/Gotthart Wunberg (Hgg.): *Kulturwissenschaften. Forschung - Praxis - Positionen*. Wien: WUV-Verlag 2002, S. 69 - 87.

Marcus, George E. (Hg.): *Rereading Cultural Anthropology*. Durham/London: Duke UP 1992a.

Marcus, George E.: »Ethnography in/of the World System. The Emergence of Multi-Sited Ethnography.« In: *Annual Review of Anthropology* 24 (1995), S. 95 – 117.

Marschall, Wolfgang (Hg.): *Klassiker der Kulturanthropologive. Von Montaigne bis Margaret Mead*. München: Beck 1990.

Medick, Hans: »Quo vadis Historische Anthropologie? Geschichtsforschung zwischen Historischer Kulturwissenschaft und Mikro-Historie.« In: *Historische Anthropologie* 9,1 (2001), S. 78 – 92.

Schmidt, Bettina E./Münzel, Mark (Hgg.): *Ethnologie und Inszenierung. Ansätze der Theater-ethnologie*. Marburg: Curupira 1998.

Stellrecht, Irmtraud: » Interpretative Ethnologie. Eine Orientierung.« In: Thomas Schweizer et al. (Hgg.): *Handbuch der Ethnologie. Festschrift für Ulla Johansen*. Berlin: Reimer 1993, S. 29 – 78.

Wimmer, Andreas: »Kultur. Zur Reformulierung eines sozialanthropologischen Grundbegriffs.«In: *Kölner Zeitschrift für Soziologie und Sozialpsychologie* 48 (1996), S. 401 – 425.

供深入阅读的文献

Abu-Lughod, Lila: »Writing Against Culture.« In: Richard G. Fox (Hg.): *Recapturing Anthropology. Working in the Present*. Santa Fe: School of American Research Press 1991, S. 137 – 162.

Augé, Marc: *An Anthropology for Contemporaneous Worlds*. Stanford: Stanford UP 1999.

Bachmann-Medick, Doris (Hg.): *Übersetzung als Repräsentation fremder Kulturen*. Berlin: Erich Schmidt 1997.

Bachmann-Medick, Doris: »Dritter Raum. Annäherungen an ein Medium kultureller Übersetzung und Kartierung«. In: Claudia Breger/Tobias Döring (Hgg.): *Figuren der/des Dritten. Erkundungen kultureller Zwischenräume*. Amsterdam/Atlanta: Rodopi 1998, S. 19 – 36.

Bachmann-Medick, Doris: »Beobachten als poetogene Struktur. Zur kulturanthropologischen Signifikanz eines literarischen Fallbeispiels«. In: Rüdiger Zymner/Manfred Engel (Hgg.): *Anthropologie der Literatur. Poetogene Strukturen und ästhetisch-sozialbe Handlungsfelder*. Paderborn: Mentis 2004, S. 301 - 323.

Barth, Fredrik/Gingrich, Andre/Parkin, Robert/Silverman, Sydel: *One Discipline, Four Ways. British, German, French, and American Anthropology*. Chicago/London: University of Chicago Press 2005.

Bird, Joh et al. (Hgg.): *Mapping the Futures. Local Cultures, Global Change*. London/New York: Routledge 1993.

Bundesministerium für Wissenschaft und Verkehr und Internationales Forschungszentrum Kultruwissenschaften (Hgg.): *The Contemporary Study of Culture*. Wien: Turia+Kant 1999.

Clifford, James: *Routes. Travel and Translation in the Late Twentieth Century*. Cambridge, MA/London: Harvard UP 1997.

Fechner-Smarsly, Thomas: »Clifford Geertz' *Dichte Beschreibung*-ein Modell für die Literaturwissenschaft als Kulturwissenschaft?« In: Jürg Glauser/Annegret Heitmann (Hgg.): *Verbandlungen mit dem New Historicism. Das Text-Kontext-Problem in der Literaturwissenschaft*. Würzburg: Königshausen & Neumann 1999, S. 81 - 101.

Fernandez, James W.: »Spielerisch und planvoll. Zur Theorie der Tropen in der Anthropologie.« In: *Historische Anthropologie* 2, 1(1994), S. 1 - 19.

Fischer, Michael M. J.: »Worlding Cyberspace. Toward a Critical Ethnography in Time, Space, and Theory.« In: Marcus 1999, S. 245 - 304.

Fröhlich, Gerhard/Mörth, Ingo (Hgg.): *Symbolische Anthropologie der Moderne. Kulturanalysen mach Clifford Geertz*. Frankfurt a. M./New York: Campus 1998.

Fuchs, Martin: »Der Verlust der Totalität. Die Anthropologie der Kultur.« In Heide Appelsmeyer/Elfriede Billmann-Mahecha (Hgg.): *Kulturwissenschaft. Felder einer prozeßorientierten wissenschaftlichen Praxis*. Weilerswist: Velbrück 2001, S.18-53.

Gingrich, Andre/Fox, Richard G. (Hgg.): *Anthropology, by Comparison*. London/New York: Routledge 2002.

Ginsburg, Faye D./Abu-Lughod, Lla/Larkin, Brian (Hgg.): *Media Worlds. Anthropology on New Terrain*. Barkeley/Los Angeles/London: University of California Press 2002.

Gottowik, Volker: *Konstruktionen des Anderen. Clifford Geertz und die Krise der ethnographischen Repräsentation*. Berlin: Reimer 1997.

Griesecke, Birgit: *Japan dicht beschreiben. Produktive Fiktionalität in der ethnographischen Forschung*. München: Fink 2001.

Hauser-Schäublin, Brigitta/Braukämper, Ulrich (Hgg.): *Ethnologie der Globalisierung. Perspektiven kultureller Verflechtungen*. Berlin: Reimer 2002.

Inda, Jonathan Xavier/Rosaldo, Renato (Hgg.): *The Anthropology of Globalization. A Reader*. Malden, MA/Oxford: Balckwell 2007 [2002].

Kaschuba, Wolfgang: »Kulturalismus: Vom Verschwinden des Sozialen im gesellschaftlichen Diskurs.« In: ders. (Hg.): *Kulturen - Identitäten - Diskurse. Perspektiven Europäischer Ethnologie*. Berlin: Akademie 1995, S.11-30.

Lepenies, Wolf: »Anthropologische Tendenzen in der Wissenschaftssoziologie.« In: Biruta Schaller et al. (Hgg.): *Schau unter jeden Stein. Merkwürdiges aus Kultur und Gesellschaft. Festschrift für Dieter Claessens*. Frankfurt a. M./Basel 1981, S.179-197.

Lewellen, Ted C.: *The Anthropology of Globalization. Cultural Anthropology Enters the 21st Century*. Westport/London: Bergin & Garvey 2002.

Low, Sethama/Lawrence-Zúñiga, Denise (Hgg.): *The Anthropology of Space and Place. Locating Culture*. Malden/Oxford: Blackwell 2003.

Managanaro, Marc (Hg.): *Modernist Anthropology from Fieldwork to Text*. Princeton: Princeton UP 1990.

Marcus, George E. (Hg.): *Critical Anthropology Now. Unexpected Contexts, Shifting Constituencies, Changing Agendas*. Santa Fe: School of American Research Press 1999.

Marcus, George E.:»Past, Present and Emergent Identities. Requirements for Ethnographies of Late Twentieth-Century Modernity Worldwide.« In: Scott Lash/Jonathan Friedman (Hgg.): *Modernity and Identity*. Cambridge, MA: Blackwell 1992b, S. 309 – 330.

Medick, Hans:»›Missionare im Ruderboot‹? Ethnologische Erkenntnisweisen als Herausforderung an die Sozialgeschichte.« In: Alf Lüdtke (Hg.): *Alltagsgeschichte. Zur Rekonstruktion historishcer Erfabrungen und Lebensweisen*. Frankfurt a. M./New York: Campus 1989, S. 48 – 84.

Moran, Emilio F.: *Transforming Societies, Transforming Anthropology*. Ann Arbor: University of Michigan Press 1996.

Neumann, Gerhard/Weigel, Sigrid (Hgg.): *Lesbarkeit der Kultur. Literaturwissenschaften zwischen Kulturtechnik und Ethnographie*. München: Fink 2000.

Pálsson, Gísli (Hg.): *Beyond Boundaries. Understanding, Translation and Anthropological Discourse*. Oxford/Providence: Berg 1993.

Reckwitz, Andreas: *Die Transformation der Kulturtheorien. Zur Entwicklung eines Theorie-programms*. Weilerswist: Velbrück 2000 (Studienausgabe 2006).

Rippl, Gabriele (Hg.): *Unbeschreiblich weiblich. Texte zur feministischen Anthropologie*. Frankfurt a. M.: Fischer 1993.

Röttger-Rössler, Birgit: *Die kulturelle Modellierung des Gefübls. Ein Beitrag zur Theorie und Methodik ethnologischer Emotionsforschung anband indonesischer Fallstudien*. Münster: Lit 2004.

Schiffauer, Werner:»Der cultural turn in der Ethnologie und der Kulturanthropologie«. In: Jaeger, Friedrich/Straub, Jürgen (Hgg.): *Handbuch der Kulturwissenschaften*. Bd. 2. Stuttgart/Weimar: Metzler 2004, S. 502 – 517.

Schiffauer, Werner:»Die Angst vor der Differenz. Zu neuen Strömungen in der Kultur-und Sozialanthropologie.« In: ders.: *Fremde in der Stadt. Zehn Essays über Kultur und Differenz*. Frankfurt a. M.: Suhrkamp 1997, S. 157 – 171.

Schlesier, Renate: »Kultur-Interpretation. Gebrauch und Mißbrauch der Hermeneutik heute.« In: Bundesministerium für Wissenschaft und Verkehr 1999, S. 157-166.

Sewell, William H.: »The Concept(s) of Culture.« In: Bonnell/Hunt 1999, S. 35-61.

Strathern, Marilyn: »An Awkward Relationship. The Case of Feminism and Anthropology.« In: *Signs* 12 (1987), S. 276-292.

Wolf, Michaela: »The *Third Space* in Postcolonial Representation.« In: Sherry Simon/Paul St-Pierre (Hgg.): *Changing the Terms, Translating in the Postcolonial Era*. Ottawa: University of Ottawa Press 2000, S. 127-145.

Wolff, Stephan: »Die Anatomie der Dichten Beschreibung. Clifford Geertz als Autor.« In: Joachim Matthes (Hg.): *Zwischen den Kulturen? Die Sozialwissenschaften vor dem Problem des Kulturvergleichs*. Göttingen: Otto Schwartz 1992, S. 339-361(=*Soziale Welt*, Sonderbd. 8)

多丽丝·巴赫曼-麦迪克

(Doris Bachmann-Medick)

六

历史人类学与文学人类学

1. 历史人类学

从 20 世纪 70 年代以来,历史人类学在一个跨学科和跨国界的讨论网络中得到建构,它所展现的与其说是一门界定明晰的专业,倒不如说是一个研究项目。它的研究对象,就是"历史中的人类"①。在此,关于什么是"人类",什么是"历史",它们的关系如何理解、如何从方法论角度进行研究,争论颇为激烈。然而,对于历史人类学的所有研究者而言,有两个角度是关键性的。其一,通过对历史时刻的强调,他们与生物人类学和哲学人类学保持着距离,因为后两者意图提炼人类生物的永恒常数。另一方面,通过着重对人类的强调,他们与社会历史书写的形式唱着反调,因为后者想要努力把握文化内部的广泛结构及其有规律引领的变化过程,因此被批判性地称为"没有人类的历史"②。③

---

① 参见 Süssmuth 1984; Dressel 1996, S. 25。
② 参见 van Dülmen 1991b, S. 704。
③ 有关历史学中的文化学研究理念,亦见本书第九章。

1.1 出发点

不同的研究项目都被视为历史人类学的先驱。20世纪20年代由弗朗茨·博厄斯在美国人种学方向上建立起来的文化人类学①在历史变化和文化差异的语境中对人类行为进行详尽研究,以此与生物人类学和哲学人类学划清界限。在1936年问世的论文《文明的进程》中,诺伯特·埃利亚斯(Norbert Elias)摹绘了日常行为方式的变迁。② 尽管研究以种族中心主义为基础,但还是显示出,人类的形成是历史进程的产物。人类的可改变性与人类的日常交际形式是**心态史**研究中的双重导向。③ 这不仅不同于生物人类学和哲学人类学,也不同于以人和大事件为导向的政治历史学。菲利普·阿里耶斯(Philippe Ariès)在《童年的历史》④(1975)一书中清晰地阐明,认知兴趣涉及"情绪化的态度"⑤,必须在一个社会相应的文化活动中进行破译。人类"认知的、种族的和情感的倾向"⑥被称为所谓的心态、精神状态,它们的稳定性尽人皆知,却因为其历史变迁只能在三到四个世纪的大型时空中得以想象,从而蕴含着再次变得与历史无关的危机。

在德国历史学领域,托马斯·尼佩岱(Thomas Nipperdey)于1967年在其《有关历史人类学问题的看法》⑦一文中引入了这一概念进行讨论。他赞同对"人类将自身构建为人类"的历史形式进行提问,认为不仅要书写"伟大个体"以及"上层"的历史,而且要囊括"社会群体"和"下

---

① 参见 Dressel 1996,S. 47f.
② 参见 Böhme 1985,S. 251f.;van Dülmen 1991b,S. 692。
③ 参见 Dressel 1996,S. 76f.;van Dülmen 2000,S. 15f.
④ 原文为法语 L'enfant et la vie familiale sous l'ancien régime。——译者注
⑤ 参见 Ariès 1975,S. 48。
⑥ 参见 Raulff 1987,S. 10。
⑦ 原文为 Bemerkungen zum Problem einer historischen Antropologie。——译者注

层"的历史①,因其"行为方式"②,显示了历史人类学的研究对象。不过,尼佩岱③之后缩减了研究计划,认为**历史学只需融合"人类学问题"**。这意味着,目的论历史概念的模式没有被修正,文化的差异也没有被考虑。历史学仅仅将其传统的方法扩张到了人类学的领域。

有关历史人类学的讨论一方面仍然在努力寻求着解释,试图解决两门学科之间的冲突性:一门分析的是"存留下来的东西"④,另一门分析的是"变化"⑤。⑥ 另一方面,纲领性的要求朝着常见的方法回溯。在心态史和费迪南·布罗代尔(Fernand Braudel)的"长时段"⑦理念基础上,研究**"宏观尺度的历史变化"**的做法被转借到基本行为方式的可能性变化方面。⑧ 文化重叠性的"身份认同(非:不可改变的东西)"的观点遭到人们质疑。⑨ 在此,目的是——虽然布罗代尔的"人类的全部历史"⑩的简明表述实现了本质性回归,然而在保留其普遍性要求的情况下——实现书写个人的历史⑪。

1.2 美国的历史学、人类学/种族学与文化人类学

原产自德国的哲学人类学并没有给英美地区的讨论活动带来历史哲学先决条件和前提的束缚。这造成了英美的人类学理念与人种学紧密相关,因此更多地与文化差异的观察活动而不是与普适性概念的制定联系在一起。此外,人类学、人种学和历史学之间的内容和方法论界

---

① 参见 Nipperdey 1967, S. 364。
② 同上, S. 365。
③ 参见 Nipperdey 1973, S. 230。
④ 参见 Köhler 1974, S. 162。
⑤ 同上。
⑥ 参见 Marquard 1973; Lepenies 1975; Sprandel 1976。
⑦ 原文为 Longue durée。——译者注
⑧ 参见 Lepenies 1977, S. 131。
⑨ 参见 Martin 1982, S. 376。
⑩ 原文为 histoire totale de l'homme。——译者注
⑪ 原文为 histoire de l'homme total。——译者注

线被轻而易举地包含在内。最后,通过克利福德·格尔茨1973年出版的论文《文化的阐释》(德文版为 *Dichte Beschreibung*,1983a),美国的文化人类学对认知客体和认识方法进行了重新表述。格尔茨**把文化理解为"意义织物"**①,**理解为"文本的整体"**②:人类的行动和行为方式有着象征结构。因此,所有文化性的生活表达都独具一种阐释的维度:它们是经验和观点的建构和再现。然而正如文化是一种文本,如果涉及"外来文化",并且作用史问题③的阐释前提不存在的话,文化的阐释性生产活动是否也可以被阐释呢?格尔茨的方法包含了**"深层描述"**。他有意识地放弃了阐释学明确性和协调性的指导方针,取而代之,强调的是文化再现和建构中的矛盾性,选择了一种"开放的"表达方式,采取"显微镜式的"④处理方法,从"小的"行为和"小的"生活空间开始。

伯恩哈德·科恩(Bernhard S. Cohn)这样强调历史学和人类学的近似之处⑤:这两门学科的研究对象一样,都是"他性",都以研究变化为目标。科恩认为,在阐释活动和象征建构过程中完成的"文化结构分析"是这两门学科的本质性要求。⑥ 娜塔莉·泽蒙·戴维斯(Natalie Zemon Davis)⑦同样将理解人类活动的象征性建构视为人类学的创造性瞬间。同时,人类学的材料和方法使得历史学家有可能"发觉历史文本中熟悉图景包含的奇特和惊异"⑧。与德国的情况不同,人类学作为方法被应用于历史学领域:陌生的不再只是其他文化中的陌生事物;人们也可以在自我文化中发现它的身影,比方说人们可以在其他的、过去的时代中,在历史书写中至今为止被排斥、被边缘化的内容里面发现这

---

① 参见 Geertz 1983a, S. 9。
② 参见 Geertz 1983b, S. 259。
③ 参见 Gadamer 1960, S. 284。(原文为 wirkungsgeschichtlichen Fragestellung。——译者注)
④ 参见 Geertz 1983a, S. 30。
⑤ 参见 Cohn 1980, S. 198。
⑥ 同上,S. 215。
⑦ 参见 Davis 1981, S. 267。
⑧ 同上,S. 275。

些陌生事物。

马歇尔·萨林斯(Marshall Sahlins)1981年出版的研究论文《历史隐喻与神话现实》(德文版为 *Der Tod des Kapitän Cook*,1986)反映了一场在美国发生的典型学术讨论活动。这场讨论从微观分析开始,它试图澄清库克被杀这一个别事件。在此过程中,萨林斯清楚明晰地阐明了,人们不能将土著人的弑杀行为归因于英国人抢掠当地居民这件事上;他认为,这样一种阐释方式将以暴制暴的范式投射到夏威夷的文化上,然而人们并没有去阅读关于夏威夷文化的"文本"。库克登陆夏威夷恰恰是建构了一种这样的文本,这样一个以象征方式建构起来的行为和信仰世界:他被当作土著文化中罗诺神的代表而受到当地人欢迎,根据土著神话,他必须依然作为罗诺神而逝去。在分析了这一事件之后,萨林斯才得出对大规模历史转变过程进行讨论的结论。于是他谈到了夏威夷上层社会的"英国化"①,认为这种现象源自发现者的内化活动,并且一直延续到19世纪。历史变化和文化调整肇因于不同文化的相互碰撞:萨林斯指责了将冲突视作中心历史推动力的观点。

1.3 德国的历史人类学

对美国的历史人类学变体进行概括性介绍,并以此推动了德国历史学在内容和方法论方面的调整,这要归功于汉斯·麦迪克(Hans Medick)。他要求,放弃那种"中心主义[……]的历史观"②,致力于研究"被认为不可改变的、非历史性的,因此被看作对于历史进程来说边缘化的"③事物。作为例子,他引用了女性史和民间文化表达方式的历史:它们现在必须置于其矛盾的、多层面的维度中才能被理解,但这不应该向着一种理想化的"失败者历史"行进,而应朝着"研究自我历史中

---

① 原文为 Englishness。——译者注
② 参见 Medick 1984,S. 301。
③ 同上,S. 302。

的'陌生性'"①方面努力。正因为如此,在人种学中发展出来的分析方法在历史学方面也可以结出丰硕成果。由此,麦迪克②与人类学家詹姆斯·布恩(James Boon)③赞成"**差异性阐释**(hermeneutics with a difference)",支持把格尔茨"文化作为文本"的模式当成每次阐释的前提。

纵观在德国建立的诸科学学科,历史人类学的关键推动力来自**民间文化研究**④。一方面,在德国,外国历史学学者的论文,比如意大利人卡洛·金兹堡(Carlo Ginzburg)和英国人彼得·伯克(Peter Burke)的论文,迅速为人们着手研究。另一方面,还在麦迪克对历史学使命做理论新表述之前,德国科学家就已经在单项研究方面进行模仿了,就像麦迪克的论文(1980,1982)和里夏德·范迪尔门(Richard van Dülmen)的文集(1983,1984)所证明的那样。除此之外,范迪尔门在1980年发起了**对历史文化研究进行系列研究**的倡议。他的文集一方面显示了研究工作的主题中心度:爱情和贫穷的经验,虔诚和劳作方式的形式,针对犯罪行为的态度,身体的感知,这些主题得到了研究。另一方面,在研究过程中将研究范围限制在某一个历史时期内,表明人们不想编纂文化活动、文化观点或者文化感知形式的历史,而是想要提供有关其多样性的记录。沃尔夫冈·卡舒巴(Wolfgang Kaschuba)在《封建社会和市民社会之间的民间文化》⑤(1988)中为历史人类学课题纲领性地开创了民间文化研究方法。首先他批评道,民间文化作为一个静态的单元是不存在的,每一种与历史无关的行为类型学都必须停止。然后,他将文化描述为一种象征性秩序,认为文化分析的任务在于解密"以象征

---

① 参见 Medick 1984, S. 304。
② 同上, S. 305。
③ 参见 Boon 1983, S. 234。
④ 原文为 Volkskulturforschung。——译者注
⑤ 原文为 *Volkskultur zwischen feudaler und bürgerlicher Gesellschaft*。——译者注

性方式塑造的社会实践的文化'真实'"①。

诺伯特·辛德勒(Nobert Schindler)为建立民间文化研究的新导向做出了典范性努力,在案例研究《倔强的人们》②(1992)中,他致力于**自我文化中的"他者"**,试图站在历史上受到压迫的生活形式的角度对其进行重构。他对历史上不断改变着的情感惩戒形式进行破译,比如,他研究了用牵犁和拉木块进行压制的这段历史,这是一种中世纪晚期的训斥习俗,旨在针对人们臆想的不愿意结婚的妇女。③ 再比如,在"仔细研读"17世纪晚期的萨尔斯堡女巫档案时,他解密了乞丐的生存策略。④

20世纪90年代,对在社会上以及历史书写中处于边缘地位的群体进行社会活动、观念和生活状况的中心主题分析这一研究方法经历了一股热潮。⑤ 除了极少数的特例以外,有关论文并没有遵循一种微观逻辑的方法,即它们的研究没有聚焦于一个有限的社会空间,比如聚焦于一个村落,或者一个单独的历史事件。其中一个例外便是于尔根·施伦博姆(Jürgen Schlumbohm),他在1994年出版的论文《履历、家庭、院落》⑥中将研究范围限定在奥斯纳布吕克(Osnabrück)教区的贝尔姆(Belm),就运用了上述研究方法。限定范围的意义在于,通过比如对家庭结构和婚姻联盟的分析去理解小型社会的运作机制,以此为出发点,来探究在传统的宏观历史中发展出来的有关农民社会的论题。保罗·布加德(Paul Burgard)1998年面世的研究论文《一次造反的日记》就以一个历史事件为中心——1525年4月图林根新城的城市起义。布加德在文化人类学方面浓厚的认知兴趣试图将宗教和政治活

---

① 参见 Kaschuba 1988, S. 201。
② 原文为 *Widerspenstige Leute*。——译者注
③ 参见 Schindler 1992, S. 175 - 214。
④ 同上, S. 258 - 314。
⑤ 主要参见 Ulbricht 1990, 1995; Habermas 1991; van Dülmen 1991a, 1999; Schuster 1995。
⑥ 原文为 *Lebensläufe, Familien, Höfe*。——译者注

动及其精神前提结合起来,从而使得人们可以发现由文化历史冲突制造的推动力具有异质性、矛盾性。与施伦博姆相同,他的目的也在于"解构一批固化的宏观历史解释模式"①。

1.4 学科机构化

格特·德雷瑟尔(Gert Dressel)(1996)和范迪尔门(2000)两人的导论也证明了,历史人类学在20世纪末作为研究大纲得以建立。早在1970年,围绕古典历史学家约亨·马丁(Jochen Martin)就成立了弗莱堡历史人类学研究所②。在研究所的影响下,杂志《世纪——世界史年鉴》③问世了。同时,研究所从1978年开始出版系列丛书《历史人类学》。最后,弗莱堡大学还开设了一门包含两个方向的专业——人类学生物学和文化人类学/历史人类学,使学生可以选择历史人类学作为专业。不管是单项研究,还是丛书的出版,都体现了研究所科学家的**普遍史学要求**。虽然他们与心态史和民间文化研究者相似,也致力于人类经验方面的研究活动,比如性④和童年⑤,但是主题是在一种规模宏大的语境中进行论述的,从而导致文化内部的差异尚未能得到研究。

1978年,一批历史学家——主要有麦迪克和阿尔夫·吕特克(Alf Lüdtke)——聚集到哥廷根大学的马克思—普朗克历史研究所。该研究所首先在外国理论标准的创造性接受方面做出了贡献。与弗莱堡历史人类学研究所相反,哥廷根历史研究所偏好微观逻辑分析,偏好研究在政治社会历史中被忽略的社会群体和文化活动,并因此而闻名。

迪特·伦岑(Dieter Lenzen)、冈特·格鲍尔(Gunter Gebauer)、克里斯托夫·伍尔夫(Christoph Wulf)、迪特玛·坎珀(Dietmar Kamper)

---

① 参见 Burgard 1998, S. 17。
② 原文为 das Freiburger Institut für historische Anthropologie。——译者注
③ 原文为 Saeculum. Jahrbuch für Universalgeschichte。——译者注
④ 参见 Müller 1985。
⑤ 参见 Martin/Nitschke 1986。

以及其他研究者在柏林自由大学历史人类学跨学科研究中心①共事。从1982年起,伍尔夫和坎珀开始出版系列丛书《逻辑和激情——国际历史人类学跨学科研究》②;1988年起,研究中心开始出版系列丛书《历史人类学》(Historische Athropologie),1992年起,又开始出版杂志《历史人类学国际杂志》③。在上文介绍的研究机构内部,柏林学派具有一种特殊地位,这是由其强烈的哲学导向造成的。不过,这并不意味着,柏林学派要回归哲学人类学的身份。相反,它对哲学人类学有关普遍性和规范性要求的批评显示了它的中心立场④,并且要求所有的人类学必须限定在"局部的、与时空关联的知识"⑤上。除了尼佩岱、科勒(Köhler)、勒佩尼斯(Lepenies)的研究工作之外,伦岑⑥也要求建立一种"彻底的历史性"⑦,不仅针对其研究对象的理解方式,也针对相应的主导理论。伦岑也坚持"历史人类学所有研究对象"具有"符号附着性"⑧的观点,坚持**所有文化表达方式具有建构特性**的观点。因此,柏林学派的特殊地位更多来自:第一,他们几乎不做个案研究,因此基本不进入档案的世界;第二,他们站在哲学立场上勤勉工作,框定一个特定的主题范围,全面向理论文本高峰进发。

范迪尔门、吕特克、麦迪克和米夏埃尔·密特劳尔(Michael Mitterauer)于1993年创立了杂志《历史人类学——文化—社会—日常生活》⑨,由此,零散的、到那时为止发展起来的研究方法,主要是民间

---

① 原文为 das interdisziplinären Zentrum für historische Anthropologie an der FU Berlin。——译者注

② 原文为 Logik und Leidenschaft. Internationale transdisziplinäre Studien zur Historischen Anthropologie。——译者注

③ 原文为 Paragrana. Internationale Zeitschrift für Historische Anthropologie。——译者注

④ 参见 Lenzen 1989, S. 32f. ; Kamper/Wulf 1994, S. 9; Gebauer 1998, S. 14f.

⑤ 参见 Gebauer 1998, S. 7。

⑥ 参见 Lenzen 1989, S. 32。

⑦ 原文为 Historizität。——译者注

⑧ 参见 Lenzen 1989, S. 35。

⑨ 原文为 Hisorische Anthropologie. Kultur-Gesellschaft-Alltag。——译者注

文化研究和以微观逻辑为导向的文化研究,得以纳入一个历史人类学的框架中去。

1.5 内容、方法与问题

《历史人类学——文化—社会—日常生活》杂志的《出版者说明》①阐明了对后续研究项目具有重大影响的内容和方法论前提。

(1) 人类在某种文化历史语境中的"心理状态和观点,阐释和想象,行为方式和行动举止"被引入作为研究对象。以此为人熟知的分析角度考虑到了心态史和美国的文化人类学,因为人们承认,人类的表达方式总是特有一种**阐释维度**,并且各种不同形式的阐释活动本身也上升为阐释的客体。而不谈及"人类的基本处境[……]"②或者"人类基本现象"③,则表明人们努力阻止仅在人类事物的永久恒定性方面进行某种心理暗示。

(2)《出版者说明》谈及"'长时段'和'快变化'的同时性"④问题。历史人类学超越了心态史,并非因为他们否认特定观点的持久性,而是在迅速变化的心理状态方面补充性地要求一种微观逻辑的理念。

(3) 人们应该阐明过去的日常生活世界中"'自我'和'他者'的同时性"⑤。这一表达虽然撤除了反阐释学的前提,即像麦迪克⑥所强调的那样,历史学研究者面对他们的研究对象处于一种不可消除的"他者"模式中,然而,这肯定了"他者"是历史的一部分。此外,在这种"同时性"的表述中也显示出,一种文化内部的差异发挥着历史推动力的作用,文化生活是在冲突中发生并且被推向前进的。

---

① 下文中的引文均转引自 van Dülmen 2000, S. 30f.
② 参见 Süssmuth 1984, S. 15。
③ 参见 Martin 1994, S. 42。
④ 原文为 Gleichzeitigkei [⋯] von »langer Dauer« und »rapidem Wechsel«。——译者注
⑤ 转引自 van Dülmen 2000, S. 30f.
⑥ 参见 Medick 1984, S. 304。

(4) 分析的目的在于，对"联系方式和表达方式"进行解密，在这些方式中，"社会生活以象征的形式获得表述，以压缩的形式获得再现"。① 在此，美国文化人类学的前提也得到了采纳，即**文化活动具有象征性结构**，分析者需要面对再现和建构的问题。

(5) 最后，构成历史人类学基础的是一个**获得拓展的文化概念**："'文化'不是被视为某个特定领域的标签，而是被视为总的历史生活实践和活动的媒介。"②因此，文化不再像政治、经济和历史那样被理解成一个独立的、界定明确的领域，从而被缩小到精英式的"高雅文化"范围中。人类所有的表达方式——文学文本和法庭判决，经济规则和宗教节庆，迷信活动和政治行为方式——都被看作文化的表达，它们在相互作用、相互冲突的过程中制造了文化。在这种意义上得到拓展的文化概念对材料基础有着持久的影响：所有的东西——绘画和家庭肖像，警察档案和自传，衣服和家具③——都可以成为历史人类学潜在的研究材料。在这五个方面，历史人类学都有着文化学研究大纲的风范。

不过，**文化作为"媒介"**的定义也抛出了一个问题：这一定义方式可能使人类重新作为文化主体并发挥作用。历史学致力于体系和结构的分析学，并将人类视为它们的"傀儡"④；正因为历史人类学与历史学保持着距离，所以会零散地出现将人类重新编排成"历史行为者"的现象⑤。相应地，在历史人类学内部，人们用两种方式对一开始引用的短语"历史中的人类"进行解析：其一，有一种强调性的解读方式，认为历史人类学正朝着"人类作为历史主体"进行转向⑥，因此拒绝福柯的话语分析和朱迪斯·巴特勒（Judith Butler）的性别研究，因为这些方法没

---

① 参见 van Dülmen 2000，S. 31。
② 同上。
③ 参见 Dressel 1996，S. 193－203。
④ 参见 Ulbricht 1997，S. 13。
⑤ 参见 van Dülmen 2000，S. 32。
⑥ 参见 Süssmuth 1984，S. 9。

有给作为行动者的人类留下位置①;这一短语对这一解读方式呈开放态度。

另一方面,"个体[……]在意义和内涵的生产和分配方面是主要参数这一理念"被视为"错误的出发点"②。对此,人们提请注意意义的社会性生产过程,并将存在分歧的文化以及社会群体之间的冲突看作意义生成的重要因素。在这一解读方式中,"历史中的人类"这一短语强调了**人类是被捆绑进历史进程的**,历史进程参与性地塑造着人类。最后,对于主体中心观的历史人类学辩护者而言,他们的激情被自己的研究所驳倒。因为奥托·乌布利希(Otto Ulbricht)(1990)和范迪尔门(1991a)在其有关弑婴的研究论文中描摹了一张由法律、医学和文学讨论结成的、对弑婴行为进行阐释的网络,并未将个体的人类描画为"历史的行动者"。

由于往往过于草率地拒绝福柯和巴特勒,德语地区的研究圈内产生了一种理论缺陷,主要导致一个主题成为问题——身体及性别。当英美地区的作者——无论男女,不在少数——将身体和性别的文化生产活动展现为对新理论模式和历史个案调研进行斟酌的基础,范迪尔门在其有关**身体—历史**的文集中纲领性地注意到:"出发点总是具体的身体及其需求和克制、欲望和激情。"③对话语分析和**性别研究**加强研究成了历史人类学内部的迫切需要,人们也必须解释,在何种程度上"具体的身体"也可以对文化活动产生影响。

如果人们观察历史人类学的**微观逻辑方法**,还会发现存在着另外一个问题。不管研究偏爱"对差异的阐释"④还是偏爱符号学方法⑤,总会出现一个问题,即人们是否可以、怎样能够把微观逻辑分析的结论套

---

① 参见 Dressel 1996,S. 206。
② 参见 Medick 1984,S. 318。
③ 参见 van Dülmen 1996,S. 9。
④ 除 Medick 之外,亦见 Fuchs/Berg 1993。
⑤ 参见 Iggers 1995。

用到宏观层面。于尔根·科卡(Jürgen Kocka)①批评了"微观历史的细小事物"②,指责人们以这种方式将历史矮化到了故事层面。然而,这样一种批判忽略了三个方面:

• 第一,通过将美国文化人类学的微观逻辑方法转借到历史人类学领域,人们研究的是**根本不可能用宏观分析方法进行把握的文化活动**。③

• 第二,在微观逻辑的行动中,在讲述小型生活世界的故事时,**历史只能以复数形式得以思索**的理念获得了显现:"历史[……]是不存在的。只存在'[……]的故事'。"④

• 第三,确实存在努力将其结论联系到宏观层面的微观逻辑研究。只是,这在某种程度上具有颠覆性:传统历史学的范畴和原理,比如"阶级"或者"现代化",被呼唤出来,与研究结论建立联系,展现出其相对性。⑤

然而,将微观故事看作"在'小事物'中"进行"全部历史"书写的尝试⑥,从而赋予它们合理性,这非但与已经实施的研究不一致,而且再次表达了对一种普遍历史的要求,而拒绝普遍史恰恰是历史人类学的出发点。

最后一个问题是由如今引人注意的主题冗余带来的⑦:大多数论文都围绕着家庭,边缘化的社会群体及其生活方式和宗教活动。德雷瑟尔⑧确切地注意到,还有许多主题仍然没有被讨论过。首先涉及的是可以用作历史人类学元反思⑨的主题集合——比如交流,即受文化

---

① 参见 Kocka 1994, S. 37。
② 原文为 das mikrohistorische Klein-Klein。——译者注
③ 参见 van Dülmen 2000, S. 47。
④ 参见 Veyne 1990, S. 31。
⑤ 参见 Dressel 1996, S. 190-192。
⑥ 同上,S. 193;与之相反,见 Schlumbohm 1994, S. 24。
⑦ 参见 Dressel 的概述,见 Dressel 1996, S. 71f.;van Dülmen 2000, S. 55f。
⑧ 参见 Dressel 1996, S. 83。
⑨ 原文为 Metareflexion。——译者注

调节的意义生成活动的历史性不同形式,个人和集体的关系,或者"人类作为主体"这一哲学范畴。正是这一范畴的历史建构特征可以根据福柯①和柏林学派②的理论反复在单项研究中进行考察,这一研究考虑到了法庭活动以及医学鉴定程序,没有固守于哲学经典文本。

2. 文学人类学

与历史人类学一样,与其说文学人类学是一门学科,不如说它是一门研究大纲。根据不同的研究方法,认知兴趣之间的分歧比历史人类学领域中的分歧更加明显。存在以主题为中心的分析,它希望将文学领域中的人类学因素以及文学本身描绘成人类学研究客体;存在一些研究者,他们为了文学学内部的方法论转向,尝试着引入美国文化人类学的结论和方法,并使其开花结果;最后,还存在以福柯为强烈导向的研究,这些研究将人类学这门科学以及人类这一工程历史化,从而探寻人类的文化前提。

2.1 出发点

将文学人类学作为一项研究大纲引入的业绩要归功于加拿大人类学家费尔南多·波亚托斯(Fernando Poyatos)。在1978年,他就召开了一个名叫"民俗人类学与文学人类学"③的大会;1983年,针对同一主题,他在"人类学学科和人种学学科国际会议"④上举办了研讨会。1988年,波亚托斯在其文集《文学人类学》⑤中出版了这次大会报告和

---

① 参见 Foucault 1996, S. 372-389。
② 参见 Kamper/Wulf 1994, S. 9f.; Gebauer 1998, S. 20。
③ 原文为 Folkore and Literary Anthropology。——译者注
④ 原文为 International Congress of Anthropological and Enthological Sciences。——译者注
⑤ 原文为 Literary Anthropology。——译者注

闭幕讨论材料。他的研究方法是，**站在人类学角度**，即将文学视为"对人们的观念和行为进行历时性与共时性分析的最丰富的文献来源"①，**对不同文化的文学进行解读**。这样一种做法的前提其实是把文学理解成一个"黑匣子"(black box)，它允许人们从中推断出文化现实。因此，有关文学地位问题的讨论相应地成了学者论文中一个重要的议题。②在闭幕讨论中，人类学者简·波察罗夫(Jayne Botscharow)严格地拒绝了波亚托斯的文学概念，她主张**将文学看作"其文化的一个产物"**③。对她来说，这意味着，作为文化产物的文学也包含着这种文化的"代码、价值和信仰"④，这些只能在一种兼顾文学文本和非文学文本的广泛语境分析中得以理解。因此，波察罗夫原则上采取了格林布拉特1980年在"文化或人类学批评"大纲⑤下发表的论文《文艺复兴时期的自我塑造》⑥中的一个观点。格林布拉特参照了格尔茨的文化人类学方法，将每种文化实践理解为阐释性的组织活动，认为文学的使命在于，将文学当作设计并建构文化的符号系统来进行分析。这一方面表明，文学不再成为对于文化理解来说具有特权性的研究对象；另一方面，这也要求文学学转向处于人文历史经典范围以外的文本。

1987年，在未受到上述讨论活动的影响、没有与历史人类学发生关联的情况下，日耳曼学者赫尔穆特·普福滕豪尔(Helmut Pfotenhauer)携其论文《文学人类学》(*Literarische Anthropologie*)将这一概念引入了德国。他为研究项目设置了一个范围，使之遵循一个特定的历史论断：文学人类学"表达了一个主要在18世纪值得深思的事

---

① 参见 Poyatos 1988，S. xii。
② 参见 Winner, Erickson, Boelhower, Loriggio。
③ 参见 Poyatos 1988，S. 337。
④ 同上。
⑤ 参见 Greenblatt 1980，S. 4。
⑥ 原文为 *Renaissance Self-Fashioning*。——译者注

实"①——人类学和文学由"对完整的人的论述"②联结在一起,通过这一论述,人们试图调和人类在躯体和思想之间的分裂。为了实现这一目标,文学开始了人类学意义上的研究实践,比如,在小说中基于人类学因素分析的基础上勾勒出人物性格的内在历史。反过来,人类学也塑造着文学,比如它尝试着用虚构的方法弥补论证困境。因此,文学人类学涉及两个方面:"**人类学的文学性和文学独特的人类学性。**"③普福滕豪尔的研究工作只是初步论证了这一纲领。"人类学的文学性"在论述普拉特纳(Platner)、赫尔德、拉瓦特(Lavater)时得到阐述。"文学的人类学性"虽然结合自传这一文体类型得到详细的论述,但是,普福滕豪尔认为文学的人类学要求体现在,文学"更多是作为主题性的自我反思,而不是作为仅仅私人的、不重要的个体偶然经历被表达的"——它是"人文再现性的、普适性的"。④ 由此,人们可以明白,一方面,普福滕豪尔持有的是一种人文—哲学的人类学理念。另一方面,对于他而言,传统的文类特征已经足够让他为自传赋予"人类学特性"的称谓。只不过,自传的历史由此沿着熟悉的交会点(奥古斯汀、卢梭、歌德)在一个新的标签下得到展现。

普福滕豪尔在文学人类学概念下关心的是"**历史的形成**"⑤,而英国语言文学专家伊瑟尔(Iser)1989年在其纲领性的论文《走向文学人类学》⑥中则做出了系统性的描述。出发点是,他认为,人类每一时刻都在制造文学,因此,人类的虚构能力即**文学本身就是一个人类学客体**⑦。伊瑟尔接着问道,文学作为媒介,就其方面来说可以满足哪些人

---

① 参见 Pfotenhauer 1987, S. 1。
② 同上。
③ 参见 Pfotenhauer 1994, S. 557。(原文为 das Literarische der Anthropologie und das eigentümlich Anthropologische der Literatur。——译者注)
④ 参见 Pfotenhauer 1987, S. 17。
⑤ 参见 Pfotenhauer 1994, S. 555。
⑥ 原文为 Towards a Literary Anthropology。——译者注
⑦ 原文为 Anthropologikum。——译者注

类学需求,在"关于我们自身的人类学天性"①中会表达些什么。他的回答是,文学总是实践着**"一种对限制的超越"**②,因为它能够不受任何束缚地表达人类和世界,在其中展现对于科学和经验来说不可理解的东西,从而满足人类的渴望,"获得我们以其他方式不能拥有的东西"③。伊瑟尔在其 1991 年出版的论文《虚构的和想象的》中坚持了这一基本观点。正是在这种持续性的越界行为中,文学实现了"自我超越",伊瑟尔将其破译为**"人类的签名"**。④ 越界行为同时也展现了"人类的巨大弹性",而人类因其离心立场,呈现出大量源于其文化特性的多样化形态。⑤ 即便是"人类的弹性"这一说法看起来似乎与人类学恒量的论断相排斥,伊瑟尔的文学人类学也是以两个与历史无关的前提为基础的:其一,人类处于一种离心的立场;其二,文学会跨越给定的文化语境的边界。这第二个前提使得伊瑟尔的文学人类学汇入了一种历史非定性的文学概念:它"通过在制约它的场景中突出它的差异性"来证明"它的独特性"。⑥

2.2　20 世纪 90 年代前期文学人类学的繁荣

一系列的文集见证了 20 世纪 90 年代日益高涨的兴趣,尤其是对普福滕豪尔的理念。文集《1800 年前后的人类学和文学》的出版可以追溯至 1991 年在都柏林召开的研讨会,该文集纲领性地强调了**"人类的躯体—思想双重天性"**⑦,展现了人们对这两者进行调和的困难尝试,显示了人们把这种调和活动作为所有论文研究出发点的努力。由汉斯-于尔根·兴斯(Hans-Jürgen Schings)出版的文集《完整的人——

---

① 参见 Iser 1989, S. 210。
② 同上, S. 227。
③ 同上, S. 227。
④ 参见 Iser 1991, S. 154。
⑤ 同上, S. 505。
⑥ 参见 Iser 1989, S. 227。
⑦ 参见 Barkhoff/Sagarra 1992, S. Ⅵ。

18世纪的人类学和文学》汇总了于1992年召开的德意志研究联合会（DFG-Symposium，下文中用简称DFG）的论文；在其中，有关躯体和思想的认识虽然存在疑问，但是同样占据着主要研究地位。罗马语族语言文学学者鲁道夫·贝伦斯（Rudolf Behrens）和罗兰·加勒（Roland Galle）总结了1993年在波茨坦召开的罗马语族语言文学大会的成果，出版了文集《历史人类学和文学》。他们选择了一条特殊路径，他们想要历时性地研究从中世纪到20世纪的"身心交流"①，并且明确地将历史人类学作为其研究基础，而根据历史人类学理论，"人类生活的所有文化性自我塑造活动[……]都是以编排形式为基础的"②。

　　文集《完整的人》中的论文为文学学发展了一系列新的主题和视角，通过具体的例子展现了普福滕豪尔的学说的创新力量——比如催眠术③和人类的自然史④，文化移入的形式⑤和与人类有关的边界值⑥。而且，有个别研究移步于科学领域，比如说神经物理学⑦、神经解剖学⑧和观相术⑨，然而直到那时为止，科学在文学学领域中是不受重视的；同时，有些研究也在学术语言中突出了叙事性的论证模式和美学方法。但是，值得注意的是，除了德意志研究联合会研讨会上由普福滕豪尔主持的部分，所有的文集当中都没有谈到文学人类学，而只是说**文学和（历史）人类学**。也许，这种概念上的**区分**想要强调，这并非涉及仅仅有关文学及其形式和能力的一种人类学：文学和人类学，这两门学科处于争论之中。不过，因为大多数的撰稿人总是选择两门学科中的一方作

---

① 参见 Behrens/Galle 1995, S. 8. （原文为 commercium mentis et corporis。——译者注）
② 同上，S. 10。
③ 参见 Barkhoff, Ego。（原文为 Magnetismus。——译者注）
④ 参见 Vogl。（原文为 Naturgeschichte des Menschen。——译者注）
⑤ 参见 Weissberg。（原文为 Formen der Akkulturation。——译者注）
⑥ 参见 Hartung, Ingensiep。（原文为 Grenzwert des Menschlichen。——译者注）
⑦ 参见 Häfner。
⑧ 参见 Hagner。
⑨ 参见 Campe。

为其立场，所以，它们之间的相互影响并没有为人们所关注。即便有些论文研究了它们的关系，这也仅仅是为证明文学的特殊地位服务的。曼弗雷德·恩格尔(Manfred Engel)强调，18世纪的理论家，他们的狂热争论展现的只是"对为人熟知的惯用语进行新编排"："这一时期新理念的出现从根本上来说要归因于文学。"①贝伦斯和加勒认为他们的整个项目负有一种责任，即强调"美学经验的盈余"②。这就使得并非所有的文化表达都可以被当作自我阐释的活动进行分析。文艺复兴的传记被人们拿来做相互比较，目的是重建文艺复兴和现代主义之间的亲和性。③ 同样，高乃依早期悲剧中责任与情感之间的冲突也得到了展现④，文学中的人类学要素被缩减到塑造一幅人类形象而毁掉另一幅的程度⑤。

就这两部偏向日耳曼学导向的文集来说，在研究文学或者美学的文章中，**人类学参考点的冗余**⑥是显而易见的。排除了18世纪丰富的人类学因素，这些研究在材料方面就显得特别贫乏——更别说把它们与历史人类学的拥护者相比；它们大多数向着美学和哲学典籍的传统高峰辛勤攀登⑦，经常涉及已经在研究中建立起来的宏大命题，这些命题不再对历史材料方面进行考量，而是被立即运用于文学领域⑧。此外，一些由思想史实施的研究现在被看作"人类学"的主导理念——比如"社会的人性化"⑨和人类的"自治"⑩，有关美好、庄严的事物方面的

---

① 参见 Engel 1994，S. 479。
② 参见 Behrens/Galle 1995，S. 9。
③ 参见 Galle。
④ 参见 Sick。
⑤ 参见 Behrens, Wanning。
⑥ 参见 Platner, Nerder, Kant。
⑦ 主要参见 Barkhoff/Sagarra 文集 1992；Pfotenhauer 的文章；Schings 文集，1994；Adler, Müller-Sievers, Mülder-Bach, Utz, Gaier 的文章。
⑧ 主要参见 Barkhoff/Sagarra 文集 1992；Nisbet, Sharpe 的文章；Schings 文集，1994；Esselborn, Neumann, Wölbkemeier 的文章。
⑨ 参见 Kaiser 1992，S. 140。
⑩ 参见 Riedel 1992，S. 52。

经验①、"对人类思想的完善"②和将创作视为"人类开化性活动"③的观念——它们成为一些参数式的研究主题。

　　文学人类学在方法论建构方面的匮乏与上述方面的不足是呼应一致的。赫尔穆特·菲佛(Helmut Pfeiffer)在参考格尔茨和格林布拉特学说的基础上,要求研究者用语境关联性的分析方法探究包含"非美学的话语""社会礼俗、仪式和典礼"④的文学文本。不过,连他自己都对蒙田的《随笔录》(Essais)进行了脱离语境的分析,其中以实例的形式和其他形式展现了研究的许多不足之处。菲佛认为"我作为家当⑤——这在本质上是一种人类学的结构模式",他的这一核心论题在要研究的时间范围内无处查证。他认为这一模式"通过对陌生话语的隐语式吸收"⑥获得其概貌,同样没有证据可以证明,因为这种"陌生的话语",政治的话语,是通过蒙田的一些生平数据的报告获得的,几乎只是从《随笔录》中摘取出来的,而并没有对这些表述的阐释维度进行斟酌。

　　沃尔夫冈·里德尔(Wolfgang Riedel)在其1996年发表的论文《人之天性——1900年前后的文学人类学》中既未对其论文的副标题做出方法论的定性,也未对接任何一种现有的文学人类学模式。他想要证明的是,1900年前后的这段时间产生了一种新的天性概念,一种独具"直接的人类学重大意义"的天性概念,因为它"对'什么是人类的天性'进行了定义,并且澄明了原因;关于这一点,不仅哲学人类学和科学人类学谈到了,文学人类学也涉及了"⑦。1996年后,美国的文化人类学以及历史人类学不再谈论"人类的天性"——而文学必须讨论这一话

---

① 参见 Zelle 1994, S. 441–443。
② 参见 Esselborn 1994, S. 513。
③ 参见 Gaier 1994, S. 738。
④ 参见 Pfeiffer 1995, S. 73。
⑤ 原文为 das Ich als Haushalt。——译者注
⑥ 同上, S. 74。
⑦ 参见 Riedel 1996, S. Ⅷ。

题,如果它要继续将思想史作为方法、将人类学作为基准点的话。对于里德尔来说也是如此。有关"天性概念的生物学化"①的证明凝结成了对思想史的侵略,波及歌德、席勒、叔本华、巴霍芬和尼采。1994年,里德尔发表了一份研究报告,把所有在最广泛意义上探讨有关人类主题的内容都归入文学人类学的范围。他并未建立起一种方法论的基础,而是提出了**文学对于人类学要求的一种形而上学的解释**:"文学作品是理性的他者的话语。在这一意义上文学'就是'人类学。"②在这一定义的影响下,文学被视为唯一适合人类学的媒介:它"供人阅读他(人类)以不完美方式存在的未经美化的记录。它,并且几乎只有它,描述了他的存在"③。文学人类学的研究项目因此极端排除人类学的任何其他形式。

与之相对的是,1996年由英美语言文学学者于尔根·施勒格尔(Jürgen Schlaeger)出版的文集《文学中的人类学转向》目标就是建立一种理论基础。一方面,人们要求伊瑟尔的研究项目具有**读者基础**,通过这种方式来审核他的非历史性前提。④ 另一方面,从美国文化人类学和海登·怀特有关历史学虚构性编写理念的立场出发,人们坚持**所有文化表达都具有建构性和阐释性因素**的观点,包括科学因素。⑤ 然而,在这之后对文学的研究并未怎么考虑这些观点。有部分学者在人种学模式的基础上推行文学文本的新解读方式。⑥ 不过,这只是发生在纯粹的文本内部分析中,这些新的解读多数试图证实文学的一种模糊的人类学因素。⑦ 比如说,有学者认为埃德加·爱伦·坡的文本勾

---

① 参见 Riedel 1996, S. Ⅷ, S. 150。
② 参见 Riedel 1994, S. 101。
③ 同上。
④ 参见 Sutrop。
⑤ 参见 Müller。
⑥ 参见 Armstrong, Lemke。
⑦ 参见 Reif-Hülser, Minnis, Theisen。

画了两种身体模式,一种遵循的是怪诞——奇异美学①,另一种则遵循丑陋美学②;③这种文本分析并没有超出通行的文学学认识。

2.3 文学人类学的终结?

多丽丝·巴赫曼-麦迪克 1996 年发表了论文《文化作为文本》,副标题就是"文学中的人类学转向",这与施勒格尔的表达一样。然而,她是有意识地使用了这一表述,目的是想与那时在德国发展起来的模式划清界限。一种"**人类学转向**"对于她来说意味着比臆想中的人类学主题导向具有更多的含义。④ 目标在于,拓宽文学学的研究视野和方法论:文学文本"与包含在它们自身内部的文化自我经验和异者经验的再现方式和策略是融为一体的"⑤。从方法论的角度看,这蕴含着对阐释学要求视野融合的质疑:不仅是其他文化的文本,自我文化的文本也强调"文化内部的断裂和陌生性"⑥。同样的"陌生性"可以在其特定的时间和空间语境中得到论证。这再次意味着,文学学必须突破囿于传统经典的局限,转而变为一种广泛的包含了文学和非文学文本的资料库。

格尔茨的阐释文化人类学使人们可以将文学文本视为文化解释的形式⑦,福柯的话语分析思考了所有文化活动中的规范性和纪律性因素⑧,书写文化争论使人们注意到了人种学文本本身以及所有科学文本的修辞——文学策略;在这些研究理念的基础上,巴赫曼-麦迪克认为文学的任务在于,将任何形式的文化再现——习俗以及文学等——理解为多样化的、冲突性的自我解释的成果。她认为格林布拉特的论文

---

① 原文为 grotesque-arabesque aesthetics。——译者注
② 原文为 aesthetics of ugliness。——译者注
③ 以上参见 Rippl 1996,S. 239。
④ 参见本书第五章。
⑤ 参见 Bachmann-Medick 1996,S. 12。
⑥ 同上,S. 9。
⑦ 同上,S. 22-26。
⑧ 同上,S. 29f.

包含了详细的方法。格林布拉特研究了不同文化活动之间的交流过程，而且把文学也归入这一过程，他思考的问题是，在这样的交流中，一种**文化知识**是如何被生产出来的。他明确地拒绝"使用'人类'这一表达"①，这使巴赫曼-麦迪克注意到了**新历史主义**中的研究者拒绝作为源于德国的文学人类学基础的哲学人类学。

罗兰·博尔伽茨(Roland Borgards)、阿尔布莱希特·科朔克(Albrecht Koschorke)、哈拉尔德·诺伊迈尔(Harald Neumeyer)、斯特凡·里格(Stefan Rieger)的论文将话语分析和新批评理论用于人文科学和文学以及人类这一概念上。科朔克在德意志研究联合会研讨会上的发言稿中强调了人类研究这一项目的媒体技术前提：他把书写看作那种决定主体塑造过程的"交流先验"②。里格指的是"书写的力量"——将人类的知识进行记录和归档的技术——首先实现了18世纪中人文科学的建构，将"可以预见的人类的个性"提升为"值得思索的人类的个性"。③ 话语分析的媒体理论转向构成了科朔克和里格申请博士生导师资格的论文的前提。

科朔克在他的《18世纪的媒体学》(1999)一文中首先涉及了文学人类学的研究工程，然后却以福柯的研究活动为基础，福柯的研究表明，"**人文科学诸学科并非找到了而是生产了在它们中进行讨论的知识**"。有人"将人类视为权力技术交织中的接纳和排除方法"④，对于这种言论，人们必须进行持续审视。其中隐含的意味，是对普福滕豪尔和里德尔的传承者的文学人类学的拒绝：不去领会有关人类的表述的意义，不去提炼典型的人文因素或者人文条件，而是根据历史条件进行研究，提出相同表述的历史条件。科朔克将这些条件放置于医学和文学/美学领域内平行进展的变革中去。在医学领域，发生的是由荷尔蒙躯

---

① 参见 Greenblatt 1990, S. 10。
② 参见 Koschorke 1994, S. 627。
③ 参见 Rieger 1995, S. 382。
④ 参见 Koschorke 1999, S. 10。

体到神经元躯体的转变;在交际领域,是书写和通信往来的增长——两个进程各自制造出一种人类,这两种人类对内和对外都是封闭的,却受交际对接能力的约束。

里格在其 2001 年发表的论文《媒体的个性》中表达了对**"以文化学为导向的媒体人类学纲领"**①的不满。这一理念的目的,一方面是沿着不同的历史认识概括"人类和媒体之间的建构性关系"②,以此来证明人类作为其历史"常态"③的媒体形式。另一方面,里格企图将一些人文科学学科的层面纳入视角,这些人文科学学科脱离了传统科学史,他把它们视为"知识的未知内容"④,视为遗失的或者转变为潜在的人类知识领域。在这一层面上,人们就可以,比如,重构媒体技术对人类结构的初步影响。然后,里格认为,下述表达作为根本性的结论对于包括现代主义在内的许多方面来说都是明确的:"人类这种幻影在其作为媒体的身份得到确定之后就拥有了外形。"⑤

博尔伽茨和诺伊迈尔的理念已经谈不上是文学人类学了。他们和科朔克一样,在**平行进展的经济和文学进程**以及**人类模式的历史性和跨学科性形成**方面具有极大兴趣。诺伊迈尔对 1800 年前后的忧郁现象做了研究,他描绘了发生在医学和文学之间的有关隐喻、反思形象和课题情况的交流。这一交流过程塑造了一种有关"忧郁的文化符号"⑥,其规则使得人们能够对人类学事实比如忧郁进行历史性辨识和推测。诺伊迈尔在研究 18 世纪手淫争论的论文中描述了人类是如何被作为一个"文本—身体—制造机器"⑦的:解读有关手淫的文章的过程塑造了特殊的身体,对这一过程的解读再一次促使人们撰写有关手

---

① 参见 Rieger 2001,S. 36。
② 同上,S. 37。
③ 同上,S. 30。
④ 同上,S. 41。
⑤ 同上,S. 42。
⑥ 参见 Neumeyer 2000,S. 79。
⑦ 参见 Neumerey 2001,S. 79。

淫的文章——人类的身体因此得以成为持续进行的符号生产和阐释的媒介。博尔伽茨在其有关疼痛的文章中证实,疼痛的经验经历了历史转变过程。在1780年之后的医学讨论中,疼痛才成为"富有情感的生活的准则"①。医学解释模式的变化又一次成为上述转变过程的前提条件:荷尔蒙型身体的理念被身体作为神经系统的解释所取代,疼痛得以作为后者独特的经验被归入这一范畴。由此导致了疼痛和生活的紧密联系,塑造了一种人类知识,生理学论文和忧郁诗歌一同参加了这塑造活动。② 此外,博尔伽茨和诺伊迈尔还在其合作的文章中显示,在18世纪下半叶,有关人类的历史性概念提出了更多的模式,而不仅仅局限于众所周知的将人类看成身体和思想统一体的这种模式。这些模式当中有一种,它产生的前提是因为人们在科学研究,比如文学研究中把黑夜从外部转移到人类的内部,这一模式将人类勾勒为"一种意识和无意识的复合体,一种明亮—黑暗—双面体"③。

2001年出版的文集《1800年前后的人类学和美学》汇总了吉森大学"古典主义和浪漫主义"博士生论坛的一次会议的论文,该书将分析视角聚焦到了**"当代人类学研究与美学理论和实践之间的交流关系"**上。④ 其中的单项研究表明了主题关联性,比如饮食学的结构模式如何调控文学文本的美学组织⑤,想象力的不同生物学基础如何生成浪漫主义美学中的新表述⑥。克里斯蒂娜·冬果夫斯基(Christina Dongowski)最后解密了由普福滕豪尔及其传承者建立和论述的文学人类学模式的学术政治功能。文学和美学被"看作人类的重要场所"⑦,作为研究对象被赋予特权,服务于科学体系中语文学的自我合

---

① 参见 Borgards 2001, S. 153。
② 同上,S. 156。
③ 参见 Borgards/Neumeyer 2001, S. 35。
④ 参见 Bergengruen/Borgards/Lehmann 2001, S. 10。
⑤ 参见 Thums。
⑥ 参见 Welsch。
⑦ 参见 Dongowski 2001, S. 161。

法化。然而,科学和文学作为论述人类的不同形式,它们之间存在区别,作为历史因素的语文学是以之为前提的,康德将其表述为必要的欲知之事。

2.4 学科机构化

研究方法的异质性,还有文学人类学研究项目相对来说较晚得到宣传的情况,导致文学人类学这一概念在差不多十年之后就已经从研究领域中消失,没有像历史人类学那样,实现学科机构化和研究兴趣点的集成。关于1996年在康斯坦茨大学成立的特别研究小组"文学和人类学",如果人们浏览了显示在主页上的"理论解释"之后,乍一看上去它似乎敢于在两个方面之间劈叉,一边是普福滕豪尔和伊瑟尔的文学人类学,此两者似乎已经不可能琴瑟和鸣,另一边是文学学中的人类学转向。如此一来,在对接伊瑟尔的基础上,**文学被理解为一种人类学事实**;然而,站在普福滕豪尔的理论立场,也可以认为,文学处理的是人类学课题。最后,考虑到文学中的人类学转向,人类的文学建构应该与其他学科中人类的概念化相关联。由此也许可以解释为什么谈论的是"文学和人类学"。人们需要预防误解,防止仅用作为人类学事实的文学来论证其在历史和文化方面具有差异的功能,防止仅对文学询问它在何种程度上再现了人类学因素。

由格哈特·冯·格雷费尼茨(Gerhart von Graevenitz)主编的特别研究小组的系列丛书《文学和人类学》再次使人们注意到了研究方法之间的异质性。由里格、沙马·沙哈达特(Schamma Schahadat)和曼弗雷德·魏因贝格(Manfred Weinberg)1999年出版的文集《跨文化性》讨论了下列主要问题:一方面是有关陌生文化的极其不同的再现方式,另一方面是自我文化的感知技术以及生活实践,在这两者相遇并且产生冲突的情况下,对于自我文化的看法是怎样得到调整的。这本文集对文学中的人类学转向进行了实践。与之相反,也在1999年,由安内特·凯克(Anette Keck)、英伽·科丁(Inga Kording)、安雅·普洛查斯卡(Anja Prochaska)出版的文集《文学和文化学中的人类学》在书名中使用了"和"字，就是为了将这些学科区分开来。研究中大部分进行的是局限于文学的分析，这种分析不用文化历史特定性的语境就可以完成，尝试用来自哲学或者心理分析的时间普遍性理论设想去分析"同类相食"的主题(研究者主要有 Gasché, Görling, Windisch, Fulda, Ellmann, Prochaska)。

1999 年在波鸿大学成立的德意志研究联合会研究小组"想象和文化"在鲁道夫·贝伦斯的领导下，尝试以跨学科、历史性为导向起草一部有关想象的历史。研究小组主页上有关该项目的"简要描述"明确地表明，**想象的运作方式**在艺术领域应该像在科学领域中一样得到讨论。不过，关于研究小组怎样将历史的、文化的分歧与想象是人类学事件这一看法相协调，还有待观察。

2.5 问题与视角

对人类的"严格历史化"是历史人类学的特点，且被造就为文化学的"核心部分"，不过在文学人类学的研究项目中，在有这一名称出现的地方，这一过程还尚未完成。一方面，所有的**人类学指导方针**，就像科学和文学对它进行再现的那样，**在其历史的语境中**才能得以论证，才可以对其物质前提进行调查。这涉及主观想象中固定的认同，比如身体或者人类的天性，以及比如"完整的人"的范式。另一方面——在文学被确认为人类学客体前——**文学在文化和历史方面的不同功能必须得到明确表述**。[①] 为了实现这两个任务，拓宽材料基础是不可避免的。经常性保持以思想史经典为导向既不能获见文化语境的复数性，也不能洞观人类学自我解释的多样性。"完整的人"的范式，因为经常援引同一批作者而得到保障，却是一种在复杂性方面不断降低的研究结构。

另外，文学人类学的任务也在于，就共同的解释模式和研究课题对

---

① 参见 Fluck 1997。

人文科学和文学之间的关系进行研究,目的是能够对**人类文化知识的跨学科结构**——对普遍的人的一种纯理论评价——进行描摹。在这一点上,分析科学和文学中的美学方法以及研究媒体条件对于人类知识的生成和归档具有核心作用。不过,关于这一研究大纲是否要在文学人类学的名义下实施,还存在疑问。通过普福滕豪尔、伊瑟尔和里德尔的研究工作,这一概念被一系列的思想史内涵和非历史性内涵所占据,它们首先坚持文学的特别地位。约瑟夫·福格尔(Joseph Vogl)在1997年和1999年做了**知识诗学**的项目,含蓄地借鉴了福柯的书名①,该项目展现了一套课题和视角,实现了对人类知识的历史和文化形式及其"诗学"创造进行跨学科讨论——由此将文学向着文化学推进。

参考文献

历史人类学著作

Ariès, Philippe: *Geschichte der Kindbeit*. München: dtv 1978 (orig.: *L'Enfant et la vie familiale sous l'Ancien régime*. Paris: Plon 1960).

Assmann, Aleida et al. (Hgg.): *Positionen der Kulturanthropologie*. Frankfurt a. M.: Suhrkamp 2004.

Böhme, Gernot: *Anthropologie in pragmatischer Hinsicht. Darmstädter Vorlesungen*. Frankfurt a. M.: Suhrkamp 1985.

Boon, James A.: *Other Tribes, Other Scribes. Symbolic Anthropology in the Comparative Study of Cultures, Histories, Religions and Texts*. Cambridge: Cambridge UP 1983.

Burgard, Paul: *Tagebuch einer Revolte. Ein städtischer Aufstand während des Bauernkrieges von 1525*. Frankfurt a. M./New York: Campus 1998.

Burke, Peter: *Helden, Schurken und Narren. Europäische Volkskultur in der frühen Neuzeit*. Stuttgart: Klett Cotta 1981 (orig.: *Popular Culture in*

---

① 福柯著有《知识考古学》一书,德文为 *Archäologie des Wissens*;"知识的诗学形态"对应的德文原文为 Poetologien des Wissens。——译者注

Early Modern Europe. London: Temple Smith 1978).

Cohn, Bernhard S. : »History and Anthropology. The State of Play.« In: *Comparative Studies in Society and History* 22 (1980), S. 198-221.

Davis, Natalie Zemon: »Anthropology and History in the 1980s. The Possibilities of the Past.« In: *Journal of Interdisciplinary History* 12,2(1981), S. 267-275.

Dressel, Gert: *Historische Anthropologie. Eine Einführung*. Wien/Köln/Weimar: Böhlau 1996.

Dülmen, Richard van (Hg.): *Kultur der einfachen Leute. Bayerisches Volksleben vom 16. bis zum 19. Jahrbundert*. München: Beck 1983.

Dülmen, Richard van: *Frauen vor Gericht. Kindsmord in der früben Neuzeit*. Frankfurt a. M. : Fischer 1991a.

Dülmen, Richard van: »Historische Anthropologie in der deutschen Sozialgeschichtsschreibung. Ein Bericht.« In: *Geschichte in Wissenschaft und Unterricbt* 42 (1991b), S. 692-709.

Dülmen, Richard van (Hg.): *Körper-Gescbichten. Studien zur historischen Kulturforschung*. Frankfurt a. M. : Fischer 1996.

Dülmen, Richard van: *Der ebrlose Mensch. Unbrlichkeit und soziale Ausgrenzung in der Frühen Neuzeit*. Köln/Weimar/Wien: Böhlau 1999.

Dülmen, Richard van: *Historische Anthropologie. Entwicklung, Probleme, Aufgabe*. Köln/Weimar/Wien: Böhlau 2000.

Dülmen, Richard van/Schindler, Norbert (Hgg.): *Volkskultur. Zur Wiederentdeckung des vergessenen Alltags*. Frankfurt a. M. : Fischer 1984.

Elias, Norbert: *Über den Prozeß der Zivilisation. Soziogenetische und psychogenetische Untersucbungen*. 2 Bde. Frankfurt a. M. : Suhrkamp 1976 [1936].

Fuchs, Martin/Berg, Eberhard: »Phänomenologie der Differenz. Reflexionsstufen ethnographischer Repräsentation.« In: dies. (Hgg.): *Kultur, soziale Praxis, Text. Die Krise der ethnographischen Repräsentation*. Frankfurt a. M. : Suhrkamp 1993, S. 11-108.

Foucault, Michel: *Die Ordnung der Dinge. Eine Archäologie der Humanwissenschaften. Frankfurt a. M.: Suhrkamp 1974 (orig.: *Les mots et les choses*. Paris: Gallimard 1966).

Gadamer, Hans Georg: *Wahrheit und Methode*. Tübingen: Mohr 1960.

Gebauer, Gunter: »Überlegungen zur Anthropologie.« In: ders.: (Hg.): *Anthropologie*. Ditzingen: Reclam 1998, S. 7 - 21.

Geertz, Clifford: »Dichte Beschreibung. Bemerkungen zu einer deutenden Theorie von Kultur.« In: ders.: *Dichte Beschreibung. Beiträge zum Versteben kultureller Systeme*. Frankfurt a. M.: Suhrkamp 1983a, S. 7 - 43 (orig: *The Interpretation of Cultures: Selected Essays*. New York: Basic Books 1973).

Geertz, Clifford: »›Deep play‹. Bemerkungen zum balinesischen Hahnenkampf.« In: ders.: 1983a, S. 202 - 260 (=1983b).

Ginzburg, Carlo: *Der Käse und die Würmer. Die Welt eines Müllers um* 1600. Berlin: Wagenbach 1990 (orig.: *Il formaggio et i vermi: il cosmo di un mugniao del* '500. Torino: Eincandi 1976).

Habermas, Rebekka: *Wallfahrt und Aufruhr. Zur Geschichte des Wunderglaubens in der Frühen Neuzeit*. Frankfurt a. M./New York: Campus 1991.

Iggers, Georg: »Zur ›Linguistischen Wende‹ im Geschichtsdenken und in der Geschichtsschreibung.« In: *Geschichte und Gesellschaft* 21 (1995), S. 557 - 570.

Kamper, Dietmar/Wulf, Christoph: »Zum Spannungsfeld von Vervollkommnung und Unverbesserlichkeit.« In: dies. (Hgg.): *Anthropologie nach dem Tode des Menschen. Vervollkommnung und Unverbesserlichkeit*. Frankfurt a. M.: Suhrkamp 1994.

Kaschuba, Wolfgang: *Volkskultur zwischen feudaler und bürgerlicher Gesellschaft. Zur Geschichte eines Begriffs und seiner gesellschaftlichen Wirklichkeit*. Frankfurt a. M./New York: Campus 1988.

Kocka, Jürgen: »Perspektiven für die Sozialgschichte der neunziger Jahre.« In: Winfried Schulze (Hg.): *Sozialgeschichte, Alltagsgeschichte, Mikro-Historie. Eine Diskussion*. Göttingen: Vandenhoeck &. Ruprecht 1994, S. 33 - 39.

Köhler, Oskar: »Versuch einer historischen Anthropologie.« In: *Seaculum*.

Jahrbuch für Universalgeschichte 25 (1974), S. 129 – 246.

Lenzen, Dieter: »Historische Anthropologie. Zum Problem der Humanwissenschaften heute oder Versuche einer Neubegründung.« In: Gunter Gebauer et al. (Hgg.): *Historische Anthropologie. Zum Problem der Humanwissenschaften beute oder Versuche einer Neubegründung*. Reinbek: Rowohlt 1989, S. 13 – 48.

Lepenies, Wolf: »Geschichte und Anthropologie. Zur wissenschaftshistorischen Einschätzung des aktuellen Disziplinenkontakts.« In: *Geschichte und Gesellschaft* 1 (1975), S. 325 – 343.

Lepenies, Wolf: »Probleme einer Historischen Anthropologie.« In: Reinhard Rürup (Hg.): *Historische Sozialwissenschaft. Beiträge zur Einführung in die Forschungspraxis*. Göttingen: Vandenhoeck & Ruprecht 1977, S. 126 – 159.

Marquard, Odo: »Zur Geschichte des philosophischen Begriffs ›Anthropologie‹ seit dem Ende des 18. Jahrhunderts.« In: ders. (Hg.): *Schwierigkeiten mit der Geschichtsphilosophie*. Frankfurt a. M.: Suhrkamp 1997 [1973], S. 122 – 144.

Martin, Jochen: »Das Institut für Historische Anthropologie.« In: *Saeculum. Jahrbuch für Universalgeschichte* 33 (1982), S. 375 – 380.

Martin, Jochen: »Der Wandel des Beständigen. Überlegungen zu einer historischen Anthropologie.« In: *Freiburger Universitätsblätter* 126 (1994), S. 35 – 46.

Martin, Jochen/Nitschke, August (Hgg.): *Zur Sozialgeschichte der Kindheit*. Freiburg/München: Alber 1986.

Medick, Hans: »Spinnstuben auf dem Dorf. Sexualkultur und Feierabendbrauch in der ländlichen Gesellschaft der frühen Neuzeit.« In: Gerhard Huck (Hg.): *Sozialgeschichte der Freizeit. Untersuchungen zum Wandel der Alltagskultur in Deutschland*. Wuppertal: Hammer 1980, S. 19 – 49.

Medick, Hans: »Plebejische Kultur, plebejische Öffentlichkeit, plebejische Ökonomien. Über Erfahrungen und Verhaltensweisen Besitzarmer und Besitzloser in der Übergangsphase zum Kapitalismus.« In: Robert Berdahl et al. (Hgg.): *Klassen und Kultur. Sozialanthropologische Perspektiven in der Geschichtsschreibung*. Frankfurt a. M.: Syndikat 1982, S. 157 – 204.

Medick, Hans: »›Missionare im Ruderboot‹? Ethnologische Erkenntnisweisen als Herausforderungen an die Sozialgeschichte.« In: *Geschichte und Gesellschaft* 10 (1984), S. 295 - 319.

Monaghan, John/Just, Peter: *Social and Cultural Anthropology. A Very Short Introduction.* Oxford/New York: Oxford UP 2000.

Müller, Ernst Wilhelm (Hg.): *Geschlechtsreife und Legitimation zur Zeugung.* Freiburg/München: Alber 1985.

Nipperdey, Thomas: »Bemerkungen zum Problem einer historischen Anthropologie.« In: Ernst Oldemeyer (Hg.): *Die Philosophie und die Wissenschaften. Simon Moser zum 65. Geburtstag.* Meisenheim am Glan: Hain 1967, S. 350 - 370.

Nipperdey, Thomas: »Die anthropologische Dimension der Geschichtswissenschaft.« In: Gerhard Schulz (Hg.): *Geschichte heute. Positionen, Tendenzen. Probleme.* Göttingen: Vanden-hoeck & Ruprecht 1973, S. 225 -255.

Raulff, Ulrich: »Vorwort.« In: ders. (Hg.): *Mentalitäten-Geschichte. Zur historischen Rekonstruktion geistiger Prozesse.* Berlin: Wagenbach 1987, S. 7 - 17.

Roper, Lyndal: *Ödipus und der Teufel. Körper und Psyche in der Früben Neuzeit.* Frankfurt a. M.: Fischer 1995 (orig.: *Oedipus and the Devil. Witchcraft, Sexuality and Religion in Early Modern Europe.* London: Routledge 1994).

Saalmann, Gernot: *Clifford Geertz. Kulturanthropologische Perspektiven für das 21. Jahrhundert.* Konstanz: UVK 2006.

Sahlins, Marshall: *Der Tod des Kapitän Cook. Geschichte als Metapher und Mythos als Wirklichkeit in der Frühgeschichte des Königreiches Hawaii.* Berlin: Wagenbach 1986 [1981].

Schindler, Norbert: *Widerspenstige Leute. Studien zur Volkskultur in der frühen Neuzeit.* Frankfurt a. M.: Fischer 1992.

Schlumbohm, Jürgen: *Lebensläufe, Familien, Höfe. Die Bauern und Heuerleute des Osnabrücker Kirchspiels Belm in protoindustrieller Zeit. 1650 - 1860.* Göttingen: Vandenhoeck & Ruprecht 1994.

Schuster, Beate: *Die freien Frauen. Dirnen und Frauenhäuser im 15. und 16.*

Jahrhundert. Frankfurt a. M./New York: Campus 1995.

Sprandel, Rolf: »Historische Anthropologie. Zugänge zum Forschungsstand.« In: *Saeculum. Jahrbuch für Universalgeschichte* 27 (1976), S. 121 - 142.

Süssmuth, Hans: »Geschichte und Anthropologie. Wege zur Erforschung des Menschen.« In: ders. (Hg.): *Historische Anthropologie. Der Mensch in der Geschichte*. Göttingen: Vanden-hoeck &. Ruprecht 1984, S. 5 - 18.

Ulbricht, Otto: *Kindsmord und Aufklärung in Deutschland*. München: Oldenbourg 1990.

Ulbricht, Otto (Hg.): *Von Huren und Rabenmüttern. Weibliche Kriminalität in der Frühen Neuzeit*. Köln/Weimar/Wien: Böhalu 1995.

Ulbricht, Otto: »Aus Marionetten werden Menschen. Die Rückkehr der unbekannten historischen Individuen in die Geschichte der Frühen Neuzeit.« In: Erhard Chvojka/Richard van Dülmen/Vera Jung (Hgg.): *Neue Blicke. Historische Anthropologie in der Praxis*. Wien: Böhlau 1997, S. 13 - 32.

Veyne, Paul: *Geschichtsschreibung und was sie nicht ist*. Frankfurt a. M.: Suhrkamp 1990 (orig: *Comment on écrit l'historie*. Paris: Seuil 1971).

文学人类学著作

Bachmann-Medick, Doris: »Einleitung.« In: dies. (Hg.): *Kultur als Text. Die anthropologische Wende der Literaturwissenschaft*. Tübingen/Basel: Francke 2004 [Frankfurt a. M.: Fischer 1998 [1996]], S. 7 - 64.

Barkhoff, Jürgen/Sagarra, Eda (Hgg.): *Anthropologie und Literatur um* 1800. München: Iudicium 1992.

Behrens, Rudolf/Galle, Roland (Hgg.): *Historische Anthropologie und Literatur*. Würzburg: Königshausen &. Neumann 1995.

Bergengruen, Max/Borgards, Roland/Lehmann, Johannes F. (Hgg.): *Die Grenzen des Menschen. Anthropologie und Ästhetik um* 1800. Würzburg: Königshausen &. Neumann 2001.

Böhme, Hartmut/Scherpe, Klaus R.: »Zur Einführung.« In: dies. (Hgg.): *Literatur und Kulturwissenschaften. Positionen, Theorien, Modelle*. Reinbek: Rowohlt 1996, S. 7 - 24.

Borgards, Roland: »Das Leben ein Schmerz. Die Geschichte einer Denkfigur in Literatur und Medizin.« In: Bergengruen/Borgards/Lehmann (Hgg.) 2001, S. 135 - 158.

Borgards, Roland/Neumeyer, Harald: »Der Mensch in der Nacht—die Nacht im Menschen. Aufgeklärte Wissenschaften und romantische Literatur.« In: *Athenäum. Jahrbuch für Romantik* 11 (2001), S. 13 - 39.

Dongowski, Christina: »Die zwei Körper des Menschen. Wilhelm von Humboldts Versuch, den Sinn der Fortpflanzung zu denken.« In: Bergengruen/Borgards/Lehmann 2001, S. 159 - 181.

Engel, Manfred: »Die Rehabilitation des Schwärmers. Theorie und Darstellung des Schwärmens in Spätaufklärung und früher Goethezeit.« In: Schings 1994, S. 469 - 498.

Esselborn, Hans: »Vexierbilder der literarischen Anthropologie. Möglichkeiten und Alternativen des Menschen im europäischen Reiseroman des 17. und 18. Jahrhunderts.« In: Schings 1994, S. 499 - 516.

Fluck, Winfried: *Das kulturelle Imaginäre. Eine Funktonsgeschichte des amerikanischen Romans* 1790 - 1900. Frankfurt a. M. : Suhrkamp 1997.

Gaier, Ulrich: »›... ein Empfindungssystem, der ganze Mensch‹. Grundlagen von Hölderlins poetologischer Anthropologie im 18. Jahrhundert.« In: Schings 1994, S. 724 - 746.

Greenblatt, Stephen: *Renaissance Self-Fashioning. From More to Shakespeare.* Chicago: University Press 1980.

Greenblatt, Stephen: »Resonanz und Staunen.« In: ders. : *Schmutzige Riten. Betrachtungen zwischen Selbstbildern.* Frankfurt a. M. : Fischer 1995, S. 7 - 29. (orig.: *Learning to Curse. Essays in Early Modern Culture.* New York: Routledge 1990).

Iser, Wolfgang: »Towards a Literary Anthropology.« In: Ralph Cohen (Hg.): *The Future of Literary Theory.* New York: Routledge 1989, S. 208 - 228.

Iser, Wolfgang: *Das Fiktive und das Imaginäre. Perspektiven literarischer Anthropologie.* Frankfurt a. M. : Suhrkamp 1991.

Kaiser, Marita: » Zum Verhältnis von Karl Philipp Moritz' psychologischer Anthropologie und literarischer Selbstdarstellung. « In: Barkhoff/Sagarra 1992, S.120 - 140.

Keck, Annette/Kording, Inka/Prochaska, Anja (Hgg.): *Verschlungene Grenzen. Anthropophagie in Literatur und Kulturwissenschaft*. Tübingen: Narr 1999.

Koschorke, Albrecht: »Alphabetisation und Empfindsamkeit.« In: Schings 1994, S. 605 - 628.

Koschorke, Albrecht: *Körperströme und Schriftverkehr. Mediologie des 18. Jahrhunderts*. München: Fink 1999.

Neumeyer, Harald: »›Wir nennen aber jetzt Melancholie‹ (Adolph Henke). Chateaubrained, Goethe, Tieck und die Medizin um 1800. « In: Thomas Lange/ Harald Neumeyer (Hgg.): *Kunst und Wissenschaft um 1800*. Würzburg: Königshausen & Neumann 2000, S. 63 - 88.

Neumeyer, Harald: »› Ich bin einer von dejenigen Unglückseligen (...) ‹: Rückkopplungen und Autoreferenzen. Zur Onaniedebatte im 18. Jahrhundert.« In: Bergengruen/Borgards/Lehmann 2001, S.65 - 95.

Pfeiffer, Helmut: »Das Ich als Haushalt. Montaignes ökonomische Politik.« In: Behrens/Galle/Roland 1995, S.69 - 90.

Pfotenhauer, Helmut: *Literarische Anthropologie. Selbstbiographien und ihre Geschichte—am Leitfaden des Leibes*. Stuttgart: Metzler 1987.

Pfotenhauer, Helmut: »Einführung.« In: Schings 1995, S.555 - 560.

Poyatos, Fernando (Hg.): *Literary anthropology. A new interdisciplinary approach to people, signs and literature*. Amsterdam/Philadelphia: John Benjamins 1988.

Riedel, Wolfgang: »Influxus physicus und Seelenstärke. Empirische Psychologie und moralische Erzählung in der deutschen Spätaufklärung und bei Jacob Friedrich Abel.« In: Barkhoff/Sagarra 1992, S.24 - 52.

Riedel, Wolfgang: » Anthropologie und Literatur in der deutschen Spätaufklärung. Skizze einer Forschungslandschaft. « In: *Internationales*

Archiv für Sozialgeschichte der deutschen Literatur. Sonderheft 6 Forschungsreferate 3 (1994), S. 93 – 157.

Riedel, Wolfgang: ›*Homo Natura*‹. *Literarische Anthropologie um* 1900. Berlin/New York: de Gruyter 1996.

Rieger, Stefan: »Memoria und Oblivio. Die Aufzeichnung des Menschen.« In: Miltos Pechlivanos et. al. (Hgg.): *Einfübrung in die Literaturwissenschaft*. Stuttgart/Weimar: Metzler 1995, S. 378 – 392.

Rieger, Stefan/Schahadat, Schamma/Weinberg, Manfred (Hgg.): *Interkulturalität. Zwischen Inszenierung und Archiv*. Tübingen: Narr 1999.

Rieger, Stefan: *Die Individualität der Medien. Eine Geschichte der Wissenschaften vom Menschen*. Frankfurt a. M.: Suhrkamp 2001.

Rippl, Gabriele: »E. A. Poe and the Anthropological Turn in Literary Studies.« In: Schlaeger 1996, S. 223 – 242.

Schings, Hans-Jürgen: (Hg.): *Der ganze Mensch. Anthropologie und Literatur im 18. Jahrhundert*. DFG-Symposion 1992. Stuttgart/Weimar: Metzler 1994.

Schlaeger, Jürgen (Hg.): *The Anthroplogical Turn in Literary Studies*. Tübingen: Marr 1996.

Vogl, Joseph; »Für eine Poetologie des Wissens.« In: Karl Richter/Jörg Schönert/Michael Titzmann (Hgg.): *Die Literatur und die Wissenschaften 1770 – 1930. Walter Müller-Seidel zum 75. Geburtstag*. Stuttgart: M & P 1997, S. 107 – 127.

Vogl, Joseph: »Einleitung.« In: ders. (Hg.): *Poetologien des Wissens um* 1800. München: Fink 1999, S. 7 – 16.

Zelle, Carsten: »Die Notstandsgesetzgebung im ästhetischen Staat. Anthropologische Aporien in Schillers philosophischen Schriften.« In: Schings 1994, S. 440 – 468.

哈拉尔德·诺伊迈尔

(Harald Neumeyer)

七
新历史主义、文化唯物主义与文化研究

1. 学术立场界定

"今天,文化研究是以全世界人类观念、声音和生活为原料的一种文火慢炖的煨菜,是我们使用的东西,是我们谈论的人们。它们是生活,并且仅仅就是生活。"**文化研究**的这一定义包罗万象,或者毋宁说等于什么都没有表达。如果人们用和全世界联网的智能搜索引擎对这一关键词进行搜索,搜索结果的头几页中肯定就会有这一定义的显示(在 www.culturalstudies.net 网站名下)。也就是说,它本身就是它所探讨的那种半学术文化,或者说至少不是完全的学术文化的一部分。为了理解"文火慢炖的煨菜"这一图景,我们可以设想一下:对于一锅还在灶上用文火煮着的杂烩,想要分辨和识别各种配菜是有困难的。当人们掀开锅盖,观点、声音和生活经历的蒸汽就扑面而来,有些东西很容易就煮烂了,有些东西也许还根本没有熟。

新历史主义、**文化唯物主义**和**文化研究**——衍生出的这三种定义

明确的研究方法,人们可以对它们各自的自我统一体①进行描述,对它们进行分辨也不是问题。不过,如果这些概念被放到一起,人们就会迷惑。根据不同的学术立场,会出现不同的顺序和等级。而且从德国文学学的立场出发,人们就会发现另一个问题:这三个概念——与解构主义、文化符号学②或者解构主义相反,虽然它们也不是德国的学术发明——是英语称谓,没有合适的德语对应名称。在新版的《德国文学学实用百科全书》③中,人们虽然可以找到有关**新历史主义**的稍长的词条,可是,文化研究和文化唯物主义没有作为参考关键词出现——另外,文化理论和文化学的产生在德国具有历史性前提,已经被赋予了明显不同的内涵。

在对这三个概念进行界定和鉴别的时候,或多或少避免不了带有某种随意性的决断。定义如下:

(1)**新历史主义**描述的是20世纪80年代初在加利福尼亚发展起来的研究文艺复兴的狭义(伯克利学派)学术实践活动。这种研究只会引起人们的局部兴趣。但是,它在美国形成了学派,对其他文学学研究,继而最终对文化学研究产生了辐射力。在经历这种扩张之后——不再处处使用**新历史主义**的标签,最终汇入了**文化研究**——它才具备了普遍性的方法论吸引力。在德国,除了个例外,虽然不存在值得一提的**新历史主义**实践,不过,在这一关键词下面,人们进行了"人文科学VS文化学"的一系列方法论研讨。因此新历史主义随后被当作具体的实践,被当作——也许尚未得到理论阐述的——文化学方法论多样可能性中的一种来进行探讨。在德语的语境中,它作为文本主义的可能性与阐释学、行为理论、交际理论的方法之间是有区别的。

(2)**文化唯物主义**是雷蒙德·威廉斯针对其早期以文化学为导向、

---

① 原文为 Proprium。——译者注
② 参见本书第三章"文化符号学"。
③ 原文为 *Reallexikon der deutschen Literaturwissenschaft*。——译者注

日后也被借用到其他文化领域的文学学①的英国变体的表述。威廉斯的全部著作从 20 世纪 50 年代一直延伸到 20 世纪 80 年代,在根本上激发了英国**文化研究**的发展,比如 1964 年成立的伯明翰大学当代文化研究所(CCCS)极大地推动了文化研究,也对美国的**新历史主义**具有巨大的推进作用。**文化唯物主义**随后因此作为对**新历史主义**和**文化研究**具有重大影响的学说而获得推崇,但是没有被建立为独立的方法论选项。

(3) 最后,**文化研究**——在英语中经常以复数②形式出现——第一,是一个总概念,包含了丰富多样的文化学研究方法,就像英美学术研究领域所显现的那样。在这一意义上,**新历史主义**和**文化唯物主义**都可以归到**文化研究**的框架下。第二,从狭义上来说,被冠以**文化研究**名称的当然是那些主要以当代问题结构为导向的、文化学分析的干涉主义变体,如性别研究、黑人研究、AIDS 研究、后殖民研究等。它们虽然部分是由狭义上的文学学研究方向(美国的新历史主义,英国的文化唯物主义)生发的,并在方法论层面对其倚赖,但是它们的作用范围目前处于历史或者文本课题之外。

克利福德·格尔茨——新文化理论的奠基者之一——有一段话让人思索:"如果人们想要理解一门科学,那么,人们不应该首先去研究它的理论或者发现,无论如何不要去探讨它的辩护者对它的辩护,而应该去观察它的实践者的所作所为。"③

2. 新历史主义者们何为?

新历史主义者总是感到惊奇。他们经常提一些看上去乏味的问题:为什么一篇文章里有这段内容? 为什么一则轶事里有这段记载?

---

① 参见本书第四章"作为文化学的文学学"。
② 原文为 Singular,但疑似为笔误,应为复数。——译者注
③ 参见 Geertz 1995, S. 9 f.

为什么一幅图画上画了这个而不画那个或者画别的？英国语言文学学者、莎士比亚研究者斯蒂芬·格林布拉特问道，为什么《哈姆雷特》中会有一个鬼魂出现？为什么《李尔王》中会出人意料地使用宗教宣传手册里有关天主教祛邪术的观点和文字，而戏中对此却没有涉及？为什么伊丽莎白会害怕并禁止《理查二世》公演，尽管这出戏对弑君做了激烈攻讦？为什么丢勒为镇压农民战争的胜利而构思的纪念碑展示的是一名从背后被刺死的农民，而不是挥舞着宝剑的英雄？为什么所有这一切在 400 年后依然触动我们？

20 世纪中期在英美占主导地位的**细读**(close reading)方法，是一种详细的、文本内在性的文学解读方式，也是新历史主义或者威廉斯被社会化了的**剑桥式英语**①的特点；细读方式通过确定一件艺术作品的整体结构和整体内容中令人惊异的要素的功能，对这些问题进行了回答。自成一体的艺术作品从形式主义的视角来看首先指向自我，显示出其文本性和人为性。它的元素明显来自陌生文本和其他文化环境，这并不重要——莎士比亚这位天才，利用了适合他作品的一切东西，吸收并化为己有，从而成就了独一无二的作品。

与之相反，新历史主义领域中，焦点恰好集中在艺术作品的语言、内容和修辞元素的来源上。细读，这种与材料之间近距离的、仔细的阅读方式，它的原则并没有被遗弃，但是它现在主要将注意力集中于文本织物的边沿。它追寻这些线索，好比织布纺线的过程。它们从千差万别的文化领域中织入文本，然后又从文本中穿出去。这样的阅读方式仍然是微观逻辑式的，然而细读首先将文本分析的显微镜对准了那些**编织点，在这些地方，艺术作品与它同时代的文化交织在一起**。在这种近距离的观察中，人们可以发现，许多元素不仅属于艺术作品的结构，而且还是一个另外的、其他的文本的一部分，即文化的文本。

那么，什么是这种阅读方式的剩余价值呢？格林布拉特在其 1988

---

① 原文为 Cambridge English。——译者注

年出版的《莎士比亚式的协商——文艺复兴时期英国的社会活力①》②一书中用一个隐喻对此做了回答。他认为,将文化与文本联系起来的方式使艺术作品承载了一种文化能量(社会能量),这种能量"最初就被编码进了这些作品中"③,在出现的那一刻被这些作品拥有。根据上述观点,在伟大艺术中进行的编码过程,并没有截断与文化语境相连的线索,相反:

> 那种纯粹的、无限制的创造行动,是不存在的。人们没有瞥见耀眼的创造活动,而是其他完全不同的东西,它乍看起来似乎不可估量:一种难以捉摸的、不可名状的交换过程的总和,一种兑换业务的网络,一种竞争性再现的扰攘,一种股票交易所之间的协商[谈判]。渐渐地,这些复杂的、不间断的借贷业务显得比所有一开始希望得到的顿悟更加重要,甚至更加富有启发、激动人心。④

显然,线索和织物的说法与文化活力和兑换业务的说法一样,都是一种隐喻的说法。那么,这在实践中到底是什么情况呢?我们在上文强调过,在新历史主义中,决定文本内在式**深度阅读**的细致阅读方式及其材料稳定性,在朝着文化方向跨越文本边界的时候并不能被轻率地放弃。这一方法的骄傲之处就在于,在同样的个别化和具体化中再现历史和文化背景,像文本自身那样——而不是像抽象化和普遍化形式的常用做法那样(比如,"浪漫主义诗人想要""伊丽莎白时代认为"等表述)。在此,一种以历史为导向的方法第一次把"针对元叙述的质疑"付诸实践,而法国哲学家让-弗朗索瓦·利奥塔(Jean-Francois Lyotard)

---

① 原文为 *Shakespearean Negotiations. The Circulation of Social Energy in Renaissance England*。——译者注
② 德文版为 *Verhandlungen mit Shakespeare*,1990。
③ 参见 Greenblatt 1990a, S. 12。
④ 同上。

把后者确定为后现代认知的核心。①

这种个别化的不可或缺的条件就是由路易·A. 蒙特罗斯(Louis A. Montrose)在其近乎经典性的新历史主义定义中所说的**"历史的文本性"**(textuality of history):

> 后结构主义的历史导向,现在也出现在了文学学中,人们可以用一种交错配列将其称为文本对历史性以及历史对文本性的交互兴趣。②

新历史主义希望历史性地,即在其历史语境中去阅读文本,不过拒绝"以和其他个别化的文本不同的另外一种方式去理解文学文本的历史文化语境"③。

另外,在所有在此进行论证的关联中,使用"文化"("文化语境""文化活力")这一名称似乎是有意义的,即便在美国的文本说起**历史能量**或者**社会能量**的时候。文化的首要特征是文本性的历史(Geschichtlichkeit),人们只能够对其进行共时性思索,只是"历史"(Geschichte)这个德语单词不可拒绝地具有历时性内涵,也就是说,它符合利奥塔的"[……]合法化过程的超叙事意义的决定性"④。然而,"社会"这一概念是为社会的交际理论理念预留的,比如尼克拉斯·卢曼(Niklas Luhmann)的系统论模式。

在新历史主义中勾画出来的文化语境,更准确地说,可以被当作一种**互文性关联**,共时文本场域的关联:

> 实际上,这一方案意味着互文性枢轴的新导向:独立的文学史的历时性文本被文化体系的共时性文本所取代。⑤

---

① 参见 Lyotard 1986, S. 14。
② 参见 Montrose 1995, S. 67。
③ 参见 Baßler 2002, S. 94。
④ 参见 Lyotard 1986, S. 14。
⑤ 参见 Montrose 1995, S. 63。

这导致的结果是,在新历史主义中形式的和历史的重要性并不是相互对立的,而是不可分割的。①

那么,新历史主义者做些什么来对其惊讶进行反应呢?他将其文本放到同时代其他文本的语境中。他指出,他的莎士比亚戏剧和这些域—文本之间存在着互文性关联。他为此选择的文本绝不仅仅是来源于文学或者高雅文化,而是有可能来自文化的所有领域。因此,以这种方式,熟悉的文学作品的元素就可以在新的关联中得到解读。他也发现,它们——用另一个没什么问题的概念——参与了同时代的话语,而这些话语也不纯粹是来自文学领域的。新的语境化过程以新的方式使它们变得有趣、富有生机,给它们加载了"能量",使看上去独立的作品作为文化的一部分出现,使其参与文化的协商。

在实践中,比如在格林布拉特独具风格的莎士比亚研究论文中,这是以一种令人信服的方式得到论证的。有关哈姆雷特父亲的鬼魂的问题给这一熟悉的元素染上了炼狱中的灵魂问题的色彩,也附载了另一个问题,即当亨利八世以暴力的方式终结了天主教在英国的存在之后,这一在所有的居民阶层中特别具有影响的、散播恐惧的天主教信条会怎么样。② 与伦敦的舞台使用被没收的宗教法衣类似,来自英国圣公会神职人员哈斯内特(Harsnett)反对祛邪术的反天主教宣传册的内容,给莎士比亚的戏剧输入了一丝色彩黯淡的天主教光芒。另外,哈斯内特的宣传手册在这种情况下,也会和《李尔王》中相应的章节一样,得到同样细致的解读。资料显示,在初稿中,戏剧作品就作为对祛邪术古怪过程的解释产生了影响。"当哈斯内特 1603 年将祛邪术扫荡进戏院的时候,莎士比亚已经在环球剧院的休息厅等着张开双臂欢迎它的到来了。"③ 只是,当它在戏剧中借由篡位者和施刑者之口表达出来的时候,哈斯内特对所谓着魔的装病者旋转和绕圈的讽刺悄悄地转变成了

---

① 参见 Montrose 1995,S. 64。
② 参见 Greenblatt 2001。
③ 参见 Greenblatt 1990a, S. 111。

几近截然相反的对立面——正如媒体间的交流过程对于内容而言从来不会毫无结果。①

每一个文本——作为新的语境——都会用新的、另外的方式渲染一种话语。再次用另外的方式表述这一交错配列,就是**话语创造并决定文本**,但是文本执行话语。正因为格林布拉特的解读方式尽可能少地抽象化,尽可能少地削弱复杂性,才造就了一种印象,似乎这种话语状况具有潜在的无穷的复杂性。

> 我们为我们的注意力转移所必须付出的代价,是一种令人满意的"全面解读"幻想,那种被著名文学研究者一再召唤的错觉,即——要是世界足够广大,时间足够长久——文本的一个最小细节也会被照亮,它会和所有其他的具体感知一起交织成一种统一解释。②

换句话说,被放弃的是这种阐释的梦想;然而,格林布拉特认为,人们"能够提供一种同样令人满意的弥补方式,即认识到这种半隐蔽性的文化互动,它给伟大的艺术作品赋予了力量"③。另外,《理查二世》的例子显示出,对一件艺术作品的完整解释与其历史现实中的作用力不一定相符。在埃塞克斯起义过程中,伊丽莎白的敌对者准备好为这出戏的演出花费许多钱财,而女王却对演出十分害怕("我是理查二世。你们难道不知道吗?");因此,弑君行为在舞台上得到再现这一现实,比由阐释性推测得出的"谋杀在戏剧中被看作灾难性的、无论如何需要被审判的举动"这一没有争议的事实更加具有效力。④

1983年,格林布拉特的早期文章《谋杀农民》在新历史主义的内部刊物《再现》(*Representations*)的第一期上获得发表,标志着该刊物的

---

① 参见 Greenblatt 1990a, S. 92-122。
② 同上, S. 9。
③ 同上, S. 9 f.
④ 参见 Greenblatt 1982。

开创。这篇文章使得格林布拉特可以借助丢勒的纪念碑图案和英国文艺复兴文学的不同例子获得一幅全景,来概览"基于对通用代码的历史压力进行反应而产生的解决方案的范围"①。农民战争带来了一个问题,对于这一问题的再现而言,现有文类模式尚未做好回答的准备:那些所谓的英雄,他们战胜了地位不相当、身份不相近、从一开始就处于弱势的敌人,比如起义的农民,人们如何对其进行称颂? 这篇文章展现了一系列非同寻常的结论,这些结论统统都可以被解读为在现有文类的约束下解决这一问题的方案。在此,人们就可以明白,历史话语并不能在形式方面、完全纯粹的审美结构问题之外进行协商,相反,是与这些问题不可分割地联系在一起的。提摩西·克拉克(Timothy J. Clark)的印象主义研究《现代生活的绘画》②(1984)虽然来自其他领域,但对于这一过程来说是一个特别成功的、更加广泛的例子。

3. 形成与影响

如上文所说,新历史主义是 20 世纪 80 年代在加州大学伯克利分校的教师团体中产生的。在《文类》③杂志特刊的有关"英国文艺复兴时期权力的形式和形式的权利"④(1982)主题的引言中——在这里人们也可以看到交错配列形式——格林布拉特试图为方法论极其不同的研究论文寻找一个相同的分母,并且确实找到了,"与过去的历史研究与二战后几十年中部分取代了这一研究的形式主义文学学不同",它就

---

① 参见 Greenblatt 1983, S. 14. (原文为 the range of solutions generated in response to historical pressures on generic codes. ——译者注)
② 原文为 The Painting of Modern Life。——译者注
③ 原文为 Genre。——译者注
④ 原文为 The Forms of Power and the Power of Forms in the English Renaissance。——译者注

存在于"新历史主义"中。① 上述被引用的表述给人们造成了一定的困惑。**历史主义**在此不只是意味着对历史关联产生兴趣的文学学,首先它与我们在德国所理解的"历史主义"并没有专业术语方面的联系。格林布拉特以多佛·威尔逊(Dover Wilson)为例来阐述这一方法,后者是一位战前莎士比亚研究者,像通常做法一样,他把他的文本归置于因历史研究而为人熟知、表述清晰的伊丽莎白一世时代的世界观中。**新历史主义者**同样想要对他们的文本进行历史语境化操作,却对于这种被"独白式"地建构起来的世界观心存怀疑。

同样容易引起误解的,还有与"形式主义文学学"的疏离:它并**不是**指从俄国形式主义学派到结构主义的不同变体直到后结构主义的形式主义传统,而是指一种——实际上源于贝内德托·克罗齐(Benedetto Croce)和艾略特(T. S. Eliot)——以纯粹的文本内部性方式解读文学文本的实践活动,它在**新批评**的宙斯盾下得到推行,当时历经繁荣的解构主义美国变体(保罗·德曼[Paul de Man]、哈罗德·布鲁姆[Harold Bloom]、J. 西利斯·米勒[J. Hillis Miller]以及其他人)也并没有与它划分得泾渭分明。

3.1 威廉斯的文化唯物主义

这样一种两边对垒——同时并不排除对基本元素的继承——是雷蒙德·威廉斯创立的英国文化唯物主义的特征。一方面,在威廉斯的母校剑桥大学教授的、以深入高雅文化遗产文本内部的诠释为导向的英国文学学(**剑桥式英语**)是机构化的强有力对手。威廉斯在这种语境下取得的创造性成就在于,他"把文学和其他艺术形式的研究从[马修]阿诺德([Matthew] Arnold)储存思想精髓和言论精华的温室转变为社会和文化知识的形式"②。威廉斯认为,文学"从一开始就是社会的一

---

① 参见 Greenblatt 1995 [1982], S. 31 f.
② 参见 Aronowitz 1995, S. 323。

种实践";"文化和艺术[……]作为实践虽然可能显示出独有的特征,但是不能从整体的社会进程分离出来"。① 从这种意义来看,他用他的文化唯物主义去反对他同事们的**文化理想主义**。这不仅与经典范围的扩展有关,而且与人文科学研究领域的拓宽也是相连的:"出于这种原因,我们必须将除了文学之外的绘画艺术、音乐以及我们当今社会中影响力强大的电影、广播和电视等媒体也囊括进来。"②凭借《电视——技术和文化形式》③(1974)等书籍,威廉斯正作为积极的榜样前行。

另一方面,威廉斯独白主义的指责并不是针对任何一门过时的战前科学学科,而是针对欧洲 20 世纪六七十年代占据优势的跨文化语境:马克思主义。争论的这一面由此获得了一个清晰得多的轮廓,一种完全不同的感染性。被当作工人阶级知识分子来看待的威廉斯,"单身铁路工人的儿子,来自威尔士的潘迪乡村"④,他虽然承继了马克思主义传统,但是他认为,"文化在每一个社会,在每一个时期,都存在一个有关实践、意义和价值的中心体系,我们可以恰当地称其为占据统治地位的、具有效力的体系"⑤,他以这种文化模式来坚决**反对一种经济基础和文化上层建筑的决定论模式**。从根本上来说,其论据与**反对被隔离的高雅文化概念**时一样,都在于:事物太复杂了! 文化,被定义为意指和交际的领域,不可以被轻率地当作次要的现象:

> 我们不能认为它是边缘的,或是发生在现实产生之后的某种东西,因为它是通过形成于我们自身的、我们社会的现实的交际体系得到阐释的。⑥

如果人们把文化研究理解为新方法论开拓工作的总概念,那么,

---

① 参见 Williams 1977,S. 196。
② 同上,S. 197。
③ 原文为 *Television. Technology and Cultural Form*。——译者注
④ 参见 Ward 1981,S. 1。
⑤ 参见 Williams 1977,S. 190。
⑥ 参见 Williams 1989,S. 22 f.

"威廉斯就可以被视为缔造这一领域的功臣"①。当然,长期以来就存在许多以文化为导向的历史学研究变体,比如,研究长时段现象②的年鉴学派,或者诺伯特·埃利亚斯的宫廷文化研究,也有"下层"历史学,或者基于女性主义视角的历史研究。然而,直到威廉斯这里,文学(文本、艺术作品)和历史(社会、交际)之间,历史研究和责任、理论和实践之间,对纯粹高雅文化研究的拒绝和对抽象超叙事的质疑之间的课题领域才获得建立,**文化研究**才从此开始对其进行探讨。

"文化"这一概念超越了专业经典,也超越了传统的方法论经典,它定义了——或者也许不妨说:假设了——一个崭新的研究领域:"生活的完整方式,物质的、知识的、精神的。"③如果人们看一眼卢曼的社会理论,就会明白这是什么意思。众所周知,卢曼把"文化"描述为人类有史以来建构的最糟糕的概念之一④,因为这一范畴融合了所有可能的现象,因此从19世纪开始它就落后于社会的分化进程。以现代不同体系的独立性为基础的理论,从其视角来看,"没有对语义进行系统特定性的观照,而是将其无系统性差别地看作完整文化的一部分"⑤,这是不可忍受的。由此想来,人文学科中的文化新导向,也就是如今众人口中的**文化转向**,可以被视为研究对象的后现代再杂交过程。布鲁诺·拉图(Bruno Latour)有本书的名字很有深意,叫作《我们从来没有现代过》(1995),他在其书中描述了这种再杂交过程。它遵循如下理念,即这些研究对象,具体到我们的情况上来就是,文本以及相互关系,无论如何比一种对不同学科各自特定的规则的描述所能涵盖的内容复杂得多。**文化学**叫作**连接**⑥,而不是**分而治之**⑦——这种观点也是以同时期生态

---

① 参见 Gallagher 1995, S. 310。
② 原文为 longue-durée-Phänomenen。——译者注
③ 参见 Williams 1958, S. XVI。
④ 参见 Luhmann 1995, S. 398。
⑤ 参见 Werber 2001。
⑥ 原文为 just connect。——译者注
⑦ 原文为 divide et impera。——译者注

学思维的活跃兴盛为基础的,并且可以将其与电脑技术高度发展的时代对复杂信息进行加工处理的更多可能性关联起来加以思考。因此,卢曼的理论——系统地说来——对于后现代的文化理论来说是一种时新的竞争。

威廉斯在20世纪六七十年代出版了一批影响深远、读者广泛的书籍,主要有《漫长的革命》(1961)、《乡村与城市》(1973)、《马克思主义与文学》(1977)、《文化和唯物主义中的问题》(1980),同时他将文化视为"表意系统,一种社会秩序必须通过它而得到表达、复制、体验和探究"①,这些书为推行这一宽泛的文化概念做出了贡献。他狭义上的文学学论文将文本作为历史感觉结构(structure of feeling)来阅读,这是一种从未得到明文表达的历史—社会内涵,在方法论层面上可以被划归为"必须发生于感觉过程中的、在表现的内容和过往的存在之间的无尽对比"②。然而,威廉斯的实践工作及其主要针对马克思主义的持续理论研究都没有为他的**文化唯物主义**建立一个牢靠的方法论或者理论基础。人们如何比较诸如被表现之物和过往存在之物、被表达之物和未被表达之物? 这种逻辑上的马克思主义是什么,如何将这样一种马克思主义与"表意系统"的符号学观点关联起来进行考量? 再者,人们又如何将这一系统与社会秩序的实践关联起来进行探究?③

威廉斯曾经暗示过,"完全历史的符号学很有可能与文化唯物主义是同样的事物"④。"很有可能"! 事实上,威廉斯一再表达了他**对于过度深入的理论化和系统化追求的质疑**,因为他在其中——也许并非太不恰当——感觉到他文化兴趣的实践维度受到了威胁。因此,他至今与一些批评者唱着同一个调子,一同批评"文本主义"文化概念,一同批评脱离分析实践的肥大**理论**。实际上,主要由于他拒绝语言学转向,特

---

① 参见 Williams 1991, S. 13。
② 参见 Williams 1979, S. 168。
③ 参见 Gallagher 1995 与 Gallagher/Greenblatt 2000, S. 60 – 66 中详细的批评。
④ 转引自 Higgins 1999, S. 139。

别是拒绝法国后结构主义（他通过路易·阿尔都塞［Louis Althusser］了解了这一理论），而阻碍了方法论的建立和拓展，并且削弱了其学术研究在**文化研究**领域的对接能力，而他的研究工作远不止创立了"文化"这一普遍性领域。

3.2　福柯的话语研究

在与威廉斯同期的时代，在可以进行比较的前提下，法国哲学家米歇尔·福柯正在创建牢固得多的**社会和文化知识形式的考古学模式**。20 世纪 70 年代末和 80 年代初，福柯多次访学伯克利，因此对新历史主义的创建时期产生了直接的影响。在 1969 年出版的《知识考古学》中，他开始集中地、极端地废止所有流传下来的历史话语单元，比如"传统""影响""发展""改良""心态"或者"精神"，还有"书籍"或者"作品"①，它们像所有"线性历史"——历史的超叙事——那样，最终可以追溯到过时的"主体的创立者功能"②。

> 人们一旦中止了直接的线性形式，一整个领域实际上都可以获得释放。一片不可估量的领域，人们可以这样对它进行定义：它是所有有效表述（无论它们是被书写的还是被言说的，在此都不要紧）的整体在其结果的扩散中得到建构的。③

这一"获得释放"的领域与威廉斯的"文化"是一致的。"扩散"，一个来自统计学的概念，在此描述的是话语结果在场域中的散播。"分析话语的形成，意味着在表述和实证性形式的层面上探讨一系列的语言行为，其特征是由此体现出来的"④——福柯著名的口号"快乐的实证主义"就属于这一范畴。

---

① 参见 Foucault 1990, S. 33-47。
② 同上，S. 23。
③ 同上，S. 41。
④ 参见 Foucault 1990, S. 182。

这儿并非详细解释福柯那精细的、经常为人谈论的理论的合适的场所,它对**新历史主义**和**文化研究**的影响不可以被高估。换而言之,人们应该尝试寻找使加利福尼亚的研究方法凸显于话语理论的**启航点**。这个启航点——又一次——存在于文本性当中。因为,福柯的话语是作为规则被构想出来的,它们意在研究历史事件及其扩散。它们并非存在于事件层面,而是——作为可能条件——存在于事件之前。这些**规则**的总和形成了**一个时期的档案**。因此,考古学是一种实践活动,比如 1966 年出版的《词与物》中就有体现,但最后的结果是,它与大型的认知论(文艺复兴、古典主义、浪漫派)划清界限,它们各有规则,各有定论。然而,在**新历史主义**的文本宇宙中,话语——作为互文性的联系——停留在事件,即文本的层面上。正是如此,交错配列的身影才会如此疲惫不堪:它将两方面观察视角——文本和历史/文化以及文本和话语——投射到同一个舞台造型上,在这种情况下它就是文本性。

所以在实践中,相比福柯的考古学,新历史主义的话语分析在大得多的程度上更加固守实证性、物质性和特异性的小范围。划时代的综合手段是人们要避免的——并且在其有效性方面受到怀疑,因为历史学者具有识别性的抽象化行为一旦独立为历史的决定性因素,那么针对超叙事的质疑也会质疑这种糟糕的循环:

> 有种决定论企图坚持认为,一个特定时期内的某些东西超越了概念或表述,为了反对它,新历史主义援引了文本档案的浩瀚性以及伴随这种浩瀚性的个体的美学鉴赏。①

这里所说到的档案是"文本性的",它不像在福柯的学说中那样,涉及"可以被言说的东西的规则以及某种体系,控制作为单独事件的表述的出现"②,而是切实地涉及一种物质性的档案,**一种文化的持续性记录的总和**。

---

① 参见 Gallagher/Greenblatt 2000, S. 16。
② 参见 Foucault 1990, S. 187。

3.3 格尔茨的"深层描述"概念

肯定存在这样的学科，它们一向具有一种宽泛的文化概念，比如威廉斯给文学学带来的文化概念。在某种意义上，古代文化研究学或者中世纪学一直都是在进行**文化研究**，因为它们研究的都是各自时代中的整体文化，并且不只是研究高雅文化（这么做，也许正因为它们在研究过程中可以倚靠的文本史料证据非常少）。当然，更加明确的是，这样一种宽泛的文化概念是寄身于人种学领域的。① 同样在20世纪六七十年代，美国人类学家格尔茨出版了有关爪哇文化和阿拉伯文化的研究论文②，他在其中主张使用牢靠的文本概念，来把握由文化场景织就的意义和阐释的复杂组织。

> 文化作为交互啮合的可解释的符号体系[……]，人们不可以将社会事件、行为方式、机构或者进程从因果关系的角度归入这种机构。文化是一种语境，一种框架，在其中，文化可以被明了易懂地——即深层次地——描述。③

深度描述（thick description）的特征在于，它在阐释一种给定场景时召唤文化符号的不同含义，并顾及"它在框架意图和文化意义的关系中的地位"④。从眨眼到斗鸡的行为可以在一种符号学范围内，并由此在这些行为的复杂性中，在它们的文化多层次性中进行解读——就像**新历史主义**想要对其文本进行的操作一样。人种学在20世纪80年代的书写—文化—争论遵循了格尔茨在符号学基础上建立的，然而在实践中经常与阐释学密切相关的文本文化模式，以及由人种学学者根据

---

① 参见本书第五章"文化人类学"。
② 德文版为 *Dichte Beschreibung. Beiträge zum Verstehen kultureller Systeme*，1983。
③ 参见 Geertz 1995，S. 21。
④ 参见 Gallagher/Greenblatt 2000，S. 21。

这一模式造就的文本。① 对文学学的影响却是格林布拉特用**"触摸真实"**(the touch of the real)这句话表达出来的:偏偏作为人类学学者的格尔茨,由于工作的原因主管着"真实的生活",发现了其真切的文本性。

他认为,我们的阐释策略[文学研究者的手工工具]为理解人类学学者研究的复杂符号系统和生活模式提供了主要手段。这种效果仿佛一次次触电一般②:文艺批评与现实之间建立起了联系。或者不妨说,像格尔茨很快观察到的那般,它和通常情况一样,借助一页页文字来建立联系。但这是带有区别的文字:不是诗歌或小说,而是不那么自觉地与世间男女切实生活着的生活相区分的语言痕迹。③

这就是新历史主义在学术方面的初始经历:人们发现,不只是高雅文化的文本,文化本身就是复杂的文本编织物、象征系统,它们要求文学研究者具有完整的阐释—分析手艺。换言之:对**历史文本性**的触电般发现让文化能量流过以交错配列的方式交叉重叠的电线。像格林布拉特强调的那样,就此而言,离弃高雅文化的文本,这种前景并不乐观,拉近其与"现实"的距离,倒不失为一种可取的办法。

3.4 德曼的"生命寓言"

除了在此进行简述的对新历史主义产生影响的学派,还有许多其他学派,比如罗兰·巴特的文化符号学,埃里希·奥尔巴赫(Erich Auerbach)的模仿论(Mimesis-Konzept),卡洛·金兹堡的微观史学,阿比·瓦尔堡、瓦尔特·本雅明、海登·怀特和其他学者的研究学说。不过,针对德里达和德曼的解构主义,主要强调的是不同之处——在认知

---

① 参见 Clifford/Marcus 1986。
② 此句原文为 The effect was like touching one wire to another。——译者注
③ 参见 Gallagher/Greenblatt 2000, S. 20 f.

兴趣方面不可否认地存在区别。当然，对于人们熟悉的以社会历史为导向的文学学变体，特别是那些直接与威廉斯有关的**文化批评**（cultural criticism）形式①，新历史主义与它们的区别正在于，它原则上同样具有**解构**的文本理论**前提**。格林布拉特——首先明显略带震惊地——描述了在一次会议上做"寓言和象征"（1979）主题报告的保罗·德曼的回答："如果你想谈论人类，那么你就站在了错误的领域。我们只能谈论文字。"他然后评论道："我们的话是被持续从我们希望表达的东西上截取下来的，批判活动［……］必须承认这一条件。"②可以说，**差异**总是**触摸真实**的另一面，人们希望实现后者，但身在前者之后人们已经不能回转。格尔茨实现的解放首先存在于，在文本的基础上建立相应的交错配列，而不需要片面地要么选择一种真实生活的具有决定性的下层建筑，要么选择单纯地对可以看清的现实效应进行确定。从这一视角来说，像人们经常声称的那样，**文本性—原理**展现的并非（仅仅）文化学理论丰富多彩的一面，而是一种名为"文化"的方法论假设的可能性条件。

艾伦·刘（Alan Liu）有理有据地声称，新历史主义"将形式主义曾经在面对历史的时候所经历的尴尬在更高的层面上延续了下去"③，却对此不自知。他建议，在形式主义的传统上对这种方法的基础进行（重新）表述。他在批评者当中第一个认识到，"新历史主义是一种隐喻方法或者文化互文性的方法，是没有经过斟酌的文化象征、借喻、投射的哲学或者语言的哲学"，"与德曼和解构主义冲动具有密切的相同/差异关系"。④ 他建议，将协助新历史主义兑现了其文本—语境—关系的文化诗学根据德曼的范例扩展为一种**文化修辞学**。

---

① 参见 Graff/Robbins 1992，S. 419 f.
② 参见 Greenblatt 1981，S. viii。
③ 参见 Liu 1995，S. 125。
④ 同上，S. 139。

4. 文化诗学与轶事

格林布拉特几乎把**文化诗学**当作**新历史主义**的同义词来使用。这一概念也许并非无意地在主观性和客观性之间摆动。到底是历史性的文化具有一种特定的诗学，还是学者的诗意创造了文化，就像怀特所说的那样，历史学家通过他的叙事方法来建构历史？这一问题可以借助一种文体类型的使用得到探讨，这一文体能够被提升到新历史主义标识的高度：轶事。人们一再地赞赏格林布拉特和其他学者文章中所谓轶事性的东西，因为它使学术文章在不寻常的程度上变得直观，具有可读性；不过有时候，人们也会质疑它作为一种效果过分地突出了短暂性，以至于可能出现方法论上的随意性。

很久之前以来，从普罗科普（Prokop）的6世纪拜占庭皇宫秘史开始，轶事就代表着一种正史以外的、秘密的、另类的，可能还具有丑闻性质的历史书写方式。作为对个别的、详尽的、稀奇的事件的叙述，轶事天然地**抗拒"正统"历史的超叙事收编**。新历史主义通过讲述轶事的方式，将一种就其特征而言出乎意料的"个别实例"引进它的文本中，"通过搜集异质性的元素——好比暂时性的细节、被忽视的异常现象、被压抑的时代错误，稀奇的和不寻常的事件最衷心地希望保持往昔的绝对陌生感"[1]。这些非同寻常的轶事，比如生育小孩的男人，婚床上的鬼魅，或者一位因弑子而被处决的孕妇，当然具有受欢迎的额外效应，即便在今天，也还能够吸引许多读者。对于轶事在**新历史主义**文本中的功能而言，最关键的首先是其本真性，但是乔尔·法恩曼（Joel Fineman）认为[2]，轶事的本真性并非轶事所描述的事件的本真性。重

---

[1] 参见 Gallagher/Greenblatt 2000, S. 51。
[2] 参见 Fineman 1989, S. 61。

要的不是现实效应,**确切地说,轶事的文本本身就是现实**——在它所处的时代被人们叙述,这才是其本真性所在。稀奇轶事所描述的纯粹事实使得人们注意到历史档案的差异,它们包含了一种话语结构,这些东西在其中是可想象的、可叙说的、可能发生的,研究者从轶事中承接的一项任务,就是对话语结构进行重建。现在,新历史主义也将其文学文本纳入了类似互文性交织物的这种话语结构中,因此可以达到一箭双雕的目的:文学文本现身新的光明中,其自身又一次变得陌生,需要寻求人们的解释,同时它也通过与历史以往话语相挂钩的方式,如约分享了历史话语的文化能量。伴随着文学文本一起,其他看起来似乎低劣的文本,在一种互文性话语的结构内部也获得了人们的注意,它们以新的方式变得富有趣味:

> 这种联系可以产生几近超现实的奇迹,彰显出客体中一种出人意料的美学维度,而不必自诩美学的身份。它可以使人想起高雅文化文本之间的隐蔽关联,它们表面上看起来与其周围环境以及(在)其世界中的文本断绝了任何直接的联系。①

就这一切而言,鉴于这种关系的特殊性,只要能够避免这种一下子就被下了定论的、被抽象化了的、可以被流传的历史背景知识,并且**每一种历史场景的潜在无穷的意义复杂性**能够因此得到保持,历史的樊篱就会成为"档案和阐释的不可穷竭的感觉"②源泉。与其他的文化学方法相比,这是**新历史主义**不可被低估的受益所在,就像其作品的可解读性及其与材料之间不可思议的密切程度一样,它不是单纯的附属物,而是互文性方法即"历史文本性"的直接效应。

轶事是一种合适的文化诗学媒体,因为一方面它本身就已是文本,呈递了一种在历史上已经实现的特殊话语联系,另一方面它有利于将

---

① 参见 Gallagher/Greenblatt 2000,S. 10。
② 同上,S. 15。

这种历史关系引人学术文本。它首先是一种历史发现,名副其实的被觅得之物,在**新历史主义**的**文本化进程**中发挥着酵素一样的作用,把不同的文本和话语聚集起来。格林布拉特说它是一种由这样的文本—话语—组合产生的"几近超现实的奇迹"并非偶然。这种超现实的绝佳机缘也迫使人们进入文本的符号—文化背景中,满怀希冀,期待能够追寻到看起来似乎松散的结构的联结属性。可以说,轶事已经成为新历史主义研究的标志,因为它汇聚了这一方法的精髓:令人惊奇的东西,特别的东西,还有文本性。

5. 方法论基础的问题

所有这些因素一起写就了引人入胜的、读起来朗朗上口的文本。这些文本发掘、整理、展示了详尽的材料,而不是干枯的抽象表达。特别是在将看起来边缘性的话语与西方世界的主导性经典文本进行联系的过程中,格林布拉特及其同事的文化诗学作为"对文学文本中已经为人接受的观念进行打磨的工具"[1]经历了伟大的时刻。《再现》(*Representations*)杂志和其他美国杂志里的文章、系列丛书《新历史主义》(*The New Historicism*)中一些引起热烈讨论的书目以及新历史主义重要代表的受欢迎程度和学术成就证明了**新历史主义**的吸引力,尽管文化研究(广义上)的繁盛已经显著地拓展了竞争性学派的多样性。

作为**针对新历史主义**的**持续性指责**之一,方法的理论基础欠缺也是人们经常提及的问题。格林布拉特自己都渲染他那成功的文化诗学的**不可系统性**和点对点(ad-hoc)特性[2],尽管他在书中的导论部分中一再讨论针对方法论的思索。他的"原理",就比如说文化能量的循环

---

① 参见 Greenblatt/Gallagher 2000,S. 52。
② 后者参见 Gallagher/Greenblatt 2000,S. 2 ff.

(circulation of social energy)、文化协商和交易业务(negotiations)以及文化的文本性(textuality of history),难道不终究只是纯粹的并未以任何扎实的理论概念为基础的**隐喻**吗？沃尔夫冈·贝施尼特(Wolfgang Behschnitt)一直追踪着格林布拉特的能量理论。然而,在他自己的书中,他也不能够为之进行清晰的系统定位,这是很能说明问题的事情。他只能够自己"假设,人们可以把社会能量理解为话语造型",从而使整件事情具有意义。① 就这样,每当人们想要对新历史主义稍稍进行系统化操作的时候,便会出现类似的情形:人们从相关文章中收集了分散的说明,却必须自圆其说。

对此,当然存在触及方法实质的探索。比如,有关**被揭示的互文性关系的再现性**问题。上文中我们以轶事为例,认为以材料文本因素为基础的特点、关系的绝对具体性都是十分可取的,它们都是**新历史主义**建立起来的。但是,轶事所叙述的不只是再现它们自身,还以某种并不那么明显的方式展现了特定的人物或者语境的典型性,因此它们承载了其效应中的相当一部分。同样,一篇普通的新历史主义论文可能展现出来文本之间的一些关系,它们为了唤起我们的兴趣,需要制造比一个微观逻辑层面上的具体事件更多的效应。至少,对于文化档案的某一特定片段来说,它们必须具有代表性。美国学者温弗里德·弗鲁克(Winfried Fluck)说:"只有当一种理论基础阐明了什么是轶事因素的位值之后,轶事性方法才具有说服力。"②但是他说,如果人们仔细观察的话,就会发现新历史主义"完全没有以历史关联的系统认知论为导向"③——这必须被视为"文化去等级化过程的合乎逻辑的必要性"④,也是它"根本的'后现代'噱头"⑤。然而,即便人们追求的这种认知论

---

① 参见 Behschnitt 1999, S. 166。
② 参见 Fluck 1995, S. 248。
③ 同上, S. 237。
④ 同上, S. 240。
⑤ 同上, S. 246。

不需要成为自成一体的系统学的一部分——它，作为认知论，就不用比一个个别事件包含**更多**的内涵吗？这正好向下面这个问题发起了挑战，即既然人们要避免抽象化和历史超叙述，那么，这种**更多**如何能够在它们两者之外被人们理解？

艾伦·刘还提了一个可能更加根本的问题：这种互文性关系到底是什么，如果它们不是一种阐释学性质的思维结果，即不是作者对一个文本进行的具体因果性思索？就像艺术史学者海因里希·沃尔夫林（Heinrich Wölfflin）的双幻灯片投影（Doppel-Dia-Projektion），人们把两样东西挨着放在一起——但是，如果它们的相似性不能在单纯的、与历史无关的证据当中获得解释，那么还能在何处呢？

艾伦·刘注意到：

> 新历史主义中的一种范式一方面坚守历史语境，另一方面高举文学文本，两者之间目之所及的范围内完全一无所有。①

这也许就是核心问题：**共时性文本之间的联结物是什么**，如果它不是超叙事，不是福柯的理论，不是某种抽象的普遍之物的话？这一问题，因为**新历史主义者**拒绝系统化的综合，至今没有得到令人满意的回答，它也许同时意在探求方法的核心问题和**文化研究**的核心问题。用美国文化和媒体学家约翰·费斯克（John Fiske）的话来说就是：

> 我们已经惯性地倾向于发现通过疏离具体事物来试图对其进行解释的结构中最伟大的重要意义[……]。我们因此，作为历史的产物，找到了一种特别难以设想的特别之处的知识。②

人们可以将美国的**文化研究**——包括**新历史主义**——看作一种具

---

① 参见 Liu 1995, S. 123。
② 参见 Fiske 1992, S. 164。

体和特别事物的知识。然而，人们跳过了理论基础，直接进入了实践的欢乐实证主义，所以它的成就迄今令人质疑。

从这一点出发，出现了两种选择：要么始终不渝地走文本性的道路，就是努力建立理论基础，进行形式主义—结构主义传统的文化学实践，不管是否过晚，正如艾伦·刘极力倡导的那样；要么从理论中走出来，进入当代的政治—干涉主义—实践，就像狭义上的**文化研究**所走的路一样。

6. 文本选择策略

对于"一种表述清晰、界定严格的概念"①或者甚至一种"宽泛的新历史主义理论"②，解决上述问题的机会有多大？一种系统的方法论基础看起来会是什么样子？如前所述，贝施尼特得出了这样的结论：格林布拉特的文化能量能"被视为话语造型"③。所有概念性的内容清楚地显示出，论证是以一种符号学文化概念为基础的，只是这种概念没有被真正使用。他总结道："文化现象——物体、机构、行为——因此可以被根本性地理解为承载意义、生成意义的系统中的重要内容。"④他列举的例子也是具有说服力的："为了使受众分享两性能量，戏剧并不需要演出性爱内容——否则就成了色情片——而是需要学会在文化话语中可以代表性爱活动的特定舞台造型。"⑤艾伦·刘——最尖锐的批判者之一——总结性地要求发展出"一种语境化的方法或者'语言'，它必须建立在某种历史上实现了的话语哲学基础上——也就是说，以某种修辞

---

① 参见 Voßkamp 1995, S. 36。
② 参见 Liu 1995, S. 137。
③ 参见 Behschnitt 1999, S. 166。
④ 参考 Greenblatt 1990a。
⑤ 参见 Behschnitt 1999, S. 160。

概念,或者更普遍地说,以作为具有历史地位的事件的语言概念为基础。[……]换句话说,必须被改变的东西,就是'文本'这一概念本身"①。

文本和(或)行为—文化研究领域中的理论讨论一再导致研究对象"在表现的内容和过往的存在之间"②的定位问题。特别是活跃的文化研究变体领域中的代表者,比如伯明翰当代文化研究中心的斯图亚特·霍尔(Stuart Hall),把它根本性地视为一种"幻象,你可以将它掩蔽,在批评争论的文本性中、世界的整体中,而没有认识到你试图分析并进行理论定位的客体的世界性"③。而其他人仍然是对"文本性"这一概念进行远离研究对象的理论化操作,依附文学的高雅文化对其进行释义。现在,质疑与世界的、行为的和实践的关系是有困难的——德国的阐释人类学文化学者也一直愿意做这个事情,然而,在此之前要回答清楚一个问题:这些**"现实生活"的关联性**作为什么、在什么基础上、以何种方法论才能够成为学术分析和比较性观察的客体? 文本作为一种领域,文本及其历史语境或者文化语境在其中可以进行比较,可以在方法论方面进行紧密关联,**文化转向**恰好是在发现文本的这一特点之时产生的。**触摸真实**(格林布拉特)对于文本论者来说表明了,现实生活的关联性在运用人种学家(格尔茨)的方法论过程中具有文本天性。可以用一句话来概述威廉斯的理念:文本性不是"在现实发生之后形成的某种东西",而是——从文本论者的视角来看——"文化"这一客体领域的方法论基础。

根据前提,文化的东西、事件和行为绝不"仅仅是生活"④,而总是再现具有意义的东西。格林布拉特早期的著作会再次使人想起文化符号学的基本理念:

---

① 参见 Liu 1995,S. 139 f.
② 参见 Williams 1979,S. 168。
③ 参见 Hall 1992,S. 288。
④ 参见 www.culturalstudies.net。

如果一种整体文化被视为一个文本,那么所有的东西至少都是有可能发生在再现和事件这两个层面上的。事实上,要在什么是再现和什么是事件之间描绘出一个清晰的、没有歧义的界限越来越困难。①

这普遍适用于文化学方法:"一切都显得具有双重性,即一方面它是其本身,另一面它是在一种比较框架内的含义。"系统论者迪尔克·贝克(Dirk Baecker)同时并且几乎用同样的语言写下了这段话,在这一过程中他并没有想到文本。"最后,如果某个事物不同时具有什么含义的话,那它就什么都不是了。"②只有与其他可能性进行比较,某个事物才会成为"文化"。只是,"比较的框架"是依据文本设想起来的,以其纵聚合关系语言项轴的形式出现。文本使人们能够在框架意图和文化含义的关系中对它进行定位,以这种方式,在阅读一个文本(横组合关系语言项)的同时阅读可能出现的文化纵聚合关系语言项,才能使文本为人理解。换句话说,深层描述是兼顾文化纵聚合关系语言项的阅读方式。但是,比如说,我从何寻取莎士比亚或者歌德时代的一个文本的文化纵聚合关系语言项呢?不从别处,就从流传下来的史实资料的档案中,从一种文化的文本中。于是,我们又一次提及了**历史的文本性**。

蒙特罗斯的**新历史主义**交错配列经常被人援引,他在同一篇文章里面谈到了历时性和共时性的"互文性枢轴的新方向"③。如果人们察看一下朱丽娅·克里斯蒂娃(Julia Kristeva)和其他人的学说,就会发现,"互文性"从一开始就是被按照如下描述进行构思的:**将分析从交流的阐释学坐标轴(文本作为行为)转移到共时性文本领域内相等和对立的结构主义坐标轴**。我认为,在后现代主义互文性概念的基础上、在这一意义上确定文化的文本性模式,同时对后现代主义互文性概念进行

---

① 参见 Galleher/Greenblatt 2000, S. 15。
② 参见 Baecker 2000, S. 67。
③ 参见 Montrose 1995, S. 63。

纵向语言关系处理是有可能的也是合乎人们期望的。实现这一目标的方法很多，最先进的方式是使用电脑技术中的全文本数据库、搜索命令和超文本网络。可审视的再现性问题可以通过逐渐完备的数据库以及表述精确的、可审视的和可变化的搜索命令得到解决。在此过程中，材料的具体性和微观逻辑的分析每时每刻都得到保障。新近的学术研究视为**新历史主义**基础问题的文本—语境—问题，同样得到了解决：在这一模式中，一个文本及其语境之间不像刘担忧的那样空无一物，而是由传统的、为人认可的结构主义纵聚合语言关系项联结起来的。包含等价原理的纵聚合语言关系项坐标轴可以被重新定义为比较以及文化的坐标轴。①

7. 文化研究

20世纪80年代，在美国燃起了一场激烈的争论，它针对的是新历史主义和其他肇因于福柯的学说的研究方法，涉及的是**权力**（power）这一概念。对于绝对的马克思主义学者或者至少政治上偏左翼的社会主义学者来说，新的研究方向在其研究领域中开始获得建立，他们青睐福柯承袭自尼采的权力分析学，一如追求规范化的标准。如果权力不再仅仅被视为统治者的工具，而是一种多样化的进程，并且这种进程在事物以话语或者现实生活的形式出现的地方都在进行着，那么，对政治进行批判这类属于左翼知识分子基础工程的活动该从何得以开展呢？保罗·拉比诺（Paul Rabinow）描绘了一则轶事，说福柯有一次被人问道，在何种基础上他从方法论层面为波兰团结工会运动努力进行辩护。据说，根据原义，回答是这样的：没有看到谁是在波兰必须获得支持的人，人们就不能用理论去帮助他——分明是跳进了一种前理论化的

---

① 参见 Baßler 1999, 2001b, 2002。

常识。

狭义的**文化研究**的实践重复着这个——对于福柯来说却是非典型的——形象。"它并不从理论或者甚至从特殊的学术原理中发掘问题",而是首先由"政治驱动的",准确地说:"致力于生产知识,这些知识能够帮助人们理解世界是可以改变的,并为如何进行改变提供一些指导。"①或者表达得更直白一些:"我正在试图使文化研究的工程从意义、文本性和理论的洁净空气退变回一些令人讨厌的下层的东西。"②因此,这位**文化研究**女学者的工作从一开始就"具有明显的政治性,就是一位干涉主义者"③。在实践中,这意味着:她打算探究**当代文化**的具有现实意义的研究对象——举一些真实的例子,比如艾滋病人的照片、移民公寓中的小男孩、一处工地、Hip Hop 唱片、足球迷、一部黑人电影、德国与波兰之间的边界、一种新的犯罪行为、一部情景喜剧、针对 O. J. 辛普森的诉讼。她从话语、政治和现实生活的内涵和语境来分析这种研究对象。分析过程中,对于她而言原则上涉及的是研究对象的问题性视角,是属于政治议程的东西,比如机构化了的偏见、排外和歧视。她也常把自身视为被边缘化了的群体中的一员,视为某种程度的当事人:"文化研究依然经常"——即便不是必要的话——"被鉴定为边缘群体的话语立场"④。

1992 年出版的文集《文化研究》(*Cultural Studies*,Grossberg/Nelson/Treichler)在相应研究的多样性方面给人留下了深刻的印象,这些研究在 1990 年在伊利诺伊大学召开的"文化研究的今天和未来"⑤大会上得到了展示。在某些一再出现的课题——在原则上被应用于各种不同的文化学研究对象——之间发展出了独立的轮廓和研究

---

① 参见 Grossberg 1997,S. 264。
② 参见 Hall 1992,S. 278。
③ 参见 Musner 1999,S. 581。
④ 参见 Grossberg 1997,S. 250。
⑤ 原文为 *Cultural Studies Now and in the Future*。——译者注

151 逻辑。源于女性主义的**性别研究**无疑是资历最老的、最重要的分支,从这方面来说,它对**文化研究**的发展也施加了自己的影响,另外还有**种族研究**(**黑人研究、白人研究等**)、**后殖民研究、艾滋研究**和其他一些研究方向。同步发展起来的媒体学(**电影研究**等)也携其研究方法进行了强烈干涉,就像文化研究是完全由各种不同的专业和机构推动的。

> 事实上,**文化研究**不只是跨学科的;它经常[……]是积极地、具有攻击性地反对跨学科的——这一特性或多或少导致了与各学科持续不适的关系。①

然而,这并不与上述方法及其代表者成功的学术业绩相对立。

人们不难发现对**新历史主义**的认知兴趣发生了改变:新历史主义主要作为一种历史方法,将过去的、历时的文化作为研究对象,将其现实含义当作边缘的主题;文化研究以**当代文化的现象和问题**作为导向,目的是表达政治观点,只是在历史能做出贡献的地方才对其进行观察。它不对过往文化文本发出几乎超现实的惊异,而是带着政治干涉性步入当下。互文性关系让位于对机构关系和**权力关系**的研究。然而同时,这两种学派之间的呼应也是不容忽视的,即便它们就其本身而言是以(只是过于学术的)界定策略开展研究的。比如格林布拉特既未出现在格罗斯伯格/纳尔逊/特赖希勒(Grossberg/Nelson/Treichler)于1992年出版的著作的详细文献目录中,也未被格罗斯伯格1997年出版的书援引,但是格罗斯伯格在其信条"文化研究:名字中所含何义?"②中枚举的点,都是从格林布拉特的文章中提取出来的:这涉及跨学科性、自我反思性、对理论体系的怀疑,不过首先涉及的是"完全的语境主义"③的核心要点。

---

① 参见 Grossberg/Nelson/Treichler 1992,S. 1。

② 参见 Grossberg 1997,S. 245。(原文为 Cultural Studies:What's in a Name? ——译者注)

③ 同上,S. 253。

格罗斯伯格把**文化研究**确定为"一门语境性的学科"①,不过它不让其他的上下文或者一种臆想的经验假托它的语境关联。这些语境其实是在各自详细的研究中才产生的,即在和要被语境化的研究对象本身同样的物质性和特殊性中产生的:"文化研究是强烈反对还原论者的","它"总是唯物主义者"②,不必非得是本质论的:"它把一切置于关系中,却认为这样的关系,虽总是真实的,却从来不是必需的。"③格罗斯伯格把这种历史的——因此在某种方式上是有限的、不可解构的——语境的场景性视为表达(articulation):

> 一个文本不必表达它对于阅读过它的 90% 的人看起来要表达的意思。但是事实上,它对于阅读过它的 90% 的人来说确实是那个意思,因为那些词语和那种意思之间的关系已经被生产出来了。那些词语,那个文本,已经被表达为那个意思了。④

应该强调的是,文本充当例子,并非是那些可以成为**文化研究**对象的东西的总概念。语境化从词源学意义上以文本性领域为前提,这并未在格罗斯伯格那里获得实现。然而明确的是,**文化研究**的对象在语境编织物中占据了一种可比较的地位,就像文本在**新历史主义**领域中一样:它只在具体的语境中才会获得意义,并且同时积极地参与这种意义。在此,**表达这一概念**应该考虑到在符号学层面上可能出现的文化意义与在具体语境中获得实现的真实意义之间的差异。如何从方法论角度去把握语境和具体的**表达**,更何况还有此间一直运作着的**权力**;如何去思考符号学和权力分析之间的关系,思考语言作为系统和行为的概念或者非文本的东西的可读性:这些问题比在格林布拉特及其同事

---

① 参见 Grossberg 1997, S. 254。
② 同上, S. 256。
③ 同上, S. 259。
④ 同上。

那里还要不清楚。当然,人们可以顺便在本质上指责**文化研究**在理论基础方面的匮乏或者由于这一原因质疑整个研究活动。只是,**文化研究**的目的与其说是对语境的历史描述,毋宁说是要改变这种描述方式:"文化研究提供的是脚踏实地的理性实践,目的是干涉语境和权力的形成。"①以安东尼奥·葛兰西为榜样,政治知识分子的伦理道德是必不可少的。

绝不幼稚,而是相当有意识地折中,**文化研究**以这样的态度用各种各样的方法致力于实现这一目标,从话语分析到媒体理论,从社会统计学到解构主义,主要视具体计划需要什么而定方法。

> 文化研究试图使用最好的智力资源,尽可能更好地理解权力关系,[……]在一个特殊的语境中,相信这种知识能够更好地使人们改变语境,从而改变权力关系;在这种意义上,文化研究富有干涉主义色彩。②

如果人们认真对待这一观点,那么狭义上**文化研究**工作的成功或失败就不能从学术可校验性、方法论一致性和理论基础方面进行评估——这并不是说这些标杆不需要、不必要——而应该从其政治解放效应、启蒙效应方面来进行估量。只不过,这种效应也许几乎不是知识分子作为学术研究者和教师的角色在必需的程度上能够实现得了的,他们可能需要进入大众媒体,从而设计出一套另外的代码用作学术代码来获得前提条件。

从学术的视角来看,这显然是有问题的。就可以进行比较的女性主义(以及文学)解放运动而言,人们已经在德国实现了这种局面,不可避免的结果是:女性主义和学术仍然是两种相互不可协调的计划,因为偏向和有目的的责任感不能与学术理论的客观性要求合鸣。这一方面必须得到承认。但是另一方面,女性主义一直可以延伸到政治领域和

---

① 参见 Grossberg 1997, S. 261.
② 同上, S. 253.

现实生活,人们不希望失去学术在女性主义多样性应用领域中的一个方面,就像不希望失去女性主义在自己学术领域内多样性研究方法中的一席之地。

"生活,只是生活(Life and life only)"可能并不适于用作普遍性学科的箴言,但是与现实生活的些许联系无伤大碍。格罗斯伯格说得对:"我们训练记者去报道科学,却不训练他们去报道社会和文化知识,这难道不奇怪吗?"[①]英美**文化研究**的论文目前会定期发表有关日常和流行文化研究对象的有趣的、激动人心的解读方式,它们通过文艺评论、知识性杂志、书籍、网站和电视等途径得到传播,为大众所接受。德国人文科学从若干年前开始努力加强与国际上**文化转向**的对接。然而,如果德国的人文学者不抓住机会通过热心的研究活动来创建学术和当代文化之间新的对接点,并且如果有可能的话——为什么不——重新占据些许社会地位,那真是一件遗憾的事情。

参考文献

基础著作与导论

Baßler, Moritz (Hg.): *New Historicism. Literaturgeschichte als Poetik der Kultur.* Frankfurt a. M.: Fischer 2001a [1995].

Clark, Timothy J.: *The Painting of Modern Life. Paris in the Art of Manet and His Followers.* Princeton: Princeton UP 1984.

Clifford, James/Marcus, George E. (Hgg.): *Writing Culture. The Poetics and Politics of Ethnography.* Berkeley et al.: University of California Press 1986.

Dollimore, Jonathan/Sinfield, Alan (Hgg): *Political Shakespeare. Essays in Cultural Materialism.* Manchester: Manchester UP 1985.

Foucault, Michel: *Archäologie des Wissens.* Frankfurt a. M.: Suhrkamp 1990 [1973] (orig.: *L'Archéologie du Savoir,* Paris: Gallimard 1969).

[①] 参见 Grossberg 1997, S. 269。

Gallagher, Catherine/Greenblatt, Stephen: *Practicing New Historicism.* Chicago/London: University of Chicago Press 2000.

Geertz, Clifford: *Dichte Beschreibung. Beiträge zum Verstehen kultureller Systeme.* Frankfurt a. M.: Suhrkamp 1995 [1983] (orig.: *The Interpreation of Cultures. Selected Essays.* London: Hurchinson 1973).

Göttlich, Udo: »Kultureller Materialismus und Cultural Studies. Aspekte der Kultur-und Medientheorie von Raymond Williams.« In: Hepp/Winter 2006, S. 93 - 107.

Greenblatt, Stephen (Hg.): *Allegory and Representation. Selected Papers from the English Institute, 1979 - 80.* Baltimore/London: Johns Hopkins UP 1981.

Greenblatt, Stepher (Hg.): *The Forms of Power and the Power of Forms in the English Renaissance.* Oklahoma: University of Oklahoma 1982 [Sonderausgabe 15 von *Genre*] (Einleitung dt. in: Baßler 1995, S. 29 - 34).

Greenblatt, Stephen: *Verhandlungen mit Shakespeare. Innenansichten der englischen Renaissance.* Berlin: Wagenbach 1990a (orig.: *Shakespearean Negotiations. The Circulation of Social Energy in Renaissance England.* Berkeley/Los Angeles: University of California Press 1988).

Greenblatt, Stephen: *Learning to Curse. Essays in Early Modern Culture.* New York/London: Routledge 1990 (dt. Auswahl: *Schmutzige Riten. Betrachtungen zwischen Weltbildern.* Berlin: Wagenbach 1991).

Greenblatt, Stephen: *Marvelous Possessions.* Oxford: Oxford UP 1991 (dt.: *Wunderbare Besitztümer. Die Erfindung des Fremden. Reisende und Entdecker.* Berlin: Wagenbach 1994).

Greenblatt, Stephen: »Murdering Peasants. Status, Genre, and the Representation of Rebellion.« In: *Representations* 1 (1983), S. 1 - 29 (dt: »Bauernmorden. Status, Genre und Rebellion.« In: Baßler 1995, S. 164 - 208).

Greenblatt, Stephen: *Hamlet in Purgatory.* Princeton/Oxford: Princeton UP 2001.

Greenblatt, Stephen/Gunn, Giles (Hgg.): *Redrawing the Boundaries. The*

Transformation of English and American Studies. New York: Modern Language Association of America 1992.

Grossberg, Lawrence: *Bringing It All Back Home. Essays On Cultural Studies.* Durham/London: Duke UP 1997.

Grossberg, Lawrence/Nelson, Cary/Treichler, Paula (Hgg.): *Cultural Studies.* New York/London: Routledge 1992 [mit Bibliographie].

Hall, Stuart: »Cultural Studies and its Theoretical Legacies.« In: Grossberg/Nelson/Treichler 1992, S. 277 - 294.

Hepp, Andreas: *Cultural Studies und Medienanalyse. Eine Einführung.* Wiesbaden: VS Verlag 2004.

Hepp, Andreas/Winter, Rainer (Hgg.): *Kultur-Medien-Macht. Cultural Studies und Medienanalyse.* Wiesbaden: VS Verlag 2006 [1997].

Liu, Alan: »Die Macht des Formalismus: Der New Historicism.« In: Baßler 1995, S. 94 - 163 (orig.: »The Power of Formalism. The New Historicism.« In: *English Literary History* 56 (1989), S. 721 - 771).

Marchart, Oliver: *Cultural Studies.* Stuttgart: UTB 2007.

Montrose, Louis A.: »Die Renaissance behaupten. Poetik und Politik der Kultur.« In: Baßler 1995, S. 60 - 93 (orig.: »Professing the Renaissance. The Poetics and Politics of Culture.« In: Veeser 1989, S. 15 - 36).

Sinfield, Alan: *Shakespeare, Authority. Sexuality. Unfinished Business in Cultural Materialism.* New York/London: Routledge 2006.

Thomas, Brook: *The New Historicism and Other Old-Fashioned Topics.* Princeton: Princeton UP 1991.

Tilley, Christopher et al. (Hgg.): *Handbook of Material Culture.* London: Sage Publications 2006.

Veeser, H. Aram (Hg.): *The New Historicism.* New York/London: Routledge 1989.

Veeser, H. Aram (Hg:): *The New Historicism Reader.* New York/London: Routledge 1994.

Williams, Raymond: *Culture and Society 1780 -1950.* London: Chatto and Windus 1958.

Williams, Raymond: *Innovationen. Über den Prozeßcharakter von Literatur und Kultur.* Hg. von H. Gustav Klaus. Frankfurt a. M.: Syndikat 1977.

Williams, Raymond: *Politics and Letters.* New York: Schocken Books 1979.

Williams, Raymond: »Communications and Community.« [1961]. In: ders.: *Resources of Hope.* Hg. von Robin Gable. London/New Yrok: Verso 1989.

Williams, Raymond: *The Sociology of Culture.* Chicago: University of Chicago Press 1991 [1981].

供深入阅读的文献

Aronowitz, Stanley: »Between Criticism and Ethnography. Raymond Williams and the Intervention of Cultural Studies.« In: Prendergast 1995, S. 320 - 339.

Baecker, Dirk: *Wozu Kultur?* Berlin: Kulturverlag Kadmos 2000.

Baßler, Moritz: »New Historicism und der Text der Kultur: Zum Problem synchroner Intertextualität.« In: Moritz Csáky/Richard Reichensperger (Hgg.): *Literatur als Text der Kultur.* Wien: Passagen 1999, S. 23 - 40.

Baßler, Moritz: »›Science of the Particular?‹ Perspektiven einer literaturwissenschaftlichen Texttheorie der Kultur.« In: Beate Burtscher-Bechter/Martin Sexl (Hgg.): *Theory Studies? Konturen komparatistischer Theoriebildung zu Beginn des 21. Jahrhunderts.* Innsbruck: Studienverlag 2001b, S. 271 - 282.

Baßler, Moritz: »Zwischen den Texten der Geschichte. Vorschläge zur methodischen Beerbung des New Historicism.« In: Daniel Fulda/Sylvia Serena Tschopp (Hgg.): *Literatur und Geschichte. Ein Kompendium zu ihrem Verhältnis von der Aufklärung bis zur Gegenwart.* Berlin/New York: de Gruyter 2002, S. 87 - 100.

Behschnitt, Wolfgang: »Die Macht des Kunstwerks und das Gespräch mit den Toten. Über Stephen Greenblatts Konzept der ›Social Energy‹.« In: Glauser/Heitmann 1999, S. 157 - 169.

Fineman, Joel: »The History of the Anecdote. From Fiction to Fiction.« In: Veeser 1989, S. 49 - 76.

Fiske, John: »Cultural Studies and the Culture of Everyday Life.« In: Grossberg/

Nelson/Treichler 1992, S. 154 – 173.

Fluck, Winfried: »Die ›Amerikanisierung‹ der Geschichte im *New Historicism*.« In: Baßler 1995, S. 229 – 250.

Gallagher, Catherine: »Raymond Williams and Cultural Studies.« In: Prendergast 1995, S. 307 – 319.

Glauser, Jürg/Heitmann, Annegret (Hgg.): *Verhandlungen mit dem New Historicism. Das Text Kontext-Problem in der Literaturwissenschaft.* Würzburg: Königshausen & Neumann 1999.

Graff, Gerald/Robbins, Bruce: *Cultural Criticism*. In: Greenblatt/Gunn 1992, S. 419 – 436.

Higgins, John: *Raymond Williams. Literature, Marxism and Cultural Materialism.* London/New York: Routledge 1999.

Hörning, Karl H./Winter, Rainer (Hgg.): *Widerspenstige Kulturen. Cultural Studies als Herausforderung.* Frankfurt a. M.: Suhrkamp 1999.

Johnson, Richard: »What Is Cultural Studies Anyway?« In: *Social Text* 16 (1986/87), S. 38 – 80.

Kuna, Franz: »Literaturwissenschaft und ›Cultural Studies.‹ Die Geschichte einer Herausforderung«. In: Werner Delanoy et al. (Hgg.): *Lesarten. Literaturdidaktik im interdisziplinären Vergleich.* Innsbruck: Studienverlag 1996, 225 – 238.

Latour, Bruno: *Nous n'avons jamais été modernes. Essai d'anthropologie symétrique.* Paris: Éditions La Découverte 1991 (dt.: *Wir sind nie modern gewesen. Versuch einer Symmetrischen Anthropologie.* Berlin: Akademie Verlag 1995).

Luhmann, Niklas: *Die Kunst der Gesellschaft.* Frankfurt a. M.: Suhrkamp 1995.

Lyotard, Jean-Francois: *Das postmoderne Wissen. Ein Bericht.* Wien: Passagen 1986 (orig.: *La condition postmoderne.* Paris: Editions de Minuit 1979).

Musner, Lutz: »Locating Culture in the US and Central Europe—A Transatlantic Perspective on Cultural Studies.« In: *Cultural Studies* 13, 4(1999), S. 577 –

590.

Nelson, Cary/Treichler, Paula A./Grossberg, Lawrence: »Cultural Studies: An Introduction.« In: Grossberg/Nelson/Treichler 1992, S. 1-22.

Prendergast, Christopher (Hg.): *Cultural Materialism. On Raymond Williams.* Minneapolis/London: University of Minneapolis Press 1995.

Voßkamp, Wilhelm: »Einheit in der Differenz. Zur Situation der Literaturwissenschaft in wissenschaftshistorischer Perspektive.« In: Ludwig Jäger (Hg.): *Germanistik-Disziplinäre Identität und kulturelle Leistung.* Weinheim: Beltz Athenäum 1995, S. 29-45.

Ward, John P.: *Raymond Williams.* Cardiff: University of Wales Press 1981.

Werber, Nils: »Ohne Text und Kultur. Dic Systemtheorie und der ›cultural turn‹ der Kulturwissenschaft.« [Vortrag am IFK Wien 2001, Ms.].

White, Mimi/Schwoch, James (Hgg.): *Questions of Method in Cultural Studies.* Malden, MA: Blackwell 2006.

莫里茨·巴斯勒

(Moritz Baßler)

八
集体记忆与回忆文化[①]

1. 导言:一个"新范式"及其起源

20世纪80年代开始,人们可以观察到,文化学领域中学者们开始深入探讨集体记忆和回忆文化的理念。如果人们要问这一"新范式"[②]为何能有这样的影响力,除了因千年之交而愈显得渐趋频繁的必然性回顾以外,历史、政治和社会形式以及技术和科学形式的奋力转变进程随着行将终结的20世纪也进入了人们的眼帘,这些方面的转变抛出了记忆的集体维度问题以及文化和记忆的关系问题。

于是我们发现,我们面临着这样的现实,即经历犹太人大屠杀和第二次世界大战的那一代正在逐渐消逝。对于**"第三帝国"的集体记忆**而言,这意味着一个重大事件,因为生活经验的口头传承也会随之中

[①] 衷心感谢安斯加・纽宁以及比伊特・诺伊曼(Birgit Neumann)和杰拉尔德・埃希特霍夫(Gerald Echterhoff)给予我富有建设性的批评和宝贵的启示。

[②] 参见 Jan Assmann。

断。① 如果没有这一历史的时代见证者,社会只会显示出历史关系的两种其他模式,一种是学术—历史研究,一种是以媒体为支撑的"文化记忆"。有关犹太人大屠杀历史学术研究的可能性和内涵的争论在 1986 年到 1987 年之间所谓的"历史学家之争"②中达到了顶点。③ 在围绕马丁·瓦尔泽(Martin Walser)书业和平奖发言④和柏林大屠杀纪念碑⑤进行的框架性争论中,人们对有关文化回忆的内容和形式进行了讨论。居于所有这些争论的核心地位的,是对集体与历史关系的形式、内容和功能的质疑,集体记忆和回忆文化的研究以其独特的理论和方法期待着对这些疑问进行回答,或者至少对其进行根本性的反思——比如,历史和记忆之间的关系以及口头传承的生活经验与现存文化回忆之间的关系。

记忆和回忆范式繁荣的另一个原因,是**集体记忆媒体领域中**的深刻变化。⑥ 电脑科技的迅速发展带来了知识储存方面新的、不可预见的可能性。在这种技术变革的语境中,产生了人类记忆和电子记忆的共同点和差异性的问题。人工智能的发展是否涉及对人类记忆的复制和优化?神经学科和认知科学指出,**储存与检索**的控制论模式与有机生物记忆的运作方式在根本上是不一致的:人类记忆不是数据输入之后能在任意时刻以忠于原型的形式对其进行召唤的存储器,就像我们对计算机所期望的那样。我们的回忆不是对过去感知的客观反映,遑论对历史现实的客观映射。它是主观的、经过高度遴选的,是与召唤场景密切相关的**再现**。这在**虚假记忆之争**⑦的框架内显示地最为清楚不过了:这场争论是 20 世纪 90 年代在美国因为引起轰动的法庭诉讼而

---

① 参见 Berg 1996;Assmann/Frevert 1999。
② 原文为 Historikerstreit。——译者注
③ 参见 Augstein 1987。
④ 参见 Zuckermann 1999。
⑤ 参见 Leggewie/Meier 2005。
⑥ 参见本书第十六章"媒体文化学"。
⑦ 原文为 false memory debate。——译者注

被触发的,证人在法庭上尽管尽知且有良知,却做出了有偏差的回忆。遗忘、排斥和歪曲是人类记忆的属性。①

集体记忆的媒体——比如口头传述、文字、图片或者电脑——实现了**文化的延续**。今天,正是通过新的技术,大量的数据才可以被保存,才能被传递给后代。但是,面对浩如烟海的数据,人们如何才能将其纵览? 谁应该掌握被编码的信息——栖身于书籍或者硬盘的这些"死知识"——谁又该为整个社会选取值得记忆的东西? 这些思考显示了再次对回忆和记忆进行研究的基于知识体系的内部原因。这是否是自后现代挑战以来必须弱化其解释和意义创造权力的**人文科学的使命**? 人文科学领域独立学科的文化学拓展以及向"回忆和记忆"这一问题领域的共同聚焦,期待着以新的方式为整个社会体系对研究当代和过去文化的活动进行合法化操作,而且从以下两个方面来说:文化学起着机构的作用,管理着我们的文化遗产。文化学的方法,比如史源学或者文本批评,使人们得以对流传下来的东西进行有学术基础的研究。同时,文化学也涉及一种相关职能,借助理论和概念工具反思自身的回忆活动,有能力去比较不同的回忆文化。②

在尝试对集体记忆和回忆文化进行理论化的过程中,**跨学科导向的研究方法**展现出一种高度的认知价值。在新近的出版物中,心理学、认知科学和神经科学、社会学和历史学、古代文化研究学、宗教史、哲学、艺术学和文学学发挥了创造性的联系作用。③ 各种各样流行的记忆概念——memoria(记忆), mémoire collective(集体记忆), soziales Gedächtnis(集体记忆), lieux de mémoire(记忆立场), invented traditions(被创造的传统), kulturelles Gedächtnis(文化记忆), kommuni-

---

① 参见 Loftus/Ketcham 1994;Schacter 1995;1999。
② 参见 Harth 1998 以及本书第二章"文化概念与文化理论"。
③ 参见 Butler 1989;Haverkamp/Lachmann 1991, 1993;Loewy/Moltmann 1996;Oexle 1995;Antze/Lambek 1996;Berns/Neuber 1993;Weinrich 1997;Bal/Spitzer 1999;Radstone 2000;Echterhoff/Saar 2002。

katives Gedaechtnis(交际记忆)或者 cultural memory(文化记忆)——在眼前萦绕,因此,"集体记忆和回忆文化"这一研究领域不仅从不同学科的贡献中,而且在不同的民族、文化和时代之中获得养分。

2. 集体记忆的"发现":莫里斯·哈布瓦赫与阿比·瓦尔堡

今天,有关集体记忆的研究遵循两个传统分支。这两者都是在20世纪20年代开始发展起来的,分别是莫里斯·哈布瓦赫(Maurice Halbwachs)关于集体记忆的社会学研究和阿比·瓦尔堡(Aby Warburg)关于建立在生动象征主义基础上的"社会记忆"的文化历史学研究。虽然文化遗产的创设、维护和反思看起来似乎属于人类学意义上的人类基本活动,而且"集体记忆"和"回忆文化"这两个概念的客观历史可以追溯至古希腊罗马时代,然而,哈布瓦赫和瓦尔堡是最先在一种现代化的文化理论框架中对这些现象进行命名并且系统地进行研究的人。

2.1 莫里斯·哈布瓦赫:"集体记忆"

法国社会学家莫里斯·哈布瓦赫(1877—1945)是亨利·柏格森和埃米尔·涂尔干的学生,有三部著作遗世,他在其中发展了**集体记忆**的概念,使得这些著作在今天占据了集体记忆研究领域的核心地位。1925年,哈布瓦赫出版了《记忆的社会框架》,他在书中试图证明记忆的社会决定性。因此,他反对同时代研究者的记忆理论,如亨利·柏格森和西格蒙德·弗洛伊德,他们将记忆视为纯粹个人性的事件。哈布瓦赫认为,每种纵然具有个体性的记忆都是一种**集体记忆**、一种集体的现象,他的这一理论遭到了反驳——包括他任教的斯特拉斯堡大学的同事夏尔·布隆代尔(Charles Blondel)和马克·布洛赫(Marc Bloch)。后者批评哈布瓦赫与涂尔干学派的普遍做法一样,对个体心理学现象做出了不恰当的集体化处理。

受到批评的激励之后，哈布瓦赫开始致力于在其第二本著作中对集体记忆的概念继续进行阐释。他在《论集体记忆》这本书上花费了15年的精力，直到1950年，该书才在哈布瓦赫身后得以不完整出版。之前，哈布瓦赫还出版了第三部著作《福音书中圣地的传奇地形学》，该书以个案研究揭示了集体记忆的形式和运作方式。1944年，哈布瓦赫被德国人放逐到布痕瓦尔德（Buchenwald）。1945年3月16日，他在那里被杀害。

哈布瓦赫有关集体记忆的著作在二战后被人遗忘，尤其是关于记忆和回忆的文化维度的研究。然而今天，集体记忆的理论创设如果不援引这位社会学家的学说的话，是不能获得圆满的。哈布瓦赫的**集体记忆**研究可以被划分为三个研究领域，它们表明了集体记忆研究的三个不同方向：第一，哈布瓦赫有关个体记忆的社会决定性理论；第二，有关代际记忆的形式和功能的研究；第三，他将**集体记忆**概念扩展到文化传承和传统构建领域，扩展到今天被阿莱达·阿斯曼和扬·阿斯曼的术语称作"文化记忆"的领域。

个体记忆的社会决定性论点以**社会框架**①理念为基础，这一理念展现了哈布瓦赫集体记忆理论的出发点。在《记忆的社会框架》一书的第一部分中，哈布瓦赫借助对梦和语言的思考详细揭示了自传体式记忆的集体成分，并且得出了下列结论：对社会框架的追溯造就了个体记忆活动的前提条件。社会框架对于哈布瓦赫来说首先就是人，围绕着我们的人。人类是一种社会性生物。根据哈布瓦赫的理论，对于一个人而言，如果没有其他人的存在，通向诸如语言或者习俗这样明摆的集体现象的通道与通向自我记忆的通道都是禁闭的。一方面，这是因为我们通常是在与其他人形成的圈子当中获得经验的。这些经验日后可以帮助我们回忆起人生的大事件。不过，对于哈布瓦赫来说，更加基础

---

① 原文为 cadres sociaux。——译者注

的是下述事实,即关于数据和事实的知识、集体的时间和空间概念、思想和经验是通过与我们周围的人的互动和交流,通过诸如书籍、图片或建筑之类的媒体被传授给我们的。因为我们参与了集体象征秩序规则,我们就可以对过去的事件进行定位、解释和记忆。**社会框架**构成了产生于我们文化的物质、精神和社会维度的宽广视野,我们的感知和回忆都被安置于其中。由此,对于哈布瓦赫而言,卡斯帕尔·豪泽尔(Kaspar Hauser)[1]也许并没有记忆,孤独的鲁滨孙·克鲁索(Robinson Crusoe)却有,因为他在精神方面可以追溯至其故乡的社会框架。不过,在哈布瓦赫这位社会学家看来,具有核心意义的是社会群体,因为没有它们的话,意义世界既不会产生也不会得到传递。

社会框架传授集体记忆的内容,并使之具有某种视角——集体记忆即对于一个集体而言重要的经验和分享的知识:"在这层意义上,存在一种集体记忆和记忆的社会框架,我们的个人思想在这一程度上能够回忆起指如何在这一框架关系中得以保持,如何参与这种记忆。"[2]我们的个人记忆是由社会影响的,我们的感觉是群体特定性的。然而,集体记忆涉及的不是脱离有机记忆的、超个体的场所。集体记忆和个体记忆处于一种相互依存的关系中。因此,"个体通过站在群体立场上的方式进行记忆,群体的记忆在个体记忆的集合中获得实现和显露"[3]。

哈布瓦赫区分了不同的集体记忆塑造模式,在《记忆的社会框架》一书的第二部分中引入了一些案例研究:家庭、宗教团体、社会阶层。**家庭记忆**是一种典型的**代际记忆**。所有家庭成员共有家庭生活的经验视野,他们都参与到了代际记忆中。通过社会互动(通过集体的行动和分享的经验)、通过交流(重复的、共同的对过往的回忆),这样一种集体

---

[1] 德国的著名人物,野孩子,某日突然出现在公众视野中,智力低下且寡言少语。据其后来自述,他生下来就被关在一个小黑屋里,以水和面包度日。——译者注
[2] 参见 Halbwachs 1985, S. 21。
[3] 同上, S. 23。

记忆获得了建构。通过口头叙述,比如在家庭节庆的时候,那些本身没有共同经历过被回忆的往事的家庭成员也分享了这一记忆。时代见证人和后辈们之间的记忆交流以这种方式持续不断地进行着。集体的代际记忆因此可以一直达到社会群体中最年长的成员所能够追忆起的深度。

哈布瓦赫将代际记忆和当代史严格区分开来。对他而言,它们涉及历史关系的两种形式,是相互排斥的。在《论集体记忆》一书中,哈布瓦赫刚开始把"被经历"的历史与"被书写"的历史进行对比的时候,就强调道:"历史普遍而言开始于传统终结的那一点——开始于社会关系熄灭和瓦解的那一瞬间。"[①]**历史和记忆**是不可融合的:历史对于哈布瓦赫来说具有普遍性,它将所有过去的事件无偏见性地平等并列,通过这种方式来凸显自身。处于历史的兴趣核心的,是对立和突破。但是,记忆是特殊的。它的承载者是时空有限的群体,这些群体的记忆具有强烈的评判性和层次分界性。在集体记忆框架内,过往关联的核心功能是**建构认同**。被记忆的,是那些符合自我形象和群体兴趣的东西。在此,人们首先强调的是相似性和连续性,它们可以表明群体保持着相同的状态。参与集体记忆表明记忆者属于这个群体。

对于哈布瓦赫来说,历史的关切在于过去。而集体记忆以当下的需求和利益为出发点,因此其行事方式具有**选择性和解构性**。所以,扭曲和重心转移甚至虚构都是可能的手段。因此,记忆提供的不是过去的写照,而是相反:"记忆在十分宽泛的程度上是借用当下的事实对过去进行的解构。此外,人们也通过其他的、在以前的时代中就完成的解构为记忆做好了准备。"[②]由此,人们可以听出来极端的构成主义在半个世纪之后视为"现实的建构"的东西。

代际记忆的媒体是日常交流,其内容和意义局限于一目了然的社

---

① 参见 Halbwachs 1991, S. 66。
② 同上, S. 55。

会群体；哈布瓦赫将其研究界定于代际记忆的范围，他在《记忆的社会框架》一书研究贵族和宗教群体记忆的章节中及其日后对巴勒斯坦天主教记忆地形学的研究中突破了这一范围。在《传奇地形学》一书中，他将注意力转向了形态坚固的集体记忆，它们的时间视野跨度可达数千年之久，因此需要对研究对象和记忆场所进行框架性构建。在这一点上，哈布瓦赫跨越了由集体塑造的有关过去历史的记忆研究领域，进入了由集体构建的有关遥远过去的知识领域。这一理念以传承和传统建构为基础。扬·阿斯曼和阿莱达·阿斯曼的文化记忆就是由此承续的。

2.2 阿比·瓦尔堡："社会记忆"

集体记忆理念的第二种著名方案同样可以追溯至20世纪20年代的一位学者。艺术史和文化史学者阿比·瓦尔堡（1866—1929）在今天被普遍视为一种现代的、跨学科导向的、原始资料基础得到拓展的文化学[①]的重要先驱。直至今日，汉堡的**瓦尔堡文化学图书馆**仍旧声名赫赫。它的独特气质表现在，瓦尔堡为了规避单一学科的"边防警察式偏见"，根据文化史主题群组整理了他的丰富收藏品，并且倡导一种时代、媒体、文类和专业交叉的观察方式。一批重要的研究者如恩斯特·卡西尔、艾尔文·潘诺夫斯基（Erwin Panofsky）和赫尔穆特·里特（Helmut Ritter）与瓦尔堡图书馆都有关联。瓦尔堡去世后，图书馆于1933年纳粹恐怖开始之前被抢救到伦敦。从1944年开始，瓦尔堡学院就成了伦敦大学的一部分。

瓦尔堡在他一生的时间里致力于两个艺术史问题：星相符号[②]和文艺复兴早期古希腊罗马文化的再现。瓦尔堡通过研究图像细节在不同时期和文化空间中的复现来探讨这两个现象。然而，直到稍晚的20

---

① 参见 Warburg 1979；2000。
② 原文为 Sternensymbolik。——译者注

世纪 20 年代中期,瓦尔堡才明确地把他的艺术史研究与集体记忆理论联系起来。① 瓦尔堡观察到了**艺术形式的重复**——比如,波提切利和基尔兰达约的文艺复兴绘画中古典湿壁画的活跃的长袍主题,或者像在 20 世纪 20 年代的邮票上展现的那样——他并不将其阐释为艺术家有意识地掌握古希腊罗马文化的成果,而是将其归因于文化象征的回忆触发力。

在此,瓦尔堡所谓的"情念程式"(Pathosformeln)具有特别的意义。文艺复兴时期的艺术家在试图展现人类表达中的极致——仪态或者相貌中激情的爆发状态——的时候,会追溯到古典样板的象征意义。在这些象征中寓居着古典的激情,一种非基督教意义上的情感强度;瓦尔堡把这些象征视为"情念程式"。为了解释包含于这些象征中的冲动成分的特别生存力,他回溯了记忆心理学家理查德·塞蒙(Richard Semon)的模式:瓦尔堡认为,情念程式涉及的是文化的"深刻印象"或者"能量痕迹",它们储存了"记忆能量",并且在改变了的历史条件下或者在十分遥远的地方能够重新释放这些能量。象征就是一种文化的"能量罐头"。文化以象征的记忆为基础。瓦尔堡以这种方式发展了集体图像记忆理论,他称之为**"社会记忆"**。

对于瓦尔堡而言,与社会记忆紧密关联的是伦理问题:古典的激情是一种回忆,它使艺术家折服,但也能为其控制。伴随着情念程式的复现,文化的两个基本方面"表达"和"定位"就相互连接起来了:象征性仪态的冲动成分虽然给与仪态建立联系的"开化的"艺术家提供了一种深刻的、精辟的图像表达的机会,但也因为其产生自文化的蒙昧层次而显示出一种威胁,在这样的蒙昧层次中,自我(das Ich)还没有成为这种东西的统治者。艺术总是在魔力和逻辑之间、蒙昧的心醉神迷和开化的自我克制之间危险重重的地带中移动。关键在于,艺术家是否能够接受流传下来的象征意义,并且同时与其保持距离,以实现明朗和美丽

---

① 参见 Gombrich 1992;Kany 1987;Ginzburg 1995;Zumbusch 2004。

之间的平衡。瓦尔堡的学说涉及的是"艺术的克己",它是现代人类回忆其文化的深刻层次的时候显示出的中庸和伦理道德的自我主张。**艺术的克己技巧**可以是对象征的纯粹隐喻特征的强调,比如通过灰色画技法,或者是合乎时代的重新阐释,比如说在基督教意义上。

瓦尔堡强调了具有时空典型性的**社会记忆的更新和改变**。因此,艺术作品中文化象征意义的延续和重新解释之间的特殊相互作用允许人们得出文化的精神维度上的结论:"复制翻版的偏差,在时代的镜面中看到的,自觉或者不自觉地复原了时代的选择性倾向,由此,构成愿望的、造就理想的整体灵魂就暴露出来了。"①

记忆概念和艺术"遗产管理"的观念在瓦尔堡的思想中有多重要,从他最后一次展览方案的名字"摩涅莫辛涅(Mnemosyne)"(1924—1929)就可见一斑——她是记忆女神,是九位文艺女神之母。这是一个图集,它要展现的是跨越时代和地域的图片记忆。瓦尔堡把看起来不同的画板汇集起来,在这种形式中,一种意义重大的、连接欧亚的"记忆联合体"的轮廓就被勾画起来了。

"集体记忆和回忆文化"这一研究领域伴随着瓦尔堡和哈布瓦赫的研究活动在 20 世纪 20 年代得到了极大的扩张。然而,他们两者的理念有着根本性的区别。哈布瓦赫有关集体记忆的研究论文可以被视为具有理论承载性,而瓦尔堡并没有留下一种普遍的理论或者系统论。瓦尔堡以归纳方式进行研究,从材料着手——十分契合他的著名格言:"亲爱的上帝隐藏在细节里。"所以,他把文化的物质性维度推向了前台。让他劳心的是文化的客观具体化在召唤记忆和延续文化方面的作用问题。在他看来,这一研究领域首先涉及的是具有强烈表达性质的、与无意识的心灵过程紧密相关的视觉文化,只不过是在一种十分宽泛的、媒体和学科交叉的意义上而言,以至于他把日常文化、节庆或者文学原始材料的客观化也一并囊括了进来。而哈布瓦赫是从文化的社会

---

① 转引自 Gombrich 1992,S. 359。

维度出发展开论证的。他认为,这一研究领域首先涉及的是社会群体面对有关身份认同的过往的时候采取的一种积极的、有意识的、建构性的、符合当代需求的认知活动。

不过,此两种理念的共同点在于,它们都认识到**文化及其传递是人类活动的产物**。在20世纪初,这一论断绝非是一种理所当然。受达尔文和进化论以及其世纪之交的生物主义的启发,许多科学家试图用"种族记忆"的理念去解释文化的生存力现象。事实上,从社会和精神方面延续过往文化的密钥不在于某种遗传记忆,而在于由社会互动带来的文化传授以及文化在物质客观化过程中得到明确,揭示这一点正是哈布瓦赫与瓦尔堡的功劳。同时,他们都以各自的研究表明,人们只有通过跨越专业界线的方法论才能靠近"集体记忆"现象。

3. 单个学科对"集体记忆与回忆文化"研究的贡献

今天,人们已经普遍把哈布瓦赫和瓦尔堡的研究当作集体记忆理论化过程的核心思想展开讨论,而一开始,他们俩几乎找不到知音。以跨学科和文化学为导向,将记忆作为由集体决定的或者建构并且延续文化的现象进行研究,直到20世纪80年代在更宽泛的基础上才重新获得了人们的接受。之前,人们只是在单个学科中、从不同的视角出发来发展记忆和回忆理论。来自三个研究领域的认知对今天的集体记忆和回忆文化话语施加了重大影响。它们是针对个体记忆的心理学研究,针对历史和记忆的历史学探索,以及针对文化形式的流传的艺术学和文学学研究。

3.1 心理学中的记忆研究

19世纪行将结束的时候,心理学才作为学科获得建立。直到那时为止,有关个体记忆的理论创建首先是哲学和原心理学(protopsychologischer)思想家的事情。有关记忆的话语在古希腊罗马时代就有记载。柏拉图把记忆比作一块蜡版,各种感知被雕琢其上;亚里士多德把记忆比作印章,上面刻画着一种印记。① 直到近代,受古希腊罗马哲学影响的有机记忆的观念都处于主导地位:被记忆的是之前被写入或者刻进记忆当中的东西。**记忆作为大量等待描述或者刻画的内容的隐喻**还对理查德·塞蒙和西格蒙德·弗洛伊德的记忆概念产生了影响。1900年前后,记忆研究的图谱从哲学和心理分析学延伸到了文学,直至实证经验论领域。

实证记忆心理学发端于**赫尔曼·艾宾浩斯**(Hermann Ebbinghaus: *Über das Gedächtnis*②, 1885)。他通过记忆无意义的音节并且测量他的记忆效率,来试图观察学习记忆的"**纯粹形式**"。与之相对,英国心理学家弗雷德里克·巴特莱特(Sir Frederick Bartlett)的研究聚焦于记忆的创造性方面而非再造性方面。在《记忆》(1932)一书中,他展开了经典的、实证性的、与社会心理学相关联的研究工作,并且批判性地反思了哈布瓦赫构建的受社会影响的记忆理论。巴特莱特进行了一个实验,受试者需要记忆一个陌生的故事。借助这一实验,他证明了记忆带有扭曲——拉平、强调、同化——的烙印。他同意哈布瓦赫的观点,也认为建构性过程在记忆构造中发挥着作用。集体的观念世界在个体记忆中的比重,哈布瓦赫将它称作社会框架,巴特莱特则称其为**图式**——这是一种模式和知识结构,因为它的存在,围绕特定的对象、人物和场景以及它们的关系方式产生了偏好,也因此削减了复杂性,引导感知和记忆。

随着心理学领域中所谓的**"认知论转向"**接替了在20世纪上半叶仍然占据主导地位的行为主义,内部的感受和认知过程才再次引发了人们的兴趣。在此过程中,哈布瓦赫和巴特莱特强调的记忆的建构性

---

① 参见 Fleckner 1995; Harth 1991; Weinrich 1964; Draaisma 1999。
② 《关于记忆》。——译者注

也极大地吸引了研究者的目光：**乌尔里克·奈瑟**（Ulric Neisser）——重要的认知心理学思想先驱——把记忆的过程比作一位古生物学家用残余化石重新搭建恐龙骨架的尝试。

20世纪70年代中期建立起来的**认知科学**（cognitive science）考虑到了记忆研究需要跨学科的研究，需要克服自然科学和人文科学之间的对立。心理学、信息学、语言学、社会科学、哲学和神经学领域的研究者可以进行合作，共同努力理解人类的认知过程和知识结构并使其在人工智能系统的研发过程中发挥用处。同时，神经元活动的监测结果显示，记忆在大脑里面并没有固定的场所。在记忆过程中，所有的大脑区域都有参与其中的迹象。这一事实证实了**联结主义**的理念，或者说证实了神经元协作模式的特定形式。这一模式认为，记忆不是一个存储器，而是由神经系统中持续进行编制的认知结构组成的。记忆表现为激发模式的活动。它在自我创造系统的内部不断得到更新。①

20世纪80年代中期，当纯粹的认知主义在心理学领域内部遭遇批评，并且人们要求扩展针对语境性因素的观察活动的时候，**记忆作为文化和社会现象**重新获得密切关注。心理学中以话语导向的和所谓的**生态研究方法**开始致力于探索社会文化事实对记忆的影响问题。由此，个体记忆的认知语境，比如说社会活动和机构或者记忆与遗忘的修辞组织，进入研究领域。② 生物—物理学和哲学—文化史方法在回忆和记忆研究领域的交叉从20世纪80年代起在许多文集中成为学者追求的目标。③ 大约从世纪之交开始，神经科学大量参与到跨学科的记忆研究活动中，在人文科学和自然科学之间架起了桥梁。④

---

① 参见 Maturana 1982；Förster 1985；Varela 1990。
② 参见 Connerton 1989；Middleton/Edwards 1990；Lüer/Lass 1997。
③ 参见 Klix/Hagendorf 1986；Solomon et al. 1989；Schmidt 1991。
④ 参见 Singer 2002；Welzer 2002；Welzer/Markowitsch 2005；有关心理学记忆研究方面的概览参见 Tulving/Craik 2000。

3.2 历史学中的记忆研究

在历史学核心层面，在从未满 30 年以前就开始活跃的"历史和/或/作为/记忆"这一课题领域中就存在这样的问题，即历史书写是不是集体记忆的一种形式。历史学原始材料涉及的文化人工制品并未反映过去的事实，而总是以某种角度进行解释。而且，哈布瓦赫以客观性理想作为基础，论战性地将未参与的历史和具有评价性的记忆对立起来，但是历史学者的工作并不能够符合这一质朴的理想。历史学家进行遴选、权衡和解释。他们本身与其历史立场及其个人视角是相连的。还有一个相当重要的问题也在人们的讨论范畴中，即历史书写应当承担什么样的社会功能：它涉及的是对过往的客观的、未参与的重构，还是为某一利益方所利用从而想要在当代达成某种目的的对历史的解释？历史编纂学主要具有**学术功能**还是**记忆功能**？有关历史和记忆关系的概念图谱涵盖了从尝试揭示两种历史关系模式的相似性直到强调其不可协调性。①

在认知兴趣和方法论方面坚决立身于"记忆"一极的是**口述史**(Oral History)，它在 20 世纪 80 年代作为一门新的研究分支在历史学内部得以建立。② 其目的在于，给主要以笔头和图片文档为基础的当代史书写补充一种源材料形式。**口述史**创造性地利用了哈布瓦赫研究代际记忆时的研究对象以及可以用阿莱达·阿斯曼和扬·阿斯曼的概念称之为"交际记忆"的东西——与有机记忆紧密相连的对集体性重要事件的鲜活记忆。**口述史**的研究方法是对同时代人就生活经历进行访谈，并总结出历史感知方式和行为方式的推论。然而，记忆，特别是我们组织成生活经历的传记性记忆，是一种回顾性的构造。它们与过往事实的关系常常比与访谈场景的此时和此地的关系更疏远。口述史因

---

① 参见 LeGoff 1992；Burke 1989；Füßmann/Grütter/Rüsen 1994；Rüsen 1994；Wischermann 1996；Confino 1997；Kansteiner 2002。

② 参见 Niethammer 1985。

此除了书写当代史之外,也经常书写着记忆史和回忆史。

就关于历史和/或/作为记忆的讨论而言,在对两种历史关系的概念进行严格区分的学者范围内,法国历史学家皮埃尔·诺拉是最具影响力的代表者。他的七卷本文集《记忆之场》具有里程碑意义,在开篇文章《历史和记忆之间》中他从哈布瓦赫的意义立场出发强调:"记忆,历史:它们绝非同义词,而[……]完全是对立面。"①然而,与依然以集体记忆的存在作为出发点的哈布瓦赫不同,诺拉在观察了我们的时代后总结道:"正因为没有记忆了,所以人们要谈论记忆。"②所以,**记忆场所**成了他的反思对象。这在古希腊罗马时代的记忆法传统中被理解为最广泛意义上的"*loci*"(场所),可以涵盖地理场所,也可以包括历史人物,建筑和文物,艺术作品,哲学和科学文章,或者象征行为。这样的话,巴黎、凡尔赛宫和埃菲尔铁塔可以算作记忆场所,圣女贞德、法国国旗、马赛曲或者笛卡儿的《方法论》同样也是记忆场所。

不过,记忆场所不能够建立一种哈布瓦赫意义上的集体记忆。诺拉截然相反地解释说:"有记忆的场所存在,因为没有了记忆的环境。"③根据他的观点,今天的社会正处在一个过渡阶段,在这一阶段,与鲜活的、群体和民族特定性的、认同建构性的过往的联系都已经断裂了。因此,记忆场所起着人造占位者的作用,为不再存在的自然集体记忆之故。诺拉在他的《记忆之场》一书中收罗了含有法国文化元素的文章,这些元素虽然代表着集体自传性记忆意义上的共同历史,但是在其多样性方面已经不能被整合为一个相互关联的全景。每个个体会对记忆场所做出自己的选择。再多的记忆之场也不容许通过分等级、编排的方式连通成一种一致的叙述或者一个完整的意义结构。此外,过往和当下之间的裂隙巨大,以至于记忆场所在今天的观察者那里已经不能够召唤起除感伤以外的任何反应。因此,记忆场所就是符号,它们不

---

① 参见 Nora 1990, S. 13。
② 同上,S. 11。
③ 同上。

仅意味着法国历史中需要被人们回忆的方方面面,而且同时指向了缺席的鲜活记忆。

以文化学为导向的历史书写活动将集体记忆的理论概念建构与历史回忆文化研究联系起来,诺拉的研究也许是其中最卓越的范例。在英语地区兴起的有关**传统发明**①和**想象的共同体**②的研究活动以相似的方式进行。在德国,特别是关于战争遗迹的历史学研究致力于在集体记忆和回忆文化领域开展探索活动。③ 艾蒂安·弗朗索瓦(Etienne Francois)和哈根·舒尔策(Hagen Schulze)借鉴了诺拉的方法,发起了"德国记忆之场"④的研究项目。⑤

3.3 艺术学和文学学中的记忆研究

艺术学和文化学为记忆和回忆这一课题领域做出了多样化的贡献。由源自不同理论和方法论取向的个案研究派生出了各种各样的记忆概念。有些研究活动继续发展了阿比·瓦尔堡的记忆概念,将其与古典修辞学联系起来,还有中世纪学的记忆(memoria)研究、后结构主义的互文性理论、结构主义和阐释学的叙事研究⑥,上述这些研究工作对今天的讨论产生了重要的推动作用。

罗马语语言文学家**恩斯特·罗伯特·库尔提乌斯**(Ernst Robert Curtius)将其《欧洲文学与拉丁语中世纪》⑦一书献给阿比·瓦尔堡,并将其**历史语序学概念**置于文化学集体记忆理论范围。欧洲对于库尔提乌斯来说是一个历史和思想方面的统一体。因此他认为,如果把文学

---

① 参见 Hobsbawn/Ranger 1983。(霍布斯鲍姆和兰格的同名著作。——译者注)
② 参见 Anderson 1983。(安德森的同名著作。——译者注)
③ 参见 Koselleck/Jeismann 1994。
④ 原文为 Deutsche Erinnerungsorte。——译者注
⑤ 参见 François/Schulze 2001。
⑥ 有关文学记忆概念的系统化参见 Erll/Nünning 2005。
⑦ 原文为 *Europäische Literatur und lateinisches Miitelalter*。——译者注

研究限定在某些时期和民族，人们就会忽略重要的传统线索。为了揭示文学形式的连续性和转变，库尔提乌斯将注意力集中于**惯用语句**（topoi），它在古典修辞学中属于发明（inventio）的常用套话以及固定的思考和表达模式。在此，库尔提乌斯列举了谦虚惯用语或者不可言说性惯用语等修辞学惯用语句，"生活是航行"或者"世界是戏剧"的比喻以及"颠倒的世界"这类概念。由此人们可以发现，发明在很大的程度上是以记忆为基础的：艺术活动总是一种记忆行为，因为它必须与传统元素发生关系。库尔提乌斯的惯用语研究说明，文学具有一种历时和跨文化的维度。就像情念程式是集体图像记忆的"能量罐"，文学记忆在惯用语中也获得了表达。

在瓦尔堡研究所的影响下，文学史学者**弗朗西斯·耶茨**（Frances Yates）出版了《记忆之术》①，这本著作展现了从古希腊罗马时期直到近代早期的记忆术的历史。耶茨重新拾起了早已被人们遗忘的记忆之术（ars memoriae）并且论述道，中世纪和文艺复兴时期的艺术、知识结构和思想体系在根本上是通过回溯古希腊罗马时代的记忆术获得养分的。

耶茨的研究从全面扼要重述古典记忆术开始。记忆术的创立神话是由西塞罗在《论雄辩家》（De Oratore）中流传给我们的。有一则关于希腊诗人凯奥斯岛的西摩尼得斯（Simonides von Keos，公元前557—公元前467）的故事，他能够识记出由于灾难而丧命的赴宴者，因为他之前就已经记住了他们的座次。空间布设的图像可以用作记忆的支撑，这样的经验可能启发这位诗人创造了记忆术。古典记忆术是根据**场所和图像**（loci et imagines）的原则运作的：在想象中与现实的或者想象的场所（loci）粘贴在一起的是指向需要被记忆的东西的图像，它们最好具有高强度[视觉意象（imagines agentes）]。在头脑中，人们可以在日

---

① 英文版为 The Art of Memory，1966；德文版为 Gedächtnis und Erinnern，1990。

后对这些场所进行巡视，"储存"这些图像和需要被记忆的东西。这里涉及一种思想方面的文字，这些文字在古希腊罗马时代主要被人们用于背诵演说的目的。因此，古典记忆术也只在记载有雄辩术的文章中得以流传给我们。

耶茨论证道，在中世纪和文艺复兴的时候，古典记忆术经历了深刻的改造。通过回溯罗马时代的原始资料并将其与柏拉图文稿和基督教思想相联系，记忆术获得了一个全新的维度、一种伦理功能：经学哲学家，比如艾尔伯图斯·麦格努斯（Albertus Magnus）和托马斯·冯·阿坎（Thomas von Aquin），把记忆视为智德（prudentia）的一部分，它是"智、义、勇、节"四宗基本美德中的一种。耶茨认为，但丁《神曲》中令人印象深刻的图像世界、哥特式的建筑风格，或者乔托或提香的画作能够被人们更好地理解，如果人们把它们看作中世纪记忆术的表达的话。它们展现了柏拉图式回忆（anamnesis）的一种基督教意义上的形式——回忆起天堂和地狱、恶习和美德，并且借助了从古典原始资料中获得的将场所与视觉意象联系起来的记忆术。

从古希腊罗马时代的记忆术到中世纪的图像世界直到文艺复兴时期和近代早期吉乌利奥·卡米洛（Giulio Camillo）、乔尔丹诺·布鲁诺（Giordano Bruno）或者罗伯特·弗鲁德（Robert Fludd）的神秘阐释学记忆系统——耶茨有关记忆术历史的论述表明，记忆术是一种鲜活的、确实能够进行改变的传统，不仅被用作雄辩的目的，而且被用于基督教领域，被用于文化知识组织，或者作为艺术表达的可能性存在。耶茨发现了创造性地掌握古典技术并将其应用于完全不同的意义系统框架中的新目的，她的这一研究还显示，记忆技巧和记忆模式本身也是集体记忆的产物。①

在以文本为中心的后结构主义理论构建框架内，**互文性被视为文学的记忆**。朱丽娅·克里斯蒂娃在借鉴巴赫金对话理论的基础上创立

---

① 有关针对耶茨学说的批评，参见 Carruthers 1990。

了互文性这一概念①；之后，首先在雷娜特·拉赫曼②的书中，文学记忆被看作对文化前文本非目的性的掌握，被看作对文化前文本的转变和更新。如果人们从文化符号学意义上把文化看作"去符号化和再符号化"的持续性进程③，那么集体记忆就意味着符号的"再符号化"，即重新装载流传下来的具有意义的艺术元素，比方说在文学中通过与单个作品或者类型的互文性关系。

如果艺术作品的生产条件和接受具体情况被一并包括在内，艺术和集体记忆在社会中的角色就会得到更加看重的强调。中世纪学学者弗里德里希·奥利（Friedrich Ohly）在有关记忆的跨学科中世纪研究④框架中使人们注意到下述事实：文学和造型艺术就其全部形式来看不仅仅是记忆术，而且从集体记忆的构建过程中取得了其社会合法性。在其《语文学家对于记忆的看法》⑤（1984）一文中，他强调了诗人有着创建并管理文化记忆的功能。从以接受为导向的视角去观察文学、社会和集体记忆之间的关系，使得研究经典成为可能。⑥ **阿莱达·阿斯曼的"文化文本"构想**也可以被置于这一语境中。它区分了两种"接受框架，文本在其中要么作为'文化的'，要么作为'文学的'文本获得构建"⑦。当文学文本被读者感知为具有约束力、为集体认同奠定基础、传授不以时间为转移的真理时，文学文本就会成为文化文本。

大量针对单个时代、文类、作者和艺术家的艺术学和文学学研究表明，记忆和回忆在造型艺术和文学领域中就主体和结构方面而言具有重要的作用。**个体记忆过程的展现**是西方艺术中反复出现的主导特

---

① 参见 Kristeva 1969。
② 参见 Renate Lachmann 1990。
③ 参见 Haverkamp/Lachmann 1993。
④ 参见 Schmid/Wollasch 1984；Schmid 1985。
⑤ 原文为"Bemerkungen eines Philologen zur Memoria"。——译者注
⑥ 参见 Assmann/Assmann 1987。
⑦ 参见 A. Assmann 1995，S. 234。

征。① 由于20世纪80年代末期开始的"集体记忆"和"回忆文化"越来越为人强烈感受到的传染力,首先在前十年当中,艺术学和文学学研究以文化学为导向,强化了**记忆的集体形式和文化形式的艺术展现**②研究活动。一个较新的研究方向**将文学视为集体记忆的媒介**,它在回忆文化中发挥着积极的作用,在回忆过往方面实现了重要的功能。③

叙事理论认识具有特别的跨学科的效应。叙事性意义构建的形式研究④在历史学和心理学记忆研究框架内特别富有成果。叙事心理学强调了从奥古斯汀《忏悔录》(397/98)开始的自传性文本中一再以文学的方式得到展现的内容:叙述是个体和集体记忆、意义构建,尤其是——比如卢梭的《忏悔录》(1782,1788)——认同产生的条件。在心理学和历史学研究中,研究者借助叙事理论的分析方法揭示了叙事方法是怎样协同建构记忆的内容和意义的。⑤

4. 阿莱达·阿斯曼与扬·阿斯曼的文化记忆理论

阿莱达·阿斯曼和扬·阿斯曼在20世纪80年代末创立的文化记忆概念是目前在德语区中最具影响力的集体记忆理论。这一理论的核心功绩在于系统性地、以差异化概念和理论为基础揭示了记忆、文化和

---

① 参见 Nalbantian 2003。
② 参见其他代表性学者的研究:Weigel 1994;Hemken 1996;Butzer 1998;Berndt 1999;Wettengl 2000;以及系列文集 *Literature as Cultural Memory*,如 Ibsch 2000。更深度地以文学理论和记忆理论为导向的文章参见 Wägenbaur 1998;Pethes 1999;Vervliet/Estor 2000。
③ 参见 Erll 2003;Rigney 2004;Bannasch/Holm 2005;Neumann 2005/ Erll/ Rigney 2006。
④ 参见 Ricœur 1988 - 1991。
⑤ 参见 Bruner1990;Straub 1998。

社会群体之间的联系。① 主要通过强调文化记忆、集体认同构建和政治合法性之间的关联,当前引发文化学方面广泛兴趣的现象得以为人们所描述。由于在许多文集中②展现出与已有原理、研究对象和方法之间的高度对接能力,研究者借助文化记忆的概念开拓了一个共同的研究场域,它能够把各种不同的学术专业,比如人文科学、古代文化研究学、宗教学、艺术史、文学学或者社会学,统一到同一个屋檐下。由此,文化记忆理论通过一种共同的认知兴趣为人们纵观迄今分散的研究领域创造了前提条件。

4.1 交际记忆与文化记忆

阿斯曼的理念的核心前提是对集体记忆的两种系统进行概念性区分。这一在许多方面深受哈布瓦赫知识影响的理论构思以下述根本性理念为基础,即在以日常交流为基础的集体记忆和以充满象征的文化具体化为基础的集体记忆之间存在巨大差异。因此,扬·阿斯曼和阿莱达·阿斯曼对**两种"记忆框架"**进行了区分,即"交际记忆"作为一方面,"文化记忆"作为另一方面。扬·阿斯曼对比了交际记忆的特征和文化记忆的特征,并有意识地做了强调,意在指出这两种记忆框架在内容、形式、媒介、时间结构和载体方面存在差异。③

- **交际记忆**因为日常互动而产生,以同时代人的历史经验为内容,因此总是仅仅涉及有限的、"同步变化着的"时间视野,跨度为 80 到 100 年。

- 与之相反,**文化记忆**涉及的这种记忆,与稳定的客观性相关,具有高度建构性,业已被仪式化,在节庆的文化时间维度中被唤起。其对象是来自遥远过去的神秘的、被阐释为具有集体创建性的事件。交际

---

① 有关此方面的概况参见 Assmann/Assmann 1994;理论方面的最新进展参见 A. Assmann 2006。
② 参见 Assmann/Hölscher 1988; Assmann/Harth 1991a, b。
③ 参见 J. Assmann 1992, S. 56。

记忆的内容是可变的，未被赋予固定的意义。在此，每个人都被视为有能力回忆、解释共同的过去。而文化记忆则传输着稳定的内容和意义储备，为了使其得以延续，为了能够对其进行阐释，人们需要培养专门人才。

根据扬·阿斯曼的观点，交际记忆属于**口述史**的对象范围。对于扬·阿斯曼和阿莱达·阿斯曼而言，文化记忆展现了其研究焦点，而交际记忆充当了它的对立概念和界定隔膜。在1988年发表的《集体记忆和文化认同》一文中，扬·阿斯曼创立了"文化记忆"这一概念并对其做了如下定义：

> 在文化记忆这一概念下，我们概括了每一社会和每一时期独特的重复使用的文本、图像和仪式储备，在获得维护的过程中，它们稳固了自我形象，传递着主要（但并非仅仅）有关过去的由集体分享的知识，一个群体用这样的知识来证明其一致性和独特性意识。①

一系列的核心特征明确了对"文化记忆"概念的使用②：

- **认同具体性**的意思是，社会群体建构了一种文化的记忆，他们从中获得了认同感。
- **重构性**考虑到了记忆的当下关联性理念：文化记忆是一种追溯性的结构。
- **被造就性**是区分交际记忆框架和文化记忆框架的主要明显特征。文化记忆倚靠的是借助稳定客观性的意义延续过程。
- **可组织性**描述的是文化记忆的机构化及其维护的专门化。
- 由文化记忆的**约束力**产生了对于群体而言"清晰的价值观和重要性差异"。
- **反思性**指的是文化记忆对群体的现实生活、他们的自我形象以

---

① 参见 Jan Assmann 1988, S. 15。
② 同上, S. 13-15。

及自身进行反思这一事实。

4.2 文化记忆、文字与政治身份

当下最有影响力的文化学记忆理论书籍要数扬·阿斯曼的《文化记忆》(1992)。它涉及记忆、集体认同构建和政治权力实践的关系以及口述文化和书面文化的异同之处。扬·阿斯曼强调:"社会构想出自我形象,通过构建回忆文化的方式,使认同跨越代际得以延续;社会［……］用各种不同的方式去做这件事情。"①他的目标是,借助一种文化类型学来揭示社会联结结构中的差异。这位埃及学研究者选择了西方和东方的早期高度文明作为例子——埃及、以色列、海地特和希腊。

从文化连贯性形成的方面来看,文化记忆的两种核心媒介,即**口述和文字**,表现出了功能等效性。然而,文字的采用对文化历史的记忆形式产生了影响。在这一逻辑层面,扬·阿斯曼谈到了**口述文化的仪式一致性**和书面文化的**文本一致性**。口述文化依赖其神话传说的准确复述,即重复,因为文化记忆是保存在歌唱者或者巫师的有机记忆中的,每一种变化都有可能危及流传的语境。而文本一致性则以将文化意义转移到文字媒介中为基础。在一种**"被扭曲的环境"**(Konrad Ehlich 语)框架内,消息日后被重新接受就得到了保障。由此,比个体记忆能够保存的更多的东西流传下去成为可能。不过,文化记忆具有约束力的、经典的文本在每一个当下都需要被重新掌握习得。它们的意义必须得到解读、阐释。文本一致性与评论、模仿和批评这些文化方法相伴而行。

扬·阿斯曼把"热"选项和"冷"选项称为记忆政治策略的可能性:社会能够使记忆成为其发展的动力。古代以色列就是**热文化**的例子。但是,热文化也可以通过对永恒的相同的回忆冻结住社会变迁。属于

---

① 参见 Assmann 1992,S.18。

这种形式的**冷文化**的例子有古埃及或者中世纪的犹太民族。① 冷文化的记忆以"传说"为基础，这些传说包含共同往昔的历史意义，它们为当下提供导向，为未来提供希望。这些传说通常会发展出**一种既构建基础又表现对抗的动能**：如果社会认为神话传说表达了派生出当下关系的共同历史，那么，神话传说就有构建基础的作用，并能使现存的系统合法化。如果由于神话传说的缘故，对往日更好的时代的回忆与当下的糟糕经历被对立起来了，那么，神话就会承载一种表现对抗的、倾向于去合法化的意义。

第二部分的案例研究显示，文字、文化记忆和政治认同极度紧密地交叉在一起。共同的、具有认同构建性的文化意义在书写文化中由**规范化的、形成性的文本**——回答"我们应该做什么"以及"我们是谁"这些问题的文本——建构并延续。它们造就了埃及的记忆话语，构成了以色列的反抗性宗教记忆前提，促进了希腊的民族创始。

4.3 作为技艺的记忆与作为生命的记忆，功能性记忆与存储性记忆

阿莱达·阿斯曼在其 1999 年问世的《回忆空间》一书的开头就描述了一种差别：记忆一方面作为技艺，另一方面作为生命的历史概念存在。**记忆作为技艺**、作为技法或者技巧的观点可以追溯到古典记忆术具有类型学特征的模式。记忆作为技艺看起来仿佛一个知识存储器，信息被储存于其中，并且能够以同样的方式被再次召唤。但是，**记忆作为生命**的观念，即一种人类学意义上的"力量"，强调了时间维度及其对于记忆内容的转变效应。因此，记忆的过程性和重构性成为核心兴趣所在。记忆作为生命也暗示着遗忘。因为在大量需要被记忆的内容中，只有少数一部分符合当下情境的元素才能够被选中。阿莱达·阿斯曼将这两种传统观念作为一种文化类型学的基础：在 1800 年前后——随着"古典记忆术威望的衰减"、洛克哲学的流行、"市民主体的

---

① 亦见 Yerushalmi 1988。

兴起"以及最后"记忆造就认同"的浪漫派理念的生成——记忆作为生命的理念取代了直到那时都处于主导地位的记忆作为技艺的理念。19世纪,哲学家和文化批评家弗里德里希·尼采成为具有认同建构性的记忆范式的庇护者。

为了描述文化意义的激活和遗忘过程,阿莱达·阿斯曼进一步对**功能性记忆和存储性记忆**做了区分。

· 阿莱达·阿斯曼把功能性记忆称为"有人居住的记忆"。它由"装载了意义的元素"构成,可以被塑造成连贯的历史,具有"群体关联性、选择性、价值绑定性和未来导向性"特征。

· 存储性记忆则是"无人居住的记忆",是大量不相关的、意义中立性的无定形元素,与当下之间没有活跃的关联。①

> 在集体层面上,存储性记忆包含了不必要的、过时的和陌生的东西,包含了中性的、认同抽象性的客观知识,但是也包含着错过的可能性、备用的选项和未被利用的机会。相反,功能性记忆则涉及被掌握的记忆,它们产生于选择、连接和意义建构[……]过程;无结构的、不相关的元素进入功能性记忆后就具有了创造性、建构性、关联性。由这一建构性行为产生**意义**,一种从根本上偏离存储记忆的质量。②

阿莱达·阿斯曼认为这两种回忆模式之间的关系具有透视性。功能性记忆可以被理解成前景,它凸显于存储性记忆这一背景之前。虽然功能性记忆实现了核心任务,比如建构认同或者使已有社会形式合法化,但是,存储性记忆并不因此就不重要。它好比"未来功能性记忆的蓄水池","更新文化知识的资源",因此是"文化变迁可能性的条件"。③ 存储性记忆的所有元素,如果它们对于社会来说获得了

---

① 参见 A. Assmann 1999, S. 134 f.
② 同上, S. 137。
③ 同上, S. 140。

附加的意义维度，就可以过渡到功能性记忆。因此，重要的不仅仅是两种记忆层面的内容，还有它们之间的渗透性强度，这决定了变化和更新的可能性。

阿莱达·阿斯曼在其《回忆空间》一书中讲述了从古希腊罗马时代直到后现代的许多现象的历史，并借助大量文学作品的阐释对其展开了论证。由于"记忆作为技艺和生命"以及"存储性记忆和功能性记忆"对概念范围的扩展，这些现象可以借助阿斯曼有关**文化记忆的形式和变化过程**的理论获得解释。

5. 在集体层面的记忆形式与回忆形式：概念细分初探

如今，"集体记忆和回忆文化"这一研究领域涵盖了从个体感知和回忆过程的社会或者文化因素研究到"文化记忆"——对象征意义的社会结构和传承的隐喻——观点的范围。用扬·阿斯曼的概念[①]来说，记忆和回忆的文化学视角包含了**"作为文化现象的记忆"**以及**"作为记忆现象的文化"**[②]。目前，有关记忆和回忆的文化学研究和跨学科研究差异明显，其核心挑战因此在于如何整合海量关于回忆文化理论和历史的学术文章。为了比较不同的记忆概念，理解作为集体记忆现象的不同研究对象，使在不同学科中获取的知识能够对这一共同研究领域做出富有成果的贡献，并且在一个思想性体系内对上述三方面内容进行定位，应该在集体层面上尝试总结不同形式的记忆和回忆的概念差异。

5.1 集体记忆，集体回忆行为与回忆文化

针对集体记忆的文化学研究过去并且依然建立在将个体心理学理

---

① 参见 J. Assmann 2002, S. 8。
② 参见 Olick 1999。

念多半隐喻性地转移到文化层面的基础上。如果人们继续延续这种传统,那么,人们就可以借助记忆和回忆在认知心理学和神经科学方面的区别进行下列论证:**集体层面上的记忆**涉及的与其说是一种被牢固界定范围的存储器,不如说是一种——原则上开放的、可变的——思想、物质和社会现象的织物。这种从来不能完全实现和重构的集体记忆织物的一些方面会**在集体记忆的活动中**得以表现。它们中的单个方面是可以被观察到的。为了使主体间行为可以被理解,即为了保障若干人对集体记忆的参与,集体记忆的活动必须显露出一种媒介维度——从口头谈话直到图像构成。

回忆文化是集体记忆的历史和文化变体。在此,"回忆文化"(Erinnerungskulturen)这一概念的选择展现了两个核心基本观点:复数的形式表明,我们从不——即便是在最同质的文化中——只与一种个别的回忆共同体有关。相反,每个社会都展现出许多共存的、经常竞争着的集体记忆。第二,"**回忆文化**"这一概念[非"**记忆文化**"(*Gedächtnis*kulturen)]暗示着,"集体记忆"这一学术构造在其实现过程中由于单个方面的集体的回忆行为确确实实可以被人们观察到,所以可以从文化学角度对其进行分析。

5.2 记忆的象征形式与文化维度

为了思考文化与集体记忆的紧密交织性,在进行文化学记忆研究的时候也关注文化理论①的一些基础概念是有裨益的。如此,集体记忆的"象征系统"以及"象征形式"(Ernst Cassirer 语)就可以得到不同界定,集体回忆行为的不同形式也由此可以被相互区分开来。集体记忆的一些内容是在日常实践中产生并得以实现的,其他内容则是产生并实现于机构化象征形式框架内,比如"宗教""权力""知识""历史"和"艺术"。**象征形式**展现了**探索世界的特殊方式**。它们共同构成需要被

---

① 参见本书第二章"文化概念与文化理论"。

记忆的内容。

在文化符号学框架内对文化的物质、社会和精神维度进行的区分[①]也能给记忆史研究带来丰硕的成果。人们需要区分**集体记忆的三种维度**。

- 集体记忆的**物质维度**构成了媒介。如阿比·瓦尔堡以及扬·阿斯曼和阿莱达·阿斯曼在众多理论构想的框架内所展示的那样,集体记忆的内容只有通过对文化的客观化形式——文本、文物、仪式等——进行编码才能从有限的、暂时性的社会群体的交际语境中分离出来,超越时空界限得以储存,并最终被再次接纳。

- 属于集体记忆的**社会维度**的,是居于哈布瓦赫理念中心地位的记忆维护活动:人和社会机构,他们参与着对于集体而言具有重要性的知识的存储和召唤活动。

- 最后,属于**精神维度**的,是所有那些通过象征知识的传授实现、影响共同回忆的模式和集体代码,以及回忆活动对于集体思想倾向——比如观点和想法、思维模式和情感方式、自我形象和他者形象或者价值和规范——产生的一切影响。

5.3 集体记忆的显性系统与隐性系统

为了区分集体记忆的不同体系,有必要对有机记忆的学术概念性问题[②]做更深的回顾。有意识的个体回忆在认知心理学术语中是**语义记忆或者情景记忆**[③]的表现。在语义记忆框架内被回忆的内容涉及的是习得的、象征性再现的知识(比如说,"地球是圆的")。而情景记忆则是和时间、语境记忆相关联的记忆。在其框架内被回忆的是生活经历(比如"上学的第一天")。"自传体记忆"是以情景回忆的生活史叙事过程为基础的。

---

① 参见本书第三章"文化符号学"。
② 参见 Hirst/Manier 2002。
③ 参见 Schacter 1999。

在文化层面上，人们也需要考虑相似的差异。在"**自传体记忆**"的建构意义上，回忆文化涉及的是对共同过往的集体回忆，以及"有关时代经验的意义构建"(参见 Jörn Rüsen)。集体自传性记忆体系的文化学研究活动聚焦于动态性、创造性和叙事性，聚焦于集体回忆活动的功能，这一功能与个体自传性回忆的功能相似，英国哲学家约翰·洛克已经在《人类理解论》一书中对其做了描述：对于洛克而言，回忆的能力是个体认同和责任的前提。通过回忆，个体可以经历其自我的延续性，能够在之前获得的经验的基础上进行自我定位。在集体层面上，"自传体"式的历史版本能够实现一种文化自我描述的功能。通过集体自传性回忆活动，集体的认同获得了建构，价值体系和规范体系获得了建立。这种机制可以借助哈布瓦赫的集体记忆概念和阿斯曼的"文化记忆和交际记忆"概念进行描述。叙事化进程则偏离了诺拉的**记忆之场**。它涉及的是一种"集体情境记忆"方式，不可以转化为具有一致性的历史。

借助**集体语义记忆**这一概念，人们可以描述文化知识组织和存储的过程。集体记忆的这一形式与时间经验无关，而是与空间安排策略有关——无论是意境地图(mental maps)、档案还是由弗朗西斯·耶茨研究的记忆戏剧。集体语义记忆研究，多半在**记忆**(memoria)这一概念下，涉及的是集体性重要知识的象征再现，涉及的是存储的组织原理和媒介。

当然，与在集体记忆层面一样，在个体记忆层面也存在着语义记忆系统和自传体记忆系统的交叉和渗透。如此，集体知识体系就涉及源于历史、用以自我描述和区分的文化特定性现象。反过来，集体自传性记忆发生在现有知识秩序和语义的视野中。最后，对共同历史的回忆也可以成为认同抽象性的知识。

然而，区分集体语义记忆系统和集体自传性记忆系统还能为回答历史学在回忆文化中的地位这一疑难问题做出贡献：当历史编纂学对象明显是其产生语境的群体或者历史，当它传播认同理念、价值观和规范,当它显示出感情成分的时候,那么,历史编纂学就会强烈显示出集体自传性因素。如果历史书写活动传递的是对抽象性知识的认同(主题方面,比如有关陌生文化,或者形式方面,通过不将群体与当下相联系的方式),那么,历史编纂学就可以被视为具有集体语义性质,可以被划归为作为狭义回忆的知识。但是,需要考虑的是,历史书写的"自传认同建构性"或者"语义学"功能从来不会单单以文本特征为基础,而且常常显示出接受过程中的现象。

语义回忆和自传性回忆是有意识的,因此它们在认知心理学中被划归到显性记忆的领域。除此之外,我们每天还面对着大量并非有意识的回忆。它们是"隐性记忆"的表现。程序记忆(das prozedurale Gedächtnis)就属于这一范围,它使我们实现了行为的自动运作,而且在20世纪初就被亨利·柏格森视为习惯记忆[memoire habitude,与显性的自主记忆(memoire souvenir)相反],正如身体记忆那样:马塞尔·普鲁斯特在《追忆似水年华》中令人印象深刻的描述展现了一块玛德琳蛋糕给人的感官印象、气息和味道是如何召唤起非意愿回忆[memoire involontaire(无意识的回忆)]的。噩梦也是基于隐性记忆框架内的回忆碎片。

借助**"集体隐性记忆"**这一概念,人们可以描述不受控制的知识储存和表达形式(比如阿比·瓦尔堡"情念程式"的效应)的重复,或者在非正式、非目的性的回忆行为中获得表达的历史意识。[①] 集体隐性记忆的形式涉及的是集体自传性记忆和集体语义记忆的无意识的、非目的性的方面。尽管它们不是有意识的,但是,基于隐性记忆的集体回忆行为却是与文化表达方式联系在一起的,无论是图像象征还是集体行为方式。

---

① 参见 Rüsen/Straub 1998; Welzer 2001。

6. 今天的"集体记忆与回忆文化"研究：
   机构化程度与研究空白

目前，集体记忆和回忆文化已经成为文化学内部的研究领域：从 1989 年开始出版的、由索尔·弗里德兰德（Saul Friedländer）主编的《历史与回忆——历史再现研究》(*History & Memory. Studies in Representation of the Past*)杂志致力于文化回忆过程的研究活动。在美国系列文丛《当代文化回忆》(*Contemporary Cultural Memory*)的框架内，诸多学者发表了一系列研究集体记忆的后现代形式和功能的论文。《媒体与文化记忆》(*Media and Cultural Memory*)①系列文集探索的是集体记忆的媒介性问题。

在相关的文化学辞典和导论中也有关于 memoria（回忆）、Erinnerung（回忆）和 Gedächtnis（记忆）的文章。② 一本有关记忆和回忆的跨学科性辞典③和一本文化学记忆研究导论④已经出版。《文化记忆研究》手册(*Cultural Memory Studies*)⑤为人们提供了国际化和跨学科研究现状的概览。

在吉森大学，1997 年设立了"回忆文化"特别研究小组，学者们在此以学科交叉的方式致力于回忆历史的重构，还通过范登赫克和鲁普雷希特（Vandenhoek & Ruprecht）为该研究活动出版了文集《回忆形式》(*Formen der Erinnerung*)。⑥ 在汉堡大学"政治圣像学"(Politische Ikonographie)研究站，学者们在博士生讲座框架内致力于集体图像记忆的重构

---

① MCM；de Gruyter，始于 2004 年。
② 参见 Böhme/Matussek/Müller 2000；Neuber 2000；Nünning 2001。
③ 参见 Pethes/Ruchatz 2001。
④ 参见 Erll 2005。
⑤ 参见 Erll/Nünning 2008。
⑥ 参见 Oesterle 2005。

与分析。汉堡瓦尔堡基金会与柏林学院出版社（dem Berliner Akademie Verlag）合作出版了《瓦尔堡遗稿》(Nachlass Aby Warburgs)。①《哈布瓦赫文集》②目前正由康斯坦茨大学出版社重新编译出版。③

尽管阿斯曼夫妇的文化记忆理论阐述了在德语区内最富有成果、传播最广泛的范式，但这一理论与集体记忆有一定的同质性和关联性，以历史回忆文化的分析和高度文明的客体的特权化而著称。与之相反，当代回忆文化的特点在于社会的差异化，在于存储能力的提升，在于民主化，在于大众文化对于认同建构而言日益增加的重要性，在于不同人种的共同生活与跨民族回忆共同体的出现这两方面并存的局面。

在如今的研究中出现了大量的研究方法，它们关注着迄今几乎未受重视的集体记忆多样性问题。比如说，对于受到政治压迫的少数族群，人们对其回忆文化的兴趣日益浓厚。④ 文化回忆和遗忘的人种学含义也是一个亟待探究的问题。⑤ 此外，文化回忆隐性的**非目的性形式、代际性和回忆的关联**⑥以及**性别和回忆**的关系⑦也日渐进入人们的学术视线。最后，媒介性和集体记忆的关系研究尚处于起步阶段。⑧ 可以确定的是，回忆文化的几乎不竭的多样性和变化能力对于文化学研究理论和方法而言是一种不可低估的挑战。

参考文献

基础著作

Assmann, Aleida: *Erinnerungsräume. Formen und Wandlungen des kulturellen*

---

① 参见 Warburg 2000。
② 原文为 Schriften von Halbwachs。——译者注
③ 参见 Halbwachs 2002。
④ 有关亚美尼亚人的回忆文化参见 Platt/Dhabag 1995。
⑤ 参见 Ricœur 1998；Margalit 2002。
⑥ 参见 Reulecke 2003。
⑦ 参见 Neubauer 2000；Penkwitt 2006。
⑧ 参见 Assmann/Weinberg/Windisch 1998；Borsò/Krumeich/Witte 2001；Erll/Nünning 2004；有关系统论角度参见 Esposito 2002。

Gedächtnisses. München: Back 1999.

Assmann, Jan: *Das kulturelle Gedächtnis. Schrift, Erinnerung und politische Identität in frühen Hochkulturen.* München: Beck 1992.

Halbwachs, Maurice: *Das kollektive Gedächtnis.* Frankfurt a. M.: Fischer 1991 (orig.: *La mémoire collective.* Paris: Presses universitaires de France 1950).

Halbwachs, Maurice: *Verkündigte Orte im Heiligen Land. Eine Studie zum kollektiven Gedächtnis.* Konstanz: UVK 2002 (orig.: *La topographie légendaire des évangiles en terre sainte. Étude de mémoire collective.* Paris: Presses universitaires de France 1941).

Halbwachs, Maurice: *Das Gedächtnis und seine sozialen Bedingungen.* Frankfurt a. M.: Suhrkamp 1985 (orig.: *Les cadres sociaux de la mémoire.* Paris: Alcan 1925).

Nora, Pierre (Hg.): *Les lieux de mémoire I. La République.* Paris: Gallimard 1984; *Les lieux de mémoire* II. *La Nation.* Paris: Gallimard 1986; *Les lieux de mémoire* III. *Les France.* Paris: Gallimard 1992.

Nora, Pierre: *Zwischen Geschichte und Gedächtnis.* Berlin: Wagenbach 1990.

Warburg, Aby: *Ausgewählte Schriften und Würdigungen.* Dieter Wuttke (Hg.). Baden-Baden: Koerner 1979.

Warburg, Aby: *Der Bilderatlas Mnemosyne.* Hg. v. Martina Warnke unter Mitarbeit von Claudia Brink. Berlin: Akademie Verlag 2000.

Yates, Frances: *Gedächtnis und Erinnern. Mnemonik von Aristoteles bis Shakespeare.* Berlin: Dt. Verl. der Wissenschaften 1990 (orig.: *The Art of Memory.* London: Routledge 1966).

导论、文集和辞典条目

Böhme, Hartmut/Matussek, Peter/Müller, Lothar: »Erinnerung und Gedächtnis. « In: diess: *Orientierung Kulturwissenschaft. Was sie kann, was sie will.* Reinbek: Rowohlt 2000, S. 147–164.

Erll, Astrid: *Kollektives Gedächtnis und Erinnerungskulturen.* Stuttgart: Metzler 2005.

Erll, Astrid/Nünning, Ansgar (Hgg.): *Cultural Memory Studies. An International and Interdisciplinary Handbook*. Berlin/New York: de Gruyter 2008 (=MCM 9) (im Druck).

Fleckner, Vwe (Hg.): *Die schatzkammern der Mnemosyne. Ein Lesebuch mit Texten zur Gedächtnistheorie von Platon bis Derrida*. Dresden: Verlag der Kunst 1995.

Harth, Dietrich (Hg.): *Die Erfindung des Gedächtnisses. Texte zusammengestellt und eingeleitet von Dietrich Harth*. Frankfurt a. M.: Keip 1991.

Neuber, Wolfgang: »Memoria.« In: Harald Fricke et al. (Hgg.): *Reallexikon der deutschen Literaturwissenschaft*. Bd. 2. Berlin/New York: de Gruyter 2000, S. 562–566.

Nünning, Ansgar: »Gedächtnis, kulturelles.« In: ders. (Hg.): *Metzler Lexikon Literatur-und Kulturtheorie*. Stuttgart/Weimar: Metzler 2001 [1998], S. 213.

Pethes, Nicolas/Ruchatz, Jens (Hgg.): *Gedächtnis und Erinnerung. Ein interdisziplinäres Lexikon*. Reinbek: Rowohlt 2001.

Tulving, Endel/Craik, Fergus I. M. (Hgg.): *The Oxford Handbook of Memory*. New York: Oxford UP 2000.

供深入阅读的文献

Augstein, Rudolf (Hg.): »*Historikerstreit.*« *Die Dokumentation der Kontroverse um die Einzigartigkeit der nationalsozialistischen Judenvernichtung*. München et al.: Piper 1987.

Anderson, Benedict: *Imagined Communities. Reflections on the Origins and Spread of Nationalism*. London: Verso 1983.

Antze, Paul/Lambek, Michael (Hgg.): *Tense Past. Cultural Essays in Trauma and Memory*. New York: Routledge 1996.

Assmann, Aleida: »Was sind kulturelle Texte?« In: Andreas Poltermann (Hg.): *Literaturkanon-Medienereignis-kultureller Text. Formen interkultureller Kommunikation und Übersetzung*. Berlin: Erich Schmidt Verlag 1995, S. 232–244.

Assmann, Aleida: *Der lange Schatten der Vergangenheit. Erinnerungskultur und Geschichtspolitik.* München: Beck 2006.

Assmann, Aleida/Assmann, Jan (Hgg.): *Kanon und Zensur. Beiträge zur Archäologie der literarischen Kommunikation.* München: Fink 1987.

Assmann, Aleida/Assmann, Jan: »Das Gestern im Heute. Medien und soziales Gedächtnis.« In: Klaus Merten/Siegfried J. Schmidt/Siegfried Weischenberg (Hgg.): *Die Wirklichkeit der Medien. Eine Einführung in die Kommunikationswissenschaft.* Opladen: Westdeutscher Verlag 1994, S. 114–140.

Assmann, Aleida/Frevert, Ute: *Geschichtsvergessenheit-Geschichtsversessenheit. Vom Umgang mit deutschen Vergangenheiten nach 1945.* Stuttgart: Dt. Verl.-Anst. 1999.

Assmann, Aleida/Harth, Dietrich (Hgg.): *Kultur als Lebenswelt und Monument.* Frankfurt a. M.: Fischer 1991a.

Assmann, Aleida/Harth, Dietrich (Hgg.): *Mnemosyne. Formen und Funktionen der kulturellen Erinnerung.* Frankfurt a. M.: Fischer 1991b.

Assmann, Aleida/Weinberg, Manfred/Windisch, Martin (Hgg.): *Medien des Gedächtnisses.* Stuttgart/Weimar: Metzler 1998 (=Sonderheft der *Deutschen Vierteljahrsschrift für Literaturwissenschaft und Geistesgeschichte*).

Assmann, Jan: »Kollektives Gedächtnis und kulturelle Identität.« In: Assmann/Hölscher 1988, S. 9–19.

Assmann, Jan: *Religion und kulturelles Gedächtnis. Zehn Studien.* München: Beck 2000.

Assmann, Jan: »Zum Geleit.« In: Echterhoff/Saar 2002, S. 7–11.

Assmann, Jan/Hölscher, Tonio (Hgg.): *Kultur und Gedächtnis.* Frankfurt a. M.: Suhrkamp 1988.

Bal, Mieke/Crewe, Jonathan/Spitzer, Leo (Hgg.): *Acts of Memory. Cultural Recall in the Present.* Hanover, NH: UP of New England 1999.

Bannasch, Bettina/Holm, Christiane (Hgg.): *Erinnern und Erzählen: Der spanische Bürgerkrieg in der deutsch-und spanischsprachigen Literatur und in den Bildmedien.* Tübingen: Narr 2005.

Bartlett, Sir Frederick C.: *Remembering. A Study in Experimental and Social Psychology.* Cambridge: Cambridge UP 1932.

Berg, Nicolas (Hg.): *Shoah-Formen der Erinnerung. Geschichte, Philosophie, Literatur, Kunst.* München: Fink 1996.

Berndt, Frauke: *Anamnesis. Studien zur Topik der Erinnerung in der erzählenden Literatur zwischen 1800 und 1900 (Moritz-Keller-Raabe).* Tübingen: Niemeyer 1999.

Berns, Jörg Jochen/Neuber, Wolfgang (Hgg.): *Ars memorativa. Zur kulturgeschichtlichen Bedeutung der Gedächtniskunst 1400 – 1750.* Tübingen: Niemeyer 1993.

Borsò, Vittoria/Krumeich, Gerd/Witte, Bernd (Hgg.): *Medialität und Gedächtnis. Interdisziplinäre Beiträge zur kulturellen Verarbeitung europäischer Krisen.* Stuttgart/Weimar: Metzler 2001.

Bruner, Jerome S.: *Acts of Meaning.* Cambridge: Cambridge UP 1990.

Burke, Peter: »History as Social Memory.« In: Butler 1989, S. 97 – 113 (dt. in Assmann/Harth 1991b).

Butler, Thomas (Hg.): *Memory. History, Culture and the Mind.* New York: Blackwell 1989.

Butzer, Günter: *Fehlende Trauer. Verfahren epischen Erinnerns in der deutschsprachigen Gegenwartsliteratur.* München: Fink 1998.

Carruthers, Mary: *»The Book of Memory.« A Study of Memory in Medieval Culture.* Cambridge et al.: Cambridge UP 1990.

Confino, Alon: »Collective Memory and Cultural History. Problems of Method.« In: *American Historical Review* 102, 5 (1997), S. 1386 – 1403.

Connerton, Paul: *How Societies Remember.* Cambrigde: Cambrigde UP 1989.

Curtius, Ernst Robert: *Europäische Literatur und lateinisches Mittelalter.* Bern: Francke 1948.

Draaisma, Douwe: *Die Metaphernmaschine. Eine Geschichte des Gedächtnisses.* Darmstadt: Primus 1999.

Echterhoff, Gerald/Saar, Martin (Hgg.): *Kontexte und Kulturen des Erinnerns.*

Maurice Halbwachs und das Paradigma des kollektiven Gedächtnisses. Konstanz: UVK 2002.

Erll, Astrid: Gedächtnisromane. Literatur über den Ersten Weltkrieg als Medium englischer und deutscher Erinnerungskulturen in den 1920er Jahren. Trier: WVT 2003. 183

Erll, Astrid/Nünning, Ansgar, unter Mitarbeit von Birk, Hanne/Neumann, Birgit/Schmidt, Patrick (Hgg.): Medien des kollektiven Gedächtnisses. Konstruktivität-Historizität-Kulturspezifität. Berlin/New Yrok 2004 (= MCM 1).

Erll, Astrid/Nünning, Ansgar, unter Mitarbeit von Birk, Hanne/Neumann, Birgit (Hgg.): Gedächtniskonzepte der Literaturwissenschaft. Berlin/New York: de Gruyter 2005 (=MCM 2).

Erll, Astrid/Rigney, Ann (Hgg.): Literature and the Production of Cultural Memory. EJES (European Journal of English Studies) 10,2 (2006).

Esposito, Elena: Soziales Vergessen. Formen und Medien des Gedächtnisses in der Gesellschaft. Frankfurt a. M.: Suhrkamp 2002.

Förster, Heinz von: »Gedächtnis ohne Aufzeichnung.« In: ders.: Sicht und Einsicht. Versuche zu einer operativen Erkenntnistheorie. Braunschweig/Wiesbaden: Vieweg 1985, S.123 – 172.

François, Etienne/Schulze, Hagen (Hgg.): Deutsche Erinnerungsorte. 3 Bde. München: Beck 2001.

Füßmann, Klaus/Grütter, Heinrich Theodor/Rüsen, Jörn (Hgg.): Historische Faszination. Geschichtskultur heute. Köln/Weimar/Wien: Böhlau 1994.

Ginzburg, Carlo: »Kunst und soziales Gedächtnis. Die Warburg-Tradition.« In: ders: Spurensicherung. Die Wissenschaft auf der Suche nach sich selbst. Berlin: Wagenbach 1995, S.63 – 127.

Gombrich, Ernst H.: Aby Warburg. Eine intellektuelle Biographie. Hamburg: Europ. Verl.-Anst. 1992 [1981] (orig.: Aby Warburg. An Intellectual Biography. London: Warburg Institute 1970).

Harth, Dietrich: Das Gedächtnis der Kulturwissenschaften. Dresden/München:

Dresden UP 1998.

Haverkamp, Anselm/Lachmann, Renate (Hgg.): *Gedächtniskunst. Raum-Bild-Schrift. Studien zur Mnemotechnik*. Frankfurt a. M.: Suhrkamp 1991.

Haverkamp, Anselm/Lachmann, Renate (Hgg.): *Memoria. Vergessen und Erinnern*. München: Fink 1993 (=*Poetik und Hermeneutik* XV).

Hemken, Kai-Uwe: *Gedächtnisbilder. Vergessen und Erinnern in der Gegenwartskunst*. Leipzig: Reclam 1996.

Hirst, William/Manier, David: »The Diverse Forms of Collective Memory.« In: Echterhoff/Saar 2002, S. 37 - 58.

Hobsbawm, Eric/Ranger, Terence (Hgg.): *The Invention of Tradition*. New York: Cambridge UP 1983.

Ibsch, Elrud (Hg.): *The Conscience of Humankind. Literature and Traumatic Experiences*. Amsterdam: Rodopi 2000 (*Literature as Cultural Memory* 3).

Kansteiner, Wulf: »Finding Meaning in Memory. A Methodological Critique of Collective Memory Studies.« In: *History and Theory* 41,2 (2002), S. 179 - 197.

Kany, Roland: *Mnemosyne als Programm. Geschichte, Erinnerung und die Andacht zum Unbedeutenden im Werk von Usener, Warburg und Benjamin*. Tübingen: Niemeyer 1987.

Klix, Friedhart/Hagendorf, Herbert (Hgg.): *Human Memory and Cognitive Capabilities. Mechanisms and Performances*. Amsterdam et al.: North Holland 1986.

Kosellek, Reinhart/Jeismann, Michael (Hgg): *Der politische Totenkult. Kriegerdenkmäler in der Moderne*. München: Fink 1994.

Kristeva, Julia: *Semeiotikè. Recherches pour une sémanalyse*. Paris: Editions du Seuil 1969.

Lachmann, Renate: *Gedächtnis und Literatur. Intertextualität in der russischen Moderne*. Frankfurt a. M.: Suhrkamp 1990.

Leggewie, Claus/Meyer, Erik: »*Ein Ort, an den man gerne geht*.« *Das Holocaust-Mahnmal und die deutsche Geschichtspolitik nach 1989*. München/ Wien: Hanser 2005.

LeGoff, Jacques: *Geschichte und Gedächtnis*. Frankfurt a. M./New York: Campus 1992 (orig.: *Storia e memoria*. Turin: Giulio Einaudi 1977).

Loewy, Hanno/Moltmann, Bernhard (Hgg.): *Erlebnis-Gedächtnis-Sinn. Authentische und konstruierte Erinnerung*. Frankfurt a. M.: Campus 1996.

Loftus, Elisabeth F./Ketcham, Katherine: *The Myth of Repressed Memory: False Memories and Allegations of Sexual Abuse*. New York: St. Martin's Press 1994.

Lüer, Gerd/Lass, Uta (Hgg.): *Erinnern und Behalten. Wege zur Erforschung des menschlichen Cedächtnisses*. Göttingen: Vandenhoeck & Ruprecht 1997.

Margalit, Avishai: *Ethik der Erinnerung*. Frankfurt a. M.: Fischer 2002 (orig: *The Ethics of Memory*. Cambridge, MA/London: Harvard UP 2002).

Markowitsch, Hans J./Welzer, Harald: *Das autobiographische Gedächtnis: Hirnorganische Grundlagen und biosoziale Entwicklung*. Stuttgart: Klett-Cotta 2005.

Maturana, Humberto R.: *Erkennen. Die Organisation und Verkörperung von Wirklichkeit. Ausgewählte Arbeiten zur biologischen Epistemologie*. Braunschweig/Wiesbaden: Vieweg 1982.

Middleton, David/Edwards, Derek (Hgg.): *Collective Remembering*. London/Newbury Park/New Delhi: Sage 1990.

Nalbantian, Suzanne: *Memory in Literature. From Rousseau to Neuroscience*. Basingstoke/New York: Palgrave Macmillan 2003.

Neisser, Ulric: *Cognitive Psychology*. New Yrok: Appleton-Century-Crofts 1967.

Neubauer, John (Hgg.): *Gendered Memories*. Amsterdan: Rodopi 2000. (*Literature as Cultural Memory* 4)

Neumann, Birgit: *Erinnerung-Identität-Narration. Gattungstypologie und Funktionen kanadischer fictions of memory*. Berlin/New York: de Gruyter 2005 (=MCM 3).

Niethammer, Lutz: *Lebenserfahrung und kollektives Gedächtnis. Die Praxis der ›Oral History‹*. Frankfurt a. M.: Suhrkamp 1985 [1980].

Oesterle, Günter (Hg.): *Erinnerung. Gedächtnis, Wissen. Grundzüge einer kulturwissenschaftlichen Gedächtnisforschung.* Göttingen: Vandenhoeck & Ruprecht 2005.

Oexle, Otto Gerhard (Hg.): *Memoria als Kultur.* Göttingen: Vandenhoeck & Ruprecht 1995.

Ohly, Friedrich: »Bemerkungen eines Philologen zur Memoria.« In: Schmidt/Wollasch 1984, S. 9 - 68.

Olick, Jeffrey K. »Collective Memory. The Two Cultures.« In: *Sociological Theory* 17,3 (1999), S. 333 - 348.

Penkwitt, Meike (Hg.): *Erinnern und Geschlecht.* Freiburger Frauenstudien 19. Freiburg: ZAG 2006.

Pethes, Nicolas: *Mnemographie. Poetiken der Erinnerung und Destruktion nach Walter Benjamin.* Tübingen: Niemeyer 1999.

Platt, Kristin/Dabag, Mihran (Hgg.): *Generation und Gedächtnis. Erinnerungen und kollektive Identitäen.* Opladen: Leske und Budrich 1995.

Radstone, Susannah (Hg.): *Memory and Methodology.* Oxford/New York: Beg 2000.

Reulecke, Jürgen: *Generationalität und Lebensgeschichte in 20. Jahrhundert.* München: Oldenbourg 2003.

Ricœur, Paul: *Zeit und Erzählung.* 3 Bde. München: Fink 1988 - 1991 (orig: *Temps et récit.* Paris: Edition du Seuil 1983 - 1985).

Ricœur, Paul: *Das Rätsel der Vergangenbeit. Erinnern-Vergessen-Verzeiben.* Göttingen: Wallstein 1998 (orig.: »La marque du passé.« In: *Revue de métaphysique et de morale* 1 (1998), S. 7 - 31).

Rigney, Ann: »Portable Monuments: Literature, Cultural Memory, and the Case of Jeanie Deans.« In: *Poetics Today* 25,2 (2004), S. 361 - 396.

Rüsen, Jörn/Straub, Jürgen (Hgg.): *Die dunkle Spur der Vergangenbeit. Psychoanalytische Zugänge zum Geschichtsbewußtsein.* Frankfurt a. M.: Suhrkamp 1998 (=*Erinnerung, Geschichte, Identität* 2).

Rüsen, Jörn: »Erinnerungsarbeit in der Geschichtskultur.« In: ders.: *Histo-*

rische Orientierung. Über die Arbeit des Geschichtsbewußtseins, sich in der Zeit zurechtzufinden. Köln: Böhlau 1994, S. 209 - 258.

Schacter, Daniel (Hg.): Memory Distortion. How Minds, Brains and Societies Reconstruct the Past. Cambridge/MA: Harvard UP 1995.

Schacter, Daniel: Wir sind Erinnerung. Gedächtnis und Persönlichkeit. Reinbek: Rowohlt 1999 (orig.: Searching for Memory. The Brain, the Mind and the Past. New York: Basic Books 1996).

Schmid, Karl (Hg.): Gedächtnis, das Gemeinschaft stiftet. Mit Beiträgen von Joachim Wollasch. München/Zürich: Schnell & Steiner 1985.

Schmid, Karl/Wollasch, Joachim (Hgg.): Memoria. Der geschichtliche Zeugniswert liturgischen Gedenkens in Mittelalter. München: Fink 1984.

Schmidt, Siegfried J. (Hg.): Gedächtnis. Probleme und Perspektiven der interdisziplinären Gedächtnisforschung. Frankfurt a. M.: Suhrkamp 1991.

Singer, Wolf: »Wahrnehmen, Erinnern, Vergessen. Vom Nutzen und Vorteil der Hirnforschung für die Geschichtswissenschaft. « In: ders.: Der Beobachter im Gehirn. Essays zur Hirnforschung. Frankfurt a. M.: Suhrkamp 2002, S. 77 - 86.

Solomon, Paul R. et al. (Hgg.): Memory. Interdisciplinary Approaches. New York: Springer 1989.

Straub, Jürgen (Hg.): Erzählung, Identität und historisches Bewußtsein. Die psychologische Konstruktion von Zeit und Geschichte. Frankfurt a. M.: Suhrkamp 1998 (=Erinnerung, Geschichte, Identität 1).

Varela, Francisco J.: Kognitionswissenschaft-Kognitionstechnik. Eine Skizze aktueller Perspektiven. Frankfurt a. M.: Suhrkamp 1990.

Vervliet, Raymond/Estor, Annemarie (Hgg.): Methods for the Study of Literature as Cultural Memory. Leiden, 16 - 22 August 1997. Amsterdam et al.: Rodopi 2000 (=Literature as Cultural Memory 6).

Wägenbaur, Thomas (Hg.): The Poetics of Memory. Tübingen: Stauffenburg 1998.

Weigel, Sigrid: Bilder des kulturellen Gedächtnisses. Beiträge zur Gegenwartslit-

eratur. Dülmen-Hiddingsel: tende 1994.

Weinrich, Harald: » *Lethe.* « *Kunst und Kritik des Vergessens.* München: Beck 1997.

Weinrich, Harald: »Typen der Gedächtnismetaphorik.« In: *Archiv für Begriffsgeschichte* 9 (1964), S. 23-26.

Welzer, Harald (Hg.): *Das soziale Gedächtnis. Geschichte, Erinnerung, Tradierung.* Hamburg: Hamburger Edition 2001.

Welzer, Harald: *Das kommunikative Gedächtnis. Eine Theorie der Erinnerung.* München: Beck 2002.

Wettenal, Kurt (Hg.): *Das Gedächtnis der Kunst. Geschichte und Erinnerung in der Kunst der Gegenwart.* Ostfildern-Ruit: Hatje Cantz 2000.

Wischermann, Clemens (Hg.): *Die Legitimität der Erinnerung und die Geschichtswissenschaft.* Stuttgart: Franz Steiner 1996.

Yerushalmi, Yosef Hayim: *Zachor. Erinnere Dich! Jüdische Geschichte und jüdisches Gedächtnis.* Berlin: Wagenbach 1988 (orig.: *Zakbor. Jewish History and Jewish Memory.* Seattle: University of Washington Press 1982).

Zuckermann, Moshe: *Gedenken und Kulturindustrie. Ein Essay zur neuen deutschen Normalität.* Berlin: Bodenheim 1999.

Zumbusch, Cornelia: *Wissenschaft in Bildern. Symbol und dialektisches Bild in Aby Warburgs Mnemosyne-Atlas und Walter Benjamins Passagen-Werk.* Berlin: Akademie-Verlag 2004.

阿斯特莉特·埃尔

(Astrid Erll)

九
文化史

对文化史的历史和当下进行纵览可能会带来将三种不同主题杂糅为一种人工杂交物的风险。其中第一种主题是由过去和现在都自称为"文化史"的历史学构造的。有一种历史学，在特定的内容—概念原则下可以被归入"文化史"的范围，而其自身并没有在任何场合使用过这一术语，这种历史学的表现构成了第二个主题。最后，第三种主题涉及的是历史学领域有关"文化史"——不管过去或是现在人们想以此表达什么——的论争。这些主题虽然有相互融合的倾向，但绝非是一致的。而且，使这一事态更加复杂的是在特定时期涌入文化史领域和有关其讨论活动的大量观点和理念，它们与文化概念和历史这两方面都扯不上一点关系。使这些异质的主题同质化的概览行为眼看着就要生产出一种人工制品：作为具有独立对象领域、特殊史料来源和/或其自身特有理论的可进行记载的历史子学科，"这种"文化史是不存在的，也从未以这种形式存在过。不过，很可能确实存在着这样的东西，它起源于21世纪初现实的文化学和历史学讨论活动，可以回顾性地被展现为虽然不寻常但是一再出现并相互关联的**系列问题**。自从人们开始编纂文化史——无论是否使用这一术语，自从人们围绕其进行争论以来，就涉及这种系列问题。带着不同的焦点，三种论证语境以及思想运动进入了这一问题结构：

（1）文化史作为**针对历史书写主导形式的反对行动**获得建立，它反对将特定的历史现象作为观察的焦点，那些被视为在特殊意义上具有历史意义的、适合历史描绘笔法的现象。在18世纪下半叶，文化史产生了，它主要被用作涉及宫廷和统治者、战争和胜利等重要行为和国家行为的历史的替代项。1900年前后，主要在德国，进行了第一次有关文化史的讨论活动，那时，从文化史角度进行论证的历史学者就与占主导地位的政治史划明了界限。在20世纪，人们再次断断续续地展开了第二次大范围的、更加激烈的国际文化史大论争。现在，主导的社会史视社会经济结构和过程、组织和机构为历史的本质，而文化史则作为它的对立面被人们表述和讨论。这些主导的研究方法将人类和社会生活的一个特定领域特权化，忽视与此相对的其他领域，认为其在历史方面无意义；文化史反对这种研究观，支持创立在历史方面具有重要性的宽泛概念，涵盖（与政治史有别的）社会和经济关系或者（与社会史有别的）人类日常生活关联，以及历史事实的象征层面。

（2）与这一更加宽泛的历史观概述密切相关的是**文化史对相关学科成果和理念的借鉴**，这些相关学科迄今为止研究的是人类和社会生活中被忽略、怠慢的领域：比如对于雅各布·布克哈特（Jacob Burckhardt）和约翰·赫伊津哈（Johan Huizinga）而言十分重要的艺术史；或者文化人类学①，1900年前后，库尔特·布莱西希（Kurt Breysig）以及日后的赫伊津哈从其中获得了重要的启发；又如20世纪60年代始于西德的历史人类学②或者日常史；或者文学史，它是英美新历史主义③的特色。对于卡尔·兰普莱希特（Karl Lamprecht）而言，心理学是最重要的相关学科。自从它在1900年前后的十几年中获得创立以来，文

---

① 参见本书第五章"文化人类学"。
② 参见本书第六章"历史人类学与文学人类学"。
③ 参见本书第七章"新历史主义、文化唯物主义与文化研究"。

化社会学①也对文化史的书写产生了决定性影响。从这些方面来看，文化史从19世纪开始就与文化学处于一种十分深刻的相互影响之中。

（3）第三种论证语境有关**历史研究的理论—方法论原理问题**，与上述两种有着紧密的联系；它构成了学术史的系列问题，文化史就是由该系列问题产生的，并因其成为争论的焦点。对于文化史研究而言，中世纪修女的宗教观与皇帝的殡葬仪式同样重要，大英帝国19世纪的意义建构方式与18世纪驻军镇的日常生活或者20世纪好莱坞电影中的男性形象同样成为其关注的内容；就这样的文化史研究而言，不可能存在适用于这些主题的有效理论或者方法论经典。因此，文化史由于其研究主题的宽泛性，倾向于**理论和方法论的多元论**。不过，除此之外，文化史研究的代表者这么做还有其原则上的考量。与布克哈特和赫伊津哈一样，20世纪末以文化史方式进行研究的历史学者对这样的解释模式持质疑态度，因这种模式将历史进程放置在"线索"上——无论是可以在历史中发现的政治历史发展线索（比如民族国家的建立），还是社会历史线索（比如所谓的"现代化"）。与历时性长时间跨度趋势的思维相对，文化史研究偏向于借助不同感知方式之间、共存的机构之间、相互融合的人和集体之间的**共时性相互作用**进行论证。**矛盾的、具有阻碍作用的、非确定的因素**在其他情况下常被忽略，但在文化史领域解释历史关系的方面获得了比其他通常情况更加深刻的意义。据此，在文化史论证活动中，如果将原则上更加适于历史书写的、以"因果关系"发挥影响的因素与被视为结果的、被视为受到影响的因素进行严格区分，那么这样的解释方式几乎没有立足之地。相反，与其他研究方式相比，文化史将更多的兴趣点放在了历史研究课题及其研究结果之间的相互作用方面：针对历史的学术研究也对研究对象进行着共同建构——虽然不是发明了研究对象，但也不是找到了它们，这是文化史学者从19世纪开始就一直强调的。不过，这并不被视为缺陷，而是被视

---

① 参见本书第十章"文化社会学"。

为历史认知的可能性条件。相应的,文化史的方法和概念不是旨在削减这种相互作用以及受其影响出现的被重构的历史多样性,而是使这种相互作用变得透明,并由此变得对于拥有各自课题兴趣的独特当下而言具有说服力。其相应的理论和方法论根本理念是如今的文化史再次从文化学的广阔舞台中借鉴而来的,从格奥尔格·齐美尔(Georg Simmel)的社会学,到汉斯-格奥尔格·伽达默尔的哲学阐释学,直到米歇尔·福柯的历史学、语言学转向或者后现代主义。

以**论证语境**的形式重构**文化史**的建议,尝试将一开始列举的三种主题分支联结起来,而不同时假定一种叫作"文化史"的所谓共同对象。学术的论证语境总是与时间有关,与人有关,而且非常强烈地取决于各自学术研究的架构。这意味着,由我建议的勾勒文化史内容的三条原则——作为反对狭义历史学的对立学科、作为文化学的一部分、作为多元的理论和方法论集合——并非在所有的时间点都具有同样的重要性,或者在各种情况下都可以被划分清楚:比如,兰普莱希特就主张拓展历史学研究领域,只不过他日渐以自己独特的定义(比如,在其历史书写方式的社会心理学基础上,在独特的历史发展观基础上)来做这件事情。

在德国之外,上文建议的文化学内容轮廓范畴经常是历史学中自然而然的一部分,有关这部分,人们在过去和现在几乎或者根本不进行争论,它过去并不到处使用文化史的名称,今天也不如此称呼自己。介绍论证语境形式上的文化史本身就与时间、场合和个人有关;在今天看来,这发生在一个特定的讨论阶段中,而这一讨论阶段(再次)受到了理论和方法论原理争论的强烈影响。同样的情况并不是随处可见,而主要发生在德语区的历史学领域中,在别处原本不难的易事,在这儿却总是被习惯性地视为原则性问题拿来讨论。不仅历史编纂学史的成果反映了文化史的轮廓,我个人的期望也符合文化史的内涵:因为,文化史最能够激发人们智慧潜力的情况在于,它突破了内容局限,与相邻学科架起桥梁,拒绝限制富有意义的、成果丰硕的研究方式、理论设想和历史概念构造路径的多样性。

与讨论史接近文化史、编纂史相应，下文的结构联结了历时性和系统性的观点。下文要介绍**三个讨论阶段**，它们以不同的方式论证了并论证着什么是文化史这一问题：

• 第一步涉及的是作为对立学科的文化史，它反对历史书写活动中一种占据主导地位的政治和国家中心化，因此与18世纪下半叶直到20世纪初的这一时间段有关。

• 第二阶段涉及的是已有社会史与被视为其备选项并日渐被划归于文化史这一集合名词的研究方法之间的冲突；在此，20世纪这一时间段处于中心地位。

• 最后介绍围绕文化史理论和方法论原理的争论，以此导入当今的讨论局面。围绕文化史的这些争论致使德语区成了重点地区——因为如前所述，以前在这里，人们以最直白、最尖锐的方式进行过这种争论；直到今天，只要涉及文化史，那时的声音还回荡在耳边。

1. 文化史讨论之一：政治史的替代者

"文化"是18世纪启蒙运动的核心情念程式之一：人们借助这一概念发出呼吁，号召人们对同时代人进行知识和道德教育，这一教育使命展现了一幅未来图景，描绘了使人类能够向着更高级、更优越的状态发展的文化进程和文明进程。第一位启蒙者在这一语境下为历史学发展出了一种纲领，但并没有将其称为文化史，他就是伏尔泰。他的《论通史和各民族的风俗和精神》(1756)用文明、贸易、人口、生活习惯、风俗等历史发展方面的有用知识取代了展现历史性重要行动和国家行动的通行做法。这一纲领是在18世纪下半叶首先由约翰·克里斯蒂安·阿德隆(Johann Christian Adelung)实现的，他也许是第一位将其治史观称为文化史的人。① **"文化"** 于他而言是 **"自然"** 的对立概念——在接下来的几十年中,德国的文化史编纂都是这样的情形。人类因其不断提升的理性行为与原始的自然状态离得越来越远,表现出越来越文明的状态,这一现实与上述标题是相呼应的。编纂文化史是与道德教育具有相同重要性的活动:约翰·哥特弗雷德·赫尔德(Johann Gottfried Herder)在1798年立言,称这种历史学流派为人们展现了"性格和风俗史",它适合于"发展时代精神"。②

如果说受到启蒙的德语区文化史学的巨大道德教育热情非常特别,那么这里指的并非在法律、社会、经济或者——如日后人们所说——思想方面对历史书写进行拓展。在没有借用"文化"这一中心概念的情况下,大卫·休谟(David Hume)编纂了《自尤利乌斯·恺撒征服至1688年革命的英格兰史》(1754—1762),爱德华·吉本(Edward Gibbon)撰写了《罗马帝国衰亡史》(1776—1788),这些都体现了在文明史方面得到拓展的历史表现方式。虽然英国的历史学要到1900年前后十年的时间内才得以作为学术学科建立,但在19世纪的卓越代表人物那里,保持了这种宽泛的取向。比如,托马斯·卡莱尔(Thomas Carlyle)的《法国大革命》(1837)和托马斯·巴宾顿·麦考莱(Thomas Babington Macaulay)的《英国史》(1848—1861)以形象直观的叙事笔法,站在多元化的社会和文化生活视角,描绘了他们的研究对象。在法国,直到19世纪后期,历史书写在其早期代表人物那里也处于学院派风格之外,远离将历史框定在国家和政治层面上的做法。其原因也在于当时法国历史研究兴趣的内容重心:法国大革命的历史,如果不将社会、经济和日常生活史的视角囊括进来,是没有办法进行全面书写的。儒勒·米什莱(Jules Michelet)在其《法国史》一书中援引了下层阶级的口头传述。

---

① 参见其 *Versuch einer Geschichte der Cultur des meschlichen Geschlechts*,1782(《人类文化史尝试》——译者注)一文。

② 转引自 Mojse 1976,第1334行。

与英法相对，在德语国家，历史从 19 世纪初开始就成为大学的一门专业。这种相对较早的学术专业化使得 19 世纪的德国历史学凭借其史源学考证和历史原始资料版本方面的"行会般"高标准成为出口热销产品。不过与此同时，这种专业化使其成为学术"行会"，也就是说，成为拥有特权的、孤傲的、按等级构造的职业共同体，垄断了历史研究的学术活动并对其进行标准化操作。在这种所谓的合法的德国历史研究领域中，始于利奥波德·冯·兰克（Leopold von Ranke）的**国家史和政治史**就占据了中心地位。而由威廉·瓦克斯穆特①（Wilhelm Wachsmuth）或者格奥尔格·弗里德里希·科尔布②（Georg Friedrich Kolb）平行推动的文化史研究并不在德语国家的大学里进行。以文化史为导向的学院外历史研究活动的最著名代表人物是**威廉·海因里希·里尔**（Wilhelm Heinrich Riehl），他持有的不是开明的进步乐观主义历史观，而是怀旧的民族保守主义历史观。③

在德语区的学院派历史学者中，直到 19 世纪末，还只有**雅各布·布克哈特**一人在推进文化史研究。其特别具有启发性的、为多方接受的文化史观以普通历史与文化史的紧密结合为基础，只是将两种方法结合起来成为一种独特的历史全局观。除了在图书市场上非常成功的意大利艺术指南《向导：意大利艺术品鉴赏导论》（*Cicerone*）（1855）以外，要数《意大利文艺复兴时期的文化》（1860）最畅销了，该书使得布克哈特及其文化史观点广为人知。布克哈特认为，文艺复兴是一种在行将终结的中世纪末期开始出现的生活态度、世界观和整体社会结构的根本性改变，一种彻底的、效应十分矛盾的骤变，释放了个体和社会的

---

① 著有三卷本《普通文化史》（*Allgemeine Culturgeschichte*，3 Bde.，1850-52）。

② 著有两卷本《人类文化史——从各民族统治形式、政治、宗教、自由发展和福利发展的特别角度》（*Culturgeschichte der Menschheit mit besonderer Berücksichtigung von Regierungsform, Politik, Religion, Freiheits-und Wohlstandsentwicklung der Völker*，2 Bde.，1869/70）。

③ 参见《市民社会》（*Die bürgerliche Gesellschaft*，1851）。

创造力,既具有创造性,又具有毁灭性。有趣的是在半个多世纪之后,一位同样重要的文化史研究大家**约翰·赫伊津哈**在布克哈特的启发下,提出了极度偏离布克哈特文艺复兴图景的有关中世纪末期的学说,并因此产生了卓越的影响。

布克哈特并不赞同许多同事对于政治史和重大事件史的浓厚兴趣,其研究活动旨在探索出一种人类学基本模式,它能够在变化着的情势中提出事后被称为历史的这种东西。布克哈特历史观最重要的理念体现在由其19世纪50到70年代的讲座汇编而成的文稿中,在其身后,这一文稿以《世界历史沉思录》(1905)的书名获得了出版。直到四分之三世纪之后,《沉思录》的评论新版本才展现出布克哈特的历史观与当时所有其他通行的历史观之间——无论是学院派之外的文化史还是学术性的政治史和国家史——存在着多么巨大的差异。布克哈特把文化史勾勒成一种观察方式,它并非描述历史进程,而是询问历史产生了什么样的作用。为了回答这一问题,他没有认选特定的、特别适于历史书写的因素——比如说国家——而是偏向于**从分析学的角度将社会整体划分成三股"势力":国家、宗教和文化**。布克哈特认为,所有这三股"势力"都是人类基本需求的结果。它们在特定的历史时期具有特殊的互动方式,每方面都由一种独有的动力在运作,历史因这种相互关系而产生。文化领域在这一意义上与其他两个领域相异,因为它相对于稳固的、总是有压制趋势的其他两股势力,即国家和宗教,展示出一种消融性——视情况或瓦解性的或解放性的——元素。布克哈特的讲座文稿用整个历史领域的例子解释了这三股作用力之间可能出现的不同逻辑的相互关系,这形成了一种(在此只是概述性的)具有普遍性的历史表达方式,摒弃了所有整体性命题和所有线性发展思维。

在德国,"文化史"成为竞争概念并非始于布克哈特,而是在几十年之后。一方面,1900年前后,以国家和政治为中心的学院派历史学达到了其历史解释权力的顶峰。另一方面,因为德国的学术界也开始对现实的潮流和改变了的经济社会环境做出反应,不断有新的学科致力于创建学术方向,它们对历史思维产生了决定性的影响,学院派历史学也觉察到了自身与这些学科的对立。由于经济学和社会学,还有人类学以及人种学或者民族学的出现,历史兴趣方面的政治导向性被弱化了。对于这一新取向,学院派以外的文化史学研究并未参与进来,虽然它继续存在,通过创立杂志创造了更多的出版机会[从 1903 年开始,《文化史档案》(Archiv für Kulturgeschichte)获得发行]。倒是大学里的历史学者,比如埃伯哈德·戈泰恩(Eberhard Gothein)和库尔特·布莱西希(Kurt Breysig),受到经济学和社会学等相邻学科的启发,努力将诸如权力、经济、宗教、阶层和阶级或者家庭史之类的集体现象融合到历史研究的对象领域中。这种思索其自身当下经济和社会活力的宽泛历史观,一部分被称为文化史,一部分被称为社会史。而且,这一日益激烈的争论中还有另一位参与者,他的研究和立场引起了轰动,他就是卡尔·兰普莱希特。①

他的《德意志史》(1891—1909)触发了所谓的"方法争论",再一次激发了兰普莱希特从理论角度去解释他那备受争议的历史观。相对于他的理念,在受到猛烈抨击的情况下仍然坚定地表达自己的观点,才是这一争论更加使人感兴趣的原因。他努力去创立一种"进化论的"历史观②,其规律性来自同时代的心理学领域。兰普莱希特理解的文化史,是今天人们称为社会史和经济史的东西:首要考量的是经济、社会和物质的现实状况,它们是政治社会上层建筑现象的基础。③

在德国这场激烈的"未来之争"之中,有趣的其实是一些别的东西:一方面,这些争论发生了,并且标志了德意志帝国的历史学面临着多元化的压力。第二,值得注意的是,兰普莱希特在这场争论中既赢了,也输了。他输了这场争论,因为他作为德国历史学学术领域内部严肃对

---

① 参见 Chickering 1993; Haas 1994; Oestreich 1969; Schleier 1997, 2000; Schorn-Schütte 1984。
② 参见 Lamprecht 1896, S. 152。
③ 参见 Lamprecht 1896/97。

待学术的研究者,直到一战都是一位不受欢迎的人。但是,他的多卷本《德意志史》广受公众赞赏并畅销(到1922年,该书印刷了第六版),在这一意义上,他却赢了。此外,他还创建了第一家长期运作的文化史研究机构:莱比锡大学皇家文化史和通史研究所(das Königliche Institut für Kultur-und Universalgeschichte),德语区日后的国家史研究受到了这家研究所及其出版物的深远影响,研究重点远远超出了狭窄的政治领域。最后,兰普莱希特的立场在德国以外也获得了回应,尤其是在法国。从1871年开始,法国历史学学科创立,为政治史的研究铺就了道路,并在当时依然占据着历史学研究领域的主导地位。受到德国学究同仁的史源批判性哲学标准的启发,法国研究者重视事件、事实和史料,忽视巨大的智慧成就和历史全局观。20世纪初,法国也出现了历史学的方法争论,相较于德国的方法争论,即便不是完全相同,也在很多方面有相似。在这一背景下,兰普莱希特的"进化论"历史观在法国充当了值得探讨的替代物。① 但是直到1900年前后,美国和英国才按照德国模式建立了历史学学科,但并未突破政治史苑围,也没有出现文化史对抗政治史的学术争论。②

2. 文化史讨论之二:社会史与社群史的替代者

1905年,当赫伊津哈在格罗宁根举行取得大学教授资格之后的首次讲座课时,他对作为其论文基础的历史理念做了解释(总体而言,这一理念也是其在接下来几十年中推进的文化史的基础,并使其成为经典文化史领域中除布克哈特以外的第二位元老)。他的这一理念与兰普莱希特的以规律性进程为导向的历史观不同。与他的德国同事相

---

① 参见 Schorn-Schütte 1985; Raphael 1990。
② 参见 Fuchs 1992。

反,他抗拒的不是兰普莱希特的"唯物主义",不是在经济、社会和心理因素方面得到拓宽的集体现象历史,而是兰普莱希特的科学性和方法性观念;赫伊津哈认为,不是对规律性的探寻造就了历史展现的科学性,不是对特定方法的运用产生了历史书写的意义。他认为,历史研究的意义其实在于,研究结果的展现使得读者能够理解历史语境。然而,其前提是,历史语境没有被削减到极少数几个因素的地步,致使历史仅仅被展现为一种抽象性,而是历史的所有侧面都得到了直观展示。他要求展现**历史展现的图像性和直观性**,要求将历史的**意义关联**——而不是历史的结构和进程——置于历史观照的中心,这两个要求是同样重要的。这一纲领通过《中世纪的秋天》(1919)一书得到了兑现,这是一部在国际上长时间畅销的著作,是文化史学的经典,赫伊津哈在其中展现的中世纪图景有别于其榜样布克哈特在大约60年前所勾勒的,虽然他们二人都非常接近艺术史。布克哈特在1500年前后的时间段内看到了一部觉醒的艺术史(即便是具有矛盾的特征),而赫伊津哈却用北欧版本将其展现为思想僵化的中世纪传统的尾声。特别是贵族精英的传统,与骑士精神和骑士贵妇之间的暧昧一样,依然是一种空洞无物的形式,与来自各种阶层、具有不同身份的中世纪人们的现实世界毫无关联。赫伊津哈解释道,人们因此逃离中世纪生活的种种空洞形式,进入了各种各样的想象和梦幻世界。这一切**为什么**发生,赫伊津哈不感兴趣,他只是想要展现——首先就艺术领域而言——这在生活形式和解释方式的相互作用中是**怎样**形成的。

只探究历史的"怎样"并用一种图像形式而不用传统的历史展现形式来表达,这样一种独特的视角在第一次世界大战后的国际历史学领域引起了部分反响。然而,对中世纪末期的图景的描绘一直深入到个人的梦幻世界和其他——如人们今天所说的那样——日常史或者心态史维度,这并未构成争论之源。在这一时间段内,不管在什么地方,以这样或那样的方式进行历史研究的多样性都是事实存在的情况。在英国,学派或者占主导地位的研究方法并不存在;在美国,人们借助**新历**

史主义创立了一种社会史和经济史。在法国,一批开创年鉴学派的学者聚集在吕西安·费弗尔(Lucien Febvre)和布洛赫身边,他们将结构史、经济史和人口统计学史创立为新的历史研究核心主题,随着1929年《年鉴》杂志的发行,这一学派对法国甚至国际上的历史学研究都产生了越来越深远的影响。

在德国,后起的历史学者如格奥尔格·哈尔加滕(Georg Hallgarten)和埃卡特·科尔(Eckart Kehr)也要求并实施从经济史和社会史角度对传统研究主题进行拓宽。文化社会学者诺伯特·埃利亚斯在美因河畔的法兰克福递交了一份申请教授资格的论文,他在其中将法国皇帝路德维希十六世(Ludwig XVI.)的宫廷和权力当作社会文化结构来进行研究:作为彼此竞争的权力算计行为的相互作用和结果总和。① 不过,这篇论文直到1969年才付梓,因为1933年,埃利亚斯和由于"种族"或者政治原因受到迫害的许多其他学者一样不得不流亡国外。在纳粹德国时期,虽然人们对政治史进行了社会史和结构史方面的拓宽,却具有沾染了国家主义、种族主义色彩的民族史特殊面貌。②

在第二次世界大战之后,东德的高校历史学领域以越来越教条的、与其社会制度相一致的工人运动史和社会史版本作为其导向,直到1980年,文化史扩展才得以被允许进入这一领域。③ 在西德,传统的政治史学再一次进入大学课堂。政治史的主要代表人物之一格哈德·里特(Gerhard Ritter)参加了1950年于巴黎召开的国际历史科学大会。在会上,他的法国同行独一无二地将经济、人口学和地理因素视为强大的历史力量并认为这是一件自然而然的事情。面对这一情况,里特与以前兰普莱希特的反对者一样,提请人们必须注意文化史对国家和政治的历史意义的弱化作用。④

---

① 参见 Elias 1969。
② 参见 Oberkrome 1993。
③ 参见 Mühlberg 1986。
④ 参见 Ritter 1951,1958。

政治史的排他性要求作为**主流**一直维持到了 1960 年前后，然后就在所谓的"菲舍尔争论"过程中(Fischerkontroverse)陷入了动摇状态：这一争论与维尔纳·康策(Werner Conze)和其他学者的社会史和结构史在德国大学中逐渐沉淀下来①无关，而是与弗里茨·菲舍尔(Fritz Fischer)有关第一次世界大战的备受争议的论著有关，在其中，菲舍尔指出，德国的政治和经济利益是这场战争的前因和决定战争走向的推动性因素②。这场在高校内外都进行得如火如荼的有关一战原因的争论过程持续推动了联邦德国历史学研究的多元化，其后，在 1970 年前后的若干年中，随着高校的扩建，一大批怀有多元化内容和方法论抱负的历史学后起之秀进入了高校的历史学研究领域。

20 世纪 60 年代起，西欧和美国历史学发展的普遍趋势是进一步的发散和多元化：除了传统的政治史和当时到处都被视为历史学核心的社会史和经济史，研究的兴趣逐渐转向了历史时代中的现实生活语境，转向了所谓的"简单的人"及其对世界的感知和日常活动，转向了过去生活中的象征维度，比如语言和宗教。这种剧烈的扩展以及对历史意义和历史关注度的偏移只在一些有关其学术合法性的原理性研究情况中出现。最受争议的恐怕要数当时刚展露出苗头的**女性史和性别史**研究：它们要求彻底的思维转变，把到当时为止被视为"私下的"，因此只在特定条件下值得历史书写的主题放在了研究兴趣的中心地位，比如性爱、卖淫、身体史和家政。③ 这些主题研究的实施与当时高校内部围绕工作职位和关注度的竞争加剧紧密相关，当时只有极少数的女性历史学者凭借这些主题获得了成功。

历史科学的新研究理念也触发了激烈的讨论，这些研究理念与现代西方学术界中迄今通行的学术成就相比而言具有更加批判性的视角：托马斯·库恩(Thomas Kuhn)主张用新方式对科学史进行新观察，

---

① 参见 Etzemüller 2001。
② 参见 Fischer 1961。
③ 参见 Bridenthal/Koonz 1977；Hausen 1983；Davis 1986；Scott 1988。

他认为，人们需要摒弃自然科学通过知识的积累而获得发展这一观点，进而强调，科学学科受到具有时代特征的感知模式的深刻影响，而正是由它们推动了这些感知模式的发展。① **米歇尔·福柯**将视线转移到机构和活动上来，借助其学科比如医学或心理学对人类的生活和思想进行干预。②

历史学研究理念的其他多元化拓宽方式也获得了由衷的接受：比如，英美地区对英国工人运动史进行新阐释，研究者引入了日常史和心态史视角③或者语言层面④。人们对于历史现实建构的语言层面以及概念含义变迁的兴趣日益浓厚，这使**历史语义学**以许多变体形式获得了创立：在英美地区，约翰·波科克(John Pocok)和昆汀·斯金纳(Quentin Skinner)对传统的思想史进行了新解释，将意识形态和政治语言运用视为政治社会行为的一部分并对其进行研究。⑤ 在联邦德国，康策和莱因哈特·柯赛雷克(Reinhart Koselleck)创建了出版《历史学基本概念》的概念史大型计划，这是一本政治—社会语言大辞典，它涵盖了欧洲政治思想的主要概念，如从"贵族"到"文明、文化"这些概念，研究了它们的意义变迁以及其中表达出来的社会和政治思想变化。⑥ 美国的**新文化历史**(New Cultural History)⑦特别从心态史和文化史方面对法国大革命历史进行了拓展研究。意大利历史学家卡洛·金兹堡则是第一批开始研究近代早期民间文化的学者之一。⑧

20世纪六七十年代以来，释放出最持久、最深远的国际影响力的要数法国的**年鉴学派**及其同名杂志《年鉴》。迄今为止，它们在经济史、

---

① 参见 Kuhn 1962。
② 参见 Foucault 1961，1963。
③ 参见 Thompson 1963；Lottes 1983。
④ 参见 Jones 1983。
⑤ 参见 Pocock 1971；Skinner 1978；Lottes 1996。
⑥ 参见 Brunner/Conze/Koselleck 1972-97。
⑦ 参见 Hunt 1989。
⑧ 参见 Ginzburg 1966。

结构史和人口史方面的导向同样偏离了宽泛得多的社会史观和文化史观①，并且展开了一系列影响力不可估量的个案研究：**乔治·杜比**(Goerges Duby)将封建主义世界观描述为三大规则的世界观中的一种，它们是祷告、斗争和劳动②。**雅克·勒高夫**(Jacques Le Goff)以炼狱的观念为中心对中世纪的想象进行展现。③ **埃马纽埃尔·勒华拉杜里**(Emmanuel Le Roy Ladurie)的出版物也许是年鉴学派心态史或者文化史著作中阅读量最大的，他研究了1 300年前的比利牛斯山村庄蒙塔尤(Montaillou)，在同时期宗教裁判所记录的基础上对中世纪生活、思想和信仰进行了深层描述。④

总而言之，从20世纪60年代开始，上文呈现出来的这种作为论证语境的文化史，虽然突破了在特定的历史基本方面的历史学局限性，无论是在政治史方面还是社会史方面，但是依然显得过时了。因为，没有什么东西不可以在特定的课题下成为历史学研究的对象，从狂欢节的历史⑤到劳动者的日常史⑥，从18世纪巴黎的谣言史⑦到气味史⑧。当时，历史研究的文化史途径开始渐渐地反作用于某种意义上而言经典的历史学主题，并且用不寻常的方式，即不脱离其感知史和心态史视角，对其进行展现。

这在**战争史和军事史历史书写**方面特别明显：后来的出版物把法国大革命以来的战争纳入经验史的视线下⑨，并且把这种方法也延伸到政治—军事领袖人物身上⑩；有学者从文化史角度比较了对待战争

---

① 参见 Le Goff 1977。
② 参见 Duby 1978。
③ 参见 Le Goff 1981。
④ 参见 Le Roy Ladurie 1975。
⑤ 参见 Burke 1978。
⑥ 参见 Reulecke/Weber 1978。
⑦ 参见 Farge 1986。
⑧ 参见 Corbin 1982。
⑨ 参见 Buschmann/Carl 2001。
⑩ 参见 Millman 2001。

失败的方式①;德国在 1914 年 8 月和 9 月的进军中针对比利时和法国平民的战争罪行被当作德国士兵的集体情绪的病症进行分析,出于对战争不可预知的困难军事进程的恐惧,出于对牧师和僧侣的反天主教怨恨,出于对 1870 到 1871 年普法战争②的回忆,德国士兵犯下了这些罪行③。

不过在联邦德国,在文化史方法的传播和常态化过程中,存在着一条德国式的特别小路:这里,从 20 世纪 60 年代起,社会史的一种特殊变体,即所谓的社会史"比勒菲尔德学派"(Bielefelder Schule),要求在统一社会史根本核心的过程中担当代言人角色。比勒菲尔德学派从本质上构成了人类背后的历史进程的结构并在过程中探索到了社会史的根本核心,同时,与这些结构和过程相对,所谓的"软因素",即感知方式和象征世界,被视为居于次席的因素。1970 年前后,托马斯·尼佩岱首先要求在文化人类学④的基础上将历史主体的意义语境涵盖进来并对社会史进行拓展⑤。随后,其他理念在各种各样的**标识(labels)**下也走着类似的进击路线——从女性史和性别史,到历史人类学,再到日常史和心态史,这些不同的研究理念从 20 世纪 90 年代起越来越多地使用文化史以及"文化主义转向"的标签。⑥ 20 世纪,当源自"比勒菲尔德"的联邦德国社会史学对结构史和过程史边界以外的文化史主题开放时,这些争论才得以终结。⑦

---

① 参见 Schivelbusch 2001。
② 原文为"franc-tireurs-Krieg"。——译者注
③ 参见 Horne/Kromer 2001。
④ 参见本书第五章"文化人类学"。
⑤ 参见 Nipperdey 1967,1968。
⑥ 相关争论主要见 Niethammer 1980;Medick 1984;Lipp 1990;Daniel 1993;Sieder 1994;Schulze 1994;van Dülmen 1995;Conrad/Kessel 1994,1998;Dinges 1997;Daniel 1997;Debatte 1999。
⑦ 参见 Hardtwig/Wehler 1996,S. 7-13。

3. 文化史讨论之三：多元化理念中的理论与方法

今天，对社会史进行文化维度方面的有形拓展已经不再是人们的讨论对象，而是一件被接受的事实，这与文化史争论的结束并不是一回事情。文化史争论的涵盖面比内容重心的偏移和新主题领域的拓展更广——因为人们对待历史学对象领域的观念已经改变，这种改变了的观念必须（或明确或隐性地）考虑到，探索这些对象的学术研究方法是怎样形成的，或者说应该怎样形成。因此，人们依然需要**理论和方法论问题**以及**学术自我认知的基础**。① 对于学术研究的这种原则性维度，过去若干年中的文化史争论虽然并非第一次②，但是再次加深了洞察力，而且是在改变了的——如果人们希望的话："后现代"——征兆下：在新时代的"现代"学术自我认知中，详细的理论运用和方法论讨论在过去、在当下都是通向保障研究结果的道路的。此外，学术论证中具有赋予合法性功能的作用这一事实有时也使关于理论和方法论问题的根本性争论显得激烈异常、不容置疑——只要理论和方法以这种方式被运用的话，就涉及这一问题，即谁，用"正确的"理论和方法，展现了"更加正确的"结论。在"后现代"的征兆下，如此展开的根本性讨论就没有意义了：并非因为学术程序问题在此不是主题，而是因为通过一种特别的学术程序使研究结论比结论本身更加具有合法性的要求不再是可信的。

学术自我感知的这一转变出自各种各样的、完全不同的原因，但是它们有一个共同点：它们认为学术研究及其结论——研究的成果——之间的相互关系是不可退避的。这里只能举几个例子。让-弗朗索

---

① 参见 Kiesow/Siemon 2000。
② 参见 Oexle 1996；Daniel 2002。

瓦·利奥塔的《后现代状况》①(1979)被誉为"后现代主义"的奠基文献,他在其中强调,使过去合乎逻辑地向着当下跑去的大叙事与过去的关系不如与现在的关系密切;这一与发展观和现代化理念相对的批判性观点重述了布克哈特和赫伊津哈在文化史论证语境中展现出来的立场。大约 1970 年开始出现的文化人类学领域的**阐释学转向**对联邦德国"文化学转向"的影响并不能被高估②,但阐释学转向将历史学阐释方法的不可退避性认知重新引入到了历史学领域中③。这些阐释学方法深刻洞见了当下在其历史编排过程中的主动性角色,觉悟到脱离这种"阐释循环"的不可能性。并且,阐释学方法强调,知识的这种循环性并未使文化认识失效,相反,它使文化知识变得有价值——因为没有预先假设和个体兴趣的话就不会有问题被提出来。福柯的话语分析和历史解释展现了知识和权力之间的深层关系。④ 人们从文学学⑤和文化人类学⑥中了解到,文化学的多元化研究成果是高度取决于叙事形式的,而这些成果在对其进行展现的文本中获得这种叙事形式。

上述这些思想受到了人们热烈的讨论,其中不乏尖锐的高音⑦,它们并未使科学变得不科学,并没有使追求客观性的努力失去意义——不过,它们鄙夷了学者可以通过程序制造出客观性这一观点⑧——而且,它们也没有使理论和方法论争论成为多余的行为。但是,对于明白它们的人们来说,它们改变了理论创建和方法论反思的功能:后两者失去了赋予合法性的作用,但是对于对学术研究人员而言最重要的活动——提出好问题的使命——来说,具有极大的意义。

---

① 德文版为 *Das postmoderne Wissen*,1982。——译者注
② 参见 Geertz 1987。
③ 参见 Gadamer 1960。
④ 参见 Foucault 1972。
⑤ 参见 White 1973,1987;Gossmann 1990。
⑥ 参见 Geertz 1988。
⑦ 参见 Wehler 1988;Wehler in Mergel/Welskopp 1997, S. 351 - 366;Evans 1998。
⑧ 参见 Novick 1988。

参考文献

基础著作

Brunner, Otto/Conze, Werner/Koselleck, Reinhart (Hgg.) : *Geschichtliche Grundbegriffe. Historisches Lexikon zur politisch-sozialen Sprache in Deutschland*. 8 Bde. Stuttgart: Klett-Cotta 1972-97.

Burckhardt, Jacob: »Die Kultur der Renaissance in Italien. Ein Versuch. « In: ders. : *Gesammelte Werke*. Bd. 3. Darmstadt: Wissenschaftliche Buchgesellschaft 1955 [1860].

Burckhardt, Jacob: *Über das Studium der Geschichte*. Der Text der »Weltgeschichtlichen Betrachtungen«. Hg. v. Peter Ganz. München: Beck 1982.

Burke, Peter: *Popular Culture in Early Modern Europe*. London: Temple Smith 1978 (dt. : *Helden, Schurken und Narren. Europäische Volkskultur in der frühen Neuzeit*. Stuttgart: Klett-Cotta 1981).

Corbin, Alain: *Le miasme et la jonquille*. Paris: Aubier Montaigne 1982 (dt. : *Pesthauch und Blütenduft. Eine Geschichte des Geruchs*. Frankfurt a. M. : Fischer 1988).

Duby, Georges: *Les trois ordres ou l'imaginaire du féodalisme*. Paris: Gallimard 1978 (dt. : *Die drei Ordnungen. Das Weltbild des Feudalismus*. Frankfurt a. M. : Suhrkamp 1986).

Elias, Norbert: *Die höfische Gesellschaft. Untersuchungen zur Soziologie des Königtums und der höfischen Aristokratie*. Frankfurt a. M. : Suhrkamp 1989 [1969].

Farge, Arlette: *La vie fragile: violence, pouvoirs et solidarités à Paris au XVIII e siècle*. Paris: Hachette 1986 (dt. : *Das brüchige Leben. Verführung und Aufruhr im Paris des 18. Jahrbunderts*. Berlin: Wagenbach 1989).

Foucault, Michel: *Folie et déraison: Histoire de la folie à l'âge classique*. Paris. Librairie Plon 1961 (dt. : *Wahnsinn und Gesellschaft. Eine Geschichte des Wahns im Zeitalter der Vernunft*. Frankfurt a. M. : Suhrkamp 1969).

Foucault, Michel: *Naissance de la clinique*. Paris: Presses Universitaires de

France 1963 (dt. : *Die Geburt der Klinik*. München: Hanser 1973).

Gadamer, Hans-Georg: *Wahrheit und Methode. Grundzüge einer philosophischen Hermeneutik* (= Gesammelte Werke. Bd. I). Tübingen: Mohr 1990 [1960].

Geertz, Clifford: *Dichte Beschreibung. Beiträge zum Verstehen kultureller Systeme*. Frankfurt a. M. : Suhrkamp 1987.

Ginzburg, Carlo: *I Benandanti. Stregoneria e culti agrari tra Cinquecento e Seicento*. Turino: Einaudi 1966 (dt. : *Die Benandanti. Feldkulte und Hexenwesen im 16. und 17. Jahrhundert*. Frankfurt a. M. : Syndikat 1980).

Huizinga, Johan: *Herfsttij der middeleeuwen. Studie over levens-en gedachtenvormen der veertiende en vifftiende eeuw in Frankrijk en de Nederlanden*. Haarlem: Willink 1919 (dt. : *Herbst des Mittelalters. Studien über Lebens- und Geistesformen des 14. und 15. Jahrhunderts in Frankreich und in den Niederlanden*. Stuttgart: Kröner 1987).

Kuhn, Thomas S. : *Die Struktur wissenschaftlicher Revolutionen*. Frankfurt a. M. : Suhrkamp 1976 (1962).

Lamprecht, Karl: *Deutsche Geschichte*. 12 Bde. , 2 Ergänzungsbände. Berlin: Weidmann 1920 [1891 - 1909].

Lamprecht, Karl: »Alte und neue Richtungen in der Geschichtswissenschaft.« [1896] In: Hans Schleier (Hg.): *Karl Lamprecht. Alternative zu Ranke. Schriften zur Geschichtstheorie*. Leipzig: Reclam 1988.

Lamprecht, Karl: »Was ist Kulturgeschichte? Beitrag zu einer empirischen Historik.« In: *Deutsche Zeitschrift für Geschichtswissenschaft*, N. F. , I (1896/ 97), S. 75 - 145.

Le Goff, Jacques: *La naissance du purgatoire*. Paris: Gallimard 1981 (*Die Geburt des Fegefeuers. Vom Wandel des Weltbildes im Mittelalter*. Stuttgart: Klett-Cotta 1984).

Le Roy Ladurie, Emmanuel: *Montaillou. Village occitan de 1294 à 1324*. Paris: Gallimard 1975 (dt. : *Montaillou. Ein Dorf vor dem Inquisitor 1294 bis 1324*. Frankfurt a. M. et al. : Propyläen 1980).

Lyotard, Jean-François: *La condition postmoderne: Rapport sur le savoit.* Paris: Minuit 1979 (dt.: *Das postmoderne Wissen. Ein Bericht.* Wien: Edition Passagen 1999).

Tschopp, Silvia S./Weber, Wolfgang E. J.: *Grundfragen der Kulturgeschichte.* Darmstadt: Wissenschaftliche Buchgesellschaft 2007.

导论

Assmann, Aleida: *Einführung in die Kulturwissenschaft. Grundbegriffe, Themen, Fragestellungen.* Berlin: Erich Schmidt 2006.

Burke, Peter: *Was ist Kulturgeschichte?* Frankfurt a. M.: Suhrkamp 2005.

Daniel, Ute: *Kompendium Kulturgeschichte. Theorien, Praxis, Schlüsselwörter.* Frankfurt a. M.: Suhrkamp 2002 [2001].

van Dülmen, Richard: *Historische Anthropologie. Entwicklung-Probleme-Aufgaben.* Köln et al.: Böhlau, 2. durchges. Aufl. 2001.

Landwehr, Achim/Stockhorst, Stefanie: *Einführung in die Europäische Kulturgeschichte.* Paderborn: Schöningh 2004.

供深入阅读的文献

Bridenthal, Renate/Koonz, Claudia (Hgg.): *Becoming Visible. Women in European History.* Boston et al.: Houghton Mifflin 1977.

Burke, Peter: »Reflections on the Origins of Cultural History.« In: Joan H. Pittock (Hg.): *Interpretation and Cultural History.* New York: St. Martins Press 1991, S. 5 - 24.

Buschmann, Nikolaus/Carl, Horst (Hgg.): *Die Erfahrung des Krieges. Erfahrungsgeschichtliche Perspektiven von der Französischen Revolution bis zum Zweiten Weltkrieg.* Paderborn et al.: Schöningh 2001.

Chartier, Roger: *Die unvollendete Vergangenheit. Geschichte und die Macht der Weltauslegung.* Frankfurt a. M.: Fischer 1992.

Chickering, Roger: *Karl Lamprecht. A German Academic Life (1856 - 1915).* Atlantic Highlands, NJ: Humanities Press 1993.

Conrad, Christoph/Kessel, Martina (Hgg.): *Geschichte schreiben in der Postmoderne. Beiträge zur aktuellen Diskussion.* Stuttgart: Reclam 1994.

Conrad, Christoph/Kessel, Martina (Hgg.): *Kultur & Geschichte. Neue Einblicke in eine alte Beziehung.* Stuttgart: Reclam 1998.

Daniel, Ute: »› Kultur‹ und › Gesellschaft. ‹ Überlegungen zum Gegenstandsbereich der Sozialgeschichte.« In: *Geschichte und Gesellschaft* 19 (1993), S. 69 – 99.

Daniel, Ute: »Clio unter Kulturschock. Zu den aktuellen Debatten der Geschichtswissenschaft.« In: *Geschichte in Wissenschaft und Unterricht* 48 (1997), S. 195 – 218, 259 – 278.

Davis, Natalie Zemon: *Frauen und Gesellschaft am Beginn der Neuzeit.* Berlin: Wagenbach 1986. »Debatte: Review Symposium › Kultur &. Geschichte. ‹« In: *Historische Sozialforschung* 24 (1999), S. 36 – 81.

Dinges, Martin: »› Historische Anthropologie ‹ und › Gesellschaftsgeschichte. ‹ Mit dem Lebensstilkonzept zu einer › Alltagskulturgeschichte ‹ der frühen Neuzeit.« In: *Zeitschrift für Historische Forschung* 24 (1997), S. 179 – 214.

van Dülmen, Richard: »Historische Kulturforschung zur Frühen Neuzeit. Entwicklung-Probleme-Aufgabe.« In: *Geschichte und Gesellschaft* 21 (1995), S. 403 – 429.

Etzemüller, Thomas: *Sozialgeschichte als politische Geschichte. Werner Conze und die Neuorientierung der westdeutschen Geschichtswissenschaft nach 1945.* München: Oldenbourg 2001.

Evans, Richard: *Fakten und Fiktionen. Über die Grundlagen historischer Erkenntnis.* Frankfurt a. M./New York: Campus 1998.

Fischer, Fritz: *Griff mach der Weltmacht. Die Kriegszielpolitik des kaiserlichen Deutschland 1914/18.* Kronberg: Athenäum 1977 [1961].

Foucault, Michel: *L'ordre du discours: Leçon inaugurale au Collège de France pronocée le 2. décember 1970.* Paris: Gallimard 1972 (dt.: *Die Ordnung des Diskurses.* Frankfurt a. M.: Fischer 1988).

Fuchs, Eckhardt: »Englischer Methodenstreit und Lamprechtkontroverse in vergleichender Perspektive.« In: *Comparativ* 1 (1992), S. 41 – 53.

Gilbert, Felix: *Geschichte-Politik oder Kultur? Rückblick auf einen klassischen*

Konflikt. Frankfurt a. M. et al. : Campus 1992.

Gossman, Lionel: *Between History and Literature.* Cambridge, MA et al. : Harvard UP 1990.

Haas, Stefan: *Historische Kulturforschung in Deutschland 1880 – 1930.* Köln et al. : Böhlau 1994.

Hardtwig, Wolfgang/Wehler, Hans-Ulrich (Hgg.): *Kulturgeschichte Heute.* Göttingen: Vandenhoeck & Ruprecht 1996.

Hausen, Karin (Hg.): *Frauen suchen ibre Geschichte.* München: Beck 1983.

Horne, John/Kramer, Lan: *German Atrocities, 1914. A History of Denial.* New Haven/London: Yale UP 2001.

Hübinger, Gangolf: »Kapitalismus und Kulturgeschichte.« In: Rüdiger vom Bruch et al. (Hgg.): *Kultur und Kulturwissenschaften um 1900. Krise der Moderne und Glaube an die Wissenschaft.* Wiesbaden: Steiner 1989, S. 25 – 43.

Hunt, Lynn (Hg.): *The New Cultural History.* Berkeley et al. : University of California Press 1989.

Jaeger, Friedrich: *Bürgerliche Modernisierungskrise und historische Sinnbildung. Kulturgeschichte bei Droysen, Burckhardt und Max Weber.* Göttingen: Vandenhoeck & Ruprecht 1994.

Jones, Gareth S. : *Klassen, Politik und Sprache. Für eine theorieorientierte Sozialgeschichte.* Münster: Westfälisches Dampfboot 1988 [1983].

Kiesow, Rainer Maria/Simon, Dieter (Hgg.): *Auf der Suche nach der verlorenen Wahrheit. Zum Grundlagenstreit in der Geschichtswissenschaft.* Frankfurt a. M. /New York: Campus 2000.

Le Goff, Jacques et al. : *Die Rückeroberung des historischen Denkens. Grundlagen der neuen Geschichtswissenschaft.* Frankfurt a. M. : Fischer 1990 [1977].

Lipp, Carola: »Writing History as Political Culture. Social History versus ›Alltagsgeschichte‹. A German Debate.« In: *History of Historiography* 17 (1990), S. 66 – 100.

Lottes, Günther: »Popular Culture in England (16. – 19. Jahrhundert).« In: *Francia* 11 (1983), S. 640 – 667.

Lottes, Günther: »›The State of the Art.‹ Stand und Perspektiven der ›intellectual history.‹« In: Frank-Lothar Kroll (Hg.): *Neue Wege der Ideengeschichte. Festschrift für Kurt Kluxen zum 85. Geburtstag.* Paderborn et al.: Schöningh 1996, S. 27 – 45.

Medick, Hans: »›Missionare im Ruderboot‹? Ethnologische Erkenntnisweisen als Herausforderung an die Sozialgeschichte.« In: *Geschichte und Gesellschaft* 10 (1984), S. 295 – 319.

Mergel, Thomas/Welskopp, Thomas (Hgg.): *Geschichte zwischen Kultur und Gesellschaft. Beiträge zur Theoriedebatte.* München: Beck 1997.

Millman, Brock: *Pessimism and British War Policy 1916 – 1918.* London/Portland, OR: Frank Cass 2001.

Mojse, G.-M.: »Kulturgeschichte.« In: Joachim Ritter (Hg.): *Historisches Wörterbuch der Philosophie,* Bd. 4. Darmstadt: Wissenschaftliche Buchgesellschaft 1976, Sp. 1333 – 1338.

Mühlberg, Dietrich: *Proletariat, Kultur und Lebensweise im 19. Jahrhundert.* Wien et al.: Böhlau 1986.

Niethammer, Lutz: »Anmerkungen zur Alltagsgeschichte.« In: *Geschichtsdidaktik* (1980), S. 231 – 242.

Nipperdey, Thomas: »Bemerkungen zum Problem einer historischen Anthropologie.« In: Ernst Oldemeyer (Hg.): *Die Philosophie und die Wissenschaften. Simon Moser zum 65. Geburtstag.* Meisenheim: Hain 1967, S. 350 – 370.

Nipperdey, Thomas: »Kulturgeschichte, Sozialgeschichte, historische Anthropologie.« In: *Vierteljahrsschrift für Sozial-und Wirtschaftsgeschichte* 65 (1968), S. 145 – 164.

Novick, Peter: *That Noble Dream. The »Objectivity Question« and the American Historical Profession.* Cambridge et al.: Cambridge UP 1993 [1988].

Nünning, Vera (Hg.): *Kulturgeschichte der englischen Literatur. Von der Renaissance bis zur Gegenwart.* Tübingen: Francke 2005.

Oberkrome, Willi: *Volksgeschichte. Methodische Innovation und völkische Ideologisierung in der deutschen Geschichtswissenschaft 1918 – 1945.* Göttingen:

Vandenhoeck & Ruprecht 1993.

Oestreich, Gerhard: »Die Fachhistorie und die Anfänge der sozialgeschichtlichen Forschung in Deutschland.« In: *Historische Zeitschrift* 208 (1969), S. 320 – 363.

Oestreich, Gerhard: »Huizinga, Lamprecht und die deutsche Geschichtsphilosophie: Huizingas Groninger Antrittsvorlesung von 1905.« In: Willem R. H. Koops et al. (Hgg.): *Johan Huizinga 1872 – 1972. Papers delivered to the Johan Huizinga Conference Groningen 11. – 15. Dezember 1972.* Den Haag 1973, S. 1 – 28.

Oexle, Otto Gerhard: *Geschichtswissenschaft im Zeichen des Historismus. Studien zur Problemgeschichte der Moderne.* Göttingen: Vandenhoeck & Ruprecht 1996.

Pocock, John: *Politics, Language and Time.* Chicago et al. : University of Chicago Press 1989 [1971].

Raphacl, Lutz: »Historikerkontroversen im Spannungsfeld zwischen Berufshabitus, Fächerkonkurrenz und sozialen Deutungsmustern. Lamprechtstreit und französischer Methodenstreit der Jahrhundertwende in vergleichender Perspektive.« In: *Historische Zeitschrift* 251 (1990), S. 325 – 363.

Reulecke, Jürgen/Weber, Wolfhard (Hgg.): *Fabrik, Familie, Feierabend. Beiträge zur Sozialgeschichte des Alltags im Industriezeitalter.* Wuppertal: Hammer 1978.

Ritter, Gerhard: »Zum Begriff der Kulturgeschichte. Ein Diskussionsbeitrag.« In: *Historische Zeitschrift* 171 (1951), S. 293 – 302.

Ritter, Gerhard: »Zur Problematik gegenwärtiger Geschichtsschreibung. I. Vom Problem der › Kulturgeschichte ‹.« In: ders. : *Lebendige Vergangenheit.* München: Oldenbourg 1958, S. 255 – 283.

Schivelbusch, Wolfgang: *Die Kultur der Niederlage. Der amerikanische Süden 1865-Frankreich 1871-Deutschland 1918.* Berlin: Fest 2001.

Schleier, Hans: »Deutsche Kulturhistoriker des 19. Jahrhunderts. Über Gegenstand und Aufgabe der Kulturgeschichte.« In: *Geschichte und Gesellschaft* 23

(1977), S. 70-98.

Schleier, Hans: »Kulturgeschichte im 19. Jahrhundert: Oppositionswissenschaft, Modernisierungsgeschichte, Geistesgeschichte, spezialisierte Sammlungsbewegung.« In: Wolfgang Küttler et al. (Hgg.): *Geschichtsdiskurs, Bd. 3: Die Epochen der Historisierung.* Frankfurt a. M.: Fischer Wissenschaft 1997, S. 424-446.

Schleier, Hans: *Historisches Denken in der Krise der Kultur. Fachhistorie, Kulturgeschichte und Anfänge der Kulturwissenschaften in Deutschland.* Göttingen: Wallstein 2000.

Schorn-Schütte, Luise: *Karl Lamprecht. Kulturgeschichtsschreibung zwischen Wissenschaft und Politik.* Göttingen: Vandenhoeck & Ruprecht 1984.

Schorn-Schütte, Luise: »Karl Lamprecht und die internationale Geschichtswissenschaft an der Jahrhundertwende.« In: *Archiv für Kulturgeschichte* 67 (1985), S. 417-464.

Schulze, Winfried (Hg.): *Sozialgeschichte, Alltagsgeschichte, Mikro-Historie. Eine Diskussion.* Göttingen: Vandenhoeck & Ruprecht 1994.

Scott, Joan W.: *Gender and the Politics of History.* New York: Columbia UP 1988.

Sieder, Reinhard: »Sozialgeschichte auf dem Weg zu einer historischen Kulturwissenschaft?« In: *Geschichte und Gesellschaft* 20 (1994), S. 445-468.

Skinner, Quentin: *The Foundations of Modern Political Thought.* 2 Bde. Cambridge et al.: Cambridge UP 1978.

Stollberg-Rillinger, Barbara (Hg.): *Was heißt Kulturgeschichte des Politischen?* Berlin: Duncker & Humblot 2005 (= *Zeitschrift für Historische Forschung,* Beiheft 35).

Stone, Lawrence: »The Revival of Narrative. Reflections on a New Old History.« In: *Past & Present* 85 (1979), S. 3-24.

Strupp, Christoph: *Johan Huizinga. Geschichtswissenschaft als Kulturgeschichte.* Göttingen: Vandenhoeck & Ruprecht 2000.

Thompson, Edward P.: *Die Enntstehung der englischen Arbeiterklasse.* 2 Bde.

Frankfurt a. M. : Suhrkamp 1987 [1963].

Wehler, Hans-Ulrich: *Die Herausforderung der Kulturgeschichte*. München: Beck 1998.

White, Hayden: *The Content of the Form: Narrative Discourse and Historical Representation*. Baltimore: Johns Hopkins UP 1987 (dt. : *Die Bedeutung der Form. Erzählstrukturen in der Geschichtsschreibung*. Frankfurt a. M. : Fischer 1990).

White, Hayden: *Metahistory: The Historical Imagination in Nineteenth-Century Europe*. Baltimore: Johns Hopkins UP 1973 (dt. : *Metahistory. Die historische Einbildungskraft im 19. Jahrhundert in Europa*. Frankfurt a. M. : Fischer 1991).

乌特·丹尼尔
(Ute Daniel)

十

文化社会学

1. 文化社会学的现实意义

在社会生活所有领域中,文化的核心意义是飞速变化的当下的一种稳定特征,这一事实促使**斯图亚特·霍尔**①对 20 世纪下半叶的**"文化革命"**做出了判断。交际环境的进化和移民潮的加剧导致了这一文化革命的产生、循环及其全球化交流。文化不再局限于机构、活动和事件的有限范围,而是扩展到所有的生活领域。过去,在经济"基础"和由其决定的意识形态"上层建筑"之间以及社会结构和作为关联的变量的文化之间进行社会学划分是广为人知的,但在今天它的话语效力已失去。

现今的后福特主义经济学②是通过信息结构和交流结构得到决定性的确定的。被生产出来的客体越来越凸显出一种信息特征。③ 此

---

① 参见 Stuart Hall 1997。
② 参见 Harvey 1989。
③ 参见 Hardt/Negri 2002。

外,全球化的文化产业对人类生活的所有领域进行着殖民。① 媒体渗透着日常生活。② 社会结构的美学化和生活领域的同质化成为结果。如生活方式这一例子所展现的那样,个体认同和社会认同借助并通过文化获得建构。文化表现为全球历史变迁的力量,因此,正在形成的全球信息文化导致了民族国家遭到侵蚀,这令人产生了一种印象,似乎社会领域正逐渐被文化领域取代。③ 很显然,社会学的主流以自然主义和客观主义视角观察这个社会性世界,以恰当的方式去努力关注文化代码和意义的传播性功效,从而对文化变得敏感。因此,在21世纪初,**将"文化"视为对于社会分析活动而言富有建设性的维度**,这一理念占据了雄心勃勃的社会学分析活动的中心地位。

文化社会学不想成为连接性的社会学,不想成为社会学的附庸,而是志在成为一种独立的构想,提出当下的核心问题和课题,并依据韦伯的理念努力"在生活现象的文化意义中辨认生活现象"④。对此,有一种方法是必需的,它研究的是社会生活的象征维度,即"文化系统"⑤。在此研究过程中,"文化"和"生活"只在分析学层面上被区分开来。每种社会结构都是一种文化结构,每种社会活动也是一种文化活动。当然,在更狭窄的意义上,文化社会学的特别兴趣点在于文化和艺术的活动、经验和形式,并将其放在对其关注的社会语境中,这种社会语境首先将它们作为研究客体隔离起来,目的是在第二阶段对它们在社会生活中的意义以及它们的社会根源进行分析。这样看来,宗教社会学、文学社会学、电影社会学和艺术社会学都是文化社会学的重要变体。在此,文化经常被确认为具体变量,人们把它与非文化性因素相区别。⑥不过,对于文化社会学来说,中心要点是下列具有决定意义的课题,即

---

① 参见 Lash/Urry 1994。
② 参见 Kellner 1995。
③ 参见 Lash 2002。
④ 参见 Weber 1988, S. 175。
⑤ 参见 Wilhelm Dilthey。
⑥ 参见 Alexander 2000。

如何从分析文化的形式、经验和活动着手在大体上理解社会生活,即**格奥尔格·齐美尔学说中的"生活的全部"**①,所有生活领域中人类创造的整体。在这一宽泛的意义上,文化可以被定义为"已掌握的规则和价值观、知识、人工制品、语言和象征的整体,它们在具有共同生活方式的人群之间不断获得交流"②。

然而,在具有文化学内涵的社会学的学者大拿那里就已经开展过的文化范畴的研究③隐含着当今社会学的认知论新导向,人们将其作为**文化转向**来进行讨论④。研究不同的"生活秩序"⑤及其在全球化背景下的融合,并进而探索当今的文化塑造,这样一种社会学不是由自然科学的范例和标准制定的,而是由文化学的概念、模式和假设引领的。

2. 文化社会学的历史根源

社会学在 20 世纪的中心概念是"社会"。这一学科是随着对西方工业社会的描述和分析产生的,工业社会与从前的社会相比具有质的区别。社会学大家们使用过各种各样的概念二分法,目的是探究传统和现代性之间的差异。因此,卡尔·马克思分析了从封建主义到资本主义的过渡,涂尔干区分了劳动分配的机械形式和有机形式,斐迪南·滕尼斯(Ferdinand Tönnies)倾力于研究共同体与社会的差异。社会学的逐渐机构化表明,社会概念是在**民族国家这一背景**中被构思起来的。当比如塔尔科特·帕森斯(Talcott Parsons)对现代社会进行描述的时候,他认为社会系统的不同部分在功能方面应该相互融合,在他眼中,

---

① 参见 Simmels 1989, S. 9。
② 参见 Rehberg 2001, S. 68。
③ 参见 Rehberg 1986。
④ 参见 Chaney 1984; Long 1997; Reckwitz 2000; Hetzel 2001。
⑤ 参见 Max Weber。

美国是这种社会系统的原型。社会学话语在由民族国家组织起来的社会的基础上发展而来。① 然而，根据理论导向和课题的不同，人们对"社会"做了不同的定义，一些社会学家要求完全抛弃这一概念。②

从方法论角度来看，社会学的主流或多或少地都遵循着**涂尔干的自然世界和社会世界的区分方式**。后者指的是社会现实方面稳定的、导向性的但也具有界定性的特性，它们对于个体来说是外在性的，刻画着他们的行为。当然，总是存在另外的声音，反对专注于社会、社会事实、社会自主性。由此，从韦伯和齐美尔起，社会学就开始遵循文化学导向③，并认为文化是多元的、动态的、开放的，"文化"就成了代表这样一种社会学视角的核心概念。但是，稍晚的涂尔干也构思出了一种更加具有阐释学导向的社会学，这一理论的核心是分类方式和象征系统。④

马克斯·韦伯研究了海因里希·李凯尔特和当时的文化学讨论活动⑤，发展出了一种**"理解社会学"**，试图避免对社会概念做出定论。他意在对"内容庞杂的文化问题""相互冲突的现实规则"⑥及其文化含义进行科学的研究。这位文化学大家认为文化是"被赋予思想和含义"的事实，坚信文化的重要性，并受到这一信念的激励。⑦ 在这一背景下，韦伯努力反思了受到去魔幻化和透视法主义影响的现代文化中文化学的有效性要求。在对资本主义的产生和机构化的分析中，韦伯⑧发现，资本主义是以其独特的文化背景为基础的。他以"资本主义精神"为例，揭示出文化的独特逻辑和它的生产力、创造力。

---

① 参见 Billig 1995。
② 参见 Mann 1986；Urry 2000。
③ 参见 Stagl 1986。
④ 参见 Alexander 1988。
⑤ 参见 Oakes 1990；Lichtblau 1996。
⑥ 参见 Scaff 1994, S. 680。
⑦ 参见 Weber 1988；转引自 Weiß 1992, S. 36。
⑧ 参见 Weber 1984。

格奥尔格·齐美尔也强调了社会生活的历史和文化前提,认为它们导致了不同的社会化模式。在其《货币哲学》(1900)一书中,齐美尔**把现代文化视为"生活风格"**。他拒绝了静态的构想,在受到人生哲学启迪的情况下,提出了**现实的进程性特征**,即因现实而律动着的生活,现实的不间断性运作。于他而言,文化是"创造形式和毁灭形式的永不停止的进程"①。即便齐美尔和韦伯拒绝社会决定论的解释理念,他们也还是对社会结构性课题进行了研究。因此,"韦伯秉持的'文化'和'结构'的不可分割性并没有使人们理顺概念,而是促使人们对其透视性本身由文化确定的要素的相互渗透进行分析"②。

到 1933 年为止,德国经历了一场生机勃勃的文化社会学讨论。值得一提的还有阿尔弗雷德·韦伯和卡尔·曼海姆:前者将文化史③和文化社会学结合起来,后者将"文化构体(Kulturgebilde)被嵌入社会生活"④的过程视为文化社会学的主题。在法西斯主义统治期间和之后,经典意义层面的文化社会学只是得到了零星的延续。**阿尔诺德·盖伦(Arnold Gehlen)将人类视为文化存在**:"被人类改造为有益于生活的自然的化身就是文化,文化世界就是人类世界。"⑤他的有关当代文化的《科技时代的心灵》(1957)一书赢得了广泛关注。同样,流亡美国后返德的批评理论代表人物马克斯·霍克海默和西奥多·W. 阿多诺从其文化工业理论出发研究了(大众)文化的角色问题,并发展出一种对晚期资本主义社会进行辩证性批判的理念。⑥

在文化社会学这门学科的发展过程中,**塔尔科特·帕森斯的社会系统论**是具有国际影响的综合研究成果之一,他的这一理念使得文化学意义上的社会学理论构想越来越淡出人们的记忆。帕森斯在他的理

---

① 参见 Bevers 1985,S. 143。
② 参见 Rehberg 1986,S. 100。
③ 参见本书第九章"文化史"。
④ 参见 Mannheim 1980,S. 59。
⑤ 参见 Gehlen 1986,S. 38。
⑥ 参见 Demirovic 1999。

论分析中使马克斯·韦伯和其他欧洲社会学家的著作在国际上为人知晓,同时广泛地对这个专业领域中的经典学者进行了阐释,并且长时间地主导了——抛开特例不谈——有关讨论。在帕森斯的标准社会理念中,文化也发挥着它的作用,在其机构化了的部门中,它应该——以美国为例——首先行使一种控制性、融合性的功能。作为价值观和规则的共同系统,文化提供了获取于社会化过程中的导向,这些导向促进了社会内部"目标的实现"和"融合"过程。在政治动荡的 20 世纪 60 年代,人们很快就发现,帕森斯的社会模式在理论和经验论方面存在短板、弱点和错误。① 因此,重心从文化创造的一致性转移到了冲突,转移到了社会争执。为了与持续占据主导地位的帕森斯明确划清界限,在很长一段时间内,人们甚至完全拒绝了文化解释,这导致了日益严重的理论窘迫和矛盾。② 结果是,社会学不同的"学派"通过证明文化概念蕴含的分析和解释能量,把"文化"概念重新变成了一个重要的主题。从 20 世纪 70 年代开始,文化社会学甚至在不同的国家经历了复兴,如果稍加细致的分析,人们就会发现,这种复兴一方面对传统元素进行了各不相同的再塑造,另一方面也结合了来自文化学相邻学科的新元素。

3. 文化社会学的复兴

对于文化社会学的更新而言,核心要点是"所有'社会事实'的根本语境化"③。唯有这样,它们的历史和文化特征才能成为主题。文化和社会在概念上的二分法得以避免,取而代之的是,两个领域的相互作用和交错重叠获得关注。

(1) 在德国,从 20 世纪 70 年代开始,文化社会学领域出现了新情

---

① 参见 Gouldner 1974。
② 参见 Alexander 1987。
③ 参见 Rehberg 1986, S. 106; Grossberg 1999。

况，1984年德国社会学协会（Der Deutschen Gesellschaft für Soziologie）内新成立了文化社会学部门。首先是一些保守的社会学家，他们把一种"普遍化了的马克思主义"归到受帕森斯影响的社会学范畴之下，这种马克思主义忽视了共同价值观和意义的重要社会效用，而相对于社会结构，这些价值观和意义能够发展出一种独有的含义和力量。从一开始，这种文化社会学理念就有着比充当联结性社会学角色更多的要求。特别是**沃尔夫冈·利普**[①]、**汉斯-彼得·图尔恩**[②]和**弗里德里希·腾布鲁克**（Friedrich Tenbruck），他们主张**"文化学更新"**，用"文化事实经验"知识把"社会学从其对社会概念进行还原的萎缩状态"中解脱出来。[③] 只有这样，社会学的结构稳定性才能被克服，人们才会明白，社会是作为文化得以延续的。他们认为，社会事实也总是以文化的形式获得传递[④]："结构和文化从本质上来说是相互参照的；它们互为前提，一步步地相互'传递'，然后才相互赋予'意义'。"[⑤]腾布鲁克还在对接哲学人类学的基础上补充性地将人类视为"文化存在，它为自己创造了一个存在于社会事实之外的意义世界，即便这些意义可能与这些事实交织在一起或是以这些事实为先决条件。"[⑥]这样一来，在帕森斯的系统论中只获得些微关注的具体行为者就占据了中心地位。利普[⑦]沿着在研究维克多·特纳的基础上构想出来的"戏剧文化"（Drama Kultur）理念，发展出了一种同样**以行为理论为导向的文化社会学**。

不过长期以来，有许多理论和主题在德国的文化社会学部门中并没有获得研究者的关注。[⑧] 对具有西方特色的文化马克思主义的研究

---

① 参见 Wolfgang Lipp 1994。
② 参见 Hans-Peter Thurn 1979。
③ 参见 Tenbruck 1996，S. 50。
④ 参见 Lipp/Tenbruck 1979。
⑤ 参见 Lipp 1994，S. 12。
⑥ 参见 Tenbruck 1989，S. 69。
⑦ 参见 Lipp 1994。
⑧ 参见 Lauermann 1989，S. 292。

在很广泛的程度上被列为禁忌,特别的现实主题(比如后现代主义文化或者风险社会)以及重要的理论(现象学、互动论)没有获得相应的关注。之后,德语区文化社会学领域内部的讨论和研究活动逐渐弥补了一部分这样的疏忽。内部的话语开始变得多元化。① 除了行为理论的理念,主要还有以现象学、哲学人类学②、福柯的话语理论③或者文明理论④为导向的研究理念。尼克拉斯·卢曼对西方社会的语义储备的演变也做了研究,但他仅仅将文化视为历史概念,他的这一研究活动也属于当前讨论的重要组成部分。⑤ 内容方面,主要是现代主义文化成为研究主题。⑥

(2) 在 20 世纪 60 年代,伯明翰大学成立了**当代文化研究所**(CCCS),研究所的相关研究同样批判了帕森斯的理论和方法⑦,努力**对社会学课题和文化学进行综合**。以研究不同学科和学术流派中的文化为出发点,它们在理解社会活动、争议和机构过程中的决定性和建设性作用得到了揭示。⑧ 当代文化研究所的研究活动从一开始就阐明了**文化转向**的必要性,并且也在不断推进这一转向。在此过程中,对于文化研究而言,涉及的是对(资本主义)社会进行批判性分析。在对西方马克思主义、结构主义和文化主义⑨领域重要思潮的理论分析基础之上,学者们进行了各种各样的经验性研究。著名的研究有从人种志视角对青少年亚文化⑩和对媒体接受⑪的研究。研究表明,尽管存在着结

---

① 参见 Gebhardt 2001。
② 参见 Eßbach/Fischer/Lethen 2002。
③ 参见 Bublitz 1999。
④ 参见 Hahn 2000。
⑤ 参见 Luhmann 1995。
⑥ 参见 Münch 1993。
⑦ 参见 Hall 1980。
⑧ 参见 Winter 2001。
⑨ 参见 Hall 1999。
⑩ 参见 Willis 1979;Grossberg 1997。
⑪ 参见 Morley 1992。

构性束缚,青少年以及媒体消费者也能够创造性地掌握文化财富。流行文化在以前也是一个重要的独立的研究领域,只不过没有得到雅文化的青眼相加。**文化研究**在当下已经成为一股全球性的潮流,它在研究文化进程的活动中遵循着学科交叉和学科融合的理念。① 对此,文化社会学的方法和启示至今仍然扮演一个重要的角色。

(3) 在20世纪70年代,人们发现了**诺伯特·埃利亚斯**②出版于1939年的《文明的进程》一书,在其中,埃利亚斯与马克斯·韦伯和阿尔弗雷德·韦伯以及曼海姆都有承继关系。他研究了人类行为在文明进程中的长时段变化,这一变化与社会构造过程中的变化是有关联的。③ 借助"构造"(Figuration)这一概念,他描述了人类之间相互依存的网络,这一网络的动态转变和加密导致了社会和文化的变化。

(4) 在法国,**皮埃尔·布尔迪厄**④发展出了一种对**文化和权力的密切关系**进行分析的文化社会学,正是这样的关系构造出不同社会的社会生活。借助完善的概念,并在对理论进行综合和经验性研究的基础上,他主要研究文化对社会再生产做出了什么贡献。

(5) **阐释型社会学的传统**[象征互动论、民族方法学,学者如埃尔文·戈夫曼(Erving Goffmann)、彼得·伯杰(Peter Berger)、托马斯·卢克曼(Thomas Luckmann)]借助其意义建构理论以及对日常生活的分析,从一开始就研究着文化问题,即便是以间接的方式。伯杰和卢克曼⑤承继了马克斯·韦伯的意义阐释和理解理念、涂尔干的社会事实存在观以及曼海姆的知识社会社会学,构思出一种**"社会现实的构建"**理念。他们将人类社会视为"文化",并借助这一具有指导性的理念,展现了人类社会在事实的内化和外化过程中是怎样被创造和再创造的。

---

① 有关**文化研究**参见本书第七章"新历史主义、文化唯物主义与文化研究"。
② 参见 Nobert Elias 1980。
③ 参见 Hahn 1986。
④ 参见 Pierre Bourdieu 1982,1987。
⑤ 参见 Berger/Luckmann 1969。

在这一视角下，社会也是（非物质）文化的一部分。在仪式①、交际类型②或者科学文化③的经验性研究中，这一视角得到了深化。在用文化研究理论和后现代理论进行研究的过程中，主要是电影成为文化社会学的研究对象。④

（6）**迈克·费瑟斯通**（Mike Featherstone）在英国发行了《理论、文化和社会》杂志，从1983年起，在此杂志的影响下出现了深入的文化社会学讨论，对社会学研究中的文化盲点进行了批判。⑤ 在此，人们讨论了各种社会学的文化理论方向，推动了与相邻学科比如哲学、媒体学和建筑理论的深入争辩。有学者在研究后结构主义理论的基础上对**后现代文化**进行了分析。⑥ 特别是具有不同维度（消费、影院、运动、时尚、建筑）的**日常文化**以及**文化全球化**⑦成为重要的主题。

（7）在美国，从若干年前开始，文化社会学就已被人们重新发现，在此，它也被视为对整体学科的一种挑战。人们指责主流社会学一方面对记录文化（recorded cultures）给予的关注太少，另一方面将文化视为一致的、稳定的，这与后现代精神的碎片化和特殊化不相符。⑧ 在帕森斯的影响之下，文化和结构被牢牢地拴套在一起。借助**克利福德·格尔茨**⑨的象征人类学以及欧洲的结构主义和后结构主义理念，**文化**越来越被视为**文本和代码**。⑩ 此外，人们也创立了新的研究方向，它们对社会差异、话语和文化变迁的关系⑪，文化和社会交易的关系⑫，文化

---

① 参见 Soeffner 2000。
② 参见 Bergmann/Luckmann 1999a；Keppler 1994。
③ 参见 Knorr-Cetina 1999。
④ 参见 Denzin 1991, 2002。
⑤ 参见 Robertson 1988。
⑥ 参见 Featherstone 1988。
⑦ 参见 Robertson 1992。
⑧ 参见 Crane 1994。
⑨ 参见 Geertz 1983。
⑩ 参见 Smith 1998。
⑪ 参见 Alexander 1993。
⑫ 参见 Swidler 1986。

的生产和接受①，文化在组织中和在历史中的角色进行了研究。②

下文将要明确讨论当今文化社会学研究中一些重要的、富有成果的主题和视角：文化与权力；文化与消费；文化与体验；文化与交流；文化与全球化。以这种方式来展示文化社会学研究拥有哪些成就，文化社会学能够为当代的分析做出什么贡献。

4. 新近研究的视角

4.1 文化与权力

在斯图亚特·霍尔的领导下，伯明翰当代文化研究所的研究活动融合了使得**文化研究**于20世纪50年代末60年代初在英国产生的雷蒙德·威廉斯③和理查德·霍加特④的文化主义、结构主义（列维-斯特劳斯、路易·阿尔都塞）以及20世纪60年代开始占据主导思潮地位的后结构主义⑤，这是研究所的主要特征。为了分析作为**文化研究**主题核心的文化、社会事件和权力的关系⑥，有两个步骤是必要的。第一，人们要将文化理解为文化活动，如在人类学领域中那样。同时，这样的活动并不是普遍意义上的，而是要通过提出这些文化活动与社会结构、统治情况、社会斗争的关联问题，在**各自的历史情景**中对其进行观察。第二，要对文化活动和其他活动之间的关系，文化机构与经济、政治和意识形态机构之间的关系进行研究。

在文化主义范式中，**意识形态概念**不是一个核心理念，而在阿尔都

---

① 参见 Peterson 2000。
② 参见 Crane 1994 中有关文章；Long 1997；Smith 1998。
③ 参见 Williams 1958。
④ 参见 Hoggart 1957。
⑤ 参见 Hall 1999；Morley/Chen 1996。
⑥ 参见 Winter 2001。

塞以结构主义理论对马克思进行阐释的过程中,这一概念却发挥着关键性作用。他在阐释中强调,意识形态(图像、再现,以及仪式、习惯或者有规律的行为方式)是无意识的范畴,是被人们无意识地执行的,人类通过意识形态对其(生活)条件进行再现,并得以生存。① 意识形态再现体系构建着体验,定义着主体,确立着认同。"在'文化主义'中,体验是基础,即所经历的意识和条件重合的领域,而结构主义则强调,'体验'就定义而言不可能是什么东西的基础,因为人们只能在文化的范畴、分类和框架中或者通过其去'经历'和体验其存在条件。"② 在伯明翰当代文化研究所关于青少年文化和媒体接受的经验性研究论文中,人们可以发现,**文化主义和结构主义**在分析社会活动的过程中能够卓有成效地相互补充。③ 这两种视角的结合能够帮助人们在对日常生活的体验维度中、在日常生活受权力结构的影响中去理解日常生活。

在对福柯的权力分析学④进行接受的基础上,尤其是在对流行文化进行分析的过程中,**权力和反抗之间的关系**成为主题。"反抗"可以在话语结构、文化实践和主体经验之间关系的特定历史情形中形成。⑤ 由此,约翰·费斯克追随米歇尔·德塞托⑥,将日常视为"强者"的策略和"弱者"的游击战术之间的持续性交锋。⑦ 在使用资本主义体系提供的"资源"过程中,以不同方式被变为从属的客体尝试自己去定义他们的生活条件,表达他们的利益。

除了**文化研究**之外,布尔迪厄还对决定社会生活的**文化和权力的关系**进行了研究。**文化研究**在日常生活的丛林中发现从属群体的经常性、隐蔽性反抗,并且有时也许乐观地高估了反抗的可能性,而布尔迪

---

① 参见 Arthusser 1997。
② 参见 Hall 1999, S. 30。
③ 参见 Winter 2001, S. 97-158。
④ 参见 Foucault 1980。
⑤ 参见 Grossberg 1992, 1999。
⑥ 参见 Michel de Certeau 1988。
⑦ 参见 Fiske 1989, S. 32-47; Winter/Mikos 2001。

厄则与**文化研究**不同,他特别关注社会中的主导文化以及统治和权力的相对稳定性。他以下列问题作为出发点,即在一个社会中社会不平等现象为什么能够在不引发针对其自身的强力、果断反抗的情况下存在。[1] 他在文化、社会结构和社会行为的关系中找到了这一问题的回答。布尔迪厄解释道,一个社会的文化资源、文化活动和文化机构显示出不同的利益,维持并加强着不同的社会关系。社会生活对于他而言是围绕着社会名望进行的斗争[2],文化正是这一斗争的表达[3]。

布尔迪厄的分析有一个优点,即他把文化视为实践。[4] 为此,他提出了**习性**(Habitus)**概念**,这一概念处于其文化社会学的核心。就这一概念而言,他看到了一种"被构造的结构"以及一种"构造性结构",它是在社会化过程的阶级特定性经验中、在家庭和同龄群体中被掌握的。习性通过无意识的吸纳转变为倾向的外部结构这一过程而形成,它一方面为行为设置了结构性边界,另一方面生成了感觉、态度和方法,它们在大体上符合之前社会化活动的构造型特征。在此过程中,习性具有集体特性。一个阶级的成员的文化活动给一名局外者留下了这样的印象,似乎它们是同步化了的。通过类似的转送,习性将其生成模式推广到了社会生活的所有领域。美学的品位形式和生活方式与相应的阶级习性具有一致性,在属于高度分化的社会中不同社会阶级的其他社会群体那里获得社会自己的名望。通过这一方式,习性首先为**统治关系的社会性再生产**做出了贡献。

但是,布尔迪厄的文化社会学不应该被误解为具有严格的决定论性质。因为他把习性视为其可能性框架中的自发性和创新性主体。[5] 除此之外,并非所有的行为都是由习性决定的。在危机情形中,习性在

---

[1] 参见 Bourdieu/Wacquant 1996。
[2] 参见 Bourdieu 1982。
[3] 参见 Bourdieu 1998。
[4] 参见 Bourdieu 1987。
[5] 参见 Bourdieu/Wacquant 1996。

其他情况下对一种社会场域灵活的、看似自动完成的适应过程就不奏效了。进一步说，高度仪式化的场景也限制着因一种习性而成为可能的策略和行为。而且，当习性遇到与其产生的社会化条件极度不同的结构时，社会也是有可能发生改变的。总的看来，习性是用来解释社会行为和文化活动的被社会化过程的原则，尤其在非仪式性的情形中是令人信服的。

对于布尔迪厄的文化社会学而言，还有一个具有关键意义并对习性概念进行补充的概念是**"文化资本"**[①]，即对社会上不平等分配的资源的拥有，比如语言能力、文化倾向、美学优先权、分类方式、教育文凭等[②]。布尔迪厄区分了三种形式：第一，通过习性得到体现的文化资本的积累开始于童年时代早期，并在学校的受教育阶段得以延续。第二，文化资本在社会中以客体的形式存在，比如书籍、绘画、建筑或者科学仪器。第三，文化资本以机构化了的形式作为教育文凭被颁发给人们。

布尔迪厄强调，文化资本是一种多方争夺的资源。它能够形成立场、行为方式和互动，并为进步社会的社会化分层做出贡献。布尔迪厄**将文化视为权力资源**。一部分精英拥有文化资本，与拥有巨大经济资源的那部分精英划清界限，并在文化资源基础上建立起他们的权力。而且，在特定的职业部门，比如在媒体传播界、在艺术领域、在高等院校，文化资本也可以转化为金融资本。布尔迪厄精心创立的文化社会学成功将理论和经验性研究与详尽的方法论反思结合。他创设了习性这一概念——作为体验实践的文化的另一种表达，为人们如何在社会化世界中自处这一问题传授了实用性意义。这一概念也使人们能够从文化社会学角度以新方式思索、研究对于社会学而言重要的**行动和结构的关系**。

[①] 参见 Bourdieu 1982。
[②] 参见 Bourdieu 1988。

4.2 文化与消费

消费对于当代西方社会而言具有持续的决定性作用,长时间以来被视为负面的、消极的,新近的文化社会学对这一领域做了深入研究。① 从格奥尔格·卢卡奇的物化(Verdinglichung)理论开始,西方马克思主义的代表人物,如霍克海姆、阿多诺、赫伯特·马尔库塞或者亨利·列斐伏尔(Henri Lefebvre),将资本主义商品生产的扩张和闲暇时光中消费机会的增加视为"后文化"(Postkultur)的来临,它刻有交换价值和工具理性逻辑的烙印。接着,**让·鲍德里亚**②指出,在今天的经济领域,商品和符号是融为一体的,因此,所有的商品都被写入了文化意义。就此而言,一种文化商品并没有确定的符号价值,而是说,媒介输送着波动的符号流、图像流和模拟流,价值在其中不断发生着改变。一方面,在去传统化进程不断加码的当代社会中,社会规范失去了构造性的力量;另一方面,消费社会逐渐形成,相对于社会性因素,文化更加深刻地影响着这一社会。

弗雷德里克·詹姆逊③通过对后现代文化的差异化分析深化了这一判断。对于后现代文化而言,无限的符号经济学、肤浅、历史意识的丧失、去差异化现象都是其特点。因此,区分高雅文化和流行文化不再有意义。除此之外,文化因为符号和消息之间的宏大循环,与社会已经没有差异,而是渗透进了所有的生活领域。资本主义、物化和文化在詹姆逊的解读方式中是一回事情。

(商品)消费和"文化社会"的批判性分析一般而言是以生产为出发点的,而在新近的研究活动中,研究者受到人类学研究④、社会学的经

---

① 参见 Featherstone 1991。
② 参见 Baudrillard 1978,1982。
③ 参见 Jameson 1991。
④ 参见 Douglas/Isherwood 1979;Appadurai 1986。

典研究——如齐美尔的文化悲剧理论素①(即客体和主体永不停歇的相互避让)——或者日常活动分析②的启发,因此,**消费本身成了研究主题**。研究的对象是(文化)商品的使用和获取。③ 居于核心地位的是通过消费活动、按照社会偏好、依据消费的情感和审美品质的社会重要性对集体进行构建的问题。即便对(已有)文化商品的消费并非自主性行为,这种消费活动也制造着意义、感觉和幻想。消费者是"其自己事务的生产者、诗人,是为自己穿越功能主义理性丛林而寻找道路的缄默的发明者"④。

在研究中,人们描述了不同的、或多或少**具有创造性的日常活动**,借助它们连接了文化商品,对其进行评判,做出(新的)解释。一种经常性的活动便是所谓的**"拼装"**(Bricolage),它在许多青少年研究和闲暇时间研究中都出现过。文化客体在亚文化语境中被赋予了一种新的意义,人们将它们与其他客体结合起来,成了一种独特风格的基础。迪克·赫伯迪格⑤以朋克为例对此做了展示。共同的消费构建了共同体。

布尔迪厄对法国社会的研究在经验论方面蕴含丰富,在理论方面错综复杂,他的研究活动揭示了社会倾向形成的进程中**消费的作用**。⑥他指出,受消费影响的生活方式表达了**阶级关系的象征维度**。由此,他证明了社会阶级场域和生活方式空间之间的结构同质性。一个阶级的消费优先权是其品位的表达,它与另一个阶级的优先权处于系统性对立之中。借助不同的行为和对不同消费客体的偏好,不同阶级之间得以进行相互区分。

鉴于"后现代文化"在商品、符号和图像方面压倒性的、不断变化着的供应状态,为了能够适应,为了对新的客体做出评价,为了利用其表

---

① 参见 Simmel 1983。
② 参见 Soeffner 1988。
③ 参见 Winter 1995。
④ 参见 de Certeau 1988, S. 21。
⑤ 参见 Dick Hebdige 1997。
⑥ 参见 Bourdieu 1982。

达偏好,知识是必要的。对此,人们不禁要问,全球化和与之关联的民族国家的侵蚀是否会给人们在发展可靠、稳定的划分准则和计划来分清一个民族国家内部阶级的过程中造成更大困难?阶级和社会结构还像布尔迪厄所指明的那样紧密结合在一起吗?在今天,难道不是文化的不可透视性、不一致性和碎片化居于主导地位吗?这些问题是现今文化社会学研究的核心。① 特别是对流行文化和城市经验的研究指明,**消费和媒体的诱惑性、自我指涉性符号游戏**能够导致日常的美学化,也含有积极的、乌托邦式的可能性,这是瓦尔特·本雅明所坚持的观点。今天的浪荡者享受着消费文化被美学化了的肤浅、做作和多样化,发展着他们有犯罪倾向的、玩世不恭的潜力,是为了形成他们特有的、独一无二的身份。大城市中个体性的、亚文化性的拼装活动使**文化成了拼图**。② 此外也有研究强调,新的集体形式的情感维度导致了具有市民特色的个人主义的消逝。

米歇尔·马费索利③以齐美尔的形式社会学为基础指出,后现代性的社会活力产生了影响着日常生活的各种经验、观点和感觉。一种**部落的氛围**(ambiance tribale)形成了,这是一种感情上的基调,它影响着在消费、生活方式和媒体图像世界领域发展出来的肤浅的、多变的关系,影响着与休闲领域(运动俱乐部、粉丝文化等)中的志同道合者的关系。根据马费索利的学说,当代新兴领域中的社会性的冷凝跨越了阶级的边界,表达了扎根于日常的创造性。

4.3 文化与体验

体验以及对体验的追寻研究的是休闲时光研究领域中人们的想象和经常性无休止的活动。希望拥有多次的、深入的体验的愿望主导着个体的生活方式,这导致了社会个性化的增强。体验公园、购物中心、

---

① 参见 Featherstone 1995。
② 参见 Chambers 1986。
③ 参见 Michel Maffesoli 1988,1990。

博物馆、轰动性展览、体验游、狂欢、滑雪运动、城市庆典……这些文化与体育主题和活动创造了一种体验市场，它的目录可以无限制地延伸下去。文化愈来愈被当作事件、当作体验来策划和消费，人们在新近的文化社会学研究中对此进行了探索。①

格哈德·舒尔策(Gerhard Schulze)在其《当代文化社会学》(1992)一书中因当代社会生活体验的相对重要意义提出了**"体验社会"**的论断。体验社会中个性化活动者的思想和行动都是以体验为导向的，这对于舒尔策来说与策略性的行为是融会贯通的：

> 体验理性是体验导向的系统化。主体为了体验目的而利用情境，从而成为本身的客体。体验理性是一种尝试，它受到外部条件的影响触发所期望的主体进程。人类成了其自身主体性的管理者，成了其内心生活的操纵者。②

体验市场的商品在舒尔策的解读方式中成为心理物理学进程的触发器，个体必须对这一进程做出评判。此外，共同的体验比如对大事件的参与也创造了**集体自我经验可能性**。以集体性简化的体验模式为导向的主体选择行为使得阶层产生了，它们是根据年龄和受教育程度进行划分的群体，在体验的过程中鲜明地形成了特别的取向和风格。只是舒尔策在其文化社会学的理念中对大众文化的感知并不非常精确，他对日常美学进行典型化操作，如提出"普通模式和紧张模式"。这种典型化会向行为者告知体验程序，因而他无心地遮盖住了大众文化的生机、活力和创造性。由此，他含蓄地再次贬低了为德国学术界所不屑的流行元素。而且，他还忽略了大众文化的体验也具有固定于社会权力关系的意义维度。在流行元素这一场所中，意义发生偏移，新的意义被创造出来，现存的东西被超越。

---

① 参见 Gebhardt/Hitzler/Pfadenhauer 2000; Göttlich/Winter 2000; Klein 1999。

② 参见 Schulze 1992, S. 40。

在流行文化中,体验一直居于中心地位。对"现时"的深入体验可能会过度地、狂欢式地跨越边界和等级,消除与其他集体经验之间的距离,是大众娱乐的本质元素。流行体验或多或少也受到对现有权力关系和支配关系的批评,受到**"对抗的乐趣"**的影响,**文化研究**已经指出了这一点。费斯克认为①,人们必须把大众的娱乐和体验与霸权的娱乐和体验区分开来。因为大众娱乐是在与权力的对立中产生的,无论这种权力是社会性的、伦理性的、美学性的还是文本性的。权力试图控制、规诫大众娱乐,试图从政治和商业角度去收纳大众娱乐。根据费斯克的观点,大众体验存在于与主导秩序的对抗关系中,它们威胁着主导秩序,象征着无秩序和反抗。文化被视为具有反抗性质。②

4.4 文化与交流

阐释型社会学中的新近研究承继了现象学行为理论,运用了交际类型理念,这一理念允许将文化构想为一些显性的东西,构想为行为的交际性外部世界。③ 以交际行为的例行公事化、机构化特征为出发点,人们在经验性研究中辨认出了(能够)用作行为导向的典型模式。交际类型被定义为在社会中得到加固的**交际行为模式**,类似于使用说明,简化了行为难题,比如行为者的同步性或者行为顺序的协调。它们并不决定交际进程,却提供组织和理解的框架。④ 同时,人们必须在交际类型(文字性)的内部结构、其在社会结构中的地位、包含社会语境偶然性的相应实现场景之间做出区分。⑤ 研究者在各种经验性研究中辨认和分析交际的典型形式,展现一种特别文化的元素。由此,鼓掌⑥、伦理

---

① 参见 Fiske 1989;Winter/Mikos 2001。
② 参见 Hörning-Winter 1999。
③ 参见 Bgermann/Luckmann 1999b, S. 19。
④ 参见 Goffman 1977。
⑤ 参见 Knoblauch/Luckmann 2000。
⑥ 参见 Bergmann 1987。

的交际结构①、饭桌谈话的特点②和媒体类型③都是研究的对象。因此,一方面,对社会的重要秩序及其交际特性进行认识成为可能;另一方面,机构化了的对话形式以及群体或阶层的叙事文化也能够得到研究。

4.5 文化与全球化

从 20 世纪 90 年代开始,社会学领域中的全球化进程越来越受到人们关注。④ 根据一些评论家⑤的观点,资本、商品、符号、图像、移民等在全球范围内的流动导致了**文化领域的自主性**,不过也同时导致了上文提及的**去差异化现象**。这一进程的推进力是商品,被跨国界的法人在世界各地的各种文化语境中进行售卖。詹姆逊⑥指出,与商品关联在一起的图像导致了"市场的欲望性占有"⑦,因此,商品成为其自身的意识形态。现如今,文化社会学讨论的核心问题是,文化变迁是否会导致日益增长的同质化,或者说,人们是否也可以辨认出异质化过程。特别是乔治·里兹⑧对如今的**跨国消费文化**进行了批判性解读。从麦当劳快餐店的最优化改革出发,他认识到了一种基于可计算性和效率的当代文化。空闲时间领域中产生了一种巨大的官僚机构——从快餐到包价旅行到节庆文化,其标准化的商品具有有效地满足需求的目的。通过这种方式,生活中越来越多的领域被组织及其技术收服。日常生活变得越来越单一,生活质量日益下降。**麦当劳社会**的标准化承诺加固了"顺从的外壳",马克斯·韦伯已经看到了这一点。现在,连空闲时

---

① 参见 Bergmann/Luckmann 1999a。
② 参见 Keppler 1994。
③ 参见 Keppler 1985;Ayaß 1997;Holl/Püschel/Bergmann 2001。
④ 参见 Beck 1997。
⑤ 参见 Featherstone 1995;Appadurai 1996。
⑥ 参见 Jameson 1998, S. 69。
⑦ 原文为»libidinösen Besetzung« des Marktes。——译者注
⑧ 参见 George Ritzer 1995。

间都被进行了优化改革。罗兰·罗伯森①也认为,**文化成为商品**及其在世界范围内的流通对于全球化进程而言具有核心意义。不过,借助**全球化本土性调整**(glocalization)这一概念②,他强调存在**相同中的不同**,一方面因为全球化营销必须根据当地的情况、方法和认同去传播其产品和服务,另一方面由于全球化变迁具有普遍性和特殊性之间进行持续性相互渗透的特点。全球化因此展现出同质化和异质化的复杂结合。许多新近的研究显示,在全球范围内流通的文化元素在当地获得了新的表达方式,迎来了**去领土化、混合和杂交进程**。③ 象征、符号和意识形态被从它们本源的语境中析取出来,在与其他文化元素混合的过程中获得了新的意义。因此,说唱(rap)在拉丁美洲被艺术家们与萨尔萨舞曲(salsa)、雷鬼音乐(reggae)和流行音乐结合在一起。④ 象征形式及其含义一直在经历着变化。世界各地都创造出了空间上距离遥远的文化的特有版本。⑤ 因此,全球化总是暗含着**翻译和再领土化进程**。通过对全球资源的创造性使用,文化处于不断自我更新的状态。符号流和图像流并未带来统一的文化,"全球后现代性"正是通过**差异、多元和杂交**而获得确立的。

5. 结论

有关现今文化社会学领域重要主题的讨论显示,社会学领域中的文化转向使得对于 21 世纪社会生活的全球性活力的研究成为可能。这一学科(再次)日益展现出对于文化社会学视角的兴趣。当然,也存

---

① 参见 Roland Robertson 1995。
② 同上。
③ 参见 Nederveen Pieterse 1995。
④ 参见 Rowe/Schelling 1991。
⑤ 参见 Mitchell 1996;Lull 2001。

在着强有力的反对派。人们是否能够研究、理解和实现社会生活的"文化意义"及其个体形式和集体形式的可能性,也有赖于将来的理论探索和经验性研究。

参考文献

基础著作和导论

Alexander, Jeffrey (Hg.): *Durkheimian Sociology. Cultural Studies.* Cambridge et al.: Cambridge UP 1988.

Alexander, Jeffrey: *Soziale Differenzierung und kultureller Wandel.* Frankfurt a. M. et al.: Campus-Verlag 1993.

Althusser, Louis: *Ideologie und ideologische Staatsapparate.* Hamburg et al.: VSA 1977 (orig.: »Idéologie et appareils idéologiques d'Etat.« In: ders.: *Positions (1964 - 1975).* Paris: Ed. Sociales 1976, S. 79 - 137).

Berger, Peter/Luckmann, Thomas: *Die gesellschaftliche Konstruktion von Wirklichkeit.* Frankfurt a. M.: Fischer 1969.

Bourdieu, Pierre: *Die feinen Unterschiede. Kritik der gesellschaftlichen Urteilskraft.* Frankfurt a. M.: Suhrkamp 1982 (orig.: *La distinction. Critique sociale du jugement.* Paris: Les Éditions de Minuit 1979).

Bourdieu, Pierre: *Sozialer Sinn. Kritik der theoretischen Vernunft.* Frankfurt a. M.: Suhrkamp 1987 (orig.: *Le sens pratique.* Paris: Les Éditions de Minuit 1980).

Chaney, David: *The Cultural Turn.* London/New York: Routledge 1994.

Elias, Norbert: *Über den Prozeß der Zivilisation.* 2 Bde. Frankfurt a. M.: Suhrkamp 1980 [1969].

Featherstone, Mike: *Consumer Culture & Postmodernism.* London et al.: Sage 1991.

Featherstone, Mike (Hg.): *Postmodernism.* Sonderheft der Zeitschrift *Theory, Culture & Society* 5, 2 - 3 (1988).

Fiske, John: *Understanding Popular Culture.* Boston et al.: Unwin

Hyman 1989.

Geertz, Clifford: *Dichte Beschreibung. Beiträge zum Verstehen kultureller Systeme*. Frankfurt a. M.: Suhrkamp 1983 (orig.: *The Interpretation of Cultures. Selected Essays*. New York: Basic Books 1973).

Hörning, Karl H./Winter, Rainer (Hgg.): *Widerspenstige Kulturen. Cultural Studies als Herausforderung*. Frankfurt a. M.: Suhrkamp 1999.

Kellner, Douglas: *Media Culture*. London/New York: Routledge 1995.

Lipp, Wolfgang: *Drama Kultur*. Berlin: Duncker & Humblot 1994.

Long, Elisabeth (Hg.): *From Sociology to Cultural Studies. New Perspecives*. Malden, MA: Blackwell 1997.

Neidhardt, Friedhelm/Lepsius, M. Rainer/Weiß, Johannes (Hgg.): *Kultur und Gesellschaft*. Sonderheft 27 der *Kölner Zeitschrift für Soziologie und Sozialpsychologie*. Opladen: Westdeutscher Verlag 1986.

Reckwitz, Andreas: *Die Transformation der Kulturtheorien. Zur Entwicklung eines Theorieprogramms*. Weilerswist: Velbrück 2000.

Robertson, Roland: *Globalization. Social Theory and Global Change*. London et al.: Sage 1992.

Schulze, Gerhard: *Die Erlebnisgesellschaft. Kultursoziologie der Gegenwart*. Frankfurt a. M./New York: Campus-Verlag 1992.

Smith, Philip (Hg.): *The New American Cultural Sociology*. Cambridge et al.: Cambridge UP 1998.

Tenbruck, Friedrich H.: *Perspektiven der Kultursoziologie. Gesammelte Aufsätze*. Clemens Albrecht/Wilfried Dreyer/Harald Homann (Hgg.): Opladen: Westdeutscher Verlag 1996.

Williams, Raymond: *Culture and Society 1780 – 1950*. London: Chatto & Windus 1958.

Winter, Rainer: *Die Kunst des Eigensinns. Cultural Studies als Kritik der Macht*. Weilerswist: Velbrück 2001.

供深入阅读的文献

Albrecht, Clemens (Hg.): *Die bürgerliche Kultur und ihre Avantgarden. Kul-

tur, Geschichte, Theorie. Studien zur Kultursoziologie Bd. 1. Würzburg: Ergon 2004.

Alexander, Jeffrey: *Twenty Lectures. Sociological Theory Since 1945.* New York: Columbia UP 1987.

Alexander, Jeffrey: »Das Versprechen einer Kultursoziologie: Technologischer Diskurs und die heilige und profane Informationsmaschine.« In: Dieter Bögenhold (Hg.): *Moderne amerikanische Soziologie.* Stuttgart: Lucius & Lucius 2000, S. 149-175.

Appadurai, Arjun (Hg.): *The Social Life of Things.* Cambridge et al.: Cambridge UP 1986.

Appadurai, Arjun: *Modernity at Large. Cultural Dimensions of Globalization.* Minneapolis et al.: University of Minnesota Press 1996.

Ayaß, Ruth: *Das Wort zum Sonntag. Fallstudie einer kirchlichen Sendereihe.* Stuttgart et al.: Kohlhammer 1997.

Baudrillard, Jean: *Agonie des Realen.* Berlin: Merve-Verlag 1978.

Baudrillard, Jean: *Der symbolische Tausch und der Tod.* München: Matthes & Seitz 1982 (orig.: *L'échange symbolique et la mort.* Paris: Gallimard 1976).

Beck, Ulrich: *Was ist Globalisierung?* Frankfurt a. M.: Suhrkamp 1997.

Bergmann, Jörg: *Klatsch. Zur Sozialforrn der diskreten Indiskretion.* Berlin et al.: de Gruyter 1987.

Bergmann, Jörg/Luckmann, Thomas (Hgg.): *Kommunikative Konstruktion von Moral.* 2 Bde. Opladen: Westdeutscher Verlag 1999 (=1999a).

Bergmann, Jörg/Thomas Luckmann: »Moral und Kommunikation.« In: Bergmann/Luckmann 1999a, Bd. 1, S. 13-36 (=1999b).

Bevers, Antonius M.: *Dynamik der Formen bei Georg Simmel.* Berlin: Duncker & Humblot 1985.

Billig, Michael: *Banal Nationalism.* London et al.: Sage 1995.

Bourdieu, Pierre: *Homo academicus.* Frankfurt a. M.: Suhrkamp 1988 (orig: *Homo Economicus.* Paris: Éd. de Minuit 1984).

Bourdieu, Pierre: *Praktische Vernunft. Zur Theorie des Handelns.* Frankfurt a.

M. : Suhrkamp 1998 (orig. : *Raisons pratiques. Sur la théorie de l'action*. Paris: Seuil 1994).

Bourdieu, Pierre/Wacquant, Loïc J. D. : *Reflexive Anthropologie*. Frankfurt a. M. : Suhrkamp 1996 (orig. : *Réponses. Pour une anthropologie réflexive*. Paris: Seuil 1992).

Bublitz, Hannelore: *Foucaults Archäologie des kulturellen Unbewußten*. Frankfurt a. M. et al. : Campus-Verlag 1999.

Chambers, Lain: *Popular Culture. The Metropolitan Experience*. London et al. : Methuen 1986.

Crane, Diana (Hg.): *The Sociology of Culture*. Oxford et al. : Blackwell 1994.

De Certeau, Michel: *Kunst des Handelns*. Berlin: Merve-Verlag 1988.

Demirovic, Alex: *Der nonkonformistische Intellektuelle. Die Entwicklung der Kritischen Theorie zur Frankfurter Schule*. Frankfurt a. M. : Suhrkamp 1999.

Denzin, Norman K. : *Images of Postmodern Society. Social Theory and Contemporary Cinema*. London et al. : Sage 1991.

Denzin, Norman K. : *Reading Race. Hollywood and the Cinema of Racial Violence*. London et al. : Sage 2002.

Douglas, Mary/Isherwood, Baron: *The World of Goods*. New York: Basic Books 1979.

Eßbach, Wolfgang/Fischer, Joachim/Lethen, Helmut (Hgg.): *Plessners Grenzen der Gemeinschaft*. Frankfurt a. M. : Suhrkamp 2002.

Featherstone, Mike: *Undoing Culture. Globalization, Postmodernism and Identity*. London et al. : Sage 1995.

Featherstone, Mike/Lash, Scott/Robertson, Roland (Hgg.): *Global Modernities*. London et al. : Sage 1995.

Foucault, Michel: *Power/Knowledge. Selected Interviews & Other Writings 1972-1977*. Colin Gordon (Hg.). New York: Pantheon Books 1980.

Gebhardt, Winfried: »Vielfältiges Bemühen. Zum Stand kultursoziologischer Forschung in Deutschland.« *Soziologie* 2 (2001), S. 40-52.

Gebhardt, Winfried/Hitzler, Ronald/Pfadenhauer, Michaela (Hgg.): *Events. Soziologie des Außergewöhnlichen.* Opladen: Leske &. Budrich 2000.

Gehlen, Arnold: *Die Seele im technischen Zeitalter.* Hamburg: Rowohlt 1957.

Gehlen, Arnold: *Der Mensch. Seine Natur und seine Stellung in der Welt.* Wiesbaden: Aulaverlag 1986 [1940].

Göttlich, Udo/Winter, Rainer (Hgg.): *Politik des Vergnügens. Zur Diskussion der Populärkultur in den Cultural Studies.* Köln: Halem 2000.

Goffman, Erving: *Rahmen-Analyse.* Frankfurt a. M.: Suhrkamp 1977.

Gouldner, Alvin W.: *Die westliche Soziologie in der Krise 1.* Reinbek: Rowohlt 1974.

Grossberg, Lawrence: *We Gotta Get Out of This Place. Popular Conservatism and Postmodern Culture.* New York et al.: Routledge 1992.

Grossberg, Lawrence: *Dancing in Spite of Myself. Essays on Popular Culture.* Durham et al.: Duke UP 1997.

Grossberg, Lawrence: »Was sind *Cultural Studies*?« In: Hörning/Winter 1999, S. 43 - 83.

Hahn, Alois: *Konstruktionen des Selbst, der Welt und der Geschichte.* Frankfurt a. M.: Suhrkamp 2000.

Hahn, Alois: »Differenzierung, Zivilisationsprozeß, Religion. Aspekte einer Theorie der Moderne.« In: Neidhardt/Lepsius/Weiß 1986, S. 214 - 231.

Hall, Stuart: »Cultural Studies and the Centre: Some Problematics and Problems.« In: ders. et al. (Hgg.): *Culture, Media, Language. Working Papers in Cultural Studies, 1972 - 1979.* London et al.: Hutchinson 1980, S. 15 - 47.

Hall, Stuart: »The Centrality of Culture. Notes on the Cultural Revolution of Our Time.« In: Kenneth Thompson (Hgg.): *Media and Cultural Regulation.* London et al.: Sage 1997, S. 207 - 238.

Hall, Stuart: »Die zwei Paradigmen der Cultural Studies.« In: Hörning/Winter 1999, S. 13 - 42.

Hardt, Michael/Negri, Toni: *Empire.* Frankfurt a. M. et al.: Campus-

Verlag 2002.

Harvey, David: *The Condition of Postmodernity*. Oxford et al. : Blackwell 1989.

Hebdige, Dick: *Subculture. The Meaning of Style*. London et al. : Methuen 1979.

Hetzel, Andreas: *Zwischen Poiesis und Praxis. Elemente einer kritischen Theorie der Kultur*. Würzburg: Königshausen & Neumann 2001.

Hieber, Lutz/Schrage, Dominik (Hgg.): *Technische Reproduzierbarkeit. Zur Kultursoziologie massenmedialer Vervielfältigung*. Bielefeld: transcript 2007.

Hoggart, Richard: *The Uses of Literacy*. London: Chatto & Windus 1957.

Holly, Werner/Püschel, Ulrich/Bergmann, Jörg (Hgg.): *Der sprechende Zuschauer. Wie wir uns Fernsehen kommunikativ aneignen*. Wiesbaden: Westdeutscher Verlag 2001.

Jameson, Fredric: *Postmodernism, or The Cultural Logic of Late Capitalism*. London/New York: Verso 1991.

Jameson, Fredric: »Notes on Globalization as a Philosophical Issue.« In: Fredric Jameson/Masao Miyoshi (Hgg.): *The Cultures of Globalization*. Durham/London: Duke UP 1998, S. 54-77.

Keppler, Angela: *Präsentation und Information. Zur politischen Berichterstattung im Fernsehen*. Tübingen: Narr 1985.

Keppler, Angela: *Tischgespräche*. Frankfurt a. M. : Suhrkamp 1994.

Knoblauch, Hubert/Luckmann, Thomas: »Gattungsanalyes.« In: Uwe Flick/Ernst von Kardorff/Ines Steinke (Hgg.): *Qualitative Forschung*. Reinbek: Rowohlt 2000, S. 538-545.

Klein, Gabriele: *Electronic Vibration. Pop-Kultur-Theorie*. Hamburg: Rogner & Bernhard bei Zweitausendeins 1999.

Knorr-Cetina, Karin: *Epistemic Cultures. How the Sciences Make Knowledge*. Cambridge, MA: Harvard UP 1999.

Lash, Scott: *Critique of Information*. London et al. : Sage 2002.

Lash, Scott/Urry, John: *Economies of Signs and Space*. London et al. :

Sage 1994.

Lauermann, Manfred: »Ist ›Kultursoziologie‹ institutionalisierbar? Zur Gründung der Sektion Kultursoziologie in der Deutschen Gesellschaft für Soziologie. « In. Helmuth Berking/Richard Faber (Hgg.): *Kultursoziologie-Symptom des Zeitgeistes?* Würzburg: Königshausen &. Neumann 1989, S. 286 - 304.

Lichtblau, Klaus: *Kulturkrise und Soziologie um die Jahrhundertwende. Zur Genealogie der Kultursoziologie in Deutschland.* Frankfurt a. M. : Suhrkamp 1996.

Liell, Christoph/Pettenkofer, Andreas (Hgg.): *Kultivierungen von Gewalt. Beiträge zur Soziologie von Gewalt und Ordnung. Kultur, Geschichte, Theorie. Studien zur Kultursoziologie Bd. 2.* Würzburg: Ergon 2004.

Lipp, Wolfgang/Tenbruck, Friedrich H. : »Zum Neubeginn der Kultursoziologie. «In: *Kölner Zeitschrift für Soziologie und Sozialpsychologie* 31, 3 (1979), S. 393 - 398.

Luhmann, Niklas: » Kultur als historischer Begriff. « In: ders. : *Gesellschaftsstruktur und Semantik.* Bd. 4. Frankfurt a. M. : Suhrkamp 1995, S. 31 - 54.

Lull, James: »Superculture for the Communication Age. « In: ders. (Hg.): *Culture in the Communication Age.* London/New York: Routledge 2001, S. 132 - 163.

Maffesoli, Michel: *Le temps des tribus.* Paris: Klincksiek 1988.

Maffesoli, Michel: *Au creux des apparences. Pour une éthique de l'esthétique.* Paris: Plon 1990.

Mann, Michael: *The Sources of Social Power.* Bd. 1. Cambridge et al. : Cambridge UP 1986.

Mannheim, Karl: » Über die Eigenart kultursoziologischer Erkenntnis. « In: ders. : *Strukturen des Denkens.* David Kettler/Volker Meja/Nico Stehr (Hgg.). Frankfurt a. M. : Suhrkamp 1980, S. 33 - 154.

Mitchell, Tony: *Popular Music and Local Identity. Rock, Pop and Rap in Europe and Oceania.* London et al. : Leicester UP 1996.

Morley, David: *Television, Audiences and Cultural Studies*. London et al.:
Routledge 1992.

Morley, David/Chen, Kuan-Hsing (Hgg.): *Stuart Hall. Critical Dialogues in Cultural Studies*. London/New York: Routledge 1996.

Münch, Richard: *Die Kultur der Moderne*. 2 Bde. Frankfurt a. M.:
Suhrkamp 1993.

Nederveen Pieterse, Jan: »Globalization as Hybridization.« In: Featherstone/Lash/Robertson 1995, S. 45 – 68.

Oakes, Guy: *Die Grenzen kulturwissenschaftlicher Begriffsbildung*. Frankfurt a. M.: Suhrkamp 1990.

Peterson, Richard A.: »Kultursoziologie aus Sicht der Produktionsperspektive. Fortschritte und Ausblick.« In: Hans-Peter Müller/Steffen Sigmund (Hgg.): *Zeitgenössische amerikanische Soziologie*. Opladen: Leske & Budrich 2000, S. 281 – 312.

Rehberg, Karl-Siegbert: »Kultur versus Gesellschaft? Anmerkungen zu einer Streitfrage in der deutschen Soziologie.« In: Neidhardt/Lepsius/Weiß 1986, S. 92 – 115.

Rehberg, Karl-Siegbert: »Kultur.« In: Hans Joas (Hg.): *Lehrbuch der Soziologie*. Frankfurt a. M. et al.: Campus-Verlag 2001, S. 63 – 92.

Reinhardt, Jan D.: *Identität, Kommunikation und Massenmedien. Kultur, Geschichte, Theorie. Studien zur Kultursoziologie Bd. 3*. Würzburg: Ergon 2006.

Ritzer, George: *Die McDonaldisierung der Gesellschaft*. Frankfurt a. M.: Fischer 1995.

Robertson, Roland: »The Sociological Significance of culture. Some General Considerations.« In: *Theory, Culture & Society* 5, 1 (1988), S. 3 – 23.

Robertson, Roland: »Glocalization. Time-Space and Homogeneity-Heterogeneity.« In: Featherstone/Lash/Robertson (Hgg.) 1995, S. 25 – 44.

Rowe, William/Schelling, Vivienne: *Memory and Modernity. Popular Culture in Latin America*. London/New York: Verso 1991.

Scaff, Larence A. : » Max Webers Begriff der Kultur. « In: Gerhard Wagner/ Heinz Zipprian (Hgg.): *Max Webers Wissenschaftslehre.* Frankfurt a. M. : Suhrkamp 1994, S. 678 - 699.

Simmel, Georg: *Philosophie des Geldes.* Frankfurt a. M. : Suhrkamp 1989 [1901].

Simmel, Georg: » Der Begriff und die Tragödie der Kultur. « In: ders. : *Philosophische Kultur.* Berlin: Wagenbach 1983 [1923], S. 195 - 218.

Soeffner, Hans-Georg (Hg.): *Kultur und Alltag.* Sonderband 6 der *Sozialen Welt.* Göttingen: Schwartz 1988.

Soeffner, Hans-Georg: *Gesellschaft ohne Baldachin. Über die Labilität von Ordnungskonstruktionen.* Weilerswist: Velbrück 2000.

Stagl, Justin: » Kulturanthropologie und Kultursoziologie. Ein Vergleich. « In: Neidhardt/Lepsius/Weiß 1986, S. 75 - 91.

Sterbling, Anton: *Zumutungen der Moderne. Kultursoziologische Analysen.* Hamburg: Krämer 2007.

Swidler, Ann: » Culture and Soical Action. « In: *American Journal of Sociology* 51, 3 (1986), S. 273 - 286.

Tenbruck, Friedrich H. : *Die kulturellen Grundlagen der Gesellschaft. Der Fall der Moderne.* Opladen: Westdeutscher-Verlag 1989.

Thurn, Hans-Peter: » Kultursoziologie. Zur Begriffsgeschichte der Disziplin. « In: *Kölner Zeitschrift für Soziologie und Sozialpsychologie* 31, 3 (1979), S. 422 - 449.

Urry, John: *Sociology Beyond Societies.* London et al. : Routledge 2000.

Weber, Alfred: » Kultursoziologie. « In: Alfred Vierkandt (Hg.): *Handwörterbuch der Soziologie.* Stuttgart: Enke 1982 [1931], S. 81 - 90.

Weber, Max: » Die › Objektivität ‹ sozialwissenschaftlicher und sozialpolitischer Erkenntnis. « In: ders. : *Gesammelte Aufsätze zur Wissenschaftslehre.* Tübingen: Mohr 1988 [1922], S. 146 - 214.

Weber, Max: *Die protestantische Ethik I. Eine Aufsatzsammlung.* Hg. v. Johannes Winckelmann. Gütersloh et al. : Mohn 1984 [1920].

Weiß, Johannes: *Max Webers Grundlegung der Soziologie*. München et al. : Saur 1992 [1977].

Willis, Paul: *Spaß am Widerstand. Gegenkultur in der Arbeiterschule*. Frankfurt a. M. : Syndikat 1979.

Winter, Rainer: *Der produktive Zuschauer. Medienaneignung als kultureller und ästhetischer Prozeß*. München/Köln: Quintessenz 1995.

Winter, Rainer/Mikos, Lothar (Hgg.): *Die Fabrikation des Populären. Der John Fiske Reader*. Bielefeld: Transcript 2001.

Ziemann, Andreas (Hg.): *Medien der Gesellschaft-Gesellschaft der Medien*. Konstanz: UVK 2006.

雷纳・温特

(Rainer Winter)

十一
文化心理学与作为文化理论的精神分析

在心理学研究框架中,与文化有关的观点和理念存在于四个粗略区分但又相互交叉的领域中:

(1) **文化比较心理学**主要探究的是"文化语境条件对心理功能的方式和特征的作用"——在这一过程中,文化比较心理学将"文化"视为一种可能性变量,能够影响人类经历和行为,检验"心理学原理的可普遍化性"[①]。

(2) **跨文化心理学**以及"跨文化行为心理学"致力于"对特殊场景和边界场景中人类经历和行为的心理条件、进程和作用进行分析[……],在上述场景中,来自不同文化的人们相遇、相互影响、相互交流,甚至有可能相互协作"[②]。

(3) **文化现象心理学**研究的是特定局部领域,比如某种文化的艺术、音乐、文学,还有宗教。[③]

(4) **文化心理学**探索的是文化对人类个体的思想、感觉和行为的影响——而且有研究者认为,"所有的心理现象和人类创作原则上都具

---

① 参见 Thomas 1993b, S. 13。
② 参见 Thomas 2001, S. 282。
③ 参见 Straub/Kochinka/Werbik 2000, part V。

有文化性"①，在这一意义上，文化心理学对上述方面的研究越来越深入。然而，"文化"在此并不能被理解为"影响变量"，而应被视为"那些在心理学方面具有重要性的人类表达的天然组成部分"②。

在心理学领域中，上述与文化有关的思想的变体涉及的是对意识现象的查探、测量、描述和阐释，而精神分析学，如弗洛伊德所写的那样，虽然被视为心理学的一个分支，但还是不一样的：精神分析学的目的是成为"深层心理学或者无意识心理学"③。其核心研究工作并不是经验性数据的采集和分析，而是分析者和分析对象之间的"言语交流"④。但是精神分析学并不仅仅想要理解人类心理的各种维度，它还希望探讨出一种有关人类心理发展的理论并因此探索出一种人类文化的理论。

1. 文化比较心理学与文化心理学

1.1 早期发展史

文化方面的心理学思想从古代流传下来，但在欧洲的扩张是从 15 世纪末才开始的。随着对新大陆和新民族的发现、探索和征服，人们出于利益需求不断收集人种学材料，扩充人种志文献资料。尽管文化心理学思想中的大多数具有描述性天性，受到传统思维方式和表现方式的影响，它们还是被用来继续"开辟"世界。在启蒙运动过程中出现了一种学术研究的形式，它将经验性观察与批判性反思结合起来。然而需要思考的是，心理学和人类学直到 19 世纪仍然被视为哲学的一部

---

① 参见 Billman-Mahecha 2001，S. 406。
② 同上。
③ 参见 Freud 1989，Ⅰ，S. 586。
④ 同上，Ⅰ，S. 43。

分。这一学科相应的解放进程必须在下文中进行思考。

抛开细节上的不同点,大多数启蒙运动学者都把人视为一种自然和文化生物:一方面从原则上来说天生具有理性,另一方面被视为人类普遍历史的特定部分。当时,人类存在的潜在多样性——从"野人"到"文明人"——被宣介为一种空间和时间体系,在这一体系中,人们可以——根据其出于理性所制定的习俗——对个体及其社会文化集体进行定位。同时,人们原则上将人类假设为一种思想构造,就此设想而言,它允许人们对这些不同的"定位"进行比较,并在人类从野蛮到文明的普遍性进步前提下将这些定位评判为历史发展的不同层面。流传下来的游记为人们提供了人类不同发展阶段的例子。

以这种方式,大多数启蒙运动学者,从笛卡儿到约翰·洛克、孔狄亚克(Étienne Bonnot de Condillac)、孔多塞(Marquis de Condorcet)到人类观察者协会①,他们将各种形式的人类文化视为"同一主题"的变体,首先对所有人类及其文化的共同点产生了兴趣,并且认为欧洲文化是最进步的。而少部分学者,从维科到约翰·哥特弗雷德·赫尔德到威廉·冯·洪堡,直到"民族心理学"(洪堡)的代表人物如莫里茨·拉扎鲁斯(Moritz Lazarus)和海曼·施泰因塔尔(Heymann Steinthal),则表达出不同的观点:确实,人类是一种自然和文化生物,但它的理性不是天生就存在的,这种理性是被各自的文化语境共同创造出来的,因为理性是**主要为人类**的理解、交流和协作服务的。因此,不同的文化首先必须立足本身才能被理解;并且,因为它们本质上,即从功能而言是等价的,因此,对其进行评判的标准也在于它们本身。与其他文化的共同点是可能存在的,但并不是一定要找出共同点,也并非必须指出文化的普遍性。就科学认知而言,大多数启蒙运动学者偏好自然科学模式,而少数则倾向于人文科学模式。②

---

① 原文为 Société des Observateurs de l'Homme。——译者注
② 参见 Cole 1996, S. 18-24; Jahoda/Krewer 1997, S. 8-11。

相应地，从心理学的视角来看，人们可以发现①，一群学者根据**牛顿的物理学模式**对其学科进行了调整：居于中心地位的是作为研究方法的科学实验，学者们认为，如果人们对相应的规则进行观察的话，实验使人们得以从具有普遍适用性特点的因果关系角度进行解释。然而实验并不适用于文化现象认知，而是对其进行了排除，因为，只有排除文化因素，人们才可以掌握与文化无关的变量。与此相反的是，那些以科学认知的**人文科学模式**为导向的学者却强调了心理学现象的文化和历史特征；他们追求的是借助符号学以及阐释学方法在与其相关的语境中对人类经验和行为进行阐释性理解。因此，第一种方向**将文化视为处于人类天性之外的一些东西**，是人类天性的补充，而第二种方向认为**文化是人类拥有的本质**，对人类进行着建构；第一种方向深刻影响了文化比较心理学，第二种可以被视为文化心理学的先驱。

威廉·冯特（Wilhelm Wundt）被以自然科学为导向的心理学尊为创始之父，他在 1879 年于莱比锡建立了第一家研究实验室，如他之前的约翰·斯图尔特·穆特（John Stuart Mill）那样，他试图调和这两种方向。② 他创立了一种以自然科学为导向的民族心理学，以此对受自然科学方法影响的个体心理学进行必要的拓展。他把所有思想产物确定为民族心理学的研究对象，认为它们"产生于人类生活的共同体，不能仅仅从个体意识的特征出发进行解释，因为它们是以多种意识的相互作用为前提的"。他认为，在高级思想过程的复杂性面前，实验心理学不能奏效，而民族心理学的主要任务就在于，"在分析高级思想过程时"对"个体意识心理学进行不可或缺的补充"。③ 冯特希望，从语言、神话和习俗——"复杂心理过程的客体化"④——的分析中推断出作为它们基础的思维、感觉和意愿过程（也许甚至其特别的规律性）。这一

---

① 参见 Kashima 2000, S. 16–19。
② 参见 Cole 1996, S. 24–30。
③ 参见 Wundt 1997b, S. 274 f.
④ 参见 Eckardt 1997b, S. 98。

计划的失败在冯特的十卷本《民族心理学》(1900—1920)中有记载,然而他做出了独特的贡献,因为他曾经警示人们不要用文化心理学课题的复杂性去苛求实验心理学①,这一提醒没有受到人们注意而被湮没。这种以自然科学方法为导向的,同时也忽视了文化问题的心理学形式从其创始起一直到 20 世纪后半叶,在心理学研究的核心地区(欧洲、北美)主导了心理学学科。之后出现了学术内部问题——比如,主要是行为和认知理论在合适地掌握意义建构过程方面的有限可能性,以及科学、政治和社会文化发展——比如加速发展的去殖民化进程、世界范围内日益加剧的移民活动、美国公民权利运动,这些国家和社会内部以及之间的文化问题不能用普通心理学的方法来解决,因此它们才被重新提上议事日程。

1.2 文化比较心理学

在这一语境中,文化比较心理学是从下述理念发展起来的,即占据统治地位的主流心理学要么与文化划清了界限,要么对文化无视,对其自身的文化依赖性既未看透也未反思,因此将其研究方式视为文化非特定性。② 为了纠正这种种族中心主义,文化比较心理学追求"对人类发展的文化语境与在一种特定文化中成长起来的个体身上积淀下来的行为之间的关系进行系统性研究"③。根据美国学者的主流见解,文化比较心理学也包括了种族心理学、社会心理学的部分、跨文化行为心理学和文化心理学④——而在德国,文化比较心理学则是包含在文化心理学领域中的⑤;此外,文化比较心理学也与心理学人类学和比较人类学有着密切关联。

---

① 参见 Wundt 1997a,S. 265。
② 参见 Lonner/Adamopoulos 1997,S. 53。
③ 参见 Berry 1997,S. X。
④ 参见 Segall/Lonner/Berry 1998,S. 1001;Berry et al. 1997,*passim*。
⑤ 参见 Billman-Mahecha 2001,S. 406;Gesellschaft für Kulturpsychologie 2001。

但是,文化比较心理学不仅想要对主流心理学进行拓展性修正和改革,而且希望通过其明确涵盖本土心理学理论的跨学科和学科内部导向,通过其国际化协作,为更好地理解人类行为做出贡献,为地球各民族和平的共生、基于相互认同的共存做出贡献。其近 40 年来的研究范围散播得很广泛,涵盖了认知心理学、发展心理学和感知心理学的课题,动机研究课题,性别差异课题,伦理判断的发展课题,价值观及其变迁课题,文化标准课题,情感课题等。而且,近些年来,针对特定社会内部的文化多样性的研究也日益增多。最后,如何对待文化差异的问题不仅成为文化比较心理学的研究对象,而且促使人们开设了跨文化培训项目,并从经验论角度对其有效性进行检验。

尽管在过去 40 年中,文化比较心理学经历了令人瞩目的蓬勃发展,但是,即便在美国的高校中,它也只是一种边缘性的存在;在德国,如果撇开人们对于跨文化行为心理学方面的兴趣[①],它也一直处于被边缘化的状态[②]。然而,这并不表示迄今取得的研究成果不值得重视。在一系列的独立研究项目[③]之后,学界于 1970 年创立了《跨文化心理学期刊》(*Journal of Cross-Cultural Psychology*),于 1972 年创立了国际跨文化心理学研究协会[International Association for Cross-Cultural Psychology(IACCP)],于 1984 年创立了跨文化研究协会[Association pour la Recherche Interculturelle(ARIC)]。1980/81 年间,六卷本《跨文化心理学手册》(*Handbook of Cross-Cultural Psychology*)[④]面世了,它广泛展示了文化比较心理学的基础、研究领域、研究问题和研究成果的概况;另一批编者在 1997 年出版了该书的三卷本第二版[⑤]。既有实

---

① 参见 Thomas 1993c, 1996, 2001; Weidemann/Straub 2000。
② 参见 Trommsdorf 1986; Eckensberger/Römhild 2001。
③ 参见如 Frijda/Jahoda 1966。
④ 参见 Triandis et al. 1980/81。
⑤ 参见 Berry et al. 1997。

用的导论为高等院校学生而作①，又有研究成果的理论增强型展示②，亦有信息面广泛的文集以德文出版③。

在其研究过程中，文化比较心理学设定了三个目标：

> 首先，通过在其他文化中运用我们当前的心理学知识和认识，对它们进行**传递、测试**，目的在于了解它们是否有价值；第二，**探索和发现**以本土文化术语进行研究的现象的新视角；第三，整合通过上述两种途径所获得的东西，来创建一种更加接近普遍性、具有全人类有效性的心理学。如果假设我们有能力开拓一定程度上成功通向这三个目标的道路，那么其他学科中（比如生物学、语言学、社会学和人类学）普遍性原理的存在就有可能为其提供一些基础。④

从这段话中人们可以立即明确，文化比较心理学与其他研究领域的区别并不在于聚焦内容性课题，而是在于其方法论理念：

> 居于研究兴趣中心的并不是"文化"这种现象，而是对各种文化中心理现象表现的比较。这种比较可以实现以下两个目的：一方面，探问来自不同文化的人们共同的心理现象，另一方面，探寻这种心理现象与一种特定文化相关的变形。在第一种情况中，比较的目的存在于对普适性原理的寻找中，而在第二种情况中，则需研究作为影响个体特性表现的因素的文化条件。⑤

第一个目标遵循的是所谓的普遍化研究，第二个目的遵循的则是

---

① 参见 Segall et al. 1999。
② 参见 Berry et al. 1992。
③ 参见 Thomas 1993a。
④ 参见 Berry 1999, S. 165 f.；基本引用自 Segall/Lonner/Berry 1998, S. 1102；Lonner/Adamopoulos 1997, S. 53 f.
⑤ 参见 Helfrich 1993, S. 81。

所谓的差异化研究。① 想要在此展示在这种研究框架内可以得到解决的方法论问题,是不现实的②;但是,许多心理学研究者——即便不是所有的——"努力研究文化语境中的心理现象"③,他们相信文化比较**在原则上**具有可行性,从根本上来说,人们必须以其作为出发点。不过问题在于,对于一种自称为**文化**比较式的心理学而言,从上述提及的目标角度来看,文化概念依旧没有得到澄清。

a) 为了获得在实验中可以掌握(可以测量)的数据,文化现象的复杂习惯在所谓的**差异化研究**中被分解为"越来越小"的单元;因此,文化现象本身就有被带向消失的趋势。

b) 所谓的**普遍化研究**是下述观点的基础,即人们可以借助比较性研究对来自不同文化的人们像剥洋葱一样进行"去皮"操作④:人们只有借助尽可能多的实验一个接一个地撤除文化视角,才能够最终获得为所有人所共有的"人类心理统一体"⑤,并且因此——补充性地——使文化维度变得多余。

在描述文化特定性的心理现象时,人们要区分两种理念:客位(etisch)和文化交叉性理念以及主位(emische)和文化适应性理念——只有持第一种理念的学者才认为文化比较既具有可行性又值得期待。客位/主位的区别可以追溯至语言学家肯尼思·李·派克(Kenneth Lee Pike),他对语音学概念(Phon*etik*——对所有语言普遍性语音的描述)和音位学概念(Phon*emik*——对各自语言典型性语音的描述)的普遍用法做了一般化处理。⑥ **客位理念**是"从外部"接近需要研究的现象的:它允许人们展示所有文化中人类行为的差异和共同点,只要人们能

---

① 参见 Eckensberger 1990, S. 154 f.; Eckenberger/Römhild 2001, S. 676。
② 参见 Berry 1969; Poorting/Berry 1989; Helfrich 1993; van de Vijver/Leunung 1997。
③ 参见 Helfrich 1993, S. 85。
④ 参见 Poortinga et al. 1987。
⑤ 参见 Segall/Lonner/Berry 1998, S. 1104。
⑥ 参见 Pike 1967, S. 37。

够使相应的比较对象和比较标准保持一致。① 此外,人们用这一理念也可以从特定的文化影响因素角度测试心理学研究结果的可普遍性。不过,客位理念也有着明显的边界:

> 客位方法是以静态影响模式为基础的。"文化"被视为一组自变量,它们对个体能力和状态的影响可以根据应变量进行研究。人们很容易忽略的是,"文化"既不表现通常意义上的自变量,也不可能被当作非文化性的应变量进行定义和测量。②

简而言之:

a) "文化"这一影响因素——如上所描述的——不是实验的可操作性意义上的独立变量,而是可以被视为"有机"(＝复杂)变量。③

b) "文化"——需要反对的是——并不显示出清晰的、直接的、不可避免的影响,而是展现出涵盖各种可能性的"场域",个体行为在其中发生着变化。

c) 对于需要测量的应变量,涉及的是诸如认知能力和心理状态这样的结构。不过,人们只能够通过其表现对其进行观察。能力和表现之间的关系在不同文化之间是不同的。

如果客位理念具有将文化维度带向消失的趋势的话——不管是通过哪种方式,或将文化分解为越来越小的元素,或继续进行"去皮"操作——那么**主位理念**则指出了**剥文化这颗洋葱**的边界:人们剥洋葱的时候,如果不停地剥,那么就什么也不会剩下来;去皮的时候,果实也消失了。如果进行更加深入的观察,人们就会发现"剥洋葱"这一图景显示出下述观点是有问题的,即"文化"是附加给人类的东西,而不是建构人类的东西。相应地,主位理念是"从内部"去接近需要被研究的现象

---

① 参见 Helfrich 1999,S. 132 f.
② 同上,S. 133。
③ 参见 Helfrich 1993,S. 99。

的；对其而言，"文化"不是外部因素，而是融合到人类行为中的成分：

> 人类行为不能与其文化语境隔离开来。它们不取决于可以用自然科学方法进行研究的因果关系，而是由行为者控制下的理性决定的，并且必须通过调查研究中的个体之眼进行理解。①

这一批判性的评价使人们明白，心理学研究对象以及所有心理学连同其理论基础都与文化有关。因此，**本土心理学**的代表人物日益要求借助本土心理学理念针对有待研究的文化中心理学学者的文化现象进行考察。② 然而，如果人们一定要坚持这种理念，那么就会导致一种相对化立场，它严肃地质疑所有文化比较活动。而且，这种坚定的内部性视角可能包含(a)系统性成见的危险——当个体对其行为进行错误展现或者解释的时候，以及(b)任意性危险——因为心理学"知识"具有主体性特征。

两种理念的优点和弱点导致了不同的结论：在文化比较心理学中主要是客位理念享有特权，人们逐渐在这一领域中构思出妥协观和互补观。③ 此外，黑尔弗里希(Helfrich)折中地建议将上述两种理念进行融合。④ 主位理念则主要是在文化心理学领域中受到人们的重视。

1.3 文化心理学

对于组装起文化心理学的、在理论方面不同的许多流派来说，对于来自文化比较心理学、行为心理学、深层心理学、语言心理学和认知心理学的异见者来说⑤，爱德华·萨丕尔(Edward Sapir)有一句话可以当作箴言，他用另外的表达方式总结了"剥洋葱"的矛盾："不同群体居住

---

① 参见 Helfrich 1999, S. 133。
② 参见 Sinha 1997。
③ 参见 Berry 1999。
④ 同上，有关讨论见 Berry 1999 和 Lonner 1999。
⑤ 参见 Billmann-Mahecha 2001, S. 406。

的这个世界是不同的世界,并不只是相同的世界黏附着不同标签。"①在这一意义上,文化比较心理学就其对于普遍心理学的批判而言还不够尖锐:如果说后者涉及的是确定一种使所有人能够同样感知、思考、感觉、学习和行动的"核心处理机制"②,那么,前者虽然使人们注意到这种——从属性的——"核心处理机制"在不同文化的成员那里会导致不同的结果,也想要通过实验方法对其效果进行检验,但是由于这些结果而没有对其存在进行根本性质疑。人们用两种方式阐释这些不同结果:或者认为"核心处理机制"在被测试的人群那里还没有完全发展起来,或者认为相应的文化特定性框架条件消极地影响了统计数据。在第一种情况中,人们尝试对停止的"增长"进行刺激;在第二种情况中,人们寻找的是"更加自然"以及"更加现实"的框架条件。

与之相反,**文化心理学理念**在过去二三十年间朝着另外一个方向行进。于其而言,下列观点是具有引领性的,尽管在细节方面存在差异。

a)"文化"和"心理"不能被设想为可以被孤立起来的变量,它们是互为条件的:

> 文化心理学研究的是文化传统和社会活动对人的心理进行调解、表达、改变和置换的方式,它并未使人类形成心理统一体,而是造成了观念、本性和情感方面的种族差异。文化心理学研究的是主体和客体、自我和他者、心理和文化、人物和语境、图形和背景、实践者和实践活动共同生存,相互要求,动态地、辩证地、共同地相互构成的方式。③

b) 主位视角具有核心意义;有待研究的文化的心理过程首先是从本土视点进行描述、理解和展现的;相应地,实验环境是为日常或者至

---

① 参见 Sapir 1970, S. 69。
② 参见 Shweder 1990, passim。
③ 同上,S. 1。

少接近日常的语境进行设置的。

c) 文化和心理的这种相互交叉在主位视角下暗示着另一种人类形象:"人类作为被社会情景化的**反思性主体**,赋予其思考、感觉、行为和要求以及生活遭遇以意义,为自己设定目标,遵循深远的生活导向。"①这有两层含义:一方面,"以文化形式传承和以语言—象征形式传递的意义系统作为社会文化语境与获得研究的心理进程被联结在一起"②,被包含进分析活动中;另一方面,对于这种分析而言,传统心理学以自然科学范式为导向的量化方法并不合适,"因为意义结构既不是可以用'客观'方式进行观察和测量的,也不可以通过标准化的问卷进行调查"③。

相应地,d) 量化方法——比如参与性观察,叙事性采访,集体讨论,隐喻分析和档案分析等——在获取视觉和口头数据以及对其进行阐释性解读的过程中失去了大部分意义。④

观察文化比较心理学和文化心理学的历史发展过程,人们可以发现,后者也许在学术方面比前者被边缘化得更加厉害。⑤然而,它在几乎没有遗漏任何一门学科的"阐释转向"过程中经历了值得注意的繁荣发展。在德语区内,1986 年创建的文化心理学协会⑥(2001)进行了积极的研究工作,广大学者们也进行了实质性讨论文化和出版活动,这些都是文化心理学繁荣的原因⑦;受到特别关注的还有跨学科杂志《行为、文化、阐释——社会学和文化学杂志》⑧。国际性杂志,比如《文化

---

① 参见 Billmann-Mahecha 2001, S. 407。
② 同上。
③ 同上。
④ 同上;参见 Cole 1996, S. 104; Greenfield 1997。
⑤ 参见 Cole 1996, S. 101。
⑥ 原文为 Gesellschaft für Kulturpsychologie。——译者注
⑦ 参见 Straub 2001。
⑧ 原文为 *Handlung Kultur Interpretation. Zeitschrift für Sozial-und Kulturwissenschaften*。——译者注

与心理学、伦理——心理人类学学会杂志》①和《文化、医学和神经病学》②同样也会不时地发表重量级学术论文。

需要对三种理念进行简短的探讨。

(1) 迈克尔·科尔(Michael Cole)承继了苏联社会文化历史学派(维果茨基、鲁利亚和列昂捷夫)③的学说。该学派的核心理念是，人类心理进程是通过在文化方面得到传递的、历史方面获得发展的实践性**活动**而产生和继续发展的。简而言之，人类的心理学功能是在新形式的行为活动关联中产生的，在这些新形式中，人类为了构建他们与环境和周围其他人之间的关系而开发、使用——既具有支持性又具有限制性的——工具。在这一发展过程中，"工具的工具"也产生了，即人类**语言**。对此，必须要考虑，种系发生史和文化史从一开始就融合在一起。④ 人类不仅制造和使用了工具，而且存储和传递了制造和使用工具的知识。在这一视角下，人们可以把一个群体在历史发展过程中积累起来的——物质和思想的——工具视为这一群体的"文化"，即视为这一群体发展的特别媒介。心理功能分析的核心单元是日常实践性活动——无论是简单的操作，还是复杂的行为，或者高度复杂的活动。科尔认为，他将生物—进化要素和文化历史要素相结合，从而可以将心理学领域中以自然科学和以人文科学为导向的研究方向进行协调融合。⑤ 尽管他要实现这一观点是困难重重的，不过他的有关发展心理学方面的研究还是非常具有说服力的。

(2) 恩斯特·E. 伯施(Ernst E. Boesch)将文化视为一种空间—时间性的**行为领域**⑥。这种行为领域给人们提供了行动可能性，但是也

---

① 原文为 *Culture & Psychology, Ethos. Journal of the Society for Psychological Anthropology*。——译者注
② 原文为 *Culture, Medicine and Psychiatry*。——译者注
③ 参见 Cole 1996, S. 104 ff.
④ 参见 Geertz 1973, S. 67 f.
⑤ 参见 Cole 1996, S. 327。
⑥ 参见 Boesch 1980, S. 17。

给人们设置了条件。

> 在这一空间—时间秩序中[……]，文化涵盖了"行为领域"[……]，即相互关联的行为的集合，比如说家庭、职业、运动、宗教、艺术等领域。这些领域借助一些具有文化给定性的观念得以相互联结，如什么是"好的生活"，它会受到哪些威胁，并且从这些领域中派生出了各种各样的价值观[……]。①

在这些行为领域中，人类行为进行着、发生着。因为它们被放置于上层关联(行为链和行为体系)中，所以它们具有丰富的含义。除了实际—功能性特征，它们也体现出象征性：

> 单个行为的象征质量[……]似乎对个体行为体系中，因此也对(因为个体经常与不同的群体有关联)社会行为规则中的每一个行为的位值进行了定义：行为的象征性实现了一种融合的功能[……]。②

卢茨·H.埃肯斯贝格尔③继续深化了伯施的理念，他将行为概念更加准确地确定为"个体和场景语境之间动态的接口或者'关联'"④，并且引入了各种行为类型(工具性的和社会性的)以及不同的行为层面。

(3) 杰罗姆·布鲁纳⑤——如上述两种理念那样——从人类的日常实践出发，指出只有在知道人类赋予其行为以哪些意义的情况下，我们才能理解这些日常实践。布鲁纳认为，相应的意义构造过程发生于"在历史中形成的、被社会分享的象征系统的语境中"。于他而言，"语言作为最重要的象征系统，故事作为通过语言传递的意义内容的最重

---

① 参见 Boesch 1983, S. 22。
② 同上，S. 13。
③ 参见 Lutz H. Eckensberger 1990, 1995。
④ 参见 Eckensberger 1995, S. 71。
⑤ 参见 Jerome Bruner 1990。

要的形式,是其注意力所在"。① 在成长过程中,儿童不仅学会了母语,也掌握了相应的文化意义系统。在这些意义系统中,故事具有突出的作用,因为根据布鲁纳的观点,人类原则上倾向于以故事的形式组织他们的经验,以这种方式赋予经验以意义,将经验编排进一个建构意义的语境中。

在这些关于文化心理学课题的粗略轮廓中,除了共同点之外,也显示出了不同点:比如,相较而言,施威德(Shweder)和布鲁纳认为符号学维度更重要,而伯施、埃肯斯贝格尔和科尔则更加重视行为维度和活动维度。毫无疑问,协调这两个侧重点②是非常有意义的事情:一方面,如果没有解释和阐释,行为是不可想象的;只有在文化导向体系框架中,它们才能成就自身。另一方面,一种行为的意义并不能单纯从其文化语境中获得展现,而是在与持续的意义对外行为过程相交织的行为实现过程中不断地被(重新)构建。

2. 作为文化理论的精神分析

2.1 经典理论

西格蒙德·弗洛伊德在其《精神分析导论》③(1916—1917)一书开头写道,"精神分析"用两条"令人不悦的论题冒犯了整个世界,为自己招致了反感":其一,于其而言——通过对一种业已存在的思想进行强调④——"精神过程本身、自为是无意识的";其二,"对于本能冲动,人们可以将其视为狭义和广义上的性冲动",它"不仅在诱发神经和精神

---

① 参见 Billmann-Mahecha 2001, S. 407。
② 参见 Straub 1998a, 1998b,他深化了 Boesch 1991 和 Bruner。
③ 原文为 Vorlesungen zur Einführung in die Psychoanalyse。——译者注
④ 参见 Lütkehaus 1989。

疾病的过程中扮演着极其重要的、迄今尚未受到足够赏识的角色",而且还"参与了人类精神在高级文化、艺术和社会方面的创造,做出了不可低估的贡献"①。**精神分析的迷津**在于:它一方面给人类因"幼稚的自负"而造成的两种忧伤闲愁②——地球不是宇宙的中心(哥白尼),人是由动物进化而来的(达尔文)——加上了第三种,即个体的自我"不是当家做主的主人,而是依赖源于其精神世界中无意识发生的东西的匮乏消息"③。另一方面,它将人类本能——首先(1894—1911)是性本能和自卫本能,然后(1915—1920)是性本能和攻击本能,最后(1920年以后)是生本能和死本能——以及对待它们的方式视为文化进程和文明进程的基础。

> 我们认为,文化是在生活困境的推动下以本能的满足为代价而被创造出来的,大多数情况下它总是被一再重复创造,因为后来进入人类共同体的个体出于大局的缘故重演着本能满足的牺牲品角色。④

弗洛伊德认为,本能没有得到满足不仅决定了文化的产生,也使得人们参与到其发展过程中。他在超过30年的时间内对这一思想从不同的、互补的视角进行了论述。⑤ 弗洛伊德坚定地认为,"人类历史的事件以及人类天性、文化发展和由宗教作为代表的原始时期经历的沉淀之间的相互关系只不过是本我、自我和超我之间动态冲突的映射,精神分析在人类个体身上对这样的冲突进行研究,同样的进程也不断地在广阔的舞台上敷衍"⑥。在《强迫行为和宗教活动》⑦(1907)、《"文化"

---

① 参见 Freud 1989,Ⅰ,S. 47 - 48。
② 同上,Ⅰ,S. 283。
③ 同上,Ⅰ,S. 284。
④ 同上,Ⅰ,S. 48。
⑤ 参见 Wollheim 1972,S. 192 - 206;von Gisteren 2000。
⑥ 参见 Freud 1948 - 52,ⅩⅥ,S. 32 f。
⑦ 参见 Freud 1989,Ⅶ,S. 13 - 21(原文为 Zwangshandlungen und Religionsübungen。——译者注)

性伦理和现代神经质》①(1908)、《有关战争和死亡的当下思考》②(1915)、《为何有战争?》③(1933)等文章以及《一种幻想的未来》④(1927)和《文明及其不满》⑤(1930)等书中,他显示出对人类个体发育的兴趣,通过种系发育史方面有趣的,即便是——如表现出来的那样⑥——在科学上站不住脚(或者部分站不住脚)的推想,如在《图腾和禁忌》⑦(1912—1913)和《摩西与一神论》⑧(1939)中一样,努力对其进行论证、补充。

在《图腾和禁忌》一书中,弗洛伊德勾勒了有关人类共同生活起源的观点以及人类文化理论。根据他的观察,人类文化基于两种禁忌——谋杀和乱伦。一开始的时候就存在一种巨大的罪责:被男性先祖压制、被权力排挤、被女性疏远、在争端中被从氏族排除出去的儿子以及兄弟联合起来,谋杀并分食了这位先祖。但是共同的谋杀活动并没有给他们带来所期望的解脱。在仇恨被满足之后,对父亲的钦佩和爱戴的不同感觉为人们所察觉。这些感觉导致儿子和兄弟们放弃了热切渴望的奖励——占领父亲的地位并拥有女性,并且为自己制定了与父亲的规则相符合的规则:他们从"儿子的罪责意识中"创造出了基本的谋杀和乱伦禁忌,它们"与俄狄浦斯情结中两个受到抑制的愿望是一致的"。⑨ **俄狄浦斯情结**在某种程度上继承了这两种禁忌,并成为压制本能的核心运作机制。即便弗洛伊德的"模式"在他的时代已经广受质

---

① 参见 Freud 1989, IX, S. 13 - 32。(原文为»Die ›kulturelle‹ Sexualmoral und die moderne Nervosität«。——译者注)

② 同上, IX, S. 35 - 60。(原文为 Zeitgemäßes über Krieg und Tod。——译者注)

③ 同上, IX, S. 275 - 286。(原文为 Warum Krieg?——译者注)

④ 同上, IX, S. 139 - 189。(原文为 *Die Zukunft einer Illusion*。——译者注)

⑤ 同上, IX, S. 197 - 270。(原文为 *Das Unbehagen in der Kultur*。——译者注)

⑥ 参见 Paul 1991; Reichmayr 1995, S. 21 - 51; Henseler 2000; Kraft 2000。

⑦ 参见 Freud 1989, IX, S. 291 - 444。(原文为 *Totem und Tabu*。——译者注)

⑧ 同上, IX, S. 459 - 581。(原文为 *Der Mann Moses und die monotheistische Religion*。——译者注)

⑨ 同上, IX, S. 427。

疑,比如,其与进化论思维范式、通过类似行为推导出相似起源和相似功能的所谓的比较性方法、非历史性的欧洲中心主义方式(书斋人类学)的关联,即便它在某些方面——比如为拉马克(Jean-Baptiste Lamarck)和恩斯特·海克尔(Ernst Haeckel)所借鉴吸收的要素——已经过时了①,在弗洛伊德模式的影响下,人们还是开展了许多具有启发性的、见解多样化的、富有成果的研究活动。

弗洛伊德认为,"文化"一方面是"人类掌握的所有知识和能力,目的是控制自然的力量,为满足人类需求而获得财富";另一方面是"所有必要的组织,目的是协调人们的相互关系,特别是调节可获得的财富的分配"。他非常清楚地认识到,文化的两个维度是相互关联的。

> 第一,因为人与人之间的相互关系通过现有财富能够满足本能的程度会受到深刻的影响;第二,因为人类个体本身可以进入另一位个体的财富关系中,只要他利用了他的劳动力或者将其作为性客体;第三,却是因为每位个体都是代表人类普遍利益的文化的潜在敌人。②

但是,为什么**每位个体都被视为"文化的敌人"**呢?对于弗洛伊德而言,就人类对生活的期待和要求方面来说,并不存在怀疑:"他们追求幸福,他们希望得到幸福,保持幸福。"对此有两点要求:由社会组织实现的"疼痛和反感的不在场"和个体"对强烈快感的体验"。但是,弗洛伊德认为,"'上帝造物'的计划中并不包含让每个人都'幸福'的意图"。③ 如果人们以这样或者那样的形式放弃了本能,那么人们只能去适应文化要求,比如"控制自然力量",制造"美丽、纯洁和有序","尊重和维护高级心理活动以及思想、科学和艺术成就"④,以及制造和调控

---

① 参见 Reichmagr 1995, S. 21 – 27。
② 参见 Freud 1989, IX, S. 140。
③ 同上, IX, S. 208。
④ 同上, IX, S. 224。

复杂的社会关系。弗洛伊德的思想在此——比如在对《图腾和禁忌》中的论述进行展现时——显得有些简单。他认为社会对本能的放弃与个体对本能的放弃类似,认为种系发育史的文化进程与个体发育进程相类似;个体对本能的决定性放弃活动是通过外部或者内部的强制实现的:"因为人类自发地不喜欢劳作","辩论无力对抗他们的激情"①,因而大多数表现得具有文化敌视性,所以为了确保其存在,人类被强制"从文化对立者转变为文化承载者"②。为此,根据弗洛伊德的观点,存在特定的框架条件:

> 人们非得要通过少数人来控制大众不可,正如非要强制进行文化活动一样,因为大众是懒散的、不明智的,他们不愿意放弃本能,不能用有关一定要放弃本能的论述去说服他们,他们中的个体在实现其放纵的过程中获得相互的支持。只有通过他们认同为领袖的个体榜样的影响,他们才能被动员起来放弃本能、进行劳动,而文化的存在正是有赖于此。如果这些领袖努力控制自己的本能愿望,具有卓越的理智,洞见到生存的必然性,这当然是好的。但是,于其而言,他们向大众做出的让步多于大众向他们做出的顺从,为了不丧失他们的影响力——这样的风险毕竟是存在的——因而似乎有必要通过对权力手段的掌控独立于大众之外。③

如托马斯·霍布斯(Thomas Hobbes)在《利维坦》(1651)一书中所写的那样——弗洛伊德也引用了普劳图斯的话"**人对人是狼**"(*homo homini lupus*)④——社会的稳定是以个体自由的丧失为代价的。霍布斯将统治者——"残存的"狼性——对权力的垄断视为平定社会内部争

---

① 参见 Freud 1989, IX, S. 142。
② 同上, IX, S. 145。
③ 同上, IX, S. 141。
④ 同上, IX, S. 240。

端的方式，弗洛伊德将强迫劳动和克制本能——针对一个独裁社会中的所有成员而言——视为文化发展的前提。尽管他并不否认"减少强加给人们的克制本能的负担，借助剩下的必要本能缓和并且弥补这种压力"①有可能获得成功，但是，鉴于包含在文化进程中的辩证法，他的质疑还是占据了主导地位。

如果"文化是在放弃本能的基础上获得构建的"②，这就意味着，表现出来的本能冲动(a)得到了压制或者抑制，也就是说，被"驱赶"到无意识领域并在那里固定下来，或者(b)得到了升华，即"被从其性目标中剥离，遵循在社会性方面更高级的、非性本能的目标"③，或者(c)根据理性，由于刑罚或审判的存在④，人们舍弃了满足本能冲动的愿望。根据弗洛伊德的观点，只有少数人能够舍弃本能欲望，而压制和升华都可能导致一些问题和后果。

(a) **压制**就是一个主体努力将"与本能相关的观念(思想、图像、回忆)击退至无意识领域，或者把它们固定在那里"。在这种情况发生的过程中，当其他要求出现的时候，一种原本可以通过自身获得满足的本能可能会带来不悦。⑤ 如上所述，弗洛伊德一开始把本能分为性本能和自卫本能，然后分为性本能和攻击本能，最后分为生本能和死本能。当一个本能冲动能够"受到压制的时候，〔一方面〕其性欲成分便被转换为神经官能症的症状，它们本质上是满足没有实现的性愿望的替代方式"，〔另一方面〕，"其攻击性元素被转变为罪责感"。⑥ "每一次拒绝"攻击性本能都会"带来或者有可能带来罪责感上升的后果"⑦，如果这一有说服力的推想奏效的话，那人们就会发现，"文化进步的代价"就在

---

① 参见 Freud 1989, Ⅸ, S. 141。
② 同上, Ⅸ, S. 227。
③ 同上, Ⅰ, S. 48。
④ 参见 Laplanche/Pontalis 1973, S. 606-608。
⑤ 同上, S. 582。
⑥ 参见 Freud 1989, Ⅸ, S. 264。
⑦ 同上, Ⅸ, S. 263 f.

于"幸福的损失",后者的原因在于罪责感上升,"严厉的良知"和"苛刻的超我"日益增长。也就是说,"外界强迫我们放弃本能给我们带来了良知,良知继而又要求我们放弃本能"。① 由此,外界的强迫触发了内心的(自我)强迫,后者压制了对外的攻击性本能冲动,以这种方式对抗"本我",因此,文明就是这样在个体要求满足本能和社会要求压制本能的辩证关系中前进的。这就是弗洛伊德所说的"不满"。②

(b) 关于**升华**,弗洛伊德只是进行了大概的研究。

> 性本能[……]为文化活动提供了极其巨大的能量,而且它具有一种特别鲜明的特征,它能够转移目标,而不是根本性地降低强度。对于将初始的性欲目标替换为一种其他的、不再是性欲的但心理上仍然与其相近的目标,人们把这种能力称为升华能力。③

弗洛伊德主要把科学和艺术活动视为这种升华进程的目标和意图④,但是他认为,非性欲情感联系的构建也需要"目标受阻的性本能"。

> 目标受阻的性本能相对于没有受到阻碍的性本能而言具有功能方面的巨大优势。因为它们不能实现彻底的满足,所以特别适合创造持久的关系,而直接的性本能每次因为得到满足之后便丧失了其能量,而必须等待性欲的再次积聚[……]。大众立足的所有关系都是基于这种形式的目标受阻型本能。⑤

尽管以前人们对升华理念进行过实质性的批评⑥,但是直至今日,

---

① 参见 Freud 1989, Ⅸ, S. 255。
② 同上, Ⅸ, S. 261。
③ 同上, Ⅸ, S. 18。
④ 同上, Ⅸ, S. 211 f.
⑤ 同上, Ⅸ, S. 129 f.
⑥ 参见 Bernfeld 1931。

依然缺乏一套具有关联性的相关理论①。升华在心理学功能上究竟是接近审判/刑罚,即对本能冲动进行复杂的但是终究融合性的处理,还是对本能冲动进行一种"更加成功的"压制(尽管存在上述的后果),抑或是一种需要进行更加准确的描述的中间状态,这个问题一如既往没有得到澄清。

但是,为什么对于精神分析而言,如果不压制本能——也许甚至是**在本能冲动的基础上**——即**"以爱作为文化的基础"**②,文化就是不可想象的?

> 人们把因为其生殖需求而组建家庭的男女之间的关系称为爱情,但是,爱也可以是父母和孩子之间、家庭的兄弟姐妹之间的积极情感,尽管我们必须把这种形式的爱称为目标受阻的爱,称为温情。目标受阻的爱原本也是全感官的爱,在人类的无意识之中仍然是这样的状态。全感官的爱和目标受阻的爱,它们两者超越了家庭,建立起了和陌生人的新联系。生殖之爱造就了家庭,目标受阻之爱造就了"友谊",友谊在文化意义上非常重要,因为它们脱离了生殖之爱的一些局限,比如排他性。但是爱与文化的关系随着时间的推移失去了其单义性。一方面,爱会反抗文化的利益;另一方面,文化会用限制去威胁爱。③

这样的冲突存在于两个不同的却相互关联的层面:一方面,文化的发展要求人们不断地联合成更大的、更复杂的社会单元。然而,"全感官"之爱在两层含义上是非社会型性的:其一,两个相爱的人能够相互满足;每一个第三者要么是多余的,要么会起破坏作用。因此,为了构建更大的社会群体,需要通过升华实现目标受阻的情感联系。另一方

---

① 参见 Laplanche/Pontalis 1973, S. 481; Hirschmüller 2000, S. 684。
② 同上, Ⅸ, S. 231。
③ 同上, Ⅸ, S. 232。

面,因为人类"并不拥有无限数量的心理能量",所以人们必须"通过对欲望进行有目的性的分配"①来完成他们的使命:在这一意义上,相爱的人从文化进程中"抽取"需要的能量,耗费在其爱情关系中;如果他们把能量花费在文化进程中,那么他们的爱情就会因此遭受不满。

弗洛伊德最初认为,"一种文化如果使大量的参与者感觉不满,并且迫使其参与者对其进行反抗,就会既没有经久维持的前景,也不值得对其进行维系"②;虽然日后他缓和了这一观点,声称,他只是努力为自己阻挡那种"狂热的偏见,即我们的文化是最优秀的,我们拥有的、掌握的以及我们的文化之路必定会引导我们走向不可预见的完美高度"③。无论如何他都明白,他无从"给予慰藉"④,因为提出的问题虽然得到了描述和分析,但是并没有找到解决之道。对人类内心天性(本能)的逐步控制虽然实现了对外部自然(文明进程)的掌控,却使个体陷入冲突,他们忍受痛苦,最后因之走向毁灭。这一**文化进程的辩证关系**由弗洛伊德进行了分析,并被其视为**具有普遍意义**,然而它并不能克服下述认识:一方面,人类可以通过理性驯服其本能,将在此过程中产生的"损失"控制在范围之内,并且创造一个更加美好的社会状态,弗洛伊德并没有排除这种可能性。⑤ 另一方面,不容忽视的是,弗洛伊德恰恰是在帮助其神经症患者满足部分本能、(重新)获得部分享乐能力的时候肯定并再造了为他所激烈批判的文化进程。⑥

2.2 扩展、细分与修正

与之相对,弗洛伊德的同事或学生——特别在一战之后——很早就开始坚持对文化进程,尤其是对其历史特定性结构、推动力和发展进

---

① 参见 Freud 1989,Ⅸ,S. 233。
② 同上,Ⅸ,S. 146。
③ 同上,Ⅸ,S. 269。
④ 同上,Ⅸ,S. 270。
⑤ 同上,Ⅸ,S. 183。
⑥ 参见 Brückner 1975,S. 119 – 126。

行更加准确的界定。弗洛伊德自己在其最后的《精神分析引论新论》(1933)讲稿中才对这一动向做出反应。不过,其对于马克思主义批判性的质疑和指责并不是其首要兴趣点所在,他主要关注的是如何完善自己的理论。

> 如果有人能够详细证明,各种要素,普遍的人类本能、其种族倾向强烈的[用今天的话来说则是文化特定性的]变体以及对其实施的文化改造在社会分类、劳作和学习可能性的条件下如何进行活动,如何相互阻碍和促进,如果有人能够成功对这方面进行论证,那么他就必然可以将马克思主义补充为一种真正的社会学。①

许多人努力去实现这一要求,他们针对阶级结构及其原因、针对作为社会化代理处的家庭、针对特定的社会特征开展研究活动:比如,保罗·费德恩(Paul Federn)对于民族意识和苏维埃民主(Rätedemokratie)的分析,西格弗里德·伯恩菲尔德(Siegfried Bernfeld)有关伦理道德教育方法的思想,威廉·赖希(Wilhelm Reich)对于性格分析学和法西斯主义大众心理学的研究,埃里希·弗洛姆(Erich Fromm)的"典型社会性格"模式。还有由流亡的法兰克福社会研究所成员霍克海默发表的《权威和家庭研究》②,由阿多诺推动的针对独裁性人格的研究③,以及由恩斯特·齐美尔④出版的反犹太主义研究文集⑤。诺伯特·埃利亚斯将权力垄断的产生和民主社会化看作一方面,将社会强制(借助心理"自我控制机制"的发展)转变为自我强制看作另一方面,他将文明进程

---

① 参见 Freud 1989,Ⅰ,S. 605 f.
② 参见 Horkheimer 1936。(原文为 Studien über Autorität und Familie。——译者注)
③ 参见 Adorno et al. 1950。
④ 参见 Ersnt Simmel 1946。
⑤ 有关该领域传统的概要参见 Dahmer 1980;亦见 Federn 1976。

描述为上述两方面的作用结果①,不过在这一过程中,被弗洛伊德大量着墨的结果效应(Folgewirkungen)并没有受到埃利亚斯的关注。相反,**霍克海默和阿多诺**并不赞同弗洛伊德对人类理性的信任②,其《启蒙辩证法》(1947)一书在人类迫害、屠杀和流亡经验的背景下指出了理性参与了社会压制过程——弗洛伊德曾经表露过他的愿望,他认为知识分子可能会"随着时间推移赢得人类精神世界中的专政"③,霍克海默和阿多诺的上述观点正是基于这一饱受质疑的表述做出的。

马尔库塞和诺曼·O. 布朗(Norman O. Brown)在 20 世纪 50 年代思考过可能的解脱之路:马尔库塞指出了社会必要压制和社会额外压制④的区别,主张废除后一种形式的压制;布朗受到基督教学说的启发提出了压制的终结和躯体的复活,这一观点仿佛召唤出了厄洛斯⑤⑥,同时他却对弗洛伊德的质疑⑦避而不谈。亚历山大·米彻利希(Alexander Mitscherlich)等学者面对"东方"(社会主义)和"西方"(资本主义)之间的系统性差异,研究了对待人类侵略行为的可能性和边界。⑧与福柯在权力的行使中观察到的一样,拉康(Jacques Lacan)在人们受到逼迫而放弃本能的过程中不仅看到了压制这一方面,而且看到了一种具有创造性的方面。在对俄狄浦斯情结重新进行的评判中,他并不认为父亲的禁令首先触发了抗拒,而将其视为欲望产生的前提:拉康写道,我们"像承载苦难一样背负着文化,因为我们不知道可以用它来干

---

① 参见 Elias 1969。
② 参见 Freud 1989,Ⅸ,S. 162,184,187。
③ 同上,Ⅸ,S. 598。
④ 参见 Marcuse 1969,S. 40,89。
⑤ Eros:希腊神话中阿弗洛狄忒和赫尔墨斯或阿瑞斯之子,被视为小爱神。其形象大都蒙着眼睛,或因爱情总是盲目的缘故。他手持魔力标枪或弓箭,被射中之人必会对见到的第一个异性一见钟情。——译者注
⑥ 参见 Brown 1970,S. 269-781。
⑦ 参见 Freud 1989,Ⅸ,S. 270。
⑧ 参见 Marcuse et al. 1968;Mitscherlich 1969。

什么",但是他建议,"还是留着它吧,它可以用来挠痒,可以叫醒我们"。①

2.3 种族心理学与深度阐释学

后起研究者在两个方向上对弗洛伊德的学说进行了发展:种族心理学和深度阐释学,它们在上文阐述过的文化心理学语境中需要人们特别予以关注。

弗洛伊德的学生中,主要是基扎·罗海姆(Géza Róheim)借助独立的、精神分析学方面的课题进行人种学方面的实地考察研究。他一直到二战结束后还严格遵守弗洛伊德的普遍主义理念,而美国的**文化和人格研究**②虽然以弗洛伊德体系的普适性为出发点,但是他们认为文化特定性"变体"依然是可以想象的,因而是可以描述和研究的。这一有限意义上的文化相对主义立场使得他们在**跨文化心理学**框架中也扮演着重要角色。③ 种族心理学创立者保罗·帕林(Paul Parin)、戈尔迪·帕林-马特(Goldy Parin-Matthèy)、弗里茨·摩根塔尔(Fritz Morgenthaler)、马利奥·埃尔特海姆(Mario Erdheim)和迈雅·纳迪希(Maya Nadig)也持有这样的观点。

抛开细节上的诸多差异,下列原则被视为民族心理学的核心:精神分析学方法和技术在人种学实地研究的框架中作为更好理解陌生文化的途径为研究者所使用。为了得出研究结论,分析师在不同的场景中陪伴着其"信息提供者",与他们建立起分析关系,在任务完成回去之后以深层阐释学方法对获得的数据进行阐释。在阐释过程中,研究者并未重建经典精神分析学的环境;他们只是进行了精神分析课题中的特定对话。对于分析而言具有核心意义的是在这些对话中发生的移情和

---

① 参见 Lacan 1986, S. 59。
② 参见 Sapir, Alfred L. Kroeber, Abram Kardiner, Ruth Benedict, Margaret Mead。
③ 参见 Jahoda/Krewer 1997, S. 28 – 30。

反移情过程。在前一过程中,来自先前生活阶段的无意识的态度、愿望和感觉被信息提供者投射到分析师那里;在后一过程中形成了分析师对这种移情过程的反应。① 在分析的时候,研究者对两种形式的无意识进行了区分②:人种或者文化方面的无意识因素,它们源自文化特定性的压制过程;特质的无意识因素,它们是不同个体本能命运的产物。分析师们尝试弄明白他们的恼怒、反应和恐惧,根据先前达成的协定将这些在对话中提取出来的数据告诉信息提供者,从而在一种"分析自我文化和分析陌生文化之间的钟摆式运动"③中更好地理解两种文化。

尽管许多人都认同上述的观察研究及其阐释④,认为其中一部分还特别有趣,但需要批判性地说明的是,首先,有些研究的前提是矛盾的。比如有一种情况,分析师期待信息提供者一方面尽可能生活在"传统的方式"中,另一方面却希望他们能够说一种欧洲语言,从而与分析师进行交流。其次,信息提供者——就像精神分析学对分析师要求的那样,但也并非总能实现——并不是他们分析活动的阐释主体,而是——尽管有着不同的声明——被分析的对象。他们自己想说的,成了分析师所展现的——有时也是分析师的一种自我展现,并且因此"消失"于这些展现或者自我展现之中。再次,在前文阐述的主位和客位区分的意义上,民族心理学与精神分析一起,都是一种客位理念,它们以普遍主义为导向的课题和假说都是从外部开始对需要研究的文化进行表达。⑤ 在此过程中,人们也许并不排斥"局部的"/"本土的"⑥理论调整,但其地位依然是第二手的。

---

① 参见 Laplanche/Pontalis 1973,S. 164 f. ,S. 550-559。
② 参见 Reichmayr 1995,S. 70。
③ 参见 Erdheim 1982,S. 34。
④ 有关概览请见 Reichmayr 1995,S. 83-164。
⑤ 参见 Heinrichs 1982,S. 19 f.
⑥ 原文为 lokale,有"本土的""局部的"含义。——译者注

从本质上来看，**深度阐释学**①涉及的也是移情和反移情过程②。如果一个狭义或者广义上的文本展现了形式和内容上被浓缩的先前经验，其中进行过多次编码，它在其读者或者观察者那里触发了可以进行分析的"反移情"，那么，将这样一个文本解释为移情也是具有说服力的。对此，深度阐释学研究的是"编排"在文本中的"互动实践"的"双底性"（Doppelbödigkeit）：它一方面参与了文本施加影响的过程，另一方面分析了在文本中得到展现的明确的（被接受的、有意识的）和潜在的（被禁忌的、无意识的）生活思想，但其解释又显得矛盾、令人迷惑。如果读者或者观察者以及分析师以"均匀悬置的注意力"③姿态对待其联想和情绪的激动，那么他们就会获得超越普遍性文本理解的解释（解读方式）④，在接下来的（群体）监督中，他们可以对这些解释进行证实、处理和转变。

3. 视角展望

在对文化比较心理学、文化心理学和作为文化理论的精神分析进行认识的最后，有必要了解一下下列值得关注和研究的视角。

（1）对文化进程进行的经验性研究是不可遗弃的；它们必须不断来回摆动于主位和客位理念之间；人们必须对相应的量的和质的方法不断进行完善、细化。

（2）研究者可以将行为理论方面和（深度）阐释学方面的分析和问题结合起来，使得行为和文化导向体系在其结构、进程和相互渗透方面变得透明，从而补充（或者挑战！）经验性研究活动。

---

① 参见 Habermas 1968，S. 267 f.，279 f.
② 参见 König et al. 1986，König 1993，2001。
③ 弗洛伊德语，参见 Freud 1989，增补本，S. 171。
④ 参见 König 2001，S. 179。

（3）研究者必须将无意识的维度视为所有文化心理学研究活动的不可遗弃的组成部分并对其进行融合。同时，在符合当下知识水平的行为理论、互动理论和社会化理论框架内，继续努力重构由弗洛伊德用19世纪的物理学语言以及用神话的想象图景写就的知识。①

（4）有关精神分析科学地位的争论——自然科学、文化学或者"中间态（或者边缘）科学"②——亟须学科"内部"的解释和感兴趣的伙伴学科（比如文化心理学）的跨学科介入。

（5）解释过程可以从多方面展开：人与人之间必须（能够）就解释/意义进行协商；如果涉及文本以及其他文化客体和过程，那就需要进行比较（介入或者其他集体过程）。

（6）此外，对于陌生文化的人群，分析师不能指望获得一种他们可以认作自己的声音的"声音"。他们必须知道或者了解，他们获得的信息中哪些需要进行加工——他们必须能够表示异议。从严格意义上来看，他们访问了对方，对方必须进行回访——回访及其研究结果也必须记录下来：陌生文化之间必须进行相互观察和相互分析。

参考文献

基础著作和导论

Appelsmeyer, Heide/Billmann-Mahecha, Elfriede (Hgg.): *Kulturwissenschaft. Felder einer prozeßorientierten wissenschaftlichen Praxis.* Weilerswist: Velbrück 2001.

Berry, John W. et al. (Hgg.): *Handbook of Cross-Cultural Psychology.* 3 Bde. Boston/London: Allyn & Bacon 1997 [1980].

Berry, John W. et al.: *Cross-Cultural Psychology. Research and Applications.* Cambridge et al.: Cambridge UP 1992.

Freud, Sigmund: *Gesammelte Werke.* 17 Bde. Hg. v. Anna Freud et al. London:

---

① 参见 Lorenzer 1972。
② 参见 Warsitz 1997, S. 131。

Imago 1940-52 (seit 1960 Frankfurt a. M.: Fischer).

Freud, Sigmund: *Studienausgabe.* 10 Bde. und 1 Ergänzungsband. Hg. v. Alexander Mitscherlich/Angela Richards/James Strachey. Frankfurt a. M.: Fischer 1989.

Reichmayr, Johannes: *Einführung in die Ethnopsychoanalyse. Geschichte, Theorien und Methoden.* Frankfurt a. M.: Fischer 1995.

Segall, Marshall H. et al.: *Human Behavior on Global Perspective. An Introduction to Cross-Cultural Psychology.* Boston et al.: Allyn & Bacon 1999.

Thomas, Alexander (Hg.): *Kulturvergleichende Psychologie. Eine Einführung.* Göttingen et al.: Hogrefe 1993a.

Thomas, Alexander (Hg.): *Psychologie interkulturellen Handelns.* Göttingen et al.: Hogrefe 1996.

Triandis, Harry C. et al. (Hgg.): *Handbook of Cross-Cultural Psychology.* 6 Bde. Boston et al.: Allyn & Bacon 1980/81.

供深入阅读的文献

Adorno, Theodor W. et al.: *The Authoritarian Personality.* New York: Harper 1950.

Bernfeld, Siegfried: »Zur Sublimierungslehre.« In: *Imago* 17 (1931), S. 399-403.

Berry, John W.: »On Cross-Cultural Comparability.« In: *International Journal of Psychology* 4/2 (1969), S. 119-128.

Berry, John W.: »Emics and Etics: A Symbiotic Conception.« In: *Culture & Psychology* 5, 2 (1999), S. 165-171.

Berry, John W.: »Preface.« In: ders. et al. 1997, Bd. 1, S. X-XV.

Billman-Mahecha, Elfriede: »Kulturpsychologie.« In: Gerd Wenninger (Hg.): *Lexikon der Psychologie.* Bd. 2. Heidelberg/Berlin: Springer 2001, S. 405-408.

Boesch, Ernst E.: *Kultur und Handlung. Einführung in die Kulturpsychologie.* Bern/Stuttgart/Wien: Huber 1980.

Boesch, Ernst E.: *Von der Handlungstheorie zur Kulturpsychologie.* Saarbrücken: Universität des Saarlandes 1983.

Boesch, Ernst E.: *Symbolic Action Theory and Cultural Psychology.* Berlin/ New York: Springer 1991.

Brown, Norman O.: *Life Against Death. The Psychoanalytical Meaning of History.* London: Sphere 1970 [1959].

Brückner, Peter: *Sigmund Freuds Privatlektüre.* Köln: RLV 1975.

Bruner, Jerome S.: *Acts of Meaning.* Cambridge, MA: Harvard UP 1990.

Cole, Michael: *Cultural Psychology. A Once and Future Discipline.* Cambridge, MA/London: The Belknap Press of Harvard UP 1996.

Dahmer, Helmut (Hg.): *Analytische Sozialpsychologie.* 2 Bde. Frankfurt a. M.: Suhrkamp 1980.

Eckardt, Georg (Hg.): *Völkerpsychologie-Versuch einer Neuentdeckung. Texte von Lazarus, Steinthal und Wundt.* Weinheim: Psychologie Verlags Union 1997a.

Eckardt, Georg: »Einleitung in die historischen Texte.« In: ders. 1997a, S. 7 – 123 (=1997b).

Eckensberger, Lutz H.: »On the Necessity of the Culture Concept in Psychology: A View from Cross-Cultural Psychology.« In: Fons J. R. van des Vijve/Giel J. M. Hutschemaekers (Hgg.): *The Investigation of Culture. Current Issues in Cultural Psychology.* Tilburg: Tiburg UP 1990, S. 153 – 183.

Eckensberger, Lutz H.: »Activity or Action: Two Different Roads Towards an Integration of Culture into Psychology?« In: *Culture & Psychology* 1 (1995), S. 67 – 80.

Eckensberger, Lutz H./Römhild, Regina: »Kulturelle Einflüsse.« In: Manfred Amelang (Hg.): *Determinanten individueller Unterschiede (Enzyklopädie der Psychologie).* Göttingen et al.: Hogrefe 2001, S. 667 – 731.

Elias, Norbert: *Über den Prozeß der Zivilisation. Soziogenetische und psychogenetische Untersuchungen.* 2 Bde. Bern/München: Francke 1969 [1939].

Erdheim, Mario: *Die gesellschaftliche Produktion von Unbewußtheit. Eine Einführung in den ehtnopsychoanalytischen Prozeß.* Frankfurt a. M.: Suhrkamp 1982.

246　Federn, Ernst: »Marxismus und Psychoanalyse. « In: Dieter Eicke (Hg.): *Freud und die Folgen (I)*. Zürich: Kindler 1976, S. 1037 - 1058.

Frijda, Nico/Jahoda, Gustav: »On the Scope and Methods of Cross-Cultural Research. « In: *International Journal of Psychology* 1, 2 (1966), S. 109 - 127.

Geertz, Clifford: *The Interpretation of Cultures. Selected Essays*. New York: Basic Books 1973.

Gesellschaft für Kulturpsychologie: <http://www.kulturpsychologie.de> (15. 08. 2001).

Gisteren, Ludger von: » Kultur (theorie, -kritik). « In: Mertens/Waldvogel 2000, S. 405 - 410.

Greenfield, Patricia M. : »Culture as Process: Empirical Methods for Cultural Psychology. « In: Berry et al. 1997, Bd. 1, S. 301 - 346.

Habermas, Jürgen: *Erkenntnis und Interesse*. Frankfurt a. M. : Suhrkamp 1968.

Heinrichs, Hans-Jürgen: *Das Fremde verstehen. Gespräche über Alltag, Normalität und Anormalität*. Frankfurt a. M. /Paris: Qumran 1982.

Helfrich, Hede: »Methodologie kulturvergleichender psychologischer Forschung. « In: Thomas 1993a, S. 81 - 102.

Helfrich, Hede: »Beyond the Dilemma of Cross-Cultural Psychology: Resolving the Tension Between Etic and Emic Approaches. « In: *Culture & Psychology* 5, 2 (1999), S. 131 - 153.

Henseler, Heinz: »Religion, Religionskritik. « In: Mertens/Waldvogel 2000, S. 610 - 615.

Hirschmüller, Albrecht: »Sublimierung. « In: Mertens/Waldvogel 2000, S. 684 - 687.

Horkheimer, Max (Hg.): *Studien über Autorität und Familie*. Paris: Alcan 1936.

Horkheimer, Max/ Adorno, Theodor W. : *Dialektik der Aufklärung. Philosophische Fragmente*. Amsterdam: Querido 1947.

Jahoda, Gustav/Krewer, Bernd: »History of Cross-Cultural and Cultural Psychology. « In: Berry et al. 1997, Bd. 1, S. 1 - 42.

Kashima, Yoshihisa: »Conceptions of Culture and Person for Psychology.« In: *Journal of Cross-Cultural Psychology* 31, 1 (2000), S. 14-32.

König, Hans-Dieter et al.: *Kultur-Analysen*. Frankfurt a. M.: Fischer 1986.

König, Hans-Dieter: »Die Methode der tiefenhermeneutischen Kultursoziologie.« In: Thomas Jung/Stefan Müller-Doohm (Hgg.): »*Wirklichkeit* « *im Deutungsprozeß. Verstehen und Methoden in den Kultur-und Sozialwissenschaften*. Frankfurt a. M.: Suhrkamp 1993, S. 190-222.

König, Hans-Dieter: »Tiefenhermeneutik als Methode psychoanalytischer Kulturforschung.« In: Appelsmeyer/Billmann-Mahecha 2001, S. 168-194.

Kraft, Hartmut: »Tabu.« In: Mertens/Waldvogel 2000, S. 709-713.

Lacan, Jacques: *Encore*. Weinheim/Berlin: Quadriga 1986.

Laplanche. Jean/Pontalis, Jean-Bertrand: *Das Vokabular der Psychoanalyse*. 2 Bde. Frankfurt a. M.: Suhrkamp 1973 (orig.: *Vocabulaire de la psychoanalyse*. Pairs: Presses Universitaires de France 1967).

Lonner, Walter J.: »Helfrich's ›Principle of Triarchic Resonance‹: A Commentary on Yet Another Perspective on the Ongoing and Tenacious Etic-Emic Debate.« In: *Culture and Psychology* 5, 2 (1999), S. 173-181.

Lonner, Walter. J./Adamopoulos, John: »Culture as Antecedent to Behavior.« In: Berry et al. 1997, Bd. 1, S. 43-83.

Lorenzer, Alfred: *Zur Begründung einer materialistischen Sozialisationstheorie*. Frankfurt a. M.: Suhrkamp 1972.

Lütkehaus, Ludger (Hg.): »*Dieses wahre innere Afrika.« Texte zur Entdeckung des Unbewußten vor Freud*. Frankfurt a. M.: Fischer 1989.

Marcuse, Herbert: *Triebstruktur und Gesellschaft*. Frankfurt a. M.: Suhrkamp 1969 [1955].

Marcuse, Hcrbert et al.: *Aggression und Anpassung in der Industriegesellschaft*. Frankfurt a. M.: Suhrkamp 1968.

Mertens, Wolfgang/Waldvogel, Bruno (Hgg.): *Handbuch Psychoanalytischer Grundbegriffe*. Stuttgart/Berlin/Köln: Kohlhammer 2000.

Mitscherlich, Alexander: *Die Idee des Friedens und die menschliche*

Aggressivität. Frankfurt a. M. : Suhrkamp 1969.

Paul, Robert A. : »Freud's Anthropology: A Reading of the ›Cultural Books. ‹« In: Jerome Neu (Hg.): *The Cambridge Companion to Freud*. Cambridge: Cambridge UP 1991, S. 267-286.

Pike, Kenneth L. : *Language in Relation to a Unified Theory of the Structure of Human Behavior*. The Hague: Mouton 1967 [1954].

Poortinga, Ype H. /Berry, John W. (Hgg.): *Cross-Cultural Comparison of Psychological Data. Issues and Pitfalls*. Amsterdam: North Holland 1989. (Special Issue of the *International Journal of Psychology*).

Poortinga, Ype H. et al. : »Peeling the Onion Called Culture: A Synopsis. « In: Çigdem Kagitçibasi (Hg.): *Growth and Progress in Cross-Cultural Psychology*. Lisse: Swets & Zeitlinger 1987, S. 22-34.

Sapir, Edward: *Culture, Language and Personality. Selected Essays*. Hg. v. David G. Mandelbaum. Berkeley/Los Angeles: University of California Press 1970.

Segall, Marshall H. /Lonner, Walter J. /Berry, John W. : »Cross-Cultural Psychology as a Scholarly Discipline. On the Flowering of Culture in Behavioral Research. « In: *American Psychologist* 53, 10 (1998), S. 1101-1110.

Shweder, Richard A. : »Cultural Psychology—What Is It? « In: James W. Stigler/Richard A. Shweder/Gilbert Herdt (Hgg.): *Cultural Psychology. Essays on Comparative Human Development*. Cambridge et al. : Cambridge UP 1990, S. 1-41.

Simmel, Ernst (Hg.): *Anti-Semitism. A Social Disease*. New York: International UP 1946.

Sinha, D. : »Indigenizing Psychology. « In: Berry et al. 1997, Bd. 1, S. 129-169.

Straub, Jürgen: *Handlung, Interpretation, Kritik. Grundzüge einer textwissenschaftlichen Handlungs- und Kulturpsychologie*. Berlin/New York: Springer 1998a.

Straub, Jürgen: »Geschichten erzählen, Geschichte bilden. Grundzüge einer narrativen Psychologie historischer Sinnbildung. « In: Jürgen Straub (Hg.):

Erzählung, Identität und historisches Bewußtsein. Die psychologische Konstruktion von Zeit und Geschichte. Frankfurt a. M.: Suhrkamp 1998b, S. 81 – 169.

Straub, Jürgen: *Verstehen, Kritik, Anerkennung. Das Eigene und das Fremde in der Erkenntnisbildung interpretativer Wissenschaften.* Göttingen: Wallstein 1999.

Straub, Jürgen: »Psychologie und Kultur, Psychologie als Kulturwissenschaft.« In: Appelsmeyer/Billmann-Mahecha 2001, S. 125 – 167.

Straub, Jürgen/Kochinka, Alexander/Werbik, Hans (Hgg.): *Psychologie in der Praxis. Anwendungs-und Berufsfelder einer modernen Wissenschaft.* München: dtv 2000.

Thomas, Alexander: »Einleitung.« In: ders. 1993a, S. 13 – 26 (= Thomas 1993b).

Thomas, Alexander: »Psychologie interkulturellen Lernens und Handelns.« In: ders. 1993a, S. 377 – 424 (=Thomas 1993c).

Thomas, Alexander: »Interkulturelle Psychologie.« In: Gerd Wenninger (Hg.): *Lexikon der Psychologie.* Bd. 2. Heidelberg/Berlin: Springer 2001, S. 282 – 284.

Trommsdorff, Gisela: »German Cross-Cultural Psychology.« In: *The German Journal of Psychology* 10, 3 (1986), S. 240 – 266.

van de Vijver, Fons J. R./Leung, Kwok: »Methods and Data Analysis of Comparative Research.« In: Berry et al. 1997, Bd. 1, S. 257 – 300.

Warsitz, Rolf-Peter: »Die widerständige Erfahrung der Psychoanalyse zwischen den Methodologien der Wissenschaften.« In: *Psyche* 51, 2 (1997), S. 101 – 142.

Weidemann, Doris/Straub, Jürgen: »Psychologie interkulturellen Handelns.« In: Straub/Kochinka/Werbik 2000, S. 830 – 855.

Wollheim, Richard: *Sigmund Freud.* München: dtv 1972.

Wundt, Wilhelm: *Völkerpsychologie.* 10 Bde. Leipzig: Engelmann 1900 – 1920.

Wundt, Wilhelm: »Völkerpsychologie. Eine Untersuchung der Entwicklungsgesetze von Sprache, Mythus und Sitte. Einleitung.« In: Eckardt 1997a, S. 239 –

270 (=Wundt 1997a).

Wundt, Wilhelm: »Elemente der Völkerpsychologie. Grundlinien einer psychologischen Entwicklungsgeschichte der Menschheit. Einleitung.« In: Eckardt 1997a, S. 271-283 (=Wundt 1997b).

于尔根·克拉默

(Jürgen Kramer)

十二

文化生态学

最近若干年以来,一个重要的学术领域正在悄然发展。它并未受到太多公众的注意,人们目前尚不能对其成果做出全面的评估,它就是文化生态学。**将单数以及复数意义上的文化作为生态系统进行分析**,对于文化学而言是一种崭新的理念。它前景广阔,可以在文化学和自然科学之间架起桥梁。

虽然生态学思维从 20 世纪 70 年代以来在越来越多的公众的意识中跨越了生态学领域的生物学专业边界,进入了经济、政治和日常行为范畴,然而,人文科学、社会学甚至自然科学领域中的许多学者依然尚未觉察到这种愈加深刻的生态学理论转变。事实上,广泛的科学转变进程已经拉开帷幕,但是还没有结束,今天仍旧在自然和文化这一应力场中剧烈重塑着我们对科学的认识,从而也重塑着人类的自我认知。在这一背景之中,文化生态学作为一门尚且年轻的学科正在弱化着传统的学术边界,具有巨大的创新潜力,能够重新确定由人类塑造的世界中的文化行为。在其不同的理论变体中,所谓的**"进化型文化生态学"**创新潜力尤其强大。其基本的理念和发现能够赋予文化学专业以创新动力,从而为解决一些旧的和新的问题拓展研究视野。许多发展目前还正处于进行之中,文化生态学在理论方面的自身发展及其对于相关学科的影响才刚刚开始。

1. 什么是文化生态学？

1.1 自然生态学与文化生态学

如果谁在科学描述人类世界这一方面没有特殊的要求，那么有两个概念就足够完成这一目标："自然"和"文化"。它们看似标记的是结构方面不同的甚至相对立的原理。根据一种广泛传播的观念，我们在世界中发现的任意一个体系要么属于"自然"范围，要么属于"文化"范围，关键看它是否是在人类行为的参与下形成的。在人类历史的进程中，人类对自然实施着越来越深入的文化包装，今天，这种包装随着基因技法的应用达到了顶点。最初的区别因此失去了其准确性；长时段来看，文化似乎要接替自然。**自然—文化—关系的问题**也是文化生态学研究的核心课题之一，在研究过程中，文化生态学也在试图指明，人们如何借助我们今天的系统论和进化论知识开展比过去更加精准的分析活动。

许多科学家——特别在欧洲——对于"文化生态学"这一概念还比较陌生，即便他们知晓生态学的基本特征。尽管这一学科的先前发展历程可以前溯很久，其科学面貌还是在过去的百年间形成的，并且人们丝毫不怀疑生态学是一门自然科学，是生物学的一部分。简单地说，其研究对象是自然中的复杂关系网络，而并非文化中的关系网络。生态学就其传统科学自我认知而言是"自然生态学"；这一概念并不常用，因为它显得啰唆。据此，狭义上的"文化生态学"是不可能存在的，就像，除了物理力学之外哪还有一门叫作"思维过程力学"的学科？这种称谓方式看上去似乎具有一种隐语特征。

不过，对于生物学家而言，至少在一种情况下，"文化生态学"这种称谓方式是具有科学意义的，即用它表示生态学知识的应用领域时：在有些领域，人们对自然几千年以来因为人类行为、其习惯和技能而受到的影响进行研究；比如**"文化景观"**这一概念就属于这一框架。因为与此相关的这种生态学研究完全是伴随着自然科学研究者的自我认知而展开的，所以它并不改变生态学的自然科学基本概念。这样的研究活动仍然停留在生物学框架内，充其量被用于一些边缘领域中需要从其他学术空间中另外吸取能力和概念来解决的课题，比如**"城市生态学"**的情况那样。"文化"这一对象并没有进入生态学研究兴趣的中心——那里是自然的地盘，文化看起来只是处于研究边缘地带的一个重要现象，然而，它长时间以来在日益加深的程度上，今天看来简直在一种具有威胁性的规模上，影响并覆盖着自然基础以及人类生活的基础。

与此几乎对称的是，生态学思维方式长时间以来对于这些研究文化的全部多样性的学科和研究者而言是完全陌生的。与生态学领域不同，文化和文化学领域涉及的完全是另一种形式的研究对象，人们需要通过非自然科学性的概念和方法对其进行恰当的把握。然而，正如我们今天所知的那样，这仅仅是部分正确而已；在其他情况下，人们面临的是后果重重的偏见，它阻碍了对自然和文化之间的关系进行本质的、深刻的认知。这一认识是众多具有开创性的发现之一，在过去的几十年中，它实现了两种具有一致性的发展方向：将生态学从生物学禁区中分离出来，**为生态学结构中的研究打开传统文化学的大门**。前者主要与雅各布·冯·尤克斯奎尔（Jakob von Uexküll）、格列高里·贝特森（Gregory Bateson）等名字联系在一起，后者的代表人物主要有朱利安·H. 斯图尔特（Julian H. Steward）、阿恩·奈斯（Arne Naess）等。直到现在人们才创立了一种文化生态学，它与上文提及的在人类文化影响下对自然进行的观察活动相比做出了更多的成就，即**用生态学视角去观察文化**。

因此，如今的实际情况是这样的：许多典型的生态学观念和解释结构——比如"生态系统"的概念，系统和环境的依存关系，生产、消耗和缩减之间的功能循环,等等——与这一在生物学框架内以"生态学"名义获得成功发展的学科所运用的观念和解释结构相比显然更加具有普遍性和根本性。生态学已经是一种专门化的专业方向,因为其研究对象是自然,其研究方法来自自然科学的方法论。人们提出,这里还存在另一种专门化可能性,即将一种其他的,也有可能与自然相关的客体领域(文化)作为研究对象,并因此发展、应用其他的、非自然科学的研究方法。年轻的文化生态学走到了与传统的自然生态学并列的位置,前者利用了为后者忽视的更加具有普遍性的理念潜力,目的是在植物和动物世界之外用生态学的方式去理解特别的人类世界:文化。此时,再一次印证了逻辑—系统关系和科学史发展步伐是两码事。

自然生态学作为生物学学科已经获得了非常深入的发展,尽管它只是生态学研究中的一门专业学科,而文化生态学作为补充性细化方向,其基础研究阶段才仅仅实现了部分而已。在学术方面进展最少的是上述两个方向的跨学科融合基础,即**普遍生态学**。许多迹象表明,如今,它可以与普遍系统论和普遍进化论共同结合成为有关复杂结构和进程的一种普遍、抽象的理论,其对于各种不同的领域而言都具有基础性意义。①

1.2 一门年轻的学科

生物学家为文化的研究做出了重要贡献,不过,人类文化的特别形式并不是其研究的核心。因此,文化生态学作为一种新的文化学意义上的独立学科获得创建,其根本性推动力源于生物学领域之外。传统生物学意义上的生态学,即"自然生态学",是其中的主要源泉。它是以令人信服和形象直观的方式提出**"开放系统"**这一概念的第一门学科。所谓的开放系统既依赖于其周围环境,又对周围环境施加着改变性的

---

① 参见 Laszlo 1993;Capra 1996。

影响。系统生态学①如今被人们广泛接受,它允许人们细化这一用来描述生物圈的概念,从而使人们如今能够相对全面地了解地球上许多动植物种类的生活空间和生存要求。我们在**"自然生存条件"**这一概念的基础上理解它们,我们人类也依赖它们。在这一意义上,有关系统和环境之间能量利用、环境关联和相互作用的基本生态学认识对于我们而言也是适用的。

但是,我们该如何将文化事实放置于这种图景之中?普林斯顿大学的生物学家约翰·泰勒·邦纳(John Tyler Bonner)提出了理解文化的最重要的生物学途径之一,这一途径也影响了文化生态学。邦纳的理念有一个巨大的优点,即具有一种简单、清晰的文化概念;与之相反,传统文化学的许多文化"定义"就是一份冗长的、罗列特征的清单,而这些特征从定义角度而言质量低劣。邦纳将文化定义为**信息通过行为和交际的继续传递**,它与(活跃的)自然恰恰相反,因为自然是以遗传学途径进行传递的。邦纳的文化概念内涵广泛,因为他没有将其局限在人类圈,而是首先针对文化在动物界的起源。但是,它也可以应用于我们在人类出现之后描述为文化的东西。这一文化概念的优点有多么突出,只有文化生态学才能显示出来。

文化生态学是一门非常年轻的学科,虽然它的一些前提很早就已经在其他语境中被创设出来,然而,以这一名称亮相于世还是半个世纪之前的事情。其理论基础中的大部分出现得要更晚,一部分甚至是在最近20年中才被研究出来的。文化生态学的后发原因全部都可以在最近的科学史中去寻找,因为其**前提学科**是在最近才取得显著的进步的。它们主要是自然科学的生态学和进化研究,还有普遍系统论、混沌学研究和涌现研究、认知科学,以及语言学和交际学。所有这些学科决定性地共同塑造了20世纪最后30年中的科学史,其新知识中的一部分汇流进了今天的文化生态学领域。

---

① 参见 Odum 1971。

虽然,诸如"文化生态学"或者"文化生态学的"之类的语汇在很早以前就偶尔被人们使用,但是,最初的时候人们并未对其提出理论要求。第一位对其进行理论阐述的学者是美国民族社会学家朱利安·H.斯图尔特(1902—1972),他首先在20世纪30年代末期出版论文,从20世纪50年代开始系统地进行研究。他将自己的文化理论称为**文化生态学**(Cultural Ecology),因为他发现,对于许多重要的文化学问题而言,生态学的概念和知识框架可以富有成效地拓展它们的视角。从此,这一最初的苗头渐渐发展成了一门活跃的新学科,斯图尔特的开创性成就依然是其部分研究活动的基础。

1.3 文化生态学的构想

如果人们不看名称而看实质的话,那么,文化生态学领域今天已经存在若干不同的变体。它们的区别主要在于,其学术形象有多么保守或者创新,它们是如何对待生态学的。这就导致了对待文化的不同视角以及在科学领域中的不同立场。由此,我们可以区分四组文化生态学理念,当然,在它们之间还存在着许多过渡形式:

(1) 斯图尔特及其追随者的早期文化生态学;

(2) 持有人类生态学理念的研究者群体以及

(3) 持有社会生态学理念的研究者群体,他们在统一性方面稍欠缺;

(4) 最新的发展及其背景理论,它们中的代表主要是"进化型文化生态学"。

(1) 斯图尔特的文化生态学(1995)是一种保守的跨学科理论,其生态学概念是自然科学性质的,而其科学认知是经典的经验性社会科学的认知。它没有对文化概念进行生态学细化,而是创立了与生物生态学之间的联系:有关自然世界的知识在这里第一次被真正纳入经验性文化研究活动。在这一意义上,这种理论也并未涉及文化新定义和现代人类居住的迥异于其生物学先祖形式的文化环境,而是涉及一种文化对已存在的自然框架条件的适应;斯图尔特的理论是一种**"文化适应理论"**。其学术框架是在人种学领域获得发展的经典文化人类学。除此之外,这一文化生态学对其他科学领域并没有产生改变性的作用。不过,就其自身领域而言,其学术影响尤其在美国的高校引起了广泛重视;越来越多的学生和学者开始着手研究这一理念,并对其进行了或多或少的修改。因此,文化生态学如今在美国——与在欧洲不同——成为一门广受认可的学科。斯图尔特的后继研究者,如马文·哈里斯(Marvin Harris)、克利福德·格尔茨或者罗伊·A. 拉帕波特(Roy A. Rapaport),他们对文化生态学理论做出的批判性调整并未前进多远,未能对上述科学哲学的基础导向做出显著调整,但是引导人们尤其接近了第二和第三种群体。拉帕波特的著作在此过程中发挥了桥梁作用,他当时已经运用了生态系统的概念,对其纯粹的自然科学阐释进行了人类生活世界方面的拓展,而没有迈出将文化系统本身理解为新的心理生态系统的步子。

(2)下列两种理念就不那么一目了然了,虽然它们并没有将"文化生态学"用作自我标记,但是实际上,它们研究的都是类似的问题。其中的第一种理念,**人类生态学**(Human Ecology)本身就是一个很好的例子,它显示出方法论方面的多元化,几乎贯穿了整个文化研究,因为它一方面自视为生物学或者地理学框架内的自然科学,另一方面还自视为社会学的一个研究方向。前者聚焦于人类作为物种的生态学以及人类文化活动对自然环境产生的影响[尤金·P. 奥杜姆(Eugene P. Odum)、保罗·R. 艾利希(Paul R. Ehrlich)、安娜·H. 艾利希(Anne H. Ehrlich)、伯纳德·坎普贝尔(Bernard Campbell)、伽雷特·哈丁(Garrett Hardin)等],而社会学意义上的人类生态学的研究重心则在于人类文化活动的社会—政治框架条件以及对在活动过程中产生的后果进行的批判[芝加哥学派:罗伯特·E. 帕克(Robert E. Park)等;其他学者如阿莫斯·H. 霍利(Amos H. Hawley)、安塞尔姆·L. 施特劳斯(Anselm L. Strauss)、威廉·I. 托马斯(William I. Thomas)]。人类的聚居区,尤其是城市,其结构是人类生态学的重要研究对象,它们被视为新的次级二级系统,虽然依赖于一级系统的生产效率,却给一级系统造成极大的负载,极大地破坏着一级系统。因此,研究的重头是为应用问题服务的,即人们如何来改善这一危险境地。这些方法和理念中的大多数在研究过程中明确或者隐含地使用了一种文化或文明概念,然而这样的概念并非其理论追求的目的。

(3) 人们可以发现,人类生态学的边界——特别就其以社会学为导向的理念方面——相对于**社会生态学**(Social Ecology)而言并不十分明显。20世纪下半叶,这一理念的研究者在自然科学范围之外发展出来一些非生物学的、不同的生态学理念[默里·布克金(Murray Bookchin)为领军人物;其他学者还有加内特·比尔(Janet Biehl)、布里安·托卡(Brian Tokar)、多内拉·米多斯(Donella Meadows)]。在这些理念的基础上,社会生态学借助社会学研究方法致力于对文化机构进行经验性研究,并在一个基本的系统—环境—视角框架内对其进行富有成果的论述[肯尼斯·波尔丁(Kenneth Boulding)及其他学者]。社会文化环境是由我们创造的,我们也居住于其中,这一概念就属于这一框架。社会生态学在原则上相对于一种非保守的生态学认识的开放性也使得这一研究方向显示出一种巨大的内部多元化,尤其在贝特森的学说的影响下,它也构成了向"进化型文化生态学"的过渡。人类生态学和社会生态学对于非科学的、秘密的思维方向也有着开放的边界,恰恰是它们两者的相对异质性使得许多聚集在其标签下的理念成为非常有价值的理论和经验知识储备的发现地,它们补充并加深了我们对文化的理解。

(4) 第四个也是最年轻的群体相比而言显得更加具有统一性,尤其是我们用**"进化型文化生态学"**(Evolutionary Cultural Ecology)的名称所介绍的这些理念。斯图尔特在此几乎失去了其作为开山鼻祖的角色意义,因为人们正质疑并试图突破其框架性理论的僵化。推动进化型文化生态学发展的最重要的学术大师是心理学家贝特森,尽管他并未使用过这一标签。他在《精神生态学》(*Ecology of Mind*)(1972，1979)一书中阐释的理念为生态学理论从生物物理主义中脱离提供了关键性的启示。在距离贝特森整整一代多的时间之前，生物学家尤克斯奎尔[①]就借助其内心世界的理论朝着类似的方向进行过探索。在稍近的时代，挪威哲学家奈斯[②]的深生态学(Deep Ecology)对正在形成的进化型文化生态学产生过巨大的影响，对这一理论的伦理和政治维度尤其影响深刻。其核心概念，即**文化生态系统**，源于德国科学哲学家彼得·芬克[③]；他也是使用"文化生态学"这一名称的第一人。

事实上，人们可以罗列出一系列的文化生态学研究者，即便他们中有一部分使用的是另外的术语，或者作为专家在另一门学科语境中从事研究工作。他们中最著名的有英国进化论学者理查德·道金斯[④]，他创立了作为文化复制的迷因理论；从事跨学科研究的匈牙利学者欧文·拉兹洛[⑤]，他细化了必需的系统概念和进化概念；德国物理学家汉斯-彼得·杜尔[⑥]对量子理论的阐释在自然科学和人文科学之间架起了重要的理念桥梁；挪威语言学家艾纳·豪根[⑦]是第一位引入一种语言观察的生态学新方式的学者；美国教育学家尼尔·波兹曼[⑧]自称为具有批判性的媒体生态学学者；或者奥地利裔美国籍物理学家弗里乔夫·卡普拉[⑨]，其综合性的基础理论和实践导向性研究在很大程度上属于这一理念范畴。[⑩]

[①] 参见 Uexküll 1909。
[②] 参见 Naess 1989；Gottwald/Klepsch 1995。
[③] 参见 Peter Finke 1993，1996，1997。
[④] 参见 Richard Dawkins 1976。
[⑤] 参见 Ervin Laszlo 1993。
[⑥] 参见 Hans-Peter Dürr 1992，1995。
[⑦] 参见 Einar Haugen 1972。
[⑧] 参见 Neil Postman 1986。
[⑨] 参见 Fritjof Capra，1982，1996。
[⑩] 参见 Yüce/Plöger 2003 中的文章。

1.4 学科之父:尤克斯奎尔、贝特森、奈斯

德裔瑞典生物学家雅各布·冯·尤克斯奎尔(1864—1944)被视为生态学的奠基者之一,但是他在早先就持有与其同事不同的立场,因此被盖上局外者的印章。尤克斯奎尔①远远超越了他的时代,其观点一直到 20 世纪末才被人们以新的方式领会,成为进化型文化生态学的基础学说。他区分了**行为世界**(Wirkwelt)和**感觉世界**(Merkwelt):前者就是生物学学者长期以来所熟知的物理世界,后者作为心理世界是通过人种学(行为心理学)才一步步地获得阐明的。上述两个概念也与其**"环境世界"**和**"内心世界"**这对概念相对应,通过它们,人们尤其可以清楚地看到,只有第一个维度至今才在生物生态学领域中被广为接受。但是生态学分析不仅涵盖了系统—环境世界—关系,也涵盖了系统—内心世界—关系,这种观点对于今天的大部分生态学教科书而言还是新鲜事。这一重要的问题领域在生物学领域中由人种学尤其是人种学的分支动物心理学进行着探究;今天,在向生态学过渡的阶段中,形成了一片所谓"生态—人种学"的宽广领域。然而,这几乎没有推动人们对生态学理论进行调整;就生态学理论这方面而言,如以往一样,内心世界维度的意义并没有建立在一个改变量的生态系统认知基础上。但是,这在今天的文化生态学领域获得了实现,因此人们可以说,尤克斯奎尔对文化生态学产生了直接的影响。

对于文化生态学来说最具有成效的思想推动力来自**格列高里·贝特森**(1904—1980),其理论的普适性和创造性使其成为 20 世纪最著名的学术人物之一。他是英国遗传学家威廉·贝特森的儿子,是著名人种学家玛格丽特·米德(Margaret Mead)的伴侣。他一直反对固化的专业分类。他一生都致力于不同的研究项目,这些研究并非是单纯的学科内部性研究,而是具有跨学科的特性。心理学、精神疗法、生物学、

---

① 参见 Uexküll 1909。

控制论、社会学、人类学、交际理论、系统论和进化论方面的课题都是格列高里·贝特森的研究兴趣所在,对这些学科进行融合需要具有宽广的视野、不拘一格的勇气,当然也需要有团队协作精神,但是首先,最重要的是要有高度的个体创造性。

作为心理学家,贝特森是**尤克斯奎尔的环境世界—内心世界—理论的合适继承人选**,尽管他对尤克斯奎尔的著作几乎不了解。在贝特森手下,尤克斯奎尔的内心世界维度获得了一个从前没有实现过的理论形象,即便它略显破碎、看似残缺。尤克斯奎尔提出了被其他自然科学研究者遗忘的生态学整体观的精神层面,因此在认同和不解之间努力研究,而贝特森则利用了整个动物—人类—过渡区域中极度广阔的地带的所有经验和比较可能性,并不在乎这完全不受学科卫道士的重视。此外他还致力于当时蓬勃的形式科学领域——在今天,他与诺伯特·维纳(Norbert Wiener)和路德维希·冯·贝塔朗菲(Ludwig von Bertalanffy)一同被视为控制论和系统研究的共同奠基者。有了这一装备作为背景,贝特森跨出了对于建立高效的文化生态学而言还缺少的关键一步:他认识到,人们必须将精神世界也一同纳入生态学思考模式和解释模式中去,通过这一方式,将精神世界从不可理喻的鬼怪维度的污点中解脱出来。由此,人们告别了一种纯粹的物理主义生态学。

对于文化生态学而言,贝特森的**"精神生态学"**(Ecology of Mind)(1972)理念具有重要意义。这一理念被贝特森的阐释者误解为一种纯粹的隐喻,他们认为这与他逐渐完善起来的下述观点几乎没有区别,即用生态学视角观察世界的意义超越了自然世界,主要是物质—物理—世界,进入了心理和精神进程的世界。真实性的问题虽然在哲学领域获得颂扬,但是在西方的经验论科学中因为其不可领会性常常被回避、被轻慢,贝特森以新的方式严肃看待了真实性问题,并用一种生态系统模式——连接模式——对其进行了描述,这完全是他的功劳。不以获得"常规"科学的主流偏见的赞许为宗旨,这种勇气带来的结果即便在今天也不能完全预见;不过可以肯定的是,路障清除了,我们可以用一种新方式来描述我们称之为文化的那些高度复杂和抽象的系统了：精神生态系统。当然还有许多其他的影响。首先，通过这种方式，一种新形式的人文科学轮廓形成了，它不再是自然科学的对立形象，而是其伙伴，它要求创造出一些对于自然科学而言也不可预想的理念和成果。

尤克斯奎尔和贝特森都是一流的理论家，他们推动了广泛而又独特的经验性研究。但是他们作为科学家没有留恋于象牙塔。这两位学者都深入地注视、挂虑着环境世界和内心世界越来越重的负担，两者都利用许多不同的可能性去营造一种具有批判性的公众意识。哲学家的内心世界伦理学在他们身上逐渐延续为一种早期的环境伦理学；他们两者的研究中都不存在理论和实践的裂隙。虽然他们主要从事的是描述性研究，但是也常常建立起与规范的联系。同样，新的文化生态学不仅需要理论概念，也需要实践理念。

在全球范围内扩张的西方文明由于其经济模式影响而形成了独特的世界观，造成了自然和文化多样性方面的持续性损失，然而西方文明对此无能为力，这种无能触动了挪威哲学家**奈斯**（Arne Naess，生于1912年）。1969年，他放弃了奥斯陆大学的哲学教授席位，在国际上作为科学哲学家、伦理学家和逻辑学家做出了一番成就之后，为当时正在逐渐成形、如今活跃于世界范围内的生态学运动构想了一种理性的创始理论；不久后他在其同名的《深生态学》（*Deep Ecology*）（1989）一书中对这一理论进行了阐释。根据这一理论，传统的（自然）生态学就其影响范围而言仅仅局限于相对浅层（shallow）的关系；然而，更重要的是揭示生态学的深层结构，只有当人们把人类圈也纳入生态圈并对其进行综合探究的时候，这种深层结构才会凸显出来。这首先意味着，必须建立**一种生态学伦理、实用学和政治学基础**。因此，在热心实际问题的思想先驱者和群体之间一种越来越紧密的合作关系中，这位深生态学的创立者首先主要在斯堪的纳维亚地区和美国，如今也在其他地方成为一位认知论和伦理学领域的大拿。有别于之前的"沙漠中的呼唤者"尤克斯奎尔和贝特森，奈斯是同辈人中的最年长者，是众多哲学家中的模范,他不仅指出了将生态结构分析扩展到深刻层面的必要性,还系统阐明了极其关键的一系列原理,这些原理对于最新文化生态学的规范方面而言虽然不是在每一种情形下都是金科玉律,却是重要的指路明灯。

1.5 中心问题:什么是文化?

文化学的主要问题就是如何理解其对象的问题。在所有其他的特殊化和普遍化、差异性和比较性问题之前,文化学首先要提出并回答这一问题:**什么是文化?**

传统的文化研究显示,这一问题因为文化那令人迷惑的复杂性和多样性而特别难以回答。[①] 令人迷惑的还有规范化的概念传统,它们也包含了有时被视为对立概念的文明概念。早先的文化生态学也没有对其根本性问题做出更加准确的回答,而只是基本上吸取了传统的文化定义。它所细化的,不是文化概念,而是**文化对自然的从属性意识**,从本质上来说,是我们对文化及其环境之间的关系的认识,在此过程中,重点是被置于自然环境世界的。这已经了不起了,因为这为文化学学者打开了狭隘的、仅仅局限于自己的研究对象领域的视线,使其明白了在文化实现、维持和发展过程中**自然生存基础和动植物共存体的意义**。宗教,语言和文学,社会系统和机构化形式,不可能脱离一个生存空间通过其特有的自然装备提供的基础和环境而获得发展。相应的文化生活给当地的自然和风光施加的反作用也是十分紧密的。只是,关于文化究竟是什么,也并没有比传统的文化研究给出的解释更加清晰易懂的回答。最新的、有抱负的文化生态学理论刚刚在这一点上实质性地前进了一段路程。

[①] 参见本书第二章"文化概念与文化理论"。

2．文化生态学进化论的基础

2.1 人类的生态系统

生态学的一个核心概念就是"生态系统"。生态系统研究积攒了许多关于地球上不同生态系统类型的经验性认识，因此，比如说，我们从许多植物和动物那里很好地了解了对于它们生存而言必要的环境条件。同时，人类当然不是作为一种将自己捆绑在人类特有的生态系统中的生物出现的；人类的聚居区和城市只能作为基于一级自然生存基础的次级组织存在。所以，人类被理所应当地描述为一种生态学意义上无所不在的生物，他们简直利用了所有的系统，通过他们的活动或多或少地给这些系统造成负担，损坏它们，因此越来越多地在它们面前扮演第三种角色，即管理者和修理者的角色。从这一角度来看，人类这一物种特有的生态系统是不存在的。

对于进化型文化生态学而言，这一观点是错误的，**是具有局限性的生物生态学误解带来的后果**，它只对生态系统做出了单纯的物理学层面的定义。比如说，森林展现的是一种（自然）生态系统，那么，这一系统通常就会被想象为一种由大量生物构成的具有特定结构的系统；在其中进行的营养物质循环就是生态过程的一种模式。整个系统的所有组成部分在维持这一系统运作所需的总能量中都具有相互协调的能量利用份额，整个系统就是由此被聚合起来的。这是自然生活的一个概念。人们追求对参数进行量化，这也都是物理学意义上的自然。

事实上，自然生态系统，比如森林和大海，拥有的是一种非物理的、**精神的维度**，至少，当有能够创造更高级的认识和互动成就的动物属于这一系统的时候。由此，比如说在森林中就存在非常复杂的交流网络和行为网络，它们是森林这一身份的典型特征，对于物理参数的补充也具有系统构建意义。这些网络在其对于聚合整个生态系统的意义方面并不亚于营养过程的网络，但是在营养过程中常被忽视。这些**前人类认知系统**与其物质支撑系统之间的联系还非常紧密，在邦纳的文化定义层面上，它们是所有文化的进化源泉；我们因此可以将它们视为原始文化，在接下来的时间内，它们与脊椎动物大脑的高度发展和思想成就一起变得越来越有差异性、越来越复杂。然而同时，这些**前人类认知系统**在一定程度上脱离了它们的支撑者，在早期人类形式那里与各自特定的生态系统的联系逐步松动，直到早期人类学会在不同的自然生物共同体中活动。因此，自然生态系统的精神分系统逐渐形成了相对（不是绝对！）独立的、非物质的、抽象的系统。

我们思想和社会生活的许多领域使我们想起源于自然的蓝本，我们也会运用隐喻，比如说，我们会谈及灵魂的平衡、求偶行为、精神食粮、语义学环境污染、活跃的文化、灭绝的文化等。尽管存在各种显著的差异，但是在这些被感知的比喻背后常常存在一个能够进行合理解释的、进化发展的实质，人们在 20 世纪 80 年代借助现代系统论的各种分析工具对其进行了揭露。这些工具帮助这一理论实现了惊人的发展，使人们得以对最先进的文化系统进行深入的结构分析，揭示其**隐藏的结构**，以及与其久远得多的物质先驱系统和支撑系统——自然生态系统——的**进化论亲缘关系**：生产性的、消费性的、简化性的循环。①它们似乎把形成于海洋、森林和热带大草原中的时代回忆带入了自己的未来。尽管我们今天的文化有一部分是先前原始文化进行过高度加工、具有机构形式包装的后代，但是如果人们进行仔细的结构分析的话，总是能够发现它们来自老的生态系统模式的遗传因素。这意味着：确实存在**具有物种特点的人类生态系统**，只是由于其非物理学的组织常常不被生物生态学视为这样的生态系统。借助得到拓展的生态系统概念进入了我们的视野：它们就是我们的文化。因此，进化型文化生态

---

① 参见 Capra 2002。

学最重要的理论素就是**也存在着文化生态系统**。① 这直接形成了人类学结论。进化型文化生态学的人类生态学核心领域允许我们今天描绘一种新的、与自然有关的人类形象,包括针对我们当今的文化实践进行一些批判性表述。

2.2 结构性遗传

现在,文化生态学使我们能够以一种全新的、广阔的视角来展现文化概念,而其多样性和模糊性在传统文化学中是一个主要的难题。根据文化生态学的理念,**"文化"**表现的是另一种在进化论层面还相当年**轻的生态系统类型**,它与先前的母体类型之间的主要差异在于,它具有一种非物理学的结构,但并非指系统的核心功能和组织形式方面。相关有机体的生存条件和生存保障作为一方面,生产—消费—还原—循环过程的基本组织范式作为另一方面,从原则上来看,两者得到了维系,即便新系统的许多特殊的组织结构被更改了。新的生态系统发生了特性上的改变,但这一改变并不是非常深刻,没有使其进化基因的痕迹完全消失。

一个典型文化生态系统的结构组织看起来是什么样子的呢? 首先,值得注意的是,它并未将其能量转化为生物数量,而是转化为以象征方式被编码了的信息;其循环不是以食物链的方式,而是以**信息循环**的方式进行。此外,文化生态系统也不是根据自然法则被组织起来的,在其内部发生的互动不能借助行为概念得到合适的描述,这种互动与文化生态系统的自然支撑者的维系需求并不协调一致,文化生态系统如今在其表面经常具有一种完全将其源初结构掩盖了的结构。换句话说:**文化在本质上不是物质系统,而是非物质系统**。文化不是被严格决定的,而是以松散得多的方式被决定的:在其内部,发挥作用的是协定或者规矩,以及一种就约束力而言比自然法则薄弱得多的组织原则。

---

① 参见 Finke 1993,1996。

在其内部生存的参与者除了以流传下来的因果方式控制行为之外，也能够以基于结果和意图的方式对行为进行调节，对此，有一个独特的概念是必需的，那就是"行动"。行动的意义远远超过了现有的行为残留的意义。与之相连的可观的其他利益会强迫进行隐性或者显性规范体系的教育，目的是使不同个体能够共存；每种文化都具有**伦理**维度。

新获得的行动自由也包含了一种行动方式，这种方式有可能导致一贯必需的自然生存基础遭到损害，使文化被过分抽象化。与所谓的**"原始民族"**不同的是，所谓的**"开化民族"**体验的是一种完全独立的、脱离并且从根本上超越自然基础的文化系统。对此发挥了决定性作用的是，人们今天在日常生活中不再仔细观察其来源：我们根据不同的管理和控制需求对其进行了改造，给其配备了新的表层结构，对其进行了过度组织。这种巨大的改变或多或少被呆板地机构化了，并由此认定了臆想的文化接受者。只有文化生态学才为我们打开了因此尘封的文化深层结构，使世人看到了一种进化性的结构遗传，揭露了文化与自然之间不可改变的关联。

文化在进化型文化生态学中是以生态学方式得到描述的，是以进化论方式得到解释的。同时，文化体系的结构成了研究兴趣的重心所在。但是人们不应该忽视，对**文化功能**的思考是这种结构性研究的触发器。人类不仅具有而且也需要一种文化从属性。我们生活在我们的精神世界中，被深入地捆绑在其中，就像我们依赖于物质世界的资源来满足我们的身体需求那样。对于我们而言，这两者构成了一个统一体，是我们生态系统生存基础的统一体。对于一个人类个体来说，承载并捆绑我们生活的文化基础在使人存活方面与自然基础具有同等重要性。因此，我们成长于其中或者我们日后适应文化生态系统对于人类生存而言负载着相似的意义，就像森林之于啄木鸟，大海之于鲸鱼。**文化生态系统就是精神生态系统**。其根源在第一批人类出现之前很久的时候就存在了。随着人类的进化，文化也迈出了其关键性的发展步伐，同时，逐渐形成的语言能力和随之一同产生的自然语言成了文化继续发展的推动力。

2.3 文化的层面

如果文化不是被视为传统文化学狭义上的由风俗和习惯组成的混合体，或者甚至是附庸风雅意义上的"教育—科学—艺术"域（domain）名，而是被视为广义上由于精神的进化而获得实现和建立的东西，那么，它就会涵盖一个极其宽广的空间。这种文化跨越了从各不相同的个体精神世界到整个族群和种族的共同精神世界的宏大范围。在其中，各种精神世界体系在迥异的程度上通过习惯、风俗和官僚政治获得稳定、固化并被相互界定，之间互为补充但也相互交错，从而形成了一种高度复杂的多元性。因此，如果人们想要理解一种文化，只对特别复杂的人种学层面进行探究是远远不够的，仅仅对作为文化代言人的教育领域中的特定社会体系进行观察是不合理的，将造就人格的人类个体的价值体系和行为体系从文化整体观中剔除也是不正确的。文化发生在所有这些地方，每一次对文化概念的一部分进行收窄的行为都致使人们不能观照人类精神生态系统的广泛、呈等级的网络。

因此，把握这种复杂性的第一种渠道是一种三分法，即把文化生态系统的实用等级分为**三个文化层面**：个体层面、社会层面和种族层面——这大体类似于生物学者所做的个体生态学、群体生态学划分方式。个体文化是相对而言最不复杂的，却是数量最多、最多元化的文化。尽管它们经常构成群组，从而成为社会文化——第二个等级层面——的一部分，然而，它们在结构方面是完善的生态系统，即使它们相互连接并依赖于其文化环境。个体文化在机构化方面特别不稳定，这与更高级的文化层面相比而言是一个明显的区别。这样的机构化进程当然对中间的层面产生了特别强烈的影响，并在此创造了被高度覆盖的、等级化了的、得到管理的社会体系，社会体系又从这方面极大地推动了机构的建立：举几个简单的例子，比如，由日常中对知识的追求产生了科学，由简单的货物制造和交换产生了经济，由基本的社会行为产生了政治；所有这些领域都创造了众多的机构，根据文化生态学的观点，这些机构都属于文化范畴。与之相对，最复杂的层面，即我们所谓的**"种族文化"**，长久以来并不像今天的社会文化层面那样呈现出深刻机构化的状态，但是它常常使用这种稳定机制并且以这种方式创造出了"文明"，即空间和时间方面广泛存在的文化。

2.4 文化的进化

从社会生态学视角来看，文化的进化是一种根据起源进行的自然发展，其结果是参与发展的物种在身体状态方面获得了实在的提升，特别是晚期智人这一物种。文化生态学以此为切入点，因为它认识到了**生物学的自然—文化—过渡领域**对于理解稍前时期和当今文化的意义（结构遗传）。问题是，生理方面的这种提升以及由此带来的独特文化的完善进化是如何实现的。显然，这一发展的原因在于特定动物群体的基因组清单，但是日后基本方面的发展并没有继续建立在基因进化的基础上。在此，对文化进化进行解释就涉及生物学的边界。今天，虽然对文化进化的解释甚至直接利用了自然进化学说，但是文化进化的这一原理显得过时了，即便其出现的时间晚于自然进化论母体。如果自然进化是以一种高效率的、可以复制的、能够突变的复制机器——基因——的创造为基础的，那么由其派生出的文化进化过程则是肇始于一种全新的、其他形式的、由遗传决定的复制机器：迷因。

自然进化的目的是将物理复制器——基因的信息传递下去。与之相对，自从道金斯①开始，我们将通过行为来实现信息的传递的**非物理复制器**视为**迷因**：感觉、观念、思想、概念、意义。它们通常是以经过一种或者几种符号系统编码的形式出现的：表达性运动、表情、动物的叫喊、鸟类的鸣唱、社会互动模式以及图像或者音乐。与基因相比，迷因的突出特征是其高得多的复制速度。加上其同样更高的突变意愿，在

---

① 参见 Dawkins 1976。

基于基因的自然进化过程中从未见识过的加速潜力由此出现在现存文化的新的进化过程中。如果说,基因构造新系统需要数小时到数千年不等的时间,那么,迷因可以在一次谈话、一个社会大事件中改变文化进程。① 倏忽之间,一个观点就足以改变我们的世界,一条消息在须臾之间就能够迫使我们至少部分地重新塑造我们迄今持有的世界观。

随着迷因理论的问世,精神进化开始与生理进化相分离,前者在创造生存新形式的速度、加速度和多样性方面使得后者相形见绌。这当然不是指出现了新的生物或者物种,而是指新的精神生活方式,即认识和交流、行为、知识和价值取向的抽象体系。这首先发生在有感觉能力的、以社会性方式生存的脊柱动物群体中,然后随着语言能力的形成,日益广泛和重要地发生在人类群体中。然而,**极其灵活的编码可能性以不依赖于场景而可以自由连接的象征形式**——比如先天的声音(语言)交流渠道,后天的视觉(文字)交流渠道——为差异越来越大的迷因多样性创造了高效率的承载者形式,这些多元化的迷因现在允许以认知和交流的方式随意复制和改变抽象的内容。通过这种形式所产生的东西,我们今天称其为"文化",并将其当作远离自然的东西来体验。但是,我们努力不忘却文化在前人类阶段的史前史,这么做是对的,正是因为它在我们最先进的机构性文化中还很明显地经常以遗存形式存在着。

2.5 文化的边界

构成多样性的组成部分可以相互界定,所有的多样性以此为前提。差异不明显的情况下,多样性几乎无法形成。文化多样性也是如此,只有当文化之间具有明确的界限,能够相互区分,文化多样性才会存在。每一种系统多样性包含系统边界,但是问题来了:这种边界概念具有哪些特征?

---

① 参见 Blackmore 1999。

我们经常把排除性的选择和边界联系在一起：要么在边界之前，要么在边界之后。我们大部分的**界定观念**意味着这种封闭的边界，系统关系的许多可视化过程也是以这种方式进行的。同样的道理也适用于最流行的文化边界观点。从文化生态学的观点来看，这种边界理念是有缺陷的，是危险的。一种东西要么是这样，要么是那样，要么是这种文化的，要么是那种文化的，这种可能性不是不存在，但绝不是强制性的；这只是某种特殊情况而已。这样严格的界定有悖于所有的生态学经验。对此，自然生态系统之间的自然边界能够为我们文化边界观的形成充当良师益友的角色。

没有被人类用围墙或者围堤隔离开来的湖泊并未在水域生存空间和土地生存空间之间做出任何界定。其灵活的边界或多或少是两栖的区域，不是一条线，更不是樊篱，而且其边界也非常具有可塑性。严格的边界线在自然界是不存在的；就算是生物的表面及其有机细胞也具有半透膜。用围墙作为自然风景区隔离界限不是自然的发明，那里天生存在着各种各样的、不同范围的过渡区域。所有生态系统的边缘对于来自相邻系统的有机生物而言都是**接触区域**；相对于系统的核心区域而言，边缘地带为多种生存策略提供了更大的生活空间。① 那里汇聚着最大的自然创造性储备。

对于活跃的文化而言也是一样的情形。各种文化之间维护着一种**"自由的边界体制"**，它保证了差异的存在，同时对二选一的世界观关上了大门。像自然生态系统一样，文化生态系统也不可能在持续的隔离情况下存活多久，因为在隔离状态下，对于文化灵活性和变化而言所必需的创造性策略潜力也是有限的。新的事物总是来自外部。与自然保护区一样，纯粹的博物馆展品也不具有得以长久维持的机会，文化如果不与其相邻文化进行活跃的交流，就会变成僵硬的文化化石。文化保护区的设立不能维持文化的存在。

---

① 参见 Finke 2003。

2.6 文化的能量

有关文化的优点和缺点,人们已经进行了许多思索。在狭义的文化概念(教育—戏剧—博物馆)层面,人们可以发现,文化领域面对日常生活和经济的要求越来越陷入不利境地。如果人们将这些领域视为总体文化行为的表达形式和一部分,就会发现文化各领域具有不同的执行力。那么,人们怎么来理解这些变化着的文化力量呢?

有关这些力量的问题与文化生态系统所必需和使用的能量的源泉、规模和平衡这一生态学核心问题是一码事。传统的文化学对这一问题并不了解。文化进程,不管发生在哪里,都不是从"虚无"中冒出来的,而是必须具有**能量源泉**。有了能量源泉,文化进程才有可能实现。要了解上述事实,只有倚赖于生态学的视角。文化进程也消耗和释放能量,这虽然是一种日常生活中的经历,然而传统的文化学并没有将这些力量作为主题进行探究。如果只进行浅表性的观察,人们首先看到的经常是经济手段,人们借助它们根据社会—政治方面的受重视程度对不同行为领域实行不同配置,而且,金钱的力量确实在我们今天的生态文明中扮演着一种二级或者三级能量源泉的角色。如果人们进行仔细观察,这一问题就会发生偏移:导致物质分配结果的诱因是原本的文化力量,即文化行为者的精神能量。

"精神"能量这一概念并不常见,因为物理学长期垄断了能量概念。太阳作为一级能量源泉不仅为繁盛的自然界提供了物理同向性,也提供了文化生活的精神同向性。不过,仅仅从物理学角度来解释精神力量是远远不够的。物理学只是第一种能量源泉,其后在精神领域中形成的能量形式并非来自物理学领域。许多人认为,能量绝非仅仅是自然科学的一个主题,也是文化学的概念,只是因为研究能量主题的困难度较大,文化学长期以来一直抑制了这方面的探索。事实上,推动文化进程的这种精神能量的本质问题是文化生态学领域迄今尚未得到解答的问题之一。

好奇和兴趣、乐趣、爱和恨、喜悦和悲伤,这些我们所熟悉的情感和本能来自个体文化层面,属于寻常的生活经验,它们的表现是各不相同的。只有当它们耗尽、消失的时候,我们才会觉察到它们的能量质量。在更加复杂的层面上,局面也更加困难。在此,许多协同效应会一起发挥作用,群体现象和大众现象不仅能够整合和强化,同时也会稀释个体偏好:体验共同强力,通过成立协会、分支和小组获得权力,形成集体激情和狂热。想要理解有着复杂起源的、在种族文化和全球文明背后发挥作用的推动力,几乎是不可能的。另一方面,我们发现了**文化能量的两个源泉**,它们是最重要的源头:**语言和宗教**。人们长久以来就知道这两者在文化创造过程中的力量。文化生态学再次将其视为巨大的能量源,它们创造并改变着大型种族文化生态系统和文明的结构。

2.7 新的文化批评

将文化作为生态系统来分析为我们与文化的交往打开了一个新的视角。描述性的传统文化学把这一主题清理了出去,将其指派给了一个科学之外的领域——文化批评。但是文化批评本身也没有将其当作研究主题,因为它要避开这种课题的规范性,或者说因为它还完全没有与文化打交道的概念。对于文化生态学而言,确实存在与文化打交道的问题,就像我们必须和自然接触一样。抽象的系统,比如文化,不仅展现了我们生活关系的认同范围和秩序范围,而且通过我们的行为改变了它本身的认同。比方说,对于语言系统而言,首先在语义、词汇和语用方面,我们既运用这些方面,同时也改变了它们,这是不容忽视的事实。面对这样的双重结果,观察方式显然不能停留在叙述层面上;它必须包含评判性的因素。这就使得文化生态学自身必须成为一门批判性学科,即批判地分析与生态系统的结构条件相融或者不相融的实践活动;这样的分析使得一种新的文化批评形式成为可能。针对我们实际文化行为的最重要的批判性观察方式可以总结成下面这句话:**我们**

与文化生态系统交往的过程并不如与自然生态系统交往的过程那么理性。

例子在所有文化的层面上比比皆是。我们削弱着文化多样性：在经济全球化进程中，因为极权主义的政治体系，由于范例的力量；我们阻止着文化创造性：通过原教旨主义、民族主义形式，组织庞大的统治机器；我们发展着摧毁性的文化：法西斯主义、斯大林主义、官僚主义；我们挥霍着文化能量：通过战争、失业，因安乐富足而不思进取。

迄今为止，**精神世界意识**没有相应地跟上日渐增长的**环境世界意识**，对我们精神世界损害的关注尚不及对环境损害的关注。在此涉及的是我们的情感和我们的理性，但是因为非物质世界几乎总是被物质世界遮蔽着，所以一般而言，当非物质世界中灵敏的平衡被破坏时，我们对其的知觉不如我们对可视世界被破坏时的知觉那么敏感。同时，精神世界的损伤如此之多，成了我们文化实践的特征之一，就像自然界也存在着众多的环境损害那样；当下，精神疾病的增长只是这方面的证据。

听天由命、他者敌视或者教条主义都可以表明**精神世界存在着问题**。所有这些证据都在传递着一个信号，我们在和完好无损的文化生态系统的重要参数打交道时面临着一系列困难：对可使用的精神能量做出了误判（听天由命），对边界做出了错误理解（他者敌视）或者没有明白变化的必要性（教条主义）。所有这些都可能成为文化发展的出发点，而对于个体、群体甚至人类来说，这些发展都有可能充满危险。应用文化生态学必须首先尝试在不同的个案研究中磨炼锐利的眼光，批判性地看待我们常常充满疑虑的文化实践，明确要求和现实之间的分歧，为文化出路谋划好策略。

3. 适用领域示例

伦理

史前动物文化和人类文化的一个本质区别是，后者由于行为选择面更宽泛，导致的后果可能性更多，因而具有一种伦理的维度。这适用于所有的文化层面，包括社会机构的文化层面（科学伦理、政治伦理、经济伦理、医学伦理等）。对于所有这些领域而言，在适用的行为规范方面存在着不同的观点。但是行为规范是评判的前提。人们已经不再可能在一个纯粹的描述性科学框架内对其做出解释了；因此，文化生态学包含了一种**规范性的知识成分**，即哪些行为原则必须用于指导人们与文化生态系统的交往，这种交往行为又以文化生态系统的持续进化能力为导向。损害甚至毁坏文化生态系统进化能力的文化实践会对文化的可持续发展能力造成不同程度的消极影响。

对于**着眼于生态学角度**（from an ecological point of view）的世界观而言，文化的各种特征都非常重要，因为它们适合用作文化行为的评判值，比如文化的创造性潜力、边界制度、错误包容性、持续性、多样性。这些特征之间存在着相互关系。下面将对后两者稍作讨论。

我们相对于其他生物圈的优势是由文化决定的，即便在今天它也会间或显示出矛盾的地方。没有我们的文化装备，我们就没有竞争能力和可持续发展能力。可持续发展的生态系统的一个标志就是**可持续性**。如果行为方式、进程或者系统的组织形式可以保证它们能够通过合适的框架条件和结构长期存在，那么，我们就认为它们具有可持续性。持续性的原型是森林，一个相对而言能够长期稳定的生态系统，而不是广阔的、接近自然的林业经营方式。当然，人工林也被视为所有对自然可持续性进行文化复制的典范，就像今天，在世界性环境破坏的背景下，人们将人工林看作样板并努力进行模仿和实践。可持续性当然也不只具有纯粹的经济价值。其实不如说,可持续性是一种普遍的生存原则,既包括生理生活,也涵盖精神生活。比如,可持续性知识就是一种保持动态适应能力的知识,而不必抛弃迄今仍旧适用的原则。不可持续性知识要么是随意的,要么是教条的。一种可持续的情感并非一成不变的情感,而是一种可以更新的情感。当人们信任我们的行为时,我们的行为就是可持续的,我们并不用非得总是做同样的事情。因此,文化稳定性首先在于将稳定性和灵活性结合起来的行为方式,同时也包括错误包容性和不断学习的意愿。

承上所述,今天,文化生态学的另一条原则同样在于一种宽泛的意识,因为其自然生态学的呼应者也承受着一种压力:**多样性**。由于部分类似的原因,文化多样性也面临着多样性方面的困境:濒危动植物种类的红名单是自然界的警示,濒于失传的语言形式、行为方式和生活形式则是人类面对的危局。这两种情况都不能归咎于命运,而是由我们的实际文化行为造成的影响。多样性不一定是好的,非多样性不一定是坏的;比如,几乎没有人愿意看到谬误的多样性。我们如何看待多样性问题,取决于许多方面的框架条件。如果涉及可持续发展能力的问题,那么文化多样性就具有高度的价值。当其受到少数单一化的排挤,不管是政治全球化进程,还是经济领域的垄断行为,或是人格中的爱慕虚荣因素,都是一个严肃的问题,因为单一性对多元化的排挤会毁灭不同的世界观和生活方式。这已经超过了美学损失的范畴,因为巨大的文化权力集中到了少数群体手中,对于多数而言,风险因此上升。

就本质而言,文化生态伦理学遵循的是**对自然的智慧模仿原则**。[①] 这一原则的意思是,用我们在文化层面做出了修改的手段去寻求一些结构,进化论经验已经为这些结构的自然原型找到了答案,这么做是值得称道的。指责文化生态学屈服于伦理史中著名的**自然主义谬论**(naturalistic fallacy),即不可能从事实表述中推导出规则,显然有失公

---

① 参见 Capra 2003;Finke 2003。

允。乍看上去,这似乎针对的是一种遵循自然模板的伦理学,但事实并非如此。因为这种遵循只是一种启发式的帮助;当它本身存在伦理方面的原因时,它就有局限性。同样,就像文化进化过程利用并继续发展了自然进化的发明和结构那样,期待自然界中可能存在着蓝本,不必在任何情况下不做变动地采纳它们,这对于我们的文化行为也是有好处的。

智慧模仿的原则将文化的可持续性发展与学习自然进化的步伐结合了起来,但是并没有要求亦步亦趋地拷贝自然进化过程。当自然根据强盗—牺牲品—范式和淘汰较弱生命形式的法则前进的时候,自然是能够保持平衡的,但是在人类圈内部,对这些方式的复制不能谓之智慧(社会达尔文主义),而对其目的的借鉴是可行的:对所有参与的有机体,即便执行能力相对欠缺的那部分展现出长期的**存活前景**。对我们而言,这意味着必须追求一种多元化的、活跃的文化,它使得所有生存在其中的人能够实现其不同生活方式的可持续发展,只要这些生活方式没有实质性地阻碍或者限制文化的多元开放性。

知识

知识和科学不是一回事。从发展史角度来看,知识的进化显然比行为的进化经历了更加久远的时代,可以追溯至具有意识能力的动物的形成时期。相对而言,科学则是知识发展的后期形式,是人类行为文化的典型产物。**知识是文化的一级系统,科学是二级系统**,科学是我们通过对知识的各部分进行机构化和专门化形成的。当然,对知识的掌握、使用和遗忘已经是史前人类原始文明的成就,直到今天都一直保存在我们的日常知识实践中。然而,科学却在不断地渗透到日常知识中去。因此在今天,在不以科学(研究)视角进行审视的情况下就谈论知识是没有意义的。知识研究和科学研究为文化生态学理念展现了一个意义重大的应用空间。将知识、科学和科学研究作为生态学系统进行分析,从本质上允许人们能够对其进行重新审视,并为认知理论和科学理论赋予新的推动力。

此科学与今天的科学不是一回事。尽管很多人天真地认为,在我们大多数人目前所理解和从事的科学的意义上,科学没有其他的合理替代品,这种观点当然是错误的。**正如科学本身构造着文化那样,它也同样取决于文化**;人们看一下其他大型文化圈就可以明白这一点,其中,中国文化尤其如此。所有文化都包含着各自的文化特定性世界观。就像一种风景可以从不同的视角来欣赏,人们也可以从不同的视角去观察周围被体验的世界,这与文化特定性世界观是相符的。因此人们可以问道,今天在占据主导的科学形式中发展起来的、格尔诺特·伯梅(Gernot Böhme)称之为"培根式科学"的知识文化(Wissenskultur)包含着怎样一种世界图景。弗朗西斯·培根(1561—1626)在其《新工具论》(*Novum Organum*)(1620)一书中对其核心科学理念做了说明:**对现有关系进行决不妥协的分解**(分析)。其背后隐藏的信念是,一个事物的特性最终必须在其组成部分的特性中寻找到。永不停歇地往前发展的专业分工成了通过上述核心理念得到宣传的文化世界观的标志,它从此使得人们在科学领域中不断收获令人意想不到的胜利成果。1959年,影响巨大的美国哲学家威拉德·冯·奥曼·蒯因(Willard Van Orman Quine)出版了《从逻辑的观点看》(*From a Logical Point of View*)这部名字独特的著作,该书在现代逻辑学的进步背景下对这种世界观进行了影响深远的总结概括。

知识和科学的文化生态学视角则是从**生态学的观点**(from an ecological point of view)来看待世界的。① 这一视角相信,整体大于部分之和(**整体论**),但是如果反对逻辑和分析,就注定会失败。事实上这里涉及的是,我们必须使我们对世界的表述符合逻辑,但要将其置于广泛的生态学视角中。逻辑虽然解释了内部系统和对外系统的解析关系,但并没有解释它们之间的能量关系。因此,**基于生态学视角的科学**也必须专注研究实现或者阻碍它们的力量:互动、反馈和综合力量。这

---

① 参见 Capra 1982。

样的科学认为其理念是动态的、开放的参数,这也适用于真实性概念。对于基于生态学视角的科学而言,知识与其生产者、消费者和修正者是不可分离的,因为他们生产、利用、限定着知识。最晚从知识社会学的经验性研究开始,人们就普遍将科学描述为表述系统和行为人的广泛系统,前者只是包含于后者中的一部分;然而科学的特殊平衡作用,科学影响与依赖环境世界的能量、规模和质量是在基于生态学视角的情况下才受到人们的充分关注的。

就结果而言,这也意味着我们可能或者说必须实行**科学转变以及我们对待科学方式的转变**。在一种比迄今为止的开放边界(跨学科)更加广阔的规模上推动科学发展,克服权力结构(范例)中指导研究的思想的统治地位,为科学生存所必需的创造性扩大自由空间,这在理论和实践方面都会极大地改变科学。① 今天,这样的改变就正在发生着。过去几十年中,许多学科内部形成了新的理念,这些理念一直在努力描述生态学观点会为它们各自的特殊对象带来什么样的结果;特别是心理学、经济学、语言学、物理学、人类学和生物学在这方面扮演了开路先锋的角色。即便在许多情况下,这还总是一种属于少数派的理念,但新一代研究者的心中已经萌发出了一种转变思维方式的意愿。只不过对外而言,这种发展苗头依然被隐藏在主导的范例身后,长期不得见之于世。但事实上,大规模转变的现实必要性已经受到越来越多的关注,推行起来却仍然困难重重,因为人们在此必须按照新的知识蓝图努力改革僵化的知识机构——学校、研究所、大学或者科技部。

语言

语言学作为文化生态学理论的利用者走在了其他一些学科之前,这一点都不奇怪。② 语言进化和文化进化的关系非常密切,就像不同语言和不同文化之间具有紧密联系一样。在某些方面,威廉·冯·洪

---

① 参见 Yüce/Plöger 2003。
② 参见 Haugen 1972。

堡似乎可以被视为一位早期先驱,他开创了语言学领域一些新的研究方向,将语言的环境开放性以及它和周围环境的相互作用放在一个新的层面进行主题化研究。洪堡认为语言不是产品(Ergon),而是一种创造活动(Energeia),他甚至已经提前意识到了文化生态学理念,而20世纪的结构主义语言学却又将这一点忘却了。事实上,**语言是塑造文化、分化文化的所有能量当中最重要的一支**。语言是所有文化的基本组成部分。现代语言学的文化生态学理念要求人们不要将语言仅仅视为结构主义语言学意义上的、对环境不感兴趣的封闭系统,而要将其视为由语言及其相应世界造就的特殊组合的组成部分。这样的世界由环境世界和精神世界共同构成:前者是通过经验可以获得的事实形象,它们相对于说话者—听讲者而言是恒定的;后者是主体性的思维和感知世界。文化就是这种语言—世界—系统。一种文化的语言是该文化精神世界的核心构建者,并使该文化的成员能够获得文化特定性的认知。但是语言也能够适应各自的环境世界,由此,人们可以借助它们以文化特定性的方式通过环境世界实现交流。①

语言明显比自然起源年轻,比我们今天的文化形式年迈,语言参与了文化的发展。这成为人们**假设存在缺失环节**的动因:人们推测,语言结构在今天依然能使人们认识到,在严格执行的自然法则和文化系统中部分不再有效的约定俗成之间,语言具有一种形式组织的居间身份。事实上,我们在所有的自然语言那里重新找到了这样的居间性结构踪迹;在这一意义上,它们是文化形成年代的"活化石":语言联合在其语法和语用范围内联合了两个部分,一部分像法则一样发生效力,比如语音结构,另一部分以不同的约束力通过约定俗成进行调节,按约束力大小来排列,比如句法学、语义学和修辞学。人类的自然语言整体而言是一种持久性组织的范例,这也属于保留下来的结构遗产。尽管我们的语言运用是一种日常行为,运用方式也在不断扩张,但只是在极少数的

---

① 参见 Fill/Mühlhäusler 2002。

情况下，语言运用才会变成语言滥用。我们不断以新的方式使用语言系统，不对其造成重大削弱或者损伤，这是语言系统的明显特性。语法从内部组织或者控制着语言系统，与其形式语言相反，它具有持久性：如果我们之前已经以特定的形式经常运用某些语言材料，那么语法的调节手段就允许为不断更新的语言使用方式储备可能性。①

文学

尽管在一些方面，人们在文化生态学框架中对文学学领域的许多问题进行了新的表述，然而不难发现，迄今为止文化生态学在文学学领域并没有获得多少研究者的青睐。这也许与下述事实有关，即在文化生态学中，自然和文化以及自然科学和文化学之间的传统裂隙依然巨大，并且通过桥梁理论，这些领域也失去了其教条权威，而文学学的许多理念要么没有涉及这些领域的主题研究，要么还秉持着不可兼容的意识形态遗风。

就特征和多样性方面而言，所有层面的文化生态系统**在其他任何地方都不及在文学领域中明显**。与其他艺术门类不同，文学不用通过其他表达方式或者媒介进行编码，它可以直接借助语言传递文化方面的语言—世界—体系。文学文本使得文化系统一目了然，能够将其提升到一个合适的普遍性讨论层面，因此，对文学文本的阐释就**发挥着构建意识的重要作用**。阐释发生在主体性（作者世界）和客体性（阐释者世界）的应力场中，这在传统方法论的视角看来是有问题的，但是站在文化生态学的立场上观察，这显得很有意义。因此，从原则上来说，用尽可能多的潜在文化意义去填充一个文本所展开的想象空间是可行的。文学用语言手段撑开了具有高度差异性的精神世界。特别是虚构文学以这种方式成了**不同文化方案的试验场**，与之相比，现实生活却被局限于相对寡淡乏味的文化事实层面。而且，现实生活在艺术之外留给我们练习文化想象的空间并不多，文学因而在此还具有一种额外的

---

① 参见 Finke 2000。

优势，可以磨炼语言的创造性潜力使之成为文化生态系统的核心能量载体。

艺术

创造性是文化能量最重要的表现方式之一。哪儿都需要创造性，只要文化不僵化，尤其在艺术领域，创造性是切切实实不可或缺的。除了艺术之外，没有其他形式的文化生态系统如此倚赖创造力，能够给创造力提供更多施展才华的空间。一种成功的艺术策略哪怕重复了那么寥寥数次，也会招致缺乏独创和模拟跟风的嫌疑，这就是一切创造力的最佳练习场。因此，艺术不仅作为目的本身，作为富含意义的独立文化形式，而且作为一切可能出现的创造进程的储备空间和创新空间而存在。文化圈中到处都急需创造来更新文化的发展动力和持久的进化力，艺术只有在艺术领域本身才能获得相对自由的塑造。在所有其他的文化生态系统中，都存在有限的自由度。

这在文学中已经简单讨论过了；对于艺术的其他形式而言，都有相似的或者不同的框架条件在发挥作用。所有的艺术门类都向外投射着精神世界，只是借助不同的形式、这样或者那样的媒体。抽象的东西获得了具体的形式，思想变成了物质，被转化成材料、颜色、声音或者话语，它们在艺术作品中通过不同的方式得到构造。艺术消费与艺术创作相反，它试图理解可以看到的或者可以听到的东西，并将其嵌入自己的精神世界中。这一过程具有主体性，即便其中一部分或多或少可以被客体化。个人艺术通过艺术消费经历着不同个体的体验，这种体验又可以成为后续体验的基础，它们也许什么时候就会突破已经发现的结构并对其重新整理。因此，艺术是我们创造性能量的竞技场，它广阔而富含变体，虽然它在我们的文化日常生活中只能以很有限的方式获得利用，却必须为不期而至的变化需求做好准备。事实上，创造性能量并不可能总是处于饱满活跃的状态，因此，文化僵化的状况在蔓延。对艺术想象的开放性可以帮助人们避免或者再次打破这种僵化局面。某种意义上，艺术因此可以成为我们普遍的文化存在及其自身损伤的疗养院——比如生态学思维的损伤;然而,艺术有时也是它的牺牲品。

经济

经济系统是出类拔萃的文化生态系统,因为它在文化空间甚至物质空间中较好地模仿了包含生产—消费—还原这一循环过程的自然经济学,即**能量和物质之间的交易**。这迄今为止常常进展得不尽人意,这一事实带来了众所周知的实质性难题:我们的主流意见仍然总还是把市场平衡理解为供应和需求、生产和消费之间的平衡。但是,自然为这一模板也发展出了还原成分和破坏成分,能够协助避免每件"垃圾",原则上优化使用现有的资源,而我们迄今多半忽视了这一点;空气、水体和土壤中的垃圾及其造成的实质性负担成了令人头疼的替代品。因此在**经济和经济学**领域,智慧地模仿自然过程的文化生态学原则比在其他任何领域都要一目了然。① 一个证据是,传统的经济学概念群同样使人挂念着下述理念,即在一个有限的世界中,增长也是同样有限的,也就是说成本、利润和收益不能仅仅用金钱来衡量,或者说,劳作包容的内涵远比生产劳动或者雇佣劳动要多。

因此,文化生态学方法在经济学领域传统理念上的运用不仅表明对这一学科进行改革的广泛需求,而且促使具有批判头脑的经济学家围绕经济学的这一新导向付出越来越多的努力。② 不过,这种运用也显示出,一些在经济学领域进行宣传的改革理念还是具有片面性,因为如果不结束"**生态对文化的遗忘**",想要结束"**经济对自然的遗忘**"是不可能的:如果生态学思维不扩展到我们的知识和行为世界的话,经济思维的单纯生物化并不会带来什么实质性好处。经济是文化世界的一部分;正因为如此,才包含了合理改变的空间。

技术

文化进化将我们带入了技术时代,我们现在依然生活在这一时代

---

① 参见 Busch-Lüty 2003。
② 参见 Costanza et al. 1998。

中。大多数人认为,这与文化高度发展和观念进步是一回事情。事实上,这样的评价对很多领域都适用,这毫无异议,但是也存在不少的例子能够证明技术的使用或多或少会带来实质性的缺陷和伤害。所以在这里,仔细地对事实陈述和评价做出区分、不必完全放弃后者也并不重要。

技术文化也早在人类出现之前就开始发展了。鸟儿筑巢,使用工具,这些人们熟知的例子都来自动物世界。当然对于所有的生物物种而言,进化的结果,也就是我们的技术文明,几乎只能够为技术的发展者,即人类带来好处。如果人们在此不考虑技术进步在相反方向上给非人类生物造成的巨大害处的话,那么上面这句话是无可指摘的。在这句话描述的情况下——主要在影响方面不可掌控的技术领域——我们走上了一条文化不归路,它可能也会给人类及其文化带来威胁。所以,**对技术后果进行负责的、及时的评估**获得了文化界越来越多的重视。

从本质上来看,技术既说不上好也说不上坏;它是功能性的,造成的结果自然是两方面的。所以,要看透相互作用关系的复杂性经常是一件很困难的事情,在技术完全发挥效应之前,人们只能够对其最重要的影响和后果做出评估。没有人能够预见,我们的时间观念因为技术的发展会发生何种程度上的改变。因此,至少在事后对这些影响进行鉴定以及批判性评价就愈加重要。如今,我们在许多领域,比如工作、交通、旅游和闲暇时间,遭受着显而易见的、影响深远的、**指数级别的加速**,这很可能对于许多精神和社会失衡具有共同责任,是当今所谓"西方文明"意义上的生活方式和生活进程的标记。所以说,彻底的减速对于抚慰我们的精神世界而言是绕不过去的,也会推动全新技术的发展,这些新技术一方面保留加速技术的许多优点,但同时也必须极力避免其非人道的后果。

正是在技术研究中,智慧模仿自然的原则显示它是文化生态学的行为前提。在**仿生学**领域,这一原则甚至明确成为创造性技术研发的设计原理,但是它的内涵要深刻得多。尽管技术表面上似乎常常脱离自然模板,但是从深层结构来看,技术文化充满了相反的运用实例。将技术根本性地视为自然的对立形象①,肯定没有偏离核心要义。如果我们忽视或者甚至抵制技术在促进进化方面的发明,那么我们就走上了一条危机重重的道路。对于重大技术而言尤其如此,不能因为难以驾驭甚至不可能控制就抛弃重大技术发明。在自然和我们人类的技术追求之间有一个显著的区别,那就是,自然必然将所有确实对其产生影响的因素都囊括进来,用以记录发展历程。而我们人类的行动通常却愚笨得多。② 我们经常不能将原本应该顾及的一切尽收眼底,在通常情况下只感知到重要参数中的一部分而已。自然肯定不是真的比我们"聪明",因为有意识才能谈得上聪明二字;但是自然并不具有意识,而是以协同进化的方式行动的:它行动着,也互动着,而且完全是在一个能量充沛的网络中。它的行动中没有一项是孤立的,一切都发生在由相互关系组成的、不断变化的网络中。如果在一切意识之前存在着**自然理性**,那么它就能够保证相互作用的完整性,会把一切按照其相对分量涵盖到这种相互作用过程之中,而不会将任何东西视为太过无关紧要而将其遗忘。我们的文化技术理性显然要有限得多。因此,首先在所谓的"危险技术"领域中就必须存在一种责任维度,而我们今天的文化实践还不能完全实现这一维度。

自然

我们对自然施加着文化影响,其程度还在不断加深;但是我们纵览其相互作用的规模却似乎停滞了。**以文化生态学对自然—文化—关系做出新的观照**使得这一关系在该领域也找到了重要的实践应用空间。人们必须这么做,因为出于对未来文化利益的考量,在保护和维持自然的行为方向上,人们迫切需要在大规模转变思维方式这一点上获得成

---

① 参见 Bohnke 1997。
② 参见 Finke 2001。

功，并且也由于传统经济学思维指导下的主流文化理论和实践几乎是没有前途的。现在的主流文化理论实践将这一问题误判为政治文化的边缘现象，认为通过运用自然科学的专业知识可以解决这一问题，但是这并没有正中我们的文化自我认识的核心，因此这是一个谬误，这在目前的有些场合中已经可能会发出危险的信号。如果说，"自然的终结"或者"与自然的告别"①这样的哲学命题为自己赚了一些眼球的话，那么这不仅造成了巨大的无知，也隐藏着非理性的危机。

文化生态学研究这一问题领域的方法与传统的文化学不同，它在我们今天的进化论知识基础上详细地对源于自然的文化进化根源展开主题讨论。通过这种方式，以前经常对人类与其自然亲缘性之间的边界做出的不恰当拔高就被弱化了，人们改用一种**连续模型**来替代文化只是由人类创造的这一错误声明。② 谁认识到文化中的自然结构遗产，谁就可以比无知者更好地领会，自然母体并不是随意进化出了任意一种文化，可持续发展的文化必须保护其自然根基。另外还有一个非常重要的好处：如果描述自然生态系统和文化生态系统需要同样的概念，那么，查尔斯·P. 斯诺(Charles P. Snow)抱怨的普遍性语言鸿沟就会消失。如果没有理由以不同的方式从原则上看待对于自然多样性和文化多样性的重视，那么，两者相争其一出局的可能性就不存在了。而且，我们的自然生存基础也确实是各种文化的基本前提。在我们周围，作为合理进化结果的生态多样性越丰富，我们能够为我们文化合理性的发展利用的基因池、观念提供者和预警系统就越多。

所有改善自然保护状况的努力都是在文化领域中做出的努力，这是一条基本认识。虽然这种努力也需要自然科学的专业技能，但是，为了使人们明白这种努力，使人们愿意对我们的价值观做出必要改变，使社会政治转变得以实现，这种努力必须被视为一种高级别的文化共同

---

① 参见 Bohnke 1997。
② 参见 Bonner 1983。

任务。对此,正确的策略是什么,这里不能再做出论述了,因为这已经超出了文化学的范畴。自然保护区的设立同样可以作为一种初步策略。其实最终涉及的还是广泛的、由理性控制的文化转变过程,将文化转变为新的、可持续发展的生活方式,涉及思想和日常行为中的改变。**自然保护因此部分成了应用文化学的任务**。只不过,因为这一任务只能通过与自然科学工作者的紧密合作得到解决,所以,文化生态学这样的桥梁理念就获得了重大意义。为了在一个广阔的基础上**推行改变了的价值观和生活方式**,人们可以将整个文化领域联合起来,这么做能够获得基层社会的理解。要达到这一目标,当然还需要一些前提条件;鉴于生物多样性正在消失,人们面临着巨大的时间压力。尽管人们已经以高度的热情做了许多零散的工作,然而,只有将我们人类的自我形象积极调整为一种负有全局性、普遍性责任的生物,并且对教育领域实施广泛的改革,人们才能在此框架内完成文化更新的使命,而在这一过程中,文化生态学理念能够提供有价值的基本元素。

4. 对于文化的隐喻

因为每种文化的基本生存基础也是自然的生存基础,其强度对于强势文化而言是一个根本条件。如果我们——就像当今的情况那样——通过我们的文化价值秩序和习惯削弱自然的生存基础,那么我们也会因为削弱了自然而削弱我们的文化基础。

有一种观点认为,文化是自然的继承者,这主要盛行于当今的西方可行性文明中,但事实上,文化一如既往的是自然的骑士,文化"驾驭着"自然。不过,这种马背上的骑士形象也是明显有缺陷的:骑士可以下马,下了马他还是骑士。我们的文化却不能脱离自然生存基础,这是它的存在条件。自然的毁灭会不可避免地导致所有文化的毁灭。所以,对于文化—自然—关系而言,附生植物与其寄主植物是一个更好的隐喻。槲寄生只能与其寄生灌木共生；如果寄生灌木受到了严重伤害，那么槲寄生也会受伤。反过来，有一些附生植物也会伤害它们的寄主。只有存在可供附生组织生长的寄主组织时，进化过程才会发展出附生组织；如果寄主组织消失了，那么进化过程就会带走附生组织。只要两者都在，它们就会在一种协同进化过程中继续生长。文化的未来和自然的未来也是以协同进化的方式相互联结在一起的。在概念上对它们进行区分并非没有意义，但是将它们看成一个统一体并且对其进行相应研究则越来越具有重要性。通过文化生态学理念，人们能够比在传统文化学范围内更加清楚地认识这种**自然—文化—联合体**。从这种联合体中总结出必要的学说，是我们时代最重要的文化使命之一。

参考文献

Bargatzky, Thomas: *Einführung in die Kulturökologie*. Berlin: Reimer 1986.

Bateson, Gregory: *Steps to an Ecology of Mind*. San Francisco et al. : Chandler 1972 (dt. : *Ökologie des Geistes*. Frankfurt: Suhrkamp 1980).

Bateson, Gregory: *Mind and Nature. A Necessary Unity*. New York: Dutton 1979 (dt. : *Geist und Natur. Eine notwendige Einheit*. Frankfurt: Suhrkamp 1987).

Blackmore, Susan: *The Meme Machine*. Oxford: Oxford UP 1999.

Bohnke, Ben-Alexander: *Abschied von der Natur. Die Zukunft des Lebens ist Technik*. Düsseldorf: Metropolitan 1997.

Bonner, John Tyler: *The Evolution of Culture in Animals*. Princeton: Princeton UP 1980 (dt. : *Kultur-Evolution bei Tieren*. Berlin/Hamburg: Parey 1983).

Busch-Lüty, Christiane: »Nachhaltigkeit als integratives Lebensprinzip.« In: Yüce/Plöger 2003 (im Druck).

Capra, Fritjof: *The Turning Point*. New York: Simon and Schuster 1982 (dt: *Wendezeit. Bausteine für ein neues Weltbild*. Bern et al: Scherz 1983).

Capra, Fritjof: *The Web of Life*. New York: Doubleday 1996 (dt. : *Lebensnetz*. Bern et al. : Scherz 1996).

Capra, Fritjof: *Hidden Connections.* New York: Random House 2002 (dt. : *Verborgene Zusammenhänge.* Bern et al. : Scherz 2002).

Capra, Fritjof: »Ökologie und Gesellschaft.« In: Yüce/Plöger 2003 (im Druck).

Costanza, Robert: *Ecological Economics. The Science and Management of Sustainability.* New York: Columbia UP 1991.

Costanza, Robert et al. : *An Introduction to Ecological Economics.* Boca Raton: CRC Press LLC 1998 (dt. : *Einführung in die ökologische Ökonomik.* Stuttgart: Lucius und Lucius 2001).

Dawkins, Richard: *The Selfish Gene.* Oxford: Oxford UP 1976 (dt. : *Das egoistische Gen.* Heidelberg et al. : Spektrum 1994 [1978]).

Devall, Bill/Sessions, George (Hgg.): *Deep Ecology.* Salf Lake City: Gibbs Smith 1985.

Dürr, Hans-Peter: *Respekt vor der Natur-Verantwortung für die Natur.* München/Zürich: Piper 1992.

Dürr, Hans-Peter: *Die Zukunft ist ein unbetretener Pfad.* Freiburg et al. : Herder 1995.

Ehrlich, Paul R./Raven, Paul: »Butterflys and Plants. A Study in Coevolution.« In: *Evolution* 18 (1964), S. 586 - 608.

Fill, Alwin/Mühlhäusler, Peter (Hgg.): *The Ecolinguistics Reader.* London: Continuum 2002.

Finke, Peter: »Kultur als Ökosystem.« In: *Living* 3 (1993), S. 56 - 59.

Finke, Peter: »Die Ökosysteme des Menschen. Vom Umweltbewußtsein zu einer umfassenden Kulturökologie.« In: Oberösterreichische Umweltakademie (Hg.): *Gut leben oder viel haben? Referate des oberösterreichischen Umweltkongresses 1996.* Linz: Eigenverlag 1996, S. 21 - 26.

Finke, Peter: »Wirtschaft-ein kulturelles Ökosystem. Über Evolution, Dummheit und Reformen.« In: Vereinigung für Ökologische Ökonomie (Hg.): *Arbeiten in einer nachhaltig wirtschaftenden Gesellschaft. Schriftenreihe zur politischen Ökologie.* Bd. 4. München: Ökom-Verlag 1997, S. 31 - 44.

Finke, Peter: »Zukunftsfähigkeit, heilige Kühe und Grammatik. Metalinguistische Überlegungen am Ende des Baconschen Zeitalters. « In: Bernhard Kettemann/Hermine Penz (Hgg.): *ECOnstructing Language, Nature and Society*. Tübingen: Stauffenburg 2000, S. 63 - 84.

Finke, Peter: » Wechselwirkungen zwischen Linguistik und Wissenschaftstheorie. « Nachwort zu: Peter Plöger: *Wissenschaft durch Wechselwirkung*. Frankfurt: Lang 2001.

Finke, Peter: » Der Weg entsteht beim Gehen. Die Wechselwirkung der Vielfalt. « In: Yüce/Plöger 2003 (im Druck).

Gagnier, Regenia (Hg.): *Economics and Culture. Production, Consumption and Value*. Sonderheft der Zeitschrift *NLH* 31.2 (2000).

Gottlieb, Roger S. (Hg.): *The Ecological Community*. New York: Routledge 1997.

Gottwald, Franz-Theo/Klepsch, Andrea (Hgg.): *Tiefenökologie. Wie wir in Zukunft leben wollen*. München: Diederichs 1995.

Haugen, Einar: *The Ecology of Language*. Stanford: Stanford UP 1972.

Laszlo, Ervin: *The Creative Cosmos*. Edinburgh: Floris 1993 (dt.: *Kosmische Kreativität*. Frankfurt/Leipzig: Insel Verlag 1995).

Markl, Hubert: *Natur als Kulturaufgabe. Über die Beziebung des Menschen zur lebendigen Natur*. Stuttgart: Deutsche Verlagsanstalt 1986.

Naess, Arne: *Ecology, Community and Lifestyle*. Cambridge: Cambridge UP 1989.

Nünning, Ansgar (Hg.): *Metzler Lexikon Literatur-und Kulturtheorie*. Stuttgart/Weimar: Metzler 2008 [1998].

Odum, Eugene P.: *Fundamentals of Ecology*. Philadelphia: Saunders 1971 (dt.: *Grundlagen der Ökologie*. Stuttgart: Thieme 1980).

Postman, Ncil: *Amusing Ourselves to Death. Public Discourse in the Age of Show Business*. New York: Viking Press 1986 (dt.: *Wir amüsieren uns zu Tode. Urteilsbildung im Zeitalter der Unterhaltungsindustrie*. Frankfurt: Fischer 1986).

Postman, Neil: *Technopoly. The Surrender of Culture to Technology*. New

York: Vintage Books 1993.

Riedl, Rupert: *Kultur-Spätzündung der Evolution?* München/Zürich: Piper 1987.

Steward, Julian H.: »The Concept and Method of Cultural Ecology.« In: ders: *Theory of Cultural Change. The Methodology of Multilinear Evolution.* Urbana: University of Illinois Press 1955, S. 30 - 42.

Uexküll, Jakob von: *Umwelt und Innenwelt der Tiere.* Berlin: Springer 1909.

Yüce, Nilgün/Plöger, Peter (Hgg.): *Die Vielfalt der Wechselwirkung. Eine transdisziplinäre Exkursion im Umfeld der Evolutionären Kulturökologie.* Freiburg: Alber 2003 (im Druck).

彼得・芬克

(Peter Finke)

十三

文化学中的异者研究

1. 从阐释学到跨文化的异者研究

1.1 新的挑战:对异者的认识

跨学科的异者研究或者异者学将来自不同文化学学科①的研究视角和知识汇集在跨专业、跨国界的认知研究活动中。汇集的目的在于适应增长了的异者学知识方面的需求,这种需求是由于世界政治发展、媒体革命、不断增长的法律和经济联系、跨国移民进程、人际联系方面日趋频繁的国际化、经济生产工厂的全球化、上述进程对人类文化理解需求和教育领域中能力培养的反作用而产生的。对于许多人而言,**将他者和异者作为危险和机遇进行体验已经拓展和具化为体验与异者的**

---

① 参见 Wierlacher 1993a。

亲密和疏远关系。生活在不同的地方①在 21 世纪初也意味着在不同的地方同时获得陌生感和家乡感;"不谙世事"②"不懂世故"③这些词汇获得了新的、具体的含义。越来越多的人发现自己面临挑战,必须与来自其他传统和法律体系的人、与其他语言和集体意识思维进行融合;越来越多的人急需多语能力和多元文化能力以及关于特性、不同、陌生的基本知识,并期望能够将其当作自己的跨文化基本装备。

属于这一装备范围的还有关于**人类如何在日常生活中对待文化他者性**的历史知识。然而,如果没有评价标准的话,人们既无从把握历史,也不能评判历史。对此,异者学一开始就从本质上支持沃尔夫·勒佩尼斯④使受到检验的价值回归科学的要求,并认为下列行为作为这些价值的框架条件也属于这些价值的范围:

• 以人类法律为依据将人类视为权力主体;

• 愿意承认文化和个人认同具有他者性,从而为全球化共存提供可能性;

• 将他者和异者当作客人来尊重;

• 人类、国家和文化要求维护基于法律的主动和被动的包容。⑤

异者学的范畴出发点构成了**三条基本假设**。

(1) 文化是不同的、目的在于交流的交际体系、意义体系和价值体系,它们之间曾经并且一如既往地依然进行着吸收和借用、吞并和排斥、相互模仿和适应;孤立主义的思想在历史中从未有立足之地。因此,保证我们存在的人类学模式不是文化的对立,而是**自我和异者的相互依存**。

---

① 参见 Blumenberg 1981。

② 原文为 weltfremd,由 Welt(世界)和 fremd(不认识)构成,原本意为"脱离现实生活"。——译者注

③ 原文为 lebensfremd,由 Leben(生活)和 fremd 构成,原本意为"缺乏生活经验的";此二处为作者的德语文字游戏。——译者注

④ 参见 Wolf Lepenies 1997。

⑤ 参见 Wierlacher 1996。

（2）他者和异者的观点总是具有文化特定性的，因为人们拥有一种特定的文化记忆，异者体验从跨文化和文化内部的参照框架中都可以获得；特别在现代社会中存在着**阶级和代际的亚文化异者性**："每个人过去、现在都是一个异者，无论是刚上学的时候，还是青少年时期，还是刚刚步入职场或者更换工作时，抑或年迈之时。"①

（3）他者性和异者性的体验不仅潜伏着危机，而且在其中主要隐含的是机遇。这一古老的认知是在"**异者知识**"中得到强化的内容，我们所称的"异者知识"就像"语言知识""生活知识"或者"文化知识"那样也是一种知识。这一概念与其他被提及的概念一样具有描述性和规范性的基本含义；它一方面涵盖了涉及异者性的社会化认识和实践经验储备，它们被群体作为文化基本配置流传下去，被提供给其中的个体成员，并且具有指导行为的功能；另一方面，这一概念描述了知识储备和跨文化能力，它们是从与他者性的接触过程中、从上文提到的实践经验中、从实践经验的连接要素中获得的，被用来满足如何对待文化异者性的特殊知识方面不断增长的需求，可供一种与实践关系紧密的科学支配。

1.2　异者研究（异者学）的概况与对象

1954年，古斯塔夫·施特林（Gustav Stählin）编写了重要的辞典词条"Xenos"（异者）；20年后，杜埃拉-姆贝迪（Munasu Duala-M'bedy）建议用"Xenologie"（异者学）来表示跨学科的异者性反思；1980年，哈拉尔德·魏因里希（Harald Weinrich）②将对外德语这门年轻的专业称为"Xenogermanistik"（异者日耳曼学）；1987年，阿洛伊斯·维尔拉赫（Alois Wierlacher）将"Xenologie"（异者学）这一表达引入了跨文化日耳曼学理论中。③　现在，"文化异者""异者研究"或者"异者理论"这些

---

① 参见 Hettlage 1987, S. 26。
② 参见 Wierlacher 1980。
③ 参见 Wierlacher 2001a。

被借用为异者学话语次级术语的概念都来自跨文化日耳曼学的相关学科,尤其迪特里希·克鲁舍(Dietrich Krusche)的学说贡献了一系列术语①,他是对外德语的著名代表人物之一。此外,从 20 世纪 90 年代开始,"Xenologie"(异者学)这一表达还受到文化研究②和宗教学③的关注,并被运用于其研究中;1998 年,安斯加·纽宁(Ansgar Nünning)在他的辞典词条中对"Xenologie"做了概括。

与全球性的需求相适应,人们创建文化学意义上的异者学,并不是出于创建一门新学术专业的目的,而是为了一种多学科交叉点和多学科跨专业合作的缘故。④引领性目标在于为每天与他者和异者的不同接触体验提供专业范畴内的帮助。因此,文化学的异者研究被视为一门应用科学,它认为知识和实践之间的关系是一种相互启蒙的过程。⑤作为这样一门学科,异者学既有助于理解文化,也有助于改善文化之间的相互了解,因此在这一意义上,它符合跨文化的思维原理。异者学继承了米夏埃尔·兰德曼(Michael Landmann)对"异者性"(Fremdheit)和"异化"(Entfremdung)做出的概念区分⑥以及霍斯特·图尔克(Horst Turk)对"可译他者性"(Alterität:übersetzbare Andersheit)和"极端他者性"(Alienität:radikale Andersheit)做出的概念区分⑦,为了探寻、研究"真正的异者"⑧,而使自身有别于将"异者"融合到一种把无意识、动物和身体确认为"异者形象"⑨的普遍性本体论中的做法。

文化学异者研究**视文化多样性为财富、启迪和丰富多彩**,而不是将其视为混乱、无序和杂乱无章,这是该学科的前提之一。异者学拥有多

---

① 参见 Krusche 1980,1983b,1985。
② 参见 Assmann/Assmann 1990。
③ 参见 Sundermeier 1992。
④ 参见 Wierlacher 1993a。
⑤ 参见 Jäger/Schönert 1997。
⑥ 参见 Landmann 1975。
⑦ 参见 Turk 1993。
⑧ 参见 Ohle 1978。
⑨ 参见 Wimmer 1997。

元化的理论和广泛的问题领域,它既不忽略伴随一生的异化经验,也不无视我们自身的人类学黑暗面。异者学了解有关存在心理学的理论,这些理论能够在异者中[认出]"自身积极的生存基础的消极反面"①或者"一些人性因素,它们是我们从我们的意识、我们的语言、我们的行为中排除出去的"②,并且将这种被排除出去的东西视为"被疏忽了的自身的东西"③。在西欧,从欧洲的感伤主义到伊曼努尔·列维纳斯④等哲学家和恩斯特·扬德尔(Ernst Jandl)或者博托·施特劳斯(Botho Strauss)等作家,都强调异化问题,借用彼特·赫尔特林(Peter Härtling)的话来说,异者状态就是"合乎我们时代的存在形式"⑤,异者学也对这一异化问题进行着分析研究。然而,文化学异者研究的核心研究领域不是人类生活的不可理解性,也不是有关死亡的问题、有关上帝作为"全然的他者"(totaliter aliter)的问题或者有关如何看待两者的问题,而是文化异者性及其对于个体人类生活、对于当下和历史中文化建构的意义。相应地,首先涉及的不是对于异者的强制体验,比如难民问题、流亡问题,而是在与异者的接触中、在处理异者性和安康之间具有文化构造作用的基本关联时,更高级的**面向世界的自我修养问题**,它使维尔纳·松巴特(Werner Sombart)在其有关现代资本主义发展史的论述中相信,"在'异者'的视角下书写全部人类历史是一项富有魅力的使命"⑥。在德国文学和现当代英国文学中也可以观察到相应的现象:"魏玛文化"的创立者和承载者大多数是非本地人(比如赫尔德、歌德),"现代英国文学的高度也是由外国人和移居者企及的:比如康拉德、詹姆斯、艾略特、庞德、叶芝、乔伊斯"⑦。

---

① 参见 Duala-M'bedy 1977,S. 29。
② 参见 Horn 1987,S. 405。
③ 参见 Muschg 1987,S. 23。
④ 参见 Emmanuel Levinas 1983,S. 396。
⑤ 参见 Härtling 1988,S. 128。
⑥ 转引自 Jeggle 1972,S. 42。
⑦ 参见 Eagleton 1970,S. 9。

德语区之外，在具有可比性的学术论文中经常使用的是"他者研究"[1]，英语中，"*xenology*"（异者学）这一表达几乎没有人使用，使用"*Communicating with Strangers*"（与陌生人交际）[2]这种表述的情况同样很少。德语中的一些表达几乎不能被翻译成其他语言，从这一意义上来看，在下文中即将要描述的异者研究绝对是对国际他者研究的特定语言和文化贡献。它主要涵盖了**文化他者理论**及其变体[3]，如他者在文化变迁中的建构性作用[4]，具有指导行为性的跨文化交际框架概念，他者形象[5]和他者性程度[6]的构成，陌生人敌视和他者敌视偏见的文化功能和作用方式，他者性和创造的关系[7]，外国人法案的理论和历史，文化融合问题，包容行为，好客理论，他者的认识论功能，文学中他者体验的多元意义，从阐释学调整到人种医学的跨文化"理解"问题，以及跨学科异者学说的建立[8]。

在这一问题研究领域，异者学以一门学科的身份给每天与异者问题接触的人或机构团体以及外事活动提供简化实践的知识，比如全球化运作的企业、越来越国际化的科学研究和学术管理机构、教育和移民机构、有外事任务的人员、高校内的国际交流部门、城市文化部门、政治党团、国会议员、教会、国际文化活动和对外文化政策。

1.3 基本区分：他者与异者

德语形容词"fremd"及其经过形容词名词化之后形成的名词是多义的贬义词。[9] 在字典里它们的意义有一长串，其中经常出现的含义

---

[1] 参见 Bizeul 1997。
[2] 参见 Gudykunst/Kim 1984。
[3] 参见 Mecklenburg 1987。
[4] 参见 Bargatzky 1978。
[5] 参见 Krusche 1983b。
[6] 参见 Stagl 1997。
[7] 参见 Jeggle 1972。
[8] 参见 Wierlacher/Albrecht 1998。
[9] 参见 Hermanns 1996。

有"陌生的""危险的""不相干的""外来的""特殊的""异样的""稀奇的"。它们描绘的是**非从属性关系和非所有性关系**,是认知的受限区域,偏离规范设置的"正常状态"。① 这些词汇在其否定语义中生成了空白点,人们只有在具体的交际中才可以填补这些空白点。因此,"fremd"这一词汇单元是很难被翻译成当今的其他语言的。布里吉特·约斯特斯②主要对英语、法语和德语表达的意义范围做了比较;但是目前缺少对欧洲语言和非欧洲语言进行的更加广泛的比较研究,尽管研究者从历史人类学角度对不同语言和文化中的异者因素做了比较研究而迈出了重要的一步③。

人们通过其前理解(Vorverständnisse)这种过滤器在个人和文化认同的张力关系框架中看到并经历着陌生的、不一样的他者性。因此,异者不是他者[他者性(alterity)],也不是和我们不一样的因素,而常常是"被解读出来"的他者,即**对不同和差异的诠注**。④ 所以说,正如阿尔弗雷德·许茨(Alfred Schütz)所认识到的那样,将他者理解为异者的努力基于一种自我理解的活动,这种自我理解经常也被视为"自我阐释"⑤。因为所有的理解都既是人际交流的产物,也是跨文化交际的产物,又是我们文化记忆的产物,因此,反过来的论述也成立:对我们自身的理解以我们对他人的理解为基础。我们自身总是他者的阐释者,即"面对自我的陌生"⑥。

由此可见,**文化的自我因素和文化的异者因素**不是人们经常认为的一种对立现象,而是相互参照数。所以,异者也不是危险的、远方的、

---

① 参见 Link 1997。
② 参见 Brigitte Jostes 1977。
③ 参见 Jostes/Trabant 2001。
④ 参见 Krusche 1985;Mecklenburg 1987;Scheiffele 1985;Weinrich 1985;Wierlacher 1985b。
⑤ 参见 Schütz 1974,S. 156。
⑥ 参见 Kristeva,1988。(原文为 étrangers à nous mêmes,此为克里斯蒂娃的同名著作。——译者注)

外国的、非自我的、不寻常的、不认识的、不熟悉的或者稀罕的东西的客观特性。将某人或者某物视为"异者"表明存在着一种关系，人们在这种关系中认为自己与另外一位个体、另一件事情或者情形是对立的："异者不是客体呈现给主体的特性；它反映的是主体与其经验对象和认识对象之间存在的一种关系。"①但是这种关系也并非只是纯主观性的观念，它不能通过**自我**（ego）和**他我**（alter ego）模式，即不能仅仅用一个参照系统来进行解释，它具有一种**三元维度**②：（1）根本性的不同；（2）在对不同进行感知的过程中出现的、被阐释的现象；（3）矛盾的、形成张力的相互关系，自我因素和陌生因素在其中相互进行构建和性格刻画，使得"他者"和"异者"这两个概念可以交换其地位③。因此，对异者的反思活动给个体的反馈以及个体对异者和自我的不同构建方式不能被误解为一种新的内在性或者一种单纯的文化相对主义的反射，它应被视为一种辩证法，在这种辩证关系中，相互关联的概念比如"异者"和"自我"被不断交替互换，不断从另一面来进行观察。④

如果异者性是一个相关参数，它将他者定义为在某个地点、某个时间、某个角度下对于某人而言的异者，那么，当我们在一种将他者和他者因素视为"异者"的视角下一同进行思考的时候，我们就只能够谈论"异者"或"异者因素"了。如果人们在应用科学的意义上从阐释理论角度将这一逻辑关联视为自我认知活动中不可缺少的条件，那么我们就可以用阿莱达和阿斯曼的话来确定异者学的根本功能："文化学异者研究的任务在于通过他者知识进行**自我认知和自我疏离**。"⑤

1.4 异者研究作为阐释学的进一步发展

只要异者因素被视为获得感知的他者因素，当然它也要求对我们

---

① 参见 Krusche 1990, S. 143。
② 参见 Turk 1993。
③ 参见 Wierlacher 1993b, S. 62 - 63。
④ 参见 Bausinger 1987, S. 11。
⑤ 参见 Assmann/Assmann 1990, S. 39。

自身进行审视回顾,那么在人类的阐释过程中就存在着这种异者性现象,这种现象体现在言谈和行为当中。因此,异者研究绝大部分是文化阐释性的话语研究,对下述问题进行着研究和指导,即在一种或者若干种文化中,在特定的时间段,或者在社会局部话语和科学学科中,人们将他者的哪些因素理解为异者,人们如何对其进行谈论,这样的观点如何转化成行动,艺术,主要是文学在哪些认知的引领下发明了哪些异者形象。① 这样看来,异者学也对文化主题研究做出了贡献,这门学科也为自己创造了一种巨大的可能性,使得自己能够避开文化学领域中饱受诟病的真实性方面的损失,比如欧洲语言思维中的语言的去时间化。②

异者学非常重视异者构建形式的历史性,并注意到对异者知识的需求也包含历史知识这一情况。此外,异者学也具有一种历史—批判性元素。异者学的这一维度不应被视为对历史学构成的竞争,而应被看作**对哲学阐释学的调整性补充**并向着这一方向发展③。根据脚注中提及的学者以及其他研究领域的学者④的观点,它在历史理解过程中充分甚至过多收入了异者性的不同。伽达默尔认为,阐释者在观点的视野融合中扬弃异者性的不同是理所当然的⑤;对于他而言,异者性在本质上意味着当下的疏离感,而且伽达默尔将异者性和熟知性之间的根本差异论述为阐释的"中间地带",今天的**跨文化理论**也以此为基础⑥。异者学与跨文化理论一样,对于它们来说,重要的是认识到与他者之间的距离是一种特别的关系品质,用上文简述过的、必须更加细致地进行观察的方式使其变得富有创造力。伽达默尔虽然清楚地看到,只要进行理解就会发生理解偏差,但是,20 世纪 60 年代的德国弥漫着

---

① 参见 Krusche 1985;Wierlacher 1985;Harth 1994;Caduff 1997。
② 参见本书第二章"文化概念与文化理论"。
③ 参见 Krusche 1985;Scheiffele 1985;Mecklenburg 1987;Weinrich 1990;Wierlacher 1985a。
④ 参见 Sundermeier 1991;Kogge 2001。
⑤ 参见 Gadamer 1960, S. 508。
⑥ 参见 Wierlacher 2001;Wierlacher/Otto 2002。

重新查证传统的浓厚兴趣,在这一历史关联中,异者被视为文化内部维度中的历史对比,被视为相同文化框架中的"时间距离"①。

这一异者概念体现出的客观主义是有问题的,因为它是以几乎不能描述的当下性理论为基础的。相反,异者学借鉴了跨文化日耳曼学,形成了承认文化异者性的基本共识②,这一共识没有将文化差异单纯视为历史距离,而是视其为人类生存可能性的替代选择项或者多元性和价值多样性,并且为实现这一目标将**距离的阻隔**(tyranny of distance)变为"距离的创造性"③。这一雄心勃勃的目标看起来是有可能实现的,虽然空间距离看似溶解在了新型媒体中,但是只要人们认为文化距离没有随之遭到抛弃,而是在外国语言文学研究对话中被物质化了、被当作挑战引入了科学话语和普遍性知识话语中即可。然而,这一任务的前提是,人们了解距离概念的地区性差异,认识到差异中也存在相通之处,因此并没有抛弃差异性,或者将差异性挤压到边缘。同时,人们也应该在现实交流中思索有关人类存在的物质性的文化差异性观点和评价方式,思索这种评价对于人类的情感智慧和行为能力的意义。对这些行为领域和问题领域的重视在外国语言文学领域中看起来是合理的、可行的,只要那些外国语言文学认同人文科学中的**文化转向**,并且对这一转向进行交际学和(文化)人类学意义上的**异者学转向**补充,也就是说将其自身拓展为外国文化学。

文化特定的多样性没有被异者学首先视为全球化交流的障碍,而是被其视为认知可能性方面的意外收获。在**对文化差异的重视**中,异者学得到了实用经济学的证明:**文化多样性**(cultural diversity)目前在企业活动中、在工作岗位上也不再被视为阻碍因素,人们认识并且承认它是一种资源。德国公民权和移民权从文化统一性和他者性④方面来

---

① 参见 Gadamer 1960, S. 282。
② 参见 Krusche 1983a, 1983。
③ 参见 Veit 1985。
④ 参见 Olt 1987。

看也变得更加接近实际情况。在今天,国际通行外来词被收并进德语,这也表明人们重新审视自我和异者之间的关系并对其进行重新定位。

相应地,异者学首先涉及的不是赞同,或者日常的种族中心主义和异域风情等其他有问题的感知模式,也不涉及异化经验(Alienation),或者说外语者的不同和他异性,或者将在世界范围内拥有生产基地的"made in Germany"(德国制造)转变为全球化了的商标标识,或者全球化进程对于民族和文化自我认知的复杂的反作用。异者学首先涉及的是本质得多的东西,埃伯哈德·莱默特(Eberhard Lämmert)对其进行过描述:"自我和异者之间的关系重新成为讨论话题。"①

人类在历史上第一次面临这样的任务,他们要在人类存在的全球性、区域性、国家性和地方性框架中学习与具有不同语言和文化从属性以及不同传统的人们相处共存。人们急需的是**跨文化阐释学**,而不是一种带着普遍主义要求而忽视自我文化纽带的阐释学;跨文化阐释学虽然考虑到了具有文化差异性的阐释学思想以及暗含的解释传统,但是它还是需要一种更高级别的文化学异者研究,因为文化异者学能够提供必需的异者知识。两百多年前的1786年10月14日,歌德在一封给赫尔德的信中强调:"陌生人自有陌生的生活,即使作为客人的我们喜欢这样的生活方式,我们也不用去学会接受。"②这种简单的分割方式是不可持续的;承认自我和异者的辩证关系,我们就可以获得自我定位和自我肯定方面的有利条件③:异者因素既区分着人类,又统一着人类④——莱辛早就认识到了这一点:"人类只能通过区分来进行统一!只有通过永无止歇的区分才能维持统一!就是这么回事。不可能有其他情况。"⑤

---

① 参见 Lämmert 1992, S. 118。
② 参见 Goethe 1988, S. 15。
③ 参见 Wierlacher 1993b, 第九章。
④ 参见 Ohle 1978, S. 96-97。
⑤ 参见 Lessing 1929, S. 35。

2. 研究现状概览

对于文化学异者研究来说，存在着一种不可总揽的争论局面，就像耶格尔/利布施/吕森（Jäger/Liebsch/Rüsen）和施特劳布（Straub）在其文化学手册中的第三册里一起描述的那样。① 能够弥补这种不可总揽性的综述或者跨学科系统性的异者学导论迄今依然没有问世。研究对象的多样性及其表现为几乎所有的社会学、人文科学和文化学学科展开了研究课题，打开了研究视角，为社会政治和教育政治实践提供了行为领域，由此展现了一幅高度**异质的研究图景**。

> 今天，公众对于文化多样性的意识比以往任何时刻都要明显。因此，对于带来文化交汇、文化迁移、文化争论或者文化单元相互界定的问题和机遇，人们的洞见力也日益增强。在这一背景下，混杂性和跨文化性的概念就移居到了学术兴趣和社会关注的中心地位。"自我"和"异者"的相遇对文化意义构建的产物发起了挑战，今天，人们以多种方式从文化学的层面对这些文化意义构建产物进行着鉴定。②

给这种总揽造成困难的另一个原因是，人们把异者学理解为一种超学科和跨学科的焦点，它对文化的多样性和差异性以及文化的社会结构、组织和反思活动进行着科学研究。鉴于宽泛的研究课题以及众多的方法论和理论概念，即便用学科交叉的话语和理念也不能对异者学研究喜好和认知成果进行系统关联、融合和机构化操作。尽管这一主题从三十多年前就已经开始扩散了，但是对于异者学现有的大量研究工作，人们有时还是显示出明显的无知甚至忽视。既没有形成研究

---

① 参见 S. Ⅶ。
② 参见 Jäger/Rüsen 2004, S. Ⅹ。

前线，就像自然科学领域给我们展现的那样，没有让人一眼就能看出异者学在努力构造一个跨学科的研究对象领域或者专业交叉性的核心概念的网络，也没有让人看清它在建构一种非个人的、跨个体的"制度"性话语，这种话语能够创造社会知识体系并赋予其特殊的结构。① 不过，人们还是可以识别出发展脉络、研究重点和核心概念。**跨文化日耳曼学**的创立背景构成了出发点和基准点。1984 年，在卡尔斯鲁厄成立的跨文化日耳曼学学会就已经将异者以及体验当作自己的基本主题，就像该协会的备忘录中显示的那样：

> 如果文化的历史能够被总揽，那么一种文化就能学习另一种文化，同时也能将自身与另一种文化界定开来。异者就变成了文化发展的酵素。异者和自我的这种具有创造性的相互关系也能够为日耳曼学所利用，如果后者能够意识到其条件、课题和认知可能性方面存在着文化多样性因素的话。

本章描述的跨学科异者学之所以能够从上述理念中成长起来，原因在于跨文化日耳曼学是作为多维度的文化学来进行设计构思的②，与研究异者学课题的其他学科不同，跨文化日耳曼学是将异者这一范畴作为其方法论和理论出发点的③。理论问题的多样性以及国际化兴趣使异者学取得了斐然的成果，包括拜罗伊特大学建立了跨文化日耳曼学系专业异者学方向(1987)；第一次对各学科的不同异者概念进行了分选和研究④；为跨专业和跨文化的异者研究奠定基础⑤；在**异者文化主题**的基础著作框架内⑥提出文化学异者研究学说⑦，这一基础著作

---

① 参见 Fohrmann 1997。
② 参见 Wierlacher 2001。
③ 参见 Albrecht 2003a。
④ 参见 Albrecht 1992；Wierlacher 1993a。
⑤ 参见 Wierlacher 1993b，2000，2001a。
⑥ 参见 Wierlacher 1993b。
⑦ 参见 Wierlacher 1993。

目前在许多大学的德语系中都被用作异者学手册[1]；异者学基础文献书目的制定[2]，并从 1994 年起拓展为《对外德语年鉴》(*Jahrbuch Deutsch als Fremdsprache*)中的异者学年度书刊[3]；迄今唯一一本异者学学习手册的编制[4]；有关异者学作为继续教学项目的探讨[5]；在跨文化日耳曼学文集中和《对外德语年鉴》中以文化主题研究为主线对大量相关文章进行编辑，组织跨文化日耳曼学的语言学元素，为异者语言学的建立做出贡献；为了克服相互的异者建构问题而创建文化学和自然科学之间的对话共同体[6]。

从感官方面来看，文化的异者因素在陌生的餐桌边被体验得最快，而且对异国风味的评价也总是能够体现人们的宽容，因此，维尔拉赫(Wierlacher)创立了**跨学科饮食文化研究**以及**跨学科和跨文化包容研究**[7]：前者是文化主题研究中富有建设性的部分，异者问题在其中具有重要意义[8]；后者的研究成果包括出版了第一本有关德国 1949 年以后的异者话语发展概览的文选[9]。声音异者学(Xenologie der Stimme)是一个被研究忽略的问题领域，其形成可以被视为以跨文化为导向的异者语言学的发端，因此有必要在此进行一番介绍。[10] 一个人的声音属于其独有的特征。如果人们在上文阐述过的异者概念的意义上将语言异者性视为以社会方式得到传播的阐释范畴[11]，那么，研究声音的人类学和文化学现象对于跨文化交际实践和能力来说似乎就更加重要了。

---

[1] 参见 Guthke 2000, S. 1。
[2] 参见 Albrecht et al. 1993。
[3] 参见 Albrecht 1994 ff.
[4] 参见 Wierlacher/Albrecht 1998；亦见 Wierlacher 2000。
[5] 参见 Albrecht/Wierlacher 2000。
[6] 参见 Bogner 1999；Neumann/Wierlacher/Wild 2001。
[7] 参见 Wierlacher 1992, 1994, 1996。
[8] 参见 Wierlacher/Neumann/Teuteberg 1993；Teuteberg/Neumann/Wierlacher 1997；Neumann/Wierlacher/Wild 2001。
[9] 参见 Wierlacher/Otto 2002。
[10] 参见 Bogner 2000；2003。
[11] 参见 Weinrich 1993。

因为在每一种文化中，与文化相关的价值观系统对声音使用的得体性进行评判，在这一系统的复杂的功能性关联中，人们应怎样得体地使用声音与声音使用的个体性、不断个性化的差异恰恰不经意地处于对立之中。

在德国，除了跨文化日耳曼学领域之外，异者主题从20世纪70年代开始也在学术领域和开放的时代对话中获得了巨大反响。异者主题的繁荣一直持续到现在，覆盖了异者研究领域先前的大学者引发的微弱回声，当然，我们从这些大学者那里获得了有关异者和异者性的基本知识[1]，他们中主要有格奥尔格·齐美尔(1908)[2]、奥托·F. 波尔瑙(Otto F. Bollnow)(1924)、罗伯特·E. 帕克(Robert E. Park)(1928)以及阿尔弗雷德·许茨(1932)、玛格丽特·伍德(Margaret Wood)(1934)、恩斯特·格林菲尔特(Ernst Grünfeld)(1939)和埃沃雷特·V. 斯通奎斯特(Everett V. Stonequist)(1937)。在经历了纳粹罪行和第二次世界大战的恐怖之后，**莱奥·施匹策**(Leo Spitzer)(1945/46)从外语政治角度、**赫尔穆特·普莱斯纳**(Helmuth Plessner)(1953)从认知理论角度首先启发人们进行重新思考。二战后人们对异者主题逐渐热衷，随着施特林编写了重要的辞典词条"Xenos"(异者)(1954)，由此开始形成系统性格局。20世纪60年代中期，托伊尼森(Theunissen)、罗伊斯坎德尔(Loiskandl)以及其他研究者开展了第一批规模较大的研究。异者文化主题的册子做了全面评述，并对直到20世纪90年代为止的出版物进行了分选。[3] 在20世纪90年代及其后的十来年间，出版物也丰富多样，比如鲁道夫·施提希魏(Rudolf Stichwehs)(1992)从进化论角度进行了思索，实践性异者阐释学也获得了奠基[4]，也有研究者以人文科学、现象或者文本分析和话语分析的方式对不同问题领

---

[1] 参见 Wierlacher 1993b。
[2] 参见 Loycke 1992。
[3] 主要参见 Wierlacher 1993b, S. 19 ff.
[4] 参见 Sundermeier 1996。

域的异者问题做了探究并立言著书,比如伯恩咯特·瓦尔登费尔斯(Bernhard Waldenfels)(1990,1997)、米夏埃尔·魏默尔(Michael Wimmer)(1997)、哥廷根翻译研究学派[主要有巴赫曼-麦迪克(1997);洪特曼/吕林(Huntemann/Rühling)(1997)]、研究异者挑战的柏林-勃兰登堡学术工作小组[主要有蒙克勒/拉德维希(Münkler/Ladwig)(1997;1998);尼加斯谢夫斯基/特拉班特(Naguschewski/Trabant)(1997)]的著作,伯恩特·楞茨/汉斯-于尔根·吕泽布林克(Bernd Lenz/Hans-Jürgen Lüsebrink)的文集(1999),平濑智行(Yoshiro Nakamura)的 Xenosophie① 理论(2000),以及上文提及的维尔纳·科格(Werner Kogge)从哲学阐释学角度进行的异者概念分析(2001)。

人们在异者主题方面持续、多样的兴趣也要归功于大众基金会经年、广泛地资助着研究活动。1990 年 6 月,基金会接受了拜洛伊特研讨会关于建立跨学科和跨文化的异者研究项目的倡议②,并在 1992 年安排了一个新的资助重点:"'异者'和'自我'——跨文化融合的问题和可能性"③(1992—1999)以及随后的"'异者'和'自我'的建构:跨文化界定、介绍和身份认同构建的过程"④(1999—2006)。在这一时间范围内(1992—2006 年)共有 181 项研究计划获得资助,这些项目的目的和成果在接下来的单项报告中都有展示。⑤ 单个研究主题的多样性与上述两个资助项目的题目反映出来的发展脉络相吻合。它们记录了全社会变化进程的相互交错状况。20 世纪 90 年代初期,中东欧地区发生政治转变的时候,国际化日益明显,政治边界的意义正在消失,这些因

---

① 该德文词由 xeno-和 sophie 两部分组成,xeno-意为"异者的",sophie 意为"智慧"。——译者注
② 参见 Albrecht 1992。
③ 原文为»Das ›Fremde‹ und das ›Eigene‹—Probleme und Möglichkeiten interkulturellen Verstehens«。——译者注
④ 原文为»Konstruktionen des ›Fremden‹ und des ›Eigenen‹:Prozesse interkultureller Abgrenzung, Vermittlung und Identitätsbildung«。——译者注
⑤ 参见 Craanen/Gunsenheimer 2006。

素使得人们要求划清界限、维护身份认同,也导致了对异者的敌视逐渐滋长;在这一背景下,异者和自我的关系问题与**跨文化融合**的条件、困难和可能性问题以及学习异者知识和获得"**跨文化能力**"的问题结合了起来。20世纪90年代发展起来的世界范围内的转变过程,即普遍意义上的"全球化"①,导致了"异者"和"自我"之间的交叉和混合局面越来越复杂,并使得迄今为止出现的核心概念(如"文化""身份""差异""跨文化性""自我""异者")以及这些概念所具有的建构性成为人们的兴趣焦点。人们的注意力也相应地汇聚到了**跨文化语境中身份认同的建构特性**以及包容和排除过程、跨文化界定、介绍和身份认同构建过程。

目前,在学术性的异者话语中,"后现代""后殖民"的隐喻和理论概念随处可见,比如"混杂"(Hybridität)、"边缘"(Diaspora)、"第三空间"(Third Space)、"翻译"(Übersetzung)、"克里奥尔化"(Kreolisierung)和"杂交"(Métissage)等,它们被用来分析和展现"文化"和"身份认同"的多元形式和动态构建过程,用自己的方式重新确定了"异者"和"自我"的关系,但是最后并没有取代异者概念和异者思想,只要或者说正是因为涉及使用德语的研究语境。如果说亚历山大·霍诺尔德(Alexander Honold)和克劳斯·舍尔珀将异者视为"现代性的文化资源"②,并主张撰写一部德国的异者文化史,那么他们的前提是其文化语义和文化内涵经过了深思熟虑的③异者概念。

与以往一样,人们在学术活动领域中几乎见不到为**构建系统的异者学说**所付出的努力,如果有这样一种系统性异者学说,那么就能够指导人们发展异者问题的多样性,并将首先探究下述问题,即为了人格的发展,人类需要哪种异者性,需要多少? 对于人类而言,多少异者性在

---

① 参见 Ackermann 2004, S. 139f。
② 参见 Honold/Scherpe 2004, S. 3。
③ 参见 Albrecht 2003b。

什么时候如何才是适量的?①呈现出系统性的例外情况为数不多,它们中有迪特里希·克鲁舍有关文化和文学教学法的文章②,哈拉尔德·魏因里希外语语言学思想③,上文提及的实践性异者阐释学④,上文介绍过的异者学学习手册⑤,沃尔夫·迪特尔·奥托(Wolf Dieter Otto)对学术文化和异者主题的反思⑥,以及吉森大学外语教学法研究活动⑦。研究者们制定出了服务于"他者理解"(Fremdverstehens)的特殊的外语教学法理念,这一努力虽然功勋卓著,但是很遗憾,它与异者概念一起成为自身的阻碍,因为这一概念继续推行着过时的言谈和思维方式,与己方群体和异者群体这组形式上对立的概念紧密相连,遵循着群组内和群组外的差异化范式,况且人们在德语中还在以半科学的方式说着"Fremdkapital"(外来资本)、"Fremdbezug"(外部采购)、"Fremdbestimmung"(不独立⑧)、"Fremdenführer"(导游⑨)或者行为主义的"Fremdbeobachtung"(观察他人)等词汇⑩。1979 年,卡尔·F. 格劳曼(Carl F. Graumann)要求抛弃这些术语,他解释道:"德语中有关'异者认知'(与自我认知相对)的老旧术语还是挺接近于 connaissance d'autrui⑪ 的,但是裹挟着将他者和异者完全等同起来的做法,这令人迷惑。出于这一原因,我们也不能将自我感知与'异者感知'对立起来。"⑫

---

① 参见 Wierlacher 1985b, S. 83。
② 参见 Krusche 1983b, 1985。
③ 参见 Weinrich 1985。
④ 参见 Sundermeier 1996。
⑤ 参见 Wierlacher/Albrecht 1998。
⑥ 参见 Otto 1995。
⑦ 参见 Bredella et al. 2000。
⑧ 从构词方式来看,该词表面意思为"由外部做决定"。——译者注
⑨ 从构词方式来看,该词表面意思为"引导陌生人"。——译者注
⑩ 上述词汇都以 fremd(陌生的,外来的,他异的)为前缀。——译者注
⑪ 意为"他者理解"。——译者注
⑫ 参见 Graumann 1979, S. 178。

3. 文化学异者研究的框架概念

异者学概念网络中除了"他异性""差异"之外，还有"认同""距离""客人""边界""主动性""文化""包容"等概念。我们需要巩固这些概念，使它们在人类、文化和国家的对话中能够获得具有中等规模的文化影响范围的功能，使它们帮助我们更轻松地完成世界发展给我们带来的使命：制定出一种理念，它既能被普遍接受，同时又只针对个别文化地区对于历史特性的维护活动。相应地，核心的**文化概念**是以下述普遍性观点为基础的，即人类既是文化的骑士，又是文化的承载者，"文化"总是实践的一个范畴——其结果是，从法语中借用来的构词方式"文化转移"(Kulturtransfer)对于异者学而言是不合适的，因为它有将文化物化的倾向。为了维持互联能力，异者学采用开放的文化概念作为其研究工作的基础，在这一条件框架内，异者学既不片面地运用认知人类学，虽然它是一种内部稳固的导向模式，是一种托马斯主义意义上的不以时间为转移、没有矛盾、同质、意义明确的存在，也不仅仅运用克利福德·格尔茨的学说，因为它被视为专断的象征和互动关联。事实上，异者学将"文化"视为一种变化着的、以交流为目的的、相关联的规则体系、假说体系、意义体系和价值体系，这样的体系并非毫无矛盾，却因此是开放的。它支持共同性，同时包含着看得见和看不见的现象，人们能够与之保持一种富有张力的从属关系，以此来巩固"文化"这一概念。①

借助核心文化概念，并将异者性设计为一种阐释介质，异者学消解了文化异者和文化自我关系的二元对立观念，消解了用非对称的对立概念对世界所做的划分，这些对立概念是我们从欧洲古希腊罗马文化

---

① 参见本书第五章"文化人类学"。

中、从卢梭对它们的复原中①了解到的,它们在学术领域有时被阿诺·伯斯特②当作贬义的异语性(Anderssprachigkeit)归属到近似———般性(near-universals)③的范畴。但是这种消解进程并不意味着在理解过程中填补文化他者和距离,而是在构建理解立场的框架中发生的,这一立场依然维持着文化距离,并尝试从文化距离中获取有关自身、自我和作为异者的他者的认识。这样一来,正如开始时介绍的那样,异者学将哲学阐释学延续为文化阐释学,并以此来发挥作用。目前它展现出了一种更加广泛的基本共识,这种共识用宗教学家特奥·松德迈尔(Theo Sundermeier)在其《论跨文化阐释学》④一书中的笔墨来表述就是:"跨文化活动的阐释学追求的并不是和谐。在理解过程中,想要轻率地站在自己的立场去阐释异者,将异者合并入自身的自我认识,使对方成为自我,就像人们迄今为止在阐释学领域中以不同的形式所追求的那样,这些都是错误的。"⑤

因此,异者学与跨文化日耳曼学一样⑥,不是用伽达默尔的阐释学来巩固它们的核心**理解概念**,而是借鉴了赫尔穆特·普莱斯纳,特别是因为后者的思想与异者学对他者和异者所做的区分是一致的:理解被普莱斯纳定义为"有距离的熟悉","使人们将他者同时视为他者和异者"⑦。这一区别既能防止客观主义危险,又能防止以兼并主义式的吸收方式去接近其他文化的现实⑧,并且强化了下述观点,即文化学异者研究的主要任务在于基于他者知识的自我认识和自我疏离。

上文解释的理解概念也可能是一种合适的工具,人们可以用它来

---

① 参见 Link-Heer 1997。
② 参见 Borst 1957–1963。
③ 参见 Holenstein 1985。
④ 原文为"Plädoyer für eine interkulturelle Hermeneutik"。——译者注
⑤ 参见 Sundermeier 1991, S. 27。
⑥ 参见 Scheiffele 1985; Wierlacher 1985b, 2001。
⑦ 参见 Plessner 1983, S. 91。
⑧ 参见 Stagl 1981。

澄清有争议的**"掌握(Aneignung)"概念**问题。① 但是,在其初始条件方面以文化学方法、在自我和异者相互关系方面以异者学方法来勾画自身的轮廓,这还不是推介给文化学的充分理由。这一充分理由站在异者学视角来看在于上文提及的论点,即从学术方法论方面来看,只有在对将他者性阐释为异者的视角进行思考和检验的条件下,人们才可以谈论他者和异者的问题。这一论断看上去越发合理,其所包含的任务愈加重要和必要,因为文化学学科的研究对象不是想当然地存在的,而是通过课题、构思和理论设想才构建起来的,是在一种已有的理解框架中发展起来的;这一理解框架既是个体感知的结果,也是将现实归为文化范畴的产物。

早在200年前,欧洲的历史学家和阐释学家约翰·马丁·克拉登尼乌斯(Johann Martin Chladenius)就论述了所有跨越文化边界的学科的必要条件,他用**视点理论**(Sehe-Punktes)对"为什么我们是这样而不是那样来看待这一事物"这一古老的问题做了回答:"根据视点概念,人们从不同的视点对一件事物进行观察,就一定会得出不同的看法。"②因此,以跨文化理论为导向的异者学将视点,用现代的表达来说就是"视角"(Blickwinkel)③,作为其研究理解和融合的基础,同时注意到,相关人群和文化将自我定义为完全人,这种视角正是由这一自我定义所决定并再现了这一自我定义。只有通过这种再现,人们才能够接近文化、探索文化意义。④ 自我和异者之间的关系在认识论视角下也必然因此重新成为讨论的对象,因为文化相关性的媒体或者知识的视角差异未必一定是具有创造性的差异,但是通过分析具体的情形人们就一定可以发现,不同的视角可以使人们看到不同的东西。

---

① 参见 Wierlacher 1993b, S. 107 – 112;Steinmetz 1996。
② 参见 Chladenius 1985, S. 100 – 101;Wierlacher/Wiedenmann 1996。
③ 参见 Wierlacher/Stötzel 1996。
④ 参见 Bachmann-Medick 1997。

4. 异者研究的空白与问题

4.1 异者构建模式的问题

将来尤其值得注意的是,在实践问题中详细实现对异者的理解性构造也属于异者学的研究任务和教学任务。其实,将他者——比如一位外国人——理解成异者的时候,在异者度(Fremdheitsgraden)①方面是存在差异的。众所周知,影响这种异者度的文化差异性等级是存在的,异者的构造因素既包括外表,也包括在场的持续时间和相关者的法律地位。

在人们将文化他者阐释为"异者"的时刻,文化他者被赋予了一种特定的形象,异者构造的另一种模式形成了;我们用迪特里希·克鲁舍的话将这一形象称为"**异者形象**"②。有一点需要强调的是,它"不具有现实的结构,而是具有虚拟的结构"③,该结构依赖于个人或者物体的特性以及相关的观察者视角,是一种交互性构造。作为一种受到控制或者不受控制的社会行为,这种形象化过程具有划界的功能,我们用这种划界行为来保障我们个人和集体的身份认同;在这一形象构造过程中,我们总喜欢加入头脑中已有的异者固化形象。因此,专业交叉的异者研究的基本任务之一就在于,发展出一门**异者学意义上的固化形象和偏见研究**,来探索文化异者构建以及辩证关系中相关自我的构造过程中的偏见和固化形象的结构、功能原理和作用方式。固化形象和偏见影响着日常生活中被消费的媒体以及许多被用作异国导游手册的文

---

① 参见 Stagl 1997。
② 参见 Krusche 1983b。
③ 同上,S. 32。

本。① 在异者构造过程中也存在着或多或少受到意识控制的、有意地将人类、文化或者事物定义为异者的行为,并且与被定义为异者的事物划清界限,将其宣布为标准化异者②;我们将这种构造异者的行为称为"**异者建构**"(Fremdheitskonstruktionen)③。属于异者建构的行为有种族分离,比如反犹主义,或者通过命名、神话和隐语实现的异者构造,比如东西差异或者南北差异的说法。它们作为阐释介质,每个个体和每个集体行为者都对它们的产生负有责任。

4.2 异者研究作为先决条件研究

就像人类行为学研究结论所展现的那样,将人类相互联结并推动其形成群体的冲动也可以产生人与人之间的不信任和敌视。在这一宽泛的意义上,文化学异者研究获得了对文化内部和文化之间交流的先决条件进行研究的特性④,这种交流活动集中在文化异者性及其体验成为"文化主题"的领域和时间内。由此,异者研究在承接上文提及的跨文化日耳曼学文化主题研究的基础上,描述了这样一个主题,在某一特定时刻、在一种或若干种文化的公众对自我和世界的认知中具有特殊的迫切性。相关的文化主题有着它们的对立主题,并从这一张力中,比如上文述及的自我和异者之间的对立,获得了历史突破力。这一突破力在人们的日常行为中往往还被增强了,因为有一种古老的摩尼教思想,在现今的世界中也可以被观察到。它并不是以辩证的态度来观察对立主题的,而是把其理解为对立的表达形式,人们用这些对立主题将这个世界划分为好坏、明暗、新旧,目的是使世界变得一目了然,弱化其相互关系。异者研究试图消解这种二元对立的、削弱复杂度的思想和行为,它主要借助下列证据,即文化主题之所以能够发展出对立主

---

① 参见 Wang 2000。
② 参见 Ohle 1978。
③ 参见 Horn 1987。
④ 参见 Wierlacher 2000。

题，就是因为文化仅仅涵盖了有限的主题范围，这些主题由于文化的历史发展和现实对文化的调整作用，在不同的时期，使人们聚焦于不同的文化和普遍性生活问题以及生活领域。因此，文化主题同时成了类似于不同时期的良心主题的东西。

如果文化距离可以结出丰硕的研究成果，那么文化边界也可以获得自我和异者之间相互关系方面的特别意义。所以，异者学的迫切需求之一就是必须对边界的文化现象和文化主题、对文化安全的命题进行深入的研究。异者研究也可以被称为对新的**安全和边界研究**的贡献。筑起安全边界，体验安全边界，在异者学层面意味着放弃边界作为界墙或者排他性媒介的观点，转而将边界理解为个人和文化依靠交互性和合作获得认同的条件，如此这般，文化边界也不再像国界那样是一条线，而是一种重合的空间。它有可能在合适的情况下发展出新的，即第三种秩序，人们现在可以用跨文化性来表述这种秩序。① 其相应的知识储备在异者学视角里与扎实的包容知识和外语知识一样也是人类跨文化基本配置的一部分，是基本的教育内容。迄今为止，人们还几乎没有在"异者"概念和"安全"概念之间建立起关联，包容理论学者没有这么做，维尔纳·康策有关安全概念史的宏大研究②中没有，有关续写意识形态批判传统的公民社会研究的出版物中没有，国家法律中没有，有关内部安全的社会研究中没有，尽管各个市场之间日益密切的互联互通以及文化交流和经济往来会导致这两个概念的结合。无论如何，由德国和其他国家签署的所有**文化合同**目前也是基于相互性的：就像联邦德国外交部文化处前领导巴托尔德·C. 维特（Barthold C. Witte）在1990年所指出的那样，这种相互性使得扎实的异者知识成为对外文化政策实践的先决条件和基础。③

身份认同一般而言是倚赖他人的认可的，因为人们只有在与他人

---

① 参见 Wierlacher 1999。
② 参见 Conze 1988。
③ 参见 Witte 1993。

的界定性交流中才能够发展自己。因此,"认可"被视为身份认同的审视性归类,"认可"这一问题领域是异者学的一个特殊部分,也是融合问题的被忽视的主题集合。在社会学移民和融合研究中,强制的融合过程从所有方面来看都会带来显著的社会争端、认可和苛求问题、异化、沮丧和不宽容,也会增强人们的文化绝根体验。这一说法虽然没有招致异议,但是文化异者体验、异者理念和异者形象以及其他一些概念,如对文化他者的"认可",被视为"对认可的执行过程"[①]的"包容"。这些在成功的融合过程中发挥着什么样的作用,对此人们尚未进行讨论。

同时,人们一再将**性别差异**视为融合过程中的异者问题并对其进行主题研究。[②]然而,大多数的研究文章,包括社会研究和流亡研究,二话不说就把异者想象成一位异国的男性成年人;而且女性在处理异者问题的过程中促进文化构造的成就也没有得到研究者的讨论。不过在过去若干年中,"性别"与"种族""阶级""少数民族"等其他差异性概念的交织获得了越来越多的关注,并被放在**交叉性**(Intersektionalität)这一概念下[③]进行探讨。沃尔夫·迪特·奥托[④]在他有关学术文化和异者的主题研究领域中将又一个值得思考的缺陷确认为一种现实性损失。在高等学府也面临着国际化日益加深状况的时代,这门机构化了的学科在文化多样性和差异性方面的知识也不容置疑地属于所有专业的高校毕业生必须掌握的经典知识,属于文化学领域中专业交叉性的异者研究和异者学说面临的基本任务。

4.3 异者学作为客者理论与历史

异者学作为应用学科所必需的一种特殊配备,是对客者的人类学和历史性研究。这一问题领域没有在异者学文章中,没有在跨文化阐

---

① 参见 Karl Jaspers 1948。
② 参见本书第十五章"文化学与性别研究"。
③ 主要参见 Becker 2005;Walgenbach 2005。
④ 参见 Otto 1995。

释学的相关研究中，也没有在经济界领导人的分析和建议中成为研究主题。① *Hospes* 这一拉丁文表达在德语里面意为"客人"和"陌生人"；这一双重含义在英语的 hospitality 和法语的 hospitalité 中得到了保留；欧洲的古希腊罗马文化将宙斯尊崇为异乡客人的保护者，因此也称其为 *Zeus xenos*②。历经千百年，从这一概念网络中发展出了现代的客权，与平行发展的人权共同成为人性化的外国人法案和居留权的基础，对此，歌德已经在其《陶里斯的伊菲格涅亚》一作中进行过讨论。③ 千百年来，拉丁语 *hostis* 一词在直接的语言发展过程中形成了我们熟悉的德语词汇 Gast④，其语义在今天仍然是"Fremdenverkehr"⑤等一些概念的基础。

在德国，与社会学和语言有关的文化学对这些语言史和文化史方面的关联是非常熟悉的。但是迄今为止，这些概念在文化构造和发展过程中的作用和功能几乎没有得到外国语言文学，包括域外日耳曼学⑥的充分利用。充其量，文化学客者研究以前是作为民俗学对习俗的兴趣的表达而存在的。⑦ 然而作为应用学科，文化学异者研究应当有能力在与交际研究和饮食文化学研究的合作中⑧、在国际化进程的语境中，推进客者理论和实践的学术研究，同时也应当在表述恰当的服务（Service）概念过程中一同发挥作用，尤其因为服务概念也将顾客视为他者和异者。在这一过程中，人们必须同时观照列维纳斯（Levinas）

---

① 因客者也含有顾客之义。——译者注
② 意为异乡人保护者宙斯。——译者注
③ 参见 Wierlacher 1983。
④ 意为客人。——译者注
⑤ 意为旅游业。——译者注
⑥ 原文为 Fremdsprachengermanistik。——译者注
⑦ 参见 Kammerhofer-Aggermann 1997。
⑧ 参见 Wierlacher et al. 1993。

的客者理论①以及蒙坦顿②的学说和汉斯-迪特里希·巴尔③有关语言的思想。在罗尔夫·帕尔(Rolf Parr)、彼得·弗里德里希(Peter Freidrich)和亚历山大·霍诺尔德(Alexander Honold)领导下的比勒菲尔德大学跨学科研究中心创立了"现代性中的客者"主题讨论会,其宗旨是为异者和客者关系的主题研究探寻新的启示。

4.4 作为异者与新者认知学科的异者学

在异者学研究和教学学术活动的自我创设过程中,人们试图用"**异者和创新**"这一标语对其核心的问题领域进行概念性把握。④ 这里涉及异者在文化构造性和创新激发性方面的作用力,它包括宗教对世界阐释(*Xenitheia*)的结果,也可以简化为单纯的征服,或者被视为人种学认识论的范畴。其学术阐述包含两方面的内容:一方面讨论的是异者在文化变迁中的创造性问题⑤,维尔纳·松巴特也对此予以了关注;另一方面涉及的是**异者的认知功能**⑥,它在艺术领域也发挥着重要作用,作为一种策略为人们所熟知,比如布莱希特的陌生化理论。这两方面的问题领域是相互重叠的,都认识到异者体验在特别具有挑战性的条件下蕴含着关乎生存的创新力,并从中汲取营养。在这个意义上,人们可以在本质层面将异者视为被感知的他者和一种酵素⑦,能够推动思维和行动,并在交际获得成功的情况下将陌生转变为熟悉。

一开始提及的文集 *Fremdgänge*⑧ 也是以这一对异者的评价为出发点的。在欧洲,几十年来,虽然人们普遍要求异国经历特别是留学经

---

① 参见 Lesch 1988。
② 参见 Montandon 1999, 2000。
③ 参见 Bahr 1994。
④ 参见 Jeggle 1972。
⑤ 参见 Bargatzky 1978。
⑥ 参见 Hogrebe 1993。
⑦ 参见 Wierlacher 1985b。
⑧ 参见 Wierlacher/Albrecht 1998。(意为异者体验。——译者注)

历并花大力气推进,但这种经历也是被高估了的教育元素,比如欧盟大学生交流项目。很多经历显示,这种交流并未取得异者学意义上所应达到的成效,因为很多派遣学科并没有将大学生交流项目当作文化学层面的异者体验来看待。从文化学视角来看,只有当异国经历作为一种摆脱模式变成自我检验领域,才能出成果;歌德在其诗作《幸福的憧憬》(Selige Sehnsucht)中将这种自我摆脱作为圣经中渲染的"从死亡到升华"的生命准则推荐给了读者。**人类需要异者的刺痛**[①],目的是不过早或者过晚地僵化。异者的刺痛是必要的,因为作为异者的他者总是新鲜的东西,其中蕴藏着新者,同时也有异者的发酵作用力,这种力量能够使我们迷惘、害怕,让我们在迷惘的害怕面前保持生气,给我们带来其他思想、观点和信念。在时间坐标轴上,新者同时指示着将来;所有对未来的惧怕都具有仇外心理的特性,如果它不能被避免,那么它就会阻碍文化的变迁。如此看来,人们才会在 21 世纪初对异者和自我之间的关系重新进行探讨,有鉴于世界环境,我们对于对新者的理解以及我们与未来的关系也必须重新审视。我们希望,异者学将来会与创新研究合作并重点关注自身的这一任务。

4.5 文学中的异者学

直到现在,本章行将结束的时候,本文才终于对文学这一对于所有外国语言文学而言一贯以来的主要理解媒体进行论述,其原因正在于,作为媒体文化的一部分,文学系统审视性地,同时概括性地总领着日常、政治和科学的话语,而且自欧洲启蒙运动以来的一些作品与这些话语进行了直接接触。[②] 其中,主要是德国文学恰好可以被视为**一种异者研究和异者思想的模式**。[③] 德国文学可以为其读者展现一种形象的文化外部立场以对自我文化状况进行批判,发掘因仇外心理和种族主

---

① 参见 Waldenfels 1990。
② 参见本书第四章"作为文化学的文学学"。
③ 参见 Wierlacher 1993b。

义、因移民问题和异域风情而产生的不当行为的根源和后果。

在德国文学史上,人们可以用简便的方式查探异者问题的整体范围——而且可以根据主题,根据内容和美学方面的概念和方法,根据接受、创作甚至分布的角度。如果人们从更广泛的意义层面来看待文学这一概念,那么,也包含了游记、散文、轶事、日历故事和亚文化现象等文本类型,由此,德国文学展现了异者知识方面所有的文化多样化可能性。①

文学也因此是文化学异者研究的一位特殊的、合适的伙伴,两者都服务于通过他者认识的过程而引发的**人类自我启蒙**。

因为实际的阅读过程用经验论的方法几乎不能得到把握,所以人们建议,不从经验论的接受研究方面而是从文本供给方面来探讨因文化差异而造成的阅读的他异性问题②,尤其是只有相关的阅读者本身才能够在维持其个人认同的时候决定文本反思的文化集体性比重。这一建议显示了一种研究文本中他者和异者的新的、特别的理念。既是阅读着的文化学知识学习者,又是学习着的文化学知识阅读者,具有这种双重身份的个体就其对于具有行动指导作用的异者学知识的需求方面而言尤其可能从歌德或者布莱希特这样的作家那里受益良多,因为这些作家能够在其文本里面间或强调一些重要的信息。比如,歌德借伊菲格涅亚之口表达了一种典范式的期望,希望像对待神祇那样对待具有其自身价值的他者和异者③。而布莱希特在其流亡诗作《在异乡的举止》(*Verhalten in der Fremde*)④中,从异者、清醒和创造的认识论角度关联总结出了一个结论。它是具有指导实践性的生活忠告和生活愿望,下面的诗行就是对这种忠告和愿望的唱和:

---

① 参见 Hinderer 1993,S. 208。
② 参见 Krusche 2000,2001。
③ 参见 *Iphigenie auf Tauris* V. 2162。
④ 参见 Wierlacher 2001b。

总之:上天希望
赐予所有人,于斯生长
犹在异乡。①

参考文献

基础理论文章和著作

Ackermann, Andreas: »Das Eigene und das Fremde: Hybridität, Vielfalt und Kulturtransfer.« In: Jaeger/Rüsen 2004, S.139-154.

Albrecht, Corinna: »Fremdheitsbegriffe der Wissenschaften. Bericht über das Bayreuther Symposium zur Begründung einer interdisziplinären Fremdheitsforschung vom 11.-13. Juli 1990.« In: *Jahrbuch Deutsch als Fremdspracbe* 18 (1992), S.554-546.

Albrecht, Corinna: »Jahresbibliographie kulturwissenchaftliche Xenologie.« In: *Jahrbuch Deutsch als Fremdsprache* 1994 ff.

Albrecht, Corinna et al.: »Auswahlbibliographie zur Grundlegung einer kulturwissenschaftlichen Fremdheitsforschung.« In: Wierlacher 1993a, S.501-552.

Albrecht, Corinna/Wierlacher, Alois: »Zur Unverzichtbarkeit kulturwissenschaftlicher Xenologie als Programmteil Wissenschaftlicher Weiterbildung.« In: *Jahrbuch Deutsch als Fremdsprache* 22 (1996), S.241-255 [erweiterte Fassung in: Wierlacher 2000, S.291-302].

Albrecht, Corinna: »Fremdheitsforschung«. In: Alois Wierlacher/Andrea Bogner (Hgg.): *Handbuch interkulturelle Germanistik*. Stuttgart/Weimar: Metzler 2003a, S.541-547.

Bargatzky, Thomas: *Die Rolle des Fremden beim Kulturwandel*. Hamburg: Renner 1978.

Bollnow, Otto F.: »Das kritische Verstehen.« [1924]. In: ders.: *Studien zur*

---

① 原文为 Also: es möchte / Allen vergönnt sein, sich so zu benehmen wie / In der Fremde。——译者注

Hermeneutik. Bd. 1. Freiburg/München: Alber 1982, S. 73 - 102.

Craanen, Michael/Gunsenheimer, Antje (Hgg.): *Das ›Fremde‹ und das ›Eigene‹. Forschungsberichte (1992 - 2006)*. Bielfeld: transcript Verlag, und VolkswagenStifung, Hannover 2006.

Duala-M'bedy, Munasu: *Xenologie. Die Wissenschaft vom Fremden und die Verdrängung der Humanitiät in der Anthropologie*. Freiburg/München: Alber 1977.

Gadamer, Hans-Georg: *Wahrheit und Methode. Grundzüge einer philosophischen Hermeneutik*. Tübingen: Mohr 1960.

Graumann, Carl F. : »Wahrnehmung und Beurteilung der anderen und der eigenen Person.« In: *Die Psychologie des 20. Jahrhunderts*. Bd. Ⅷ. Zürich: Kindler 1979.

Grünfeld, Ernst: *Die Peripheren. Ein Kapitel Soziologie*. Amsterdam: Noord-Hollandsche Uitg. 1939.

Gudykunst, William B. /Kim, Young Yun: *Communicating with Strangers. An approach to intercultural communication*. New York: Random House 1984.

Hettlage, Robert: »Der Fremde: Kulturmittler, Kulturbringer, Herausforderer von Kultur.« In: Wolfgang Lipp (Hg.): *Kulturtypen, Kulturcharaktere. Träger, Mittler und Stifter von Kultur*. Berlin: Reimer 1987, S. 25 - 44.

Honold, Alexander/Scherpe, Klaus R. : »Einleitung: Für eine deutsche Kulturgeschichte des Fremden. « In: Honold, Alexander/Scherpe, Klaus R. (Hgg.): *Mit Deutschland um die Welt. Eine Kulturgeschichte des Fremden in der Kolonialzeit*. Stuttgart/Weimar: Metzler 2004, S. 1 - 25.

Jaeger, Friedrich/Rüsen, Jörn (Hgg.): *Handbuch der Kulturwissenschaften. Band 3: Themen und Tendenzen*. Stuttgart/Weimar: Metzler 2004.

Jaeger, Friedrich/Liebsch, Burkhard/Rüsen, Jörn/Straub, Jürgen: »Vorwort. « In: Jaeger/Rüsen 2004, S. Ⅶ-Ⅷ.

Jaeger, Friedrich/Rüsen, Jörn: »Einführung. « In: Jaeger/Rüsen 2004, S. Ⅸ- ⅩⅣ.

Jeggle, Utz: »Fremdheit und Initiative. Vorbemerkungen zu einer Variante des soziokulturellen Wandels.« In: *Zeitschrift für Volkskunde* 68 (1972), S. 42 - 60.

Krusche, Dietrich: »Die Kategorie der Fremde. Eine Problemskizze.« In: Alois Wierlacher (Hg.): *Fremdsprache Deutsch. Grundlagen und Verfahren der Germanistik als Fremdsprachenphilologie.* Bd. 1. München: Fink 1980, S. 46 - 56.

Landmann, Michael: »Das Fremde und die Entfremdung.« In: Heinz Horst Schrey (Hg.): *Entfremdung.* Darmstadt: Wissenschaftliche Buchgesellschaft 1975, S. 180 - 219.

Lesch, Walter: »Alterität und Gastlichkeit. Zur Philosophie von Emmanuel Lévinas.« In: Ottmar Fuchs (Hg.): *Die Fremden.* Düsseldorf: Patmos-Verlag 1988, S. 128 - 143.

Levinas, Emmanuel: *Die Spur des Anderen. Untersuchungen zur Phänomenologie und Sozialphilosophie.* Übersetzt, herausgegeben und eingeleitet von Wolfgang Nikolaus Krewani. Freiburg/München: Alber 1983 (orig.: *En découvrant l'existence avec Husserl et Heidegger.* Paris: J. Vrin 1949).

Nünning, Ansgar: »Xenologie.« In: ders. (Hg.): *Metzler Lexikon Literatur- und Kulturtheorie.* Stuttgart: Metzler 1998, S. 576 f.

Olt, Reinhard: »Was ist ›fremd‹ im Deutschen? Der Weg zum ›Deutschen Fremdwörterbuch von Schulz/Balser‹.« In: *Muttersprache* CCVII (1987). S. 298 - 322.

Plessner, Helmuth: »Mit anderen Augen.« In: ders.: *Gesammelte Schriften.* Hg. V. Günter Dux et al. Bd. 8. Frankfurt a. M.: Suhrkamp 1983, S. 88 - 104.

Reuter, Julia: *Ordnungen des Anderen. Zum Problem des Eigenen in der Soziologie des Fremden.* Bielefeld: Transcript Verlag 2002.

Scheiffele, Eberhard: »Affinität und Abhebung. Zum Problem der Voraussetzungen interkulturellen Verstehens.« In: Wierlacher 1985, S. 29 - 46.

Schütz, Alfred: »Grundzüge einer Theorie des Fremdverstehens.« [1932]. In: ders.: *Der sinnhafte Aufbau der sozialen Welt. Eine Einleitung in die verstehende Soziologie.* Frankfurt a. M.: Suhrkamp 1974, S. 137 - 197.

Simmel, Georg: »Exkurs über den Fremden.« In: ders.: *Soziologie. Untersuchungen über die Formen der Vergesellschaftung*. [1908]. *Gesammelte Werke*. Bd. 2. Berlin: Duncker und Humblot 1968, S. 509 - 512.

Spitzer, Leo: »Das Eigene und das fremde. Über Philologie und Nationalismus.« In: *Die Wnadlung* 1 (1945/46), S. 576 - 594.

Stagl, Justin: »Die Beschreibung des Fremden in der Wissenschaft.« In: Hans-Peter Duerr (Hg.): *Der Wissenschaftler und das Irrationale*. Bd. 1: *Beiträge aus Ethnologie und Anthropologie*. Frankfurt a. M.: Syndikat 1981, S. 273 - 295.

Stonequist, Everett V.: *The Marginal Man. A Study in Personality and Culture Conflict*. New York/Chicago: Russell & Russell 1965 [1937].

Theunissen, Michael: *Der Andere. Studien zur Sozialontologie der Gegenwart*. Berlin: De Gruyter 1965.

Waldenfels, Bernhard: *Der Stachel des Fremden*. Frankfurt a. M.: Suhrkamp 1990.

Waldenfels, Bernhard: *Topographie des Fremden. Studien zur Phänomenologie des Fremden*. Frankfurt a. M.: Suhrkamp 1997.

Weinrich, Harald: »Wie fern ist die Fremde? Von der Hermeneutik zur interkulturellen Fremdheitsforschung.« In: Krusche/Wierlacher 1990, S. 48 - 50.

Wierlacher, Alois (Hg.): *Kulturthema Fremdbeit. Leitbegriffe und Problemfelder kulturwissenschaftlicher Fremdheitsforschung. Mit einer Forschungsbibliographie von Corinna Albrecht et al.* München: Iudicium-Verlag 1993 (=1993a).

Wierlacher, Alois (Hg.): *Kulturthema Toleranz. Zur Grundlegung einer interdisziplinären und interkulturellen Toleranzforschung. Mit einer Forschungsbibliographie von Rainer Haarbusch.* München: Iudicium-Verlag 1996.

Wierlacher, Alois: »Kulturwissenschaftliche Xenologie. Ausgangslage, Leitbegriffe und Problemfelder.« In: ders. 1993a, S. 19 - 112 (=1993b).

Wierlacher, Alois: »Interkulturalität. Zur Konzeptualisierung eines Leitbegriffes interkultureller Literaturwissenschaft.« In: Henk de Berg/Matthias Prangel (Hgg.): *Interpretation 2000. Positionen und Kontroversen. Festschrift zum 65. Geburtstag von Horst Steinmetz.* Heidelberg: Winter 1999, S.155 - 181.

Wierlacher, Alois/Stötzel, Georg (Hgg.): *Blickwinkel. Kulturelle Optik und interkulturelle Gegenstandskonstitution.* München: Iudicium-Verlag 1996.

Wierlacher, Alois/Otto, Wolf Dieter (Hgg.): *Toleranztheorie in Deutschland 1949 - 1999. Eine anthologische Dokumentation.* Tübingen: Stauffenburg-Verlag 2002.

Wood, Margret M.: *The Stranger. A Study in Social Relationships.* New York/London: Columbia UP 1934.

理论、概念和词汇研究

Albrecht, Corinna: »Der Begriff *der, die, das Fremde.* Zum wissenschaftlichen Umgang mit dem Thema Fremde. Ein Beitrag zur Klärung einer Kategorie.« In: Yves Bizeul et al. (Hgg.): *Vom Umgang mit dem Fremden. Hintergrund-Definitionen-Vorschläge.* Weinheim/Basel: Beltz 1997, S.80 - 93.

Albrecht, Corinna: »Fremdheit.« In: Alois Wierlacher/Andrea Bogner (Hgg.): *Handbuch interkulturelle Germanistik.* Stuttgart/Weimar: Metzler 2003b, S.232 - 238.

Assmann, Aleida/Assmann, Jan: »Kultur und Konflikt. Aspekte einer Theorie des unkommunikativen Handelns.« In: Jan Assmann/Dietrich Harth (Hg.): *Kultur und Konflikt.* Frankfurt a. M.: Suhrkamp 1990, S.11 - 48.

Bauer, Wolfgang: *China und die Fremden.* München: Beck 1980.

Bausinger, Hermann: »Kultur kontrastiv-Exotismus und interkulturelle Kommunikation.« In: Armin Wolff/Wolfgang Rug (Hgg.): *Vermittlung fremder Kultur. Theorie-Didaktik-Praxis.* Regensburg: AKDaF 1987, S.1 - 16.

Bizeul, Yves: »Die französische Debatte um Alterität und Kultur.« In: ders. et al. (Hgg.): *Vom Umgang mit dem Fremden. Hintergrund-Definitionen-Vorschläge.* Weinheim/Basel: Beltz 1997, S.94 - 111.

Bremshey, Christian et al. (Hgg.): *Den Fremden gibt es nicht. Xenologie und Erkenntnis.* Münster: LIT 2004.

Duchhardt, Heinz (Hg.): *Der Exodus der Hugenotten. Die Aufhebung des Edikts von Nantes 1685 als europäisches Ereignis*. Köln/Wien: Böhlau 1985.

Duerr, Hans Peter: *Traumzeit. Über die Grenze zwischen Wildnis und Zivilisation*. Frankfurt a. M.: Syndikat 1978.

Eifler, Günter/Saame, Otto (Hgg.): *Das Fremde-Aneignung und Ausgrenzung. Eine interdisziplinäre Erörterung*. Wien: Passagen-Verlag 1991.

Fascher, Erich: »Fremder.« In: *Reallexikon für Antike und Christentum*. Bd. VIII. Stuttgart: Anton Hiersemann Verlag 1972, S. 306-347.

Fuchs, Ottmar (Hg.): *Die Fremden*. Düsseldorf: Patmos-Verlag 1988.

Greverus, Ina-Maria/Köstlin, Konrad/Schilling, Heinz (Hgg.): *Kulturkontakt, Kulturkonflikt. Zur Erfahrung des Fremden. 26. deutscher Volkskundekongress in Frankfurt vom 28. 9. bis 2. 10. 1987. 2 Bde*. Frankfurt a. M.: Institut für Kulturanthropologie und Europäische Ethnologie der Universität Frankfurt 1988.

Hermanns, Fritz: »›Fremdheit‹. Zur Semantik eines vielfach polysemen Wortes.« In: Ernest W. B. Hess-Lüttich/Christoph Siegrist/Stefan Bodo Würffel (Hgg.): *Fremdverstehen in Sprache, Literatur und Medien*. Frankfurt a. M.: Lang 1996, S. 37-56.

Hogrebe, Wolfram: »Die epistemische Bedeutung des Fremden.« In: Wierlacher 1993a, S. 355-369.

Huntemann, Willi/Rühling, Lutz: »Einleitung: Fremdheit als Problem und Programm.« In: diess. (Hgg.): *Fremdheit als Problem und Programm. Die literarische Übersetzung zwischen Tradition und Moderne*. Berlin: Schmidt 1997, S. 1-25.

Jostes, Brigitte: »Was heißt hier fremd? Eine kleine semantische Studie.« In: Dirk Naguschewski/Jürgen Trabant (Hgg.): *Was heißt hier ›fremd‹. Studien zu Spriache und Fremdbeit*. Berlin: Akademie-Verlag 1997, S. 11-76.

Jostes, Brigitte/Trabant, Jürgen (Hgg.): *Fremdes in fremden Sprachen*. München: Fink 2001.

Koselleck, Reinhart: *Vergangene Zukunft. Zur Semantik geschichtlicher Zeiten.* Frankfurt a. M. : Suhrkamp 1984.

Kramer, Fritz: *Verkebrte Welten. Zur imaginären Ethnographie des 19. Jahrhunderts.* Frankfurt a. M. : Syndikat 1977.

Kristeva, Julia: *Etrangers à nous-mêmes.* Paris: Fayard 1988 (dt. : *Fremde sind wir uns selbst.* Frankfurt a. M. : Suhrkamp 1990).

Krusche, Dietrich: *Japan, konkrete Fremde. Dialog mit einer fernen Kultur.* Stuttgart: Hirzel 1983.

Krusche, Dietrich: *Literatur und Fremde. Zur Hermeneutik kulturräumlicher Distanz.* München: Iudicium-Verlag 1985.

Krusche, Dietrich/Wierlacher, Alois (Hgg.): *Hermeneutik der Fremde.* München: Iudicium-Verlag 1990.

Leiris, Michel. *Die eigene und die fremde Kultur.* Hans-Jürgen Heinrichs (Hg.). Frankfurt a. M. : Syndikat 1977.

Lenz, Bernd/Lüsebrink, Hans-Jürgen (Hgg.): *Fremdheitserfabrung und Fremdheitsdarstellung in okzidentalen Kulturen.* Passau: Wissenschafts-Verlag Rother 1999.

Lindner, Rolf: »Kulturelle Randseiter. Vom Fremdsein und Fremdwerden.« In: Christian Giordano (Hg.): *Kultur anthropologisch. Eine Festschrift für Ina-Maria Greverus.* Frankfurt a. M. : Institut für Kulturanthropologie und Europäische Ethnologie der Universität Frankfurt 1989, S. 15 – 28.

Link-Heer, Ursula: »Barbarus hic ego sum. Figuren des Anderen bei Rousseau.« In: Christoph Jamme (Hg.): *Grundlinien der Vernunftkritik.* Frankfurt a. M. : Suhrkamp 1997, S. 33 – 54.

Loiskandl, Helmut: *Edle Wilde, Heiden und Barbaren. Fremdheit als Bewertungskriterium zwischen Kulturen.* Mödling bei Wien: Missionsdruckerei St. Gabriel 1966.

Mecklenburg, Norbert: »Über kulturelle und poetische Alterität. Kultur-und literaturtheoretische Grundprobleme einer interkulturellen Germanistik. « In: Alois Wierlacher (Hg.): *Perspekitiven und Verfahren interkultureller Ger-*

manistik. München: Iudicium-Verlag 1987, S. 563 – 584.

Münkler, Herfried/Ladwig, Bernd (Hgg.): *Furcht und Faszination. Facetten der Fremdheit.* Berlin: Akademie-Verlag 1997.

Münkler, Herfried/Meßlinger, Karin/Ludwig, Bernd (Hgg.): *Die Herausforderung durch das Fremde.* Berlin: Akademie-Verlag 1998.

Naguschewski, Dirk/Trabant, Jürgen (Hgg.): *Was heißt hier »fremd«? Studien zu Sprache und Fremdheit.* Berlin: Akademie-Verlag 1997.

Nakamura, Yoshiro: *Xenosophie. Bausteine für eine Theorie der Fremdheit.* Darmstadt: Wissenschaftliche Buchgesellschaft 2000.

Nitschke, August: »Das Fremde und das Eigene.« In: *Funkkolleg Geschichte.* Studienbegleitbrief 4. Weinheim/Basel: Beltz 1979, S. 45 – 76.

Ohle, Karlheinz: *Das Ich und das Andere. Grundzüge einer Soziologie des Fremden.* Stuttgart: Fischer 1978.

Redder, Angelika: »Fremdheit des Deutschen. Zum Sprachbegriff bei Elias Canetti und Peter Weiss.« In: *Jahrbuch Deutsch als Fremdsprache* 17 (1991), S. 34 – 54.

Rothbucher, Heinz/Wurst, Franz (Hgg.): *Wir und das Fremde. Faszination und Bedrohung.* Salzburg: Selbstverlag der Internationalen Pädagogischen Werktagung 1989.

Schäffter, Ortfried (Hg.): *Das Fremde. Erfahrungsmöglichkeiten zwischen Faszination und Bedrohung.* Opladen: Westdeutscher Verlag 1991.

Stählin, Gustav: »Xenos.« In: Gerhard Friedrich (Hg.): *Theologisches Wörterbuch zum Neuen Testament.* Bd. 5. Stuttgart: Kohlhammer 1954, S. 1 – 36.

Stagl, Justin: »Grade der Fremdheit.« In: Herfried Münkler/Bernd Ladwig (Hgg.): *Furcht und Faszination. Facetten der Fremdheit.* Berlin: Akademie-Verlag 1997, S. 85 – 114.

Stichweh, Rudolf: »Der Fremde-Zur Evolution der Weltgesellschaft.« In: *Rechtshistorisches Journal* 11 (1992), S. 295 – 316.

Sturm, Hermann (Hg.): *Das Fremde. Ästhetische Erfahrung beim Graben, Re-*

isen, Messen, Sterben. Aachen: Rader 1985.

Sundermeier, Theo: »Erwägungen zu einer Hermeneutik interkulturellen Verstehens.« In: ders (Hg.): *Die Begegnung mit dem Anderen.* Gütersloh: Gütersloher Verlags-Haus Mohn 1991, S. 13 - 28.

Sundermeier, Theo (Hg.): *Den Fremden wahrnehmen. Bausteine für eine Xenologie.* Gütersloh: Gütersloher Verlags-Haus Mohn 1992.

Trabant, Jürgen: »Fremdheit der Sprache.« In: Dirk Naguscheski/Jürgen Trabant (Hgg.): *Washeißthier › fremd ‹. Studien zu Sprache und Fremdheit.* Berlin: Akademie-Verlag 1997, S. 93 - 114.

Turk, Horst: »Alienität und Alterität als Schlüsselbegriffe ciner Kultursemantik. Zum Fremdheitsbegriff der Übersetzungsforschung.« In: Wierlacher 1993a, S. 173 - 197.

Wierlacher, Alois: » Mit fremden Augen oder: Fremdheit als Ferment. Überlegungen zur Begründung einer interkulturellen Hermeneutik deutscher Literatur.« In: ders. 1985b, S. 3 - 28.

Wimmer, Michael: »Fremde.« In: Christoph Wulf (Hg.): *Vom Menschen. Handbuch Historische Anthropologie.* Weinheim/Basel: Beltz 1997, S. 1066 - 1078.

学科特定性和研究领域特定性论文

Albrecht, Corinna: »Fremdheit und Freiheit oder: Die Schule der Frauen. Xenologische Perspektiven der Flüchtlingsforschung.« In: Wierlacher 1993a, S. 283 - 296.

Bahr, Hans-Dieter: *Die Sprache des Gastes. Eine Metaethik.* Leipzig: Reclam 1994.

Bade, Klaus J. (Hg.): *Deutsche im Ausland-Fremde in Deutschland. Migration in Geschichteund Gegenwart.* München: Beck 1992.

Bargatzky, Thomas: »Die Ethnologie und der Begriff der kulturellen Fremde.« In: Wierlacher 1993a, S. 219 - 234.

Becker, Thomas: *Mann und Weib-schwarz und weiß. Die wissenschaftliche Konstruktion von Geschlecht und Rasse 1650 - 1900.* Frankfurt a. M. u. a.: Campus 2005.

Benner, Dietrich: »›Der Andere‹ und ›das Andere‹ als Problem und Aufgabe von Erziehung und Bildung.« In: *Zeitschrift für Pädagogik* 45 (1999), S. 315 - 329.

Briegel, Manfred/Frühwald, Wolfgang (Hgg.): *Die Erfahrung der Fremde. Kolloquium des Schwerpunktprogramms ›Exilforschung‹ der Deutschen Forschungsgemeinschaft. Forschungsbericht.* Weinheim et al.: VCH 1988.

Ehlich, Konrad: »Xenismen und die bleibende Fremdheit des Fremdsprachensprechers.« In: Ernest W. B. Hess-Lüttich (Hg.): *Integration und Identität. Soziokulturelle und psychopädagogische Probleme im Sprachunterricht mit Ausländern.* Tübingen: Narr 1986, S. 43 - 54.

Guthke, Karl S.: *Der Blick in die Fremde. Das Ich und das andere in der Literatur.* Tübingen/Basel: Francke 2000.

Hamburger, Franz: »Von der Ausländerpädagogik zur interkulturellen Erziehung. Probleme der Pädagogik im Umgang mit den Fremden.« In: Günter Eifler/Otto Saame (Hgg.): *Das Fremde-Aneignung und Ausgrenzung. Eine interdisziplinäre Erörterung.* Wien: Passagen-Verlag 1991, S. 35 - 58.

Horn, Peter: »Fremdheitskonstruktionen weißer Kolonisten.« In: Alois Wierlacher (Hg.): *Perspektiven und Verfahren interkultureller Germanistik.* München: Iudicium-Verlag 1987, S. 405 - 418.

Huntemann, Willi/Rühling, Lutz (Hgg.): *Fremdheit als Problem und Programm. Die literarische Übersetzung zwischen Tradition und Moderne.* Berlin 1997.

Jauß, Hans Robert: *Alterität und Modernität der mittelalterlichen Literatur. Gesammelte Aufsätze 1956 - 1976.* München: Fink 1977.

Kogge, Werner: *Verstehen und Fremdheit in der philosophischen Hermeneutik.* Hildesheim: Olms 2001.

Kohl, Karl-Heinz: *Ethnologie-die Wissenschaft vom kulturell Fremden.* München: Beck 1993.

Krusche, Dietrich: »Das Eigene als Fremdes. Zur Sprach-und Literaturdidaktik im Fache Deutsch als Fremdsprache.« In: *Neue Sammlung* 23 (1983), S. 27 - 41 (= 1983b.)

Krusche, Dietrich: »Nirgendwo und anderswo. Zur utopischen Funktion des Motivs der außereuropäischen Fremde in der Literaturgeschichte.« In: Krusche/ Wierlacher 1990, S. 143-174.

Kühnel, Harry: »Das Fremde und das Eigene (Mittelalter).« In: Peter Dinzelbacher (Hg.): *Europäische Mentalitätsgeschichte. Hauptthemen in Einzeldarstellungen.* Stuttgart: Kröner 1993, S. 400-450.

Loycke, Almut (Hg.): *Der Gast, der bleibt. Dimensionen von Georg Simmels Analyse des Fremdseins.* Frankfurt a. M.: Gampus-Verlag 1992.

Thomas, Alexander: »Fremdheitskonzepte in der Psychologie als Grundlage der Austauschforschung und der interkulturellen Managerausbildung.« In: Wierlacher 1993a, S. 257-281.

Walgenbach, Katharina: »*Die weiße Frau als Trägerin deutscher Kultur.*« *Koloniale Diskurse über Geschlecht, »Rasse« und Klasse im Kaiserriech.* Frankfurt a. M. u. a.: Campus 2005.

Weinrich, Harald: »Fremdsprachen als fremde Sprachen.« [1985]. In: Wierlacher 1993a, S. 129-151.

Wierlacher, Alois: »Literaturforschung als Fremdheitsforschung.« In: *Jahrbuch Deutsch als Fremdsprache* 11 (1985), S. 83-202.

Wierlacher, Alois: » Mit fremden Augen oder: Fremdheit als Ferment. Überlegungen zur Begründung einer interkulturellen Hermeneutik deutscher Literatur.« In: ders. 1985a, S. 3-28 (=1985b).

Wierlacher, Alois: »Toleranzforschung. Zur Forschungsplanung interkultureller Germanistik.« In: *Jahrbuch Deuttsch als Fremdsprache* 18 (1992), S. 3-29.

Witte, Barthold C.: »Fremdheitswissen als Basis auswärtiger Kulturpolitik.« In: Wierlacher 1993a, S. 451-461.

学科内和跨学科的异者学说

Albrecht, Corinna/Wierlacher, Alois: »Benötigt wird profundes Fremdheitswissen. Über die Unverzichtbarkeit kulturwissenschaftlicher Fremdheitslehre als Programmteil wissenschaftlicher Weiterbildung.« In: Wierlacher 2000, S. 291-302.

Bredella, Lothar et al. (Hgg.): *Wie ist Fremdverstehen lehr-und lernbar?* Tübingen: Narr 2000.

Krusche, Dietrich: »Anerkennung der Fremde. Thesen zur Konzeption regionaler Unterrichtswerke.« In: *Jahrbuch Deutsch als Fremdsprache* 9 (1983), S. 248-258 (=1983a).

Otto, Wolf Dieter: *Wissenschaftskultur und Fremde. Auswärtige Kulturarbeit als Beitrag zur interkulturellen Bildung. Auch eine pädagogische Reflexion asiatischer Lehrjahre in Korea.* München: Iudicium-Verlag 1995.

Sundermeier, Theo: *Den Fremden verstehen. Eine praktische Hermeneutik.* Göttingen: Vandenhoeck & Ruprecht 1996.

Wierlacher, Alois: »Toleranzkultur. Zu einer Grundaufgabe internationaler Kulturarbeit in der modernen Zivilgesellschaft.« In: *Jahrbuch Deutsch als Fremdsprache* 20 (1994), S. 101-266.

Wierlacher, Alois: »Der Maßstab des Verhaltens: Bert Brechts Verhalten in der Fremde.« In: Klaus H. Kiefer/Armin Schäfer/Hans-Walter Schmidt-Hanissa (Hgg.): *Das Gedichtete behauptet sein Recht. Festschrift für Walter Gebhard zum 65. Geburtstag.* Frankfutt a. M. et al.: Lang 2001, S. 215-224 (=2001b).

Wierlacher, Alois/Albrecht, Corinna: *Fremdgänge.* Bonn: Inter Nationes 1998 [1995].

语言学、文学和翻译学领域的异者学拓展

Bachmann-Medick, Doris (Hg.): *Übersetzunng als Repräsentation fremder Kulturen.* Berlin: Schmidt 1997.

Bogner, Andrea: »Fremdsprachenerwerbsforschung zwischen Kultur-und Naturwissenschaft. Vorüberlegungen zur Identifikation interdisziplinärer Schnittstellen als Ausgangspunkte einer linguistisch und neurowissenschaftlich orientierten Fremdsprachenerwerbstheorie im Rahmen interkultureller Germanistik.« In: *Jahrbuch Deutsch als Fremdsprache* 25 (1999), S. 29-49.

Bogner, Andrea: »Stimmen hören. Das Phänomen der Stirnme in der interkulturellen Kommunikation.« In: Wierlacher 2000, S. 209-217.

Bogner, Andrea: » Stimme. « In: Alois Wierlacher/Andrea Bogner (Hgg.): *Handbuch interkulturelle Germanistik*. Stuttgart/Weimar: Metzler 2003 [im Druck].

Caduff, Corina (Hg.): *Figuren des Fremden in der Schweizer Literatur*. Zürich: Limmat 1997.

Harth, Dietrich (Hg.): *Fiktion des Fremden. Erkundung kultureller Grenzen in Literatur und Publizistik*. Frankfurt a. M.: Fischer 1994.

Hinderer, Walter: » Das Phantom des Herrn Kannitverstan. Methodische Überlegungen zu einer interkulturellen Literaturwissenschaft als Fremdheitswissenschaft. « In: Wierlacher 1993a, S. 199-217.

Lönker, Fred (Hg.): *De literarische Übersetzung als Medium der Fremderfahrung*. Berlin: Schmidt 1992.

Wang, Zhiqiang: *Fremdheitsprofile deutscher China-Reiseführer*. Frankfurt a. M.: Lang 2000.

Wierlacher, Alois (Hg.): *Das Fremde und das Eigene. Prolegomena zu einer interkulturellen Germanistik*. München: Iudicium-Verlag 1985 (=1985a).

Wierlacher, Alois (Hg.): *Kulturthema Fremdheit. Leitbegriffe und Problemfelder kulturwissenschaftlicher Fremdheitsforschung. Mit einer Forschungsbibliographie von Corinna Albrecht et al*. München: Iudicium-Verlag 1993 (=1993a).

Wierlacher, Alois (Hg.): *Kulturthema Kommunikation. Konzepte, Inhalt, Funktionen*. Möhnesee: Résidence-Verlag 2000.

Wierlacher, Alois: *Architektur interkultureller Germanistik*. München: Iudicium-Verlag 2001 (=2001a).

供深入阅读的文献

Blumenberg, Hans: *Wirklichkeiten, in denen wir leben. Aufsätze und eine Rede*. Stuttgart: Reclam 1981.

Borst, Arno: *Der Turmbau von Babel. Geschichte der Meinungen über Ursprung und Vielfalt der Sprachen und Völker*. 4 Bände. Stuttgart: Hiersemann 1957-1963.

306　Chladenius, Johann Martion: *Allgemeine Geschichtswissenschaft.* Wien/Köln/ Graz: Böhlau 1985.

Conze, Werner: »Sicherheit, Schutz.« In: Otto Brunner/Werner Conze/Reinhart Koselleck (Hgg.): *Geschichtliche Grundbegriffe. Historisches Lexikon zur politisch-sozialen Sprache in Destschland.* Bd. 5. Stuttgart: Klett-Cotta 1988, S. 831 - 862.

Eagleton, Terry: *Exiles and Emigrés. Studies in Modern Literature.* London: Chatto & Windus 1970.

Fohrmann, Jürgen: »Diskurs.« In: Klaus Weimar (Hg.): *Reallexikon der deutschen Literaturwissenschaft.* Bd. 1. Berlin/New York: de Gruyter 1997, S. 369 - 372.

Goethe, Johann Wolfgang von: *Briefe.* Hamburger Ausgabe Ⅱ. Hg. V. Karl Robert Mandelkow. München: Beck 1988.

Härtling, Peter: *Der Wanderer.* Darmstadt: Luchterhand-Literaturverlag 1988.

Holenstein, Elmar: *Menschliches Selbstverständnis.* Frankfurt a. M. : Suhrkamp 1985.

Jäger, Georg/Schönert, Jörg (Hgg.): *Wissenschaft und Berufspraxis. Angewandtes Wissen und praxisorientierte Stdiengänge in den Sprach-, Literatur-, Kultur-und Medienwissenschaften.* Paderborn et al. : Schöningh 1997.

Jaspers, Karl: *Philosophie.* Berlin et al. : Springer 1948[1931].

Kammerhofer-Aggermann, Ulrike (Hg.): *»Herzlich Willkommen!« Rituale der Gastlichkeit.* Salzburg: Salzburger Landesinstitut für Volkskunde 1997.

Krusche, Dietrich: »Lese-Differenz. Der andere Leser im Text.« In: *Jahrbuch Deutsch als Fremdsprache* 26 (2000), S. 87 - 104.

Krusche, Dietrich: *Zeigen im Text. Anschauliche Orientierung in literarischen Modellen von Welt.* Würzburg: Königshausen & Ncumann 2001.

Lämmert, Eberhard: »Die aktuelle Situation der Hochschulen in der Bundesrepublik Deutschland.« In: *Deutschlandforschung. Koreanische Zeitschrift für Deutsche Sprache und Kultur* 1 (1992), S. 104 - 119.

Lepenies, Wolf: *Benimm und Erkenntnis. Über die notwendige Rückkehr der*

Werte in die Wissenschaften. Frankfurt a. M. : Suhrkamp 1997.

Lessing, Gotthold Ephraim: *Ernst und Falk.* In: ders.: *Werke.* Hg. v. Julius Petersen/Waldemar Ohlshausen. Bd. 4. Leipzig: Tempel-Verlag 1929.

Link, Jürgen: *Versuch über den Normalismus. Wie Normalität produziert wird.* Opladen: Westdeutscher Verlag 1997.

Montandon, Alain (Hg.): *Mythes et représentations de l'hospitalité.* Clermont-Ferrand: Presses Universitaires Blaise Pascal 1999.

Montandon, Alain (Hg.): *Espaces domestiques et privés de l'hospitalité.* Clermont-Ferrand: Presses Universitaires Blaise Pascal 2000.

Muschg, Adolf: *Die Erfahrung von Fremdsein.* München: Hueber 1987.

Neumann, Gerhard/Wierlacher, Alois/Wild, Rainer (Hgg.): *Essen und Lebensqualität. Naturund kulturwissenschaftliche Perspektiven.* Frankfurt/New York: Campus Verlag 2001.

Steinmetz, Horst: »Aneignung. Eine brauchbare Kategorie für den Umgang mit literarischer Fremdheit?« In: Wierlacher/Stötzel 1996, S. 443–451.

Teuteberg, Hans Jürgen/Neumann, Gerhard/Wierlacher, Alois (Hgg.): *Essen und kulturelle Identität. Europäische Perspektiven.* Berlin: Akademie Verlag 1997.

Veit, Walter: »Überlegungen zur Hermeneutik der Germanistik in Australien. Aspekte eines Paradigmas interkultureller Literaturwissenschaft. « In: Wierlacher 1985a, S. 314–326.

Vermeer, Hans J.: » Sprache und Kulturanthropologie. Ein Plädoyer für interdisziplinäre Zusammenarbeit in der Fremdsprachendidaktik. « In: *Jahrbuch Deutsch als Fremdsprache* 4 (1978), S. 1–22.

Wierlacher, Alois: »Ent-fremdete Fremde. Goethes ›Iphigenie auf Tauris‹ als Drama des Völkerrechts. « In: *Zeitschrift für deutsche Philologie* 102 (1983), S. 161–180.

Wierlacher, Alois/Neumann, Gerhard/Teuteberg, Hans Jürgen (Hgg.): *Kulturthema Essen. Ansichten und Problemfelder.* Berlin: Akademie Verlag 1993.

Wierlacher, Alois/Wiedenmann, Ursula: »Blickwinkel der Interkulturalität.« In: Wierlacher/Stötzel 1996, S. 23 - 64.

阿洛伊斯·维尔拉赫/科琳娜·阿尔布雷希特
(Alois Wierlacher/Corinna Albrecht)

十四
文化空间研究与跨文化交际

1. 界定与统一

文化空间研究和跨文化交际是理解文化过程和跨文化过程的两种不同但又同时相互联系的方法。**文化空间研究**基于文化单元（比如"宗教文化""民族""伊斯兰世界"等）的**空间稳固性**，它们常常是跨文化交际分析的基础，即便这不是所有情况下的普遍现象。相反，"**跨文化交际**"这一概念以及与之关联的研究理念目的是探究不同文化的成员之间的**交际"关系"**。然而，如果人们考察不同国家（比如"德国人"和"法国人"）或者不同超国家文化空间（比如"亚洲人"和"欧洲人"）的成员之间的交际关系的话，就会发现文化空间概念在跨文化交际过程中、在生活实际的实践中以及在学术分析活动中扮演着一个核心角色。由此，吉尔特·霍夫斯塔德（Geert Hofstede）的研究工作就是基于明显不同的、相对同质的民族文化或者文化空间观念的，他的理论是跨文化交际领域中最有影响力的研究理论之一。霍夫斯塔德与马歇尔·R. 辛格①一样,都将文化理解为集体的思维程序设计(collective programming of mind),将其比作一种思想程序(software of mind)②。同时,除了社会文化影响的民族层面以外,他还区分了地区层面以及性别、社会阶级和组织层面。不过,在他看来,民族文化层面因为学校、大众媒体和公众以及过去的军队等社会化主要机构而成为具有深刻影响力的社会文化层面。③

萨缪尔·亨廷顿的《文明的冲突与世界秩序的重建》④一书展现了具有现实意义而又富有争议的文化空间概念构建。亨廷顿的理论是以文化人类学和宗教影响下的文化空间理念为基础的,他将其称为**文明**。在承继法国历史学家费迪南·布罗代尔的文化空间理论的基础上,亨廷顿**将"文明"定义为"文化单元"**(cultural entity)。它固定在一个有限的空间内,因为"一些文化特征和现象"而显得突出,这些文化特征和现象包括了价值观、规范、机构以及代际传承的思维方式和行为方式。⑤ 以阿拉伯世界原教旨主义运动的复兴和极端化的先决条件为出发点,亨廷顿解析了跨文化冲突加剧的现象,认为这一现象主要发生在世界大型文明之间,尤其发生在日益世俗化的西方世界和日益受宗教价值观影响的阿拉伯世界之间。在帝国主义时代(1880—1945),同时受文化、政治和经济的影响而产生了西方殖民列强和欧洲之外的殖民地或者半殖民地世界之间的鸿沟;二战后(1945—1989),受政治因素影响而形成了"西方国家"和共产主义东方阵营之间的裂隙;如今,取代上述两者的是始于20世纪80年代末的、受文化因素影响而日益增长的地球大型文明文化空间之间的矛盾(西方、拉丁美洲、撒哈拉以南非洲、

---

① 参见 Singer 1998。
② 参见 Hofstede 1994, S. 4f。
③ 参见本书第二章"文化概念与文化理论"。
④ 原文为 *The Clash of Civilizations and the Remaking of World Order*。——译者注
⑤ 参见 Huntington 1997, S. 41。

伊斯兰世界、中国、印度教世界、斯拉夫-东正教地区、佛教地区、日本)。

2. 文化空间研究

2.1 概念与历史

文化空间研究的理念旨在广泛传播有关**某一文化空间的经济、社会、政治和文化情况**的知识,并且在过去十几年间为重新定位基于外语的文化学——尤其是传统外国语言文学——构造了核心理念之一。主要从20世纪80年代起,与文化空间定位有关的高校专业和研究中心在欧洲开始出现,其中有一部分(比如柏林拉丁美洲研究中心)甚至在更早的时候就已经成立了。一些研究中心可以被视为这一发展的范例:比如1989年起在德国的不同城市(布莱斯高地区的弗莱堡、柏林、莱比锡、萨尔布吕肯)出现的法国研究中心;柏林洪堡大学的英国研究中心和现代东方研究中心;明斯特大学的荷兰研究中心;在美国、加拿大、日本、英国和法国成立的德国研究中心,它们从20世纪90年代末开始由DAAD联合资助,其中部分也有着欧洲研究的定位;最后,"文化空间"概念在特殊的大学专业领域中获得确认,或者作为扩展专业课程(比如在弗莱堡大学的法国研究中心),或者作为基础专业课程,比如帕绍大学的"语言专业、经济学和文化空间专业"硕士学位课程(从1989年开始,其重心变为英语、法语、德语、西班牙语、东南亚或者斯拉夫语文化空间),它们类似于英语地区的德国研究(German Studies)、英国文化研究(British Cultural Studies)和法国文化研究(French Cultural Studies)。

在美国,区域研究(Area Studies)的概念是20世纪40年代由于政治动机而产生的,在二战后的"冷战"时期经历了显著的扩张。20世纪初就已经出现了个别的区域研究项目,比如耶鲁大学和哥伦比亚大学的东亚研究;1923年,芝加哥大学在洛克菲勒基金会的支持下成立了中东和南亚研究所;30年代中期,密歇根大学和加利福尼亚大学(伯克利和洛杉矶分校)设置了东方和拉美研究的区域研究项目;尽管如此,区域研究的真正创立阶段和最初扩张阶段与第二次世界大战和"冷战"的开始有着直接的关联。1943年远东协会(the Far Eastern Association)成立了,这是区域研究在美国的第一次学术联合;1948年,即冷战的开局之年,美国斯拉夫研究促进协会(the American Association of the Advancement of Slavic Studies,简称为AAASS)成立;1957年,非洲国家去殖民化活动蓬勃发展,这对于美国开始具有新的政治、经济和战略意义,在这一背景下,非洲研究协会(the African Studies Association,简称为ASA)成立。① 区域研究中心和项目的成立获得了美国大型基金会的支持,比如20世纪40年代末的卡内基基金会,又如福特基金会,在1953年到1966年之间,它是美国文化空间研究的最重要的资助机构。

区域研究的基本目的在于,对和美国有竞争关系或者处于敌对状态的强国进行文化和思想以及价值观和反应模式方面的研究,为相应的实践领域培养研究专家。除了语言技能以外,他们还应掌握广泛的、不同的国情概况知识和跨文化能力。1958年版《美国国防教育法案》(National Defense Education Act)第602条相应地将区域研究定义为"对现代语言进行补充性、提升性传授,其他领域也需要提供旨在全面理解这些语言通行区域或者地区的知识"②。1946年,美国高等院校中已经有了16个一体化区域研究项目,其研究重点分别为拉丁美洲(6)、亚洲(4)、欧洲(3)和俄罗斯(3)③,1951年增加到了29个,1962年又增加到了139个,这期间,尤其是与非洲有关的项目数量在50年代末期

---

① 参见 Palat 2000, S. 100。
② 参见 Petrov/Brosseau 1980, S. 1。
③ 参见 Bennett 1951, S. 10-11。

呈现了跳跃式增长,在 1959 年到 1962 年之间实现了翻番①。

从 20 世纪 80 年代末开始,随着经济和文化全球化进程的深化,区域研究首先在欧洲以及北美和亚洲经历了第二阶段大繁荣和扩张,并因为欧洲的一体化进程以及前共产主义阵营国家的开放,获得了一股额外的推动力。这股推动力主要促进了高校领域的改革渴求,其目标是学科的更高程度的专业化——主要是在语言学以及普遍意义上的人文科学领域。在设置有关文化空间的大学课程以及研究中心的过程中,人们高度重视与实践的紧密关联性,体现在:传授与其他文化空间进行经济、政治和文化交流时所必需的知识和有效行为能力,并以其为导向,目的是通过实践相关性和跨学科性的教育增加毕业生的就业机会。

2.2 区域研究与国别研究

美国的区域研究理念在许多方面看起来与德国的**"国别研究"概念**、法国的文明研究以及美国的德国研究和法国研究等概念都具有关联性。国别研究(Landeskunde)也是一种"概况性知识"(Realienkunde)或者"文化研究"(Kulturkunde),作为外语课程和外国语言文学的一部分,是 19 世纪 80 年代在德国形成的,目的是传授关于一种陌生文化空间的整体维度方面的实践相关性知识。这一目标在两次世界大战的语境中获得了政治方面尤其还有民族心理方面的暗示,这直接导致了国别研究在 1945 年之后的十来年中横遭白眼,被从中小学和高等院校领域的教学大纲中剔除出去。

20 世纪 70 年代中期开始,国别研究踏上了复兴之路,从 80 年代末起,应中小学和大学的改革呼声,**国别研究的复兴**势头更是日益强劲,这一改革要求协助文化空间研究首先在欧洲经历了第二次繁荣。从此,两种主要理念逐渐凸显出来,主要出现在一些新的、具有更加强

---

① 参见 *Language and Area Studies Programs* 1962, S. XII-XIII。

烈的跨学科导向性的大学以及外语语言文学领域。①

• 一方面,**国别研究作为"国情学"**,从学科属性来看,是外国语言文学的一部分,并被视为其在文学学和语言学之外的第三根课程支柱。

• 另一方面,"综合国别研究"这一概念存在于一所大学的若干与各自文化空间相关的专业领域中,这些专业领域具有特殊的方法论和理论技能(尤其比如历史、社会学、政治学和经济学等专业)。在综合性导向的国别研究课程中,外国语言文学专业除了传授语言和文化能力之外,对教学能力也有一定的要求(比如实施相应文化空间的"国别研究导论"等课程),在研究领域中要求将重点放在文化学和媒体学领域。与大学的综合国别研究概念相应,在中小学层面,跨学科的实用专业课程在过去若干年中成为越来越热烈的讨论主题,而且在教师培训大会上也日益成为重要的商讨议题。

2.3 问题领域

在过去若干年中,尤其在美国,**区域研究**概念以及与之相联的国别研究概念在许多方面遭到了根本性的质疑和批评。

• 第一,人们对文化空间概念的"**本质化趋势**"进行了批判性探究,它从普遍意义上来说也是比较语言文学课题的基础。② 这一趋势倾向于将陌生社会的思想、价值观和象征体系视为"实质",并倾向于将其典型化(刻板化)③,在这种情况下大范围忽略文化内部差异(主要是社会和地区差异)以及文化的"跨文化维度",而这些差异和维度恰是主要在文化迁移和跨文化现象中,在跨边界、跨区域的文化互联,以及移民和移居过程中显现出来的④。

• 第二,传统的文化空间概念暗含着一种"**文化相对同质性空间**"

---

① 参见 Lüsebrink/Röseberg 1995。
② 参见 Espagne 1999, S. 36 f.
③ 参见 Said 1985;Palat 2000。
④ 参见本书第十三章"文化学中的异者研究"。

观——它们常常是国家文化空间(如法国、德国或者中国)或者具有政治定义(比如欧洲研究中的欧洲)以及具有宗教定义(比如东方或者伊斯兰学中的"伊斯兰"世界)的空间,而具有多元化跨文化关系网络的天然跨文化空间(比如加勒比海或者印度洋)却被忽略了。

• 第三,通过**忽视或者完全无视跨文化问题**将作为理念和行动导向的文化空间研究工具化(主要在政治和经济领域),这一做法越来越遭到人们质疑。在跨文化互动情境中,对话伙伴面对其他文化的成员会产生特殊的跨文化互动模式,类似的现象以及自我文化和异者文化的特殊观念和阐释模式是紧密关联的,并且发挥着核心作用。

• 第四,区域研究具有一种**涵盖宽泛的总括性学科形象**(umbrella disciplines)①,试图在汉学、日本学、伊斯兰学、印度学或者法国国别研究等单一专业学科中研究和传授一种陌生文化空间的所有维度,因此区域研究概念妨碍了连通对接系统性学科中理论和方法论进步的可能性,尤其因为它们被政治和经济政治因素越来越多地赋予了一种"无限的专家功能"②。理论和方法论进步在现代学术史中从根本上来看与单一学科日益增长的专门化和内部差异化有关,而尤其高校以外的方面则苛求区域研究必须具备"一种广泛的能力,以掌握由其研究的、假定相对同质的'文化空间'的全部历史和现实知识存量"③。

3. 跨文化交际

"跨文化交际"这一概念以及与之相联的教学和研究方向(其中一部分成了专业学科)旨在研究**不同文化成员之间的关系的交际维度**。在这一背景中,根据研究方向的不同,"交际"要么指的是知识**面对面交**

---

① 参见 Lackner/Werner 1999。
② 同上,S. 39。
③ 同上。

流的形式,要么也包含媒介化了的交际形式。除了跨文化交际场景的媒体再现(普遍而言也包括跨文化交际场景的典型风格化),比如电视剧中、虚构文学中出现的跨文化交际场景,媒介化了的交际形式还包括狭义的媒体交流形式,比如有关其他文化的媒体报道以及有关陌生文化空间的信息和图像交换。① 在这一逻辑中,"文化"这一概念一方面是从语言角度进行定义的,另一方面也是从文化象征系统的特征角度(宗教、价值体系、社会习俗、文化特定性身份形象)进行定义的。在涵盖广阔的、天生具有跨学科性质的跨文化交际研究工作领域内部,主要在理论和方法论方面形成了四个领域:"互动过程"、"文化迁移"过程、"异者感知"现象和"跨文化性"形式。

3.1 跨文化互动过程

跨文化互动过程涵盖了不同文化成员之间的相遇场景。占据这种场景研究中心的是**交际过程**:其动态过程,其结构和发展形式以及作为其基础的文化和思想行为模式。后者在跨文化研究中主要从属于"文化标准"这一概念之下。

文化标准理论以霍夫斯塔德②、亚历山大·托马斯③和佛恩斯·汤皮诺④为代表人物,其出发点是:不同文化标准造成的文化距离导致跨文化相遇时出现一些情况和问题。它们在某种层面上是可以被分析的,由此也是可以被训练的。由此,互动伙伴的文化—思想特点从文化标准理论的角度来看显示出一种突出的价值意义。托马斯为"文化标准"这一概念做了如下定义:

  文化标准对于群体、组织和国家而言是感知、思维和行为的典型导向标杆。就像一种标准说明了一个对象在通常情况

---

① 参见本书第十六章"媒体文化学"。
② 参见 Hoftstede 1991。
③ 参见 Thomas, 1991a。
④ 参见 Trompenaars 1993。

下如何具有某种性质,一个经常出现的大事件在通常情况下是如何发生的;文化标准确定的是下列情况的标尺,如一种特定文化的成员应该如何谈吐,人们如何看待、评价和讨论客体、人物和历史事件的经过。①

霍夫斯塔德②在其广泛的经验性研究中对**五种文化维度**进行了区分。它们作为文化标准在霍夫斯塔德看来对于跨文化互动场景中的社会行为方式来说是基础性的。

(1) **个体主义/集体主义**,即一个社会对个体或者集体价值取向的意义进行评价。

(2) **对不确定性的规避**,即社会对不确定或者未知情形带来的威胁进行评估。霍夫斯塔德认为:"这种感觉主要是在紧张的身心压力以及对可预见性的需求中获得表达的:一种对书面的以及非书面的规则的需求。"③

(3) **权力距离**,被定义为"权力方面处于弱势的成员可以期待并接受一个国家的机构或者组织对权力做出的何种程度的不公正分配。家庭、学校和集体等机构构成了一个社会的基本要素;组织意味着人们工作的地方"④。

(4) **男性度/女性度**:在霍夫斯塔德看来,"男性社会"是对性别角色进行严格区分的文化,男性和女性在其中都坚定地以成就和竞争为导向。由此产生的互动场景中的行为更加强烈地体现出下列特征,即遵循自我目标的实现并持之以恒地贯彻、实现它们。而他认为"女性社会"来自性别角色趋向于重叠交叉的文化,在其中,女性和男性都表现得更加社会化,倾向于通过交流意愿和妥协意愿来解决冲突,交流伙伴在其行动中更加注重对方的期待和需求。

---

① 参见 Thomas 1991a, S. 5。
② 参见 Hofstede 1993。
③ 同上, S. 133。
④ 同上, S. 42。

(5) **时间意识**:霍夫斯塔德将其定义为一种文化共同体的时间视野和规划视野,它可以具有短期、中期或者长期的性质。由此人们可以在一种尺度上观察:一个社会的成员倾向于设置长期还是短期的生活规划,这个社会是盛行坚忍顽强、以地位为取向的社会关系和羞耻感这样的价值观,还是个人稳定性、传统以及给予和获取的相互关系在其中占主导地位。在显示出长期取向的文化中,"坚韧(持久)","对"遵循地位取向的关系秩序"的确定以及维持,"节约"和"羞耻"获得特别推崇;相反的是,在倾向短期取向的文化中,人们重视的是"个人的稳定性和稳固性""'脸面'的保全""对传统的敬重"以及"对问候、援助和馈赠的回敬"。①

上述提及的五种维度是基于1968年到1972年间由40个不同国家的IBM职员回答的116 000份调查问卷而提取出的研究结论,霍夫斯塔德自己针对这五种维度进行过多次更新,并主要由托马斯②、汤皮诺③和爱德华·T.霍尔④通过研究对其进行了细分和拓展。托马斯/穆勒⑤在一项针对德国—美国跨文化关系的研究中没有遵照霍夫斯塔德的五种维度,而是提出了七条文化标准,这些标准被赋予了具有行为导向性和指示性的核心功能:个人导向性、等级导向性/关联性、核心/威权式决策过程、少许责任导向性、荣誉感、多元时间观念、沉着镇定。托马斯的扩展性研究主要针对的是德国人和中国人之间的跨文化交际,他继续对文化标准理念进行了细分并设计出文化标准的结构化和等级化模式,在此过程中,他还特别区分了核心文化标准和语境性文化标准。⑥

与文化标准理论相反,交际学和语言学理念主要将其注意力集中

---

① 参见 Hofstede 1993, S. 190。
② 参见 Thomas 1991a, b, 1993。
③ 参见 Trompenaar, 1993。
④ 参见 Hall, 1976, 1989。
⑤ 参见 Thomas/Müller, 1991, S. 131 - 135。
⑥ 参见 Thomas/Schenk 1996。

在跨文化过程的**互动和交流动态**过程方面。它们并不是不同文化和交际形式的相遇,而是情境特定性的协商,在这种协商过程中,与和自我文化代表进行交际的场景相比,交际伙伴具有明显不同的反应。在跨文化研究中,人们为此塑造了"**中介文化**"(Interkultur)**这一概念**,指的是一种"由文化联系构造出来的"①交际性"中间文化"(Zwischenkultur)。

> 这意味着,在这样一种中间世界里面一定存在具有文化构建性的、"新的"协定,参与者的起始文化($C1$、$C2$、$C3$)的规则体系并不能对其进行描述。用正面的话语来表达就是,这样的由情境制造出来的"中间世界"被赋予了一种**第三性文化**的身份。[……]这种第三性文化探寻的是被阐释为异者的交际行为的影响以及对此交际行为做出的反应。②

跨文化交际情境因此显示出一种独特的、具有互动性的活力,这种活力的存在使人们得以商定交际和行为规则。它发挥作用的过程由于参与者的交际和文化标准仅仅是在有限的范围内得到掌控,所以具有可预见性。穆勒-雅奎尔(Müller-Jacquier)认为,必然有这样一种

> 特性,即在跨文化交际情境中存在着某种规则不确定性,所有的协同互动者都准备好了[从其自我文化的视角出发]接受在特定情况下规则所遭到的破坏,同时试图创造一种共同的、与情境相适应的规则网络。[……]。因此从本质上来看,这样在互动中产生的过程是通过交际形式得以相互区分的,比如,一位作者通过书面文本向一位读者传递信息,这种交际过程只可能具有有限的互动性。③

在承继卡尔弗里德·克纳普(Karlfried Knapp)(1992)和阿奈莉

---

① 参见 Müller-Jacquier 1999, S. 37。
② 同上, S. 38。
③ 同上, S. 33。

尔·克纳普-珀特霍夫(Annelie Knapp-Potthoff)(1990)、朱莉安娜·豪斯(Juliane House)(1989)和杨·藤·提耶尔(Jan ten Thije)(1997)研究成果的基础上,穆勒-雅奎尔为**跨文化交际情境的分析**提出了一种差别化的范畴,总共具有十点要素。①

(1) **社会性内涵/辞典**:概念在社会内涵层面上的文化特定性意义。比如,德语中的"Konzept"(概念、理念、设计)、"Sonntag"(星期天)这样的词汇翻译成法语中对应的词汇,其社会性内涵就和德语中完全不一样了(法语的"concept"意为粗略的、还需要讨论的构思;"Dinamche"意为一个节庆日,不过在这一天也可以安排工作日的事情,比如洗车等)。

(2) **语言行为/语言行为结果**:语言行为的文化特定性运用,比如"承诺""命令""声明""让步"等。

(3) **对话的组织**:话语过程的管理,它们具有不同的文化特定性(比如讨论、商务谈判、演讲、咨询、门诊/答疑/对外办公时间)。与对话组织的惯例相关的是文本类型或者文本模式的文化特征这一更高级别的问题,它影响着面对面情境中以及媒体这种形式上的跨文化交际。这些情境和形式被沃尔夫冈·海因曼(Wolfgang Heinemann)定义为"交际者的互动知识的一部分。它们是一些范例/模式,由社会决定,为个体内在化,与错综复杂的互动整体和文本整体相关联,它们作为这样的范例和模式发挥作用"。②

(4) 公共的/私人的交流情境**主题**(享有特权的交际主题,禁忌主题,等等)。

(5) 交际的**直接性/间接性**:对话伙伴的称呼形式,依照文化特定性被视为得体的、礼貌的、克制的或者在不同的情况下被视为其反面。

(6) **表达**:与对话伙伴的情境、年龄、权力地位、性别和被选择的层

---

① 参见 Müller-Jacquier 1999,S. 57 – 99。
② 参见 Heinemann 2000,S. 23。

面有关的不同表述方式,其目的在于为交际情境找到文化特定性的"正确口吻"。

(7) **言外因素**:声音、发音、音色、音量、说话节奏。

(8) **非语言因素**:身体语言和空间关系(运动行为,主要指与对话伙伴的身体距离,在不同的文化中千差万别,并且具有特定的含义)。

(9) **文化特定性价值观/立场**:作为解释跨文化交际情境中的行为的模式("文化标准")。

(10) **文化特定性行为**,行为顺序和习俗:由语言因素和非语言因素伴随着的行为被视为具有文化特定性,比如有些行为就被人们视为典型的德国做派(问候习俗,比如在饭馆叩击桌子;社交性习俗,比如邀请对方下午去喝咖啡;自我感知模式和认同模式,比如德国文化中学术头衔的意义)。

源于上述元素的跨文化交际情境动态过程使得交际伙伴相互靠近以及让步和妥协(比如在问候惯用语方面)的现象出现了,但同时也带来了跨文化错误阐释和误解。后者在跨文化研究中,主要在跨文化训练过程中,发挥着核心作用。这种形式的"危机事件"(Critical Incidents)"在通常情况下被用于展现有关一种陌生文化中的人的行为导向和习惯知识以及/或者有关处理冲突性跨文化情境的机制的知识"[1]。为了展现文化差异和交际差异并设法解决它们,人们开发了"文化同化训练"(Cultural assimilator)作为基于对危机事件进行阐释的训练方法,这是一种跨文化教学方案,以跨文化交际过程的系统化问题为出发点。

批评家指责文化标准理论使得文化价值和规则能够"以类似自然科学式方式对行为进行控制"[2],这样的文化标准理论和分析跨文化交际过程的语言学—交际学方法之间在过去几十年间产生了一系列的关

---

[1] 参见 Müller-Jacquier 1999, S. 179。
[2] 参见 Krewer 1996, S. 151。

联，它们致使文化标准方面的建构主义视角变得更加强烈。托马斯在新近的研究中研究了文化标准在具体的跨文化互动和交际情境中的行为效应问题，他承认存在一种不断增长的重要意义，并在这一关联中对其功能做了如下表述：

> 在这样一种相遇场景中，参与的人不仅单纯相互面对面地完成了与文化标准关联着的行为，而且在互动过程中创造、尝试并必要地定义了新的文化形式（相遇文化、冲突解决文化和合作文化）。①

伯恩特·克雷沃尔(Bernd Krewer)从类似的视角将文化标准定义为"特殊的导向体系[……]，这些标准是被建构出来的，目的是让人们能够理解并交流特定跨文化联系场景中自我和异者的感知、思维、感觉和行为"。于他而言，文化标准展现了"在跨文化相遇情境中进行自我反思和异者反思的方法"②。据此，在跨文化互动中，人们只有在可以确定交流伙伴之间的文化距离的情况下才可以预见到它们，因为在互动中，人们为了发挥协同作用会不断发现新的创造可能性。在跨文化交际场景中，人们彼此之间会进行相互判断，开始时常常出于非常刻板的偏见进行相互感知，一些相互的想象模式在互动的动态过程中也经常被不断修正，正是这些相互的判断、感知、想象具有特别的意义。藤·提耶尔③和穆勒-雅奎尔④的研究也追循着相似的目标，他们试图分析跨文化交际和行为语境中的文化标准并由此强调其情境关联性，这与霍夫斯塔德的研究完全相反，他在文化标准中观察到的是一个社会的成员的思想程序设计。

　　这样一种对跨文化行为中的价值导向进行分析的方

---

① 参见 Thomas/Schenk 1996, S. 25。
② 参见 Krewer 1996, S. 152。
③ 参见 ten Thije 1997。
④ 参见 Müller-Jacquier 1999。

法——包括在训练条件下——能够考虑到这样一个事实,即如果更加仔细地探究的话,"德国"文化标准首先是**普通德国人的行为领域中**具有德国特征的文化标准。因为从理论上看,普通德国人的行为状况有可能致使德国的谈话伙伴特别强调直接、真诚这样的特定文化标准,原因可能在于,他们认为来自陌生文化的对话伙伴的语境化了的谈话方式是不明确的。由此,他们使得一种文化标准变得具有互动相关性,它在德国人之间的谈判中具有不同的意义和不同的行为影响。人们必须将文化标准的影响评价为对行为的**再**反映,这样的再反映正是由跨文化情境引发的。①

联系到跨文化交际的互动层面,人们可以将**跨文化能力**定义为:

跨文化情境中的策略性行为和交流能力,它们能够从不同的文化视角观察(由情境建构的)内涵,能够分析陌生文化规则和文化特定性行为取向,能够协商富有建设性的情境含义。跨文化能力也囊括了文化比较能力以及判断由文化决定的差异(包括独特的、对于他者而言"异常"的表现)的作用。②

跨文化能力的这一定义方式也可以用于一种得到拓展的"跨文化交际"概念,后者除了面对面的交流以外也包含了不同文化及其成员之间的媒体化交流形式,比如文化迁移的形式、跨文化性的形式。

3.2 文化迁移

"文化迁移"这一概念与20世纪80年代产生的研究方向有关,它将人们的视线转移到了跨文化交际的过程上面,认为跨文化交际不仅仅具有情境和互动相关性,而且发生在媒体和其他文化表达形式和实

---

① 参见 Müller-Jacquier 1999, S. 96。
② 同上, S. 181。

践中。在此间,狭义上的、情境性的跨文化交际现象经常扮演着一个重要的、有时甚至是核心的角色,却被归属于文化系统进行交流和交际的重叠语境中。在"文化迁移"这一概念下,人们理解的是**文化人工制品(比如文本、话语、媒体、行为)的跨文化传播和传递**,在这一过程中,需要区分三点结构性元素。①

(1) **选择过程**:这一过程使人们注意到跨文化选择的逻辑,人们可以借助这种选择过程分析一种语言空间和文化空间的哪些作品被翻译到了哪些其他文化中,哪些美学风格和表达形式(比如巴洛克或者超现实主义风格)在哪些其他文化空间中被人们模仿或者创造性地学习,新的文化活动(比如快餐)在何种强度上被人们接受并传播。

(2) **传播过程**:在这一过程中,一方面人们要不同类型的"跨文化传播者",即个体传播者(比如游客、交换生)、职业传播者(比如翻译者、外语教师、驻外记者)和机构传播者(比如文化研究所和媒体的驻外机构);另一方面传播过程也包含"跨文化传播情境"(比如自发的对话、导游活动、外语课、经济领域的谈判、外交磋商等)。

(3) **接受过程**:包含了跨文化学习(利奥内 1996 年提出的 appropriation② 意义层面上的学习)的不同形式,从模仿或者仿造到创造性学习的形式和从其他文化中对文化制品进行彻底转变。在各异的跨文化学习形式中接受一件作品,如莎士比亚戏剧,是来自高雅文学文化领域的一个例子:对莎剧的接受,从尽可能接近文本、忠于原著的翻译,直到政治新阐释、跨文化重新解读的后殖民主义形式或者对莎士比亚戏剧的再读(re-reading)③以及再写(re-writing)④。文化迁移过程在其不同的维度上也可以用相同的方式在物质消费文化中观察到,比如借助美

---

① 参见 Lüsebrink 2001;Lüsebrink et al. 1997。
② 参见 Sinne un Lronnet 1996。(意为挪用。——译者注)
③ 比如《麦克白》在 20 世纪 80 年代的中国,参见 Chen 1997, S. 160 ff.
④ 比如 1966 年加勒比海地区作家艾梅·塞泽尔(Aimé Césaire)在戏剧《一场暴风雨》(Une Tempête. Adaptation pour un théâtre nègre)中将莎士比亚的《暴风雨》改编为黑人戏剧。

学和美食学模式以及麦当劳在不同文化空间中的营销理念，在亚洲地区，麦当劳的营销手段发生了根本性改变，并且从跨文化角度做了适应性调整。①

上述例子，不管是文学领域中的"莎士比亚接受"，还是与大众文化和经济学相关的"美国快餐链的文化迁移"，都显示出文化迁移现象中的**"选择""传播"和"接受"这三点要素**。这两种情况中，跨文化传播机构以及跨文化互动情境都发挥着核心作用：传播机构（或者传播人物），如其他语言和文化空间的翻译者、出版商、戏剧家和作家，他们研究莎士比亚的戏剧作品，并在此顾及译出文化的特定文化和社会期待视野；或者营销经理以及当地麦当劳餐厅的主管，他们在考虑到顾客的文化特定性饮食和行为习惯以及文化价值体系的情况下，努力使饮食商品、空间布局、服务过程、广告营销和公关工作符合特定的文化。在此，跨文化互动情境都有着相应的核心意义：就莎士比亚接受和新阐释而言，跨文化互动发生在出版商和翻译者之间以及导演、剧作家和演员之间，他们将一个文本在一种语言和文化空间中从语言、身体语言和象征角度进行"翻译"和改编；以及在接受层面上——批评者和公众之间的互动，他们从其自身的文化特定性视角出发来填充作品的意义潜力。对于快餐链的跨文化迁移和与之相关的营销理念而言，互动存在于美国麦当劳的经理们和当地的全体员工之间，后者必须和当地的顾客交流、互动，并要努力接近其文化的行为方式和思维方式。

同时还有一个例子。它源于历史，对其的重新阐释产生了现实意义，这就是巴洛克在欧洲之外的社会和文化中的影响和接受问题。这个例子形象地显示了文化迁移的创造性维度以及文化迁移过程中经常可以观察到的相互性。瓦尔特·摩泽尔②从巴洛克美学和文化人类学模式的转播和创造性加工方面对巴洛克形式在17世纪和18世纪上半

---

① 参见 Watson 1997。
② 参见 Walter Moser 1998，2001。

叶的拉丁美洲的第一阶段创造性学习和再循环进行了区分,而在 20 世纪末期,人们则可以观察到第二阶段中巴洛克形式的跨文化迁移和创新性研究:在古巴作家阿莱霍·卡彭铁尔的小说《巴洛克音乐会》[①]中,作者从后现代视角出发描绘了一位拉丁美洲的贵族去 18 世纪弥漫着巴洛克风情的欧洲旅行,展现了欧洲与同时期殖民地之间巴洛克美学形式方面的文化距离;或者,巴西女艺术家阿德里安娜·瓦莱乔(Adriana Varejão)的艺术作品,她撕取模仿 17 和 18 世纪具有异域风情的殖民主义风景画中的片段,并用刻意的陌生化方式将它们——一块一块的肉或者截断的身体部位——融入作品的其他地方,从而尝试在绘画中从视觉和物质角度表现殖民主义的身体暴力。[②]

3.3 异者感知

异者感知现象在跨文化互动的动态过程以及文化迁移过程中扮演着核心角色。它们在不同的程度上影响着自我的反应模式以及对方和对话伙伴的反应模式。异者感知现象塑造着与陌生文化以及成员进行跨文化交流的基本心理因素,比如新奇、吸引力、求知欲,或者诸如无所谓、拒绝和漠不关心这样的负面情绪。同时,作为思想立场和感知模式的显露形式,它们对于跨文化交流联络的动态过程以及文化迁移的目标和深度具有决定性意义,无论是翻译的形式,还是源自其他语言和文化空间的信息或者电影。

> 只有一条能够些许地帮助一位来自西方的经理,即他需要更好地了解他的非欧洲伙伴。简单而言,他也必须更好地面对这位伙伴想象中的那个他。自我和异者的有关想象是以多种方式交织在一起的。身份认同在第一眼的时候就具有了自我指涉性。事实上,它们对许多来自外部的感知、刺激、阐

---

① 参见 Alejo Carpentier, *Concierto barroco*, 1974。
② 参见 Zamudio-Taylor 2000。

释都会做出反应。①

在跨文化研究中,主要是下列的概念性差异发挥着核心作用。

- **自我固化形象**(Autostereotypen)和**异者固化形象**(Heterostereotypen)之间的区别。它们在人际交往和跨文化交际中发挥着异者感知和自我感知以及异者主题化和自我主题化的功能。
- **自我感知**和**异者感知**的区别。从跨文化视角来看它们是相互紧密联系的,因为"自我认识是人际交往和跨文化交际的产物",是"建立在异者认识活动的基础上"的。②
- 不同**异者感知形式**的区别,涵盖了对事实复杂性进行简化的套路化形式(固化形象、陈规俗套)、套路化感知的偏见性和意识形态形式(偏见)以及不同的认知的复杂性。

沃尔夫冈·霍克瑞博(Wolfgang Hogrebe)以及恩斯特·伯施认为**自我感知和异者感知的联系**是不可分割的。他们以此为出发点,将异者感知模式与否定自我文化认同模式的三种形式联系在一起:在社会学方面,否定从属性;在认知论方面,否定一种知识的存在性;在心理学方面,否定熟悉性。这在情境化(或者媒介中介性)跨文化交际场景方面隐含着这样一个问题,即互动伙伴(们)是否可以归属于自我共同体或者群体(Ingroup);交际伙伴(们)具有何种规模的相同或者不同的知识储备;有鉴于交流伙伴的反应方式,人们是否能够认为他(们)熟悉自我文化。③

卡尔·弗里德里希·格劳曼(Carl Friedrich Graumann)和玛格丽特·温特曼特尔(Margaret Wintermantel)在他们的认知心理学研究中探索了面对异者时固化形象式的反应方式的普适性问题,并且设计出了一种反应类型模板,包括了从"我们"和"你们"之间的认同建构性区

---

① 参见 Lackner/Werner 1999, S. 41。
② 参见 Wierlacher 2001, S. 363。
③ 参见 Hogrebe 1993, S. 358; Boesch 1996, S. 90。

分[分开(Separating)和保持距离(Distancing)],到固定形象化的不同程度,直到用偏见性的、种族主义式的方法对异者及其文化和心理特征进行降级[使贬值(Devaluating)和降低价值(Debasing)]的不同形式。在这一理念的进一步深化中,对跨文化交际情境过程的分析除了有意追溯复杂(简化)程度不一的自我感知和异者感知形式之外,也揭示了其在特定交际情境(笑话、对话开头)和文本类型(广告、讽刺文学)中的频繁出现和必然不可避免性。在外语教科书以及诸如起步阶段的课堂情境中也是如此,在这样的情境中,虽然对自我民族和异者民族中人物群体的再现是固化形象式的、简化了的、公式化了的,具有类型化性质,展示了所谓的文化典型性,即便这样的再现活动在教学过程中的运用受到越来越多的质疑,它们依然发挥着重要的作用。

跨文化联系的动态过程和深化绝对不像人们通常假设的那样会因为异者感知活动在认知方面出现更加复杂的结构而不可避免地导致偏见的消除,导致形象固化的以及(或者)充满了偏见的形式的溶解,而是根据不同的语境、情况和跨文化交际情境过程,也有可能导致它们的强化和固化。这尤其适用于跨文化交流与显著的社会、政治和种族不平等现象重叠在一起的情况,比如军事占领以及殖民附属的情况。虽然人们经常进行非常深入的跨文化接触,但是异者感知的偏见和形象固化形式依然不可避免地得到了强化。

另外,针对形象固化在跨文化过程中的功能的新近研究还显示出人们不应该孤立地观察自我感知和异者感知的固化形象形式,而有必要在其历时性的动态过程中、在其话语意义的关联中去看待它们。① 刻板的异者感知形式在许多情况下构成了**集体认同模式**的基础,它们的价值获得了重新评判和认可:比如,在20世纪80年代的法国,马格里布移民掀起了文化和政治运动,他们自称为 *Beurs*②,这是他们有意

---

① 参见 Rosello 1998。
② 法语词,意为"生在法国的马格里布后裔"。——译者注

接受并重新评价了阿拉伯(Arabe)这一概念(它的两个音节在 beur 中被调换了)及其在法国社会中的负面固化形象。Beurs 这个例子同时也展现了形象固化性的异者感知和自我感知过程中日常世界和媒体动态过程之间的紧密关联。自从这一词汇被马格里布裔的记者[如塔哈尔·本·杰隆(Tahar Ben Jelloun)]、政治家[如哈莱姆·德西尔(Harlem Désir)]、作家和电影制片人[如梅迪·沙雷夫(Mehdi Charef)]采用以来,刻板化的异者感知和自我感知过程在法国社会和阿拉伯少数族裔的社会性自我认知中也部分地发生了根本性的改变。

3.4 跨文化的多种形式:杂交、克里奥尔化、混杂、新巴洛克

跨文化交际的形式,无论是互动还是文化迁移,都使参与其中的文化创造性地学习其他文化和语言,由此开启了文化融合过程。在过去的几十年中,跨文化教育和研究工作对此给予了越来越多的关注。创造性地学习其他文化和语言是重要的跨文化形式。在文化学讨论中,这些形式被表达为各异的概念,主要有 Métissage(杂交)、Transkulturalität(文化交叉)、Hybridität(杂交)、Kreolisierung(克里奥尔化①)、(Neo-)Baroque[(新)巴洛克]和 Third Space/Dritter Raum(第三空间)。

描述文化杂交现象的最古老同时也是传播最广泛的概念当属 Métissage(杂交)。它源于葡萄牙语"Mestizao"(16 世纪),具有殖民由来。它被创造于 16 世纪的巴西,用来描述不同种族的成员在生物学意义上的混合。主要从 20 世纪 30 年代开始, Métissage(杂交)这一概念成为殖民意识形态的重要概念,尤其在法国的殖民地范围内。它描述的是在法国语言和文化的霸权下,努力将宗主国文化和殖民地文化同化融合为五大洲上人口达到一亿的民族(Nation de 100 millions d'habitants)。与 Métissage(杂交)这一概念相关的种族和文化混合的

---

① "克里奥尔"一词原意是"混合",泛指世界上那些由葡萄牙语、英语、法语以及土著语言混合后形成的语言。——译者注

殖民意识形态相反,早期的非洲和非裔加勒比地区的文学和文化理论〔代表者为莱奥波德·塞达尔·森戈尔(Léopold Sédar Senghor),艾梅·塞泽尔(Aimé Césaire),莱昂-贡特朗·达玛(Léon-Gontran Damas)和阿卜杜拉耶·萨基(Abdoulaye Sadji)〕提出了一种 *Négritude* 理论(黑人精神理论)。这一理论建立在为非洲的美学和文化价值进行辩护的基础上,极度拒绝文化和种族杂交现象,有时甚至带有敌视的尖刻。萨基(Abdoulaye Sadji)的小说 *Nini, mulâtresse du Sénégal* ①(1947)以及菲利·达波·西斯科(Fily Dabo Sissko)的文化理论文集 *Les Noirs et la Culture* ②(1950)是具有时代特点的例子,它们分别用虚构和文化理论的形式体现了这一立场。

从20世纪80年代开始,后殖民理论的建构活动做出了重要贡献。它从理论角度对起初明显受到殖民影响的、具有强烈感情色彩的 *Métissage* (杂交)概念进行了重新认识,尤其在加勒比作家和文化理论家爱德华·格利桑③和法国文化史学者古伦辛斯基④的作品中,一些情况下,人们还在理论讨论中将 *Métissage* (杂交)与有时几乎被视为其同义词的 *Hybridité* (杂交)、*Néo-Baroque* (新巴洛克)和 *Créolité* (克里奥尔特质)这些概念联系起来。古伦辛斯基⑤和墨西哥人类学家维克多·萨穆迪奥-泰勒⑥首先区分了对 *Métissage* (杂交)概念进行重新审视的两种维度:一种维度是殖民主义语境中跨文化认同的形式;另一种是文化反抗的维度,文化反抗不是显示在拒绝和沉默中,而是显示在对欧洲文化模式和认同模式进行异教式、颠覆性的学习和转变及其与拉丁美洲语言形式和文化形式的联系中。尤其在艺术和建筑中,以及在宗教活动和礼俗中——比如对墨西哥民族圣女瓜德普罗的圣母玛利亚

---

① 法语,意为"尼尼,塞内加尔的黑白混血儿"。——译者注
② 法语,意为"黑人文化"。——译者注
③ 参见 Edouard Glissant 1981。
④ 参见 Serge Grunzinski 1999。
⑤ 参见 Gruzinsiki 2001。
⑥ 参见 Victor Zamudio-Taylor 2000。

(Santa Maria de Guadapule)的宗教崇拜，它综合联结了基督教天主教和前哥伦布时代的印第安元素①——Métissage(杂交)的颠覆性维度得以显示，当代的艺术和文学作品对此有充分体现，比如古巴作家卡彭铁尔的小说，法属加勒比作家帕特里克·夏穆瓦佐(Patrick Chamoiseau)的小说《德士古》(*Texaco*，1992)，或者委内瑞拉艺术家迈尔·魏斯曼(Meyer Vaisman)的作品。

从这一角度来看，在欧洲以外(拉丁美洲、非洲和亚洲)的殖民和后殖民文化中，巴洛克时期以及具有时代交叉性的巴洛克风格似乎是跨文化同化机制的典型表达形式，这种机制可以用在理论探讨中对经常作为同义词使用的 *Métissage*(杂交)、*Néo-Baroque*(新巴洛克)和"多元诗学"(*Poétique du divers*)②等概念进行概括。殖民时代必须被视为第一个经济、政治和文化全球化时期③，这一时期内的巴洛克作为文化迁移的结果，在欧洲以外发生了剧烈的变化，与印第安、日本或者菲律宾的文化风格产生了混合，在上述文化的建筑、音乐、文学、宗教礼仪、绘画以及语言表达方式方面得到了体现："西方与前哥伦布时代传统的结合使得一种发生奇妙混杂的宇宙形成了，在其中，时代、语言和文化不可分割地联系在一起。"④

在后殖民理论探讨中人们对 *Métissage*(杂交)概念进行了新的观照，"**克里奥尔化**"⑤(法语为 *Créolisation*，英语为 *Creolization*)这一概念和"**克里奥尔特质**"⑥(法语为 *Créolité*，英语为 Creoleness)在许多方面直接承接了这种新观照。不过，Créolité(克里奥尔特质)作为新创造确切说来并没有承载黏附在 *Métissage*(杂交)这一概念上的殖民历史。此外，就像夏穆佐瓦、让·巴纳贝(Jean Bernabé)、拉法埃尔·康费安

---

① 参见 Gruzinski 1999。
② 参见 Glissant 1995。
③ 参见 Gruzinski 2001。
④ 同上，S. 116。
⑤ 原文为德语 Kreolisierung。——译者注
⑥ 原文为 Kreolität。——译者注

(Raphaël Confiant)在散文随笔《克里奥尔颂》①(1989)中着重指出的那样，Créolité(克里奥尔特质)还突出了跨文化杂交过程的"语言"维度，以特别显著的方式在加勒比和印度洋等天然的文化交叉地区得到了体现。在文学中，"克里奥尔化"现象在语言编码的不同层面上都有体现：在词汇中，在句法中，在语义中，尤其是通过将克里奥尔式的口语元素进行融合②，通过在语义方面对法语词汇进行重新编码(与口头语言使用类似)，以及通过运用来自不同语言和象征体系的多语言代码对加勒比地区等文化空间的多语种使用场景进行文学加工。"我们征服了法语"，《克里奥尔颂》的作者们如此评判加勒比地区的法国语言和文化的克里奥尔化。"如果说克里奥尔语是我们的法定语言这一说法成立，那么法语就是被一步步地强加于我们的，继而被我们捕获、合法化和接受。"③

"杂交"/"杂交性质"和 Third Raum(第三空间)④概念主要是在北美和拉丁美洲的跨文化讨论中产生的，与"克里奥尔化"和 Métissage(杂交)概念一样指的是类似的文化和语言同化过程，当然着重点不一样。在此，跨文化动态过程也被视为对异者文化的文化元素——首先是异者语言——的创造性学习。"用外语写作"⑤，流亡生活和写作的跨文化创造性⑥，反映多语言之中(之间)的生活经验的"暂时性认同"建构⑦，以及多元文化背景下的生活世界的复杂性⑧，这些现象都是非常重要的。"文化迁移"、Métissage(杂交)和"同化"这些概念都是各自从业已存在的实体(文化空间、文化和人种单元)出发的，由此针对的是

---

① 原文为法语 Eloge de la créolité。——译者注
② 参见 Bernabé 1997。
③ 参见 Bernabé/Chamoiseau/Confiant 1989，S. 46。
④ 参见 Bhabha 1994。
⑤ 参见 Gauvin 1997；Dion/Lüsebrink/Riesz 2002。
⑥ 参见 Bhabha 1994。
⑦ 参见 Spivak 1995；Ghosh-Schellhorn 1997；Aciman 1999。
⑧ 参见 Simon 1999；Canclini 2001。

跨越和克服文化边界的过程,而"杂交"这一概念领域则更加关注个体和群体的多元文化认同以及多元文化空间,这是由文化和语言边界的多孔性本质造成的。"杂交"主要出现在纽约、伦敦、柏林、洛杉矶或者墨西哥城这样的多种语言、多元文化融汇的大都会中,在这些城市,杂交过程不仅显示出存在社会冲突的可能性(通过对传统等级以及空间边界的质疑),也展现出文化创造性方面的一种不同寻常的潜能。①

如果人们分析一下欧洲之外用欧洲语言写就的文学,那么就会发现"杂交"这一概念也同时指出了其根本的"翻译结构"的核心意义:比如,来自孟买、用英语进行创作的作家萨尔曼·鲁西迪(Salman Rushdie)(《撒旦诗篇》,1988),或者以法语为母语的非洲小说家阿马杜·库鲁玛(Amadou Kourouma)(《独立的太阳》②,1968),他们的作品在文学艺术手法、文化代码以及词汇、句法和语义方面都受到了作者的多种语言和多元文化社会环境的深刻影响。库鲁玛将自己的文学创作称为对同时使用两种语言的尝试,"用法语写作,用母语思考",由此,在他的小说中,第一眼看上去似乎由法语占据主导地位的文本结构的不同文本层面映射出了作者的母语——马林凯语义及其文化代码。③

以法语为母语的非洲小说家阿马杜·库鲁玛的例子显示,跨文化交际的互动和媒体形式是紧密交织的:文学虚构对日常世界的跨文化形式进行加工并使之具有独特风格,作为作家和卓越的文化传播者,库鲁玛在非洲语言的口语文化以及法语的书写和统治文化之间的文化传播工作体现出这种跨文化形式的特质。他的写作方式反映了非洲多元文化的日常世界中跨文化交际情境的复杂性,反映了语言含义和行为模式之间的协商,反映了惯用语表达和隐语图像的多义性,反映了误解和由语言造成的冲突的危机,读者在阅读过程中、在某种程度上也可以在自己身上体验到这种危机。

---

① 参见 Canclini 2001, S. XII。
② 原文为 Les Soleils des Indépendance。——译者注
③ 参见 Kourouma 1997。

参考文献

基础著作和导论

Appiah, Kwame Anthony/Gates, Henry Louis (Hgg.): *Identities*. Chicago/London: University of Chicago Press 1995.

Bhabha, Homi: *The Location of Culture*. London: Routledge 1994.

Böhme, Hartmut (Hg.): *Topographien der Literatur. Deutsche Literatur im transnationalen Kontext. DFG-Symposium 2004*. Stuttgart/Weimar: Metzler 2005.

Hahn, Alois/Platz, Norbert H. (Hgg.): *Interkulturalität als neues Paradigma*. Trier: Trierer Beiträge 1999.

Lüsebrink, Hans-Jürgen: *Interkulturelle Kommunikation. Interaktion, Fremdwahrnehmung, Kulturtransfer*. Stuttgart/Weimar: Metzler 2005.

Lüsebrink, Hans-Jürgen/Röseberg, Dorothee (Hgg.): *Landeskunde und Kulturwissenschaft in der Romanistik. Theorieansätze, Unterrichtsmodelle, Forshungsperspektiven*. Tübingen: Narr 1995.

Said, Edward W.: *Orientalism*. Harmondsworth: Penguin Books 1985 [1978].

Thomas, Alexander (Hg.): *Kulturstandards in der interkulturellen Begegnung*. Saarbrücken: Breitenbach 1991a.

Wierlacher, Alois (Hg.): *Kulturthema Fremdheit. Leitbegriffe und Problemfelder kulturwissenschaftlicher Fremdheitsforschung*. München: Iudicium 1993.

供深入阅读的文献

Aciman, André (Hg.): *Letters of Transit. Reflections on Exile, Identity, Language, and Loss*. New York: New Press 1999.

Armstrong, Elizabeth/Zamudio-Taylor, Victor (Hgg.): *Ultrabaroque. Aspects of Post Latin American Art*. San Diego: Museum of Contemporary Art 2000.

Bennett, Wendell C.: *Area Studies in American Universities*. New York: Social Science Research Council 1951.

Bernabé, Jean/Chamoiseau, Patrick/Confiant, Raphaël: *Éloge de la créolité*.

Paris: Gallimard 1989.

Bernabé, Jean: » De l'oralité à la littérature antillaise: figures de l'Un et de l'Autre. « In: Françoise Tétu de Labsade (Hg.): *Littérature et dialogue interculturel*. Sainte-Foy: Les Presses de l'Université Laval 1997, S. 49 - 68.

Boesch, Ernst E.: » Das Fremde und das Eigene. « In: Alexander Thomas (Hg.): *Psychologie interkulturellen Handeln*. Göttingen: Hogrefe 1996, S. 87 - 106.

Canclini, Néstor García: *Culturas bíbridas. Estrategías para entrar y salir de la modernidad*. México City: Grijalbo 2001 [1989].

Chen, Xiaomei: » Occidentalist Theater in post-Mao China: Shakespeare, Ibsen, and Brecht as Counter-Others. « In: David Palumbo-Liu/ Hans Ulrich Gumbrecht (Hgg.): *Streams of Cultural Capital*. Stanford: Stanford UP 1997, S. 155 - 177.

Chiellion, Carmine (Hg.): *Interkulturelle Literatur in Deutschland. Ein Handbuch*. Stuttgart/Weimar: Metzler 2000.

Dion, Robert/Lüsebrink, Hans-Jürgen/Riesz, János (Hgg.): *Écrire en langue étrangère. Interférences de langue et de culture dans le monde francophone*. Québec: Nota bene/Frankfurt a. M.: IKO-Verlag 2002.

Dünne, Jörg/Günzel, Stephan (Hgg.): *Raumtheorie. Grundlagentexte aus Philosophie und Kulturwissenschaften*. Frankfurt a. M.: Suhrkamp 2006.

Espagne, Michel: *Les transferts culturels franco-allemands*. Paris: PUF 1999.

Ette, Ottmar: *Literatur in Bewegung. Raum und Dynamik grenzüberschreitenden Schreibens in Europa und Amerika*. Weilerswist: Velbrück 2001.

Ette, Ottmar: *Zwischen WeltenSchreiben. Literaturen ohne festen Wohnsitz*. Berlin: Kadmos Kulturverlag 2005.

Gauvin, Lise: *L'Écrivain francophone à la croisée des langues. Entretiens*. Paris: Karthala 1997.

Ghosh-Schellhorn, Martina: » Immer dazwischen: Eine autobiographische Retlexion über die Lebenspraxis unter interkulturellen Bedingungen. « In: Hahn/ Platz 1999, S. 49 - 56.

Glissant, Edouard: *Le Discours antillais*. Paris: Seuil 1981.

Glissant, Edouard: *Introduction à une poétique du divers*. Montréal: Presses de l'Université de Montréal 1995.

Granmann, Carl Friedrich/Wintermantel, Margert: »Discriminatory Speech Acrt. A Functional Approach.« In: Daniel Bar-Tal et al. (Hgg.): *Sterotyping and Prejudice. Changing Conception*. Berlin/New York: Springer 1989, S. 183-204.

Gruzinski, Serge: *La pensée métisse*. Paris: Fayard 1999.

Gruzinski, Serge: »The Baroque Planct.« In: Armstrong/Zamudio-Taylor 2000, S.111-125.

Hall, Edward T.: *Beyond Culture*. New York: Doubleday 1989 [1976].

Heinemann, Wolfgang: »Textsorten. Zur Diskussion um Basisklassen des Kommunizierens.« In: Kirsten Adamzik (Hg.): *Textsorten. Reflexionen und Analysen*. Tübingen: Stauffenburg 2000, S. 9-30.

Hofstede, Geert: *Culture's Consequences. International Differences in Work-Related Values*. Beverly Hills: Sage 1980.

Hofstede, Geert: *Interkulturelle Zusammenarbeit. Kulturen-Organisationen-Management*. Wiesbaden: Gabler 1993 (orig.: *Cultures and Organizations. Software of the Mind*. London: MeGraw-Hill 1994 [1991]).

Hofstede, Geert: »Dimensions of National Cultures in Fifty Countries and Three Regions.« In: Jan B. Deregowski/Suzanne Dziurawiec/Robert C. Annis (Hgg.): *Explications in Cross-Cultural Psychology*. Lisse: Swets & Zeitlinger 1983, S.335-355.

Hogrebe, Wolfram: »Die epistemische Bedeutung des Fremden.« In: Wierlacher 1993, S.355-369.

House, Juliane: »Politeness in English and German. The Functions of Please and Bitte.« In: Shoshana Blum-Kulka/Juliane House/Gabriele Kasper (Hgg.): *Cross-Cultural Pragmatics. Requests and Apologies*. Norwood, NJ: Ablex 1989, S.96-119.

Huntington, Samuel: *The Clash of Civilizations and the Remaking of World Order*. New York: Touchstone 1997.

Jordan, Lothar/Kortländer, Bernd (Hgg.): *Nationale Grenzen und internationaler Austausch. Studien zum Kultur-und Wissenschaftstransfer in Europa.* Tübingen: Narr 1995.

Knapp, Karlfried: »Interpersonale und Interkulturelle Kommunikation. « In: Nicls Bergemann/Andreas L. J. Sourisseaux (Hgg.): *Interkulturelles Management.* Heidelberg: Physika 1992, S. 59 – 79.

Knapp, Karlfried/Knapp-Potthoff, Annelie: »Interkulturelle Kommunikation.« In: *Zeitschrift für Fremdsprachenforschung* 1 (1990), S. 62 – 93.

Kourouma, Amadou: »Ecrire en français, penser dans sa langue maternelle.« In: *Etudes françaises* 33, 1 (1997), S. 118 – 134.

Krewer, Bernd: »Kulturstandards als Mittel der Selbst-und Fremdreflexion in interkulturellen Begegnungen.« In: Alexander Thomas (Hg.): *Psychologie interkulturellen Handelns.* Göttingen: Hogrefe 1996, S. 147 – 164.

Lackner, Michael/Werner, Michael (Hgg.): *Der cultural turn in den Humanwissenschaften.* Area Studies *im Auf-oder Abwind des Kulturalismus?* Bad Homburg: Werner-Reimers-Stiftung 1999.

Language and Area Studies Programs in American Universities. Washington: Department of State 1962.

Lionnet, Françoise: »Logiques métisses: Cultural Appropriation and Postcolonial Representation.« In: Mary-Jean Green/Karen Gould (Hgg.): *Postcolonial Subjects. Francophone Women Writer.* Minneapolis: University of Minnesota Press 1996, S. 321 – 343.

Lüsebrink, Hans-Jürgen: »Domination culturelle et paroles résistantes. De la dimension conflictuelle de la communication interculturelle.« In: Françoise Tétu de Labsade (Hg.): *Littérature et Dialogue Interculturel. Culture française d'Amérique.* Sainter-Foy: Presses de l'Université Laval 1997, S. 19 – 32.

Lüsebrink, Hans-Jürgen: »Kulturtransfer-methodisches Modell und Anwendungsperspektiven.« In: Ingeborg Tömmel (Hg.): *Europäische Integration als Prozess von Angleichung und Differenzierung.* Opladen: Leske und Budrich

2001, S. 213 - 226.

Lüsebrink, Hans-Jürgen/Reichardt, Rolf, in Verbindung mit Annette Keilhauer und René Nohr (Hgg.): *Kulturtransfer im Epochenumbruch. Deutschland-Frankreich 1770 - 1815*. 2 Bde. Leipzig: Leipziger Universitätsverlag 1997.

Moser, Walter: »Du baroque européen et colonial au baroque américain et postcolonial.« In: Petra Schumm (Hg.): *Barrocos y Modernos: nuevos caminos en la imaginación del Barrocoiberoamericano*. Madrid: Vervuert (Iberoamericana) 1998, S. 67 - 81.

Moser, Walter/Goyer, Nicolas (Hgg.): *Résurgences baroques. Les trajectoires d'un processus transculturel*. Bruxelles: La Lettre Volée 2001.

Müller-Jacquier, Bernd: *Interkulturelle Kommunikation und Fremdsprachendidaktik. Studienbrief Kulturwissenschaft*. Koblenz: Universität Koblenz-Landau 1999 (Fernstudium Fremdsprachen in Grund-und Hauptschulen).

Palat, Ravi Arvind: »Fragmented Visions. Excavating the Future of Area Studies in a Post-American World.« In: Waters 2000, S. 65 - 106.

Petrov, Julia A./Brosseau, John P.: *Foreign Language, Area and Other International Studies. A Bibliography of Research and Instructional Materials, completed under the National Defense Education Act of 1958, title VI, section 602*. Washington: U.S. Government Printing Office 1980.

Schlögel, Karl: *Im Raume lesen wir die Zeit. Über Zivilisationsgeschichte und Geopolitik*. München/Wien: Hanser 2003.

Simon, Sherry: *Hybridité culturelle*. Montréal: L'Ile de la Tortue 1999.

Singer, Marshall R.: *Perception and Identity in Intercultural Communication. An Abridged and Revised Edition of Intercultural Communication. A Perceptional Approach*. Yarmouth, ME: Intercultural Press 1998.

Sissoko, Fily Dabo: *Les Noirs et la Culture (Introduction au Problème de l'Evolution Culturelle des Peuples Africains)*. New York: Maison Française 1950.

Spivak, Gayatri Chakravorty: »Acting Bits/Identity Talk.« In: Appiah/Gates 1995, S. 147 - 180.

Stockhammer, Robert (Hg.): *TopoGraphien der Moderne. Medien zur Repräsentation und Konstruktion von Räumen*. München: Fink 2005.

Thije, Jan D. ten: »Intercultural Communication in Team-Discussions: Discursive Interculture and Training Objectives.« In: Annelie Knapp-Potthoff/Martina Liedtke (Hgg.): *Aspekte interkultureller Kommunikationsfähigkeit*. München: Iudicium 1997, S. 125 – 154.

Thomas, Alexander: »Psychologische Wirksamkeit von Kulturstandards im interkulturellen Handeln.« In: ders. 1991a, S. 55 – 69 (=1991b).

Thomas, Alexander/Müller, Andrea: *Interkulturelles Organisationstraining für die USA*. Saarbrücken: Breitenbach 1991.

Thomas, Alexander (Hg.): *Kulturvergleichende Psychologie. Eine Einführung*. Göttingen: Hogrefe 1993.

Thomas, Alexander/Schenk, Eberhard: *Interkulturelles Orientierungstraining für chinesische Fachund Führungskräfte zum Umgang mit deutschen Partnern*. Heidelberg: Asanger 1996.

Trompenaars, Fons: *Riding the Waves of Culture. Understanding Cultural Diversity in Business*. London: Economist Books 1993.

Turgeon, Laurier/Delâge, Denys/Quellet, Réal (Hgg.): *Transferts culturels et métissages, Amérique/Europe, XVIe-XXe siècles*. Québec: Presses de l'Université Laval 1996.

Waters, Neill L. (Hg.): *Beyond the Area Studies Wars. Toward a New International Studies*. Hanover/London: University Press of New England 2000.

Watson, James (Hg.): *Golden Arches East. McDonald's in East Asia*. Stanford: Stanford UP 1997.

Zamudio-Taylor, Victor: »Ultrabaroque. Art, Mestizaje, Globalization.« In: Armstrong/Zamudio-Taylor 2001, S. 141 – 160.

汉斯-于尔根·吕泽布林克

(Hans-Jürgen Lüsebrink)

十五

文化学与性别研究

与有关性别本质的思考一样,在人类的文化特性中去理解人类,将文化视为阐释世界和构造世界的前提,这些各异的尝试都有着长久的历史。然而,如此就将这些尝试称为"文化学"或者将有关性别的传统的形而上学与"性别研究"混淆起来,都没有什么意义。20世纪60年代末期妇女运动重新开始兴起,并在接下来的时期中在女性研究方面取得了一系列成果,性别关系的问题因此成为一个学术主题,而在德国,"文化学"概念则要追溯至19世纪晚期开始的发展脉络。不过,正是过去若干年中受到高度重视的"文化转向"展现出了特定的历史—理论结构,在这一结构中,"文化学"和"性别研究"两种理论都可以获得发展,同时使人们明白了将文化和社会结构进行结合的共同兴趣所在。在这一背景下,两个领域中都与边界消融有关的观点就具有了非常重要的意义:文化学和性别研究理论同样要求跨越传统的学科边界,这种跨越行为对知识创造的其他形式发起了挑战。*sex*(自然性别)和 *gender*(社会性别)之间的区别主要源自英美地区,这一区别使人们认识到有必要再次对自然和文化的区分进行思考。最后,随着人们将"文化确定为文本",文本概念的边界被消除了,再现问题与有关身体的"可读性"观点受到了人们的重视。①

1. 性别秩序

性别研究的基本假设以及伴随这些假设而不断深化的论证历程如今在众多的导论和文集中都有记载。②因为在德国,人们从不久前才开始对这一研究领域产生学术兴趣,所以在描述这一研究方向的时候,德语的学术论文一开始必须从根本上追溯在其他欧洲国家以及美国进行的相关研究工作。如果没有首先在美国大学获得创立的女性研究(Women's Studies)的学术研究成果,性别研究是不可想象的。从20世纪70年代开始,这一研究项目就尝试从理论上探讨妇女运动的目标,汇集(有关)女性的信息,目的是以这种方式创立新课题的基础。当时的一点基本认识是,在所有的社会领域中,性别关系都具有重要意义,因此,一切有关社会制度的研究都是以各自的**性别秩序**知识为前提的;《性别秩序》③(1991)也是克劳迪娅·霍尼格(Claudia Honegger)的一本著作。

带着批判性目的,这一理念首先与**实现女性和男性社会平等的要求**结合在了一起。在接下来的时期内,人们日益明白,知识创造的总体过程必须得到改变,才可以恰当地实现女性的再现。看似需要从女性视角出发来进行解释的现象,常常没有为人们所认识,以至于许多现有的社会理论在女性的特定生存前提方面以及她们对现实的不同感知方面是不可协调的。面对这些理论,历史学家琼·凯莉(Joan Kelly)曾经

---

① 有关女性与再现的关联参见 Bronfen 1994,1995;有关"性别与再现"(Gender und Representation)参见 Chow,2001 的同名文章。

② 主要参见 MacCormack/Strathern 1980; Miller 1986; Showalter 1989; Becker-Schmidt/Knapp 1995; Bußmann/Hof 1995; Gould 1997; Walsh 1996; von Braun/Stephan 2000。

③ 原文为 Ordnung der Geschlechter。——译者注

在其文集(1977)中讽刺性地提出了这样一个问题,即女性是否也经历过"文艺复兴"。她回答说:"至少不是在文艺复兴时期。"这一答复不仅使得传统的时代划分方式的普适性失去了说服力,而且使得迄今被视为在认识论层面得到确认的知识也不再令人信服。就像哲学家娜奥米·谢曼(Naomi Scheman)强调的那样,从一种更加宽泛的视角来看,这些"事实""是作为特权的有限性产物出现的"①。因此,受到质疑的主要是一种"与性无关的"科学的客观性和中立性,这种科学根据传统是建立在对男性的生活经验进行普遍化概括的基础上的,几乎没有顾及我们文化中的性别特定性权利关系。

认识到社会和文化现实的生活经验在理论形成和发展方面的重要性,将其作为学术研究的基础囊括进来,这一要求对相应的认知兴趣和论证方式产生了影响。② 女性研究起初尝试将迄今为止被忽视的(有关)女性的知识融合进单个的学术领域,而性别研究则越来越重视将从前被排除的知识放到一个更加广泛的语境中进行观照。这里涉及的不再是对"女性"和"男性"的传统概念和图像进行审视,而是认识到这些概念是社会制度模式的一部分,与其他的社会和文化组织形式是有关联的。性别的等级关系应该被视为历史的成果,而不是自然等级划分的结果。因此,在自然性别前提和被分配给女性和男性的社会地位之间存在着因果关联,这一说法必然要受到人们的批判。在此对 *sex*(自然性别)和 *gender*(社会性别)做出的区分是非常有帮助的。③

通过对 *sex*(自然性别)和 *gender*(社会性别)进行区分,**性别的社会—文化结构**就获得了凸显。因此,"生物学即命运"这一著名公式就不再成立。心理分析学家罗伯特·施托勒(Robert Stoller)在其 1968 年出版的《性与性别》(*Sex and Gender*)一书中就提醒人们,生理上的

---

① 参见 Scheman, 1991, S. 652。
② 参见本书第二章"文化概念与文化理论"。
③ 有关翻译方面的困难参见 Stephan 2000;作者个人建议使用德语词 "Geschlecht"/gender(在"性别关系"的意义上)。

性别特征与通行的女性概念和男性概念之间的关系远比人们现在已经认识的复杂，女性和男性概念并非由生理决定，而是由约定俗成和社会化进程所决定。文化人类学研究也强调了对女性和男性因素进行分类的文化多样性方式。首先由人类学家盖尔·鲁宾（Gayle Rubin）描述的**自然性别—社会性别（*sex-gender*）体系**似乎在这一关联中提供了一种新的秩序模式，它能够对明显为社会和文化的形成造就了建构性组织形式的性别特定性差异做出解释。① 这些研究使人们得以洞见女性和异者之间的结构性类同，弗洛伊德将女人比作"黑暗大陆"的那条著名却又声名狼藉的名言就已经凸显了这种类同。同时，这些研究还志在探求自我和异者之间、自身和他者之间的关系——无论这种发现另一场所的愿望涉及的是（自我）文明、（自我）理性还是（自我）性别的他者。② 除此之外，*sex*（自然性别）和 *gender*（社会性别）之间的关系逻辑并非基于身份认同这一观点也可以与语言哲学和心理分析学立场协调起来。就像人们只能通过差异化的符号来定义语言符号的意义，我们也只有在对另一性别的界定中才能认识自己，而不是因为男性或女性的本质特征。

对女性研究和性别研究进行区分当然不是指一种严格的对立，而是涉及重点的偏移，因为研究重点的不同，起初主要聚焦于女性的生存条件和活动的研究可以被放在一种更加宏大的社会政治语境中进行分析。伴随着性别关系的问题，人们越来越清晰地了解到，女性研究的理论内涵不能总是局限于将迄今为止被忽视的（有关）女性的知识融合进现有的学术领域，有鉴于新的认知，人们必须改变各门学科中总体研究的论证和解释逻辑。比如，在使得人们理解我们的过往的历史书写框架内，历史上不断变化着的女性观和男性观具有什么样的作用？特定的事实凭借哪些选择标准被划分为重要的以及不那么重要的历史大事

---

① 参见 Rubin 1975。
② 参见本书中有关文化空间、异者学和社会学的章节。

件,从而创造了一种文化记忆?① 什么被视为具有知识价值并"值得研究"?

随着 gender(社会性别)作为分析范畴获得创建,在英语区域作为 Gender Studies(性别研究)而闻名的研究理念强调了性别关系对于整体文化领域的影响。人们不能将性别范畴简化为其生物学方面的特定性,而是应该思考这一范畴的存在和社会功能。特蕾莎·德·罗丽蒂斯(Teresa de Lauretis)认为:

> 如果区分性别差异的意义不能从人类学、生物学或者心理学事实方面获得解释,而是取决于文化分类,那么,性别之间的相互关系就不能再被视为静态的、天生的秩序的表达或者再现。性别关系是**文化规则体系的再现**。②

作为**文化规则体系的再现**,gender(社会性别)这一概念解释了个体和社会的关系。因此,性别等级也不能再被视为女性和男性与生俱来的特征,它失去了合法性。于是,人们开始对**性别的等级秩序**与一个社会不同的社会政治、经济和文化组织形式之间的关系进行讨论。与此相关的是一种对整体的知识创造以及致力于此的机构的极端批判。此外,这同时意味着必须对文化批评的角色进行重新定位。

许多在过去30年中将女性主义学术批评视为重要研究领域的课题和项目在如今的德国也被视为文化学的天然对象领域。在美国使人们对文学史做出全面审视的**经典之争**③只是这方面的一个例子。这种审视活动包含着对与一部经典相关的文化自我认知进行深思的要求。它暗示着人们应该再次对文学文本的功能发问,思考我们对待文本的方式,重新确定共同影响我们的阅读过程的美学标准。此外,具有更加深远的意义的是,不仅要强调私人和公共空间的结构性关系,而且要认

---

① 亦见本书第八章"集体记忆与回忆文化"。
② 参见 De Lauretis 1987, S. 26;由作者译为德文。
③ 原文为 Kanon-Debatte。——译者注

识到这些空间中的性别特定性归类,它能够使人们理解"社会的结构转变"①及其对于女性和男性社会地位的影响②。同样的道理也适用于视觉感知研究的多样性,这些研究强调了认知过程框架内视觉因素的重要性,尤其在电影学中,它们针对图像戏剧学和性别特定性观众认同的关联进行了开创性研究。受图像转向(pictorial turn)③的影响,所有研究性别文化编码和主体建构可能性的领域的认知兴趣发生了相互关联。因此,就像针对同样具有跨学科属性的"性别特定性"空间问题一样,视觉组织形式特别适合用来认识文化学和性别研究的共同课题。通过有关感知美学和空间范畴,人们主要得以对划界现象进行描述——比如区分"个人"和"政治"工作领域,区分"高雅"和"世俗"文化,区分中心和边缘、规则和偏离。

2. 天然性别的建构作为文化文本

与性别研究的普遍性前提一样,对 *sex*(自然性别)和 *gender*(社会性别)做出的区分也已经在众多研究中得到了详细解释。④ 此外,在这一背景下,人们也多次指出,*sex*(自然性别)和 *gender*(社会性别)之间的区分虽然在一开始看起来让人眼前一亮,但是接下来部分地受到了女性的女性主义研究者自身的强烈批评。这一批评在德国直到相对较晚的时候,即在朱迪斯·巴特勒(Judith Butler)于 1990 年出版的《性别麻烦:女性主义与身份的颠覆》⑤一书获得接受之后,才在一个更加宽广的基础上得到讨论。从那时起,许多研究者也在他们的出版物中对

---

① 参见 Habermas 1965。
② 主要参见 Elshtain 1981; Landes 1998。
③ 参见 W. J. T. Mitchell 1997。
④ 参见 Bußmann/Hof 1995 中的文献。
⑤ 德文版为 *Das Unbehagen der Geschlechter* 1991。——译者注

这一争论进行了批判性的讨论。针对这一主题,《女性主义研究》①在1993年的时候就出版了一期特刊;一年之后,由法兰克福社会学研究所以及特雷莎·沃贝(Theresa Wobbe)和盖萨·林德曼(Gesa Lindemann)出版了两本文集;这三本书为人们提供了整个争论过程的概貌。这一争论在性别研究和文化学的结合问题方面具有特别的重要意义,因为借助这些有关 gender(社会性别)概念的含义的争论,人们看清了文化学越来越需要解决的三个问题。

一方面,因为 sex(自然性别)和 gender(社会性别)的区别,出现了一种差异化过程,它可以被视为"从认同到差异"这一文化批判性运动的一部分,并且在当时使得部分相互竞争的差异话语出现了。

另一方面,伴随着有关性别认同的"天然性"的争论,人们也对"社会建构"观点进行了批判性审视。因为,"文化建构"问题要求对我们提问的前提进行思考,即思考什么是根本的文化理念。只有在其框架内,这些文化建构活动才得以进行阐释、归类和评价。今天,有谁不认为,一切都是社会性建构呢?②

此外第三点,考虑到这一争论,人们会再次对主体的行为能力问题进行讨论——就文化批评的可能性而言,这一问题对于文化学的重要性显而易见。

然而,针对自然性别—社会性别(sex-gender)体系的批评首先使人们认识到,在女性主义学术批评内部,对"性别"这一范畴的地位的意见绝不是一致的。原因不仅仅在于翻译问题——比如上文提及的有关巴特勒接受的批判性争论。人们也不能将这些争论的原因归于性别的含义或者性别特定性规范的强制性在各学科中经常得到不同的阐释和评价。实际上,与强调性别的社会—文化建构相关联的是一系列逐渐表现出矛盾的预先假设。简而言之,人们可以明确两条基本的论证线

---

① 原文为 *Feministische Studien*。——译者注
② 有关建构的巨幅书单目录参见 Hacking 1999。

索：其一，随着对"生物的"和"社会—文化的"性别的区分而产生了自然和文化的区别，人们从认知论视角对此开展批评；其二，伴随着这种区别，展现出了一种性别二元论，而且会使人想到女性和男性之间令人迷惑的对称，人们以社会政治为导向对此进行指责。这种"对称"也存在着通过性别研究的机构化而得到强化的危险。尤其是因为人们排他性地专注于性别范畴，而没有顾及许多其他的差异和权利关系。

赫尔达·纳格尔-多斯卡尔（Herta Nagl-Docekal）在《女性主义哲学》（1999）中对这一主题整体进行了令人信服的阐释。主要是"性别人类学"这一章非常清楚地阐述了对 gender（社会性别）这一概念的重要性进行批判性研究的不同见解。对于纳格尔-多斯卡尔自身而言，作为身体性别特征与社会准则之间的纽带，gender（社会性别）的意义是毋庸置疑的。她认为，正是这一批判性分析方法的运用使人们意识到性别关系并非自然秩序的必然结果，也认识到对自然的援引可以被视为社会权利关系的合法化策略。虽然"性别"概念首先涉及的是生物学差异，并因此导致人们谬误地认为，"女性和男性共同生活的组织形式，尤其是他们的性关系，是天生造就的或者至少这么规定的"[①]，但是，**规则是人制定的**这一事实正是人类的性生活并非是天生就被决定好了的这一观念的前提。因此，人们不能通过自然来解释性别秩序，这是有道理的。换句话说：区分 sex（自然性别）和 gender（社会性别），将 gender（社会性别）引入作为分析范畴，必须坚持不将"自然的"、性别特定性差异看作可以被转移到社会结构上的秩序模式。

然而，这样的论证过程不仅有可能为**区分生物学和社会性别的必要性**做出辩护，而且可能解释了反对这种区分方式的原因。因为，就像纳格尔-多斯卡尔指出的那样，如果人们不能从自然中推导出社会行为、性别秩序或者性别相互关系的规则，也就意味着，在特定的行为方式和生物学（女性的或者男性的）身体之间就不存在关联，意味着性别

[①] 参见 Nagl-Docekal 1999, S. 36。

认同可能不取决于生物学。因此,从自然性别—社会性别(sex-gender)体系出发就不再具有意义——即便与这一"体系"相关的针对非对称性性别关系的批判依然会继续存在。很显然,许多针对性别关系的自然科学式构想的批判性阐述都是以这种区分方式为基础的。[①]

将 gender(社会性别)视为"性别的社会—文化结构"起初看起来非常有理,但这一观点由于没有触及自然和文化的对立,而受到了质疑。在这一逻辑下,有学者指摘,使"生物学"性别和"社会学"性别之间直接的、因果式的联系失效的 sex(自然性别)和 gender(社会性别)的区分将身体视为一块在上面进行文化书写的白板。他们认为,在这里作为基础的自然和文化的二分法关系也不必去维护。同样,天然的两元性别可以被视为两种不同的自然性别身体的存在,即被视为在建构活动之前就存在的东西,这一"事实"也不值得去遵循。

现在,人们从生物学这方面已经指出,不应该以两种意义明确的性别观而应该以一种"连续统一体"为出发点。[②] 并且**"潜在的生物主义"**也受到越来越多的批评,人们认为,每当自然性别—社会性别(sex-gender)结构的一部分,即生物学意义上的性别,作为天然因素被视为前提,就存在着这样的潜在生物主义。比如,雷吉娜·吉尔德迈斯特(Regine Gildemeiter)和安吉莉卡·韦特雷尔(Angelika Wetterer)就强调,"在女性主义分析中依然被视为理所当然的生物学预先存在的人类两性观展现出一种令人捉摸不透的社会结构"[③]。这一想法似乎很容易就再次与质疑两性观的普适性的人类学、历史学和经验性研究达成一致。在这一背景下,人们非常乐意引入允许多于两种性别存在的社会作为例证,比如易性现象研究就否定了明显的同种二形性的可确定性,还有托马斯·拉克尔(Thomas Laqueur)有关西方文化中直到 18

[①] 参见 Bleier 1984;Keller 1986;Harding 1990;Scheich 对确定生物学和社会、自然和文化之间边界的自然科学机制进行了概述,见 Braun/Stephan 2000。

[②] 参见 Fausto-Sterling 1988。

[③] 参见 Gildemeister/Wetterer 1992,S. 210;亦见 Hagemann-White 1984。

世纪都还存在的所谓"单性别模式"的研究。①

然而在德国,有关性别关系的整个讨论从根本上来看几乎都是与朱迪斯·巴特勒这个名字相关的,人们主要可以列出两点原因:其一是历史情境,与新女性运动的开端相比,性别关系发生了变化,新一代的女性科学家非常熟悉受到后结构主义影响的研究课题;其二是巴特勒研究的极端性,她用一种迄今看来依旧陌生的形式将"**性别麻烦**"极端化了。她的论证过程并没有以经验性研究为基础,而是立足于语言哲学和认知论思想,立足于米歇尔·福柯。福柯在《性史》一书中指出,迄今被视为"自然天生"的身体在何种形式上具有一种历史,即我们对于性别身体的理解在何种形式上总是通过社会——文化的方式流传下来的。如果要谈论自然、谈论身体,只有在已经被差异化了的象征秩序内部才可行。因此,一幅独立的自然图景本身就是文化制造出来的思维模式,在巴特勒看来,异性恋的"天然性"也是基于将规则进行自然化的操作,借助这种操作,文化首先完成了有关"起源"的(必要性)虚构。gender(社会性别)这一概念作为唤起自然特质的印象的建构之物,人们可以将其矛盾的功能与 pharmakon、différance、supplément② 这些话语/新造词联系在一起——它们被雅克·德里达用来描述特征矛盾的不可消除性特征——"它们标记着那些从不借助于**回忆**或者**扬弃**被人们传递、掌握、保留、辩证化③的东西的点"④。与增补的"逻辑"或者同时意味着毒药和良药的 pharmakon 的矛盾一样,gender(社会性别)标记着一条边界,这条边界后补性地制造着由它所确定、界定和区分的东西。

纵观巴特勒的学说,真正的突破——同时也是问题所在——是她显然赋予了话语一种"制造"能力,就像纳格尔-多斯卡尔所发现的那

---

① 参见 Hirschauer 1993;Laqueur 1992;Lindemann 1993。
② 此三个词语为法文,分别意为"药""延异""增补"。——译者注
③ 原文为 dialektisieren。——译者注
④ 参见 Derrida 1995,S. 247。

样。尽管一方面强调身体总是与象征性结构和社会规则相关联肯定是正确的,但这种富有建设性的思想的困难根本上在于试图将(性别)认同归因于语言的述行性①(制造性)方面。在这一逻辑中有鉴于巴特勒的表演性理论而出现的意见以后肯定还会提及,因为**表演/表演性**②这些概念在文化学框架以及性别研究领域中都获得了一种特殊的意义。

3. 性别差异的终结?

身体也可以被视为"话语的成效",这种具有挑战性的论断遭到了部分研究者的激烈反对。有人认为,自然和文化之间的边界是由话语制造出来的,那么,从这一观点中是否就能够推导出生物学性别也隶属于社会的定义权利呢? 因为就普适性价值尺度而言存在着普遍的不确定性,所以,身体的物质性仍然为一个看似尚未触及的、本真的经验世界提供着最后一重"保障体系"。因此,有学者针对"去身体化"提出了特别猛烈的抨击,比如芭芭拉·杜登(Barbara Duden),她把巴特勒视为"一种话语的传声筒","这种话语拒绝将自然当作**母体**,当作由肉身构成的出生**地点**,当作起**源**"。③ 从本质上看,存在着两种批判性立场,它们经常处于不可调和的对立之中。人们认为性别要么是生物学确定的、决定的,要么是由文化建构的、可以被改变的。尽管琳达·尼科尔森(Linda Nicholson)④从"生物决定论"和"社会建构主义"之间的关系方面明确指出了与此相关的误解,但是,"**本质主义者**"似乎想要继续遵循一种"前话语"身体的存在,而"**建构主义者**"依旧认为,一切都是由语言传递的,人们因此不能谈论一种先期存在的性别差异。

---

① 原文为 performativität。——译者注
② 原文为 Performanz/Performativität。——译者注
③ 参见 Duden 1993, S. 28。
④ 参见 Nicholson 1994。

"身体和话语被交替拎到单一因果关系的解释机制的层级"①,这是纳格尔·多斯卡尔在当代的争论中发现的明显理论缺陷,这一缺陷本身也很可能可以被视为一种话语的"成效"。也就是说,如果人们长时间地再三突出性别关系的社会性建构,就会如此,因为以这样的方式,**呈现出等级特征的性别关系的可改变性**就得到了强调。天生造就的或者"自然的"东西暗示着本质、持久、稳定——即便它们可以被文化进行加工。而文化的人工制品从一开始就与历史性和变化相关。因此,社会建构的理念就"具有不可思议的解脱性质"②。如哈金(Hacking)强调的那样,有三点相似的意义与这一理念相关:

(1) 一种特殊的区分,对于许多人而言是自然而然的,不由事物的本质决定,即这种区分不是不可避免的;

(2) 如果这种区分涉及一些不好的东西,那么,

(3) 对这种现存的区分方式从根本上进行重新设计,是有意义的。

由此产生了建构主义的一种特别形式,它试图通过去差异化过程解决划界和区分的问题,因此拒绝将自然和文化分离开来,而是不突出差异化过程,不对之做出批判性说明。

"于我而言,最令我迷惑的是 gender(社会性别)这一概念的地位,"朱迪斯·巴特勒 1997 年在一篇名为《性别差异的终结?》的文章中这样写道。令人迷惑的主要原因在于,很显然,这一概念可能会成为各种利益冲突的舞台。根据她的观点,围绕 gender(社会性别)概念的整个争论显示出,"确定生物学的、心理学的、话语方面的、社会性的因素于何处开始和结束"③经常困难重重。因此她主张将性别差异视为一个场所,"在这里,一个有关生物因素和文化因素关系的问题一而再再而三地被人们提出;在这里,它可以被提出,它必须被提出;但是,在这

---

① 参见 Nagl-Docekal 1996, S. 67。
② 参见 Hacking 1999, S. 12。
③ 参见 Butler 1997, S. 35。

里,严格说来,它得不到解答"①。

巴特勒也明确指出,"质疑一个概念的意思就是询问它是如何运作的,它承载着哪些内涵,它追求什么目标,它经历过哪些变化"②。这又是性别研究和文化学之间的共同点中的一个,有关它们的共性在一开始指出边界融合的不同形式的时候已经谈及了。质疑概念——比如**对性别进行编码**或者社会等级和价值观——的"自然性",是女性主义学术批评的主要任务之一,性别研究正是在女性主义学术批评的框架内获得了发展。文化学的目标也具有相似的形式,它们以交叉融合的方式研究传统中呈现出学科孤立式的课题,发现第一眼并未显示出关联的特定问题领域的相似性及其共同的认知兴趣,并以此修复"两种文化"——自然科学和人文科学——之间的传统裂痕。在这一背景下,当人们不仅对自然和文化的关系,而且对所有的社会差异化和规范化进程重新进行讨论的时候,有关身体"自然性"的整个争论就获得了一种更加广泛的意义。因此,这一争论不能被孤立地观察,即它涉及的不是性别研究的一个特别的问题,而只能在变化着的文化观和文化批评观的框架内去领会。

有鉴于这种更加宽泛的视角,gender(社会性别)这一概念所包含的困难和矛盾也有了一种不同的价值意义。正如历史学家琼·斯科特(Joan Scott)曾经指出的那样,妇女运动从一开始就表现出矛盾。这些矛盾是由两方面因素造成的,一方面要求自由和平等,另一方面却又以女性的名义强调"女性"的差异。③ 这同样决定着一种女性主义学术批评,只要这种女性主义学术批评一如既往地视男性和女性性别认同观为自身思考的基础,并因此仍然保留着一种传统的认同思维,那么就对解决这一两难境地无能为力。而巴特勒则认为话语具有"物质化"力量,因为这些话语的存在,性别认同作为"一种被视为现实的持续性模

---

① 参见 Butler 1997, S. 36。
② 同上, S. 29。
③ 参见 Scott 1996;有关平等和区别要求之间的对立亦见 Dölling/Krais 1996。

仿的形式"而逐步形成。不过，人们还需要质疑的是，对于消除性别等级而言，消除生物学因素和文化因素之间的边界是否是必需的。

4. 文化的智识性质

"跨越边界意义上的破坏使人们在认清边界之外，也明白了边界做了些什么。"迪尔克·贝克(Dirk Baecker)在其《文化的目的》①一书中这样写道："使破坏在边界变得明了但尚未消除的那一刻停下来，这就是文化的智识性质。这一意义上的文化就是使边界变得可受支配。"②批判性的性别研究试图让人们明白传统上只是作为"研究客体"服务于特定学科的经验领域——比如感情、性体验、个人和私密空间——对于整体研究和知识生产的重要性，通过这样的方式，它从一开始就跨越了传统的学科边界。因此，它也总是面临着边界的合法化难题——这不仅仅是被各种 gender(社会性别)理论本身主题化了的方面，而且是这一理论讨论的困难所在。哪一门学科能够说清楚 gender(社会性别)概念？哲学，心理学，医学，历史学，社会学？这种不确定性也是文化学面临的一个难题，因为自然科学和人文科学长期以来定义的许多传统的边界确定方式今天已经过时，而且基因技术领域也获得了发展，世界范围内的媒体呈现出网络化趋势。由此，下列事实就越发清晰，即性别研究与文化学一样，不是用一种自我独有的方法论理念就可以开展研究的，而是必须以一种新的方式对待文化现象。

学科边界融合了，人们面对被传统人文科学视为"平庸的"或者低劣的从而遭到排斥的东西采取了开放姿态，**对文化概念的拓展**与这两点有着密切的关联。获得拓展的文化理念、各学科中理所当然性的消

---

① 原文为 *Wozu Kultur*？——译者注
② 参见 Baecker 2000, S. 86。

除以及在迄今为止遭到排斥的东西的方向上孜孜以求的开放度,这三者使人们明白为什么当下——不仅在性别研究(*Gender Studies*)领域——**"差异"概念**会成为最受争议的术语。妇女运动已经一再尝试将自身视角的差异性展现给世人。此外,性别研究也越来越强调传统中占据主导地位的区分原则与特定的排除机制之间的关联。针对传统认同观的批评与此同时日渐增强——它们由被边缘化了的社会群体提出,并且可以说,是由后结构主义从理论角度进行过有力论证的。因为很显然,每一种明确的认同归属尝试都会随之产生相应的新的排斥行为。根据巴特勒的观点,这些排斥行为大多数是暴力的行为,因此对她来说,边界的融合——她所说的"摆动着的"边界①——必然也总是与许许多多"被扭曲了"的认同相关。同时,主体定位和认同归属已经多得几乎不可把握了。"性别"这一范畴在面对种族属性、性别取向、年龄和社会地位等其他概念时应该如何自处,这个问题变得越来越迫切。当人们已经不能再用男人 VS 女人、文化 VS 自然这种传统的二元对立方式去认识社会现实的复杂性,那么,能够适合区分性话语的多元化的研究就是必需的。从 20 世纪 80 年代中期开始,不只是有关性别等级机制的问题,主要是有关性别关系和其他区分规则之间的相互依存性和相互作用的问题,成了性别研究的重点兴趣所在。②

布雷格(Breger)、多恩霍夫(Dornhof)和冯·霍夫(von Hoff)提请人们审视一系列对理论反思、文化学反思和文学学反思之间以及性别差异或者说首先各种差异之间的交叉点进行主题探索的研究,并提供了一份非常出色的研究报告。在此,他们也对**酷儿理论**(*Queer Studies*)展开了令人信服的阐述。酷儿理论主要希望使人们形成一种意识,认识到被社会视为正常的东西并不是理所当然如此的。同时,他们一语中的地强调,"在酷儿(*queer*)这些事物中"表现出一种日益差异化

---

① 参见 Butler 1997, S. 35。
② 参见 Röttger/Paul 1999。

的趋势:"酷儿[Queer(ness)]只是众多帮助人们能够对认同和性别的复杂性、异质性和过程性开展讨论的名字之一。"①同样必须注意到这样一个事实,性别(gender)、后殖民(post-colonial)和少数话语(minority discourses)的关联长期以来在英美地区的学术语境中获得了细致探究,而在德国,这一课题尚且处在起步阶段。**男性研究**②也是一样的情况,在德国,人们才逐渐开始进行探索。虽然米夏埃尔·穆泽(Michael Meuser)在其 1988 年出版的《性别与男性》③一书中断言,"文化生产早就发现了男人"④,然而,这一"发现"以及随之而来的公众注意力涉及的其实是"《男人—哦—男人》(Mann-O-Mann)这个电视节目,在节目中,男人被当作女性欲望的客体得到展现"⑤。人们仍然需要拭目以待,看看美国的男性研究是否能做出贡献,是否能改变德国大学中的状况,是否能使当人们谈及女性的时候,"性别"不是首先作为难题出现。⑥

可以确定的是,当下性别研究领域中的争论随着巴特勒的批判性干预获得了发展,它必须被视为"后现代"研究活动的一部分,在后现代框架中,人们除了**拒绝普遍主义性质的"大师叙述"**、消解"**自主的主体**"概念之外,也讨论着认同建构的去中心化问题。这种研究状况下,在众多有关差异的更加基础的争论之中,巴特勒的声音只是其中一种——这并不是主张消除 gender(社会性别)这一哲学范畴,而是要求对差异关系的复杂局面进行重新认定。

---

① 参见 Röttger/Paul 1999,S. 93。
② 原文为 Männlichkeitsforschung。——译者注
③ 原文为 *Geschlecht und Männlichkeit*。——译者注
④ 参见 Meuser 1998,S. 12。
⑤ 同上。
⑥ 有关美国研究现状的简要概览参见 Reichardt/Sielke 1998;此外参见 Brod/Kaufman 1994;Berger/Wallis/Watson 1995;Gittings 1996。

5."人文学科的现代化?"

题为《文化学导向》①的研究志在明确表述文化学研究和教学的工作领域,人们在其中可以看到文化学的要求根本上在于对人文科学进行现代化加工,通过这一现代化过程,"传统的哲学学科专业必须对接切实发生着的学术进程的国际化形势"②。然而,人们在这份报告中首先发现了一点隐藏的内涵,即在孜孜以求的人文学科现代化过程中,性别研究并没有扮演什么角色。尽管这本书没有对这一状况做出主题性说明,但作者还是针对书中在展现性别研究(Gender Studies)的研究成果方面的大规模缺失给出了自己的答案。书的第一章这样写道:"德意志联邦共和国从 20 世纪 80 年代早期以来,将'人文学科'转化成'文化学科',这不是由局外人、由学科的外围倡导的,决定性的推动力量来自于学术和学术体制内的精英们。"③这一表述同时显示出,主要产生于学术活动内部的理论思考的认知需求与因社会活动而形成的课题之间存在着何种形式上的区别。因此,根据这本书,有两个方面需要强调:一方面,**将性别关系建立为基本的分析范畴**这一先决条件不能与相应的社会、政治、机构条件脱离开来进行理解。另一方面,人们要认识到,在美国,性别研究方面的知识与社会、政治和经济权利领域的重要问题之间的联系已经远远走在了前面。因为,当本书的作者在《男性和女性的对立性》④这一标题下解释道,"在国内,gender(社会性别)这一范畴在过去数十年间被视为来自英美学术争论的进口货,其吸引力尤其要

---

① 原文为 Orientierung Kulturwissenschaft。——译者注
② 参见 Böhme/Matussek/Müller 2000, S. 32。
③ 同上,S. 32。
④ 原文为 Die Polarität des Männlichen und des Weiblichen。——译者注

归因于其作为外来语的身份"①，此时，人们很容易就可以推断这一范畴的学术批判潜力几乎已经所剩无几了，或者说实际上——就像巴特勒在面对美国的反女性主义趋势时所说的那样——"*gender*（社会性别）简直变成了一个男性和女性的话语性称谓"，引入性别研究项目会被看作"将一个学术领域合法化并对之否定［……］"的可能性。②

弗里德里希·基特勒（Friedrich Kittler）的《文化学的文化史》一书针对"进口货"也表现出一种类似的否定态度，书中明确对文化研究提出了警告。如作者强调的那样，这些"文化研究，就我遇到的情况而言，用日常代替了文化，用少数派代替了赫尔德的民族概念，然而从人口统计学角度来看，这些少数派的数量很可能不在少数"③。虽然这些与英美"文化学"概念的相遇并不太频繁，看一看文献目录就可以知道，但是，"我努力为你们、为我自己解释其历史性形成和消失过程"④的西方知识被赋予了高度的优先权。书中继续写道：

> 只有当古老的欧亚大陆自己研究和撰写它的文化史，正因为它是完全非专有地由远、近、新、旧的东西组成的，而不是将其转交给出价最高的美式强权和平⑤，如此，为了将科学延续下去，我们才不必像其他令人哀伤的情况中那样将文化学的美好称谓变成美式的文化研究（*Cultural Studies*）。在鞑靼人和凯尔特人、印度人和经院哲学家、阿拉伯人和日耳曼人之间，有足够多的东西可做。⑥

即便研究凯尔特人、经院哲学家和日耳曼人而不做非洲裔德国人

----

① 参见 Böhme/Matussek/Müller 2000, S. 145。（原文为 Die Polarität des Männlichen und des Weiblichen。——译者注）
② 参见 Butler 1997, S. 34。
③ 参见 Kittler 2001, S. 249。
④ 同上，S. 248。
⑤ 原文为 Pax americana。——译者注
⑥ 参见 Kittler 2001, S. 249。

或者土耳其女性方面的研究要更加容易,但是,使这些思路哪怕只是大概与人们所期望的人文学科现代化协调一致也是有困难的。与之相比,尽管存在着理论建构的不同时性,性别研究领域中的国际化思想交流看起来也要显著得多。在这一观点下,有关 gender(社会性别)这一范畴的地位的全部争论也具有一种特殊的意义。因为与对巴特勒著作的接受以及——再举两个其他的例子——在欧洲和美国对性别研究领域中法国女性学者的研究工作所做的极其深入的研究,或者这一领域内数量众多的国际性杂志一样,这一争论超越了学科和国家边界,为学术研究和"人文学科的现代化"做出了重大贡献。**围绕差异的争论**,这一典型的称谓也是一本书的名字,该书首先用德文出版,记录了四位美国女性学者之间的"辩论"。① 在这本书中,性别主题被嵌入交叉性的理论思想中,比如有关普适性和特殊性的问题,有关主体的行为能力和有关社会责任的问题。

"如果人们观察西方资本主义民主的精英文化和学院文化,那么就会发现,女性主义和后现代思想发展成了我们时代的两股引领性思想潮流"②,塞拉·本哈比(Seyla Benhabib)在其文章开头就针对这一讨论发表了看法。尽管存在内容方面的分歧,但这一说法在整个争论中没有遭到任何反对。这样一种观点能够在美国通行无阻,主要归因于这样一个事实,即性别研究目前对于文化研究来说已经成为其自身学术自我认知的必不可少的一部分。这里不谈什么"进口货"——当然这是划定的边界所经常暗示的——首先涉及的是对边界重新进行定义的必要性。斯蒂芬·格林布拉特和吉尔斯·冈恩(Giles Gunn)在题为《重划疆界》③(1992)的文集中汇编了文化研究的重要文章。一些人认为,从种族、阶级或者性别特定性权利关系这样的特征中能够以通行、普适的价值的名义进行抽象化概括。这本书与文化研究的许多其他著

---

① 参见 Benhabib et al. 1993。
② 同上,S. 9。
③ 原文为 *Redrawing Boundaries*。——译者注

作一样，也对这些人的权威性进行了质疑和辩论。米克·巴尔（Mieke Bal）在其《文化分析》（2002）一书中也强调了这一方面，她把她针对文化研究的严厉指责明确视为"更高层次的认可的脚注"，认为文化研究

> 以独特的方式做出了贡献，使学术团体意识到，它们在精英的白人政治方面努力的默契协作竟然也存在着保守因素，因为这种政治形式具有排他性，会造成知识隔离的结果。①

文化研究因为"局外者"的视角一再被迫对自身前提的普适性要求进行质疑并对其进行重新反思，很显然，德国文化学研究活动的差异主要在于**文化研究的社会批判活力**。然而在德国，文化学和文化研究之间的"辩论"还没有开始。

6．自我宰制与表演

"'表演'和'表演性'思想，在理论史层面上可以追溯至言语行为理论、福柯的主题建构思想以及布尔迪厄的习性概念，构成了文化研究和性别研究的共同枢轴。"②扬·恩格尔曼（Jan Engelmann）在其《文化研究读者》③一书的前言中做出了这一论断，在文化同质性在今天变得与明确的性别认同观同样受人质疑的背景下，该论断是具有说服力的。因此，**"表演"这一概念**对于人文学科的文化学转向来说变得如此重要也并不让人惊讶。与之相关的戏剧隐喻一方面连接着模仿或者伪装④这样的编排形式，而另一方面，从表演性的视角出发，"独立的主体"这一概念早就已经不被当作前提了。就像巴特勒的著作所展现的那样，

---

① 参见 Bal 2002, S. 7。
② 参见 Engelmann 1999, S. 16。
③ 原文为 *Cultural Studies-Reader*。——译者注
④ 原文分别为 Mimikry 和 Maskerade。——译者注

人们把注意力主要集中到了认同产生的过程上,即根据话语规则对习俗和规范的引用。现有的规范"由一系列的要求、禁忌、制裁、提醒、禁令、虚幻的美化、威胁等述行性言语行为构成"①,通过不断重复的、遵循着这些规范的实践活动,话语制造出规范所指定的效应。

人类学家亨利塔·摩尔(Henrietta Moore)认为,从人类学立场来看,现今对性别认同的述行性特性的强调似乎并不特别具有革命性。②人种志研究经常指出,性别分类并非基于解剖学,而是基于女性和男性的**行为**。为什么表演性模式会产生如此大的魅力?很显然,这一模式为备受抱怨的"认同危机"提出了一系列的解决方案。正是这种戏剧隐喻承诺了自我宰制的新形式,同时也似乎消解着针对主体独立性的后现代性怀疑与追求行为能力和有效主体地位的愿望之间的对立。这种自我宰制的新形式再次成为一种文化现象,正如温弗里德·弗鲁克(Winfried Fluck)在其 1995 年出版的文章《新历史主义中历史的美国化》③中展现的那样,"可以被视为文化去等级化的伴生现象。因为,随着后现代去等级化趋势的每一次增强,寻找一种表达或阐释的宰制新形式的必要性也随之矛盾性地提高了"④。此外弗鲁克还使人们明白和相信,"将戏剧建立为社会互动的特权化场所"⑤的所有努力的权威性和说服力都是与其代表的政治观点紧密相关的。⑥

为了使文化学和性别研究之间的合作富有成果,这些思想必须首先非常明确地强调各自的政治观点或者社会政治责任心。社会结构发生改变,不是因为人们认识到或者强调它们是以社会性方式获得建构的。当人们明确"自然的"生物学基础不再是出发点,就可以说,发生改

---

① 参见 Butler 1995,S. 154。
② 参见 Moore 1994。
③ 原文为 Die »Amerikanisierung« der Geschichte im *New Historicism*。——译者注
④ 参见 Moore 1994,S. 235。
⑤ 同上,S. 243。
⑥ 参见本书第七章"新历史主义、文化唯物主义与文化研究"。

变的其实是合法化策略。为什么人们会再次对从遗传学或者进化心理学角度解释社会因素产生浓厚的兴趣,就像琼·斯科特在她《性别的未来——千年之交时的幻想曲》①一文中指出的那样? 同样要质疑的还有,当下如此受欢迎的**针对变装(cross-dressing)、伪装和易性癖**的研究到底具有多少颠覆性。无论如何,不管是对自然的重新援引,还是性别认同的"去自然化",都是与政治目的有关的,如果没有政治目的,划界的功能以及跨界或者融合边界的愿望都不能获得理解、评判。

参考文献

基础著作和导论

Bal, Mieke: *Kulturanalyse*. Frankfurt a. M. : Suhrkamp 2002.

Becker-Schmidt, Regina/Knapp, Gudrun-Axeli (Hgg.): *Das Geschlechterverhältnis als Gegenstand der Sozialwissenschaften*. Frankfurt a. M./New York: Campus 1995.

Becker-Schmidt, Regina/Knapp, Gudrun-Axeli: *Feministische Theorien zur Einführung*. Hamburg: Junius 2000.

Benhabib, Seyla/Cornell, Drucilla (Hgg.): *Feminism as Critique. On the Politics of Gender*. Minneaolis: University of Minnesota Press 1987.

Braun, Christian von/Stephan, Inge: *Gender Studien. Eine Einführung*. Stuttgart/Weimar: Metzler 2000.

Bußmann, Hadumod/Hof, Renate (Hgg.): *Genus. Zur Geschlechterdifferenz in den Kulturwissenschaften*. Stuttgart: Kröner 1995.

Butler, Judith: *Gender Trouble. Feminism and the Subversion of Identity*. New York: Routledge 1990 (dt. : *Das Unbehagen der Geschlechter*. Frankfurt a. M. : Suhrkamp 1991).

Butler, Judith: *Körper von Gewicht. Die diskursiven Grenzen des Geschlechts*.

---

① 原文为 Die Zukunft von *gender*. Fantasien zur Jahrtausendwende. ——译者注

Berlin: BerlinVerlag 1995 (orig.: *Bodies that Matter. On the Discursive Limits of ›Sex‹.* New York: Routledge 1993).

Chow, Rey: »Gender and Representation.« In: Elisabeth Bronfen/Misha Kavka (Hgg.): *Feminist Consequences. Theory for the New Century.* New York: Columbia UP 2001, S. 38-57.

Engelmann, Jan (Hg.): *Die kleinen Unterschiede. Der Cultural Studies-Reader.* Frankfurt a. M./New York: Campus 1999.

Foucault, Michel: *Sexualität und Wahrheit.* Bd. I: *Der Wille zum Wissen.* Frankfurt a. M.: Suhrkamp 1994 (orig.: *Historie de la sexualité.* Bd. 1: *La volonté de savoir.* Paris: Gallimard 1976).

Frankenberg, Ruth: *White Women, Race Matters. The Social Construction of Whiteness.* Minneapolis: University of Minnesota Press 1993.

Gould, Carol C. (Hg.): *Gender. Concepts in Critical Theory.* New Jersey: Humanities Press 1997.

Haraway, Donna: *Simians, Cyborgs and Women. The Reinvention of Nature.* London: Free Associations Books 1991 (dt.: *Die Neuerfindung der Natur. Primaten, Cyborgs und Frauen.* Frankfurt a. M./New York: Campus 1995).

Harding, Sandra: *Feministische Wissenschaftstheorie. Zum Verhältnis von Wissenschaft und sozialem Geschlecht.* Hamburg: Argument-Verlag 1990 (orig.: *The Science Question in Feminism.* Ithaca: Cornell UP 1986).

Hof, Renate: *Die Grammatik der Geschlechter. Gender als Analysekategorie der Literaturwissenschaft.* Frankfurt a. M./New York: Campus 1995.

Honegger, Claudia: *Die Ordnung der Geschlechter. Die Wissenschaften vom Menschen und das Weib.* Frankfurt a. M./New York: Campus 1991.

Laqueur, Thomas: *Auf den Leib geschrieben. Die Inszenierung der Geschlechter von der Antikebis Freud.* Frankfurt a. M./New York: Campus 1992 (orig.: *Making Sex. Body and Gender from the Greeks to Freud.* Cambridge, MA: Harvard UP 1990).

Lauretis, Teresa de: *Technologies of Gender. Essays on Theory, Film, and Fic-

tion. Bloomingtion: Indiana UP 1987.

Lindemann, Gesa: *Das paradoxe Geschlecht. Transsexualität im Spannungsfeld von Körper, Leib und Gefübl*. Frankfurt a. M. : Fischer 1993.

Mae, Michiko/Saal, Britta (Hgg.): *Transkulturelle Genderforschung. Ein Studienbuch zum Verbältnis von Kultur und Geschlecht*. Wiesbaden: VS Verlag 2007.

Meuser, Michael: *Geschlecht und Männlichkeit. Soziologische Theorie und kulturelle Deutungsmuster*. Opladen: Leske & Budrich 1998.

Nagl-Docekal, Herta: *Feministische Philosophie. Ergebnisse, Probleme, Perspektiven*. Frankfurt a. M. : Fischer 1999.

Nagl-Docekal, Herta/Pauer-Studer, Herlinde (Hgg.): *Denken der Geschlechterdifferenz. Neue Fragen und Perspektiven der feministischen Philosophie*. Wien: Wiener Frauenverlag 1990.

Nicholson, Linda (Hg.): *Feminism/Postmodernism*. New York: Routledge 1980.

Rubin, Gayle: »The Traffic in Women: Notes on the Political Economy of Sex.« In: Rayna R. Reiter (Hg.): *Toward an Anthropology of Women*. New York/London: Monthly Review Press 1975, S. 157 - 210.

Scheich, Elvira (Hg.): *Vermittelte Weiblichkeit. Feministische Wissenschafts- und Gesellschaftstheorie*. Hamburg: Hamburger Ed. 1996.

Scheman, Naomi: »›Your Ground is my Body‹. Strategien des Anti-Fundamentalismus.« In: Hans Ulrich Gumbrecht/K. Ludwig Pfeiffer (Hgg.): *Paradoxien, Dissonanzen, Zusammenbrüche. Situationen offener Epistemologie*. Frankfurt a. M. : Suhrkamp 1991, S. 639 - 654.

Scheman, Naomi: *Engenderings. Constructions of Knowledge, Authority, and Privilege*. New York/London: Routledge 1993.

Scott, Joan Wallach: *Only Paradoxes to Offer. French Feminists and the Rights of Man*. Cambridge, MA: Harvard UP 1996.

Showalter, Elaine (Hg.): *Speaking of Gender*. New York: Routledge 1989.

Spivak, Gayatri C. : *In Other Worlds. Essays in Cultural Politics*. New York/London: Routledge 1987.

Stoller, Robert J. : *Sex and Gender*. London: Hogarth 1968.

Weigel, Sigrid: *Topographien der Geschlechter*. Reinkbek: Rowohlt 1990.

供深入阅读的文献

Angerer, Marie-Luise (Hg.): *The Body of Gender. Körper/Geschlechter/ Identitäten*. Wien: Passagen Verlag 1995.

Angerer, Marie-Luise/Dorer, Johanna (Hgg.): *Gender und Medien. Theoretische Ansätze, empirische Befunde und Praxis der Massenkommunikation. Ein Textbuch zur Einfübrung*. Wien: Braumüller 1994.

Babka, Anne/Posselt, Gerhard: *Dekonstruktion & Gender Studies*. Wien: UTB 2005.

Bachmann-Medick, Doris (Hg.): *Kultur als Text. Die anthropologische Wende in der Literaturwissenschaft*. Tübingen/Basel: Francke 2004 [Frankfurt a. M.: Fischer 1998 [1996]].

Baecker, Dirk: *Wozu Kultur?* Berlin: Kulturverlag Kadmos 2000.

Benhabib, Seyla et al. : *Der Streit um Differenz*. Frankfurt a. M. : Fischer 1993 (orig.: *Feminist Contentions. A Philosophical Exchange*. New York/London: Routledge 1995).

Berger, Maurice/Wallis, Brian/Watson, Simon (Hgg.): *Constructing Masculinity*. New York/London: Routledge 1995.

Bhavnani, Kum-Kum (Hg.): *Feminism & Race*. Oxford: Oxford UP 2001.

Bleier, Ruth: *Science and Gender. A Critique of Biology and Its Theories on Women*. Oxford/New York: Pergamon Press 1984.

Bonnell, Victoria E./Hunt, Lynn (Hgg.): *Beyond the Cultural Turn. New Directions in the Study of Society and Culture*. Berkeley: University of California Press 1999.

Böhme, Hartmut/Matussek, Peter/Müller, Lothar: *Orientierung Kulturwissenschaft. Was sie kann, was sie will*. Reinbek: Rowohlt 2000.

Breger, Claudia/Dornhof, Dorothea/Hoff, Dagmar von: »Gender Studies/Gender Trouble. Tendenzen und Perspektiven der deutschsprachigen Forschung.« In: *Zeitschrift für Germanistik* Neue Folge 1 (1999), S. 72–113.

Brod, Harry/Kaufman, Michael (Hgg.): *Theorizing Masculinities*. London: Sage Publications 1994.

Bronfen, Elisabeth: *Nur über ihre Leiche. Tod, Weiblichkeit und Ästhetik*. München: Kunstmann 1994.

Bronfen, Elisabeth: »Weiblichkeit und Repräsentation-aus der Perspektive von Ästhetik, Semiotik und Psychoanalyse.« In: Bußmann/Hof 1995, S. 408 – 445.

Bronfen, Elisabeth/Marius, Benjamin/Steffen, Therese (Hgg.): *Hybride Kulturen. Beiträge zur anglo-amerikanischen Multikulturalismusdebatte*. Tübingen: Stauffenburg 1997.

Butler, Judith: »Das Ende der Geschlechterdifferenz?« In: Jörg Huber/Martin Heller (Hgg.): *Konturen des Unentschiedenen*. Basel: Stromfeld/Roter Stern 1997, S. 25 – 43.

Butler, Judith/Laclau, Ernesto/Zizek, Slavoj: *Contingency, Hegemony, Universality. Contemporary Dialogues on the Left*. London/New York: Verso 2000.

Butler, Judith/Guillory, John/Kendall, Thomas (Hgg.): *What's Left of Theory. New York on Literary Theory*. New York/London: Routledge 2000.

Clark, Vèvè et al. (Hgg.): *Antifeminism in the Academy*. New York/London: Routledge 1996.

Code, Lorraine: *What Can She Know? Feminist Theory and the Construction of Knowledge*. Ithaca, NY: Cornell UP 1991.

Copjec, Joan: *Read My Desire. Lacan against the Historicists*. Cambridge, MA: MIT Press 1995.

Derrida, Jacques: *Dissemination*. Wien: Passagen Verlag, 1995 (orig.: *La Dissémination*. Paris: Éditions du Seuil 1972).

Deutscher, Penelope: *Yielding Gender. Feminism, Deconstruction and the History of Philosophy*. New York/London: Routledge 1997.

Dinnerstein, Dorothy: *The Mermaid and the Minotaur. Sexual Arrangements and Human Malaise*. New York: Harper & Row 1976 (dt: *Das Arrangement der Geschlechter*. Stuttgart: Deutsche Verlagsanstalt 1979).

Dölling, Irene/Krais, Beate (Hgg.): *Ein alltägliches Spiel. Geschlechterkonstruktion in der sozialen Praxis*. Frankfurt a. M.: 1996.

Duden, Barbara: »Die Frau ohne Unterleib. Zu Judith Butlers Entkörperung. Ein Zeitdokument.« In: *Feministische Studien* 11, 2 (1993), S. 24–33.

Elshtain, Jean Bethke: *Public Man, Private Woman. Woment in Social and Political Thought*. Princeton, NJ: Princeton UP 1981.

Erhart, Walter: »Das zweite Geschlecht. ›Männlichkeit‹, interdisziplinär. Ein Forschungsbericht.« In: *IASL* 30.2 (2005), S. 156–232.

Faludi, Susan: *Backlash. The Undeclared War Against American Women*. New York: Crown 1991.

Fausto-Sterling, Anne: *Gefangene des Geschlechts? Was biologische Theorien über Mann und Frau Sagen*. München: Piper, 1988 (orig.: *Myths of Gender. Biological Theories about Woment and Men*. New York: Basic Books 1985).

Fluck, Winfried: »Die ›Amerikanisierung‹ der Geschichte im *New Historicism*. « In: Moritz Baßler (Hg.): *New Historicism. Literaturgeschichte als Poetik der Kultur*. Frankfurt. a. M.: Fischer 1995, S. 229–250.

Frankenberg, Ruth (Hg.): *Displacing Whiteness. Essays in Social and Cultural Criticism*. Durham/London: Duke UP 1997.

Frey Steffen, Therese et al. (Hgg.): *Gender Studies. Wissenstheorien und Gesellschaftskritik*. Würzburg: Königshausen & Neumann 2004.

Friedman, Susan Stanford: *Mappings. Feminism and the Cultural Geographies of Encounter*. Princeton: Princeton UP 1998.

Gallagher, Catherine/Laqueur, Thomas (Hgg.): *The Making of the Modern Body*. Berkeley: Unitversity of California Press 1987.

Garber, Marjorie: *Vested Interests. Cross-dressing & Cultural Anxiety*. New York: Routledge 1992 (dt.: *Verhüllte Interessen. Transvestitismus und kulturelle Angst*. Frankfurt a. M.: Fischer, 1993).

Garber, Marjorie/Hansen, Beatrice/Walkowitz, Rebecca L. (Hgg.): *The Turn to Ethics*. New York/London: Routledge 2000.

Gatens, Moira: *Imaginary Bodies. Ethics, Power and Corporeality*. London/

New York: Routledge 1996.

Gildemeister, Regine/Wetterer, Angelika: »Wie Geschlechter gemacht werden. Die soziale Konstruktion der Zweigeschlechtlichkeit und ihre Reifizierung in der Frauenforschung.« In: Gudrun Axeli Knapp/Angelika Wetterer (Hgg.): *Traditionen Brüche. Entwicklungen feministischer Theorie.* Freiburg: Kore Verlag 1992, S. 201-254.

Gittings, Christopher E. (Hg.): *Imperialism and Gender. Constructions of Masculinity.* New Lambton: Dangaroo 1996.

Greenblatt, Stephen/Gunn, Giles (Hgg.): *Redrawing Boundaries. The Transformation of English and American Literary Studies.* New York: The Modern Language Association of America 1992.

Habermas, Jürgen: *Strukturwandel der Öffentlichkeit. Untersuchungen zu einer Kategorie der bürgerlichen Gesellschaft.* Neuwied: Luchterhand 1965.

Hacking, Ian: *Was heißt ›soziale Konstruktion‹? Zur Konjunktur einer Kampfvokable in den Wissenschaften.* Frankfurt a. M.: Fischer 1999.

Hagemann-White, Carol: »Thesen zur kulturellen Konstruktion der Zweigeschlechtlichkeit.« In: Barbara Schaeffer-Hegel/Brigitte Wartmann (Hgg.): *Mythos Frau. Projektionen und Inszenierungen im Patriarchat.* Berlin: Publica 1984.

Haraway, Donna: »Geschlecht, Gender, Genre.« In: Kornelia Hauser (Hg.): *Viele Orte. Überall? Feminismus in Bewegung.* Berlin: Argument Verlag 1987, S. 22-41.

Hekman, Susan J.: *Gender and Knowledge. Elements of a Postmodern Feminism.* Boston: Northeastern UP 1990.

Hey, Barbara: »Die Entwicklung des *gender*-Konzepts vor dem Hintergrund poststrukturalistischen Denkens.« In: *L'Homme. Zeitschrift für Feministische Geschichtswissenschaft.* 5, 1 (1994), S. 7-27.

Hirschauer, Stefan: *Die soziale Konstruktion der Transsexualität. Über die Medizin und den Geschlechtswechsel.* Frankfurt a. M.: Suhrkamp 1993.

Institur für Sozialforschung Frankfurt (Hg.): *Geschlechterverhältnisse und Poli-*

tik. Frankfurt a. M. : Suhrkamp, 1994.

Jordanova, Ludmilla: »Natural Facts. A Historical Perspective on Science and Sexuality.« In: Carol P. MacCormal/Marilyn Stratern (Hgg.): *Nature, Culture, and Gender.* New York: Cambridge UP 1980, S. 42-69.

Kaplan, Cora/Gover, David: *Genders.* London/New York: Routledge 2000.

Keller, Evelyn Fox: *Liebe, Macht und Erkenntnis. Männliche und weibliche Wissenschaft.* München: Hanser, 1986 (orig.: *Reflections on Gender and Science.* New Haven, CT: Yale UP 1985).

Keller, Evelyn Fox: *Refiguring Life. Metaphors of Twentieth-Century Biology.* New York: Columbia UP 1995.

Kelly-Gadol, Joan: »Did Women Have a Renaissance?« 1977. (dt.: »Gab es die Renaissance für Frauen?« In: Barbara Schaeffer-Hegel/Barbara Watson-Franke (Hgg.): *Männer Mythos Wissenschaft. Grundlagentexte zur feministischen Wissenschaftskritik.* Pfaffenweiler: Centaurus-Verlagsgesellschaft 1989, S. 33-66).

Kessler, Suzanne J./McKenna, Wendy: *Gender. An Ethnomethodological Approach.* New York: Wiley 1978.

Kittler, Friedrich A.: *Aufschreibesysteme 1800-1900.* München: Fink 1985.

Kittler, Friedrich A.: *Eine Kulturgeschichte der Kulturwissenschaft.* München: Fink 2001.

Landes, Joan (Hg.): *Feminism, the Public and the Private.* Oxford: Oxford UP 1998.

Lauretis, Teresa de: »Die Technologie des Geschlechts.« In: Elvira Scheich (Hg.): *Vermittelte Weiblichkeit. Feministische Wissenschafts-und Gesellschaftstheorie.* Hamburg: Hamburger Ed. 1996.

List, Elisabeth/Studer, Herlinde (Hgg.): *Denkverhältnisse. Feminismus und Kritik.* Frankfurt a. M. : Suhrkamp 1989.

Lorber, Judith/Farell, Susan A. (Hgg.): *The Social Construction of Gender.* Newbury Park, CA: Sage 1991.

Lorey, Isabel: *Immer Ärger mit dem Subjekt. Theoretische und politische Konse-*

quenzen eines juridischen Machtmodells: Judith Butler. Tübingen: Edition Discord 1996.

Maihofer, Andrea: *Geschlecht als Existenzweise.* Frankfurt a. M.: Helmer 1995.

McNey, Lois: *Gender and Agency. Reconfiguring the Subject in Feminist and Social Theory.* Cambridge: Polity Press 2000.

Miller, Nancy (Hg.): *The Poetics of Gender.* New York: Columbia UP 1986.

Mitchell, William J. T.: »Der Pictorial Turn.« In: Christian Kravagna (Hg.): *Privileg Blick. Kritik der visuellen Kultur.* Berlin: Edition ID Verlag 1997, S. 15 - 40.

Moore, Henrietta: »›Divided We Stand‹. Sex, Gender and Sexual Difference.« *Feminist Review* 47 (1994), S. 78 - 95.

Nagl-Docekal, Herta/Pauer-Studer, Herlinde (Hgg.): *Politische Theorie. Differenz und Lebensqualität.* Frankfurt a. M.: Suhrkamp 1996.

Nicholson, Linda: »Was heißt ›gender‹«? In: Institut für Sozialforschung Frankfurt 1994, S. 188 - 220.

Oakley, Ann: *Sex, Gender and Society.* Lodon: Harper & Row 1972.

Olson, Gary A./Hirsh, Elizabeth (Hgg.): *Women Writing Culture.* Albany: State University of New York Press 1995.

Ortner, Sherry B./Whitehead, Harriet (Hgg.): *The Cultural Construction of Gender and Sexuality.* New York: Cambridge UP 1981.

Reichardt, Ulf/Sielke, Sabine: »What does Man Want? The Recent Debates on Manhood and Masculinities.« *Amerikastudien/American Studies* 43, 4 (1998), S. 563 - 575.

Rendtorff, Barbara: *Geschlecht und symbolische Kastration. Über Körper, Matrix, Tod und Wissen.* Königstein: Ulrike Helmer Verlag 1996.

Röttger, Kati/Paul, Heike (Hgg.): *Differenzen in der Geschlechterdifferenz. Aktuelle Perspektiven der Geschlechterforschung.* Berlin: E. Schmidt 1999.

Runte, Annette: *Lesarten der Geschlechterdifferenz. Studien zur Literatur der Moderne.* Bielefeld: Aisthesis 2005.

Schabert, Ina: *Englische Literaturgeschiche des 20. Jahrhunderts. Eine neue Darstellung aus der Sicht der Geschlechterforschung*. Stuttgart: Kröner 2006.

Scott, Joan Wallach: »Gender. A Useful Category of Historical Analysis.« In: dies. : *Gender and the Politics of History.* New York: Columbia UP 1988, S. 28 - 52 (dt. : »Gender: Eine nützliche Kategorie der historischen Analyse.« In: Kaiser, Nancy (Hg.): *Selbst Bewußt. Frauen in den USA.* Leipzig: Reclam 1994, S. 27 - 75.)

Scott, Joan Wallach: »Die Zukunft von *gender*. Fantasien zur Jahrtausendwende.« In: Claudia Honegger/Caroline Arni (Hgg.): *Die Tücken einer Kategorie.* Zürich: Chrionos Verlag 2001, S. 39 - 63.

Seshadri-Crooks, Kalpana: *Desiring Whiteness. A Lacanian Analysis of Race.* London/New York: Routledge 2000.

Soper, Kate: *What Is Nature? Culture, Politics and the Non-Human.* Oxford/Cambridge, MA: Blackwell 1995.

Spelman, Elizabeth: *Inessential Woman. Problems of Exclusion in Feminist Thought.* Boston: Beacon Press 1988.

Stephan, Inge: »Gender, Geschlecht und Theorie.« In: Christina von Braun/Inge Stephan: *Gender Studien. Eine Einführung.* Stuttgart: Metzler 2000, S. 58 - 96.

Stoller, Silvia/Vetter, Helmut (Hgg.): *Phänomenologie und Geschlechterdifferenz.* Wien: WUV 1997.

Walsh, Mary Roth (Hg.): *Women, Men, and Gender. Ongoing Debates.* New Haven/London: Yale UP 1996.

Wawra, Daniela (Hg.): *Genderforschung multidisziplinär.* Frankfurt a. M. : Peter Lang 2007.

Wobbe, Theresa/Lindemann, Gesa (Hgg.): *Denkachsen. Zur theoretischen und institutionellen Rede vom Geschlecht.* Frankfurt a. M. : Suhrkamp 1994.

雷娜特・霍夫

(Renate Hof)

十六

媒体文化学

1. 前言

"媒体文化学"这一名字让人感觉,似乎已经存在一门叫这个名字的学科,有了可以根据学科手册来确定的主题和方法构思。但其实并非这么回事。也许确实有大量创立媒体文化学的学术理念、研究项目和期待,还有许多针对来自媒体和文化领域的主题的专业名称。①

出于这一原因,下文并非是针对媒体文化学状况的报告,而主要涉及两方面的内容:一方面有关从媒体文化学迄今为止的发展到未来展望的描绘,另一方面是对未来的媒体文化学的理论基础进行阐述。唯有如此,人们才有可能从某些新的视角对媒体文化学问题进行观察,这种观察方式才会超越今天的选项,才会看清媒体文化学一贯以来的问题和目标。

---

① 参见 Böhme/Matussek/Müller 2000。

2. 回避运动

20世纪60年代中期,在联邦德国的知识分子生活中,人们开启了政治性抗议运动,日后这场运动以1968年革命①这一夸张的标签载入了历史,而且市民社会的概念体系和价值体系也开始了明显的转变。马克斯·本泽(Max Bense)、彼得·哈特曼(Peter Hartmann)这些符号学和语言学学者创造了一种**文本概念**,从文化作品直到广告短片的所有形式的媒体产品都能够以抽象和中立的方式被归纳到这一文本概念之下。从印刷品到电视节目的媒体引发了经济、政治日益浓厚的兴趣,也逐渐对媒体学产生了越来越大的吸引力,特别是**马歇尔·麦克卢汉**(Marshall McLuhan)在1962年令人称是地宣告了"**古腾堡—银河系的终结**"②,并因此对印刷媒体的特权发出了质疑。渐渐地,以传统思维进行思考的文学学学者也必须认识到,所有媒介都可以用来制造艺术作品,纯文学因此必须变为众多选项中的一种。所有这些改变都是在这种市民性质的、以所谓的"高雅文化"为导向的文化概念框架中发生的。文化概念得到了本质性的拓展、自由化和区分,目的是能够更好理解合法性最终获得承认的俗文化、流行文化、亚文化、少数族裔文化或者女性文化。在此过程中,主要源于英国和美国的文化研究③和性别研究④打碎了欧洲老旧的文化概念,尤其从这两股思潮对政治正确性提出要求以来。

结果导致了各种艺术形式中的**传统经典逐渐受到侵蚀**,也导致人们对传统的美学形式观和价值观进行改造。赫尔穆特·克罗伊泽

---

① 原文为'68 Revolution,为1968年学生运动。——译者注
② 原文为das Ende der Gutenberg-Galaxis。——译者注
③ 参见本书第七章。
④ 参见本书第十五章。

(Helmut Kreuzer)、维尔纳·福尔施蒂希(Werner Faulstich)、弗里德里希·科尼利(Friedrich Knilli)等勇敢的文学学学者敢于研究漫画和广告,研究流行歌曲歌词或者色情文学。这种情况加剧了,虽然人们从20世纪60年代中期开始要求文学学在社会化和经验化方向上进行方法论重新定位这一行动被阻止了,但是没有阻止得了由对文学学研究者不断衰退的需求而触发的**职业危机**。

面对这一危机,人们开展了不同的回避运动。第一次运动意在对人文学者的职业领域进行深入讨论①,第二次试图严肃对待社会以及学术圈的理念转型问题。人文学者开始迫不得已要么称自己为媒体学学者,要么称自己为文化学学者。他们在**媒体研究**领域却遇上了已经存在的激烈竞争,不管是传统的传播学和交际学形态,还是以多伦多传播学派或者上文提及的文化研究为典型代表的媒体理论形态,抑或突然被青眼相加的传统戏剧学、电影学和电视学形态。

文化学当时有着不同的情况;因为还不存在这门专业,人们必须先把它给创建起来。众多的导论、手册和说明书以及文集②证明,**文化学或者文化研究**③**专业的创建工作**一直持续到今天。有关文化学还是文化研究的争论④已经很明确地显示出这一大胆行为的问题,社会学家迪尔克·贝克用理由充分的嘲讽对这种行为的现状特征做了描述:

> 用来自美国组织理论中的一个表达来说,人们可以将文化研究描述为一个垃圾桶(*garbage can*),在这里面塞满了各种寻求其对象的描述、寻求其问题的理念以及寻求其动机的问题:这是松散结合的一次庆典,具有松散结合的所有优

---

① 参见 Blamberger/Glaser 1993; Jäger/Schönert 1997。
② 参见 Winter 1996; Böhme/Matussek/Müller 2000; Düllo et al 2000; Appelsmeyer/Billmann-Mahecha 2001; Därmann/Jamme 2007。
③ 原文为 Kulturwissenschaft 和 Kulturwissenschaften,就词形而言,前者是单数,后者是复数。——译者注
④ 原文为 der Streit um Singular und Plural。——译者注

缺点。①

一方面,对文化学的呼声昭示着学科理所当然性的消退,代表人们试图通过汇集文化的、企业管理的、法律的知识以及所谓的软技能(*soft skills*)增加人文学者的就业机会。另一方面,迄今为止还只有一些窘迫的咒语,比如复数性、一体化、差异、杂交,缺少一种能够提供更多东西的理论构想,关键词条的创造者至今仍然还在用这些咒语从事他们的研究活动。但是,如果在文化学领域中人们不能对语文学进行重新改造,而是把文化学当成综合学科或者干脆当作形而上学去创建②,那么,光把以任意一种方式从事"文化"研究的学科加入"文化学"这一屋檐下是不够的。其实,这样一件重要的事情需要有清晰的问题设置、可稳定运用的基础概念导论以及自体论问题(Autologiepooblem)的解决方案;因为只有在文化中,"文化"才能被确定为"文化"。③

被重新命名为媒体学的语文学也面临类似的情形,在许多情况下语文学只是变成荧幕上的语文学,与往常一样,它还是固守于内容阐释和高雅文化。有鉴于学术领域的这些发展状况,有鉴于使我们社会信息化的信息交流(IuK)技术的发展,有鉴于"文化"在全球化进程中发展成了一种政治因素、一种经济生产力,我在20世纪90年代初建议创立**独立的媒体文化学理论**。④ 这些建议的核心可以做如下概括:媒体文化学并不固守于单一的媒体产品或者特定的文化现象,而是试图建立一些机制,这些机制能够确定我们对待有万般理由视为文化现象的现象的方式,并且试图尽可能准确地表达清楚媒体的角色。与媒体学和文化学一样,媒体文化学的创建也需要对基础概念、基础学术理论、研究问题的遴选和合法化需求以及问题的解决方案做出尽可能明确的

---

① 参见 Baecker 2000. S. 77。
② 参见 Faulstich 2000, S. 133。
③ 参见本书第二章"文化概念与文化理论"。
④ 参见 Schmidt 1992, 1993。

阐述。

因此,这一理念与仅仅对文学学在涉及媒体的主题方面进行补充的建议是有区别的,比如威廉·佛斯坎普(Wilhelm Voßkamp)就曾经提出过这样的建议①,但也与约尔格·舍纳特(Jörg Schönert)②在日耳曼学学者协会(Germanistenverband)阐述的思想有别。舍纳特③解释说:"在告别民族语文学身份的时候不该有什么啰里啰唆的解释。"④但这并不意味着要放弃语文学传统。实际上,人们应该以问题解决为导向,把这些语文学传统引入到一种将自己视为遵循跨学科性、跨媒体性、跨文化性和国际性导向的媒体文化学一部分的文学学中。基于这样一种导向,舍纳特认为:

> 不仅是语文学,还有其他的人文学科和社会学学科以及一些自然学科和技术学科,它们形成了研究媒体特定性文化关联的状况和历史的学科联合体。人们不能将日耳曼学扩张为媒体文化学这样的超级学科,而应该基于其语文学传统将其当作媒体文化学来经营。对于文学学而言,这样一项计划可以引导人们从媒体理论和媒体史角度对文学进行研究。⑤

这些建议中的核心概念,比如"媒体""文化"和"学科"是有问题的,而且没有经过讨论。但是,如果不对它们做出澄清的话,争论就会出现。因此我们首先要确定媒体概念。需要强调的是,这样一来,我们就已经在对一种媒体文化学选项进行修正、应用了。

---

① 参见 Voßkamp 1990,1999;亦见本书第四章;或者 Glaser/Luserke 1996 文集中的文章;Böhme/Scherpe 1996;Lecke 1999。
② 借鉴 Schmidt 1992,1993 中的建议。
③ 参见 Schönort 1995,1996,1999。
④ 参见 Schönert 1995,S. 24。
⑤ 参见 Schönert 1996,S. 196。

3. 媒体概念

"**媒体**"是一个**致密概念**,人们需要对其下列建构性元素做出区分:① 符号学交际工具,② 生产者和接受者方面各自的媒体技术,③ 从社会系统角度对媒体技术策略的机构化操作,以及④ 相应的媒体产品,如书籍、杂志或者电视短剧。

(1) **交际工具**是指所有的物质性事实,它们具有符号能力,能够在系统特定性含义生产的意义层面被用来将不同的系统连接成由社会调控的、持久的、可重复的、对社会至关重要的结构。自然的口语可以被视为交际工具的原型,不仅因为历史性优先权,而且因为自从语言产生以来,系统的意义联合的基本原则特征在于明确的物质性,而非对于所有后续交际工具的意义。

(2) 随着文字的发展,交际工具随后开始与书写、印刷、电影、电视等**媒体技术**日益紧密地关联起来,这些媒体技术持久地影响着媒体产品的每一次生产和接受。只是,不同的接受者类型也只能够根据当时媒体技术的发展水平来使用不同的媒体产品。操作这些媒体技术的方式是必须学会的。原则上来说,这些操作方式会由于不断重复变得熟练,成为社会能力的固定组成部分,成为一种既无意识能力又非意识责任的自然而然之事。

(3) 与一种交际工具的社会性使用以及对其而言必需的媒体技术的形成相关的是承载着上述两者的**社会机构**,即出版社和电视台等组织,还有学校等机构。这些机构在社会上的姿态又是解决经济、法律、政治和社会问题时所必需的。这种社会系统组成部分相对于其他两种而言绝非可有可无。实际上,这些组成部分之间的关系结构必须被塑造为具有自我组织的性质。

(4) 第四种组成部分,即**媒体产品**也是如此,其生产、分配、接受和加工在结构和内容方面受到其他三者的决定性影响，比如，这使得文本内部性阐释的实践活动广受质疑，因为媒体产品既不是自主的，其语义解读方式又不能通过具有认知自主性的行为进行体线性调控。

本人将这四种组成部分在当时具体的社会—历史条件下进行的自我组织性系统协作定义为"**媒体**"。需要强调的是，根据本人在此推荐的媒体概念，语言被定义为媒体工具而不是媒体，重要的原因是为了维持语言和媒体的区分。这种区分很重要，因为原则上而言所有的媒体或者媒体系统都可以用各自不同的方式运用语言。

在一个社会的不同历史时刻可供支配的媒体构成了一个社会的**整体媒体系统**，在这一系统中，媒体相互分派其可能实现的功能。在此，必须区分**结构性**和**语义性媒体影响**。一种媒体完全不依靠具体的行为者，通过其使用的可能性提供或是使用或是拒绝的选项来发挥其**结构影响**。不过，这是以使用者适应使用条件为前提的，这在使用网络的时候尤其明显。**语义影响**则在一个社会中某种媒体的结构性条件的框架内通过媒体产品的内容使用得以发挥。

4. 文化作为程序

一种文化概念如果要满足主题方面铺得非常宽泛的媒体学的要求，就不能够局限于诸如人工制品、象征或者知识等某一个参照领域。为了达到这一目标，作者尝试在下文中对"文化""事实"和"社会"概念的关系展开阐述，力求令人信服。

研究**感知、观察、思考和描述过程**，人们会发现两点：

(1)"感知""观察""思考"或者"描述"指的是最广义上的行为，在这些行为过程中，只有通过分析，即通过变换观察角度才能对**行为者、行为过程**和**行为结果**进行区分。如果一位观察者在一个具体的场景中将某物观察为某物，那么这位观察者的观察行为就是一次观察活动；一位感知者在感知行为过程中的某种场景下将某物感知为某物,那么这位感知者的感知行为就是一次感知活动;等等。这三个在分析过程中可以被相互区分的元素构成了一般系统论意义上的一种**相互作用**①,这种相互作用具有自动建构性。

（2）上述行为是与拥有诸多选择可能性的**区分和命名**行为一起发生作用的。也就是说:在区分和命名中完成了一次判断:是 a 不是 b。这一判断同时构成了一个前提,即(a)或者(b)都是有可能的。每次判断都构成了一种不能以本体论化方式被相互割裂的判断和前提的同时性。②

如果我们现在专注地讨论上述感知、观察或者描述过程,那么,我们就会在它们中辨识出同样的基本结构:为了能够在我们的环境世界中、与行为伙伴一起时、面对社会机构时有方向可循,我们需要**意义导向**③,由这些意义导向我们可以默默地推断,它们是被所有其他人一起分享的。意义导向可以被构想为一种语义空间,它由一个语义类别网络组成,这些语义类别在一定程度上构成了这一网络的节点。类别标记出了具有重要社会作用的意义维度,比如年龄和性别、食物和衣着、权力和财富、价值和情感,等等。这些意义维度在语义学层面获得实现,是因为或多或少的语义差异化行为,这些差异化可以是二位的(zweistelling),比如好/坏,年长/年轻,生病/健康,敌视/友好,也可以是多位的(mehrstellig),比如冰冷/冷/温和/温暖/炎热。这些差异化行为是中性的。"差异化"这一术语表明,这里涉及的是过程,在这些过程中,一种类别是精确地根据做出判断和构成前提的逻辑进行细致区分的。换句话说:这一理念的"理论构造技术性"创建是"无支柱的",也就是说,我并不是从诸如类别和区分这些本体论概念开始的,而是语义空间中的导向过程在一定程度上创造出了其自己的本体论来作为其判

---

① 参见 Schlosser 1993。
② 参见 Schmidt 2003。
③ 原文为 Sinnorientierungen。——译者注

断的前提和对其前提的判断。

如果为了进行观察或者描述而故意运用了差异化行为，那么，它们必须被转变成方面特定性的区分方式。换句话说，差异化在运用中由于行为者变成了不对称的区分。类别因此可以被描述为差异化和区分的差别的统一体。

在这一"过程"中，有两个观察方向要加以区分：**意义导向和行为**。意义导向指的是行为的具有时间和行为者中立性的方向记号，行为指的是意义导向可能性的具有时间和行为者关联性的过程化，是在行为和交际场景中完全实现了的区分行为的形态。

这些语义类别决不能够被孤立地、隔绝开来进行思考，它们就像一个语义场中的词汇，是相互指派它们的功能可能性的。我将这些功能领域的系统性秩序构想为一个社会的"**现实模式**"，在此，标准的解读方式应该是"对于……的模式"，而不是"……的模式"。现实模式从理论上可以被确定为理念性安排，在其协助下，人们可以使社会看清并操控个体经验。这种模式在社会化过程中、在行为者的认知系统中是被不完全构建和体验的，在行为者那里，既不必须具备意识能力，也不需要具有意识责任——要么发挥作用，要么不发挥作用。

现实模式可以被视为**一个群体的成员的集体性知识**，形成于行动和交际，通过实践和交流而被系统化。这些知识通过共同拥有的期待和假设，即通过构造反思性结构和选择性发挥作用的结构协同指导其互动，它们将行为者从出生起就通过与这些模式的共同关联并且在与这些模式的共同关联中划归同一属地。现实模式的形成没有计划或者蓝图，它们形成于类别和差异化的认知构建和系统化道路上，在行动中、在对行动的阐释和评价中证明拥有持续解决问题的能力，因此在实践中被视为具有本质性。

我认为下列假设是令人信服的，即现实模式在由类别标记的语义维度中将人们应对行为和交际情境的方式系统化，那些把自己划归为统一归属地的行为者在其行为和交际语境中体验到这些行为和交际情境是重要的生活实践。这些行为和交际情境主要指的是对待环境、对待环境中的行为者、对待社会化形式、对待伦理导向和对待感情的方式。

在我的现实模式理论塑造框架中，对于一个群体或者一个社会具有重要意义的类别和差异不仅仅是从情感和规范方面来进行定义的，也是从其重要性方面进行权衡估量的。这种**权衡**体现在，类别

• 从语义角度再现了具有不同重要意义的领域，如工作、家庭、敌人、衣着、性或者继承关系，它们可以用核心/边缘这组差异来进行观察和评价；

• 发展出了不同的约束力，即与许多其他不同的区别有关系，或者说可以与许多其他不同的区别建立起关系；

• 受制于不同的变化条件，即或难或易可以被改变或者干脆被放弃。

现实模式内对类别和差异的衡量和定位并不是每次都重新由单独的行为者完成的。实际上，它们总是预先就被决定了的，因为行为者在社会化过程中部分地"掌握"了社会的现实模式，在此也涉及做出判断和构成前提的逻辑：为了能够在社会中成功地行动，行为者必须将作为意义导向框架的社会现实模式设为前提；同时，在每一次行动中，他们都通过做出判断巩固了这一模式。

对于一种作为类别系统的现实模式，只有随着它的形成产生一种**具有社会约束力的程序**时，它才具有行为和交际导向性。这一程序目标明确地，即与社会意义期待相符地将各种差异相互关联起来，从其情感和伦理方面突出各种关联。类别和差异及其情感权衡和伦理判断的语义性结合或者关联的程序对于社会而言具有重要意义，我将其称为**"文化"**。

作为程序，文化在应用的每一次行动中都没有学习意愿，但是长期来看，又绝对具有学习能力，原因在于：程序可以通过对其应用结果的观察和评价对自身进行观察和反思性事后调整和改变。人们也可以用

隐喻的方式来说：文化是使为现实建构准备的结构模式运转的机器。在各种情况下，这台机器进入/穿越认知系统的运转绝对是对语义类别和差异做出联结和评价的无止境过程，而这些类别和差异在行为者那里、在其生活情境中可以使被体验为意义的东西产生。**意义**可以被描述为运行着的文化程序的持续性经验或者在社会上获得成功的区分管理。

文化在此推荐的理论构思中并没有"物象性存在"，而是一种人们可以确定为**程序性概念功能**的东西。除了展现新选项、对其进行范式化操作外，文化没有其他的合法化行为。这样的展现活动是可以被改变的；但是，新的设计——根据文化程序的逻辑——又再次作为规则而发挥作用。

根据这一理念，社会的形成是以现实模式和文化程序的共生为前提的，同时，现实模式和文化程序这两者在之后会出现差异。**现实模式(W)** 和**文化程序(K)** 不但同时形成，而且构成了一般系统论意义上的进行相互建构的**相互作用体(W&K)**，一个社会中的所有意义活动都是以这一相互作用体为导向的。社会融合是通过将所有行为和交际关联到一种对于所有行为者而言具有约束力的 W&K—相互作用体而获得实现的——无论其在对于所有社会成员的重要性方面有多么不同。由此，根据这一理念可以说，社会作为相互作用体是现实模式和文化程序的差异的统一，并且，这两者只能通过分析的方式被相互区分开来，因为在严格意义上它们是互补的。

W&K 的特点在于：为了能够充当前提，即充当判断和区分活动的意义导向，类别系统是如何从语义角度关联，从情感角度权衡，从伦理角度占有文化程序中的现实模式的类别和差异的。根据我们迄今为止掌握的有关文化的所有知识，W&K 的认同建构性特征首先并非是以现实模式为基础的——在此显然存在着人与人之间的巨大共同点，而且主要基于文化程序。正因为如此，不同的"文化"才会一方面具有令人吃惊的可比性，同时另一方面却是不兼容的、不可理解的，就像跨文化和多元文化经验所表明的那样。

区分行为和差异化行为之间的区别的统一,即基础的语义类别,仿佛可以作为背景有意识地停留在所有的判断行为之后,或者可以有意识地被作为所有判断行为之后的背景创造出来。因此,在探究第二种秩序的时候,文化程序的所有选项看上去似乎都是视情况而定的,也因此是可以改变、可以塑造的,当人们成功地将新的程序组成部分创建为规则并对其他的组成部分重新进行评价的时候。在这一前提下,人们就可以从两个方面对文化进行观察:(1) 作为所有在特定时刻获得实现的程序运用的整体,以及(2) 作为可以实现的规划和设计可能性的开放视界。这两种观察可能性之间的差异在一定程度上决定了文化动态的活力和潜力。

从这一思想可以得出如下结论:没有文化的社会理念和没有社会的文化理念都是没有说服力的。只有在认知和交际方面活跃的行为者运用了文化程序,上述两者才是有效果的、可以被观察的。如果没有**行为者**,文化程序在这个词的字面意义上就没有了意义。因此,每位行为者都为"文化"付出了努力,尽管在实现运用的过程中同时也有着运用文化程序的回旋余地。所以说,文化的特征在于,文化可以同时被视为判断和前提、程序和运用、规则和改变。

文化程序和行为,象征性的意义导向和具体的个体行为,它们的尖锐对立掩盖了其作为因果形式的实现逻辑。行动虽然总是与行为者相关,但并不是在文化程序中"预制"的、能够协助行为者用一种可以进行社会交际的意义来阐释自我和异者行为的意义选项。

5. 后果

在过去,文化理论原则上只是通过一种指涉性维度得到确定的,比如作为象征、模式和规则系统,象征性秩序和阐释系统,规范和规则系统。在本文所提出并论证的文化概念框架内，**文化程序**看起来是一种设计意义上的、**能够自我组织的**、**具有反思性的规则系统**。这些规则在可操作性虚构的意义上引导着所有个体和社会对最广义上的行动的计划、实施、意义解释和评价过程。在阐释过程中，涉及的是类别和区分行为网络中对语义的调整，同时，经验的合成是在双层意义上完成的：观念方面的概念化以及行为模式方面的典型化。在这一过程中，集体象征和隐喻扮演着一个重要角色。行为执行的操作性领域涉及的是范式、行为模式、模型和规则，它们把可能的行为划归为可以再次根据前提和结果进行区分的某种过程类型。最后，评价性领域涉及的是与阐释的前提、执行和结果相关的感觉和规则。本文提出的建议，即将现实模式和文化程序设计为一种进行自我建构和组织的动态相互作用体，没有将已经获得文化解释的现象系统化或者对其进行阐释，而是加上抽象等级并试图弄清**文化现象的生产原则**，在这一程度上，它超越了文化的叠加模式。根据我的观察，这一原则存在于认知性管理活动中，这种管理活动"被注满"了情感和伦理，管理着对通过具有意义创造性的区分活动而获得**行为指导性权利**的类别进行的差异化操作。于是，这种非对称化操作在所有重要情况下也获得了一种在衣着规范、仪式、庆典、症候性短篇小说、建筑或者艺术品等形式的社会性行为的可观察层面上的表达形态。

"文化程序"作为理念还没有与有关特定区分行为的一种特定选择性联系起来；首先就不存在有关文化和艺术认同的先决论断。实际上我认为，文化程序在时间进程中构成了**子程序**或者子计划，这些子程序对某种文化程序的运用结果进行第二或者第三次编码，其根据为指导观察活动的区分，如重要/不重要、艺术/非艺术、优秀的/普通的、U-艺术/E-艺术[①]，而这些区分必须在详细的程序或者具体语义框架内再次被非对称化：X 是 E-艺术的一件重要作品。只有文化秩序才能在行动

---

① 原文为 U-Kunst 和 E-Kunst。——译者注

者所处的历史和话语中,从以过程本体论理论理念构建的——无论是产生还是发挥影响方面——类别簇和差异簇中,使对行为者而言的社会现实得以产生;但是如果没有现实模式的话,文化程序就会立刻失去实质。从中可以推断出:**社会没有文化,也不是文化**,社会在行为者在历史和话语中成功运用文化程序的过程中才是社会,社会才会成为社会。

即便一种灵活的程序也不允许所有可能的应用方式。与可以实现的可能性一样,被程序排除的可能性,即其**选择性**,也决定着其特征或者其身份。根据程序领域的不同程序应用者、场景、应用领域和联系,程序提供着完全不同的结果,它们被视为、评判为文化症候。"文化"这一程序的典型特性是,这个程序不仅是文化症候的产品,而且控制着人们对文化症候的观察和评价。反过来也可以说,每一种文化症候也证明了文化程序的**繁殖能力**以及可靠性——这一相互作用体不断进行着自我组织。

根据现实模式的元素的特点和关联,人们可以**将文化类型化**,而不必通过价值标准进行操作。在对文化进行比较的时候,有两个方面必须区分清楚。一方面,每种文化都有其存在权利,这在今天已经毫无疑问;换句话说,在这一意义上,不同的文化是被视为相互平等的。另一方面,在文化的功能等同性意义上确定所有文化具有等价性也是不必要的。等价性的抽象声明可能在政治上是正确的。但是,这一声明并不符合文化差异,因不同文化具有不同的解决问题能力、不同的发展动力、不同的差异调控复杂程度,所以也显示出**不同文化的系统关系/环境关系特征**。

因此,文化通过对我们/其他人这种区分进行强制处理,通过对决定每次互动和交际行为的双重偶然性进行平衡,创造了个体和社会认同。作为程序的文化能够相对持久地在意义建构领域中从认知和交际方面提出问题解决办法。因此,有两项对于社会的存在而言具有核心意义的任务是可以实现的,即行为者的非干涉主义的控制以及作为行为和交际系统的社会再生产。由行为者在当地社会化进程的历史和话语中积极主动地熟悉现实模式和文化程序的相互作用,并通过对选项的社会性范式化或机构化操作持续参与这些相互作用过程,社会由此实现了再生产。

除了再生产和控制这两项提得最多的任务以外,文化程序还有其他三项与前两项有关联的任务:

(1) 行为者通过强制的意义选项,即通过接受不可避免性("我们—规范性")**融入社会**;

(2) 行为者以及社会通过成功地遵循以可操作的虚构为导向,通过准备好进行社会记忆①**构建认同**;

(3) 通过提供强制的偶然性选项**界定偶然性**——还有被削减了的偶然性的偶然性,如果人们延伸时间关系的话。

文化程序原则上是由互连的局部程序组成的。比如在功能方面具有差异的团体为每一种细化的社会系统设计出了局部程序,有"经济文化""体育文化""企业文化"等形式,它们中的一部分能够互补。自18世纪以来,这些局部程序之间的冲突是通过抽象的法律规则得以解决的,比如说伤残保护法②和财产法。根据文化程序的差异化程度、根据一个社会的多元文化性,人们不禁要提出一个问题:谈论"一个社会的文化"是否还有意义。

在这一点上,文化程序和媒体的关系的特殊矛盾就显得非常清楚了。一方面,文化程序需要媒体来为其应用不断进行交际,同时却必须忍受媒体也拥有选择优先权的事实。媒体的这种优先权遵循其自身系统条件,并不会对所有选项类型进行研究斟酌。另一方面,这样的主题化操作,其二阶观察活动被媒体简化了,并且使文化程序及其应用的偶然性变得不可预见——某种文化作为媒体发明之前的交际文化或者作

---

① 参见本书第八章。
② 原文为 Unversehrtheitsrecht。——译者注

为媒体文化的必要身份同时提升了其腐蚀条件。**大众媒体为其他文化制造了公众性**，不过是在其自身的（媒体经济）条件下。无论如何，最晚从17世纪开始，欧洲社会从媒体中获知还存在着其他文化；但是人们是根据他们自己的文化程序的尺度进行文化自然式①[彼特·雅尼希（Peter Janich）语]体验和阐释的，即通过异者/自我、文明/自然、近/远、本地/异域或者干脆有趣/无趣这样的典型划分操作。社会通过媒体系统的发展将其可观察性程度提升得越高，文化程序的运行能力和内聚力的问题就越迫切。过去30年间媒体社会的现代化进程非常明显地展现出，**反思性的观察结构**不可避免地导致了严重的偶然性经验。其现实模式和文化程序在复杂媒体系统内被持续进行着主题化操作的社会因此不可避免地发展出了具有高度多元性、几乎不受传统的问题解决方案约束的媒体文化。它们在复杂性方面遭到了所有形式的原教旨主义的极端削弱。

　　从根本上来说，文化、社会和行为者之间的关系可以被视为具有"自动建构性"。现实模式，文化程序对其的非对称化操作和语义阐释，行为者对其的应用、评估和调整，是互为前提的；意义生产和秩序生产的实现不可避免地具有自我组织性，因为没有任何一个主管机构能够从外部完成这种生产活动。因此，现实模式和文化程序的这种相互作用相对于环境世界、相对于其他社会和文化是被封闭起来的。由此，经常为认知系统而假设的矛盾就有了应用的地方，即在复杂的环境世界中，只有**可以随机封闭的系统**才能够存活下去，因为它们能够自己选择与环境进行联系。但是，无论如何都不能说，可以随机封闭的系统没有也不需要与环境联系。恰恰相反：它们需要与**环境联系**，目的是通过确定差异得以将自身构建为系统；它们需要与环境联系，目的是为它们的运作确定异者参照。借助其特殊的差异化网络或者象征性秩序，比如

---

① 原文为 kultürlich，为 Kultur（文化）和 natürlich（自然的、天然的）的合成形容词。——译者注

被当作集体知识生产出来的宗教仪式、神话、普及了的交际媒体、话语导向的宏观范式、集体象征、文类等,文化克服了认知和交际之间的范式性区分,将活跃系统的自主性与社会所要求的社会化控制进行调和。因此,**文化可以被塑造为通过在认知方面具有自主性的个体进行集体知识的社会性构建和重建的程序/将集体知识以社会性方式构建和重建到在认知方面具有自主性的个体中去的程序的统一体**。作为程序,文化实现了物质化,因此,在诸如艺术作品、建筑物、书籍或者报纸以及菜品、衣装或者宗教文化等应用方式中可以为人们观察到。而对于这些文化应用方式而言,只有当它们到达各自的公众范围并且在那里长时间驻留,它们才具有重要社会意义。所以说,媒体和交际对于所有文化而言的高度重要性就再次显露出来了。口述性社会完全可以被视为**语言—文化社会**,拥有媒体系统的社会则可以被视为**媒体—文化社会**。

6. 学科

在"媒体""现实"和"文化"这些概念得到阐述之后,现在应该对**学科概念**进行说明了。① 我们以下述问题开始:一门学科讨论的是什么?这一平常的问题看似很容易回答:一门学科讨论的是其研究领域中的对象。然而,这一问题也并非那么简单。一门学科讨论的并不是对象,而是**现象和问题**。现象和问题不是本来就存在的,而是相对于研究者而言的;因为感知活动和被感知的东西,系统和环境,都是互不可分的,它们的关系具有自动构建性。换句话说:描述活动的客体和对客体的描述活动之间的差异是一种时间差异,而不是一种本体论差异。观察活动、问题及其解决方案只有通过交流的形式才能具有学术层面的重

---

① 参见 Schmidt 1998。

要意义，而对于交流而言，在不同的学科中都有着传统特定性的、通常非常强烈的期待和要求。如果谁希望成功地在一门学科框架中承前启后地进行交流，就必须在学科特定性的话语框架内提供可以被接受的主题性研究文稿。这些文稿不仅必须在主题方面可以被接受，而且必须符合人们在话语特定性的文类、语体和书目方面的期望，最后还要与特定性话语的核心隐喻相兼容。通过**话语特定性交流规则**，一门学科选择了系统特定性的文稿并建立了系统特定性边界，这一边界在系统内部构建了广泛的自我参照系和自我组织，即相对的自主性。出于历史原因，出于认同修补的原因，学术性学科必须推行一种成功的**双重性差异运营方式**：一方面，它们必须用严格的遴选准则界定一个通向其话语系统的、可被接受的通道，从而充分地与非学术性问题进行区分，即构建一种清晰的学术/非学术差异；另一方面，为了维持其存在，它们必须巩固相对于其他学术学科的充分差异，即探究对于学术和社会而言都具有重要意义的课题。

直至今天，还不存在有关学术概念的广为接受的论断。下文中提出的观点并没有遵循传统的对自然科学和人文科学做出的区分，而是以纯粹的**学术/非学术**的描述性区分方式为出发点，目的是实现一种非二元对立的学术认识。初始假设如下所述：在学术性和非学术性的行为和交流中，我们依据重点致力于收集经验、解决问题，在这一过程中，这些活动是从情感方面付诸实施的，是从伦理方面付诸评估的。收集经验和解决问题的这两种方式之间的差异首先存在于可操作性的明确程度及其具有行为指导性的参数之中。用另一种方式表达就是，差异存在于一阶观察、二阶观察以及也可能出现的三阶观察之间的**观察立场的策略性转换中**。最广义的学术活动的特点可以被归纳为下述简要的表达方式：**通过由方论法进行调节的解决方法明确地解决问题**。为了达到这一特点，人们必须实现一些前提，它们不可以被视为随随便便设定出来的学术理论规范，而应被视为用迄今为止被证明是行之有效的方法明确地通过主体间性的方式解决问题的可能性。这些前提中首先有一个为现象和问题的构建而得到系统性编排的概念框架,简单地说就是作为概念性的问题解决策略的明确理论。为了实现明确性要求,一方面,理论的逻辑结构必须清晰,另一方面,必须对理论的核心理念进行解释或者结合例子进行介绍;唯有如此,人们才有理由指望理论能够被学会,能够以主体间可比较的方式进行应用。对于理论明确的、其解决方案在一个学者群体中被视为具有重要性的问题而言,必须找到一种可操作方式,也就是说,必须确定问题解决的步骤及其顺序,确定什么时候问题算是解决了的标准。方法的目标是基于相应的决断准则在真实和虚假之间做出决断。它们迫使人们将观察活动转移到二阶观察的层面上。

只有对问题、问题解决策略和问题解决方案进行明确的优化,问题解决的方法才可以在主体间得到领会和检验;只有这样,人们才可以对所获得的解决方案在解决学科内和学科外其他问题的重要性方面做出评价。通过方法论的明确性和学科内部有效的专业语言,个体得以掌握和交流已有知识,**主体间性得以通过交际方式建立**。在这一过程中,人们不能把主体间性和客观性混淆起来。对学术中的活动和交流设置条件会导致进行学术研究的行为者对文化设定标准,而设定文化标准使他们能够制造出同样或者相似的行为和交流结果。因此,具有可比性的条件中的可重复性假设也发挥着一种重要作用,因为这一假设确保了稳定性。只要我们作为一阶观察者从认知方面建立起稳定性和现实可靠性之间的紧密关联,那么这对于二阶观察者生产可操作的知识而言也是适用的。但是,所有这一切绝对不是在为客观性做担保,并没有消除所有知识和认知的根本的自我参照性。

7. 媒体文化学

将学术行为塑造为由方法论进行调节的问题解决行为的形式,这一建议包含一个优点,它使得对**现实**和**文化**直到**学科**进行描述的连续统一体成为现实;因为现实模式及其通过文化程序的运作在上文中被描述为社会性问题解决方案的模式。社会只是为被感知为具有重要性的或者被体验过的行为领域发明或者发展出了语义范畴和差异以及重要的文化加工方式,这样的假设也许是有说服力的。这一规则相应地适用于"学术行为"这种特殊形式,它为学术内部以及现实世界中的问题构思出了解决方案。体验问题、描述问题和解决问题的自动构建性关联与在历史和话语中采取行动的行为者相关,通过这一关联,一个社会与其环境世界相脱离,从而仅仅对自身进行研究,在其如何对待其环境这一问题上也是如此。这样的研究活动是严格根据其现实模式和文化程序的相互作用的规则进行的,这些规则再次不可分割地与媒体和交流捆绑在一起。因此,将社会从理论上塑造为**媒体文化社会**是有意义的。①

鉴于**媒体文化学的主题**,在此获得支持的文化作为程序的理念中产生了下列问题:在一个社会中,谁发展出了对现实模式的哪些范畴和差异的定义权力或者支配权力?哪些名望、哪些权力以及相应的哪些约束力是与这些支配行为相关的?哪些区别可以被等价地讨论、替换或者改变,谁又有这么做的权力?特定的差异领域展现出了哪些价值判断——比如在性别差异领域,它们在多大程度上具有可改变性?特定的选项具有哪些时间视角,比如在美学价值观领域?什么是潮流,什么是传统?这些能力在性别、等级、阶级或者阶层特定性方面如何分

---

① 参见 Schmidt 2000。

布？谁有权力确定我们/他者或者自我/异者这些差异的内容并对其展开实践活动？

有了这些问题，我们就可以同时概述**媒体文化学的任务**，它与舍纳特的建议完全是一致的，两者都认为媒体文化学研究的是"媒体特定性文化语境的结构和历史"：媒体文化学研究的是我们与我们文化中的现实模式、文化程序和媒体系统的协同作用方面的问题。这种协同作用在上文中被描述为社会机构范围内社会和文化在行为者的语言和非语言行为框架中协同发展的自我组织过程。

如果人们接受上述思想作为出发点，那么，**媒体文化学的布局**就可以做如下概述：首先需要顾及，一门——不管设计得怎样的——媒体文化学学科必须能够按照自我逻辑和自我参照系进行运作。文化描述活动总是在描述文化的框架内进行的。期待从媒体文化学那里获得有关媒体文化的客观表述，是不现实的；人们顶多可以期待获得在话语中具有衔接能力的表述和分析；这样，人们面临着第二种矛盾，即人们只能在交流中借助媒体产品来谈论媒体文化。鉴于当今最广义的媒体研究的状况，将媒体文化学设计为对于所有研究媒体和文化的学科而言的**互动天花板**就容易被人们理解了。所有迄今在这些学科中掌握的知识都可以为媒体文化学所用。就媒体文化学这方面而言，它能够为其他研究媒体的学科承担**两种重要功能**：（1）在认知、交际、媒体和文化理论领域获取基础知识；（2）在普遍化了的媒体文化学视角下观察、融合和发展单项学科的研究成果。这样的视角主要涉及的是广为认可的一般性媒体概念的创立，通过媒体以及媒体产品将认知和交流连接起来的问题，通过单一媒体特定的构造和遴选条件对感知进行调整的历史，媒体发展的常量，不同社会类型和发展形式中复杂媒体系统的形成和功能，媒体系统和作为社会自我描述程序的各种文化的差异之间的关联，等等。与之相应，在媒体文化学中必须区分**四个局部领域**：

（1）**媒体认识论**，系统地研究在从特殊媒体系统直到网络和杂交系统的可利用性条件下从认知以及交际层面对现实进行构建的历时和共时可能性或者说表现形式。①

（2）具有不同形式的**媒体历史编纂学**，比如作为技术史，作为考虑到性别特定性差异的感知、心态或者交际史，同时，这些不同的观察角度必须得到协调和融合，目的是走出并立和对立的局面。

（3）狭义的**媒体文化史**，通过媒体类型理论、媒体系统中的经典化过程等主题研究以及艺术或者科学等单项文化门类来构建和重建媒体系统、交际类型和话语类型的协同发展。

（4）**跨文化研究**，观察、分析解决问题的能力以及与之相关的不同文化间的互动可能性，在单一文化性、多元文化性和跨文化性意义上的文化程序的特殊可能性和表现形式，特定媒体系统条件下的文化殖民和去殖民活动、文化差异化和去差异化活动的形式，在跨国交流的全球化要求下的认同和异者性，等等。②

在此，媒体文化学既不固守于某一学科，也不局限于某一个研究主题，人们有理由期待媒体文化学能够根据其特有的系统逻辑选择创建研究主题。因为为了实施这种主题创建活动，它必然或多或少地要求社会和学术发展达到相应的水平，所以真实性或者客观性这些对于媒体文化学研究而言的传统要求就被人们误解了，但必须强调的是，人们依然没有触及上文中对于问题解决方案的学术性要求。

媒体文化学只能以跨学科的方式开展研究活动。除此之外，跨文化导向也是值得期待的，目的是能够弱化自身观察立场的特殊盲点，实现潜在性观察视角。20 世纪 90 年代，以媒体文化学命名的第一个专业方向在哈勒大学（Halle）创立。媒体文化学的教育应该使学生具有分析能力，使其能够创造性地参与媒体文化活动。对于媒体文化学而言，研究主题是不会枯竭的，因为移民、交流的全球化及其商业化，信息技术社会（Cyber-Society），跨文化以及多元文化持续生成着新的问题

---

① 参见 Sondbothe 2001。
② 参见 Drechsel/Gölz/Schmidt 2000。

领域，人们必须用足够抽象的、多层次的媒体文化学的工具才能对这些问题领域进行批判性研究。[1]

从 20 世纪 90 年代开始在哈勒大学、吕内堡大学（Lüneburg）、明斯特大学（Münster）或者锡根大学（Siegen）出现的媒体文化学理念是否能够被创设为独立的学科，对于这个问题，有下列几点需要思考：**创立学科**的努力原则上应由**研究灵活性**承担。学科总是被卷入大学内部的冲突，被卷入学科内部的理论争执。因此，媒体文化学也许可以从将自身发展为不同学科定位框架内的独立研究方向的过程中获益。为了能够获得作为独立研究方向的形象和身份，为了被认可为一门学科，它无论如何都需要一个明确的理论基础，不过这一理论基础并不需要与本文中概述的完全一致。另一方面，媒体文化学需要一个足够抽象的描述性文化概念，目的在于不仅能够分析文化现象，也能够分析**制造在从亚文化直到企业文化的所有社会领域中被视为文化的现象的生成机制**。如果媒体文化学满足了这两个条件，那么，它就获得了一方面针对文化学，另一方面针对媒体语言学以及传播学和交际学的关键性差异。这种构建其身份的差异，媒体文化学研究是通过其解决问题的能力而不是通过跨学科的组织获得并维持的。

参考文献

Appelsmeyer, Heide/Billmann-Mahecha, Elfriede (Hgg.): *Kulturwissenschaft.* Weilerswist: velbrück 2001.

Baecker, Dirk: *Wozu Kultur?* Berlin: Kulturverlage Kadmos 2000.

Blamberger, Günter/Glaser, Hermann (Hgg.): *Berufsbezogen studieren. Neue Studiengänge in den Literatur-, Kultur- und Medienwissenschaften.* München: Beck 1993.

Böhme, Hartmut/Scherpe, Klaus R. (Hgg.): *Literatur und Kulturwissen-*

---

[1] 参见 Kleiner 2006。

schaft. Positionen, Theorien, Modelle. Reinbek: Rowohlt 1996.

Böhme, Hartmut/Matussek, Peter/Müller, Lothar (Hgg.): *Orientierung Kulturwissenschaft.* Reinbek: Rowohlt 2000.

Därmann, Iris/Jamme, Christoph (Hgg.): *Kulturwissenschaften. Konzepte, Theorien, Autoren.* München: Fink 2007.

Drechsel, Paul/Gölz, Bernhard/Schmidt, Bettina: *Kultur im Zeitalter der Globalisierung. Von Identität zu Differenzen.* Frankfurt a. M. : Verlag für Interkulturelle Kommunikation 2000.

Düllo, Thomas et al. (Hgg.): *Kursbuch Kulturwissenschaft.* Münster: LIT 2000.

Faulstich, Werner: »Kulturwissenschaft als Metawissenschaft.« In: Düllo et al. 2000, S.133‑140.

Glaser, Renate/Luserke, Matthias (Hgg.): *Literaturwissenschaft-Kulturwissenschaft. Positionen, Themen, Perspektiven.* Opladen: Westdeutscher Verlag 1996.

Jäger, Georg/Schönert, Jörg (Hgg.): *Wissenschaft und Berufspraxis.* Paderborn et al. : Schöningh 1997.

Kleiner, Marcus S. : *Medien-Heterotopien. Diskursräume einer gesellschaftskritischen Medientheorie.* Bielefeld: Transcript 2006.

Lecke, Bodo (Hg.): *Literatur und Medien in Studium und Deutschunterricht.* Frankfurt a. M. : Lang 1999.

Sandbothe, Mike: *Pragmatische Medienphilosophie. Grundlegung einer neuen Disziplin im Zeitalter des Internet.* Weilerswist: Velbrück 2001.

Schlosser, Gerhard: *Einheit der Welf und Einheitswissenschaft. Grundlegung einer Allgemeinen Systemtheorie.* Braunschwieg/Wiesbaden: Vieweg 1993.

Schmidt, Siegfried J. : »Why Literature is Not Enough; or, Literary Studies as Media Studies.« In: Gerald C. Cupchik/János Lazló (Hgg.): *Emerging Visions of the Aesthetic Process.* Cambridge: Cambridge UP 1992, S.227‑243.

Schmidt, Siegfried J. : *Kognitive Autonomie und soziale Orientierung.* Frankfurt a. M. : Suhrkamp 1996 [1994].

Schmidt, Siegfried J.: *Die Welten der Medien*. Braunschweig/Wiesbaden: Vieweg 1996.

Schmidt, Siegfried J.: »Medienkulturwissenschaft: Interkulturelle Perspektiven.« In: Alois Wierlacher/Günter Stötzel (Hgg.): *Blickwinkel. Kulturelle Optik und interkulturelle Gegenstandskonstitution*. Akten des Ⅲ. Internationalen Kongresses der Gesellschaft für interkulturelle Germanistik Düsseldorf 1994. Publikationen der Gesellschaft für interkulturelle Germanistik. Bd. 50. 1996, S. 803 - 810.

Schmidt, Siegfried J.: *Die Zähmung des Blicks. Konstruktivismus-Empirie-Wissenschaft*. Frankfurt a. M.: Suhrkamp 1998.

Schmidt, Siegfried J.: »Medienkulturwissenschaft.« In: Ansgar Nünning (Hg.): *Metzler Lexikon Literatur-und Kulturtheorie*. Stuttgart/Weimar: Metzler 1998, S. 349 - 351.

Schmidt, Siegfried J.: *Kalte Faszination. Medien, Kultur, Wissenschaft in der Mediengesellschaft*. Weilerswist: Velbrück 2000.

Schmidt, Siegfried J.: *Geschichten & Diskurse. Abschied vom Konstruktivismus*. Reinbek bei Hamburg: Rowohlt 2003.

Schönert, Jörg: »Germanistik in den neunziger Jahren-eine Disziplin auf der Suche nach ihrer Identität.« In: Germanistentreffen Bundesrepublik Deutschland-Türkei 25. 9. - 29. 9. 1994. Hg. v. DAAD. Bonn 1995, S. 17 - 28.

Schönert, Jörg: »Literaturwissenschaft-Kulturwissenschaft-Medienkulturwissenschaft. Probleme der Wissenschaftsentwicklung.« In: Glaser/Luserke 1996, S. 192 - 208.

Schönert, Jörg: »Transdisziplinäre und interdisziplinäre Entwicklungen in den Sprach-, Literatur-, Kultur-und Medienwissenschaften.« In: Jäger/Schönert 1997, S. 17 - 29.

Schönert, Jörg: »›Kultur‹ und ›Medien‹ als Erweiterungen zum Gegenstandsbereich der Germanistik in den 90er Jahren.« In: Lecke 1999, S. 43 - 64.

Viehoff, Reinhold: »›Mord und Totschlag‹ als Voraussetzung der Medienwissenschaft. Zur Einrichtung einer kommunikationswissenschaftlichen Professur und zur Entwicklung des Studiengangs ›MedienKultur Wissenschaft‹ an der Universität Halle.« In: Jäger/Schönert 1997, S. 269-280.

Voßkamp, Wilhelm: »Literaturwissenschaft als Geisteswissenschaft. Thesen zur Geschichte der deutschen Literaturwissenschaft nach dem Zweiten Weltkrieg.« In: Werner Prinz/Peter Weingart (Hgg.): *Die sogenannten Geisteswissenschaften. Innenansichten.* Frankfurt a. M.: Suhrkamp 1990, S. 240-247.

Voßamp, Wilhelm: »Literaturwissenschaft und Kulturwissenschaften.« In: Henk de Berg/Matthias Prangel (Hgg.): *Interpretation 2000. Positionen und Kontroversen.* Heidelberg: Winter 1999, S. 183-199.

Winter, Cazrsten (Hg.): *Kulturwissenschaft. Perspektiven, Erfahrungen, Beobachtungen.* Bonn: ARCult Media 1996.

西格弗里德·J. 施密特
(Siegfried J. Schmidt)

附 录

1. 文化学权威著作精选书目

Anderegg, Johannes/Kunz, Edith Anna (Hgg.): *Kulturwissenschaften. Positionen und Perspektiven*. Bielefeld: Aisthesis 1999.

Anderson, Benedict: *Imagined Communities. Reflections on the Origin and Spread of Nationalism*. London/New York: Verso 1983.

Appadurai, Arjun: *Modernity at Large. Cultural Dimensions of Globalization*. Minneapolis/London: University of Minnesota Press 1996.

Appelsmeyer, Heide/Billmann-Mahecha, Elfriede (Hgg.): *Kulturwissenschaft. Felder einer prozeßorientierten wissenschaftlichen Praxis*. Weilerswist: Velbrück 2001.

Assmann, Aleida: *Erinnerungsräume. Formen und Wandlungen des kulturellen Gedächtnisses*. München: Beck 1999.

Assmann, Aleida: *Einführung in die Kulturwissenschaft. Grundbe-

griffe, Themen, Fragestellungen. Berlin: Erich Schmidt 2006.

Assmann, Aleida/Harth, Dietrich (Hgg.) : *Kultur als Lebenswelt und Monument.* Frankfurt a. M. : Fischer 1991.

Assmann, Aleida/Harth, Dietrich (Hgg.): *Mnemosyne. Formen und Funktionen der kulturellen Erinnerung.* Frankfurt a. M. : Fischer 1991.

Assmann, Jan: *Das kulturelle Gedächtnis. Schrift, Erinnerung und politische Identität in früben Hochkulturen.* München: Beck 1992.

Assmann, Jan/Harth, Dietrich (Hgg.): *Kultur und Konflikt.* Frankfurt a. M. : Suhrkamp 1988.

Assmann, Jan/Hölscher, Tonio (Hgg.): *Kultur und Gedächtnis.* Frankfurt a. M. : Suhrkamp 1988.

Bachmann-Medick, Doris: *Cultural Turns. Neuorientierungen in den Kulturwissenschaften.* Reinbek: Rowohlt 2007 [2006].

Bachmann-Medick, Doris (Hg.): *Kultur als Text. Die anthropologische Wende in der Literaturwissenschaft.* Tübingen/Basel: Francke 2004 [Frankfurt a. M. : Fischer 1998 [1996]].

Baecker, Dirk: *Wozu Kultur?* Berlin: Kadmos 2000.

Bal, Mieke (Hg.): *The Practice of Cultural Analysis. Exposing Interdisciplinary Interpretation.* Stanford: Stanford UP 1999.

Bargatzky, Thomas: *Einführung in die Kulturökologie.* Berlin: Reimer 1986.

Barthes, Roland: *Mythologies.* Paris: Ed. Seuil 1970 (dt. : *Mythen des Alltags.* Frankfurt a. M. : Suhrkamp 1983).

Baßler, Moritz (Hg.): *New Historicism. Literaturgeschichte als Poetik der Kultur.* Frankfurt a. M. : Fischer 2001 [1995].

Baßler, Moritz: *Die kulturpoetische Funktion und das Archiv. Eine liter-*

aturwissenschaftliche Text-Konterxt-Theorie. Tübingen: Francke 2005.

Barry, Peter: *Beginning Theory. An Introduction to Literary and Cultural Theory*. Manchester: Manchester UP 2002 [1995].

Bassnett, Susan (Hg.): *Studying British Cultures*. London/New York: Routledge 1997.

Bausinger, Hermann/Jeggle, Urz/Korff, Gottfried: *Grundzüge der Volkskunde*. Darmstadt: Wissenschaftliche Buchgesellschaft 1996 [1993].

Benhabib, Seyla/Cornell, Drucilla (Hgg.): *Feminism as Critique. On the Politics of Gender*. Minneapolis: University of Minnesota Press 1987.

Benjamin, Walter: *Das Kunstwerk im Zeitalter seiner technischen Reproduzierbarkeit*. Frankfurt a. M.: Suhrkamp 1996 [1936].

Benthien, Claudia/Velten, Hans Rudolf: *Germanistik als Kulturwissenschaft. Eine Einführung in neue Theoriekonzepte*. Reinkbek: Rowohlt 2002.

Berding, Helmut (Hg.): *Nationales Bewußtsein und kollektive Identität*. Frankfurt a. M.: Suhrkamp 1994.

Berg, Eberhard/Fuchs, Martin (Hgg.): *Kultur, soziale Praxis, Text. Die Krise der ethonographischen Repräsentation*. Frankfurt a. M.: Suhrkamp 1993.

Berger, Peter/Luckmann, Thomas: *Die gesellschaftliche Konstruktion der Wirklichkeit*. Frankfurt a. M.: Fischer 1969.

Berns, Jörg Jochen/Neuber, Wolfgang (Hgg.): *Ars memorativa. Zur kulturgeschichtlichen Bedeutung der Gedächtniskunst 1400 - 1750*. Tübingen: Niemeyer 1996.

Berry, John W. et al.: *Cross-Cultural Psychology. Research and Ap-*

plications. Cambridge et al. : Cambridge UP 1992.

Bertens, Hans/Natoli, Joseph (Hgg.): *Postmodernism. The Key Figures.* Malden, MA: Blackwell 2002.

Bhabha, Homi K. : *The Location of Culture. Discussing Postcolonial Culture.* London/New York: Routledge 1994 (dt. : *Die Verortung der Kultur.* Tübingen: Stauffenburg 2000).

Bloh, Ute von/Vollhardt, Friedrich: »Literaturwissenschaft und Kulturwissenschaft. Prolegomena.« In: *Mitteilungen des Deutschen Germanistenverbandes* 46, 4 (1999) (= Themenheft *Germanistik als Kulturwissenschaft*), S. 479 - 485.

Blumenberg, Hans: *Die Lesbarkeit der Welt.* Frankurt a. M. : Suhrkamp 2000 [1981].

Böhme, Hartmut: »Vom Cultus zur Kultur (wissenschaft). Zur historischen Semantik des Kulturbegriffs.« In: Glaser/Luserke 1996, S. 48 - 68.

Böhme, Hartmut: »Kulturwissenschaft.« In: Harald Fricke et al. (Hgg.): *Reallexikon der Deutschen Literaturwissenschaft. Bd. 2: H-O.* Berlin/New York: de Gruyter 2000, S. 356 - 359.

Böhme, Hartmut: *Fetischismus und Kultur. Eine andere Theorie der Moderne.* Reinbek: Rowohlt 2006.

Böhme, Hartmut/Matussek, Peter/Müller, Lothar: *Orientierung Kulturwissenschaft. Was sie kann, was sie will.* Reinbek bei Hamburg: Rowohlt 2000.

Böhme, Hartmut/Scherpe, Klaus R. (Hgg.) : *Literatur und Kulturwissenschaften. Positionen, Theorien, Modelle.* Reinbek bei Hamburg: Rowohlt 1996.

Bollenbeck, Georg: *Bildung und Kultur. Glanz und Elend eines deutschen Deutungsmusters.* Frankfurt a. M. : Suhrkamp 1996.

Bollenbeck, Georg: »Die Kulturwissenschaften-mehr als ein modisches Label?« In: *Merkur. Deutsche Zeitschrift für europäisches Denken* 51 (1997), S. 259 - 265.

Bonnell, Victoria E./Hunt, Lynn (Hgg.): *Beyond the Cultural Turn. New Directions in the Study of Society and Culture.* Berkeley/Los Angeles/London: University of California Press 1999.

Bonner, John Tyler: *The Evolution of Culture in Animals.* Princetion: Princeton UP 1980 (dt. : *Kultur-Evolution bei Tieren.* Berlin/Hamburg: Parey 1983).

Boon, James A. : *Other Tribes, Other Scribes. Symbolic Anthropology in the Comparative Study of Cultures, Histories, Religions and Texts.* Cambridge: Cambridge UP 1983.

Bourdieu, Pierre: *Zur Soziologie der symbolischen Formen.* Frankfurt a. M. : Suhrkamp 1970.

Bourdieu, Pierre: *La distincition. Critique sociale du jugement.* Paris: Minuit 1979 (dt. : *Die feinen Unterschiede. Kritik der gesellschaftlichen Urteilskraft.* Frankfurt a. M. : Suhrkamp 1982).

Bourdieu, Pierre: *Les règles de l'art. Genèse et structure du champ littéraire.* Paris: Seuil 1992 (dt. : *Die Regeln der Kunst. Genese und Struktur des literarischen Feldes.* Frankfurt a. M. : Suhrkamp 1999).

Brackert, Helmut/Wefelmeyer, Fritz (Hgg.): *Kultur. Bestimmungen im 20. Jahrhundert.* Frankfurt a. M. : Suhrkamp 1990.

Braun, Christina von/Stephoan, Inge (Hgg.): *Gender-Studien. Eine Einführung.* Stuttgart/Weimar: Metzler 2000.

Bromley, Roger/Göttlich, Udo/Winter, Carsten (Hgg.): *Cultural Studies. Grundlagentexte zur Einführung.* Lüneburg: zu Klampen 1999.

Bruch, Rüdiger vom/Graf, Friedrich Wilhelm/Hübinger, Gangolf (Hgg.): *Kultur und Kulturwissenschaften um 1900. Krise der Moderne und Glaube an die Wissenschaft.* Stuttgart: Steiner 1989.

Bruner, Jerome S.: *Acts of Meaning.* Cambridge, MA: Harvard UP 1990.

Bühl, Walter L.: *Kulturwandel. Für eine dynamische Kultursoziologie.* Darmstadt: Wissenschaftliche Buchgesellschaft 1987.

Burckhardt, Jacob: *Die Kultur der Renaissance in Italien.* Hg. v. Horst Günther. Frankfurt a. M.: Klassiker-Verlag 1989.

Burke, Peter: *Popular Culture in Early Modern Europe.* London: Temple Smith 1978 (dt.: *Helden, Schurken und Narren. Europäische Volkskultur in der frühen Neuzeit.* Stuttgart: Klett Cotta 1981).

Bußmann, Hadumod/Hof, Renate (Hgg.): *Genus. Zur Geschlechterdifferenz in den Kulturwissenschaften.* Stuttgart: Kröner 1995.

Butler, Judith: *Gender Trouble. Feminism and the Subversion of Identity.* New York: Routledge 1990. (dt.: *Das Unbehagen der Geschlechter.* Frankfurt a. M.: Suhrkamp 1991).

Butler, Judith: *Bodies that Matter. On the Discursive Limits of ›Sex‹.* New York: Routledge 1993 (dt.: *Körper von Gewicht. Die diskursiven Grenzen des Geschlechts.* Berlin: Berlin-Verlag 1995).

Bystrina, Ivan: *Semiotik der Kultur. Zeichen-Texte-Codes.* Tübingen: Stauffenburg 1989.

Carruthers, Mary: »*The Book of Memory*« —*A Study of Memory in Medieval Culture.* Cambridge et al.: Cambridge UP 1990.

Cassirer, Ernst: *Philosophie der symbolischen Formen.* 3 Bde. Darmstadt: Wissenschaftliche Buchgesellschaft 1994 [1923–1929].

Cassirer, Ernst: *Zur Logik der Kulturwissenschaften. Fünf Studien.* Darmstadt: Wissenschaftliche Buchgesellschaft 1994 [1942].

Cassirer, Ernst: *An Essay on Man. An Introduction to a Philosophy of Human Culture.* New Haven: Yale UP 1944 (dt.: *Versuch über den Menschen. Einführung in eine Philosophie der Kultur.* Frankfurt a. M.: Fischer 1990).

Chaney, David: *The Cultural Turn.* London/New York: Routledge 1994.

Chartier, Roger: *Die unvollendete Vergangenheit. Geschichte und die Macht der Weltauslegung.* Frankfurt a. M.: Fischer 1992.

Clifford, James. »Über ethnographische Autorität.« In: Berg/Fuchs 1993, S. 109 – 157 (orig.: »On Ethnographic Authority.« In: ders.: *The Predicament of Culture. Twentieth-Century Ethnography, Literature, and Art.* Cambridge, MA/London: Harvard UP 1988, S. 21 – 54).

Cole, Michael: *Cultural Psychology. A Once and Future Discipline.* Cambridge, MA/London: The Belknap Press of Harvard University Press 1996.

Crapanzano, Vincent: *Hermes' Dilemma and Hamlet's Desire. On the Epistemology of Interpretation.* Cambridge, MA/London: Harvard UP 1992.

Dainat, Holger: »Zukunftsperspektiven. Anmerkungen zur kulturwissenschaftlichen Orientierung der Germanistik.« In: *Mitteilungen des Deutschen Germanistenverbandes* 46, 4 (1999), S. 496 – 507.

Daniel, Ute. »›Kultur‹ und ›Gesellschaft‹: Überlegungen zum Gegenstandsbereich der Sozialgeschichte.« In: *Geschichte und Gesellschaft* 19 (1993), S. 69 – 99.

Daniel, Ute: *Kompendium Kulturgeschichte. Theorien, Praxis, Schlüsselwörter.* Frankfurt a. M.: Suhrkamp 2002 [2001].

Drechsel, Paul/Gölz, Bernhard/Schmidt, Bettina: *Kultur im Zeitalter der Globalisierung. Von Identität zu Differenzen.* Frankfurt a. M: Verlag für Interkulturelle Kommunikation 2000.

Düllo, Thomas et al. (Hgg.): *Kursbuch Kulturwissenschaft.* Münster: LIT 2000.

Dux, Günter: *Historisch-genetische Kultur. Instabile Welten. Zur prozessualen Logik im kulturellen Wandel.* Weilerswist: Velbrück Wissenschaft 2000.

Eagleton, Terry: *The Idea of Culture.* Oxford: Blackwell 2000 (dt.: *Was ist Kultur? Eine Einführung.* München: Beck 2001).

Easthope, Antony: *Literary into Cultural Studies.* London/New York: Routledge 1991.

Echterhoff, Gerald/Saar, Martin (Hgg.): *Kontexte und Kulturen des Erinnerns. Maurice Halbwachs und das Paradigma des kollektiven Gedächtnisses.* Konstanz: UVK 2002.

Eibach, Joachim/Lottes, Günther (Hgg.): *Kompass der Geschichtswissenschaft. Ein Handbuch.* Göttingen: Vandenhoeck & Ruprecht 2002.

Elias, Norbert: *Über den Prozeß der Zivilisation. Soziogenetische und psychogenetische Untersuchungen.* 2 Bde. Frankfurt a. M.: Suhrkamp 1997 [1939].

Engel, Manfred: » Kulturwissenschaft/en-Literaturwissenschaft als Kulturwissenschaft-kulturgeschichtliche Literaturwissenschaft. « In: *Kultur Poetik* 1 (2001), S. 8 - 36.

Engelmann, Jan (Hg.): *Die kleinen Unterschiede. Der Cultural Studies-Reader.* Frankfurt a. M./New York: Campus 1999.

Erll, Astrid: »Literatur und kulturelles Gedächtnis. Zur Begriffs-und Forschungsgeschichte, zum Leistungsvermögen und zur literaturwissenschaftlichen Relevanz eines neuen Paradigmas der Kulturwissenschaft. « In: *Literaturwissenschaftliches Jahrbuch* 43 (2002), S. 249 - 276.

Erll, Astrid: *Kollektives Gedächtnis und Erinnerungskulturen. Eine Einführung.* Stuttgart/Weimar: Metzler 2005.

Erll, Astrid/Nünning, Ansgar (Hgg.): *Cultural Memory Studies. An International and Interdisciplinary Handbook.* Berlin/New York: de Gruyter 2008.

Ette, Ottmar: *Literatur in Bewegung. Raum und Dynamik grenzüberschreitenden Schreibens in Europa und Amerika.* Weilerswist: Velbrück 2001.

Ette, Ottmar: *Zwischen WeltenSchreiben. Literaturen ohne festen Wohnsitz.* Berlin: Kadmos Kulturverlag 2005.

Fisch, Jörg: »Zivilisation, Kultur.« In: Otto Brunner et al. (Hgg.): *Geschichtliche Grundbegriffe. Historisches Lexikon zur politisch-sozialen Sprache in Deutschland.* Bd. 7. Stuttgart: Klett Cotta 1992, S. 679 - 774.

Fleischer, Michael: *Kulturtheorie. Systemtheoretische und evolutionäre Grundlagen.* Oberhausen: Athena 2001.

Foucault, Michel: *Les mots et les choses.* Paris: Gallimard 1966 (dt.: *Die Ordnung der Dinge. Eine Archäologie der Humanwissenschaften.* Frankfurt a. M.: Suhrkamp 1974).

Frühwald, Wolfgang et al. (Hgg.): *Geisteswissenschaften heute. Eine Denkschrift.* Frankfurt a. M.: Suhrkamp 1991.

Gabriel, Norbert: *Kulturwissenschaft und Neue Medien. Wissensvermittlung im digitalen Zeitalter.* Darmstadt: Wissenschaftliche Buchgesellschaft 1997.

Geertz, Clifford: *The Interpretation of Cultures. Selected Essays.*

London: Hutchinson 1973 (dt.: *Dichte Beschreibung. Beiträge zum Verstehen kultureller systeme*. Frankfurt a. M.: Suhrkamp 1983).

Gehlen, Arnold: *Der Mensch. Seine Natur und seine Stellung in der Welt*. Heidelberg: Quelle und Meyer 1997 [1940].

Giesen, Bernhard (Hg.): *Nationale und kulturelle Identität. Studien zur Entwicklung des kollektiven Bewußtseins in der Neuzeit*. Frankfurt a. M.: Suhrkamp 1991.

Glasser, Renate/Luserke, Matthias (Hgg.): *Literaturwissenschaft-Kulturwissenschaft. Positionen, Themen, Perspektiven*. Opladen: Westdeutscher Verlag 1996.

Goodman, Nelson: *Languages of Art. An Approach to a Theory of Symbols*. Indianapolis: BobbsMerrill 1968 (dt.: *Sprachen der Kunst*. Frankfurt a. M.: Suhrkamp 1973).

Grabes, Herbert: » Literaturwissenschaft-Kulturwissenschaft-Anglistik.« In: *Anglia* 114, 3 (1996), S. 376–395.

Grabes, Herbert (Hg.): *Literary History/Cultural History. Forcefields and Tensions*. Tübingen: Narr 2001 (=REAL-Yearbook of Research in English and American Literature 17).

Graevenitz, Gerhard von: » Literaturwissenschaft und Kulturwissenschaften.« In: *Deutsche Vierteljahrsschrift für Literaturwissenschaft und Geistesgeschichte* 73, 1 (1999), S. 94–115.

Greenblatt, Stephen: *Shakespearean Negotiations. The Circulation of Social Energy in Renaissance England*. Berkeley/Los Angeles: University of California Press 1988 (dt.: *Verhandlungen mit Shakespeare. Innenansichten der englischen Renaissance*. Berlin: Wagenbach 1990).

Greenblatt, Stephen: »Grundzüge einer Poetik der Kultur.« In: ders.:

Schmutzige Riten. Betrachtungen zwischen Weltbildern. Frankfurt a. M. : Fischer 1995, S. 107 – 123 (Auswahl aus: *Learning to Curse. Essays in Early Modern Culture.* New York/London: Routledge 1990).

Greenblatt, Stephen/Gunn, Giles (Hgg.): *Redrawing the Boundaries. The Transformation of English and American Studies.* New York: Modern Language Association of America 1992.

Grossberg, Lawrence/Nelson, Cary/Treichler, Paula (Hgg.): *Cultural Studies.* New York/London: Routledge 1992.

Hahn, Alois/Platz, Norbert H. (Hgg.): *Interkulturalität als neues Paradigma.* Trier: Trierer Beiträge 1999.

Halbwachs, Maurice: *La mémoire collective.* Paris: Presses universitaires de France 1950 (dt. : *Das kollektive Gedächtnis.* Frankfurt a. M. : Fischer 1991).

Hall, Stuart et al. (Hgg.): *Culture, Media, Language. Working Papers in Cultural Studies, 1972 – 79.* London: Hutchinson 1980.

Hansen, Klaus P. (Hg.) : *Kulturbegriff und Methode. Der stille Paradigmenwechsel in den Geisteswissenschaften.* Tübingen: Narr 1993.

Hansen, Klaus P. : *Kultur und Kulturwissenschaft. Eine Einführung.* Tübingen/Basel: Fracnck 2000 [1995].

Hardtwig, Wolfgang/Wehler, Hans-Ulrich (Hgg.): *Kulturgeschichte Heute. Geschichte und Gesellschaft.* Göttingen: Vandenhoeck & Ruprecht 1996.

Harth, Dietrich: »Vom Fetisch bis zum Dram? Anmerkunger zur Renaissance der Kulturwissenschaften.« In: *Anglia* 114, 3 (1996), S. 340 – 375.

Harth, Dietrich: *Das Gedächtnis der Kulturwissenschaften.* Dresden/

München: Dresden UP 1998.

Hartmann, Dirk/Janich, Petter (Hgg.): *Die kulturalistische Wende. Zur Orientierung des philosophischen Selbstverständnisses*. Frankfurt a. M.: Suhrkamp 1998.

Haverkamp, Anselm/Lachmann, Renate (Hgg.): *Memoria. Vergessen und Erinnern*. München: Fink 1993 (= *Poetik und Hermeneutik* XV).

Heideking, Jürgen/Nünning, Vera: » Kulturgeschichte. « In: dies.: *Einführung in die amerikanische Geschichte*. München: Beck 1998, S. 141 – 162.

Hennigsen, Bernd/Schröder, Stephan Michael (Hgg.): *Das Ende der Humboldt-Kosmen. Konturen von Kulturwissenschaft*. Baden-Baden: Nomos 1997.

Hepp, Andreas/Winter, Rainer (Hgg.): *Kultur-Medien-Macht. Cultural Studies und Medienanalyse*. Wiesbaden: VS Verlag 2006 [1997].

Hetzel, Andreas: *Zwischen Poiesis und Praxis. Elemente einer kritischen Theorie der Kulturwissenschaften*. Würzburg: Königshausen und Neumann 2001.

Hiley, David R. et al. (Hgg.): *The Interpretive Turn. Philosophy, Science, Culture*. Ithaca/London: Cornell UP 1991.

Hobsbawm, Eric/Ranger, Terence (Hgg.): *The Invention of Tradition*. New York: Cambridge UP 1983.

Hof, Renate: *Die Grammatik der Geschlechter. Gender als Analysekategorie der Literaturwissenschaft*. Frankfurt a. M./New York: Campus 1995.

Holl, Mirjam-Kerstin: *Semantik und soziales Gedächtnis. Die Systemtheorie Niklas Luhmanns und die Gedächtnistheorie von Aleida* und Jan Assmann. Würzburg: Königshausen & Neamann 2003.

Hörning, Karl H./Winter, Rainer (Hgg.): *Widerspenstige Kulturen. Cultural Studies als Herausforderung.* Frankfurt a. M.: Suhrkamp 1999.

Huber, Martin/Lauer, Gerhard (Hgg.): *Nach der Sozialgeschichte. Konzepte für eine Literaturwissenschaft zwischen historischer Anthropologie, Kulturgeschichte und Medientheorie.* Tübingen: Niemeyer 2000.

Hunt, Lynn (Hg.): *The New Cultural History.* Berkeley/Los Angeles/London: University of California Press 1989.

Inglis, Fred: *Cultural Studies.* Oxford: Blackwell 1994.

Jaeger, Friedrich (Hg.): *Kulturwissenschaftliche Perspektiven in der Nordamerika-Forschung.* Tübingen: Stauffenburg 2001.

Jahraus, Oliver: *Theorieschleife. Systemtheorie, Dekonstruktion und Medientheorie.* Wien: Passagen-Verlag 2001.

Jahraus, Oliver/Ort, Nina (Hgg.): *Bewusstsein-Kommunikation-Zeichen. Wechselwirkungen zwischen Luhmannscher Systemtheorie und Peircescher Zeichentheorie.* Tübingen: Niemeyer 2001.

Jahrbuch der deutschen Schillergesellschaft: Diskussionsrunden »Kommt der Literaturwissenschaft ihr Gegenstand abhander?«, 42 (1998), S. 457–507; 43 (1999), S. 447–487; 44 (2000), S. 333–358.

Jung, Thomas: *Geschichte der modernen Kulturtheorie.* Darmstadt: Wissenschaftliche Buchgesellschaft 1999.

Jünger, Sebastian: *Kognition, Kommunikation, Kultur. Aspekte integrativer Theoriearbeit.* Wiesbaden: Deutscher Universitätsverlag 2002.

Jurt, Joseph (Hg.): *Von Michel Serres bis Julia Kristeva.* Freiburg: Rombach 1999.

Kaschuba, Wolfgang: *Einführung in die Europäische Ethnologie.*

München: Beck 1999.

Kellner, Douglas: *Media Culture*. London/New York: Routledge 1995.

Kittler, Friedrich A.: *Aufschreibesysteme 1800/1900*. München: Fink 1995 [1985].

Kittler, Friedrich A.: *Eine Kulturgeschichte der Kulturwissenschaft*. München: Fink 1999.

Kittsteiner, Heinz Dieter (Hg.): *Was sind Kultuwissenschaften? 13 Antworten*. München: Fink 2004.

Kohl, Karl-Heinz: *Ethnologie-die Wissenschaft vom kulturell Fremden. Eine Einführung*. München: Beck 1993.

Köhnen, Ralph (Hg.): *Wege zur kultur. Perspektiven für einen integrativen Deutschunnterricht*. Frankfurt a. M. : Lang 1999.

Konersmann, Ralf (Hg.): *Kulturphilosophie*. Leipzig: Reclam 1996.

Korte, Eduard: *Kulturphilosophie und Anthropologie*. Hamburg: Kovac 1992.

Kramer, Dieter: *Von der Notwendigkeit der Kulturwissenschaft. Aufsätze zu Volkskunde und Kulturheorie*. Marburg: Jonas 1997.

Kroeber, Alfred L./Kluckhohn, Clyde: »Culture. A Critical Review of Concepts and Definitions.« In: *Papers of the Peabody Museum of American Archaeology and Ethnology* 47, 1 (1952), S. i - viii.

Kroll, Renate (Hg.): *Metzler Lexikon Gender Studies/Geschlechterforschung. Ansätze-Personen-Grundbegrifft*. Stuttgart/Weimar: Metzler 2002.

Kumoll, Karsten: *From the Native's Point of View? Kulturelle Globalisierung nach Clifford Geertz und Pierre Bourdieu*. Bielefeld: transcript 2005.

Lange, Gerhard W.: *Materialistische Kulturtheorie im Vergleich*.

Raymond Williams/Terry Eagleton und die deutsche Tradition. Münster: Lit 1984.

Laqueur, Thomas: *Making Sex. Body and Gender from the Greeks to Freud.* Cambridge, MA: Harvard UP 1990 (dt.: *Auf den Leib geschrieben. Die Inszenierung der Geschlechter von der Antike bis Freud.* Frankfurt a. M./New York: Campus 1992).

Leach, Edmund: *Culture and Communication. The Logic by which Symbols are Connected. An Introduction to the Use of Stucturalist Analysis in Social Anthropology.* Cambridge: Cambridge UP 1976. (dt.: *Kultur und Kommunikation. Zur Logik symbolischer Zusammenhänge.* Frankfurt a. M.: Suhrkamp 1978).

Leitch, Vincent B.: *Theory Matters.* New York: Routledge 2003.

Lepenies, Wolf: *Das Ende der Naturgeschichte. Wandel kultureller Selbstverständlichkeiten in den Wissenschaften des 18. und 19. Jahrhunderts.* Frankfurrt a. M.: Suhrkamp 1978 [1976].

Levinson, David/Ember, Melvin (Hgg.): *Encyclopedia of Cultural Anthropology.* 4 Bde. New York: Henry Holt 1996.

Lipp, Wolfgang: *Drama Kultur.* Berlin: Duncker & Humblot 1994.

Long, Elisabeth (Hg.): *From Sociology to Cultural Studies. New Perspectives.* Malden, MA: Blackwell 1997.

Lotman, Yuri M.: *Universe of the Mind. A Semiotic Theory of Culture.* London: Tauris 1990.

Luhmann, Niklas: »Kultur als historischer Begriff.« In: ders.: *Gesellschaftsstruktur und Semantik Studien zur Wissenschaftssoziologie der modernen Gesellschaft,* Bd. 4. Frankufrt a. M.: Suhrkamp 1980 – 1995.

Luhmann, Niklas: *Soziale Systeme. Grundriβeiner allgemeinen Theorie.* Frankfurt a. M.: Suhrkamp 2002 [1987].

Lüsebrink, Hans-Jürgen: *Interkulturelle Kommunikation. Interaktion, Fremdwahrnehumng, Kulturtransfer*. Stuttgart/Weimar: Metzler 2005.

Lüsebrink, Hans-Jürgen/Röseberg, Dorothee (Hgg.): *Landeskunde und Kulturwissenschaft in der Romanistik. Theorieansätze, Unterrichtsmodelle, Forschungsperspektiven*. Tübingen: Narr 1995.

Lutter, Christina/Reisenleitner, Markus: *Cultural Studies. Eine Einführung*. Wien: Turia & Kant 1998.

Macey, David: *The Penguin Dictionary of Critical Theory*. London et al.: Penguin Books 2000.

Mannheim, Karl: *Wissenssoziologie. Auswahl aus dem Werk*. Hg. v. Kurt H. Wolff. Neuwied/Berlin: Luchterhand 1970 [1964].

Marquard, Odo: »Über die Unvermeidlichkeit der Geisteswissenschaft.« In: ders.: *Apologie des Zufälligen. Philosophische Studien*. Stuttgart: Reclam 1986, S. 98–116.

Marschall, Wolfgang (Hg.): *Klassiker der Kulturanthropologie. Von Montaigne bis Margaret Mead*. München: Beck 1990.

Medick, Hans: »›Missionare im Ruderboot‹? Ethnologische Erkenntnisweisen als Herausforderungen an die Sozialgeschichte.« In: *Geschichte und Gesellschaft* 10 (1984), S. 295–319.

Medick, Hans: »Quo vadis Historische Anthropologie? Geschichtsforschung zwischen Historischer Kulturwissenschaft und Mikro-Historie.« In: *Historische Anthropologie* 9, 1 (2001), S. 78–92.

Milner, Andrew/Browitt, Jeff: *Contemporary Cultural Theory. An Introduction*. London/New York: Routledge 2002 [1991].

Mittelstraß, Jürgen: »Die Stunde der Interdisziplinarität?« In: Jürgen Kocka (Hg.): *Interdisziplinarität. Praxis-Herausforderungen-Ideologie*. Frankfurt a. M.: Suhrkamp 1987, S. 152–158.

Moebius, Stephan/Quadflieg, Dirk (Hgg.): *Kultur. Theorien der Gegenwart*. Wiesbaden: VS Verlag 2006.

Monaghan, John/Just, Peter: *Social and Cultural Anthropology. A Very Short Introduction*. Oxford/New York: Oxford UP 2000.

Montrose, Louis A.: »Professing the Renaissance. The Poetics and Politics of Culture.« In: Veeser 1989, S. 15 - 36 (dt.: »Die Renaissance behaupten. Poetik und Politik der Kultur.« In: Baßler 1995, S. 60 - 93).

Mörth, Ingo/Fröhlich, Gerhard (Hgg.): *Das symbolische Kapital der Lebensstile. Zur Kultursoziologie der Moderne nach Pierre Bourdieu*. Frankfurt a. M./New York: Campus 1994.

Müller, Jan-Dirk: »Überlegungen zu einer mediävistischen Kulturwissenschaft.« In: *Mitteilungen des Deutschen Germanistenverbandes* 46, 4 (1999) (= Themenheft *Germanistik als Kulturwissenschaft*), S. 574 - 585.

Müller-Funk, Wolfgang: *Die Kultur und ihre Narrative. Eine Einführung*. Wien/New York: Springer 2002.

Musner, Lutz: »Kulturwissenschaften und *Cultural Studies*: Zwei ungleiche Geschwister?« In: *KultrPoetik. Zeitschrift für kulturgeschichtliche Literaturwissenschaft* 1, 2 (2001), S. 261 - 271.

Musner, Lutz/Wunberg, Gotthart (Hgg.): *Kulturwissenschaften. Forschung-Praxis-Positionen*. Wien: WUV-Verlag 2002.

Neidhardt, Friedhelm/Lepsius, M. Rainer/Weiß, Johannes (Hgg.): *Kultur und Gesellschaft*. Sonderheft 27 der *Kölner Zeitschrift für Soziologie und Sozialpsychologie*. Opladen: Westdeutscher Verlag 1986.

Nell, Werner/Riedel, Wolfgang: *Kulturwissenschaften. Geschichte, Grundlagen, Perspektiven*. Opladen: Westdeutscher Verlag 2001.

Neumann, Gerhard/Weigel, Sigrid (Hgg.): *Lesbarkeit der Kultur. Literaturwissenschaften zwischen Kulturtechnik und Ethnographie.* München: Fink 2000.

Niedermann, Joseph: *Kultur. Werden und Wandlungen eines Begriffs und seiner Ersatzbegriffe von Cicero bis Herder.* Firenze: Bibliopolis 1944.

Nünning, Ansgar (Hg.): *Grundbegriffe der Kulturtheorie und Kulturwissenschaften.* Stuttgart/Weimar: Metzler 2005.

Nünning, Ansgar (Hg.): *Metzler Lexikon Literatur-und Kulturtheorie. Ansätze-Personen-Grundbegriffe.* Stuttgart/Weimar: Metzler 2008 [1998].

Nünning, Ansgar: »Literatur, Mentalitäten und kulturelles Gedächtnis. Grundriß, Leitbegriffe und Perspektiven einer anglistischen Kulturwissenschaft.« In: ders. (Hg): *Literaturwissenschaftliche Theorien, Modelle, Methoden. Eine Einführung.* Trier: Wissenschaftlicher Verlag Trier 1998 [1995], S. 173 – 198.

Nünning, Ansgar/Nünning, Vera (Hgg.): *Konzepte der Kulturwissenschaften. Theoretische Grundlagen-Ansätze-Perspektiven.* Stuttgart/Weimart: Metzler 2003.

Nünning, Ansgar/Sommer, Roy (Hgg.): *Kulturwissenschaftliche Literaturwissenschaft. Disziplinäre Ansätze-Theorelische Positionen-Transdisziplinäre Perspektiven.* Tübingen: Narr 2004.

Oexle, Otto Gerhard (Hg.): *Memoria als Kultur.* Göttingen: Vandenhoeck & Ruprecht 1995.

Oexle, Otto Gerhard (Hg.): *Naturwissenschaft, Geisteswissenschaft, Kulturwissenschaft. Einheit-Gegensatz-Komplementarität?* Göttingen: Wallstein 1998.

Ort, Claus-Michael: »Was leistet der Kulturbegriff für die Literaturwissenschaft. Anmerkungen zur Debatte.« In: *Mitteilungen des Deutschen Germanistenverbandes* 46, 4 (1999) (= Themenheft *Germanistik als Kulturwissenschaft*), S. 534 – 545.

Payne, Michael/Schad, John (Hgg.): *Life. After. Theory. Interviews with Jacques Derrida, Sir Frank Kermode, Toril Moi and Christopher Norris*. London: Continuum 2003.

Perpeet, Wilhelm: »Kultur, Kulturphilosophie.« In: Joachim Ritter/ Karlfried Gründer (Hgg.): *Historisches Wörterbuch der Philosophie*. Bd. 4. Basel: Schwabe 1976, Sp. 1309 – 1324.

Pethes, Nicolas/Ruchatz, Jens (Hgg.): *Gedächtnis und Erinnerung. Ein interdisziplinäres Lexikon*. Reinbek bei Hamburg: Rowohlt 2001.

Pfeiffer, Karl Ludwig: *Das Mediale und das Imaginäre. Dimensionen kulturanthropologischer Medientheorie*. Frankfurt a. M.: Suhrkamp 1999.

Pfeiffer, Karl Ludwig/Kray, Ralph/Städtke, Klaus (Hgg.): *Theorie als kulturelles Ereignis*. Berlin/New York: de Gruyter 2000.

Pflaum, Michael: »Die Kultur-Zivilisations-Antithese im Deutschen.« In: Johann Knobloch et al. (Hgg.): *Europäische Schlüsselwörter. Wortvergleichende und wortgeschichtliche Studien*. Bd. 3: *Kultur und Zivilisation*. München: Max Hueber 1967, S. 288 – 427.

Pornschlegel, Clemens: »Das Paradigma, das keines ist. Anmerkungen zu einer unglücklichen Debatte.« In: *Mitteilungen des Deutschen Germanistenverbandes* 46, 4 (1999) (= Themenheft *Germanistik als Kulturwissenschaft*), S. 520 – 532.

Posner, Roland: »Kultur als Zeichensystem. Zur semiotischen Explikation kulturwissenschaftlicher Grundbegriffe.« In: Aleida Assmann/Dietrich Harth (Hgg.): *Kultur als Lebenswelt und Monu-*

ment. Frankfurt a. M. : Suhrkamp 1991, S. 36 - 74.

Rabaté, Jean-Michel: *The Future of Theory*. Oxford/Malden, MA: Blackwell 2002.

Rajan, Tilottama/O'Driscoll, Michael-J. (Hgg.): *After Poststructuralism. Writing the Intellectual History of Theory*. Toronto, ON: University of Toronto Press 2002.

Raulff, Ulrich (Hg.): *Vom Umschreiben der Geschichte. Neue historische Perspektiven*. Berlin: Wagenbach 1986.

Raulff, Ulrich (Hg.): *Mentalitäten-Geschichte. Zur historischen Rekonstruktion geistiger Prozesse*. Berlin: Wagenbach 1987.

Reckwitz, Andreas: *Die Transformation der Kulturtheorien. Zur Entwicklung eines Theorieprogramms*. Weilerswist: Velbrück 2006 [2000].

Rickert, Heinrich: *Kulturwissenschaft und Naturwissenschaft*. Mit einem Nachwort hg. v. Friedrich Vollhardt. Stuttgart: Reclam 1986 [1898].

Riedl, Rupert: *Kultur-Spätzündung der Evolution?* München/Zürich: Piper 1987.

Rusch, Gebhard: *Erkenntnis, Wissenschaft, Geschichte. Von einem konstruktivistischen Standpunkt*. Frankfurt a. M. : Suhrkamp 1987.

Said, Edward W. : *Orientalism*. New York: Pantheon 1978.

Schlaeger, Jürgen (Hg.): *The Anthroplogical Turn in Literary Studies*. Tübingen: Narr 1996.

Schmidt, Sigfried J. (Hg.): *Kognition und Gesellschaft*. Frankfurt a. M. : Suhrkamp 1994 [1991]. (= Der Diskurs des radikalen Konstruktivismus 2)

Schmidt, Siegfried J. : *Kalte Faszination. Medien, Kultur, Wissen-*

schaft in der Mediengesellschaft. Weilerswist: Velbrück 2000.

Schmidt-Biggemann, Wilhelm: » Kulturgeschichte, europäisch. « In: Mitteilungen des Deutschen Germanistenverbandes 46, 4 (1999), S. 486 - 495.

Schmidt-Dengler, Wendelin/Schwob, Anton (Hgg.): Germanistik im Spannungsfeld zwischen Philologie und Kulturwissenschaft. Beiträge der Tagung der österreichischen Gesellschaft für Germanistik in Wien 1988. Wien: Edition Praesens 1999.

Schönert, Jörg: » Literaturwissenschaft-Kulturwissenschaft-Medienkulturwissenschaft. Probleme der Wissenschaftsentwicklung. « In: Glaser/Luserke 1996, S. 192 - 208.

Schulze, Gerhard: Die Erlebnismesellschaft. Kultursoziologie der Gegenwart. Frankfurt a. M. /New York: Campus-Verlag 1992.

Schütz, Alfred: Der sinnhafte Aufbau der sozialen Welt. Eine Einleitung in die verstehende Soziologie. Frankfurt a. M. : Suhrkamp 1974.

Sedgwick, Peter/Edgar, Andrew (Hgg.): Cultural Theory. The Key Thinkers. London/New York: Routledge 2001.

Sedgwick, Peter/Edgar, Andrew (Hgg.): Cultural Theory. The Key Conccepts. London/New York: Routledge 2002 [Erstausgabe als Key Concepts in Cultural Theory, 1999].

Seeber, Hans Ulrich et al. (Hgg.): Themenheft Literaturwissenschaft und/oder Kulturwissenschaft der Anglia 114, 3 (1996).

Segall, Marshall H. et al. : Human Behavior on Global Perspective. An Introduction to Cross-Cultural Psychology. Boston et al. : Allyn & Bacon 1999.

Sellin, Volker: » Mentalität und Mentalitätsgeschichte. « In: Historische Zeitschrift 241 (1985), S. 555 - 598.

Simmel, Georg: Philosophische Kultur. Gesammelte Essais. In: Gesa-

mtausgabe, hg. v. Rüdiger Kramme und Otthein Rammstedt, Bd. 14, Frankfurt a. M. : Suhrkamp 1996.

Smith, Philip (Hg.): *The New American Cultural Sociology.* Cambridge et al. : Cambridge UP 1998.

Smith, Philip: *Cultural Theory. An Introduction.* Oxford/Malden, MA: Blackwell, 2001.

Stanitzek, Georg/Voßkamp, Wilhelm (Hgg.): *Schnittstelle. Medien und Kulturwissenschaften.* Köln: Dumont 2001.

Stegbauer, Kathrin et al. : *Kulturwissenschaftliche Frühneuzeitforschung. Beiträge zur Identität der Germanistik.* Berlin: Erich Schmidt 2004.

Steiner, Uwe C. : »Können die Kulturwissenschaften eine neue moralische Funktion beanspruchen?« In: *Deutsche Vierteljahrsschrift für Literaturwissenschaft und Geistesgeschichte* 71, 1 (1997), S. 3 - 38.

Stierstorfer, Klaus/Volkmann, Laurenz (Hgg.): *Kulturwissenschaft Interdisziplinär.* Tübingen: Narr 2005.

Straub, Jügen (Hg.): *Erzählung, Identität und historisches Bewußtsein. Die psychologische Konstruktion von Zeit und Geschichte.* Frankfurt a. M. : Suhrkamp 1998 (= Erinnerung, Geschichte, Identität 1).

Tenbruck, Friedrich H. : *Perspektiven der Kultursoziologie. Gesammelte Aufsätze.* Clemens Albrecht/Wilfried Dreyer/Harald Homann (Hgg.): Opladen: Westdeutscher Verlag 1996.

Thomas, Alexander (Hg.): *Kulturvergleichende Psychologie. Eine Einführung.* Göttingen et al. : Hogrefe 1993.

Titzmann, Michael: »Kulturelles Wissen-Diskurs-Denksystem. Zu einigen Grundbegriffen der Literaturgeschichtsschreibung. « In: *Zeitschrift für französische Sprache und Literatur* 99 (1989),

S. 47 - 61.

Ullmaier, Johannes: *Kulturwissenschaft im Zeichen der Moderne. Hermeneutische und kategoriale Probleme.* Tübingen: Niemeyer 2001.

Veeser, H. Aram (Hg.): *The New Historicism.* New York/London: Routledge 1989.

Veeser, H. Aram (Hg.): *The New Historicism Reader.* New York/London: Routledge 1994.

Vivelo, Frank R.: *Cultural Anthropology Handbook. A Basic Introduction.* New York: Mc-Graw-Hill 1978 (dt.: *Handbuch der Kulturanthropologie. Eine grundlegende Einführung.* Stuttgart: Klett-Cotta 1981).

Warburg, Aby: *Ausgewählte Schriften und Würdigungen.* Hg. v. Dieter Wuttke. Baden-Baden: Koerner 1979.

Weber, Max: »Die ›Objektivität‹ sozialwissenschaftlicher und sozialpolitischer Erkenntnis.« In: ders.: *Gesammelte Aufsätze zur Wissenschaftslehre.* Hg. v. Johannes Winckelmann. Tübingen: Mohr 1968 [1904], S. 146 - 214.

Wierlacher, Alois (Hg.): *Kulturthema Fremdheit. Leitbegriffe und Problemfelder kulturwissenschaftlicher Fremdheitsforschung.* München: Iudicium 1993.

Wierlacher, Alois/Stötzel, Georg (Hgg.): *Blickwinkel. Kulturelle Optik und interkulturelle Gegenstandskonstitution.* München: Iudicium-Verlag 1996.

Williams, Raymond: *The Sociology of Culture.* Chicago: University of Chicago Press 1981.

Winter, Carsten (Hg.): *Kulturwissenschaft. Perspektiven, Erfahrungen, Beobachtungen.* Bonn: AR Cult Media 1996.

Winter, Rainer: *Die Kunst des Eigensinns. Cultural Studies als Kritik der Macht*. Weilerswist: Velbrück 2001.

Wolfreys, Julian: *Critical Keywords in Literary and Cultural Theory*. Basingstoke/London: Palgrave Macmillan 2003.

Wulf, Christoph (Hg.): *Vom Menschen. Handbuch Historische Anthropologie*. Weinheim/Basel: Beltz 1997.

Wuttke, Dieter: *Dazwischen. Kulturwissenschaft auf Warburgs Spuren*. 2 Bde. Baden-Baden: Koerner 1996.

Yates, Frances: *The Art of Memory*. London: Routledge 1966 (dt.: Gedächtnis und Erinnern. Mnemonik von Aristoteles bis Shakespeare. Berlin: Deutscher Verlag der Wissenschaften 1990).

Zapf, Hubert: *Literatur als kulturelle Ökologie. Zur kulturellen Funktion imaginativer Texte an Beispielen des amerikanischen Romans*. Tübingen: Niemeyer 2002.

Zima, Peter: *Was ist Theorie? Theoriebegriff und Dialogische Theorie in den Kultur-und Sozialwissenschaften*. Tübingen/Bael: Francke 2004.

2. 作者简介

科琳娜·阿尔布雷希特(Corinna Albrecht):研究方向为日耳曼学、民俗学和罗曼语语言文学;曾任教于拜罗伊特大学跨文化日耳曼学专业,任职于拜罗伊特大学国际交流和对外文化所(IIK),参与哥廷根大学历史研究所移民日常史和经验史的传记研究项目;2004年起,任教于哥廷根大学跨文化日耳曼学/对外德语系。出版的异者研究著作包括:*Fremdgänge. Eine anthologische Fremdheitslehre*(《异者体验:异者理论选编》,与 A. Wierlacher 合编 [2],1998);*Vom Umgang mit dem*

Fremden(《与异者交往》,与 Y. Bizeul 等人合编,1997)。文章有 *Fremdheit*(《异者》)和 *Fremdheitsforschung und Fremdheitslehre* (*Xenologie*) in: Handbuch interkultureller Germanistik(《异者研究和异者学》,载《跨文化日耳曼学手册》,2003)。

多丽丝·巴赫曼-麦迪克(Doris Bachmann-Medick):哥廷根大学和柏林大学文学学和文化学学者,研究方向为日耳曼学、地理学、艺术史和哲学。曾任加利福尼亚大学洛杉矶分校、密歇根大学安娜堡分校、加利福尼亚大学欧文分校客座教授;曾任教于哥廷根大学、波茨坦大学、(奥德河畔)法兰克福欧洲大学、柏林自由大学、苏黎世大学;2005/06维也纳大学国际文化学研究中心(IFK)研究员;2007 吉森大学国际文化研究中心(GCSC)研究员。发表了文化学、文学人类学、文化理论、文化学翻译研究、跨文化交际方面的众多著作,有 *Cultural Turns. Neuorientierungen in den Kulturwissenschaften*(《文化转向:文化学中的新导向》,[2]2007); *Kultur als Text. Die anthropologische Wende in der Literaturwissenschaft*(《文化作为文本:文学学中的人类学转向》,主编,[2]1998;2004 年由 De Gruyte 出版社再版);Übersetzung als Repräsentation fremder Kulturen(《翻译作为异者文化的再现》,主编,[2]1998); *Die ästhetische Ordnung des Handelns. Moralphilosophie und Ästhetik in der Popularphilosophie des 18. Jahrhunderts*(《行为的美学秩序:18 世纪大众哲学中的伦理哲学和美学》,1989)。

莫里茨·巴斯勒(Moritz Baßler):曾就读于基尔大学、图宾根大学、加州大学伯克利分校日耳曼学专业;1993 年获图宾根大学博士学位;任"德国文学学专业大辞典"编辑至 1998 年;任罗斯托克大学当代德国文学方向教授助教至 2003 年获得教授资格;任不来梅国际大学文学教授至 2005 年。2005 年起,任明斯特大学现代德语文学专业教授。出版了大量学术著作,德国文学尤其是经典现代派方向著作主要有 *Die Entdeckung der Textur. Zur Kurzprosa der emphatischen Moderne 1910-1916*(《文本结构的发现:强力现代主义时期的短篇散文

(1910 - 1916)》,1994);文学理论方面著作有 *Die kulturpoetische Funktion und das Archiv. Eine literaturwissenschaftliche Text-Kontext-Theorie*(《文化诗学功能和档案:一种文学学意义的文本—语境—理论》,2005),当代文学方面著作有 *Der deutscher Pop-Roman. Die neuen Archivisten*(《德国流行小说:新型档案工作者》,2002)。

乌特·丹尼尔(Ute Daniel):布仑瑞克大学19世纪和20世纪历史和早期近代史教授;研究重点为社会史、文化史和性别史(18世纪到20世纪),历史学理论和方法论。出版物主要有:*Arbeitsfrauen in der Kriegsgesellschaft 1914—1918*(《战争年代的劳动妇女(1914—1918)》,1989);*Hoftheater. Zur Geschichte des Theaters und der Höfe im. 18 und 19. Jahrhundert*(《宫廷戏剧:18世纪和19世纪的戏剧和宫廷历史》,1995);*Kompendium Kulturgeschichte. Theorien, Praxis, Schlüsselwörter*(《文化史汇编:理论、实践和关键词》,[5]2002)。

阿斯特莉特·埃尔(Astrid Erll):伍珀塔尔大学英美文学学和文化学教授。研究重点为:英国文学史和文化史,文学、媒体、记忆和文化理论,叙事学以及帝国主义和后殖民主义研究。出版物主要有:*Gedächtnisromane*(《回忆小说》,2003);*Kollektives Gedächtnis und Erinnerungskulturen*(《集体记忆和回忆文化》,2005);*Literature and the Production of Cultural Memory*(《文学和文化记忆的生产》,2006;与 Ann Rigney 合著);*Prämeditation-Remediation: Repräsentationen des indischen Aufstands in imperialen und postkolonialen Medienkulturen*(《预想—再思:印度在帝国和后殖民媒体文化中的起义》,2007)。与安斯加·纽宁合编丛书 *Media and Cultural Memory/Medien und kulturelle Erinnerung*(《媒体和文化回忆》,2004年起由 de Gruyter 出版社出版)以及文集 *Medien des kollektiven Gedächtnisses*(《集体记忆的媒介》,2004)、*Gedächtniskonzepte der Literaturwissenschaft*(《文学的记忆概念》,2005)和 *Handbook Cultural Memory Studies*(《文化回忆研究手册》,2008)。

彼得·劳克(Peter Finke):曾就读于哥廷根大学、海德堡大学和牛津大学哲学、生物学和印度日耳曼学专业;1976年获博士学位;1979年获教授资格;1982年起,任比勒菲尔德大学科学哲学和生态语言学教授;1995年起,任维腾—黑尔德克大学文化生态学格列高里—贝特森—教授[1];自然研究协会[2]创始会长;生态经济学联合会[3]主席团成员,应对全球化挑战联合会[4]成员。出版过数量众多的书籍、文章和讲稿,主要有 *Die Zukunft der Wissenschaft*(《科学的未来》,1997);*Die Nachhaltigkeit der Sprache*(《语言的可持续性》,2002);*Der Weg entsteht beim Gehen*(《路是走出来的》,2003);*Die Ökologie des Wissens. Exkursionen in eine gefährdete Landschaft*(《知识的生态学:游历危机重重的景象》,2005)。

雷娜特·霍夫(Renate Hof):曾就读于慕尼黑大学美国语言文学、英国语言文学和普通语言学专业;曾在慕尼黑和康斯坦茨任教;1993年起任柏林洪堡大学美国文学和文化教授。就纳博科夫、徐氏理论、女性主义文学和性别研究方面发表过若干出版物。

于尔根·克拉默(Jürgen Kramer):曾就读于拉恩河畔的马尔堡大学英国语言文学和日耳曼学专业;1975年获博士学位;1980年获教授资格;1975—1994年任比勒菲尔德大学北莱茵—维斯特法伦州高级预科班英语教学负责人;1994—1997年任莱比锡大学大不列颠文化研究专业教授;1997年起任多特蒙德大学英国文化学及其教学法专业教授。英国文化学方向出版物主要有 *Cultural and Intercultural Studies*(《文化和跨文化研究》,1990);*British Cultural Studies*(《英国文化研究》,1997)。1994年起任《英国文化研究杂志》(*Journal for the Study of British Cultures*))合编者。

---

[1] 原文为 Gregory-Bateson-Professor。——译者注
[2] 原文为 Verbandes naturforschender Gessellschaften。——译者注
[3] 原文为 Vereinigung für Ökologische Ökonomie。——译者注
[4] 原文为 Global Challenges Network。——译者注

汉斯-于尔根·吕泽布林克(Hans-Jürgen Lüsebrink)：任萨尔布吕肯大学罗曼语文化学和跨文化交际专业教授；任(魁北克)拉瓦尔大学、(巴黎)社会科学高等研究院、(塞内加尔)达卡尔大学、(布基纳法索)瓦加杜古大学、(喀麦隆)德尚大学等高等院校客座教授。出版物主要有 *Landeskunde und Kulturwissenschaft in der Romanistik*(《罗曼语言文学中的国别研究和文化学》，与 Dorothee Röseberg 合著，1995)；*Die französische Kultur-interdisziplinäre Annäherungen* (《法国文化—跨学科研究》，1999)；*Einführung in die Landeskunde Frankreichs*(《法国国别研究导论》，2000)；*La Conquete de l'espace public clonial* (《征服公共空间》，2003)；*Interkulturelle Kommunikation. Interaktion-Fremdwahrnehmung-Kulturtransfer*(《跨文化交际：互动—异者感知—文化迁移》，2005)。

哈拉尔德·诺伊迈尔(Harald Neumeyer)：曾就读于海德堡大学、哥廷根大学、马德里大学和弗莱堡大学日耳曼学、哲学、罗曼语语言文学和政治学专业；2000 年起任拜罗伊特大学现代德国文学学研究所学术顾问；2002 年获优秀教育奖①。出版有专题论著 *Musensohn und Wanderlied um 1800* (《1800 年前后的年轻诗人和漫游诗歌》，1995，与 Heinrich Bosse 合著)与 *Flaneur. Konzeptionen der Moderne* (《浪荡子：现代主义设想》，1999)；编著文集 *Kunst und Wissenschaft um 1800* (《1800 年前后的艺术和科学》，2000，与 Thomas Lange 合编)。发表有关 1800 年前后人文科学与文学关系、罗曼语语言文学美学、20 世纪文学以及作为文化学的文学学等方面主题的学术论文若干。

安斯加·纽宁(Ansgar Nünning)：任吉森大学英国和美国文学学和文化学专业教授；2002 年起，担任德意志研究联合会(DFG)"记忆文化"特别研究项目的子项目负责人以及由德意志学术交流中心(DAAD)资助的国际博士生研究项目(IPP)的学术项目负责人；吉森大

---

① 原文为 Preis für gute Lehre。——译者注

学文化研究博士后中心①以及在联邦和联邦州卓越英才计划②框架内获得资助的国际文化研究博士后中心③的创始主任、常务主任。在英国文学和文化以及文化理论领域发表了大量出版物,主要有 Von historischer Fiktion zu historiographischer Metafiktion (《从历史小说到历史编纂学的元小说》,1995); An Introduction to the Study of English and American Literature (《英美文学研究概要》,与 Vera Nünning 合著,2004)。编辑出版 Metzler Lexikon Literatur-und Kulturtheorie (《麦茨勒文学和文化理论大辞典》,1998,^{4}2008),文集 Literaturwissenschaftliche Theorien, Modelle und Methoden (《文学学理论、模式和方法》,1995,^{3}1998),系列丛书 Uni-Wissen Anglistik/Amerikanistik (《大学丛书:英美语言文学》) 和 Uni-Wissen Kernkompetenzen (《大学丛书:核心能力》),联合编辑出版系列丛书 WVT-Handbücher zum literaturwissenschaftlichen Studium (《WVT 文学学研究手册》) 和 ELCH: Studies in English Literary and Cultural History/ELK: Studien zur Englischen Literatur-und Kulturwissenschaft (《英国文学和文化研究》,两册合编者均为 Vera Nünning)。2007 年获黑森州科学和艺术部"杰出教育奖"④。

维拉·纽宁(Vera Nünning):曾就读于科隆大学英国语言文学、历史和教育学专业;获英国语言文学专业博士学位,获近代史教授资格;2000—2002 年任布伦瑞克理工大学英国文学学和文化学教授;2002 年起任海德堡大学英国文学学教授;2006 年起任海德堡大学副校长,负责国际事务。在 18 到 20 世纪英国文学和文化领域发表了大量出版物,主要有 Die Ästhetik Virginia Woolfs (《弗吉尼亚·伍尔芙的美

---

① 原文为 Gießener Graduiertenzentrums Kulurwissenschaften(GGK)。——译者注
② 原文为 Exzellenzinitiative。——译者注
③ 原文为 International Graduate Centre for the Study of Culture(GCSC)。——译者注
④ 原文为"Exzelllenz in der Lehre"-Preis。——译者注

学》,1990);*Catherine Macaulay und die politische Kultur des englischen Radikalismus*(《凯瑟琳·麦考利和英国激进主义的政治文化》,1998);*Die Englische Literatur des 18. Jahrhunderts*(《18 世纪英国文学》,1998,与 Ansgar Nünning 合著);*Der englische Roman des 19. Jahrhunderts*(《19 世纪英国小说》,2000)。编辑出版的著作有 *Intercultural Studies: Fictions of Empire*(《跨文化研究:帝国的小说》,1998,与 Ansgar Nünning 合著);*European Views on Englishness*(《欧洲对英国气质的看法》,2004,与 Jürgen Schlaeger 合编);*Kulturgeschichte der englischen Literatur*(《英国文学的文化史》,2005);*Der zeitgenösissche englische Roman*(《当代英国小说》,与 Caroline Lusin 合编,2007)。

克劳斯-米夏诶尔·奥尔特(Claus-Michael Ort):曾就读于慕尼黑大学近代德国文学、社会学和近代史专业;1999 年获基尔克里斯蒂安—阿尔布莱希特—大学教授资格,并在此任近代德国文学学编外讲师。在 17 世纪到 20 世纪文学、文学社会史、文学方法论和理论方面发表了出版物,主要有 *Zeichen und Zeit. Probleme des literarischen Realismus*(《符号和时代:文学现实主义的问题》,1998);"Sozialgeschichte der Literatur und die Probleme textbezogener Literatursoziologie- anläßlich von Kafkas 'das Urteil'". In: O. Jahraus u. a. (Hg.): *Kafkas "Urteil" und die Literaturtheorie. Zehn Modellanalysen*(《文学的社会史与文本相关性文学社会学的问题——由卡夫卡〈判决〉说开去》,载于 O. Jahraus 等主编《卡夫卡的〈判决〉和文学理论:十篇分析范文》,2002);*Medienwechsel und Selbstreferenz. Christian Weise und die literarische Epistemologie des späten 17. Jahrhunderts*(《媒体变迁和自我参照:克里斯蒂安·魏瑟和 17 世纪晚期的文学认知论》,2003)。

罗兰·珀斯纳(Roland Posner):曾就读于波恩大学、慕尼黑大学和柏林大学哲学、比较文学学、语言学和交际理论专业;1975 年起任柏林理工大学语言学和符号学正式教授;德国符号学协会(DFS)创始主席(1978—1981 年);1994 年起任"国际符号学联合会(IASS)"主席;《符号学杂志》①(1979 年起)创立者和编辑。在语言学、符号学、语言哲学、科学哲学和文化分析领域发表了大量著作和论文,并在上述领域编辑出版了超过 200 册文集,主要有 *Warnung an die ferne Zukunft: Atommüll als Kommunikationsproblem*(《对遥远未来的警告:作为交流难题的核废料》,1991);*Semiotik: Ein Handbuch zu den zeichentheoretischen Grundlagen von Natur und Kultur*(《符号学:自然和文化符号理论基础手册》,与 K. Robering 和 T. A. Sebeok 合编,1997 年起发行);详见 http://ling. kgw. tu-berlin. de/semiotik/welcomeindex. htm。

西格弗里德·J. 施密特(Siegfried J. Schmidt):曾就读于弗莱堡大学、哥廷根大学和明斯特大学哲学、日耳曼学、语言学、历史和文化史专业;1966 年获博士学位;1968 年获哲学教授资格;1971 年任比勒菲尔德大学文本理论方向教授;1973 年任该大学文学理论方向教授;1979 年起任齐根大学日耳曼学/普通文学学教授;1984 年起任齐根大学文学和媒体经验研究所②所长;1997 年任明斯特大学交际理论和媒体文化专业方向教授。出版物主要有 *Die Zähmung des Blicks. Konstruktivismus-Empirie-Wissenschaft*(《鉴别力的驯化:建构主义—经验论—科学》,1998);*Kalte Faszination. MedienKultur Wisscheschaft in der Medienwissenschaft*(《冰冷的魅力:媒体学中的媒体/文化/科学》,2000);*Orientierung Kommunikationswissenschaft*(《交际学导向》,与 G. Zurstiege 合编,2000);*Geschichte & Diskurse. Abschied vom Konstruktivismus*(《历史与话语:告别建构主义》,2003);*Zwiespältige Begierden. Aspekte der Medienkultur*(《矛盾的欲望:媒体文化视角》,

---

① 原文为 *Zeitschrift für Semiotik*。——译者注
② 原文为 Institut für Empirische Literatur-und Medienforschung (LUMIS)。——译者注

2004); *Lernen, Wissen, Kompetenz, Kultur. Vorschläge zur Bestimmung von vier Unbekannten* (《学习、知识、能力、文化：确定四种未知因素的建议》,2005); *Zwischen Platon und Mondrian. Heinz Gappmayrs konzeptuelle Poetik* (《在柏拉图和蒙德里安之间：海因茨·伽普迈尔的概念诗学》,2005)。

威廉·佛斯坎普(Wilhelm Voßkamp)： 曾就读于明斯特大学、慕尼黑大学、哥廷根大学和基尔大学日耳曼学、哲学和历史专业；1972 年起任比勒菲尔德大学文学学教授；1987 年起任科隆大学近代德国文学和普通文学学专业方向教授。在小说理论和小说史、乌托邦研究、文学学和媒体研究理论及历史领域发表了大量出版物。

阿洛伊斯·维尔拉赫(Alois Wierlacher)： 研究方向为日耳曼学、历史和哲学；任拜罗伊特大学跨文化日耳曼学专业方向教授直至 2001 年秋退休；2005 年被中国青岛大学授予荣誉教授头衔和身份；《对外德语年鉴》创立者和主编；1984—1994 年任 GIG（跨文化日耳曼学协会）主席团成员，卡尔斯鲁厄大学荣誉教授，以及诸多国外大学的客座教授；长年参与歌德学院国际处咨询委员会、德国科学联合会①、大众基金会等组织的工作。出版物主要有 *Fremdsprache Deutsch. Grundlagen und Verfahren der Germanistik als Fremdsprachenphilologie* (《德语这门外语：作为外语语言文学的日耳曼学的基础和方法》，主编，1980); *Das Fremde und das Eigene* (《异者的和自我的》，主编，1985，⁴2000); *Perspektiven und Verfahren interkultureller Germanistik* (《跨文化日耳曼学的视角和方法》，主编，1987); *Vom Essen in der deutschen Literatur* (《有关德语文学中的饮食》，1987); *Kulturthema Fremdheit* (《文化主题——异者》，主编，1993，²2001); *Kulturthema Toleranz* (《文化主题——宽容》，主编，1996); *Blickwinkel* (《视角》，与 Georg Stötzel 合编，1996); *Handbuch interkulturelle Germanistik*

---

① 原文为 Wissenschaftsrats。——译者注

(《跨文化日耳曼学手册》,主编,2003)。

雷纳·温特(Rainer Winter):研究方向为心理学(硕士)、哲学、社会学(硕士、博士、教授);2002年起任克拉根福尔特大学媒体和文化理论教授,媒体和文化学研究所所长。出版物有 *Die Kunst des Eigensinns. Cultural Studies als Kritik der Macht*(《偏执的艺术:文化研究作为权力的批评》,2001);*Die Werkzeugkiste der Cultural Studies. Perspektiven, Anschlüsse und Interventionen*(《文化研究工具箱:视角、关联和干预》,2001,合编);*Global America? The Cultural Consequences of Globalization*(《全球化的美国?全球化的文化后果》,2003,合编)。

3. 人名索引

(索引中的页码为原著页码,检索时请查本书边码)

Adelung, Johann Christian 约翰·克里斯蒂安·阿德隆 20, 190

Adorno, Theodor W. 西奥多·W. 阿多诺 22, 27, 208, 214, 241

Albertus Magnus 艾尔伯图斯·麦格努斯 169

Albrecht, Corinna 科琳娜·阿尔布雷希特 288

Althusser, Louis 路易·阿尔都塞 212

Appadurai, Arjun 阿尔君·阿帕杜莱 99

Ariès, Philippe 菲利普·阿里耶斯 109

Aristoleles 亚里士多德 164

Assmann, Aleida 阿莱达·阿斯曼 159, 161, 166, 170, 171-175, 177f., 180, 285

Assmann, Jan 扬·阿斯曼 13, 159, 161, 166, 171-175, 177f., 180, 285, 344

Auerbach, Erich 埃里希·奥尔巴赫 143

Augé, Marc 马克·奥热 99

Augustinus 奥古斯丁 42, 170

Bachmann-Medick, Doris 多丽丝·巴赫曼-麦迪克 122f.

Bachtin, Michail 米哈伊尔·巴赫金 95, 169

Bacon, Francis 弗朗西斯·培根

19，269

Baecker, Dirk 迪尔克·贝克 339，352

Bahr, Hans-Dieter 汉斯-迪特里希·巴尔 297

Bal, Mieke 米克·巴尔 343

Bargatzky, Thomas 托巴斯·巴加茨基 290

Barthes, Roland 罗兰·巴特 33f.，55，143

Bartlett, Frederick 弗雷德里克·巴特莱特 164f.

Bastian, Adolf 阿道夫·巴斯蒂安 22

Bateson, Gregory 格列高里·贝特森 250，253-257

Bateson, William 威廉·贝特森 255

Baudrillard, Jean 让·鲍德里亚 214

Behrendt, Richard 里夏德·贝伦特 287

Behrens, Rudolf 鲁道夫·贝伦斯 119f.，126

Behschnitt, Wolfgang 沃尔夫冈·贝施尼特 147

Ben Jelloun, Tahar 塔哈尔·本·杰隆 322

Benda, Oskar 奥斯卡·本达 74

Benedict, Ruth 鲁特·本内迪克特 242

Benhabib, Seyla 塞拉·本哈比 343

Benjamin, Walter 瓦尔特·本雅明 27，143，216

Bense, Max 马克斯·本泽 351

Berger, Peter L. 彼得·L. 伯杰 29，210

Bergson, Henri 亨利·柏格森 74，158，179

Bernabé, Jean 让·巴纳贝 324

Bernfeld, Siegfried 西格弗里德·伯恩菲尔德 241

Bertalanffy, Ludwig von 路德维希·冯·贝塔朗菲 256

Bhabha, Homi 霍米·巴巴 96

Biehl, Janet 加内特·比尔 253

Bloch, Marc 马克·布洛赫 158，195

Blondel, Charles 夏尔·布隆代尔 158

Bloom, Harold 哈罗德·布鲁姆 138

Boas, Franz 弗朗茨·博厄斯 22，88，108

Boesch, Ernst E. 恩斯特·E. 伯施 234f.，321

Böhme, Gernot 格尔诺特·伯梅 269

Bollnow, Otto F. 奥托·F. 波尔瑙 289

Bonner, John Tyler 约翰·泰勒·邦纳 251，258

Bookchin, Murray 默里·布克金 253

Borgards, Roland 罗兰·博尔伽茨 123f.

Borst, Arno 阿诺·伯斯特 293

Botscharow, Jayne 简·波察罗夫 117f.

Boulding, Kenneth 肯尼斯·波尔丁 253

Bourdieu, Pierre 皮埃尔·布尔迪厄 26, 35, 210, 213-216, 344

Braudel, Ferdinand 费迪南·布罗代尔 109, 307

Brecht, Bertolt 贝尔托·布莱希特 299

Breger, Claudia 克劳迪娅·布雷格 340

Breysig, Kurt 库尔特·布莱西希 187, 192

Brown, Norman O. 诺曼·O. 布朗 241

Bruner, Jerome 杰罗姆·布鲁纳 234f.

Bruno, Giordano 乔尔丹诺·布鲁诺 169

Bühl, Walter L. 瓦尔特·L. 布尔 29

Burckhardt, Jacob 雅各布·布克哈特 22, 187, 191f., 194, 199

Burgard, Paul 保罗·布加德 112

Burke, Peter 彼得·伯克 34, 111

Butler, Judith 朱迪斯·巴特勒 115, 333f., 336-344

Camillo, Giulio 吉乌利奥·卡米洛 169

Campbell, Bernard 伯纳德·坎普贝尔 253

Capra, Fritjof 弗里乔夫·卡普拉 254

Carlyle, Thomas 托马斯·卡莱尔 190

Carpentier, Alejo 阿莱霍·卡彭铁尔 319, 323

Cassirer, Ernst 恩斯特·卡西尔 24, 26, 31, 39, 48, 74, 88, 161, 177

Certeau, Michel de 米歇尔·德·塞托 212

Césaire, Aimé 艾梅·塞泽尔 322

Chamoiseau, Patrick 帕特里克·夏穆瓦佐 323f.

Charef, Mehdi 梅迪·沙雷夫 322

Chladenius, Johann Martin 约翰·马丁·克拉登尼乌斯 294

Cicero 西塞罗 168

Clark, Timothy J. 提摩西·J. 克拉克 137

Cliffords, James 詹姆斯·克利福兹 95

Cohn, Bernhard S. 伯恩哈德·S. 科恩 110

Cole, Michael 迈克尔·科尔 233ff.

Condillac, Étienne Bonnot de 孔狄亚克 226

Condorcet, Marquis de 孔多塞 226

Confiant, Raphaël 拉法埃尔·康费安 324

Conze, Werner 维尔纳·康策 197, 296

Corneille, Pierre 皮埃尔·高乃依 120

Crapanzano, Vincent 文森特・克拉帕扎诺 95
Croce, Benedetto 贝内德托・克罗齐 138
Curtius, Ernst Robert 恩斯特・罗伯特・库尔提乌斯 168
Damas, Léon-Gontran 莱昂-贡特朗・达玛斯 322
Daniel, Ute 乌特・丹尼尔 15
Dante Alighieri 但丁 169
Darwin, Charles 查尔斯・达尔文 163, 235
Dawkins, Richard 理查德・道金斯 254, 262
De Man, Paul 保罗・德曼 138, 143f.
Derrida, Jacques 雅克・德里达 143, 336
Descartes, René 勒内・笛卡儿 20, 166, 226
Désir, Harlem 哈雷姆・德西尔 322
Dilthey, Wilhelm 威廉・狄尔泰 23, 74f., 90, 205
Dongowski, Christina 克里斯蒂娜・冬果夫斯基 125
Dornhof, Dorothea 多萝特娅・多恩霍夫 340
Douglas, Mary 玛丽・道格拉斯 31, 33
Dressel, Gert 格特・德雷瑟尔 112, 116
Duala-M'bedy, Munasu 杜埃拉-姆贝迪 281
Duby, Georges 乔治・杜比 34, 197
Duden, Barbara 芭芭拉・杜登 337
Durkheim, Émile 埃米尔・涂尔干 158, 206f., 211
Dürr, Hans-Peter 汉斯-彼得・杜尔 254
Dwyer, Kevin 凯文・德怀尔 95
Ebbinghaus, Hermann 赫尔曼・艾宾浩斯 164
Eckensberger, Lutz H. 卢茨・H. 埃肯斯贝格尔 234f.
Eco, Umberto 安伯托・艾柯 33, 42
Ehlich, Konrad 康拉德・艾利希 173
Ehrlich, Anne H. 安娜・H. 艾利希 253
Ehrlich, Paul R. 保罗・R. 艾利希 253
Elias, Norbert 诺伯特・埃利亚斯 21, 108, 139, 195, 210, 241
Eliot, T. S. T. S. 艾略特 138
Engel, Manfred 曼弗雷德・恩格尔 120
Erdheim, Mario 马利奥・埃尔特海姆 242
Erll, Astrid 阿斯特莉特・埃尔 13
Eucken, Rudolf 鲁道夫・欧肯 23
Fabian, Johannes 约翰内斯・法比安 94

Faulstich, Werner 维尔纳·福尔施蒂希 352

Featherstone, Mike 迈克·费瑟斯通 211

Febvre, Lucien 吕西安·费弗尔 195

Federn, Paul 保罗·费德恩 241

Fine, Elizabeth C. 伊丽莎白·C. 法恩 55

Fineman, Joel 乔尔·法恩曼 144

Finke, Peter 彼得·芬克 254

Fischer, Fritz 弗里茨·菲舍尔 196

Fiske, John 约翰·费斯克 147, 212, 217

Fleischer, Michael 迈克尔·弗莱舍 29

Fluck, Winfried 温弗里德·弗鲁克 146, 344f.

Fludd, Robert 罗伯特·弗鲁德 169

Forster, Georg 格奥尔格·福斯特 90

Foucault, Michel 米歇尔·福柯 35, 115, 117, 122f., 127, 140-142, 147, 150, 188, 196, 199, 209, 212, 242, 336, 344

Francois, Etienne 艾蒂安·弗朗索瓦 167

Freud, Sigmund 西格蒙德·弗洛伊德 22, 158, 164, 225, 235-242, 244, 331

Freyer, Hans 汉斯·弗莱尔 26

Friedländer, Saul 索尔·弗里德兰德 179

Frobenius, Leo 莱奥·弗洛奔尼乌斯 23

Fromm, Erich 埃里希·弗洛姆 22, 241

Gadamer, Hans-Georg 汉斯-格奥尔格·伽达默尔 90, 188, 286, 293

Galaty, John G. 约翰·G. 加拉蒂 55

Galle, Roland 罗兰·加勒 119f.

Gebauer, Gunter 冈特·格鲍尔 113

Geertz, Clifford 克利福德·格尔茨 33ff., 76f., 80, 89ff., 98, 101ff., 110f., 118, 121f., 133, 142f., 211, 253, 292

Gehlen, Arnold 阿尔诺德·盖伦 28, 208

Gibbon, Edward 爱德华·吉本 190

Gildemeister, Regine 雷吉娜·吉尔德迈斯特 336

Ginzburg, Carlo 卡洛·金兹堡 111, 143, 197

Giotto di Bondone 乔托·迪·邦多纳 169

Glissant, Edouard 爱德华·格利桑 323

Geothe, Johann Wolfgang 约翰·沃尔夫冈·歌德 121, 287, 297ff.

Goffman, Erving 埃尔文·戈夫曼 27, 35, 210

Goldmann, Lucien 吕西安·戈德曼 27

Goodenough, Ward H. 沃德·H. 古迪纳夫 31

Gothein, Eberhard 埃伯哈德·戈泰恩 22, 192

Graevenitz, Gerhart von 格哈特·冯·格雷费尼茨 125

Gramsci, Antonio 安东尼奥·葛兰西 152

Graumann, Carl Friedrich 卡尔·弗里德里希·格劳曼 291, 321

Greenblatt, Stephen 斯蒂芬·格林布拉特 34, 77, 118, 121, 123, 133f., 136, 137, 138, 143–146, 148f., 151ff., 343

Grimm, Jakob 雅各布·格林 74

Grossberg, Lawrence 劳伦斯·格罗斯伯格 151

Grünfeld, Ernst 恩斯特·格林菲尔特 289

Gruzinski, Serge 泽格·古伦辛斯基 323

Gunn, Giles 吉尔斯·冈恩 343

Hacking, Ian 伊恩·哈金 338

Haeckel, Ernst 恩斯特·海克尔 236

Halbwachs, Maurice 莫里斯·哈布瓦赫 27, 158–161, 163ff., 166f., 171, 177f., 180

Hall, Edward T. 爱德华·T. 霍尔 314

Hall, Stuart 斯图亚特·霍尔 148, 205

Hallgarten, Georg 格奥尔格·哈尔加滕 195

Hamburger, Frank 弗兰克·汉姆布尔格 291

Hardin, Garrett 伽雷特·哈丁 253

Harris, Marvin 马文·哈里斯 252

Harth, Dietrich 迪特里希·哈思 79f.

Härtling, Peter 彼特·赫尔特林 351

Haugen, Einar 艾纳·豪根 254

Hawley, Amos H. 阿莫斯·H. 霍利 253

Hebdige, Dick 迪克·赫伯迪格 215

Hegewisch, Dietrich Hermann 迪特里希·海尔曼·黑格维施 20

Heinemann, Wolfgang 沃尔夫冈·海因曼 315

Helfrich, Hede 海德·黑尔弗里希 231

Henningsen, Bernd 贝恩德·亨宁森 1

Herder, Johann Gottfried 约翰·哥特弗雷德·赫尔德 20, 22, 39, 90, 118, 190, 226, 287, 342

Hobbes Thomas 托马斯·霍布斯 238

Hoff, Dagmar von 达格马·冯·霍夫 340

Hofstede, Geert 吉尔特·霍夫斯塔德

307, 312ff.

Hoggart, Richard 理查德・霍加特 27, 212

Honegger, Claudia 克劳迪娅・霍尼格 330

Horkheimer, Max 马克斯・霍克海默 27, 208, 214, 241

House, Juliane 朱莉安娜・豪斯 315

Huizinga, Johan 约翰・赫伊津哈 27, 187, 101, 194, 199

Humboldt, Wilhelm von 威廉・冯・洪堡 21, 226, 271

Hume, David 大卫・休谟 190

Huntington, Samuel P. 塞缪尔・P. 亨廷顿 103, 307f.

Iser, Wolfgang 沃尔夫冈・伊瑟尔 118f., 122, 125, 127

Ivanov, Vjaceslav Vsevolodovic 伊万诺夫 55

Jameson, Fredric 弗雷德里克・詹姆逊 103, 215, 218

Jandl, Ernst 恩斯特・扬德尔 282

Janich, Peter 彼特・雅尼希 362

Jostes, Brigitte 布里吉特・约斯特斯 284

Justi, Heinrich Gottlob von 海因里希・哥特罗普・冯・犬斯提 20

Kamper, Dietmar 迪特玛・坎珀 113

Kant, Immanuel 伊曼努尔・康德 21, 125

Kardiner, Abram 阿伯拉姆・卡尔迪纳 242

Karg, Hans Hartmut 汉斯・哈特姆特・卡克 291

Kaschuba, Wolfgang 沃尔夫冈・卡舒巴 111

Keck, Anette 安内特・凯克 125

Kehr, Eckart 埃卡特・科尔 195

Kelly, Joan 琼・凯莉 330

Kittler, Friedrich 弗里德里希・基特勒 342

Klemm, Gustav 古斯塔夫・克雷姆 22

Kluckhohn, Clyde 克莱德・克拉克洪 23, 31

Kluckhohn, Paul 保罗・克鲁克霍恩 75

Knapp, Karlfried 卡尔弗里德・克纳普 315

Knapp-Potthoff, Annelie 阿奈莉尔・克纳普-珀特霍夫 315

Knilli, Friedrich 弗里德里希・科尼利 352

Kocka, Jürgen 于尔根・科卡 116

Kogge, Werner 维尔纳・科格 290

Kohl, Karl Heinz 卡尔・海因茨・科尔 290

Köhler, Oskar 奥斯卡・科勒 113

Kolb, Georg Friedrich 格奥尔格·弗里德里希·科尔布 191
Kopernikus, Nikolaus 哥白尼 235
Kording, Inga 英伽·科丁 125
Koschorke, Albrecht 阿尔布莱希特·科朔克 123f.
Koselleck, Reinhart 莱因哈特·柯赛雷克 197
Kourouma, Amadou 阿马杜·库鲁玛 325
Kreuzer, Helmut 赫尔穆特·克罗伊泽 352
Krewer, Bernd 伯恩特·克雷沃尔 316
Kristeva, Julia 朱丽娅·克里斯蒂娃 149, 169
Kroeber, Arnold L. 阿诺德·L. 克略伯 23, 31, 242
Krusche, Dietrich 迪特里希·克鲁舍 282, 291, 294
Kuhn, Thomas S. 托马斯·S. 库恩 196
Kuper, Adam 亚当·库珀 101

Lacan, Jacques 雅克·拉康 241
Lachmann, Renate 雷娜特·拉赫曼 169
Lamarck, Jean-Baptiste 让-巴蒂斯特·拉马克 236
Lämmert, Eberhard 埃伯哈德·莱默特 287
Lamprecht, Karl 卡尔·兰普莱希特 22f., 187, 193ff., 195
Landmann, Michael 米夏埃尔·兰德曼 282
Laqueur, Thomas 托马斯·拉克尔 336
Laszlo, Ervin 欧文·拉兹洛 254
Latour, Bruno 布鲁诺·拉图 139
Lauretis, Teresa de 特蕾莎·德·罗丽蒂斯 332
Lavater, Johann Caspar 约翰·卡斯帕·拉瓦特 118
Lazarus, Moritz 莫里茨·拉扎鲁斯 226
Le Goff, Jacques 雅克·勒高夫 197
Le Roy Ladurie, Emmanuel 埃马纽埃尔·勒华拉杜里 197
Leach, Edmund 埃特蒙德·利驰 32
Lefebvre, Henri 亨利·列斐伏尔 214
Lenz, Bernd 伯恩特·楞茨 290
Lenzen, Dieter 迪特尔·伦岑 113
Leontiev, A. A. A. A. 列昂捷夫 233
Lepenies, Wolf 沃尔夫·勒佩尼斯 113, 280
Levinas, Emmanuel 伊曼努尔·列维纳斯 282, 297
Lévi-Strauss, Claude 克洛德·列维-斯特劳斯 32, 35, 55
Lindemann, Gesa 盖萨·林德曼 333

Link, Jürgen 于尔根·林克 27
Lipp, Wolfgang 沃尔夫冈·利普 209
Litt, Theodor 特奥多尔·利特 23, 26
Liu, Alan 艾伦·刘 144, 147
Locke, John 约翰·洛克 174, 178, 226
Loiskandl, Helmut 海尔穆特·罗伊斯坎德尔 290
Lotman, Jurij 尤金·洛特曼 55f., 58
Luckmann, Thomas 托巴斯·卢克曼 29, 210f.
Lüdtke, Alf 阿尔夫·吕特克 113f.
Luhmann, Niklas 尼克拉斯·卢曼 29f., 135, 139., 210
Lukács, Georg 格奥尔格·卢卡奇 27, 214
Luria, Aleksandr R. 亚历山大·R. 鲁利亚 233
Lüsebrink, Hans-Jürgen 汉斯-于尔根·吕泽布林克 290
Lyotard, Jean-François 让-弗朗索瓦·利奥塔 135, 199

Macaulay, Thomas Babington 托马斯·巴宾顿·麦考莱 190
Maffesoli, Michael 米歇尔·马费索利 216
Malinowski, Bronislaw 布罗尼斯拉夫·马林诺夫斯基 28
Mannheim, Karl 卡尔·曼海姆 26, 208, 210f.
Marcus, Georg E. 乔治·E. 马库斯 99
Marcuse, Herbert 赫伯特·马尔库塞 22, 27, 214, 241
Marquard, Odo 奥多·马夸德 75
Martin, Alfred von 阿尔弗雷特·冯·马汀 26
Martin, Jochen 约亨·马丁 113
Marx, Karl 卡尔·马克思 26f., 206, 212
McLuhan, Marshall 马歇尔·麦克卢汉 351
Mead, Margaret 玛格丽特·米德 22, 242, 255
Meadows, Donella 多内拉·米多斯 253
Medick, Hans 汉斯·麦迪克 111, 113f.
Mendelssohn, Moses 摩泽斯·门德尔松 21
Meuser, Michael 米夏埃尔·穆泽 341
Michelet, Jules 儒勒·米什莱 191
Mill, John Stuart 约翰·斯图尔特·穆勒 227
Miller, J. Hillis J. 西利斯·米勒 138
Mitscherlich, Alexander 亚历山大·米彻利希 241
Mittelstraß, Jürgen 于尔根·米特尔施特拉斯 3
Mitterauer, Michael 米夏埃尔·密特

劳尔 114
Montaigne, Michel de 蒙田 121
Montandon, Alain 阿兰·蒙坦顿 297
Montrose, Louis A. 路易·A. 蒙特罗斯 135, 149
Moore, Henrietta 亨利塔·摩尔 344
Morgenthaler, Fritz 弗里茨·摩根塔尔 242
Moser, Walter 瓦尔特·摩泽尔 319
Müller-Jacquier, Bernd 贝恩德·穆勒-雅奎尔 315, 317
Münch, Richard 里夏德·明希 29

Nadig, Maya 迈雅·纳迪希 242
Naess, Arne 阿恩·奈斯 250, 254-257
Nagl-Docekal, Herta 赫尔达·纳格尔-多斯卡尔 334f., 337
Nakamura, Yoshiro 平濑智行 290
Neisser, Ulric 乌尔里克·奈瑟 165
Neumeyer, Harald 哈拉尔德·诺伊迈尔 123f.
Newton, Isaac 艾萨克·牛顿 226
Nicholson, Linda 琳达·尼科尔森 337
Nietzsche, Friedrich 弗里德里希·尼采 14f., 21, 24, 74, 121, 150, 174
Nipperdey, Thomas 托马斯·尼佩岱 109, 113, 198
Nora, Pierre 皮埃尔·诺拉 166f., 178
Nünning, Ansgar 安斯加·纽宁 282

Odum, Eugene P. 尤金·P. 奥杜姆 253
Ohly, Friedrich 弗里德里希·奥利 170
Oppitz, Michael 米夏埃尔·奥匹茨 32
Ort, Claus-Michael 克劳斯-米夏埃尔·奥尔特 8
Ostwald, Wilhelm 威廉·奥斯特瓦尔德 31
Otto, Wolf Dieter 沃尔夫·迪特尔·奥托 291, 297
Oevermann, Ulrich 乌尔里希·欧沃曼 35

Panofsky, Erwin 艾尔文·潘诺夫斯基 26, 161
Parin, Paul 保罗·帕林 242
Parin-Matthèy, Goldy 戈尔迪·帕林-马特 242
Park, Robert E. 罗伯特·E. 帕克 253
Parsons, Talcott 塔尔科特·帕森斯 23, 28ff., 206, 208f., 211
Pestalozzi, Johann Heinrich 约翰·亨里希·裴斯泰洛齐 21
Pfeiffer, Helmut 赫尔穆特·菲佛 121
Pfotenhauer, Helmut 赫尔穆特·普福滕豪尔 118ff., 123, 125, 127
Piaget, Jean 让·皮亚杰 25
Pike, Kenneth Lee 肯尼思·李·派

克 230
Pjatigorskij, Alexander 亚历山大·皮亚蒂戈尔斯基 55
Platner, Ernst 恩斯特·普拉特纳 118
Platon 普拉顿 164
Plautus 普劳图斯 238
Plessner, Helmuth 赫尔穆特·普莱斯纳 289, 293
Pocock, John 约翰·波科克 197
Poe, Edgar Allan 埃德加·爱伦·坡 122
Pornschlegel, Clemens 克雷蒙斯·珀恩施莱格尔 9
Posner, Roland 罗兰·珀斯纳 33
Postman, Neil 尼尔·波兹曼 254
Poyatos, Fernando 费尔南多·波亚托斯 117
Prochaska, Anja 安雅·普洛查斯卡 125
Proust, Marcel 马塞尔·普鲁斯特 179
Pufendorf, Samuel 塞缪尔·普芬多夫 19

Quine, Willard Van Orman 威拉德·冯·奥曼·蒯因 269

Rabinow, Paul 保罗·拉比诺 150
Radcliffe-Brown, Alfred R. 阿尔弗雷德·R. 拉德克利夫-布朗 23, 28
Rapaport, Roy A. 罗伊·A. 拉帕波特 253
Reckwitz, Andreas 安德烈亚斯·莱科维茨 22, 35
Reich, Wilhelm 威廉·赖希 241
Rickert, Heinrich 海因里希·李凯尔特 23f., 74, 207
Ricœur, Paul 保罗·利科 90
Riedel, Wolfgang 沃尔夫冈·里德尔 121, 123, 127
Rieger, Stefan 斯特凡·里格 123ff.
Riehl, Wilhelm Heinrich 威廉·海因里希·里尔 22,191
Ritter, Gerhard 格哈德·里特 195
Ritter, Hellmut 赫尔穆特·里特 161
Ritzer, Georg 乔治·里兹 219
Rivers, William H. R. 威廉·H. R. 里沃斯 23
Robertson, Roland 罗兰·罗伯森 219
Róheim, Géza 基扎·罗海姆 242
Rothacker, Erich 埃里希·罗特哈克 23, 74f.
Rousseau, Jean-Jacques 让-雅克·卢梭 21, 170, 292
Rubin, Gayle 盖尔·鲁宾 331
Rüsen, Jörn 约恩·吕森 178
Rushdie, Salman 萨尔曼·鲁西迪 325

Sadji, Abdoulaye 阿卜杜拉耶·萨基 322
Sahlins, Marshall 马歇尔·萨林

斯 110f.
Said, Edward 爱德华·赛义德 95
Sapir, Edward 爱德华·萨丕尔 88, 232, 242
Saussure, Ferdinand de 弗迪南德·德·索绪尔 31
Schahadat, Schamma 沙马·沙哈达特 125
Scheler, Max 马克斯·舍勒 26
Scheman, Naomi 娜奥米·谢曼 330
Scherpe, Klaus R. 克劳斯·R. 舍尔珀 3
Schiller, Friedrich 弗里德里希·席勒 121
Schindler, Norbert 诺伯特·辛德勒 112
Schings, Hans-Jürgen 汉斯-于尔根·兴斯 119
Schlaeger, Jürgen 于尔根·施勒格尔 121
Schlegel, Friedrich 弗里德里希·施莱格尔 77
Schlumbohm, Jürgen 于尔根·施伦博姆 112
Schmidt, Siegfried J. 西格弗里德·J. 施密特 7f., 30
Schönert, Jörg 约尔格·舍纳特 353f.
Schopenhauer, Arthur 亚瑟·叔本华 121
Schröder, Stephan Michael 斯特凡·米夏埃尔·施罗德 1
Schulze, Gerhard 格哈德·舒尔策 217
Schulze, Hagen 哈根·舒尔策 167
Schütz, Alfred 阿尔弗雷德·许茨 29, 35, 284, 289
Scott, Joan 琼·斯科特 339, 345
Semon, Richard 理查德·塞蒙 162, 164
Senghor, Léopold Sédar 莱奥波德·塞达尔·森戈尔 322
Shakespeare, William 威廉·莎士比亚 134, 136, 149, 318f.
Shweder, Richard A. 里查德·A. 施威德 235
Simmel, Ernst 恩斯特·齐美尔 241
Simmel, Georg 格奥尔格·齐美尔 22, 24, 206f., 215f., 289
Sissko, Fily Dabo 菲利·达波·西斯科 323
Skinner, Quentin 昆汀·斯金纳 197
Snow, Charles P. 查尔斯·P. 斯诺 276
Sombart, Werner 维尔纳·松巴特 283, 298
Spengler, Oswald 奥斯瓦尔特·施潘勒 21
Spitzer, Leo 莱奥·施匹策 289f.
Stählin, Gustav 古斯塔夫·施特林 281

Stein, Ludwig 路德维希·施坦因 23

Steinthal, Heymann 海曼·施泰因塔尔 226

Steward, Julian H. 朱利安·H. 斯图尔特 250, 252, 254

Stichweh, Rudolf 鲁道夫·施提希魏 290

Stoller, Robert 罗伯特·施托勒 331

Stonequist, Everett V. 埃沃雷特·V. 斯通奎斯特 289

Strauss, Anselm L. 安塞尔姆·L. 施特劳斯 253

Strauss, Botho 博托·施特劳斯 282

Sundermeier, Theo 特奥·松德迈尔 291, 293

Taylor, Charles 查尔斯·泰勒 35

Ten Thije, Jan 杨·藤·提耶尔 315, 317

Tenbruck, Friedrich H. 弗里德里希·H. 腾布鲁克 29, 209

Theunissen, Michael 米夏埃尔·托伊尼森 290

Thomas von Aquin 托马斯·冯·阿奎因 169

Thomas, Alexander 亚历山大·托马斯 312, 314, 416

Thomas, William I. 威廉·I. 托巴斯 253

Thurn, Hans-Peter 汉斯-彼得·图尔恩 209

Tizian 提香 169

Tokar, Brian 布里安·托卡 253

Tönnies, Ferdinand 斐迪南·滕尼斯 206

Toporov, V. N. V. N. 托波洛夫 55

Trompenaars, Fons 佛恩斯·汤皮诺 312, 314

Turk, Horst 霍斯特·图尔克 282

Turner, Victor 维克多·特纳 27, 92f., 209

Tyler, Stephen A. 史蒂芬·A. 泰勒 95

Tylor, Edward B. 爱德华·B. 泰勒 22, 39, 88

Uexküll, Jakob von 雅各布·冯·尤克斯奎尔 250, 254-257

Ulbricht, Otto 奥托·乌布利希 115

Uspenskij, Boris 鲍里斯·乌斯宾斯基 55

Vaisman, Meyer 迈尔·魏斯曼 323

Van Dülmen, Richard 里夏德·范迪尔门 111f., 114ff.

Van Gennep, Arnold 阿诺德·凡·盖内普 93

Varejão, Adriana 阿德里安娜·瓦莱乔 320

Vico, Giambattista 维科 20, 226

Vogl, Joseph 约瑟夫·福格尔 127
Voltaire 伏尔泰 190
Voßkamp, Wilhelm 威廉·佛斯坎普 353

Wachsmuth, Wilhelm 威廉·瓦克斯穆特 191
Walch, Johann Georg 约翰·格奥尔格·瓦尔希 20
Waldenfels, Bernhard 伯恩哈特·瓦尔登费尔斯 290
Walser, Martin 马丁·瓦尔泽 156
Wanning, Frank 弗兰克·万宁 120
Warburg, Aby 阿比·瓦尔堡 75, 143, 158, 161–163, 164, 168, 177f., 179f.
Weber, Alfred 阿尔弗雷德·韦伯 25f., 207, 210
Weber, Max 马克斯·韦伯 24f., 34, 205, 207f., 210f., 219
Weinberg, Manfred 曼弗雷德·魏因贝格 125
Weinrich, Harald 哈拉尔德·魏因里希 281, 291
Welzer, Harald 哈拉特·魏尔策 179
Wetterer, Angelika 安吉莉卡·韦特雷尔 336
White, Hayden 海登·怀特 94, 122, 143, 144
White, Leslie A. 莱斯利·A. 怀特 31

Whorf, B. L. B. L. 沃尔夫 88
Wiener, Norbert 诺伯特·维纳 256
Wierlacher, Alois 阿洛伊斯·维尔拉赫 281, 289
Williams, Raymond 雷蒙德·威廉斯 27, 133f., 138–140, 141, 142f., 148, 212
Wilson, Dover 多佛·威尔逊 138
Wimmer, Michael 米夏埃尔·魏默尔 290
Windelband, Wilhelm 威廉·温德尔班德 23
Winner, Irene Portis 艾琳·波蒂斯·温纳 55
Wintermantel, Margaret 玛格丽特·温特曼特尔 321
Witte, Barthold C. 巴托尔德·C. 维特 296
Wobbe, Theresa 特雷莎·沃贝 333
Wölfflin, Heinrich 海因里希·沃尔夫林 147
Wood, Margaret 玛格丽特·伍德 289
Wulf, Christoph 克里斯托夫·伍尔夫 113
Wundt, Wilhelm 威廉·冯特 227
Wygotski, Lew S. 维果茨基 233

Yates, Frances 弗朗西斯·耶茨 168f., 178

《当代学术棱镜译丛》
已出书目

媒介文化系列

第二媒介时代 [美]马克·波斯特
电视与社会 [英]尼古拉斯·阿伯克龙比
思想无羁 [美]保罗·莱文森
媒介建构：流行文化中的大众媒介 [美]劳伦斯·格罗斯伯格 等
揣测与媒介：媒介现象学 [德]鲍里斯·格罗伊斯
媒介学宣言 [法]雷吉斯·德布雷
媒介研究批评术语集 [美]W. J. T. 米歇尔 马克·B. N. 汉森
解码广告：广告的意识形态与含义 [英]朱迪斯·威廉森

全球文化系列

认同的空间——全球媒介、电子世界景观与文化边界 [英]戴维·莫利
全球化的文化 [美]弗雷德里克·杰姆逊 三好将夫
全球化与文化 [英]约翰·汤姆林森
后现代转向 [美]斯蒂芬·贝斯特 道格拉斯·科尔纳
文化地理学 [英]迈克·克朗
文化的观念 [英]特瑞·伊格尔顿
主体的退隐 [德]彼得·毕尔格
反"日语论" [日]莲实重彦
酷的征服——商业文化、反主流文化与嬉皮消费主义的兴起 [美]托马斯·弗兰克
超越文化转向 [美]理查德·比尔纳其 等
全球现代性：全球资本主义时代的现代性 [美]阿里夫·德里克

文化政策　［澳］托比·米勒　［美］乔治·尤迪思

通俗文化系列

解读大众文化　［美］约翰·菲斯克
文化理论与通俗文化导论(第二版)　［英］约翰·斯道雷
通俗文化、媒介和日常生活中的叙事　［美］阿瑟·阿萨·伯格
文化民粹主义　［英］吉姆·麦克盖根
詹姆斯·邦德:时代精神的特工　［德］维尔纳·格雷夫

消费文化系列

消费社会　［法］让·鲍德里亚
消费文化——20世纪后期英国男性气质和社会空间　［英］弗兰克·莫特
消费文化　［英］西莉娅·卢瑞

大师精粹系列

麦克卢汉精粹　［加］埃里克·麦克卢汉　弗兰克·秦格龙
卡尔·曼海姆精粹　［德］卡尔·曼海姆
沃勒斯坦精粹　［美］伊曼纽尔·沃勒斯坦
哈贝马斯精粹　［德］尤尔根·哈贝马斯
赫斯精粹　［德］莫泽斯·赫斯
九鬼周造著作精粹　［日］九鬼周造

社会学系列

孤独的人群　［美］大卫·理斯曼
世界风险社会　［德］乌尔里希·贝克
权力精英　［美］查尔斯·赖特·米尔斯
科学的社会用途——写给科学场的临床社会学　［法］皮埃尔·布尔迪厄

文化社会学——浮现中的理论视野 [美]戴安娜·克兰
白领:美国的中产阶级 [美]C.莱特·米尔斯
论文明、权力与知识 [德]诺贝特·埃利亚斯
解析社会:分析社会学原理 [瑞典]彼得·赫斯特洛姆
局外人:越轨的社会学研究 [美]霍华德·S.贝克尔
社会的构建 [美]爱德华·希尔斯

新学科系列

后殖民理论——语境 实践 政治 [英]巴特·穆尔-吉尔伯特
趣味社会学 [芬]尤卡·格罗瑙
跨越边界——知识学科 学科互涉 [美]朱丽·汤普森·克莱恩
人文地理学导论:21世纪的议题 [英]彼得·丹尼尔斯 等
文化学研究导论:理论基础·方法思路·研究视角 [德]安斯加·纽宁 [德]维拉·纽宁主编

世纪学术论争系列

"索卡尔事件"与科学大战 [美]艾伦·索卡尔 [法]雅克·德里达 等
沙滩上的房子 [美]诺里塔·克瑞杰
被困的普罗米修斯 [美]诺曼·列维特
科学知识:一种社会学的分析 [英]巴里·巴恩斯 大卫·布鲁尔 约翰·亨利
实践的冲撞——时间、力量与科学 [美]安德鲁·皮克林
爱因斯坦、历史与其他激情——20世纪末对科学的反叛 [美]杰拉尔德·霍尔顿
真理的代价:金钱如何影响科学规范 [美]戴维·雷斯尼克
科学的转型:有关"跨时代断裂论题"的争论 [德]艾尔弗拉德·诺德曼 [荷]汉斯·拉德 [德]格雷戈·希尔曼

广松哲学系列

物象化论的构图 [日]广松涉

事的世界观的前哨 [日]广松涉
文献学语境中的《德意志意识形态》[日]广松涉
存在与意义（第一卷）[日]广松涉
存在与意义（第二卷）[日]广松涉
唯物史观的原像 [日]广松涉
哲学家广松涉的自白式回忆录 [日]广松涉
资本论的哲学 [日]广松涉
马克思主义的哲学 [日]广松涉
世界交互主体的存在结构 [日]广松涉

国外马克思主义与后马克思思潮系列

图绘意识形态 [斯洛文尼亚]斯拉沃热·齐泽克 等
自然的理由——生态学马克思主义研究 [美]詹姆斯·奥康纳
希望的空间 [美]大卫·哈维
甜蜜的暴力——悲剧的观念 [英]特里·伊格尔顿
晚期马克思主义 [美]弗雷德里克·杰姆逊
符号政治经济学批判 [法]让·鲍德里亚
世纪 [法]阿兰·巴迪欧
列宁、黑格尔和西方马克思主义：一种批判性研究 [美]凯文·安德森
列宁主义 [英]尼尔·哈丁
福柯、马克思主义与历史：生产方式与信息方式 [美]马克·波斯特
战后法国的存在主义马克思主义：从萨特到阿尔都塞 [美]马克·波斯特
反映 [德]汉斯·海因茨·霍尔茨
为什么是阿甘本？[英]亚历克斯·默里
未来思想导论：关于马克思和海德格尔 [法]科斯塔斯·阿克塞洛斯
无尽的焦虑之梦：梦的记录(1941—1967)附《一桩两人共谋的凶杀案》(1985) [法]路易·阿尔都塞

经典补遗系列

卢卡奇早期文选 [匈]格奥尔格·卢卡奇
胡塞尔《几何学的起源》引论 [法]雅克·德里达
黑格尔的幽灵——政治哲学论文集[Ⅰ] [法]路易·阿尔都塞
语言与生命 [法]沙尔·巴依
意识的奥秘 [美]约翰·塞尔
论现象学流派 [法]保罗·利科
脑力劳动与体力劳动:西方历史的认识论 [德]阿尔弗雷德·索恩-雷特尔
黑格尔 [德]马丁·海德格尔
黑格尔的精神现象学 [德]马丁·海德格尔
生产运动:从历史统计学方面论国家和社会的一种新科学的基础的建立 [德]弗里德里希·威廉·舒尔茨

先锋派系列

先锋派散论——现代主义、表现主义和后现代性问题 [英]理查德·墨菲
诗歌的先锋派:博尔赫斯、奥登和布列东团体 [美]贝雷泰·E. 斯特朗

情境主义国际系列

日常生活实践 1. 实践的艺术 [法]米歇尔·德·塞托
日常生活实践 2. 居住与烹饪 [法]米歇尔·德·塞托 吕斯·贾尔 皮埃尔·梅约尔
日常生活的革命 [法]鲁尔·瓦纳格姆
居伊·德波——诗歌革命 [法]樊尚·考夫曼
景观社会 [法]居伊·德波

当代文学理论系列

怎样做理论 [德]沃尔夫冈·伊瑟尔

21世纪批评述介 [英]朱利安·沃尔弗雷斯

后现代主义诗学:历史·理论·小说 [加]琳达·哈琴

大分野之后:现代主义、大众文化、后现代主义 [美]安德列亚斯·胡伊森

理论的幽灵:文学与常识 [法]安托万·孔帕尼翁

反抗的文化:拒绝表征 [美]贝尔·胡克斯

戏仿:古代、现代与后现代 [英]玛格丽特·A.罗斯

理论入门 [英]彼得·巴里

现代主义 [英]蒂姆·阿姆斯特朗

叙事的本质 [美]罗伯特·斯科尔斯 詹姆斯·费伦 罗伯特·凯洛格

文学制度 [美]杰弗里·J.威廉斯

新批评之后 [美]弗兰克·伦特里奇亚

文学批评史:从柏拉图到现在 [美]M. A. R.哈比布

德国浪漫主义文学理论 [美]恩斯特·贝勒尔

萌在他乡:米勒中国演讲集 [美]J.希利斯·米勒

文学的类别:文类和模态理论导论 [英]阿拉斯泰尔·福勒

思想絮语:文学批评自选集(1958—2002) [英]弗兰克·克默德

叙事的虚构性:有关历史、文学和理论的论文(1957—2007) [美]海登·怀特

21世纪的文学批评:理论的复兴 [美]文森特·B.里奇

核心概念系列

文化 [英]弗雷德·英格利斯

风险 [澳大利亚]狄波拉·勒普顿

学术研究指南系列

美学指南 [美]彼得·基维

文化研究指南 [美]托比·米勒

文化社会学指南 [美]马克·D.雅各布斯 南希·韦斯·汉拉恩

艺术理论指南　[英]保罗·史密斯　卡罗琳·瓦尔德

《德意志意识形态》与文献学系列

梁赞诺夫版《德意志意识形态·费尔巴哈》　[苏]大卫·鲍里索维奇·梁赞诺夫
《德意志意识形态》与 MEGA 文献研究　[韩]郑文吉
巴加图利亚版《德意志意识形态·费尔巴哈》　[俄]巴加图利亚
MEGA:陶伯特版《德意志意识形态·费尔巴哈》　[德]英格·陶伯特

当代美学理论系列

今日艺术理论　[美]诺埃尔·卡罗尔
艺术与社会理论——美学中的社会学论争　[英]奥斯汀·哈灵顿
艺术哲学:当代分析美学导论　[美]诺埃尔·卡罗尔
美的六种命名　[美]克里斯平·萨特韦尔
文化的政治及其他　[英]罗杰·斯克鲁顿
意大利美学精粹　周　宪　[意]蒂齐亚娜·安迪娜

现代日本学术系列

带你踏上知识之旅　[日]中村雄二郎　山口昌男
反·哲学入门　[日]高桥哲哉
作为事件的阅读　[日]小森阳一
超越民族与历史　[日]小森阳一　高桥哲哉

现代思想史系列

现代主义的先驱:20 世纪思潮里的群英谱　[美]威廉·R.埃弗德尔
现代哲学简史　[英]罗杰·斯克拉顿
美国人对哲学的逃避:实用主义的谱系　[美]康乃尔·韦斯特

视觉文化与艺术史系列

可见的签名　[美]弗雷德里克·詹姆逊

摄影与电影　[英]戴维·卡帕尼

艺术史向导　[意]朱利奥·卡洛·阿尔甘　毛里齐奥·法焦洛

电影的虚拟生命　[美]D. N. 罗德维克

绘画中的世界观　[美]迈耶·夏皮罗

缪斯之艺:泛美学研究　[美]丹尼尔·奥尔布赖特

视觉艺术的现象学　[英]保罗·克劳瑟

总体屏幕:从电影到智能手机　[法]吉尔·利波维茨基　[法]让·塞鲁瓦

艺术史批评术语　[美]罗伯特·S. 纳尔逊　[美]理查德·希夫

设计美学　[加拿大]简·福希

工艺理论:功能和美学表达　[美]霍华德·里萨蒂

当代逻辑理论与应用研究系列

重塑实在论:关于因果、目的和心智的精密理论　[美]罗伯特·C. 孔斯

情境与态度　[美]乔恩·巴威斯　约翰·佩里

逻辑与社会:矛盾与可能世界　[美]乔恩·埃尔斯特

指称与意向性　[挪威]奥拉夫·阿斯海姆

说谎者悖论:真与循环　[美]乔恩·巴威斯　约翰·埃切曼迪

波兰尼意会哲学系列

认知与存在:迈克尔·波兰尼文集　[英]迈克尔·波兰尼

科学、信仰与社会　[英]迈克尔·波兰尼

现象学系列

伦理与无限:与菲利普·尼莫的对话　[法]伊曼努尔·列维纳斯

新马克思阅读系列

政治经济学批判:马克思《资本论》导论　[德]米夏埃尔·海因里希

图书在版编目(CIP)数据

文化学研究导论:理论基础·方法思路·研究视角 /
(德)安斯加·纽宁,(德)维拉·纽宁主编;闵志荣译
. —南京:南京大学出版社,2018.9(2023.5 重印)
(当代学术棱镜译丛 / 张一兵主编)
书名原文:Einführung in die
Kulturwissenschaften:Theoretische Grundlagen —
Ansätze — Perspektiven
ISBN 978-7-305-18807-7

Ⅰ.①文… Ⅱ.①安…②维…③闵… Ⅲ.①文化学
—研究 Ⅳ.①G0

中国版本图书馆 CIP 数据核字(2017)第 132344 号

Translation from the German language edition:
Einführung in die Kulturwissenschaften
Theoretische Grundlagen-Ansätze-Perspektiven
edited by Ansgar Nünning and Vera Nünning
Copyright © Springer-Verlag Berlin Heidelberg 2008
Ursprünglich erschienen bei J. B. Metzler'sche Verlagsbuchhandlung
und Carl Ernst Poeschel Verlag GmbH in Stuttgart 2008
This Springer imprint is published by Springer Nature
The registered company is Springer-Verlag GmbH
All Rights Reserved
Simplified Chinese edition rights © 2018 Nanjing University Press Co., Ltd.

江苏省版权局著作权合同登记 图字:10-2011-533 号

出版发行 南京大学出版社
社　　址 南京市汉口路22号　　邮　编 210093
出 版 人 金鑫荣

丛 书 名 当代学术棱镜译丛
书　　名 文化学研究导论:理论基础·方法思路·研究视角
主　　编 [德]安斯加·纽宁　[德]维拉·纽宁
译　　者 闵志荣
责任编辑 张　静

照　　排 南京南琳图文制作有限公司
印　　刷 江苏凤凰通达印刷有限公司
开　　本 635 mm×965 mm　1/16　印张 38.75　字数 560 千
版　　次 2018 年 9 月第 1 版　2023 年 5 月第 3 次印刷
ISBN 978-7-305-18807-7
定　　价 98.00 元

网　址:http://www.njupco.com
新浪微博:http://weibo.com/njupco
官方微信号:njupress
销售咨询热线:(025)83594756

* 版权所有,侵权必究
* 凡购买南大版图书,如有印装质量问题,请与所购
　图书销售部门联系调换